Horst Avenarius
Public Relations

Horst Avenarius

Public Relations

Die Grundform der gesellschaftlichen Kommunikation

Wissenschaftliche Buchgesellschaft
Darmstadt

Die Deutsche Bibliothek – CIP-Einheitsaufnahme

Avenarius, Horst:
Public Relations: die Grundform der
gesellschaftlichen Kommunikation /
Horst Avenarius. – Darmstadt: Wiss. Buchges., 1995
ISBN 3-534-11286-5

Bestellnummer 11286-5

© 1995 by Wissenschaftliche Buchgesellschaft, Darmstadt
Gedruckt auf säurefreiem und alterungsbeständigem Bilderdruckpapier
Gesamtherstellung: Wissenschaftliche Buchgesellschaft, Darmstadt
Printed in Germany
Schrift: Times, 9.5/11

ISBN 3-534-11286-5

INHALT

rensschritte im Issue-Management-Prozeß / Die Abwehr
von Issues

Public Relations ist eine unterscheidbare Managementaufgabe. Sie dient dazu, zwischen einer Organisation und ihren verschiedenen Öffentlichkeiten wechselseitige Kommunikationsbeziehungen, Akzeptanz und Zusammenarbeit herzustellen und aufrechtzuerhalten. Sie befaßt das Management dieser Organisation mit öffentlichen Problemstellungen und Streitfragen. Sie unterstützt es darin, die öffentliche Meinung zur Kenntnis zu nehmen und zu berücksichtigen. Sie beschreibt mit Nachdruck die Verantwortlichkeiten des Managements gegenüber den öffentlichen Interessen. Sie hilft dem Management, mit gesellschaftlichem Wandel Schritt zu halten, ihn auch zum eigenen Nutzen wahrzunehmen. Sie dient als ein Frühwarnsystem für künftige Trends. Ihre wichtigsten Instrumente sind Untersuchungen und ethisch einwandfreie, solide Informationstechniken (Rex Harlow 1976, 36).

VORWORT

Ein schillernder Begriff geht heute um die Welt: „Public Relations". Auch das deutsche Wort „Öffentlichkeitsarbeit" nimmt ihm nur wenig von seiner suggestiven Kraft. Lassen sich mit PR nicht die meisten Probleme unserer Gesellschaft – einer Informationsgesellschaft nota bene – klären, lösen, bereinigen, vertuschen, auf jeden Fall hinwegschaffen? Das Zutrauen in diese Kommunikationsform ist genauso groß wie die Angst vor ihrer manipulativen Macht.

Was machen PR-Leute? Besser gefragt: Was machen die Leute mit der PR? Also auch Leute, die vermeiden, von PR zu reden und es dennoch tun; oder die an „alternative Öffentlichkeitsarbeit" denken. Wer macht schließlich keine PR?

Den Einführungen in und den Handbüchern über Public Relations und über die verschiedenen PR-Techniken einschließlich der Pressearbeit braucht kein weiteres hinzugefügt zu werden. Sie sind von Praktikern für Praktiker geschrieben. Wer das „how-to-do" lernen will, ist damit zur Genüge bedient.

Dieses Buch ist mehr als eine Einführung in ein Berufsfeld. Es ist eine kritische Auseinandersetzung mit bewußter und geplanter Kommunikation in der Gesellschaft. Es fußt auf den lebenslangen Erfahrungen eines Praktikers. Aber es mißt die Praxis an ihren Sprüchen, Ansprüchen und Normen. Es hinterfragt auch die Wissenschaft, soweit sie sich über diese Tätigkeit beugt.

Hinterfragen heißt verunsichern. Genau dies soll hiermit geschehen. Was mich während meines ganzen Berufslebens am meisten erstaunt hat, war die Sicherheit, mit der sich Menschen über die Kommunikation, ihre Möglichkeiten, ihre „Regeln" und ihre Wirkungen äußern.

Wozu dient aber ein Buch, das den Lesern diese Sicherheit nimmt? Es ist eine zweite Erfahrung meines Berufslebens, daß Kommunikation nur dann gelingen kann, wenn sie das eigene Glacis genau kennt, auf dem sie operiert. Das unterscheidet dieses Werk von den landläufigen Handbüchern.

Eine Auseinandersetzung mit den Public Relations bedingt, daß nicht nur die eigene, sondern auch andere Stimmen zu Wort kommen müssen. In diesem Buch findet sich ein ganzer Chor mehr oder weniger maßgeblicher, in jedem Falle aber bezeichnender Stimmen. Mit Bedacht sind darunter viele nordamerikanische. Wir sind gut beraten, sie in unsere Erörterungen einzubeziehen. Die Welt unter kommunikativen Aspekten ein Dorf zu nennen, fiel erstmals einem Nordamerikaner ein (Marshall McLuhan).

Allerdings sollten wir uns bewußt bleiben – eine erste Verunsicherung –, daß wir keineswegs schon das ganze Dorf kennen. James Grunig und Todd Hunt beklagen in der Neuauflage ihres Buches ›Managing Public Relations‹ (erscheint 1995), die bislang bekannte Geschichte der PR sei nur die Geschichte des erfolgreichen, weißen, männlichen Nordamerikaners. Sie fügen daher einige Beispiele für PR-Aktivitäten von Frauen, Schwarzen und anderen ethnischen Minderheiten ein, wie es der „political correctness" ihres Landes entspricht. Auch (Nord-)Europäer erwähnen sie zum ersten Mal. Was aber weiterhin fehlt – hüben wie drüben –, sind asiatische, afrikanische und arabische Stimmen.

Noch findet Weltöffentlichkeit nur in den Meinungszentren der „westlichen Welt" statt. Auch die Berichte aus der Dritten Welt stammen zum überwiegenden Teil von westlichen Nachrichtenagenturen und amerikanischen Fernsehgesellschaften. Über eine neue Gewichtung des „free flow of information" in der Welt wird nur hilflos debattiert. Wenn sich das ändert, muß auch dieses Buch erweitert werden.

München, im Januar 1995   Horst Avenarius

EINLEITUNG: PUBLIC RELATIONS
AUF DEM PRÜFSTAND

Am Ostersonntag 1922 wurden auf der 5th Avenue in New York Frauen gesehen, die auf offener Straße Zigaretten rauchten. Das war damals uner-
hört. Halb Amerika diskutierte daher wochenlang, ob Frauen erlaubt sein
dürfe, was Männer schon lange taten. Die Diskussion ging um ihre Emanzipation.

War das die Absicht der 10 Frauen? Noch heute glauben es einige Redakteure, und wenn sie wie damals über „die Zigarette als Zeichen der Emanzipation" reflektieren (so die SÜDDEUTSCHE ZEITUNG am 28. 4. 1994),
folgen sie einer Anregung von Sigmund Freud. Aber der hatte diesen Tip
seinem Neffen Edward Bernays gegeben, als jener nach einer Botschaft
suchte, durch die man den Konsum der Lucky Strike unter Frauen steigern

Abbildung 1: Ostersonntag 1922 auf der 5th Avenue. „Frauenbewegte Raucherinnen
reklamierten in den zwanziger Jahren ein Vorrecht der Männer demonstrativ für
sich . . .", meinte die SZ 1994 zu diesem Bild.

könnte. Die Damen auf der 5th Avenue rauchten also im Auftrage eines PR-Mannes. Der Umsatz der Zigarettenmarke stieg danach erheblich an. Was wie eine spontane Demonstration wirkte, war ein geplantes Ereignis. Was nach einem Freiheitsruf aussah, war ein Aufruf zu mehr Konsum. Die Presse mußte sich düpiert vorkommen. Ihr Argwohn gegen jede Art geplanter Kommunikation ist bis zum heutigen Tage groß. Journalisten äußern sich spontan. „Die Presse reagierte …", wie es so oft heißt. Geplant ist hingegen die Kommunikation der PR. Selbst bei plötzlich hereinbrechenden Ereignissen, Katastrophen oder Krisen wird, wo es professionell zugeht, nach Plänen kommuniziert. Und ebenfalls zur Profession gehört es heute, sich dazu zu bekennen. „Heimliche Verführungen", wie sie Vance Packard beschrieb, sind gerade durch ihn so heimlich nicht mehr.

Dennoch ist PR-Arbeit auf den ersten Blick nicht jederzeit und von jedermann wahrnehmbar. Sie liegt, eher unerkannt, den Botschaften zugrunde, die über Mittler laufen, vornehmlich über die Presse; auch über andere Botschaften als Sinnvermittler: die Zigaretten werden zu Fackeln der Freiheit („torches of freedom"), der inszenierte Auftritt zu einem Ausdruck von Entschlossenheit.

Solche Hintersinnigkeiten gelten für viele Kommunikationsweisen, auch für spontane. Wir alle leben in einer Welt von symbolhaften Botschaften, und wir nutzen Symbole tagtäglich selbst. So liegt unseren vordergründigen Mitteilungen meist eine zweite, manchmal viel wichtigere Botschaft zugrunde, und bestünde sie nur in dem Wunsch, mit einer Mitteilung Interesse zu wecken, Freude oder Angst zu machen und mit der Angst Geschäfte. Selbst hinter dieser zweiten steckt bisweilen eine dritte, noch subtilere, meist uneingestandene Botschaft: Seht her, welch feiner Kerl ich bin, daß gerade ich diese Mitteilung mache. (Das gilt nicht zuletzt für die PR der Presse, die wir stets im Auge behalten wollen.)

Kommunikation ist dabei nicht nur das gesprochene Wort. Alle paralinguistischen Phänomene wie Tonfall, Pausen, Lachen und Seufzen, auch und gerade das Schweigen und Sichabwenden wirken sehr beredt. Hinzu kommen die Körpersprache, der Auftritt, kommt überhaupt jedes zwischenmenschliche Verhalten. Jedes Verhalten habe Mitteilungscharakter, sagt Paul Watzlawick (1990, 51). Und genausowenig, wie man sich nicht nicht verhalten könne, könne man auch nicht nicht kommunizieren.

Diesem ersten metakommunikativen Axiom fügt er ein zweites hinzu, das für uns wie für ihn sehr viel bedeutet: Jede Mitteilung enthalte neben ihrem Inhalt stets einen weiteren Aspekt, der viel weniger augenfällig, doch ebenso wichtig sei: „nämlich einen Hinweis darauf, wie ihr Sender sie vom Empfänger verstanden haben möchte". Sie definiere also, wie der Sender die Beziehung zwischen sich und dem Empfänger sieht (1990, 53).

Solche Beziehungen, meint Watzlawick, würden selten bewußt und ausdrücklich definiert. Das mag für die personal relations durchaus gelten. Es gilt gerade nicht für die public relations. Sie sind, wenn gut, bewußt geplant. Paul Watzlawick, der Psychotherapeut unter den Kommunikationsforschern, rechnet den Beziehungsaspekt der menschlichen Kommunikation zur Metakommunikation, weil er den Inhaltsaspekt bestimme. Das müsse „grundsätzlich jedermann" beachten:

Die Fähigkeit zur Metakommunikation ist nicht nur eine Conditio sine qua non aller erfolgreichen Kommunikation, sie ist überdies für jeden Menschen eng mit dem enormen Problem hinlänglichen Bewußtseins seiner selbst und der anderen verknüpft (Watzlawick 1990, 56).

Auf die Gesellschaft übertragen: das Kürzel PR beinhaltet die Fähigkeit, Beziehungen zu schaffen. Diese Fähigkeit liegt – als conditio sine qua non – aller öffentlichen Mitteilung zugrunde. Sie ist die Grundform des gesellschaftlichen Kommunizierens schlechthin. Und weiter im Sinne Watzlawicks: Wer PR „erfolgreich" betreiben will, muß über ein hinlängliches Bewußtsein seiner selbst und der anderen verfügen. Er wird seine öffentliche Kommunikation planen. Mit diesem „enormen Problem" gilt es sich zu befassen.

Wir wollen klarstellen, von welchen Prämissen wir dabei ausgehen. Die erste ist mit Watzlawicks Diktum angedeutet: Jede Kommunikation mit Öffentlichkeiten intendiert mehr als eine Mitteilung; sie zielt, geplant oder spontan, bewußt oder unbewußt, darauf ab, eine Beziehung zu den angesprochenen Publika zu schaffen. Jede Kommunikation mit Öffentlichkeiten ist im Prinzip Public Relations.

Unter Beziehung wollen wir dabei konkret verstehen, daß durch und nach einem kommunikativen Akt zwischen zwei Gesprächspartnern nichts mehr so ist wie davor. Sie haben sich aufeinander bezogen: in Aufmerksamkeit, in wechselweiser Berücksichtigung, in Zu- oder Mißtrauen, schließlich in Zu- oder Abwendung. Das meint der englische Begriff relations. Er umschreibt einen Sachverhalt, während der deutsche Begriff Öffentlichkeitsarbeit auf eine Tätigkeit abhebt. Der Ausdruck wurde von zwei großen PR-Praktikern in die Literatur eingeführt: Georg-Volkmar Graf von Zedtwitz-Arnim (1961) und Albert Oeckl (1964, 34 f.). Ihre Wortwahl hatte zur Folge, daß der Sachverhalt PR im deutschen Sprachraum auf eine einzige Berufsgruppe von Kommunikatoren bezogen wurde: eben die „PR-Leute".

Die semantischen Unterschiede zwischen dem englischen und dem deutschen Begriff werden allerdings in Zukunft an Bedeutung verlieren. Immer mehr Berufsgruppen werden realisieren, daß sie mit ihrer Kommunikation in öffentlichen Beziehungsfeldern „arbeiten".

Das gilt gewiß für alle berufsmäßigen Kommunikatoren, seien es die PR-

und Marketingleute der verschiedensten, in unseren Gesellschaften wirkenden Organisationen und Institutionen oder seien es die Presseleute. Erstere haben es in der Regel auf Zustimmung oder Eindruck abgesehen, letztere auf eine Leser-Blatt-Bindung und andere Formen der Anhänglichkeiten an ein Medium im Wettbewerb mit anderen.

Es gilt aber auch für Einzelkämpfer: Politiker allemal; Professoren, die für eine eigene Theorie Zulauf suchen; Schriftsteller, die Gehör finden wollen. Carl Amery sprach jüngst vom „kleinen PR-Mann im Ohr, über den heutzutage alle verfügen" (SÜDDEUTSCHE ZEITUNG 10. 1. 1995). „Der gab uns Ratschläge für Timing und Intensität unserer Proteste ein, die manchmal gut, manchmal schlecht waren."

Gilt es auch für Leserbriefschreiber? Für Privatpersonen, die ins Rampenlicht der Medien geraten, sei es freiwillig oder unfreiwillig, in Talkshows oder bei Straßeninterviews? Ihr öffentlicher Auftritt ist flüchtig, ihre gesellschaftliche Relevanz trotz häufigen Imponiergehabes gering. Fügen wir daher eine zweite Prämisse hinzu: Als PR-Kommunikation mit Öffentlichkeiten soll gelten, was gesellschaftlichen Charakter hat.

Über Grenzfälle läßt sich trefflich streiten. Aber wo sich aufgrund einer Botschaft Gemeinden bilden, wo sich in solchen Gemeinden gesellschaftliche Strukturen herausbilden, kommen jedenfalls Kriterien der „Arbeit" mit Öffentlichkeiten ins Spiel.

Die dritte Prämisse betrifft die Medien. Im Gegensatz zur vorherrschenden Neigung, unsere Zeit als Medienzeitalter zu begreifen (Merten u. a. 1994, 14), was den Instrumenten der Informationsvermittlung eine zu zentrale Bedeutung gegenüber den Informationsgebern zumißt, was auch unberücksichtigt läßt, daß es neben der medialen immer noch in großem Umfang die direkte Kommunikation gibt – man denke an das Börsengeschehen, an die Meinungsbildung in Kirchen, Parteien und anderen großen Organisationen –, halten wir daran fest, daß die primären öffentlichen Informationen PR-gesteuert sind.

Journalisten, die über Ereignisse berichten, generieren PR für ihr Medium. Unübersehbar sind die Logos der Sender auf den Mikrofonen der Reporter, deutlich zu hören deren Namen im Abspann; mit wieviel Stolz wird der Ort hinzugefügt, von dem man berichtet! Medienmarketing und Medien-PR sind relativ junge Begriffe; die Sachen selbst gibt es schon immer: der Hinweis, der erste zu sein, der bilderreichste, der seriöseste ... Das geht in die Auswahl der Nachrichten ein, in die Tonalität der Berichterstattung. Das hat Konsequenzen für Ansehen und Profil. Das schafft Beziehungen zu einer Zuhörergemeinde. PR ist die Grundform der medialen Kommunikation.

Medien transportieren zugleich mit jedem Bericht die PR der Beteiligten. Selbst bei einem Verkehrsunfall legt der Reporter den Sachverhalt so dar, wie die anwesende Polizeistreife ihn sieht, und geht da nicht ein Stück Polizei-PR in die Nachricht über?

Welche Rolle kommt hierbei dem Marketing zu? Polizeibehörden kennen Öffentlichkeitsarbeit, aber kein Marketing. Für das Publikum verschwimmen beide Begriffe. Dazu trägt auch das Kompetenzgerangel der PR- und Werbeagenturen bei, wenn sie sich um die Etats von Non-Profit-Organisationen streiten. Jede besteht darauf, daß ihr Instrumentarium die adäquate Lösung bietet.

Die betriebswirtschaftliche Literatur stößt nach. Längst hat sie den Begriff des Social Marketing kreiert (Kotler und Roberto 1991). Dieses befaßt sich mit sozialen und gesellschaftspolitischen Kampagnen, wie es vormals nur der PR zukam.

Ein Streit über den Vortritt ist überflüssig. Unsere vierte Prämisse besagt, daß die operativen Felder der geplanten Kommunikation beliebig sind. Einerseits ist Marketing eine konsequente marktbezogene Denk- und Handlungsweise, die sich die Öffentlichkeitsarbeiter für ihre eigenen Strategien zunutze machen sollten. Andererseits bietet PR bisweilen geeignete Methoden und Instrumente an, mit denen Marktstrategen ihre Produktziele besser verfolgen oder absichern können. Lucky Strike ist ein beredtes Beispiel dafür.

Operative PR führt zu manchen seltsamen Ausgeburten, vor denen wir nicht die Augen verschließen. Die Fülle des Lebens ist so widersprüchlich und bizarr, wie die Urformen des Lebens einfach sind. Analog beharren wir auf unserem einfachen, axiomatischen Ansatz für das Verstehen von PR: Beziehungen zu schaffen ist die Grundform der gesellschaftlichen Kommunikation.

Andere Ansätze sind geläufiger. Da gibt es die zweckhaft-rationalen Ansätze der Praktiker, darunter den die PR instrumentierenden Marketingansatz; sie positionieren die Öffentlichkeitsarbeit als arbeitsteilige Einheit in Organisationen. Da gibt es die gesellschaftspolitischen Ansätze etlicher deutscher Kommunikationswissenschaftler; sie verschaffen den nachdenklicheren Protagonisten die Rechtfertigung, sich mit dem suspekten Thema PR zu befassen. Und da gibt es deshalb auch die moralischen Ansätze des Publikums, die Frage, ob alles sein darf, was alles geschieht.

Wir ziehen auch diese Ansätze in Betracht. Wir vergessen vor allem nicht den ethischen Aspekt. Geplante Kommunikation kann gefährlich, ja geradezu diabolisch sein. Wir haben daher die Meßlatte des rechten Verhaltens sehr hoch zu legen. Schon Edward Bernays distanzierte sich von seinem gelungenen Coup, als er Jahrzehnte später erfuhr, wie schädlich Nikotin ist (Bernays 1965, 387). Aber selbst dabei ging es ihm mehr um die Wirkung als um die Methode seiner Kampagne.

Auf den Prüfstand gehört beides: die Wirkungen der PR-Kommunikation
wie ihre Arbeitsweisen, die Fundamente wie die Fallstricke. Alle Facetten
dieser Kommunikationsform bedürfen der kritischen Überprüfung, zumal
in unserer Zeit. PR-Strategien und PR-Methoden werden zum entscheidenden Hebel, um den Menschen im Aufbruch, also fast allen Menschen
fast überall, (sozial)politische, (welt)wirtschaftliche und (multi)kulturelle
Zusammenhänge zu vermitteln: zum friedfertigen oder zerstörerischen Gebrauch.

Dieses Thema geht daher, wie Watzlawick sagen würde, „grundsätzlich jedermann" an.

Zur Einleitung:

Bernays, Edward L.: Biography of an Idea: Memoirs of Public Relations Counsel
Edward L. Bernays; New York 1965.
Kotler, Philip/Eduardo Roberto: Social Marketing; Düsseldorf 1991.
Merten, Klaus/Siegfried J. Schmidt/ Siegfried Weischenberg (Hrsg.): Die Wirklich-
keit der Medien. Eine Einführung in die Kommunikationswissenschaft; Opladen
1994.
Oeckl, Albert, Handbuch der Public Relations. Theorie und Praxis der Öffentlich-
keitsarbeit in Deutschland und der Welt; München 1964.
Watzlawick, Paul/Janet H. Beavin/Don D. Jackson: Menschliche Kommunikation;
Bern 1990.
Zedtwitz-Arnim, Georg-Volkmar von: Tue Gutes und rede darüber; Berlin 1961.

I. DIE ROLLE DER PUBLIC RELATIONS

1. Das Ansehen der PR-Zunft

Dagobert Lindlau nannte PR „ein Riesenpotential an bezahlter und orga-
nisierter Mißinformation und Schönfärberei" (Lindlau 1982). Er ist nicht
der einzige, der verächtlich von dem hier abgehandelten Tätigkeitsfeld
spricht. Wir werden mancher anderen gewichtigen Stimme begegnen. Sie
werden von Menschen geäußert, die beim Stichwort „PR" nicht bedenken,
in welchem Umfang sie selbst diese Grundform der gesellschaftlichen Kommunikation nutzen. Sie haben nur deren professionelle Anwender im Visier:
die PR-Leute.

Wer sich mit PR befassen will, muß wissen, welches Ansehen diese
Zunft gerade bei den ihr am nächsten stehenden Ansprechpartnern genießt: bei den Medien, in der Kommunikationswissenschaft und selbst
unter ihren Auftraggebern in Politik und Wirtschaft. Die Skepsis dieser
Kreise gegenüber den Public Relations schlägt fatalerweise auf die eigenen
Reihen zurück. Kaum ein anderer Berufsstand ist von sich selbst so wenig
überzeugt.

Das Verhältnis der Presse zur PR

Von allen Kontaktgruppen, mit denen es Öffentlichkeitsarbeiter zu tun
haben, ist die der Journalisten die mißtrauischste. Das mag uns um so mehr
verwundern, als beide Berufe aus der gleichen Vorbildung und einer vergleichbaren Veranlagung hervorgehen. Häufig war der PR-Experte zuvor
selbst Journalist und nahm sogar viele persönliche Freundschaften in seinen
neuen Beruf mit.

Fragen wir den PR-Experten nach seinem Verhältnis zur Presse, so ant-
wortet er in der Regel auch sehr positiv. Öffentlichkeitsarbeiter sind von Be-
rufs wegen auf Zustimmung und Ausgleich bedacht. Ihr Harmoniebedürfnis
ist groß, ihr Realitätssinn in diesem Punkt aber vermutlich begrenzt.

Fragen wir nämlich umgekehrt die Journalisten nach ihrem Verhältnis zu
den PR-Leuten, dann stellt sich heraus, daß das Verhältnis der beiden Berufsgruppen zueinander recht gestört ist. Dafür gibt es viele Zeugnisse.
Dagobert Lindlau wurde zitiert.

Manfred Buchwald, damals Chefredakteur des Hessischen Rundfunks,
wurde 1986 von der Deutschen Public Relations Gesellschaft (DPRG) ge-

beten, über die Partnerschaft zwischen Öffentlichkeitsarbeit und Medien zu referieren. Schroff lehnte er sie ab:

Ich halte nichts von einer hautnah beschworenen Partnerschaft zwischen PR und Journalismus. Das klingt mir zu sehr nach warmem Hautkontakt und Umarmung, nach Kumpanei und Komplizenschaft ... (Buchwald 1986, 31).

Die PR-Leute nannte Buchwald Lobbyisten im Vorzimmer journalistischer Schreibstuben. Überzeugungstäter seien gefragt. Mit ihren Aufträgen haben sie sich total zu identifizieren.

Mit Berufsethos hat das wenig zu tun, auch wenn hin und wieder Anläufe gemacht werden, die PR-Arbeit in ähnlicher Weise zu heiligen wie die Presse- oder Rundfunkarbeit, denen längst durch höchsten Richterspruch bescheinigt wurde, daß ohne sie Demokratie nicht möglich sei (1986, 27).

Worauf gründet die Zurückhaltung der Presse gegenüber der PR? Zunächst erscheinen PR-Leute den meisten Journalisten als aufdringlich und lästig. Versuchen sie nicht ständig, ungebetene Informationen an den Mann zu bringen?

Journalists feel besieged by hordes of press agents and publicists – „flacks“, as they call PR people – who dump unwanted press releases on their desks and push self-serving stories that have little news value (Grunig und Hunt 1984, 223).

Gegen solche Art von Presse-Bearbeitung können sich Journalisten noch einigermaßen wehren, falls ihnen ihre Verlage nicht in den Arm fallen. Schwieriger wird es, wenn sie auf die Informationen der PR-Leute angewiesen sind. Dann werden zwei gravierende Vorhaltungen laut:
Erstens verstellen PR-Leute in den Firmen, Verbänden und Parteien den Journalisten den Blick auf die Wirklichkeit:
– Sie selektieren vorbedacht die Fakten, die sie der recherchierenden Presse über ihre Organisation mitteilen.
– Sie warten häufig mit wissenschaftlichen Expertisen auf, um ihre Thesen zu untermauern. Die Journalisten hingegen sind in der Regel keine Experten, sondern Generalisten.
– Sie verfügen über ein starkes Instrumentarium an Mitteilungs- und mithin Überzeugungstechniken: von den Pressekonferenzen – für alle – über die Informationsreisen – für einige Ausgewählte – bis zum Hintergrundgespräch – für einzelne Bevorzugte.
Aus diesen drei Gegebenheiten folgert die Pressekritik, daß Öffentlichkeitsarbeit Öffentlichkeit nicht herstellt, sondern verhindert und dies selbst in solchen Fällen, wo eine Auskunft nicht etwa verweigert, sondern gegeben wird. Buchwald: „Der Journalist kann solch geballter Macht kaum Paroli bieten.“

Die zweite Vorhaltung betrifft die Systematik, die jeweils hinter der Behinderung der Pressearbeit vermutet wird. PR-Leute, so sagte es Buchwald, haben einen Gestaltungsauftrag gegenüber der Öffentlichkeit. Sie sollen öffentliche Meinung lenken, nicht erörtern. Ihre Einflußnahme geschehe dabei nicht nur mit den rationalen Mitteln der Informationsselektion, sondern auch mit eher irrationalen Methoden. Gegenüber der Presse arbeite man dazu mit Gags, Tricks, Bevorzugungen und Bestechungen. Gerade aus diesem Grunde wird in der Presse immer wieder einmal eine dubiose Aktivität eines beliebigen Akteurs als eine „PR-Aktion" bezeichnet.

Bemerkenswerterweise hält die Presse solche Machenschaften wie auch die ernsteren Meinungskampagnen für wirksam. 1970 hatte Rainer Fabian, seinerzeit Springer-Redakteur, ein Buch über die Öffentlichkeitsarbeit mit dem Titel versehen: ›Die Meinungsmacher. Eine heimliche Großmacht.‹ Er nannte die Public Relations das wichtigste Instrument der Industriegesellschaft, um die Welt in ihrem Sinne zu verändern und das Bewußtsein des Menschen für die Ziele ihrer Auftraggeber zu aktivieren. Zu ihrem Wesen und zu ihrer Arbeitsweise gehöre es, daß ihr propagandistischer Charakter unsichtbar bleibt (Fabian 1970). Es war die Zeit der Studentenunruhen nach 1968, als dem gesamten „Establishment" die Manipulation der öffentlichen Meinung vorgeworfen wurde, der Presse also auch.

Der Journalist vermag in der Regel eine den einzelnen Pressekontakt übergreifende Kampagne nicht zu durchschauen. Er glaubt sich ihr wehrlos ausgesetzt. Manfred Buchwald sieht deshalb keine Chancengleichheit zwischen PR- und Medienleuten, „wenn es sie je gegeben hat". Ein Gefühl der Unterlegenheit spricht aus diesem Satz, und Buchwald greift das Stichwort von Fabian auf: „Rund um die Welt, so scheint mir, breitet sich eine neue Großmacht aus. Ihr Einfluß ist grenzenlos" (1986, 26).

Dieser wachsende Einfluß mag unter anderem daher rühren, daß die Öffentlichkeitsarbeit immer professioneller betrieben wird. Darauf verweisen die Kommunikationswissenschaftler. Die Bemühungen, durch Öffentlichkeitsarbeit und Informationspolitik publizistisches Terrain zu gewinnen, seien in den letzten Jahrzehnten allenthalben intensiviert worden, stellte Petra Dorsch besorgt fest. Allenthalben würden neue PR-Stellen von der lokalen bis zur Bundesebene geschaffen und mit gut ausgebildeten Öffentlichkeitsarbeitern besetzt (Dorsch 1982, 535). Der Journalismus müsse mit den Leistungssteigerungen dieser anderen, ebenfalls Aussagen produzierenden Systeme Schritt halten, sonst, so warnt Ulrich Saxer, büße er zwangsläufig seinen Vorrang im gesellschaftlichen Kommunikationssystem ein (Saxer 1972, 227).

Die Presse braucht, das räumen alle Journalisten ein, die Mitteilungen und Auskünfte („Verlautbarungen" nennen es einige Wissenschaftler), die der Initiative nichtjournalistischer Teilnehmer am Kommunikationsprozeß entspringen, seien es Institutionen oder Personen. „Im Ernst", schrieb Herbert Riehl-Heyse einmal, „wir brauchen die Public Relations-Menschen: Wie um Himmels Willen würden wir unsere Spalten füllen ohne den Pressereferenten des Ministers, der uns dessen jüngste Rede schickt, einmal im Wortlaut und dann noch einmal aufbereitet für den Nachrichtenredakteur" (1992, 75).

Die Presse ist also auf die Zuarbeit der PR angewiesen. Damit findet sie sich nolens volens ab. Aber was sie zugearbeitet bekommt, überprüft sie durch Recherche und Beobachtung, verwirft es oder arbeitet es um. Besteht darin ihr Originalitätsanspruch im Kontakt mit der Wirklichkeit? Kann sie sich je dem Beziehungsgeflecht entziehen, das zwischen einem Verlautbarer und dessen Publikum besteht, lange bevor sie es sich zum Lese- oder Hörerpublikum macht?

Wir haben diese Frage zu prüfen; auch die daraus folgende, welchen gesellschaftlichen Anspruch die veröffentlichte gegenüber der öffentlichen Meinung hat. Nur ihr sei „die Schaffung von Öffentlichkeit, der Kritik und der Kontrolle übertragen", wie Dagobert Lindlau formuliert, und dies als einer quasi vierten Gewalt im Staat. Die gesamtgesellschaftlichen Aufgaben der Presse würden vom Bundesverfassungsgericht „sehr hoch veranschlagt, auf die Gesellschaft bezogen höher als die der Parteien" (Lindlau 1989, 75).

„Diesen Anspruch", sagt der Pressemann Buchwald erleichtert, „kann PR-Arbeit nach meinem Verständnis nicht geltend machen."

Das Verhältnis der Politiker zur PR

Politiker sind geneigt, sich das Urteil der Journalisten zu eigen zu machen. Sie gewinnen dadurch die Zustimmung gerade dieses für sie so wichtigen Berufsstandes. Auch distanzieren sie sich damit von der Meinungsmanipulation, die man den Public Relations unterstellt.

„Nur wer nicht überzeugend politisch handeln kann, flüchtet gern in die Welt der PR-Berater und Werbeagenturen", hieß es am 8. 1. 1986 in einem persönlich unterschriebenen ganzseitigen Aufruf des Kanzlerkandidaten Johannes Rau. Dieser Aufruf trug noch dazu den Titel „Den Anstand wahren!".

Beide Aussagen zusammengelesen erregten die westdeutsche Kommunikationsbranche, führten zu Protestschreiben, Stellungnahmen und Erwiderungen durch Anzeigen und Interviews. Johannes Rau erschien fünf Monate danach zur Jahrestagung der Deutschen Public Relations Gesellschaft (DPRG) und leistete eine bemerkenswerte Abbitte, nachzulesen im Bericht über diese Tagung. „Ich will ja wie Sie Menschen erreichen, für etwas gewinnen, von dem ich überzeugt bin. Und dabei kann ich und will ich nicht auf gute Öffentlichkeitsarbeit verzichten" (DPRG 1986).

ALLE REDEN VON ZWEI ZEILEN – HIER IST DIE GANZE ANZEIGE.

(Damit Sie sich überzeugen, daß der Aufruf sich keineswegs gegen die PR- und Werbewirtschaft richtet, sondern lediglich fordert, daß PR und Werbung nicht als Ersatz für unzulängliche Politik dienen dürfen. Einverstanden?)

AUFRUF

Johannes Rau: Den Anstand wahren!

Liebe Mitbürgerinnen,
liebe Mitbürger,

In unserer Zeit der großen Risiken und schwer wägbaren Entwicklungen keimt neue Hoffnung: 1986 beginnt mit guten Chancen für die Vernunftigen. Das gilt es zu pflegen und zu verstärken.

– Die beiden mächtigsten Männer der Welt treffen sich am Verhandlungstisch. Spät, aber nicht zu spät.

– Das Wissen, Naturschutz ist Lebensschutz, und das Bewußtsein, daß es ohne verantwortlichen Umgang mit Chemie und Technik nicht geht, werden Allgemeingut. Spät, aber nicht zu spät.

– Die Einsicht, daß Freiheit, Gerechtigkeit und soziale Sicherheit einander bedingen, ergreift jetzt auch diejenigen, die annehmen können, auf materielle Solidarität nicht angewiesen zu sein. Spät, aber nicht zu spät.

– Sogar bei den Fundamentalisten der Marktwirtschaft wächst die Erkenntnis, daß selbst höhere Wachstumsraten die zentralen Probleme – allen voran die Beschäftigungskrise und die Umweltbelastungen – nicht im ökonomischen Selbstlauf lösen können, sondern daß die gestaltende Mitverantwortung des Staates unverzichtbar ist. Spät, aber nicht zu spät.

In dieser Zeit guter Chancen und neuer Einsichten, in der alte, längst bedeutungslose Gräben verlassen werden müssen, in der wir einen gemeinsamen, den Frieden nach innen bewahrenden Weg aus der Krise: Versöhnen statt spalten.*)

Für diesen Weg der Versöhnung brauche ich gerade in den nächsten Monaten viele Menschen, die mir helfen. Mit Rat und Tat. Mit Zuspruch und auch mit Mitwirkung in meiner Partei. Ich will den sagen: Noch stehen viele abseits, es machen zu wenige mit.

Die Bundesregierung ist unser aller Bundesregierung. Sie ist demokratisch gewählt und handelt somit in unserem Namen. Und deshalb sind alle Bürgerinnen und Bürger betroffen und zu höchster Aufmerksamkeit aufgefordert, wenn der Eindruck immer dichter wird, daß die politische Kultur in unserem Land Schaden nimmt oder, viel-

leicht etwas altmodisch gesagt: wenn der politische Anstand verlorengeht.

Dieser Bundesregierung fehlt es offensichtlich an Kraft, zusammenzuführen. Befangen in Einzelinteressen, verliert sie das Ganze, mal durch Konfusion, mal durch Provokation.

– Das ist der Fall, wenn das konservative Kabinett in Bonn die Interessen der Arbeitnehmer ignoriert und ohne Not den seit 1945 gefährlichsten Konflikt zwischen den Tarifparteien herbeiführt. Wo diese Bundesregierung kraft Amtes dem sozialen Frieden verpflichtet wäre – übrigens auch des wirtschaftlichen Erfolges wegen –, da treibt sie aus ideologischen Gründen auseinander, statt faire Partnerschaft zu fördern.

– Das ist der Fall, wenn die Geheimdienste Parteifreunden zur Nutzung freigegeben werden. Ich rede nicht von Frankensteins Gruselkabinett, wie es beim „Dreikönigstreffen" der FDP bezogen auf das Bundesinnenministerium hieß, aber ich stimme einer Frau wie Hildegard Hamm-Brücher in ihrer äußerst sorgenvollen Beurteilung der gegenwärtigen Regierungspraxis zu. Die Freiheitlichkeit unseres Staates ist bei dieser Bundesregierung nicht in guten Händen. Ich biete gerade in um die Liberalität besorgten Bürgerinnen und Bürgern erneut meine Partei als ihre politische Heimat an.

– Das ist der Fall, wenn man sich an die Reihe von Versäumnissen, Pannen und Skandalen erinnert, die den Weg dieser Bundesregierung säumt. Daß beispielsweise unsere Bundeswehr durch unwürdiges Agieren der politischen Führung dem Spott in der Welt preisgegeben wurde, ohne daß das zu irgendwelchen ernsthaften Konsequenzen führte, ist unvergessen.

– Das ist der Fall bei einem Außenminister, der von seinem Kanzler („für den er Helmut Schmidt stürzte), in wichtigen Fragen unserer Nation und der Weltpolitik – wie SDI, EUREKA, Waffenexporte, Südafrika, Dritte Welt – herabgesetzt und im Hintergrund bereits für alle erkennbar zur Disposition gestellt wird. Dies schadet unserem Ansehen im Ausland.

– Das ist der Fall bei einem Bundeskanzler, der mit dem Wort von der „moralischen Erneuerung" angetreten ist, und der für ein Kabinett Verantwortung trägt, in dem fällige Entscheidungen und Erwartungen an den politischen Anstand allzuoft durch Aussitzen erledigt werden.

Für meine Person bin ich es leid, gegenüber einer dickfelligen und unsensiblen politischen Führung in Bonn das ein ums andere Mal fällige Rücktritte anzumahnen. Ich vertraue auch hier Ihrem Urteil, zur richtigen Zeit.

Doch so wichtig die Wahlentscheidung 1987 ist, das neue Jahr 1986 mit seinen bedeutenden Weichenstellungen darf nicht – wie Helmut Kohl es wünscht – zum bloßen Wahlkampfjahr werden und vor allem nicht in vordergründiger Wahlkampftaktik und billiger Polemik verkommen. Nur wer nicht überzeugend politisch handeln kann, flüchtet gern in die Welt der PR-Berater und Werbeagenturen.

Das leider allzuoft berechtigte Mißtrauen vieler Menschen gegenüber dem Bonner Politikbetrieb darf sich nicht noch verstärken.

Das Wort von der Politik als „schmutzigem Geschäft" ist eine der unglücklichsten Parolen in unserer Geschichte. Bitte, glauben Sie nicht, daß in der Politik auf eine gefestigte Moral verzichtet werden kann. Ich rufe Sie auf: Lassen Sie den schleichenden Verfall des politischen Anstandes nicht durchgehen. Legen Sie in den kommenden Monaten an uns alle, die wir Sie vertreten, strenge Maßstäbe an.

Die Politik muß wieder näher zu den Menschen. Das ist Ihr gutes Recht.

Die notwendige Erneuerung kommt nicht aus der Politik allein. Sie kann nur von Ihnen, von uns gemeinsam kommen.

Ihr Johannes Rau

*) Wenn Sie sich bei der Überlegungen unterwerfen, die ich kürzlich in Aachen unter dem Titel „Versöhnen statt spalten" vorgetragen habe, schreiben Sie mir:
Johannes Rau, Elisabethstr. 3, 4000 Düsseldorf.

FREUNDSCHAFT. IHR J.R.

Abbildung 2: Eine Anzeige im PR-Magazin 3/1986.

Was wollte er dann? In einer Anzeige in den Kommunikationsfachblät-
tern wiederholte er den inkriminierten Aufruf, versah ihn aber mit einem
vorgeschalteten Text:

Alle reden von zwei Zeilen – hier ist die ganze Anzeige. (Damit Sie sich überzeugen,
daß der Aufruf sich keineswegs gegen die PR- und Werbewirtschaft richtet, sondern
lediglich fordert, daß PR und Werbung nicht als Ersatz für unzulängliche Politik
dienen dürfen. Einverstanden?)

und setzte die Zeile darunter:

Freundschaft. Ihr J. R.

Das war geschickte PR. Sein Auftritt vor den anfänglich reservierten
Öffentlichkeitsarbeitern verschaffte ihm durch seine Offenheit Respekt.
„Wenn Sie das so verstanden haben, daß ich ein vorhandenes Vorurteil fahr-
lässig verstärkt habe, dann war der Satz falsch."

Auch Helmut Kohl gab – Jahre später, in einer ZDF-Unterhaltungssen-
dung über „Die 80er" am 28. 1. 1990 – zu, mit einem Newsweek-Interview im
Oktober 1986 einen großen politischen Fehler gemacht zu haben. Damals
sagte er über Gorbatschow:

Er ist ein moderner kommunistischer Führer, der sich auf Public Relations versteht.
Goebbels, einer von jenen, die für die Verbrechen der Hitler-Ära verantwortlich
waren, war auch ein Experte in Public Relations. Man muß doch die Dinge auf den
Punkt bringen dürfen.

Seinen „Fehler" sah Kohl in dem durch diesen Vergleich für längere Zeit
gespannten Verhältnis zwischen der sowjetischen Führung und der Bundesregierung. Von der Gleichsetzung einer „freiheitlichen Öffentlichkeitsarbeit"
mit Propaganda rückte er schon in einem Brief vom 3. 11. 1986 ab. Zu einer
Jahrestagung der DPRG kam er jedoch nicht.

Beide Politiker – Kohl wie Rau – setzten für die Auseinandersetzung mit
den PR-Leuten PR-Leute ein, wie auch PR-Leute an politischen Anzeigen-
texten mitarbeiten. „Ich muß Ihnen nicht sagen, wie solche Anzeigen zustande kommen", erklärte zum Beispiel Johannes Rau und plauderte recht
ausführlich aus der Schule. Dabei nannte er seine Mitarbeiter allerdings
nicht PR-Leute, sondern seinen „Beraterkreis" – ein letztes Zeichen von
Berührungsangst.

Das Verhältnis der Wirtschaft zur PR

Zu den wichtigsten Auftraggebern für Öffentlichkeitsarbeiten zählen die
Unternehmen der Wirtschaft. Deren Grundanliegen ist der wirtschaftliche
Erfolg. Ihm sind nach landläufiger Auffassung alle Einzelaktivitäten einer
Firma unterzuordnen. Auch ihre Öffentlichkeitsarbeit gilt daher als „profit-
orientiert"; Pressestimmen wurden dafür als erster Beleg genannt.

Um so bemerkenswerter ist das in der Regel reservierte Verhalten der Firmenleitungen gegenüber der Öffentlichkeitsarbeit ihrer Häuser. Dies mag vordergründig mit den Kostenrelationen zwischen den beiden Kommunikationsaktivitäten Werbung und PR zusammenhängen. Die Werbung benötigt im Durchschnitt etwa das Zehnfache an Mitteln und Personal und erfordert daher die größere Aufmerksamkeit. Auch in den Gewinn- und Verlustrechnungen werden beide Kostenarten unter dem Oberbegriff „Werbekosten" zusammengezogen.

Werbung ist zudem eine Einwegkommunikation vom Aussender zum Empfänger. Zeitpunkt und Inhalt sind vorausbestimmbar, die Reaktionen in gewissem Grade überprüfbar. Die Verlage erweisen sich als loyale Geschäftspartner.

Alles dies entfällt bei der PR-Kommunikation. Ihr Niederschlag zum Beispiel in der Presse ist nicht berechenbar, weder im Umfang noch in der Tonalität. Vom völligen Verschweigen bis zur braven Wiedergabe, von der Zustimmung bis zur Kritik ist alles denkbar. Kommunikation ist hier ein offener Prozeß. „Der Unternehmer hingegen lebt in einem geschlossenen System", schrieb Hans-Christian Röglin. „Er ist gewohnt und muß es sein, daß seine Entscheidungen genauso verlaufen, wie er sie geplant und angeordnet hat." Und Röglin folgert, daß der Unternehmer prinzipiell ein eher gebrochenes Verhältnis zur Kommunikation habe (Röglin 1987, 27).

Darunter leidet zunächst die Presse selbst. Der Journalist genießt in der Industrie und in der Bankenwelt nur eine begrenzte Hochachtung. Max Webers Satz von 1919 ist noch immer wahr:

Es ist durchaus keine Kleinigkeit, in den Salons der Mächtigen der Erde auf scheinbar gleichem Fuß, und oft allgemein umschmeichelt, weil gefürchtet, zu verkehren und dabei zu wissen, daß, wenn man kaum aus der Tür ist, der Hausherr sich vielleicht wegen seines Verkehrs mit den Pressebengeln bei seinen Gästen besonders rechtfertigen muß (Weber 1926, 32).

Man könnte über diesen Sachverhalt lange reflektieren. Viele Bücher und Broschüren widmen sich dem mühsamen Geschäft, bockige Unternehmer auf den Umgang mit der Presse einzustimmen. Kommunikation ist eben kein beliebtes Gewerbe, trotz des erstaunlichen Kommunikationsbedarfs und ebenfalls großen Kommunikationskonsums. Aber da informieren sich in der Regel Nichtbetroffene über Nichtrelevantes. Wen es betrifft, für den können „Veröffentlichungen" höchst lästig, höchst dekuvrierend, bisweilen höchst gefährlich sein.

Daraus erklärt sich auch das Verhalten des Unternehmers gegenüber seinen eigenen PR-Leuten. Es ist von latentem Mißtrauen geprägt. Wie häufig werden die Öffentlichkeitsarbeiter von vertraulichen Beratungen ferngehalten, „weil die Presse darüber nichts erfahren darf". Der Unter-

nehmer sieht bei dieser Mitarbeitergruppe Loyalitätskonflikte, die er seinen
Ver- oder Einkäufern nie unterstellen würde. Weshalb mißtraut er der Mitt-
lerrolle im Falle seiner PR-Fachkraft – hier zwischen dem Unternehmer und
der Öffentlichkeit, präzise der Presse – ungleich mehr? Er zählt sie, im Gegensatz zu den anderen in seinem Unternehmen ausgeübten Berufen, nicht
zu seinesgleichen.

Unternehmerische Tätigkeit vollzieht sich prinzipiell in privatem Raum,
abgeschirmt von den interessierten Blicken der Konkurrenz, der Steuerbehörden, auch der Aktionäre. Wir werden die Implikationen aus dem Gegensatz von privaten Dispositionen und öffentlicher Rechnungslegung genau
untersuchen. Hier ist festzuhalten, daß sich die Position des Unternehmers
grundsätzlich auf der Privatseite befindet. Öffentlichkeit informiert er vorzugsweise nicht nur selektiv – das tut jede Institution –, sondern partiell, das
heißt, daß er so viele Bereiche ausspart, wie sich ohne Not aussparen lassen.

Ein eher belangloses Phänomen kommt hinzu. Vom normalen Geschäfts-
verkehr übertragen Unternehmer gerne die Usancen der Gastfreundschaft
auf die Journalisten. Sie mögen diesem Programmteil bisweilen sogar die
größere Aufmerksamkeit widmen. Nicht von ungefähr sahen sie in den 50er
und 60er Jahren in ihren Öffentlichkeitsarbeitern vornehmlich unterhalt-
same „Frühstücksdirektoren".

Noch heute läßt die Auswahl des Personals erkennen, ob einem Unternehmen die Bedeutung der Öffentlichkeitsarbeit bewußt ist. In vielen Fällen
ist die Professionalität ein untergeordnetes Kriterium. Die Versorgung
verdienter Mitarbeiter, der Wunsch nach einem schnelleren Entree in bestimmte, dem Kandidaten zugängliche Kreise oder das Flair einer unge-
wöhnlichen Karriere außerhalb der Wirtschaft können durchaus stärkere
Motive für die Personalwahl sein; und sie werden verblüffenderweise häufig
sogar eingeräumt: als käme es auf das übrige eigentlich gar nicht an.

Das Verhältnis der PR-Leute zu ihrer Profession

Die erkennbare Skepsis in wesentlichen Teilen der Gesellschaft gegenüber der Öffentlichkeitsarbeit, ihren Methoden und ihrem Personal hat sich
auch den PR-Leuten selbst mitgeteilt. Welcher andere Berufsstand schätzt
sein Ansehen so gering ein, daß er sich in die Hotellisten nur höchst selten
mit seiner eigentlichen Berufsbezeichnung einträgt?

Das mag auch daran liegen, daß sich diese Berufsgruppe in vielen Ländern noch immer in einem sehr frühen Stadium der Professionalisierung befindet. Ein Berufsbild „Öffentlichkeitsarbeit" wurde in Deutschland erst
1990 vom Berufsverband DPRG verabschiedet und veröffentlicht. Die Zugänge zu diesem Beruf sind diffus, die Prüfungsordnungen beliebig, und PR-
Studiengänge oder PR-Akademien sind noch recht seltene Einrichtungen.

Vielleicht führen die Bemühungen der Verbände um ein akzeptiertes Berufsbild allmählich auch zu einem gefestigteren beruflichen Selbstverständnis. Daran mangelt es nämlich vor allem, wie selbst verdiente PR-Fachleute einräumen und Befragungen in den verschiedensten Ländern immer wieder erkennen lassen. So berichtete Larry Judd in der amerikanischen PUBLIC RELATIONS REVIEW einmal über die Credibility und Honesty, die sich amerikanische PR-Fachleute zubilligen: Von 100 schätzen nur 5 ihre eigenen Aussagen über die von ihnen vertretene Organisation als die glaubwürdigste ein. Vielleicht liegen sie mit dieser Einschätzung sogar richtig. Aber welche Selbstzweifel ergeben sich aus diesem Befund! Wohl seit Dekaden hat sich daran nichts verbessert (Judd 1989, 34).

Was könnte neben der Glaubwürdigkeit das berufliche Selbstverständnis festigen? Wäre es ein eindeutiges Rollenverständnis, zum Beispiel die Entscheidung, ob man eher der Anwalt partikularer Interessen in einer pluralistischen Gesellschaft oder der ratgebende Vermittler zwischen den divergierenden Vorstellungen einer Organisation und ihren Öffentlichkeiten sein will? Die Amerikaner tragen diese Streitfrage zur Zeit aus.

Über Jahrzehnte war das Rollenverständnis unbestritten, das Edward Bernays, einer der Vorväter der PR, in grauer PR-Vorzeit proklamiert hatte:

What a lawyer does for his client in the court of law we do for our clients in the court of public opinion through the press (Bernays o. J.).

Jüngere Autoren fühlen sich eher unwohl, wenn sie die PR mit dem (amerikanischen) Anwaltsystem verglichen sehen. Für Dean Kruckeberg ist eine PR-Fachkraft mehr ein „rehabilitating social worker" als ein Rechtsanwalt. Seine Aufgabe sei es, schlechte Organisationen zu verbessern, nicht zu verteidigen (Kruckeberg 1992, 35). Auch James Grunig entscheidet sich gegen den Advokaten und für den Ratgeber (Grunig und Hunt 1995).

Mit dieser Entscheidung hängt die hier wie drüben lebhaft diskutierte Frage zusammen, ob sich die PR-Praxis mehr an den Erfordernissen der Gesellschaft oder dem eigennützigen Verlangen eines Auftraggebers orientieren sollte. Stefan Riefler fand 1988 heraus, daß immerhin ein Drittel der befragten 160 deutschen PR-Agenturchefs und freien PR-Berater „die Schaffung von Transparenz im gesellschaftlichen Zusammenleben der verschiedenen Interessengruppen" als primäres Ziel ihrer Arbeit betrachten (Riefler 1989, 39). Gegenteiliger Meinung war ein Viertel.

Die Amerikaner bringen diesen Gegensatz viel krasser auf den Punkt. Eine radikale Bezugnahme auf das Geschäft durchzieht ihre Diskussion über den Sinn der PR. Sie wirkt wie ein gewaltsamer Anflug rücksichtsloser Ehrlichkeit. Das Ziel der PR-Fachwelt sollte schlicht und einfach das Geldverdienen sein, proklamierte Andrew Lazarus 1963 im PUBLIC RELA-

TIONS JOURNAL. Das möge eine reductio ad absurdum sein, aber diese Absurdität zahle sich besser aus als „die Verteidigung unseres Berufsstandes, das Nabelbeschauen und das vergebliche Beklagen unseres Ansehens" (Lazarus 1963). Auch der JOURNAL-Redakteur Dennis Altman forderte die PR-Leute auf, ihre Bekümmernisse über Bord zu werfen und ein „Image of smartness, Machiavellian smartness" zu schaffen (Altman 1963).

Mit diesen beiden Aufrufen beendete die amerikanische PR-Zeitschrift 1963 eine zeitweise sehr aufwühlende Debatte über Rolle und Moral der PR. Marvin N. Olasky, der ihr nachspürte, resümierte im PUBLIC RELATIONS RESEARCH ANNUAL: „Der Handel war gelaufen. Der niedrige gesellschaftliche Status des PR-Berufs wurde gegen fette Gagen akzeptiert" (Olasky 1989, 94).

Soll dies das letzte Wort gewesen sein? Umsätze und geschäftliche Erfolge sind gewiß für PR-Agenturen (weniger für angestellte PR-Leute in Organisationen mit längerfristigen Zielsetzungen) das entscheidende Kriterium – wiewohl Riefler den Geschäftssinn seiner Probanden gar nicht erfragte. Andererseits sind PR-Berater und Agenturinhaber Angehörige eines freien, selbständigen Berufsstandes. Ein solcher könnte – eine stärkere Gesellschaftsorientierung vorausgesetzt – am ehesten den Professionalisierungsprozeß der Public Relations vollenden. Auch Rechtsanwälte, Ärzte, selbst Journalisten erwarben ihren höheren gesellschaftlichen Status vornehmlich als Freischaffende. Kein Mensch bezeichnet sie noch als „Winkeladvokaten", „Quacksalber" oder „Bänkelsänger".

Voraussetzung wäre allerdings ein prägnantes, nachvollziehbares berufliches Ethos. Ehrbarkeit (honesty) und moralische Grundsätze (ethical standards) zeichnen nach Ansicht amerikanischer PR-Fachleute nicht ihren Berufsstand aus. Dishonesty ist für ein Drittel der 100 von Larry Judd telefonisch Befragten das größte Problem in der gegenwärtigen PR-Praxis. Wer dieses Ergebnis verallgemeinert, wird erschaudern.

Allerdings wird dabei vielfach PR genannt, was keine ist: Jeder faule Trick, jedes Gaunerstück wird der Branche zugesprochen, sogar von ihren Vertretern selbst. Der „Medienreferent" Reiner Pfeiffer war in Deutschland der spektakulärste Fall. Er lastete im schleswig-holsteinischen Landtagswahlkampf 1987 dem politischen Gegner selbstinszenierte Machenschaften an. Der PR-Berater Günther Schulze-Fürstenow zitiert in seinen Reflexionen darüber einen Journalisten: „Was soll man künftig noch von Gesprächspartnern in Pressestellen und PR-Abteilungen halten? Läuft man nicht ständig Gefahr, gepfiffert zu werden?" (Schulze-Fürstenow 1988, 318).

Drei andere deutsche Autoren schrieben ein Buch über Macht und Magie der Public Relations zusammen. Darin schilderten sie ein anonymes, wohlkonstruiertes Beispiel von Rufschädigung:

Die Automobilfirma A. läßt unter einem Decknamen bei der Automobilfirma B. einen Wagen kaufen, in den sie nachträglich Schäden einbaut. Der Käufer informiert nun einige Verbraucherschutzverbände, die den Umstand, daß die „Automobilfirma B. minderwertige Wagen herstellt", an die große Glocke hängt. Auf diese perfide Weise gelingt es der Automobilfirma A., die Automobilfirma B. in Mißkredit zu bringen (Lahmann, Mehler und Träger 1989).

Es bleibt unerfindlich, was dies, wenn es denn geschah, mit PR zu tun haben soll. Hier wird es wiedergegeben, weil zumindest einer der Autoren einmal Pressereferent einer Behörde war.

„At the top of the PR enemies list should be the practitioners themselves", schrieb Arthur Cuervo, PR-Direktor der Georgetown University, im PUBLIC RELATIONS JOURNAL 1975. Sie seien allesamt stolz darauf, Meinungsmacher zu sein, „im Interesse ihrer Auftraggeber, aber zu Lasten des Gemeinwohls" (Cuervo 1975, 11).

Was machen Einführungen in die Public Relations mit solchen Sachverhalten? Marvin N. Olasky hat neun amerikanische Handbücher daraufhin analysiert. Scott Cutlip und Allen Centers ›Effective Public Relations‹ von 1978, das verbreitetste von ihnen, nennt gleich im ersten Kapitel, verblüffend ähnlich diesem hier, Beispiele für das miese Ansehen der PR. Danach folgen 500 Seiten ungetrübter PR-Praxis. Erst im letzten Kapitel kommen die Autoren auf die eingangs angesprochene Problematik zurück. Sie schreiben dort, daß sich die PR-Praktiker damit abfinden sollten, Anwälte für besondere Anliegen zu sein. Das Problem der PR liege nicht in der Natur dieser Anwaltschaft, sondern nur in einigen besonders unglücklichen Fällen (Cutlip und Center 1978, 576).

Auch die anderen acht PR-Handbücher folgen laut Olasky (1989, 88) diesem Konzept der Ausgrenzung allen Übels. Die problematischen Seiten der PR gelten als periphere Erscheinungen und berührten nicht den Wesenskern der Öffentlichkeitsarbeit. Diese lasse sich auf das entscheidende Paradigma des „special pleading" gründen. Cutlip und Center verteidigen dieses Paradigma in ihrem letzten Kapitel:

Alle Seiten einer Sache darzustellen und eine objektive, ausgewogene Würdigung der Vorteile sich widerstreitender Ansichten zu liefern, liegt in der Verantwortung der Medien, nicht der PR-Praktiker (579).

Marvin N. Olasky, erst PR-Praktiker bei Du Pont, dann Professor an der Universität von Texas, fordert von der PR dringlich einen Paradigmenwechsel. Amerikanische Handbuchautoren beginnen zögernd, sich darauf einzulassen. Am entschiedensten sind darin James Grunig und Todd Hunt. In der Neuauflage von ›Managing Public Relations‹ haben sie die nicht manipulierende, dialogorientierte, nahezu ideale Sprechsituation zum Maßstab ihrer Beurteilungen gemacht. Ein neues Kapitel über Ethik und soziale Verantwortung wurde eingefügt und optisch weit nach vorne gerückt.

In deutschsprachigen Handbüchern, seien sie von Beger, Bogner oder Bürger, finden sich solche Kapitel nicht einmal ganz hinten. Nur Brauer geht darauf ein (1993, 476–479).

Zu Kap. I. 1:

Altman, Dennis: How to get off the back of the bus; in: Public Relations Journal 2/1963.

Beger, Rudolf/Hans Dieter Gärtner/Rainer Mathes: Unternehmenskommunikation. Grundlagen, Strategien, Instrumente; Wiesbaden 1989.

Bernays, Edward L.: The Press Agent has his Days. Unveröffentlichtes Manuskript, zitiert nach Raucher, Allan R.: Public Relations and Business 1900–1929; Baltimore 1968.

Bogner, Franz M.: Das neue PR-Denken: Strategien, Konzepte, Maßnahmen, Fallbeispiele effizienter Öffentlichkeitsarbeit; Wien 1990.

Brauer, Gernot: ECON-Handbuch Öffentlichkeitsarbeit; Düsseldorf 1993.

Buchwald, Manfred: Partner Journalist? Öffentlichkeitsarbeit und die Medien; in: DPRG-Jahrestagung 1986.

Bürger, Joachim H.: PR – Gebrauchsanleitungen für praxisorientierte Öffentlichkeitsarbeit; Landsberg 1989.

Cuervo, Arthur: The poor image of the image makers; in: Public Relations Journal 7/1975.

Cutlip, Scott M./Allen H. Center: Effective Public Relations, Englewood Cliffs, New Jersey, 1978.

Deutsche Public Relations-Gesellschaft (Hrsg.): Partner Journalist? Öffentlichkeitsarbeit und die Medien, Bericht über die DPRG-Jahrestagung 1986; Diskussion mit Johannes Rau.

Dorsch, Petra: Verlautbarungsjournalismus – eine notwendige Medienfunktion; in: Publizistik 4/82.

Fabian, Rainer: Die Meinungsmacher. Eine heimliche Großmacht; Hamburg 1970.

Grunig, James E./Todd Hunt: Managing Public Relations; New York 1984/1995.

Judd, Larry R.: Credibility, Public Relations and Social Responsibility; in: Public Relations Review Vol. XV, No. 2, Summer 1989.

Kruckeberg, Dean: Ethical Decision-Making in Public Relations; in: International Public Relations-Review 15/1992.

Lahmann, Wolf Dieter/M. A. Mehler/Gunther Träger: Macht und Magie der Public Relations; Landsberg 1989.

Lazarus, Andrew: Who says Public Relations is intangible?; in: Public Relations Journal 9/1963.

Lindlau, Dagobert: Blinde und Lahme; in: Journalist 2/82.

–: Fernsehjournalismus – die vierte Gewalt; in: Journalistisches Jahrbuch 89, S. 75.

Olasky, Marvin N.: The Aborted Debate within Public Relations: An Approach Through Kuhn's Paradigm; in: Public Relations Research Annual, Vol. 1, Hillsdale, New Jersey 1989.

Riefler, Stefan: Public Relations als Dienstleistung. Eine empirische Studie über Berufszugang, Berufsbild und berufliches Selbstverständnis von PR-Beratern in der Bundesrepublik Deutschland; in: PR-Magazin 5/89.

–: Journalismus versus PR: Gestörtes Verhältnis; in: Journalistisches Jahrbuch 89.

Riehl-Heyse, Herbert: Bestellte Wahrheiten. Anmerkungen zur Freiheit eines Journalistenmenschen; München 1992.

Röglin, Hans Christian: Die Prinzipien künftiger Öffentlichkeitsarbeit; in: PR-Magazin 10/87.

Saxer, Ulrich: Recherche als journalistischer Auftrag und Prüfstein; in: Fernsehen und Bildung, 10. Jahrgang, 3/76.

Schulze-Fürstenow, Günther: Kommunikation ohne Glaubwürdigkeit?; in: Journalistisches Jahrbuch '89, München 1988.

Weber, Max: Politik als Beruf; Berlin 1926.

2. Der Bedarf an PR-Arbeit

So umstritten die PR als Arbeitsweise ist, so stark bedarf man ihrer. Sieht eine Organisation sich um einen Erfolg gebracht, ruft sie nach besserer Öffentlichkeitsarbeit. Dann wird PR plötzlich als der entscheidende Erfolgsfaktor angesehen.

Das gilt nicht nur für den kurzfristigen Beifall im Publikum, der vorübergehend Erleichterung verschafft. Jede Organisation muß bestrebt sein, sich im Rahmen ihrer langfristigen Überlebensstrategie auf neue Umfeldsituationen rechtzeitig einzustellen und sich dazu in der Gesellschaft Gehör zu verschaffen. Ihr Verhalten steht heute unter den teils kritischen, teils argwöhnischen Blicken von Interessengruppen, die sich von ihren Aktivitäten mitbetroffen fühlen: Für Wirtschaftsunternehmen sind es Umweltschutz- und Konsumenten-Organisationen, politische Parteien und Bürgerinitiativen, für Fernsehanstalten und Presseorgane die strukturierten und unstrukturierten Publika.

Aber Kirchen und Gewerkschaften geht es nicht anders; ja alle der hier aufzählbaren Protest- und Oppositionsgruppen haben ihrerseits ein großes Bedürfnis nach genereller Aufmerksamkeit und Rechtfertigung. Betrachten wir den Bedarf an PR in den modernen Gesellschaften daher zunächst aus dem Blickwinkel der einzelnen Organisation! Wissenschaftler haben sich angewöhnt, in diesem Fall von der „Mikroebene" der PR zu sprechen (Grunig 1992, 108).

Ob darüber hinaus auch die Märkte oder die gesamte Gesellschaft der PR-Arbeit bedürfen, um zu funktionieren, – ob es heutzutage also notwendigerweise auch die Meso- und die Makroebene der PR geben muß – erörtern wir anschließend.

PR als strategischer Erfolgsfaktor
Betriebswirtschaftler raten dazu, die Zahl der für ein Unternehmen relevanten Erfolgsfaktoren zu begrenzen. Diese Auffassung entspricht dem
Prinzip, knappe Ressourcen zu konzentrieren, sich nicht zu verzetteln, sondern eindeutige Stärken herauszubilden. Um so bemerkenswerter ist es
dann, wenn sie – wie Günther Haedrich – die PR ganz dezidiert zu den strategischen Erfolgsfaktoren rechnen. Dabei leitet sie nicht einmal das nahelie-
gende Rezept, den diversen Märkten des Unternehmens ohne Werbekosten-
aufwand Produkt- und Unternehmensinformationen via Presse zuzuleiten.
Ihre Ansätze sind grundsätzlicher (Haedrich 1992, 259ff.).

Geht man von den Organisationszielen aus, so könnte es naheliegen, alle
Erfolgsfaktoren im direkten Kontext der Organisationsaufgaben zu suchen.
Dann ist erfolgreich, wer die zumeist auch in den Satzungen oder Grundsatz-
programmen festgeschriebenen Ziele erreicht. Aber die Zweifel mehren
sich, ob dieses Kriterium ausreicht. Die Unternehmen selbst formulieren
immer häufiger gesellschaftsorientierte Zielvorstellungen wie soziale Verantwortung und Umweltschutz und setzen sie den traditionellen wie Gewinn
und Wachstum gleich.

Es geschieht keineswegs aus Altruismus. Die Unternehmen sind sich, wie
Haedrich aus Befragungen ermittelt hat, offenbar der Tatsache bewußt, daß
ihre ökonomische Effizienz auch von ihrem Bemühen abhängt, sich gegenüber gesellschaftlichen Gruppierungen zu legitimieren.

Nur wenn es gelingt, die Balance zwischen Aufgabenumwelt und Gesellschaft aufrechtzuerhalten, ist das Unternehmen effektiv, und nur dann ist der Unternehmens-
bestand langfristig gesichert (Haedrich 1992, 260).

Den gleichen Legitimationsbedarf haben Fernsehsender und Presseverle-
lage. Unter den öffentlich-rechtlichen Anstalten geht es um den stets zu wie-
derholenden Nachweis, daß ihr gesellschaftlicher Auftrag – Information,
Bildung, Beratung und Unterhaltung (Art. 1 §2 des Staatsvertrags über den
Rundfunk im vereinten Deutschland) – erstens unentbehrlich ist und zweitens ausgewogen wahrgenommen wird. Die privaten Betreiber müssen
immer wieder die Art ihrer Reality-Programme verteidigen. Gewalt und
Porno im Fernsehen und an den Kiosken schafft vielerorts Unmut. Nicht nur
niederbayerische Landfrauen protestieren dagegen und rufen zum Boykott
von Firmen auf, die zwischen solchen Programmteilen Werbespots senden.

Man muß sein Handeln rechtfertigen können. Gesellschaftlich „legiti-
mierte" Unternehmen, so formuliert es Haedrich, haben eine größere
Chance, ihre ökonomischen Zielvorstellungen zu realisieren. Dazu sei allerdings eine bestimmte Grundhaltung notwendig: die Öffnung des Unternehmens für gesellschaftliche Belange.

Haedrich fordert, das Leitbild des Unternehmens, seine Philosophie und seine gewünschte Wertbasis in eine entsprechende „Public Relations Kultur" umzusetzen. Das ist zunächst nur ein Schlagwort. Kennzeichnen wir daher die nach unserer Auffassung entscheidenden Verhaltensweisen einer solchen Public-Relations-Kultur. Wir skizzieren damit kurz die Aufgaben der organisierten PR auf der „Mikroebene" der Organisationen. Dabei beginnen wir, einer alten PR-Weisheit folgend, mit den Hausaufgaben. Public Relations begin at home.

Die Aufgaben der organisierten PR

1. Die „Öffnung des Unternehmens für gesellschaftliche Belange", wie sie Haedrich fordert, bedeutet, Außenbeurteilungen und Außenkritik in die eigene Organisation hineinzutragen. Diese muß wissen, was die Umwelt denkt und erwartet. Sie muß auch wissen, wohin sich Umwelten orientieren.

Der Bedarf an interner PR ist also erstens in ihrer Aufgabe begründet, ein Frühwarnsystem für die eigene Organisation zu sein. Die Arbeit, die damit verbunden ist, ist die stete Kultivierung eines Problem- und Verantwortungsbewußtseins gegenüber den Öffentlichkeiten einer Organisation.

2. Der Öffnung für gesellschaftliche Belange folgt in der Regel die aktive Auseinandersetzung mit ihren Forderungen und Erwartungen. Vielleicht erweisen sich Kurskorrekturen als erforderlich. Diese müssen von allen Instanzen der Organisation erarbeitet werden. Den PR obliegt es hierbei, auf die Beharrlichkeit dieser Bemühungen zu achten.

Der Bedarf an interner PR gründet zweitens in ihrer Aufgabe, Anpassungen anzumahnen; bisweilen das Gewissen einer Organisation zu sein.

3. Wer sich der Probleme seiner Umwelt bewußt ist, wird für ihre Anliegen größeres Verständnis haben. Dennoch führt dies nicht von alleine zur richtigen Kommunikationsform. Dialogbereitschaft ist einzuüben. Sie setzt auch die Anerkennung eines konträren Standpunkts voraus.

Der Bedarf an interner PR ist drittens in ihrer Aufgabe begründet, die Voraussetzungen für eine Kommunikation zwischen einer Organisation und ihren Öffentlichkeiten zu schaffen. PR-Leute sind Brückenbauer, die vermeiden, in jedem Gegner einen Feind zu sehen.

4. Organisationen unterliegen heute darüber hinaus einem starken Druck, nicht nur ihre Einzelaktivitäten, sondern vor allem ihre Ziele gegenüber der Öffentlichkeit rechtfertigen zu müssen. Ihre Existenzberechtigung versteht sich nicht mehr von selbst. Anfechtungen häufen sich. Klassische Beispiele sind die Konfrontierung der Automobilproduktion mit den Zweifeln am Sinn des motorisierten Individualverkehrs, die wachsenden Vorbehalte gegen Chemie und Energieerzeugung schlechthin; oder auch die

UNTERNEHMEN, DIE NICHT MIT SICH REDEN LASSEN, WERDEN BALD NICHT MEHR VIEL ZU SAGEN HABEN.

Kein Unternehmen kann es sich heute noch leisten, sein Denken und Handeln in Schweigen zu hüllen. Denn unsere Gesellschaft hat sich geändert. Unternehmen müssen sich daran gewöhnen, sich als aktiver Teil dieser Gesellschaft zu fühlen. Und sie müssen ihren Beitrag dazu liefern: Indem sie z.B. zu gesellschaftspolitischen und anderen wichtigen Fragen genauso Stellung beziehen wie andere Teile der Gesellschaft auch.

Wir tun das, indem wir mit den Verbrauchern über unsere Produkte sprechen. Wir reden mit unseren Nachbarn über unsere Maßnahmen gegen Lärm- und Geruchsbelästigung. Wir informieren die Gemeinden über unsere Strukturpolitik und unsere Umweltschutzaktivitäten.

Und wir stehen auch dann Rede und Antwort, wenn wir mit der Lösung eines Problems nicht alle zufriedenstellen können. Wir glauben, daß diese Haltung für ein Unternehmen heute wichtig ist.

Denn eines ist uns klar: Wer heute nicht mit der Öffentlichkeit spricht, wird morgen die Öffentlichkeit gegen sich haben.

Wir wollen Fortschritt, der vernünftig ist.

Abbildung 3: Manche PR-Anzeigen haben den Charakter von Proklamationen, die das eigene Haus verpflichten sollen. „Hier gibt das Unternehmen eine Interpretation des eigenen Selbstverständnisses", schrieb die Stabsstelle Public Relations der Henkel GmbH, Düsseldorf, zu acht Anzeigenmotiven; diese legten „die Grundsätze dar, nach denen es seine Tätigkeit ausrichten will". Dabei setze es sich „mit den Problemen der Gesellschaft und unserer Wirtschaftsform offensiv auseinander" (Henkel 1973).

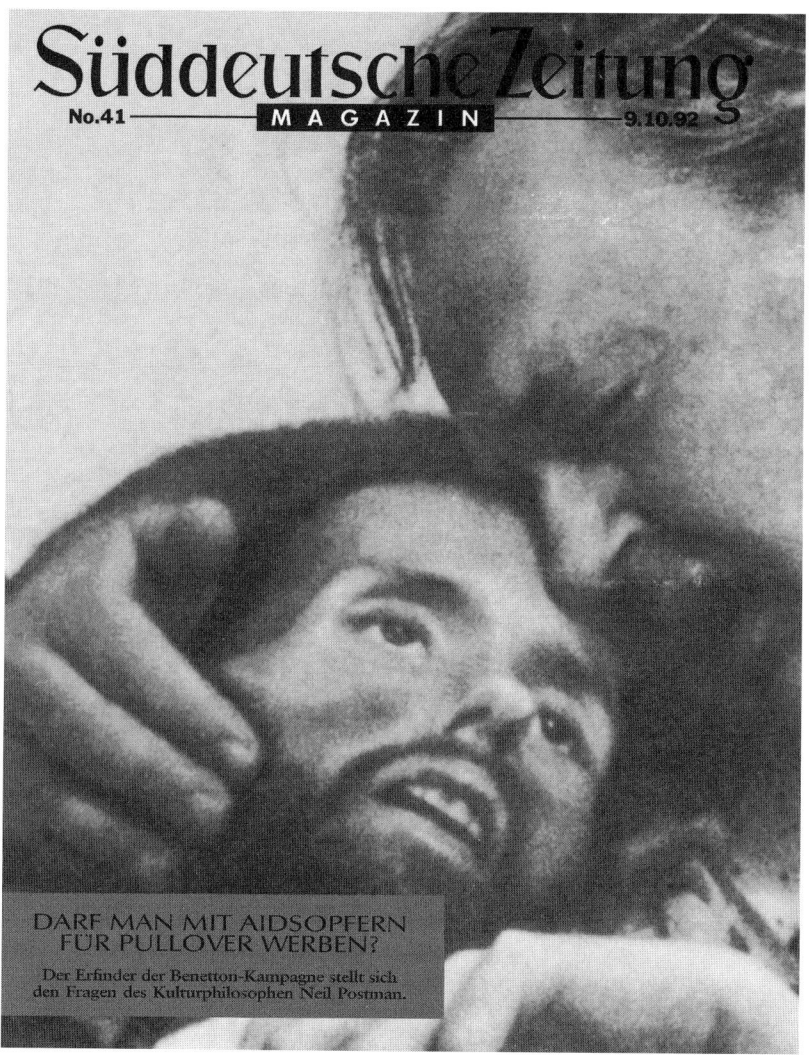

Süddeutsche Zeitung
No.41 — MAGAZIN — 9.10.92

DARF MAN MIT AIDSOPFERN
FÜR PULLOVER WERBEN?
Der Erfinder der Benetton-Kampagne stellt sich
den Fragen des Kulturphilosophen Neil Postman.

Abbildung 4: Gehört es zu den Aufgaben eines Unternehmens, das Leid der Welt spektakulär anzuprangern? Benetton tat es. Die Deutsche Bank tat es. Im Herbst 1994 propagierte das in die öffentliche Kritik geratene Bankhaus in doppelseitigen Tageszeitungsanzeigen und Fernsehspots die bitteren Klagen des Theologen Hans Küng über die Zeitläufte. Gegen Benetton schritt der Deutsche Werberat ein. Der Bank ließ man es durchgehen. Jenseits aller durchsichtigen Motive beider Inserenten bleibt festzustellen, daß sie ihre Beziehungen zur Gesellschaft neu definieren: „Sich einzumischen", wie es von Privatleuten immer wieder erwartet wird, sehen jetzt auch Privatorganisationen als verantwortbar an.

Grundsatzkritik an Industrie- und Bankenwelt, an der „politischen Klasse",
am Medienwesen usw.

Der Bedarf an interner PR liegt daher viertens in ihrer Aufgabe, in jeder
Organisation die Sinnfrage zu stellen und zu beantworten, sozusagen die
Unternehmens-„Philosophie" zu formulieren und nach drinnen wie nach
draußen darzustellen.

Die interne PR-Arbeit ist eine wesentliche Grundlage für das Wirken
nach außen. Der Prozeß der Selbstfindung – Wer sind wir? Was wollen wir?
Können wir verantworten, was wir tun? – hat in der Regel dem Prozeß der
Selbstdarstellung vorauszugehen: dem Versuch, für sich einzunehmen, um
Aufmerksamkeit, dann um Anerkennung, auch um Sympathie zu werben
und, wenn es gelingt, um Zustimmung. Wenden wir uns jetzt diesen Aufga-
benfeldern zu!

5. Für die normalen Beziehungen einer Organisation zu ihrem Umfeld
bedarf es der Kontaktpflege. Viele Beziehungen sind über Jahre frei von
Spannungen und Streit. Gerade deshalb sollte eine Organisation auf zwei
Prinzipien achten: Ihre Kontakte müssen beständig und ihr Verhalten muß
verläßlich sein.

Der Bedarf an externer PR beruht erstens auf dieser schon im englischen
Begriff enthaltenen primären Aufgabe der Public Relations: die ganz normalen, eher unscheinbaren Beziehungen einer Organisation zur Außenwelt
zu pflegen und deren Vertrauen zu suchen.

6. Wer in der Öffentlichkeit agiert, will anerkannt und akzeptiert werden.
Jede Organisation ist darauf bedacht, ihren Bekanntheitsgrad, ihren Ruf
und ihr Profil zu stärken. Alle ihre Gliederungen sind aufgerufen, daran mitzuwirken. Der PR-Arbeit obliegt es in der Regel, diese Anstrengungen zu
koordinieren.

Der Bedarf an externer PR resultiert zweitens aus der Aufgabe, Strategien zu konzipieren, die geeignet sind, einen guten Ruf zu erhalten.

7. Sich mit öffentlicher Kritik auseinanderzusetzen muß nicht heißen,
daß man allen gesellschaftlichen Erwartungen entspricht, zumal solche niemals auf einen Nenner zu bringen sind. Jede Organisation hat ihre genuinen
eigenen Interessen oder Vorstellungen, und sie im Rahmen eines gesamtgesellschaftlichen Werte- und Ordnungssystems zu verteidigen, ist legitim.

Der Bedarf an externer PR gründet daher drittens in ihrer Aufgabe, Öffentlichkeit auch für die eigenen Belange herzustellen: Interessen zu artiku-
lieren und für die eigene Sache zu werben.

Daß nicht alle Probleme einer Organisation auf dem Wege der Kommunikationsarbeit zu lösen sind, leuchtet ein und wird doch nur allzu häufig vergessen. Das beginnt bei „Imageproblemen", die bisweilen durch heftige
Tünche statt durch kräftige Korrekturen des eigenen Verhaltens bereinigt

werden sollen. Das betrifft auch Sachfragen, zum Beispiel Verkehrsprobleme, die man durch „Aufklärung" oder „Erziehung" statt durch konkrete Verkehrsregelungen zu lösen sucht. Organisationen sind, so schrieb Benno Signitzer einmal (1989, 40), zu „kommunikationsfixiert". Die Kommunikationslösung sei nämlich oft preisgünstiger, bequemer und „politisch" plausibler als eine Sachlösung. Sie werde in der Regel auch von den PR-Agenturen oder PR-Abteilungen favorisiert, weil deren Expertise die Kommunikation ist. Aber für den „schnellen" Erfolg bezahle die PR einen hohen Preis: den Verlust an Glaubwürdigkeit nach dem vorprogrammierten Scheitern reiner Kommunikationslösungen.

Die Funktion von Geheimnissen und Tabus

Zentrales Gebot der Öffentlichkeitsarbeit einer Organisation ist es gewiß, Öffentlichkeiten herzustellen. Gilt aber nicht auch das Gegenteil: Nichtöffentlichkeit zu ermöglichen? Die eingangs angeführte Kritik der Presse an der PR unterstellt genau diese Negation als die Regelfunktion der PR. Presse fühlt sich dem Prinzip der totalen Information über alles und jedes verpflichtet. Wer sich diesem Prinzip entgegenstellt, handelt nach ihrer Auffassung gegen die Interessen auch der Allgemeinheit.

Haben die Medien jederzeit einen objektiven Anspruch auf Auskunft? Gewiß wird ihre Kontrollfunktion beeinträchtigt, wenn Verlautbarer nur dementieren oder Ausflüchte finden. Aber Geheimgehaltenes aufzudecken, ist ein ganz spezifischer journalistischer Reiz, der keineswegs immer nach Rechtfertigungen fragt. Und dann ist da auch stets ein Geschäft zu machen. „So blüht der Handel mit Geheimnissen in allen Medien", schreiben Merten und Westerbarkay in der › Wirklichkeit der Medien‹ (1994, 96).

Die Autoren sprechen von Systemgeheimnissen, wenn in der Öffentlichkeit nicht einmal gewußt wird, daß bestimmte Sachverhalte geheimgehalten werden. Von solchen Systemgeheimnissen sind wir umstellt. Aber sie beunruhigen uns nicht so sehr wie eine nicht befriedigte Neugier. „Wir kompensieren die hohe Wahrscheinlichkeit, nicht ausreichend oder irreführend informiert zu werden, durch ein fundamentales Systemvertrauen" (Merten und Westerbarkay 1994, 194).

Radikale Aufklärer würden dieses Vertrauen gerne aufbrechen. Sie wittern überall Unrat. Manfred Buchwald zitierte einmal die naiv-freundliche Formel des Grafen Zedtwitz-Arnim: „Tue Gutes und rede darüber" und bemerkte sarkastisch dazu, daß eher die Umkehrung gelte: „Laß' Ungutes geschehen und sorge dafür, daß es niemand erfährt" (Buchwald 1986, 23).

Ungutes, das geschieht, ist aber nicht immer von öffentlicher Relevanz. Selbst bei öffentlich relevanten Organisationen, Parteien oder Medien muß nicht jede schmutzige Wäsche vor allen Augen gewaschen werden. Britische Hofberichte oder die journalistischen Schnüffeleien im Vorfeld amerikanischer Präsidentschaftswahlkämpfe bieten abschreckende Beispiele. Nicht jede Neugierde muß befriedigt werden.

Sogar die radikalsten Informanten wie der SPIEGEL bekunden, sofern sie selbst betroffen sind, das dringende Bedürfnis, „aus den Schlagzeilen wieder herauszukommen", wie es Rudolf Augstein anläßlich einer internen Krise formuliert hatte. „Was wir in diesen Tagen tun müssen, dient der Aufrechterhaltung unserer Integrität und Arbeitsfähigkeit." Gerede zersetze; es zerreiße die Redaktion, zerstöre den SPIEGEL, „die Existenz des gesamten Unternehmens steht wortwörtlich auf dem Spiel".

Diese Sätze sind sehr bezeichnend. Sie besagen, daß sich Betroffene immer gegen das Prinzip der totalen Information wehren, auch wenn sie selbst zu den Totalinformierenden gehören. Hier bricht plötzlich die zerstörerische Kraft durch, die jeder Informationstätigkeit latent innewohnt (ebenso wie jeder Kritik und jedem Denken). Gegenpositionen werden sichtbar. Es muß, so lauten sie, Nichtöffentlichkeiten auch in einer Welt geben, die mit dem Anspruch lebt, total durchsichtig zu sein.

Wie aber sind sie zu begründen?

Zunächst entspricht es humanem Verhalten, daß man nicht alles sagt, was man weiß oder denkt. Mitmenschen werden dadurch geschont. Zwar wendet die Presse das Prinzip der Schonung sehr situativ an; aber einen gewissen Komment hält sie mit großer Konsequenz durch. Das Sexualleben deutscher Politiker z. B. ist im Gegensatz zum angelsächsischen Brauch in Deutschland kein Thema. Überhaupt wird die sogenannte „Privatsphäre" hierzulande stärker geschont.

Scheu und Zurückhaltung gibt es nicht nur gegenüber bestimmten personalen Tatbeständen. Auch mancher Sachverhalt wird öffentlich nicht oder nur betulich erörtert. Dann spricht man von Tabus. So war in den Jahren der Entspannung vor der Wende von 1989 die Kritik an den Zuständen in der DDR nahezu tabuisiert. Wer sie dennoch vornahm, wurde als „kalter Krieger" denunziert.

Es greift zu kurz, daraus ein „Medientabu" zu machen, wie es zur Zeit eine eher rechte Kritik an der Presse tut (Wagner 1991), die damit nahezu spiegelbildlich der linken Kritik entspricht, die es in den 68er Jahren gab. Damals wurden „die Tabus der bundesdeutschen Presse" vor allem in der Nichtbeschreibung der Arbeitswelt gesehen (Spoo 1971, 7). Über die „Schwierigkeiten beim Veröffentlichen der Wirklichkeit hinter Fabrikmauern" berichtete der Tabubrecher Günter Wallraff (1971, 20ff.).

Hinter dem jeweiligen Leisetreten der Presse stand ein gesamtgesellschaftliches Einverständnis. DDR-Empfindlichkeiten zu schonen war ein bisweilen offen ausgesprochenes Arbeitsprinzip von Regierungen, Parlamentariern, Wirtschaftsführern (siehe Leipziger Messe) und eben auch der Presse. Später waren sie darüber allesamt zerknirscht.

Das gilt auch für Wallraffs „unerwünschte Reportagen". Der Deutsche Presserat belegte seinen Autor wegen der Methoden, mit denen er sich seine Informationen und Eindrücke beschaffte, mit Bann (Wallraff 1969,VIII). Seine Texte konnten sich daher nur in Buchform Bahn brechen. Aber sein Buch ›Ganz unten‹ bewirkte schließlich einen solchen Wandel in der Arbeitswelt, wie ihn Bücher in modernen Gesellschaften nur ganz selten erzielen, vergleichbar etwa ›Onkel Toms Hütte‹, dem Buch zum amerikanischen Bürgerkrieg von Harriet Beecher-Stowe.

Schweigen und Verschweigen ist nicht mit Lügen gleichzusetzen. Dennoch kommt eine Tabuisierung dem Phänomen der Lebenslüge nahe. Eine ungewöhnliche Lanze für solche Lügen brach Volker Sommer: Selbsttäuschungen sind lebensnotwendig, Verdrängungsmanöver tun gut. Nicht die Wahrheit halte gesund, sondern ein gesundes ausbalanciertes Lügensystem (Sommer 1991).

Gilt, was Sommer für Individuen beschreibt, auch für Organisationen? Dann muß PR versuchen, bestimmten Tabuisierungen Vorschub zu leisten. In der Tat gibt es nirgendwo mehr Tabus als innerhalb einer Organisation selbst. Auch gibt es kaum eine Organisation ohne Tabus.

Mit dem Begriff Tabu unterstellt man die Fähigkeit, es zu benennen und rational zu beschreiben – wenn man es wollte. Mancher Organisationskomplex entzieht sich aber der vordergründigen Beschreibung; manche Verhältnisse bleiben rätselhaft. PR-Leute sollten nicht zwanghaft versuchen, dies zu ändern.

Manfred Piwinger und Wolfgang Niehüser haben in einer Studie über Skandale auf die Gedanken von Georg Simmel zur positiven sozialen Funktion des Geheimnisses aufmerksam gemacht und damit dem Nachdenken über die theoretischen Grundlagen der PR in Deutschland – das Anliegen der Autoren – einen fruchtbaren Anstoß gegeben (Piwinger und Niehüser 1991, 7). Georg Simmel hatte 1908 erkannt, daß es für die Aufrechterhaltung sozialer Beziehungen sehr wichtig sein kann, bestimmte Aspekte der eigenen Persönlichkeit eher zu verbergen als zu offenbaren. Geschäftliche wie freundschaftliche Beziehungen, aber auch die Beziehung in einer Ehe basierten darauf, daß die Beteiligten etwas voneinander wissen, aber ebenso auch darauf, daß sie etwas voreinander geheimhalten. Völlige Kenntnis voneinander sei der Tod jeder sozialen Beziehung. Simmel schrieb:

Gegenüber dem kindlichen Zustand, in dem jede Vorstellung sofort ausgesprochen wird, jedes Unternehmen allen Blicken zugänglich ist, wird durch das Geheimnis eine ungeheure Erweiterung des Lebens erreicht, weil vielerlei Inhalte derselben bei völliger Publizität überhaupt nicht auftauchen können. Das Geheimnis bietet sozusagen die Möglichkeit einer zweiten Welt neben der offenbaren, und diese wird von jener auf das stärkste beeinflußt (Simmel 1983, 272).

Diese Überlegungen klingen uns heute – außerhalb der rein persönlichen Sphäre – recht befremdlich. Auch Piwinger und Niehüser wandten sie nur auf prominente Einzelpersonen an, denen durch Verrat – das Gegenstück zum Geheimnis – ein öffentliches Skandalon bereitet werden soll. Aber auch Organisationen leben länger, wenn ein Rest von Geheimnis sie umgibt, und sei es nur das Geheimnis ihres Erfolgs.

Das Prinzip der sauberen Weste

Für eine Sonderform der Lebenslüge halten viele Publizisten das oftmals verkrampfte Bedürfnis einer Organisation, nur im „besten Licht" und als Wohltäter dazustehen. Aber es hieße die Augen vor den Tatsachen verschließen, wollte man hier nicht auch dem Eigennutz und der Eitelkeit Tribut zollen. Beides sind urmenschliche Verhaltensweisen, die sich immer wieder auf Organisationen übertragen lassen.

Jedem Menschen ist es eigentümlich, sich nach außen von seiner besseren Seite zu zeigen; jeder versucht, Schwächen und Fehler durch mindestens ebenso augenfällige Wohltaten zu kompensieren. Die Devise „Tue Gutes und rede darüber" ist ein primär personales Phänomen. Auf die Öffentlichkeitsarbeit angewandt, stellt sie eine Primitivform des Verkündens dar.

Aber im Prinzip verhalten sich Organisationen nicht anders als Einzelmenschen. Ihre Kommunikationspolitik ist nicht nur durch das Ziel geprägt, eigene Interessen durchzusetzen. Sie beinhaltet zugleich das davon unterscheidbare Verlangen des jeweiligen Managements, als untadelig dazustehen. Es geht ihnen niemals nur um einen, wenn auch noch so rudimentären, argumentativen Dialog mit Gegnern der eigenen Position. Es geht ihnen stets auch um die eigene Vorzüglichkeit – und bestünde sie beim Einräumen von Schwächen in einer affektierten Bescheidenheit.

Die Öffentlichkeit beziehungsweise diejenigen Teile derselben, die als Adressaten geschönter Botschaften in Frage kommen – wir wollen sie künftig Teilöffentlichkeiten nennen, weil sich dieser Begriff dafür einzubürgern beginnt –, hat gegen solche Manöver das Instrument der Pressekritik zur Hand. Es wirkt um so effizienter, je stärker die betroffene Organisation dem Störfeuer konkurrierender Organisationen ausgesetzt ist. Man beachte nur die abqualifizierenden Kommentare von Parteisprechern nach einer programmatischen Rede eines Gegners. Es gehört zum Ritual der öffentlichen Debatte, daß solche Kommentare von der Presse sofort eingeholt und mitveröffentlicht werden.

Das jeweilige Publikum hat sich an beides gewöhnt: an die geschönte Verlautbarung und die korrigierende Kritik. Man erkennt – und akzeptiert – in der Regel die Einseitigkeit aller Aussagen, die von Unternehmen, Parteien, Gewerkschaften, Vereinen und Behörden dargeboten werden. Schließlich stellt die pluralistische Gesellschaft in sich das Korrektiv zu allen diesen Einseitigkeiten dar.

Dabei ist die Presse davon nicht ausgenommen. Gerade sie übt das Prinzip der „sauberen Weste" häufig mit allen ihr zu Gebote stehenden Mitteln, und die gegenseitige Kritik – in früheren Jahrzehnten durch die berühmten Jens-Daniel-Kolumnen des SPIEGEL mit erheblicher Bravour geleistet – ist fast gänzlich verstummt. Die einzige im deutschen Sprachraum existierende MEDIENKRITIK kann wegen ihrer geringen Verbreitung nur als Insiderdienst bezeichnet werden.

Selbstkritik, von anderen Organisationen immer wieder eingefordert, fällt den Presseleuten selbst besonders schwer. Sie verweisen auf die Möglichkeiten des Leserbriefs oder der Gegendarstellung. Aber das sind Alibis mit der zusätzlichen Funktion, nachträgliches Interesse für den eigenen Bericht zu erzeugen.

Eine bemerkenswerte Ausnahme war der Selbstreinigungsprozeß, dem sich der STERN in seinen Spalten nach dem Debakel mit den gefälschten Hitler-Tagebüchern unterzog. Der SPIEGEL hingegen gebärdete sich nach dem Reinfall mit gefälschten Waldheim-Telegrammen, durch die er glaubte, die Position des österreichischen Bundespräsidenten endgültig erschüttert zu haben, mit gewundenen Erklärungen recht zweideutig: Andere erschienen als die Schuldigen; das eigene Produkt – der SPIEGEL – sollte möglichst unbescholten bleiben.

Trotz solcher Schönheitsfehler erzeugt die westliche Informationsgesellschaft insgesamt einen hohen Grad an Kritikfähigkeit. Dabei ist es angemessen, diese Fähigkeit insbesondere gegenüber den „nichtjournalistischen Teilnehmern am Kommunikationsprozeß" (einschließlich Verlegern) wachzuhalten. Wer eigene Interessen verfolgt, was legitim ist; wer als unbescholten, sogar vorzüglich gelten will, was einsehbar ist; wer also der Öffentlichkeitsarbeit bedarf, muß sich der öffentlichen Kritik stellen.

Zu Kap. I.2:
Buchwald, Manfred: Partner Journalist? Öffentlichkeitsarbeit und die Medien; in: DPRG-Jahrestagung 1986.
DER STERN 24/1983: Das Wind-Ei.
Grunig, James E.: The Development of Public Relations Research in the United States and its Status in Communication Science; in: Avenarius, Horst/Wolfgang Armbrecht: Ist Public Relations eine Wissenschaft?; Opladen 1992.
Haedrich, Günther: Public Relations im System des strategischen Managements; in:

Avenarius, Horst/Wolfgang Armbrecht: Ist Public Relations eine Wissenschaft?;
Opladen 1992.

Medienkritik, wöchentlicher Dienst des Instituts für Medienentwicklung und Kommunikation, Frankfurt a. M.

Merten, Klaus, und Westerbarkay, Joachim: Public Opinion und Public Relations; in:
Merten, Klaus, Schmidt, Siegfried J., und Weischenberg, Siegfried (Hrsg.): Die
Wirklichkeit der Medien. Eine Einführung in die Kommunikationswissenschaft;
Opladen 1994.

Piwinger, Manfred, und Niehüser, Wolfgang: Skandale: Verlauf und Bewältigung.
Strukturen und Funktionen indiskreter Kommunikationsformen; 3. PR-Kolloquium herausgegeben von der DPRG-Landesgruppe Nordrhein-Westfalen; Wuppertal 1991.

Signitzer, Benno: Aspekte neuerer Public Relations-Theorie und wissenschaftliche
PR-Beratung; in: PR-Magazin 11/1989.

Simmel, Georg: Soziologie. Untersuchungen über die Formen der Vergesellschaf-
tung; 6. Aufl. Berlin 1983.

Sommer, Volker: Rehabilitierung der Lüge; in: Das Plateau 8/1991.

Spoo, Eckart (Hrsg.): Die Tabus der bundesdeutschen Presse; München 1971.

Wagner, Hans: Medientabus und Kommunikationsverbote. Die manipulierte Wirklichkeit; München 1991.

Wallraff, Günter: 13 unerwünschte Reportagen; Köln/Berlin 1969.

–: Einige Erfahrungen mit den Schwierigkeiten beim Veröffentlichen der Wirklichkeit hinter Fabrikmauern; in: Spoo, Eckart (Hrsg.): Die Tabus der bundesdeutschen Presse; München 1971.

3. Die gesellschaftspolitische Funktion der PR

Nehmen Organisationen ihre PR-Aufgaben in der rechten Weise wahr, dabei durchaus eigensinnig auf den eigenen Vorteil bedacht und partikulare Interessen propagierend, so resultieren daraus idealiter dennoch positive Leistungen für das Gemeinwohl: für Märkte oder Teilöffentlichkeiten wie für die gesamte Gesellschaft schlechthin. Daß aus private vices public bene-fits werden können, hatte schon Bernard Mandeville zu Beginn des 18. Jahr-hunderts festgestellt, und der englische Utilitarismus des 19. Jahrhunderts – vor allem Jeremy Bentham und John Stuart Mill – bauten diesen Ge-danken aus.

Seit dem 20. Jahrhundert ist es vornehmlich das Prinzip der offenen Ge-sellschaft und der in ihr konkurrierenden Gruppierungen um Einfluß, Macht und Ansehen, das die Existenz partikularer Interessen legitimiert. Die Gesellschaft ist voller Konflikte, aber diese werden in westlichen Demo-kratien zumindest nicht wie zu Zeiten des Feudalismus mit Waffen, sondern auf eher friedlichem Wege ausgetragen. Jede Interessengruppierung kämpft

im Prinzip mit forensischen Mitteln für ihre Ziele. Wortreiche Antago-
nismen zeichnen daher unser Gesellschaftssystem aus. Alle reden mit und
reden gegeneinander.

Dabei hat keine Institution, auch nicht der Staat, die alleinige Macht oder
Vollmacht des Sagens. Das „pluralistische" Gesellschaftssystem lebt vom
öffentlichen Wettbewerb und Wettkampf zwischen Parteien, Tarifpartnern,
Unternehmen, Verbänden, Bürgerinitiativen und unzähligen anderen Institutionen. Ohne diesen öffentlichen Austrag käme es nicht zum Fortschritt,
nämlich zur allmählichen Anerkennung oder Durchsetzung der jeweils besseren Argumente, der nützlicheren Lösung oder auch der genaueren Einsicht in ein Problem. Es käme statt dessen, wie in manchen Teilen der Welt
noch kürzlich zu besichtigen war, zu einer Degenerierung der gesellschaftlichen Kräfte, zur totalen Herrschaft, auch Meinungsherrschaft einer
kleinen Gruppe, eines Politbüros.

PR als Integrationsfaktor

Die in der Gesellschaft vorhandenen Interessengegensätze können bei
aller Lautstärke auf gütlichem Wege ausgetragen werden. Dazu bedarf es
einer funktionierenden öffentlichen Meinung als urteilende, gegebenenfalls
auch verurteilende Instanz. Vor ihr haben streitende Parteien zu bestehen.
Das setzt ihre Kommunikationsfähigkeit voraus. Sie müssen ihre Handlungen und ihr Denken, bisweilen sogar ihre Daseinsberechtigung begründen können.

Genau das leistet PR: für Regierungsvorhaben wie für die Opposition dagegen, für Gewerkschaftsforderungen wie für die Arbeitgeberposition, für
Automobile wie für die Bahn, für die Bauern wie für Verbraucherverbände.
Man wird den jeweiligen Gegner nicht überzeugen, geschweige denn gewinnen können, z. B. für die 35-Stunden-Woche, gegen ein Tempolimit auf
Autobahnen, für schärfere AIDS-Kontrollen etc. Aber vor dem Forum der
allgemeinen öffentlichen Meinung kann eine öffentliche Auseinandersetzung Standorte klären, Probleme relativieren, Mehrheiten formieren oder
Kompromisse veranlassen.

„PR gewinnt auf diese Weise institutionelle Bedeutung im Hinblick auf
das Funktionieren der hochkomplexen modernen Gesellschaftssysteme",
erklärte Franz Ronneberger, als er anläßlich eines Vortrages an der FU in
Berlin im Januar 1984 die Umrisse einer Theorie der Öffentlichkeitsarbeit
erläuterte (Ronneberger 1984, 15). In der 1992 dann vorgelegten ›Theorie
der Public Relations‹ führen Ronneberger und Rühl diesen Gedanken aus.
Sie sehen die Makro-PR funktional auf die Stabilisierung von Gemeinwohl
gerichtet.

Öffentlichkeitsarbeiter tragen zu den öffentlichen Auseinandersetzungen nicht nur mit Argumenten bei. Da sie die neutrale, richtende Instanz der öffentlichen Meinung stets vor Augen haben, nehmen sie gegnerische Argumente ernster als die Kampfhähne in den eigenen Reihen. Sie erwecken dadurch den Eindruck, in einer von Konflikten dominierten Interessengesellschaft allzu blauäugig auf Harmonie und Anpassung zu setzen. Tatsächlich sind sie auf den irgendwann und irgendwie erforderlichen Ausgleich bedacht.

Über den öffentlich ausgetragenen Streit darf schließlich nicht der Konsens der eigenen Gruppe mit der Allgemeinheit verlorengehen. Öffentlichkeitsarbeit hat daher auch in „Kampfzeiten" zweierlei sicherzustellen: daß sich die eigene Organisation im Einklang mit dem Zeitgeist befindet und daß ihre Aktivitäten von der Gesellschaft akzeptiert werden.

Public Relations stabilisieren daher das Gemeinwohl, in dem sie die Einzelorganisation in die Gesamtgesellschaft integrieren. Public Relations sind der entscheidende Integrationsfaktor in unserem Gesellschaftssystem. Sie stellen, wie Hans-Christian Röglin schreibt, die fundamentale Voraussetzung für die Konsensfähigkeit einer modernen Industriegesellschaft dar (Röglin 1984).

PR-Leistungen auf Meinungsmärkten

Zwischen der hehren kollektiven Funktion der PR, eine dynamische Gesellschaft stabilisieren zu helfen – der Makroebene der PR –, und den sehr individuellen PR-Aufgaben der einzelnen Organisationen – auf der Mikroebene – gibt es ein drittes Feld, auf dem PR wirksam ist: die spezifischen Meinungsmärkte für spezifische Sachverhalte wie Wirtschaft, Wissenschaften, Künste, Religionen, Sportarten und dergleichen mehr.

Manche Autoren nennen dies neuerdings die Mesoebene der PR. Angefangen hat damit James Grunig, und da er dabei auf die Verfassung der PR abhebt, auf ihre Organisierung und Besetzung, nennt er den Mesolevel auch den „managerial level" (Grunig 1992, 117). Manfred Rühl hingegen unterscheidet die drei Ebenen nach ihren Wirkungen und reserviert für jede von ihnen einen gesonderten Begriff, was sich vielleicht einbürgern wird:

Für die Makro-Ebene der Public Relations verwenden wir den Begriff der Funktion, für die Meso-Ebene wollen wir den Leistungsbegriff reservieren, und für die Mikro-Ebene soll der Aufgabenbegriff zur Verfügung stehen (Ronneberger und Rühl 1992, 249).

Was geschieht auf der Mesoebene? Die einzelne Organisation bedient den für sie relevanten Teil der Öffentlichkeit mit Informationen und Themen genauso, wie es ihre Mitbewerber tun. Alle auf einem spezifischen Feld miteinander konkurrierenden Organisationen schaffen dadurch „ein gesellschaftli-

ches Intermediärsystem vom Typus Markt", wie Manfred Rühl es nennt (1992, 261). Sie stellen Öffentlichkeiten her.
Medien sind an diesem Veröffentlichungsprozeß beteiligt, aber nicht nur sie. Manche Teilöffentlichkeit pflegt die mündlichen Dispute, lange bevor sie durch erstaunte Medienberichte einer allgemeineren Öffentlichkeit bekannt werden. Man denke an viele „innerkirchlichen" Auseinandersetzungen oder an solche innerhalb eines Berufsstandes.
Trotz aller Einäugigkeit, mit der Öffentlichkeitsarbeit auf der Mikroebene in der Regel operiert, stellt nur sie Öffentlichkeiten her. Die Produktpublicity jeder einzelnen Automobilmarke wirkt daran mit, daß insgesamt eine automobilkundliche Teilöffentlichkeit besteht. Fachzeitschriften partizipieren daran, geben auch kritischen Stimmen Raum. Verkehrspolitik kommt ins Spiel; das Feld erweitert sich. Automobilclubs und Protestbewegungen mit zunächst eigenen Teilöffentlichkeiten bekunden eigene Interessen. Die Presse greift sie auf. Die automobilinteressierte Teilöffentlichkeit lebt von den Verlautbarungen der Firmen wie von den Kommentaren der Presse, von den Statements der Politiker wie der Clubs, der Verbände und Bürgerinitiativen.
Das Ganze läßt sich als ein Marktgeschehen verstehen. Manfred Rühl führte den Begriff der „PR-Märkte" ein (Ronneberger und Rühl 1992, 256). Wir bevorzugen dagegen den allgemeineren Ausdruck „Meinungsmärkte".
Der Marktbegriff ist nicht nur wegen der obwaltenden Wettbewerbsbedingungen in einer offenen Gesellschaft angebracht, sondern weil es wie bei ökonomischen Tauschvorgängen auch hier PR-Leistungen und Gegenleistungen der Publika gibt und beide nach dem Prinzip knapper Ressourcen zum Zuge kommen: die kommunikativen Angebote der Organisationen einerseits und eventuelle Aufmerksamkeit und Zuwendung und Erörterung bei Presse und Publikum andererseits. Jede PR-Leistung, so sagt Rühl, hat zumindest darin ihren vom Publikum zu zahlenden Preis.

Ausblick ins 21. Jahrhundert
Die kühle Darstellung der PR-Wirksamkeiten könnte PR-Praktiker veranlassen, getrost den „private vices" nachzugeben, weil sie zu „public benefits" führen. Man sehe sich jedoch vor! In den modernen Gesellschaften stellen wir die immer größer werdende Autonomie von immer mehr Teilsystemen fest. Diese drohen auseinanderzudriften; die Gesellschaft wird dadurch insgesamt instabiler, katastrophenanfälliger, eben eine „Risikogesellschaft". Die PR-Funktion der Stabilisierung und Reintegration stellt sich daher nicht mehr unbedingt von selbst ein.
Auch die Überschaubarkeit der Meinungsmärkte droht verlorenzugehen.

Die immer knappere Aufmerksamkeit in einer exponentiell wachsenden Informationsgesellschaft schafft neue Unübersichtlichkeiten.

Noch führt dies alles nicht dazu, daß die Organisationsformen und Institutionen des offenen Gesellschaftssystems selbst in Frage gestellt werden. Aber mit zunehmenden Desorientierungen wird das Bedürfnis nach allgemeingültigen Sinngebungen und Geborgenheiten wachsen. Es wird Lösungen in erster Linie im politischen System suchen, das dadurch für Heilsverheißungen wieder anfällig werden könnte.

Auf alle Öffentlichkeitsarbeiter kommt daher eine erhöhte Verantwortung für alle drei PR-Ebenen zu.

Zu Kap. I. 3:

Grunig, James E.: The Development of Public Relations Research in the United States and its Status in Communication Science; in: Avenarius, Horst/Wolfgang Armbrecht (Hrsg.): Ist Public Relations eine Wissenschaft?; Opladen 1992.

Röglin, Hans Christian: Verdient Vertrauen, wer um Vertrauen wirbt?; in: Blick durch die Wirtschaft 2. 11. 1984.

Ronneberger, Franz: Umrisse einer Theorie der Öffentlichkeitsarbeit/Public Relations; unveröffentlichtes Redemanuskript; Berlin 1984.

Ronneberger, Franz/Manfred Rühl: Theorie der Public Relations; Opladen 1992.

II. DAS WISSEN ÜBER PUBLIC RELATIONS

1. Die Rolle der Wissenschaft

1923 erschien das erste Buch über die Öffentlichkeitsarbeit: ›Crystallizing Public Opinion‹. Edward L. Bernays, Public-Relations-Berater in New York, hat darin sein Wissen und seine Erfahrungen niedergeschrieben. Sein Vorwort endet mit dem Satz: „If I shall by this survey of the field stimulate a scientific attitude towards the study of public relations, I shall feel that this book has fulfilled my purpose in writing it. E. L. B." (Bernays 1961, LVIII).

Diese Erwartung hat sich bis auf den heutigen Tag nur unvollkommen erfüllt. Zwar gibt es, wie Don Bates, Administrator des nordamerikanischen Institute for Public Relations Research and Education, 1989 feststellte, eine jährlich um etliche hundert Bücher und Tausende von Artikeln anwachsende Fachliteratur; und er, der PR-Agenturchef, war stolz darauf (Bates 1990, 22).

Aber die Wissenschaftler sehen den Zustand des Fachs auch zwei Generationen nach Bernays noch immer als ziemlich unbefriedigend an. 1988 schrieb Benno Signitzer, ein guter Kenner der nordamerikanischen Szene, erst seit 1975, dem Gründungsjahr der Vierteljahresschrift PUBLIC RELATIONS REVIEW, könne man ernsthaft von systematischer PR-Forschung in den USA sprechen (Signitzer 1988, 94).

Akademische Emsigkeiten

Die Nordamerikaner verfügen bereits seit Jahrzehnten über eine ansehnliche Zahl von PR-Lehrstühlen, zum Teil sogar über PR-Departments innerhalb der Colleges of Communication oder Journalism. Auch gibt es – neben den praxisorientierten Zeitschriften – wissenschaftliche Periodika: außer der erwähnten PUBLIC RELATIONS REVIEW – A Journal of Research and Comment, das PUBLIC RELATIONS QUARTERLY und seit Anfang der 90er Jahre das JOURNAL OF PUBLIC RELATIONS RESEARCH. Eine vergleichbare Vielfalt ist dem deutschen Sprachraum fremd. Zwar nennt sich die PUBLIZISTIK eine „Zeitschrift für die Wissenschaft von Presse, Rundfunk, Film, Rhetorik, Öffentlichkeitsarbeit, Werbung, Meinungsbildung", aber die drei vorletzten Stichworte werden von ihr eher stiefmütterlich behandelt.

Der amerikanische PR-Berufsverband – die Public Relations Society of

America (PRSA) – hatte sich zudem 1987 zum Ziel gesetzt, das gesamte niedergeschriebene PR-Wissen zu sammeln und zu strukturieren. Dieser „body of knowledge" wurde im Herbst 1988 erstmals vorgestellt und seitdem laufend ergänzt. Er ist aus einer berufspolitischen, nicht aus einer wissenschaftlichen Initiative hervorgegangen und hat daher vorerst vor allem den Charakter einer Handbibliographie für PR-Praktiker (PRSA-Task Force 1988). Wissenschaftler verfolgen diese Bemühungen der PR-Praxis um eine PR-Wissenssystematik daher mit Skepsis. „Warum bestimmte Wissensbestände Aufnahme finden und andere nicht", fragte sich zum Beispiel Benno Signitzer und fügte resignierend hinzu: „dies bleibt weitgehend undiskutiert" (Signitzer 1991, 174).

In Deutschland wurde die bibliographische Arbeit dank der Initiative von Heinz Flieger recht früh geleistet. Seine beiden Bände über ›Public Relations – Theorie und Praxis‹ liegen seit 1983 und 1985 vor (Flieger 1983 und 1985).

Im deutschen Sprachraum holt auch der Hochschulapparat gegenüber den amerikanischen Entwicklungen allmählich auf. Bei den Kommunikationswissenschaften mehrt sich seit den 80er Jahren die Einsicht, daß es notwendig sei, das Fach PR zu lehren und PR auch zu erforschen. Eine spezielle „Forschungsstelle für Kommunikations- und Public Relations-Forschung" an der Universität Bamberg, geleitet von Günter Bentele, legte 1991 einen Überblick über das PR-Lehrangebot und die PR-Abschlußarbeiten im deutschsprachigen Raum bis 1989 vor. Günter Benteles Fazit: „eine überraschende Vielfalt und eine überraschend hohe Zahl an Lehrveranstaltungen und an Abschlußarbeiten". Die in den letzten Jahren oft wiederholte Ansicht, an deutschsprachigen Universitäten gebe es keine systematische PR-Ausbildung, treffe nicht zu (Bentele 1991, IV f.).

In organisatorischer Hinsicht begann die deutsche PR-Wissenschaft also zu Beginn der 90er Jahre Gestalt zu gewinnen. Wie aber stand es um ihre Qualität? Auch hier erschien der Abstand zu den USA auf den ersten Blick groß. Günter Bentele stellte einen „vergleichsweise geringen Differenzierungsgrad der PR-Studienangebote" fest und beklagte bei den Abschlußarbeiten die „Begrenztheit des Spektrums".

Doch entsprechend hart waren die Urteile auch jenseits des Atlantiks. Das war das Ergebnis eines Hearings zur Lage der PR-Wissenschaft in den USA, initiiert von der Herbert Quandt Stiftung und abgehalten im Januar 1992 an der Freien Universität Berlin. „Viele Universitäten liefern vorwiegend handwerkliche Techniken für den Berufseinstieg, nicht jedoch theoretische Grundlagen für die Management-Ebene", klagte zum Beispiel Vincent Hazleton (Fuhrberg 1992).

Trotz aller akademischen Emsigkeit gelang es kaum, die Public Relations

Abbildung 5: Benno Signitzer: „Bestimmte Wissensbestände
finden Aufnahme in die Bibliographien der PR-Praktiker, andere nicht."

von dem Makel zu befreien, nur eine „immature science" zu sein. Die Merkmale einer solchen unreifen Wissenschaft – 1971 von Ravetz entwickelt, 1980
von Judy van Slyke auf die PR angewandt – sind erstens das Fehlen wissenschaftlich ermittelter Fakten, zweitens der Rückgriff auf eher volkstümliche
Weisheiten als auf abgesicherte wissenschaftliche Erkenntnisse, drittens die
Vermittlung individueller Erfahrung statt eines weithin akzeptierten Wissen-
schaftssystems und viertens nicht überzeugende Forschungs- und Lehrtätigkeit (van Slyke 1980). Grunig, Rühl und Signitzer zitierten dieses Diktum
noch 1990.

Auch an Interesse mangelt es offensichtlich. Der Forschungsausschuß der
amerikanischen Association for Education in Journalism and Mass Com-

munication (AEJMC) bewertete die Forschungsaktivitäten seiner Fachgruppe Öffentlichkeitsarbeit 1987 mit einem recht bemerkenswerten Votum (hier in einer Übertragung von Barbara Baerns wiedergegeben):

Trotz ihrer großen Mitgliederzahl belegt die Gruppe gemessen an ihren Forschungsergebnissen wieder einmal den letzten Platz innerhalb unserer Aktivitäten. Die Forschungsbemühungen der Gruppe sind insgesamt gering. Die Gruppe scheint mit anderen Fachgruppen unserer Organisation intellektuelle Interessen kaum zu teilen.

Steven Chaffee, der Vorsitzende des Forschungsausschusses, schloß ein ziemlich vernichtendes Urteil an: „We sense that the division holds a narrow conception of public relations and its theoretical potential" (Chaffee 1987).

Solche Beurteilungen entbehren nicht der Leidenschaft. Bis zu einem gewissen Grade scheint es chic zu sein, diesen jungen Wissenschaftszweig mit einer ähnlichen Häme zu besprechen wie den Berufsstand selbst. Dabei wurden gerade im letzten Jahrzehnt erhebliche Fortschritte gemacht. Eine „kritische Masse" an geeigneten Studien liegt vor, aus denen eine Wissenschaft entstehen kann. James E. Grunig, führender Kopf der amerikanischen PR-Wissenschaft, beurteilte die Lage in seinem Lande schon 1990 recht positiv:

Only a few years ago, public relations research essentially did not exist in the United States ... Recently, public relations research has grown rapidly both in quantity and theoretical quality. At this point, I believe, public relations scholars have reached the point, where public relations can stand alone as a respected domain within the discipline of communication (Grunig 1992, 126).

Eine Theorie, eine ganz eigene, aus dem Fach selbst erarbeitete und an seinen Gegebenheiten geprüfte Theorie der PR entstand daraus in den USA bislang nicht. Vincent Hazleton und Carl Botan organisierten 1987 eine Zusammenkunft von Kommunikationswissenschaftlern an der Illinois State University, die sich mit dieser Aufgabe befaßten. Sie fügten die ausgetauschten Erkenntnisse in einem Sammelband zusammen, dem sie den Titel ›Public Relations Theory‹ gaben. Es waren jedoch nur Bausteine dazu.

Dafür kam 3 Jahre darauf aus Deutschland ein erster in sich geschlossener Entwurf, der den PR eine eigenständige, wissenschaftlich fundierte Theorie zugrunde legte. Franz Ronneberger und Manfred Rühl hatten daran nahezu ein Jahrzehnt gearbeitet. 1992 erschien beider Autoren ›Theorie der Public Relations‹. Das Tor der Wissenschaften ist damit für das kommunikative Tätigkeitsfeld Öffentlichkeitsarbeit weit aufgestoßen. Bernays Wunsch beginnt sich zu erfüllen. Die PR-Praxis reagiert darauf indessen mit Lektürezeitnot, Verständnisschwierigkeiten und Skepsis.

Die Theorieskepsis der Praktiker

Die PR-Praktiker zeigen sowohl in den USA wie in Europa nur wenig Interesse für die wissenschaftliche Seite ihrer Tätigkeit. Sie sind in der Regel gelernte Journalisten, und Journalismus wie PR, so stellten Hazleton und Botan resignierend fest, lernt man wie ein Handwerk von geübten Praktikern. Deren neuerlich erwachtes Interesse an der akademischen Welt konzentriert sich daher auf möglichst „praxisnahe Ausbildung".

1978 fragte die International Public Relations Association (IPRA) ihre damals 50 nationalen Mitgliedsgruppen nach dem Stellenwert der Forschung in der Öffentlichkeitsarbeit. Das Ergebnis wurde 1979 veröffentlicht. Die Autoren dieses IPRA-Reports stellten darin die Grundlagenforschung – die überprüft, was warum passiert und wie die Menschen warum kommunizieren und handeln – zugunsten der angewandten Forschung ausdrücklich zurück.

Berührungsängste sind auch in Deutschland bezeugt. Joachim H. Bürger hat seinen ›Gebrauchsanleitungen für praxisorientierte Öffentlichkeitsarbeit‹ – eine immense, zum Teil gut brauchbare, zum Teil sehr geschwätzige Stichwortsammlung – ein burschikoses Diktum vorangestellt, das sicher dem Gusto seiner Abonnenten schmeichelt:

Öffentlichkeitsarbeit ist keine Wissenschaft, wenngleich nichts dagegen spricht, wenn Leute mit viel Zeit, Muße und dem Drang, Alltägliches zu katalogisieren, sich ihrer annehmen und die dokumentarische Erfassung vornehmen. Gewarnt sei aber davor, diese Theorie als Grundlage für das berufliche Vorgehen zu benutzen und diese Theoretisiererei auch noch mit ethisch-moralischen Ansprüchen zu verbrämen. Daraus entsteht ein intellektueller Sumpf ... (Bürger 1989, 3).

Daß die Grundlagenforschung und die Theoriebildung, also die Verwissenschaftlichung einer Berufstätigkeit, auch Bestandteil einer wohlverstandenen Berufspolitik sein kann, verkennen viele Praktiker bis auf den heutigen Tag. Vincent Hazleton und Carl Botan in den USA, Manfred Rühl in Deutschland und Benno Signitzer in Österreich versuchen, ihnen das klarzumachen, obwohl wenig Aussicht besteht, daß ihre Texte von den Praktikern gelesen werden.

„Soziologen", so urteilte Signitzer 1988 und nannte gleich eine ganze Reihe von Schulen, „haben dem Element des systematisierten, verwissenschaftlichten Wissens seit eh und je eine große Bedeutung in der Professionalisierung zugewiesen – gleichrangig (wenn nicht gar übergeordnet) den anderen Elementen, wie Berufsethik, Autonomie, Standesvertretung, Ausbildung" (Signitzer 1988, 92).

Don Bates, Präsident der Bates Company, trat 1989 wie ein einsamer Rufer unter den Praktikern auf. Er begnügte sich nicht mit den Hinweisen von Hazleton und Botan, der rein praktische Charakter der PR-Ausbildung

sei der Grund dafür, daß PR im Gegensatz zur Medizin und zum Ingenieur-
wesen noch nicht in den Rang einer wissenschaftlich fundierten Profession
gelangt ist. Bates stellte weitere Gründe für die wissenschaftsabweisende
Haltung der PR-Praktiker fest („Why some people are upset about it"):

- Viele PR-Leute sehen ihren Job als reine Verdienstquelle, zum Teil auch
  deswegen, weil sie ihn keineswegs lieben. Ihn in den Rang einer Wissenschaft zu erheben käme ihnen lächerlich vor.
- Andere sind einfach unzufrieden mit der Unzulänglichkeit und Ober-
  flächlichkeit des sogenannten PR-Wissenschaftsbetriebs. Sie warnen vor
  der Wichtigtuerei solcher Wissenschaftler, die Respekt einflößten, der
  ihnen nicht gebühre (Bates 1990).

Die Malaise der Kommunikationswissenschaftler

Zu den Skeptikern einer PR-Wissenschaft gehört die eigene Zunft der
Kommunikationswissenschaftler, so unansehnlich selbst deren Reputation
innerhalb der Wissenschaften ist. Noch 1991 nannte der Kommunikationswissenschaftler Klaus Merten seine Wissenschaft eine sehr junge Disziplin,
die ihr Entree in den Kreis der etablierten Wissenschaften spät begonnen
und noch immer nicht endgültig absolviert habe. „Der Grund dafür liegt vor
allem in der vorgeblichen Banalität des Erkenntnisobjektes Kommunikation" (Merten 1991, 40).

Wie sollte es da dem Erkenntnisobjekt „Public Relations" besser ergehen?
Manchmal werden die Verhältnisse recht augenscheinlich. In dem riesigen
College Park der University of Maryland liegen viele majestätische Instituts-
gebäude an wohlgeschwungenen Avenuen. Zwischen deren Hinterhöfen,
mit verwinkeltem Zugang befindet sich das College of Journalism, ein un-
scheinbarer, viergeschossiger Bau, auch innen einer etwas groß geratenen
Baracke ähnlich. Der vierte Stock gehört der Faculty. Im kleinsten Zimmer
mit nur halbem, kaum zugänglichem Fenster arbeitet James E. Grunig, der
weltweit angesehenste PR-Wissenschaftler, und beklagt in seinen Artikeln
„The shortage of resources for public relations education" (Grunig 1989,
13).

Dabei ist den Kennern die Bedeutung der Öffentlichkeitsarbeit für die
Hochschullehre längst bekannt. Die Universität könne nicht nur medien-
bezogene Kommunikation lehren, schrieb Manfred Rühl schon 1985:

Für das vielfältig organisierte Leben entwickelter Gesellschaftsordnungen ist typisch,
daß so gut wie keine Organisation, mit welcher Zwecksetzung auch immer, darauf
verzichtet, am öffentlichen Kommunikationsprozeß aktiv teilzunehmen. Deshalb
versucht eine universitäre, an gesamtgesellschaftlichen Erwartungen orientierte Ausbildung für Berufskommunikatoren ein Personal zu qualifizieren, das Journalismus
kennt und kann, das aber darüber hinaus über weitere fachliche Kompetenzen für

eine elastische und mobile Beteiligung am Prozeß der öffentlichen Kommunikation verfügt (Rühl 1985, 240).

Es fragt sich aber gerade dann, warum es in Deutschland nicht mehr Lehrstühle für PR und viel grundsätzlicher: warum es nicht mehr Beachtung für dieses Wissensgebiet gibt. Es mag daran liegen, daß die deutsche Kommunikationswissenschaft historisch aus der Zeitungsbetrachtung entstanden ist und daß sie ihre medienzentristische Forschungstradition (Rühl) bis auf den heutigen Tag beibehalten hat.

Das trifft auf Rühl zwar gerade nicht zu, wohl aber auf viele andere Kommunikationswissenschaftler. Wenn wir die herkömmlichen Kommunikationshandbücher zu Rate ziehen, finden wir über PR wenig bis nichts. Für sie gibt es ein einfaches Kommunikationsschema. Es umfaßt „Sender" und „Empfänger". Sender sind die Medien, Empfänger ihr Publikum. Sender stellen Kommunikationsangebote her, für die sie am Medienmarkt eine Nachfrage erwarten. So stellte es z. B. Peter Hunziker in seinem Werk ›Medien, Kommunikation und Gesellschaft‹ dar. Von PR kein Wort!

Auch die jüngste ›Einführung in die Kommunikationswissenschaft‹ nennt sich „Die Wirklichkeit der Medien". Zwar bringt sie ein Kapitel über „Public Opinion und Public Relations", aber ein integrierender Bestandteil der Kommunikationswissenschaft ist daraus kaum geworden: Von Wissenschaft ist in dem Kapitelteil über Public Relations trotz des apodiktischen „Wie man weiß (vgl. Baerns 1985)..." kaum eine Spur (Merten und Westerbarkay 1994, 210).

Von den „Fünf Schwierigkeiten, eine allgemeine PR-Theorie zu entwerfen", bezog Manfred Rühl eine auf sein akademisches Umfeld:

Die älteren Publizistikforscher ignorierten, kritisierten oder denunzierten PR eher, statt zu fragen, ob mit Public Relations nicht möglicherweise eine neue Form organisiert hergestellter und dispers verbreiteter öffentlicher Kommunikation zu beobachten ist (1992b, 37).

Warum „denunzierten" sie wohl? Vielleicht liegt der Grund in einer Überlegung, die wir in einem Brief des amerikanischen PR-Forschers Carl Botan an die Herbert Quandt Stiftung fanden, geschrieben nach seiner ersten Begegnung mit deutschen PR-Wissenschaftlern bei einer von der Stiftung im Dezember 1990 in Salzburg initiierten Tagung zum Thema „Ist PR eine Wissenschaft?":

It occurs to me that a German colleague may face a challenge not faced by participants from other developed countries. I am not sure, but in addition to the questions I pose to everyone, German work in public relations may face special questions because of the Nazi period. Is part of the response to public relations in Germany based on the perception of PR as something that was used immorally by the Nazis? Are the

Abbildung 6: Carl Botan (links) und James Grunig: „Werden deutsche Firmen und Regierungen mit anderen Maßstäben gemessen als amerikanische oder britische?"

international public relations efforts of German companies (and government) judged by a different standard from American, or British efforts because of the Nazi period (a double standard)?

Die Methoden der NS-Propaganda lasten in der Tat wie ein düsterer Schatten auf der deutschen PR-Wissenschaft, ebenso wie die Machenschaften der press agents auf der amerikanischen. Beide versuchen diese Schatten dadurch zu verscheuchen, daß sie Propaganda und Publicity aus ihrem Kanon verbannen. Es hat ihnen bislang nur wenig geholfen.

Das eher mäßige Interesse des Wissenschaftsbetriebs an der PR steht in einem umgekehrten Verhältnis zum Bedarf. Die wenigen angebotenen Lehrveranstaltungen sind meist überfüllt. Die studentische Jugend scheint an diesem Fach interessierter zu sein als ihre Lehrer, die sich offensichtlich nur schwer von dem bisherigen Paradigma lösen können, der Königsweg der Kommunikationswissenschaft sei die Lehre über Journalistik und Medien.

Die PR-Praxis sollte von dieser Wissenschaft den Paradigmenwechsel einfordern: ihre Aufmerksamkeit von den Vermittlern der Botschaften auf deren Produzenten zu verlagern.

Die Suche nach der richtigen Fakultät

Am Selbstbewußtsein der PR-Wissenschaft nagt auch die noch immer nicht ganz ausdiskutierte Frage, zu welcher Fakultät sie eigentlich gehört. Edward L. Bernays, der erste PR-Dozent, den es je gab, suchte sie in der sozialwissenschaftlichen Fakultät der New Yorker Universität zu verankern.

Viele Autoren, Amerikaner wie Deutsche, sehen Public Relations statt dessen vor allem als eine Managementfunktion an, die daher an den Schools of Business oder in der Betriebswirtschafts- und Organisationslehre vermittelt werden müßte. Dafür sprach sich in den USA noch 1987 David Weaver aus, Professor an der Indiana University und damals Präsident der einflußreichen Association for Education in Journalism and Mass Communication. Bezeichnenderweise rief er damit nicht nur das Entsetzen vieler PR-Dozenten hervor, wie Grunig berichtete, sondern auch den Beifall zahlreicher PR-Praktiker.

In Deutschland hat mancher auf das Marketing spezialisierte Betriebswirt die raffinierten marketingunterstützenden Möglichkeiten der Öffentlichkeitsarbeit erkannt und daher in sein Lehrfach einbezogen. Seltener als in den USA stößt man auf Lehrveranstaltungen über PR in einer sozial- oder politikwissenschaftlichen Fakultät.

Manfred Rühl in Deutschland und James E. Grunig in den USA haben sich ganz eindeutig für die Zugehörigkeit zur Kommunikationswissenschaft ausgesprochen. Dieses Ansinnen habe über Jahrzehnte hinweg erhebliche Bedenken, ja Proteste hervorgerufen, berichtete Rühl 1992. „Interessierte Wissenschaftler, selbst Vertreter der Kommunikationswissenschaft, waren und sind heute noch bereit, Public Relations als Subkategorie der Marketinglehre zu definieren" (Rühl 1992a, 99). Marketingprofessoren mag dies ebenso hochwillkommen sein wie Marketingchefs.

Grunig und Rühl geht es nicht einfach darum, innerhalb ihrer Wissenschaft die Angebotspalette zu erweitern, weil damit die Zahl der Studenten nach heutiger Erfahrung gleich um rund ein Viertel wächst. Auch dürften keine „hegemonialdisziplinäre Attitüden" irgendeinen Anspruch begründen, wie Rühl sich einmal ausdrückte. Wissenschaftliche Disziplinen sollten vielmehr durch begriffliche, theoretische und methodische Argumente einander zugeordnet werden.

Welche Argumente gäbe es und wofür? Wer sich an der Praxis orientiert, mag feststellen, daß Marketing und Öffentlichkeitsarbeit häufig die gleichen Methoden und Instrumente anwenden. Wer aufgrund solcher Feststellungen wissenschaftliche PR ausschließlich als Produktionstheorie betreibt

– was zur Zeit noch die Regel ist –, wird geneigt sein, sie dem Marketing zuzuschlagen.

Unter funktionalen Gesichtspunkten, die wir im vorausgegangenen Kapitel erörterten, gehört sie da allerdings nicht hin. Die Fragen nach den Aufgaben, Arbeitsweisen und Wirkungen dieser Grundform gesellschaftlicher Kommunikation, so sie denn überhaupt gestellt werden, sind vordringlich das Feld der Kommunikationsforschung.

Auch Grunig sähe die Öffentlichkeitsarbeit am liebsten bei den Kommunikationswissenschaftlern. „It is a communication profession." Aber noch mehr kommt es ihm auf ihre Autonomie hinsichtlich ihrer Studiengänge und ihres Mitteleinsatzes an, ja überhaupt, wie beschrieben, auf eine ausreichende Ausstattung mit Mitteln. Seine ideale Erziehungsstätte ist ein eigenständiges universitäres College of Communication mit fünf ihrerseits eigenständig ihre Curricula und Etats verwaltenden Abteilungen: Journalismus, Rhetorik, Public Relations, Werbung und Rundfunk (Grunig 1989, 22).

Anforderungen an eine PR-Lehre

Wo immer aber „Lehrveranstaltungen" stattfinden, in den USA oder in Europa, an den Colleges of Journalism oder an den BWL-Fakultäten, der ungeklärte wissenschaftliche Status und die fehlenden Curricula beeinflussen das Lehrangebot. James E. Grunig stellte einmal sarkastisch fest:

Most public relations students still are taught largely anecdotes and experiences of former practitioners that have not been subjected to systematic research and theory building (Grunig 1989, 17).

Was PR-Studenten statt dessen studieren – und lernen – sollten, haben erfahrene PR-Praktiker hüben wie drüben immer wieder vorgetragen. Berühmt wurde die Studienordnung des „Berliner Modells", eines 1981 an der Freien Universität eingerichteten dreisemestrigen Ergänzungsstudiums „Öffentlichkeitsarbeit", das 1984 aus Kostengründen beendet wurde. Die Professoren Günther Haedrich und Gernot Wersig und der PR-Praktiker Günter Barthenheier bezogen wegen der „interdisziplinären Grundlagen der Öffentlichkeitsarbeit" mehrere Ausbildungsbereiche in diesen Modellversuch ein:

– Die Kommunikationswissenschaften; sie steuern alle Aspekte der Massenkommunikation und der Massenmedien bei: Produktionsbedingungen, Arbeitsmethoden, Wirkungsweisen etc.
– Die Wirtschaftswissenschaften; sie waren mit volkswirtschaftlichen, betriebswirtschaftlichen und betriebssoziologischen Lehren und mit Managementmethoden wie Führung, Planung und Organisation vertreten.

- Die Psychologie; sie vermittelte sozial- und individualpsychologische Theorien und Modelle und praktische Trainingsprogramme.
- Die politische Wissenschaft; sie befaßte die Studenten mit Gesellschaftssystemen, politischen Strukturen, Meinungsbildung und -messung.
- Die Rechtswissenschaft; sie vermittelte zivilrechtliche und öffentlich-rechtliche Aspekte des Kommunikationsgeschehens.
- Ein Sprachkurs in Englisch.

Der amerikanische PR-Agenturinhaber Don Bates schlug 1990 ein noch umfangreicheres Curriculum vor. Gerade er weiß, wie hoch die Anforderungen an den Berufsstand sind. Seine Liste enthält generelle Studienfächer und thematisierte Einzelprobleme, verschiedentlich auch erlernbare Fertigkeiten. Sie ist hier nach den im deutschen Sprachraum möglichen Studienfächern zusammengefaßt, wobei die Batessche Reihenfolge beibehalten wurde:

- Sprachwissenschaftliche Fächer, vor allem im Hinblick auf die Funktion und den Einsatz von Sprache
- Sozialwissenschaften, dabei vornehmlich die Soziologie des Gruppenverhaltens und des gesellschaftlichen Wandels
- Politikwissenschaft, insbesondere die Kenntnis der Regierungsmechanismen und der Strukturen öffentlicher Debatten
- Psychologie hinsichtlich Motivationstechnik, Führungsverhalten, Wahrnehmungstheorien und Images
- Philosophie in bezug auf Wertesysteme und Ethik
- Anthropologie einschließlich Religion, Kunst, Sprache, Technik
- Betriebswirtschaftslehre
- Kommunikationswissenschaften
- Forschungsmethoden und -techniken
- Spezialkenntnisse über das spezifische Geschäft der Agenturkunden (Bates 1990, 24).

Nur die letzten drei Punkte auf dieser Liste befassen sich mit dem, was in den Kommunikationswissenschaften selbst normalerweise angeboten wird. Was Don Bates darüber hinaus erwartet, ist ein gehöriges Maß an Allgemeinbildung und ein fundiertes Verständnis für größere Zusammenhänge. Beides kann wohl auch von dem geleistet werden, der nur eines der aufgeführten Generalia sorgfältig studiert hat.

Der Kommunikationswissenschaftler indessen sollte in allen diesen Fächern bewandert sein. Wie sonst wäre zu leisten, was von ihm vor allem erwartet wird: die Erarbeitung einer fundierten Theorie der Public Relations?

Zu Kap. II. 1:

Avenarius, Horst: Wer soll sagen, was PR ist? Der Disput zwischen Theorie und Praxis; in: Bentele, Günter/Kurt R. Hesse (Hrsg.): Publizistik in der Gesellschaft; Konstanz 1994.

Bates, Don: The Public Relations Body of Knowledge; in: International Public Relations Review, Vol. 13 No. 1, London 1990.

Bentele, Günter: Public Relations in Forschung und Lehre; Wiesbaden 1991.

Berliner Modell. Studien- und Prüfungsordnung für das Ergänzungsstudium „Öffentlichkeitsarbeit"; in: PR-Magazin 12/1991.

Bernays, Edward L.: Crystallizing Public Opinion; New York 1923, 1951 und 1961.

Botan, Carl H./Vincent Hazleton (Hrsg.): Public Relations Theory; Hillsdale, N. Y. 1989.

Bürger, Joachim H.: PR. Gebrauchsanleitungen für praxisorientierte Öffentlichkeitsarbeit. Loseblattsammlung; Landsberg 1989.

Chaffee, Steven H.: Annual Report on 1985–86 Division Activities, Standing Committee on Research; in: AEJMC-News 21. Jg. 1987, Heft 2.

Flieger, Heinz: Public Relations. Theorie und Praxis; Wiesbaden, I 1983, II 1985.

Fuhrberg, Reinhold: USA: 10 Jahre voraus?; in: PR-Magazin 3/1992.

Grunig, James E.: Teaching Public Relations in the Future; in: Public Relations Review 1989.

–: The Development of Public Relations Research in the United States; in: Avenarius, Horst/Wolfgang Armbrecht (Hrsg.): Ist Public Relations eine Wissenschaft?, Opladen 1992.

Hunziker, Peter: Medien, Kommunikation und Gesellschaft. Einführung in die Soziologie der Massenkommunikation; Darmstadt 1986.

Merten, Klaus: Artefakte der Medienwirkungsforschung: Kritik klassischer Annahmen; in: Publizistik 1/1991.

Merten, Klaus/Joachim Westerbarkay: Public Opinion und Public Relations; in: Merten, Klaus/Siegfried J. Schmidt/Siegfried Weischenberg (Hrsg.): Die Wirklichkeit der Medien. Eine Einführung in die Kommunikationswissenschaft; Opladen 1994.

PRSA Task Force: Public Relations Body of Knowledge, Task Force Report; in: PUBLIC RELATIONS REVIEW 4/88.

Ronneberger, Franz/Manfred Rühl: Theorie der Public Relations; Opladen 1992.

Rühl, Manfred: Kommunikationswissenschaft zwischen Wunsch und Machbarkeit; einige Betrachtungen zu ihrer Identität heute; in: Publizistik 2–3, 1985.

–: Public Relations, Innenansichten einer emergierenden Kommunikationswissenschaft; in: Avenarius, Horst/Wolfgang Armbrecht (Hrsg.): Ist PR eine Wissenschaft?, Opladen 1992.

–: Was Public Relations ist, was Public Relations tut. Fünf Schwierigkeiten, eine allgemeine PR-Theorie zu entwerfen; in: PR-Magazin 4/1992.

Signitzer, Benno: Public Relations-Forschung im Überblick; in: Publizistik 1, 1988.

–: Aspekte der Produktion von Public Relations-Wissen, in: Avenarius, Horst/Wolfgang Armbrecht (Hrsg.): Ist Public Relations eine Wissenschaft?; Opladen 1992.

Slyke, Judy K. van: Defining Public Relations: Toward a Theory of Science; Boston 1980.

2. Die Wissenschaft von der PR

Wissen-schaffen heißt die reale Welt der Dinge, der Beziehungen und unseres Denkens in Theorien erfassen. Theorien sind Versuche, Wissen so zu rekonstruieren, daß es überprüfbar, also nachvollziehbar ist und damit auch verallgemeinert werden kann. Aber die letzte Verallgemeinerung des Wissens zur einzig richtigen Theorie über einen Forschungsgegenstand bleibt nur ein fernes Ideal. Die Wissenschaftler, sagte Manfred Rühl einmal, haben es aufgegeben, der metaphysischen Vermutung nachzugehen, das „verborgene System der Dinge" aufzudecken und in jeweils einer einzigen Theorie beschreiben zu können. So werden auch wir uns mit verschiedenen Annäherungen an den Wissensstoff Public Relations begnügen müssen.

Metatheorien und Denkvoraussetzungen

Jeder PR-Theoretiker, so beginnt James Grunig, muß sich über die Annahmen – presuppositions – klar sein, die seiner Theoriebildung zugrunde liegen. Solche grundlegenden, ihrerseits häufig nicht hinterfragten Annahmen können aus simplen Vor-Urteilen bestehen, aus bestimmten Menschenbildern und Wertsystemen, oder sie können auch auf größeren theoretischen Zusammenhängen beruhen, Denktraditionen zum Beispiel, in denen man aufgewachsen ist, wie dem Marxismus, dem Darwinismus oder der Freudschen Psychoanalyse. Dann handelt es sich um Metatheorien, und der Forscher wird sich über ihre Relevanz für seine Arbeit zunächst Klarheit verschaffen müssen.

James Grunig zum Beispiel hat sich bei seiner Erörterung „grundlegender Annahmen als Rahmenbedingungen für eine PR-Theorie" auch Rechenschaft über seine eigene wissenschaftliche Herkunft gegeben: Welche Theorien zur Zeit seiner Ausbildung dominant und welche es weniger waren, durch welche presuppositions seine Weltanschauungen – er benutzt zum Teil diesen deutschen Begriff – bis auf den heutigen Tag geprägt sind und von welchen politischen Theorien er beeinflußt ist. Sorgsamer hat sich kein anderer PR-Theoretiker seiner Aufgabe genähert (Grunig 1989, 24–28, 37).

Neben den Metatheorien, die das subjektive Grundmuster des Forschenden umschreiben und deren Bloßlegung seine Wertungen erkennen läßt, müssen auch diejenigen angesprochen werden, die wissenschaftstheoretisch dem Forschungsgegenstand Öffentlichkeitsarbeit zugrunde gelegt werden können. Zum Beispiel sieht die amerikanische Denkschule, anders als die deutsche, Public Relations nicht so sehr als eine gesellschaftspolitische Funktion, sondern als eine spezifische Leistung einzelner Organisationen an. Dadurch werden alle mit dem sozialen Phänomen „Organisation" verbundenen Theorien zu Metatheorien der PR.

Eine andere grundlegende Annahme über Public Relations kann das Vor-Urteil sein, schon zu wissen, was Public Relations ist. Solche definitorischen Vorgaben beeinflussen alle weiteren theoretischen Überlegungen. Berühmt geworden ist die Kontroverse zwischen James Grunig und Gerald Miller im Jahre 1987, ob Öffentlichkeitsarbeit Überzeugungsarbeit ist oder nicht oder nicht nur. Da diese Frage von grundsätzlicher Bedeutung ist, müssen wir uns mit ihr eingehender befassen.

Zunächst James Grunig. Die dominierende Lehrmeinung, so sagt er in seiner Erörterung der Rahmenbedingungen einer PR-Theorie, sieht in der Öffentlichkeitsarbeit eine Überredungs- und Manipulationstätigkeit. PR, so heiße es, sei die Manipulation eines Publikums zum Nutzen einer bestimmten Organisation und – wenn es angeht – zum Nutzen des Publikums selbst; so jedenfalls reden es sich viele PR-Praktiker zu ihrer Rechtfertigung ein. Weil Manipulation ein hartes Wort ist, werde neuerdings von Überzeugungsarbeit gesprochen. Aber Worte auszuwechseln bedeute nicht, Tatsachen zu verändern.

Auch Grunig kann nicht bestreiten, daß manipulative PR-Arbeit geschieht. Er beschreibt sie sogar in seinem Handbuch über PR recht ausführlich. Aber da es daneben eine ganz andere Spielart von Öffentlichkeitsarbeit gibt – den nahezu „symmetrischen" Austausch von Ideen und Informationen, Anregungen und Handlungsanleitungen zwischen einer Organisation und ihren Teilöffentlichkeiten –, und da es hierbei nicht um Überredungen und Manipulationen gehe, dürfe man die Gesamtheit der PR auch nicht damit gleichsetzen.

Grunig möchte aus ethischen Gründen seine bevorzugte PR-Variante zur wichtigsten, für die Organisationen selbst zur entscheidenden gemacht sehen. Ein ganzer Komplex an Vorstellungen und Werturteilen, der die Qualität eines Kuhnschen Paradigmas hat, müsse sich dazu ändern, und Grunig arbeitet hartnäckig auf einen Paradigmenwechsel in den Public-Relations-Wissenschaften hin. Damit greift er auf, was Olasky, wir lasen es, gefordert hat.

Ganz anders Gerald R. Miller. Er verteidigt den Grundsatz, „daß wirksames, ethisch gerechtfertigtes Überzeugen und wirksame, ethisch gerechtfertigte Öffentlichkeitsarbeit praktisch identisch sind". In der überwiegenden Mehrzahl der Fälle sind beide Kommunikationsprozesse gleich. Seine Umgebung beeinflussen zu wollen ist ein so selbstverständliches Faktum des Lebens wie Atmen und Essen. Es ist eine unverzichtbare und unbestreitbare Dimension der menschlichen Existenz. Selbst der einfachste Informationsaustausch enthält in Körpersprache und Diktion eine bestimmte, meist intendierte Botschaft des Aussenders: Seht her, wie kompetent und glaubwürdig ich bin. Auch wer gegen das Überzeugen rede, versuche damit ein Werk der Überzeugung (Miller 1989, 45 ff.).

Abbildung 7: James E. Grunig: „The symmetrical theories of communication were very popular when I was a doctoral student, whereas theories of attitude change were losing their appeal. As a result, their presuppositions have been part of my worldview ever since."

Miller ist darin zuzustimmen. Jede reflektierte Form von Kommunikation ist eine intendierte Kommunikation. Wirkungen sind beabsichtigt. Das gilt gerade für den „symmetrischen" Austausch von Informationen zwischen einer Organisation und ihren Öffentlichkeiten. Hier findet die Einflußnahme sogar in beiden Richtungen statt: Beide lassen sich vom jeweils anderen „überzeugen" und gegebenenfalls „manipulieren". Teilöffentlichkeiten sind schließlich nicht gänzlich amorph, vor allem nicht beim Dialog mit Organisationen. Sie bestehen aus pressure groups mit zum Teil hohem Organisierungsgrad, aus diversen Großorganisationen selbst wie die Kirchen, Parteien oder Hochschulen, und die Presse ist nur zu häufig bereit, einen „Druck der öffentlichen Meinung" unisono zu suggerieren.

So läßt uns der Sachverhalt keine andere Wahl der Entscheidung zwischen Grunig und Miller. Trotzdem müssen wir das Anliegen des ersteren sehr ernst nehmen. Eindringlich warnt er in seinen „Rahmenbedingungen für eine PR-Theorie" vor den Mißbräuchen:

Behalten Sie im Auge, daß Organisationen häufig erstaunliche Zustimmungen von ihrem Publikum erwarten: die Bejahung von Luftverschmutzung, Giftmüll, Trunksucht, Rauchen, Privatwaffen, Regierungsstürzen, gefährlichen Erzeugnissen aller Art, niedrigen Löhnen, der Diskriminierung von Frauen und Minderheiten, Entlassungen, gefährlichen Produktionsstätten, riskanten Transporten, hohen Preisen, Monopolmacht, schlechter Produktqualität, politischer Günstlingswirtschaft, Schiebungen, des Gebrauchs giftiger Chemikalien, des Umgangs mit krebserzeugenden Werkzeugen, nukleare Waffen und sogar von Kriegshandlungen. Die Liste könnte ohne Unterlaß erweitert werden (Grunig 1989, 32).

Für alles das werde PR eingesetzt und meist in der tiefen Überzeugung, dem jeweiligen Publikum nicht zu schaden. Weitere Fälle führt Olasky in seiner jüngsten Geschichte der amerikanischen Unternehmens-PR an. Beide Autoren lassen erkennen, wie groß die Beunruhigung in Kreisen der amerikanischen Wissenschaft über die amerikanischen PR-Praktiken ist (Olasky 1987).

Freundlichere Beispiele nennt Manfred Rühl, wenn er die Funktionsweise der Überredung „oder Überzeugung" beschreibt. Er führt sie daher über die abstrakte Zustimmung des Publikums hinaus zum „Anschlußhandeln". Um drei Richtungen gehe es bei der „PR-Persuasion" (Rühl 1992, 98):
–   Um die Verstärkung bisheriger Handlungsmuster (wie sie die Post durch den Slogan suchte: „Schreib mal wieder!");
–   als Wandel bisher üblicher Handlungsmuster (zum Beispiel safer sex mit der zunehmenden AIDS-Bedrohung);
–   als Herstellung neuer Handlungsmuster (zum Beispiel die schadlosere und umweltverträglichere Beseitigung von besser vorsortiertem Hausmüll).

Rühls Beispiele sind reputierlicher als die von Grunig, aber auch sie suggerieren den Eindruck der Machbarkeit, mithin das manipulative Potential der PR. Dieses Potential könnte nach bestem Wissen und Gewissen seiner Veranlasser eingesetzt werden und dennoch in die Irre führen. Doktrinäre Ideologen haben dafür genügend Vorbilder gegeben.

Das manipulative Potential der PR ist also ethisch ambivalent. Daraus folgert erstens, daß manipulative Techniken nicht per se verworfen werden dürfen; zweitens, daß die ethische Betrachtungsweise in jedem Einzelfall neu gestellt werden muß, und drittens, daß Kriterien der Reputation die theoretischen Erörterungen nicht belasten sollten.

PR-Definitionen

Fundamentale, häufig unreflektierte Annahmen liegen gerade den vielen Definitionsvorschlägen zugrunde, die es für Public Relations gibt. Auch spezifische Interessen schlagen durch, vor allem bei den Definitionen, die von Berufsverbänden angeboten werden. Rühl hebt diese daher in seiner Darstellung der verschiedenen Definitionsarten von denen der Einzelautoren ab. Er nennt sie „typische Verbandskompromisse":

Es sind die PR-Berufsverbände, die in pluralistischen Gesellschaften der Öffentlichkeit sagen, weshalb die von ihnen vertretenen Berufe da sind, welche gesellschaftlichen Erwartungen PR zu befriedigen gedenkt und was diese für die Allgemeinheit leisten können (Rühl 1992b, 38).

Die Definitionen der Berufsverbände enthalten Begriffe mit Suggestivkraft: Um Verständnis und Vertrauen und Sympathie soll es gehen, und ein Führungsanspruch wird erhoben. Public Relations sei eine Führungsaufgabe, heißt es vollmundig bei DPRG und GPRA: „Als zentrale Kompetenz im Bereich der Gesamtkommunikation hat sie eine strategische Führungsaufgabe zu erfüllen" (DPRG 1991, 8). Das ist mehr Wunsch als Wirklichkeit.

Wissenschaftler bevorzugen kurze, prägnante Sätze, in denen nur Begriffe vorkommen, die ihrerseits kurz und prägnant definierbar sind. Dennoch enthalten auch sie presuppositions. James E. Grunig schlägt vor zu sagen:

Public relations is the management of communication between an organization and its publics (Grunig und Hunt 1984, 6).

Diese Definition hebt, wenn wir uns an die verschiedenen Funktionsebenen von PR erinnern, nicht auf die gesellschaftspolitische Makroebene, sondern auf die organisationsbezogene Mikroebene ab. Sie ist aus dem organisationstheoretischen Ansatz erwachsen, der fast allen amerikanischen Überlegungen über PR zugrunde liegt.

Grunigs Definition ist so allgemein, daß sie, wie er selbst einräumt, auch die Werbung einbezieht. Es stört ihn nicht. „Whereas marketing communicators deal only with the consumer public, public relations practioners deal with all other publics that effect or are effected by an organization" (Grunig und Schneider-Grunig 1989, 28).

Grunig betont, daß PR gemanagte, also geplante Kommunikation ist, und manche Autoren verkürzen die PR-Definition auf diesen einen Sachverhalt. Sie übersehen, daß auch spontane, impulsive Aktionen und Reaktionen oft genug das PR-Geschehen bestimmen. Nicht alle „Beziehungskisten" sind voraussehbar und planbar. Eine Definition muß, anders als ein Lehrbuch, diesen Umstand berücksichtigen.

Andererseits ist Grunigs Definition zu unspezifisch. Ihr fehlt jeder Hin-

weis auf die Funktion oder das Wesen dieser Kommunikation. Was bezweckt
sie? Und was macht sie aus?

Bezweckt sie nicht, die Beziehungen zwischen Organisationen und ihren
Öffentlichkeiten dem steten gesellschaftlichen Wandel anzupassen? Auf
diesen Prozeß des Aufbauens und Unterhaltens von Beziehungen zwischen
sozialen Systemen hebt Carl Botans Definition ab, die, wie er sagt, auch den
Vorteil habe, nicht nur in hochentwickelten Gesellschaften, sondern in allen
Kulturen zu gelten:

Public relations is the use of communication to adapt relationships between organizations and its publics (Botan 1992, 20).

Beide Seiten – die Organisation wie ihre Öffentlichkeiten – werden hier
als zweckgerichtete Systeme verstanden, von denen Ansprüche an die jeweilige Gegenseite ausgehen können. Beide haben sich aneinander anzupassen, und dieser Prozeß wird durch Kommunikation bewirkt. Bei Public
Relations geht es Botan schlicht um relationships, und dies bei allen Kulturen und zu allen Zeiten.

Botans Definitionsansatz kommt unseren Überlegungen am nächsten.
Aber wir heben nicht darauf ab, wozu PR dient, sondern was sie ausmacht;
was sie ist. Wenn grundsätzlich jede Kommunikation Beziehungen zwischen
den Kommunizierenden schafft oder reflektiert, und wenn dies nicht nur für
Individuen, sondern auch für Organisationen in ihrem gesellschaftlichen
Umfeld und für Medien in ihrem Wirkungskreis gilt, dann ist der Beziehungsaspekt die Grundlage gesellschaftlicher Kommunikation. Dieser Beziehungsaspekt wird durch PR bewußtgemacht und gefördert. PR ist die
Grundform des gesellschaftlichen Kommunizierens. Ihr kann sich niemand
entziehen; ihr kann auch keiner entraten.

Andere Autoren zielen weniger auf die Funktion oder das Wesen als auf
die Absichten der PR und ihrer Anwender ab. Sie fragen, worum es dabei
geht. Geht es nicht vor allem darum, irgendwen zu überzeugen? Das wird in
all jenen Definitionen unterstellt, die von der Werbung um Vertrauen oder
Verständnis handeln. Diese Definitionen sprechen an, was das Wesentliche
jeder argumentativen Kommunikation ausmacht: die „Persuasion". Wir
erinnern uns an Gerald Miller. Selbst Rühl, der sich einmal das Definieren
von PR verbat – „Public Relations läßt sich nicht definitorisch generalisieren, in der Hoffnung, sie ʻirgendwieʼ empirisch in den Griff zu bekommen" (Rühl 1992, 37) –, gründet seine PR-Theorie auf die „evolutionstheo-
retische Annahme einer funktionellen Differenzierung von Public Relations
als persuasive Kommunikationen und Interaktionen der Gegenwartsgesell-
schaften" (Ronneberger und Rühl 1992, 38).

Alle über solche spröden Sätze hinausgehenden „Definitionen" sind eher

Beschreibungen von dem, was PR tut, bezweckt, bewirkt; oder normativ: was damit getan, bezweckt oder bewirkt werden soll. Ihr Handikap: keine vermag alle Fälle abzudecken; auch geschieht nicht in jedem Fall alles das, was die Texte beschreiben.

Dennoch sind gerade die Autoren Grunig und Rühl sehr glücklich darüber, daß sich einer ihrer Kollegen 1976 hingesetzt, 472 verschiedene Definitionen aus Büchern, Zeitschriften und Zeitungen entnommen und 83 PR-Chefs nach ihren Definitionen gefragt hat. Beide geben die aus diesen Auskünften destillierte PR-Beschreibung von Rex Harlow wieder:

Public relations is the distinctive management function which helps establish and maintain mutual lines of communication, acceptance and cooperation between an organization and its publics; involves the management of problems or issues; helps management to keep informed on and responsive to public opinion; defines and emphasizes the responsibility of management to serve the public interest; helps management keep abreast of and effectively utilize change, serving as an early warning system to help anticipate trends; and uses research and sound and ethical communication techniques as its principal tools (Harlow 1976, 36).

Auffällig an diesem eindrucksvollen Textgebäude ist die Tatsache, daß sich nur die erste der sechs Aussagen, die es enthält, mit der Außenwelt befaßt. Alle anderen umschreiben die Aufgaben einer vom „Management" unterscheidbaren PR-Abteilung nach innen. Diese Darstellung macht daher vor allem deutlich, worum es der amerikanischen PR-Welt 1976 vordringlich ging: um die organisationsinterne Anerkennung. Stärker nach außen gerichtet ist die Beschreibung des deutschen Marketing-Professors Heribert Meffert (dem man es wegen seiner Fachbezogenheit nachsehen möge, daß er nur von Unternehmen und nicht generell von Organisationen spricht):

Unter Public Relations wird die planmäßige, systematische und wirtschaftlich sinnvolle Gestaltung der Beziehungen zwischen den Unternehmungen und einer nach Gruppen gegliederten Öffentlichkeit verstanden. Ihr Ziel ist es, bei diesen Teilöffentlichkeiten Vertrauen und Verständnis für das unternehmerische Handeln zu gewinnen bzw. auszubauen (Meffert 1991, 36).

Diese Definition enthält wichtige praktische Hinweise: Beziehungen sind zu gestalten, heißt es; das beinhaltet die Arbeit nach außen wie nach innen. Diese Gestaltung muß planmäßig, also nach erarbeiteten Konzepten und nicht impulsiv geschehen; sie hat systematisch zu erfolgen, also im Gesamtzusammenhang mit allen anderen Bekundungen und Handlungen einer Organisation; und sie muß wirtschaftlich sinnvoll das Kosten-Nutzen-Prinzip bei der Wahl ihrer Mittel einsetzen. Ihr Ziel ist nicht, man sollte es beachten, die Verkaufsförderung, sondern die Gewinnung und der Ausbau von Vertrauen und Verständnis für jede notwendige Form des unternehmerischen

Handelns: des Forschens und Investierens, des Produzierens und Verkaufens, der Kapitalbildung wie der Pflege der Arbeitsbeziehungen.

Meffert und die meisten seiner deutschen Autorenkollegen favorisieren damit die Formel von den persuasiven Kommunikationszielen der PR. Sie stehen in der Tradition von Carl Hundhausens Werk ›Werbung um öffentliches Vertrauen‹ und darüber hinaus in der Schule Emil Dovifats, der die ganze Publizistik auf Überzeugungsarbeit ausgerichtet sah.

Das Stichwort Persuasion bietet allerdings Gelegenheit zu mancher sarkastischen Metapher. Zählen wir das Diktum von Michael Kunczik (und anderen) dazu, Public Relations und Propaganda seien Synonyme. Kunczik gönnt sich einige kräftige Hiebe gegen die PR: „Insgesamt gesehen sind alle Versuche, Werbung, Public Relations und Propaganda unterscheiden zu wollen, lediglich semantische Spielereien" (1993, 15). Wenn er das nur auf den folgenden 250 Seiten seiner Theorien und Konzepte über PR begründet und konsequent durchgehalten hätte.

Kunczik steht in einer Mainzer Tradition, die schon Anfang der 70er Jahre von Elisabeth Noelle-Neumann begründet wurde, als sie die Öffentlichkeitsarbeit einen Euphemismus für Propaganda nannte (Noelle-Neumann 1971, 307). Das wird ernsthaft vorgetragen und mutet doch eher wie eine barsche Deklassierung an. Vielleicht dient es vor allem einer sich von den PR distanzierenden Schau. Mit vielen der umlaufenden PR-Definitionen ließen sich nur „Show-Effekte" erzielen, merkte Rühl einmal ebenso sarkastisch an (Rühl 1992b, 37).

Ein Showeffekt sei uns jedoch gegönnt. Dem Bankier Alwin Münchmeyer wird eine PR-Definition zugeschrieben, die der Vertrauenswerbung und damit der PR selbst ein Stück Freundlichkeit verleihen:

Wenn ein junger Mann ein Mädchen kennenlernt und ihr erzählt, was für ein großartiger Kerl er sei, so ist das Reklame. Wenn er ihr sagt, wie reizend sie aussehe, ist das Werbung. Wenn sie sich aber für ihn entscheidet, weil sie von anderen gehört hat, er sei ein feiner Kerl, so sind das Public Relations.

Die PR-Forschung

Wie kommen Definitionen zustande? In der Regel durch Abstraktionsvorgänge aufgrund von Beobachtungen. Manchen Superdefinitionen wie der von Rex Harlow geht allerdings, was Ronneberger und Rühl in ihrer ›Theorie der Public Relations‹ kritisieren, „ein Selektions- und Akkumulationsverfahren voraus, dessen Verfahrensregeln unbekannt bleiben" (Ronneberger und Rühl 1992, 29). So etwas ließe sich auch von einem gutwilligen, und das heiße einem unkritischen Alltagsverstand leisten.

Aber kritisches Nachdenken allein bringt sicher keine Wissenschaft zuwege. Forschung muß schon sein. Mit welchen Methoden sollte man dazu welche Gegenstände erforschen?

Gegenstände der Forschung können die Arbeitsweise von PR-Abteilungen sein, auch ihre Strukturen und Einbindungen in eine Organisation. Solche Tatbestände sind relativ leicht zu ermitteln. Wichtiger wäre indes die Wirkungsforschung, also die Analyse der tatsächlichen Einflüsse von PR-Geschehen auf Teilöffentlichkeiten und die Aufdeckung von Kausalzusammenhängen. Aber hierin teilt die PR-Forschung das Schicksal der gesamten empirischen Kommunikationsforschung. Sie wird landauf, landab ob ihrer Unergiebigkeit getadelt.

Diese Malaise hängt mit der Unsicherheit zusammen, welche Methoden angewandt werden sollten. Klaus Merten stellte noch 1991 leicht sarkastisch fest, daß die Kommunikationswissenschaft fast alle ihre Methoden aus den wissenschaftlichen Besteckschubläden anderer Disziplinen – versteckt oder auch ganz offen – entnehme, dabei vornehmlich aus Psychologie und Sozialforschung (Merten, 1991, 40).

Ein Schaden wäre das nicht unbedingt, wenn nur in die „begrifflich theoretischen Denkzeuge" dabei genausoviel investiert würde wie in die aus der empirischen Sozialforschung stammenden „Werkzeuge". Daß dies nicht geschehe, kritisierte Manfred Rühl 1985, sei den Forschungsergebnissen unschwer anzumerken. Sie entspringen einem Stegreifhandeln und seien ständig mit Anwenderinteressen vermengt.

Alle Feldforschung lebt von Befragungen. Dennoch ist auch hierbei Vorsicht geboten. Die gängige Methode der PR- und Kommunikationswissenschaftler, die PR-Praxis mit Hilfe von Fragebögen zu erfassen, nährt bei denen, die solche Bögen auszufüllen haben, die Zweifel an der Aussagekraft der gewonnenen Ergebnisse und mithin an der Seriosität der Wissenschaft selbst. Besagen die Antworten wirklich, was PR ist? PR-Praktiker wissen, welche Fehlerquellen die Fernbefragungen bergen:
- Diese Fragebögen werden häufig nicht von denen ausgefüllt, auf deren Stellungnahme es dem Forscher ankommt.
- Die Antworten geschehen unter Zeitdruck und sind daher flüchtig.
- Die Antworten verschleiern Vorgehensweisen, weil man seine Erfolgsrezepte nicht weitergeben will.
- Die Antworten sind meist eine Mischung aus Wirklichkeit und Wunschvorstellungen. Gerade PR-Leute sind häufig versucht, ihre eigene Situation besser darzustellen, als sie in Wirklichkeit ist.
- Selbstkritische Stellungnahmen sind selten.
- Nachforschungen der Antwortenden über Sinn und Hintergrund einer Frage erscheinen zu zeitaufwendig und unterbleiben daher meist.

Diese Fehlerquellen liegen noch dem bisher umfangreichsten amerikanischen PR-Forschungsprojekt unserer Tage zugrunde. Es geht dabei um die „excellence in public relations and communication management", initiiert

Abbildung 8: Manfred Rühl: „Wer vorgibt, seine PR-Theorie fix und fertig in der Tasche zu haben, hat nicht die besseren Karten im Spiel."

von James E. Grunig und fünf Kollegen. Drei Fragebögen wurden für jede der angeschriebenen 300 amerikanischen, kanadischen und englischen Organisationen vorgesehen. Es waren im einzelnen

    82 Fragen an den Firmen- bzw. Organisationschef
   281 Fragen an den PR-Chef
je 115 Fragen an 20 Mitarbeiter dieser Organisation.

Man kann sich denken, wie Unternehmen, selbst wenn sie gutwillig sind, die Beantwortung solcher Komplexe nach zeitökonomischen Gesichtspunkten rationalisieren. Die PR-Forscher indes sind glücklich über jede Reaktion. Sie ermitteln aus den Antworten Durchschnittswerte in Prozentzahlen, die sie oft bis auf die 2. Stelle hinter dem Komma ausweisen, und sie lesen daraus Differenzierungen ab, die bei den Praktikern nur ein müdes Lächeln hervorrufen.

Solche Fehlerquellen versucht man neuerdings durch eine sogenannte Globalanalyse zu vermeiden. Hierbei werden die schriftlichen Befragungen durch vertiefende Interviews vor Ort und eine inhaltliche Analyse der organisationseigenen Medien und der organisationsspezifischen Presse- oder

Publikumsresonanz ergänzt. Larissa Grunig hat diese Globalanalyse – damals noch unter ihrem früheren Namen Schneider – entwickelt und auch erstmals erfolgreich auf die PR-Forschung angewandt (Armbrecht 1992, 233 f.). Diese Methode vermag Praxis und Wissenschaft näher aneinanderzurücken und die gegenseitige Skepsis abzubauen. Sie sollte daher von beiden Seiten genutzt werden. Die Ergebnisse solcher Untersuchungen ließen sich jedenfalls eher verallgemeinern und damit als Bausteine zu einer PR-Rezeptionsforschung verwenden als alle einäugigen, weil auftragsgebundenen Schmalspuremsigkeiten.

PR-Theorien

Gegenüber der Aufforderung, sich mit Theorien zu beschäftigen, nehmen viele Praktiker zwei Haltungen ein: Entweder brauchen sie keine, oder sie haben schon eine. Die Theoretiker selbst lächeln darüber mild. Manfred Rühl zum Beispiel schreibt selbstgewiß:

Wer vorgibt, Public Relations dinghaft im Griff und seine PR-Theorie fix und fertig in der Tasche zu haben, und wer als Testmöglichkeit allein persönliche Erfahrungen mit Public Relations ins Feld führen kann, der hat nicht die besseren Karten im Spiel um die Wirklichkeit der Public Relations. Er denkt nur nicht hinreichend über jene Prämissen nach, denen er sein Nachdenken über Public Relations anvertraut (Rühl 1992a, 87).

Fraglich erscheint solchen Praktikern nur, ob es ein „Nachdenken über PR" überhaupt geben muß. Man erinnere sich des Diktums von Joachim Bürger! Aber es muß! Wenn der Berufsstand an Ansehen und seine Aktivitäten an Glaubwürdigkeiten gewinnen sollen, muß über PR nachgedacht werden, so schwierig dies auch sein mag.

Drei Formen des Nachdenkens bieten sich an. Der schottische Kommunikationswissenschaftler Denis McQuail hat sie 1983 erstmals beschrieben, und viele Theoretiker folgen ihm heute darin (McQuail 1983, 13).

Ich frage zum Beispiel, was PR eigentlich ist. Dazu benutze ich meinen Alltagsverstand, gespeist aus Erlebnissen und Eindrücken. „PR-Alltagstheorien" (common sense theories), in Alltagssprache formuliert, ohne erkennbare Fundierung vorgetragen, geben häufig genug die Ansichten derjenigen wieder, die sich weder praktisch noch theoretisch mit diesem Tätigkeitsfeld intensiv befassen: Journalisten, Unternehmenschefs, Politiker, selbst Wissenschaftler. Erinnern wir uns der deklassierenden Definitionen von PR!

„Aussagen des Alltagsverstands über PR kommen ohne ausgesprochene Denkprämissen und ohne empirisch geprüftes Reflexionswissen zustande", befindet Manfred Rühl recht despektierlich (Rühl 1992b, 36). Aber er sollte bedenken, daß die berühmten Paradigmenwechsel in den Wissenschaften

häufig genug durch die Anwendung des unverbrauchten Alltagsverstands
auf die eingefahrenen Denkschablonen der Wissenschaftler entstehen.
Ich kann mich zweitens fragen, wie PR richtig geschieht. Solche „Anwendungstheorien" (working theories) liegen den Lehrstoffen für PR-Praktiker
zugrunde. Erfahrungen werden erörtert, Untersuchungen herangezogen,
Regeln aufgestellt und Verhaltensmaßstäbe postuliert. Dabei generalisieren
die Anwender von Anwendungstheorien gerne ihre Ergebnisse etwas vorschnell, wie die Theoretiker meinen. Ronneberger und Rühl zum Beispiel
schreiben:

Organisiert man heutzutage PR-Erfahrungen in theoretischer Absicht, dann ist es unzulässig, zur Rechtfertigung des Vorgehens lediglich eine Brücke zu Aussagen einzelner PR-Berühmtheiten zu schlagen, die dann wie scholastische Väterzeugnisse behandelt werden. Denn ungetestete Aussagen von PR-Berühmtheiten taugen nicht als
gesicherte Erkenntnisse (Ronneberger und Rühl 1992, 25).

Natürlich hören wir jetzt nicht zu schreiben auf, sondern bemühen uns
selbst um das, was Rühl zum Kriterium der dritten Form des Nachdenkens
über PR macht: In kommunikationswissenschaftlichen Theorien (communication theories) werden Beobachtungen mit einer abstrakten, d. h. begriffli-
chen, methodischen und theoretischen Reflexion vernetzt. Vorwissenschaftlichen PR-Wirklichkeiten müsse man analytisch begegnen, „um sie nach den
methodischen Regeln der Wissenschaft aufzubrechen und sie – außerhalb
der eingeschliffenen Bahnen alltags- und anwendungstheoretischen Denkens und Argumentierens – zu rekonstruieren" (Rühl 1992b, 36).
Nun bergen die angeführten „vorwissenschaftlichen PR-Wirklichkeiten"
mehrere Ansätze für unterschiedliche Analysen und damit für verschieden-
artige Theoriegebäude. Heben wir zum Beispiel auf die Wirklichkeit „Kommunikationsprozeß" ab, so bietet sich ein sozialpsychologischer Ansatz an.
Ihn verfolgen vornehmlich marketingorientierte Forscher und für das weite
Feld jenseits des Marktes nur wenige Massenpsychologen.
Die Massenpsychologie genießt bei den heutigen PR-Theoretikern kein
großes Zutrauen, was erklärbar sein dürfte durch die Scheu, sich auf die Zusammenhänge von Propaganda, Massenbeeinflussung und Massenhysterie
einzulassen. Leugnen viele von ihnen nicht sogar die Existenz von Masse?
(Darüber mehr bei der Erörterung von Zielgruppen und Teilöffentlichkeiten.) Und doch müßte der PR-Experte, soweit er der Chefpropagandist
seiner Organisation ist, gerade diesen Theoriespiegel zugereicht bekommen.
Greifen wir aus den „vorwissenschaftlichen PR-Wirklichkeiten" hingegen
den Tatbestand heraus, daß es sich bei PR-Kommunikation in der Regel um
die Kommunikation von „Organisationen" handelt, so tritt der organisationstheoretische Ansatz in den Vordergrund. Er ist die Grundlage fast allen

US-amerikanischen Nachdenkens über PR. „We have attempted to build an organizational theory of public relations", schrieben die beiden Grunigs 1989 nach dreijährigen Forschungen über die Validität verschiedener Modelle von PR-Wirklichkeit (Grunig und Schneider-Grunig 1989, 59).

Dem systemtheoretischen Ansatz, zu dem sich die meisten Organisationstheoretiker wie fast alle Soziologen und Kommunikationswissenschaftler heute bekennen, mißtrauen sie jedoch, weil sie darin den Einfluß der Umwelt auf die Organisation zu stark betont sehen. Die Amerikaner haben kein großes Zutrauen in die liberale Verfaßtheit von Organisationen. Auch wenn der Dialog deren Normverhalten sein sollte, sehen sie ihn nur selten verwirklicht. Die Grunigs stellten fest:

A systems approach assumes that organizations and environments adapt to each other and that organizational structure and behavior can be predicted from characteristics of the environment. The research we have discussed thus far, however, shows that environmental variables explain only a small part of the variation in public relations behavior (53f.).

Das hält die deutschen Kommunikationswissenschaftler jedoch nicht davon ab, in der Folge von Talcott Parsons (The Social System 1951), Kenneth Boulding (General System Theory 1956) und Niklas Luhmann (Soziale Systeme 1984) mit fliegenden Fahnen den neuen Ufern zuzueilen. Viele haben dazu nur die Begriffe ausgetauscht und nennen heute System, was sie früher als Organisation, Organismus, soziale Gruppe, Sozialordnung oder Markt beschrieben. Oder sie wenden systemtheoretisches Denken nur auf die Binnenstrukturen einer Organisation an, weil sie zunächst von der Konzeption von Subsystemen innerhalb eines Systems fasziniert sind. Als Larissa Grunig dann aber in Salzburg im Dezember 1990 erklärte, „thus we can agree that systems theory alone fails to explain public relations" (L. Grunig 1992, 240), wurde Wolfgang Staehle ärgerlich, fühlte ihr auf den Zahn und brachte zutage, daß viele Kommunikationswissenschaftler mit der Systemtheorie nicht viel anfangen.

Ganz anders Ronneberger und Rühl. Sie sehen in der Betrachtung von Beziehungsverhältnissen zwischen Systemen und ihren Umwelten ein neues „Paradigma" für die Kommunikationswissenschaft. Auch für unseren Denkansatz, den Beziehungsaspekt der Kommunikation zum Ausgangspunkt der Überlegungen über PR zu machen, eignet sich die Systemtheorie vorzüglich. Sie kann geradezu als eine Theorie der Beziehungen gelesen werden.

Was ist ein System? Die für PR-Leute relevanteste Beschreibung finden wir in Werner Faulstichs Einführung in die Problemfelder der Öffentlichkeitsarbeit:

Ein soziales System ist ein beobachtbarer Handlungsraum, in dem komplexe, aber abgrenzbare Handlungsabläufe erkannt oder bestimmt werden können, – Handlungsabläufe, die mit dem Ziel der Lösung von Problemen sinnvoll einander zugeordnet sind und von den Handlungen der Umwelt unterschieden werden können. Damit ist bestimmt, wodurch ein System zu einem System wird: erstens durch seine Beziehungen zu sich selbst, d. h. durch seine Organisation in Subsysteme und Teilsysteme, durch seine inneren Konflikte und Widersprüche, durch seine systemeigenen Elemente, durch seine internen Handlungsprozesse und Dialogbeziehungen. Zweitens wird ein System zu einem System durch seine Beziehungen zu seiner Umwelt, genauer: durch seine Grenzen, also durch das, was es nicht ist. Das Verständnis eines Systems, seiner Einheit, seiner Natur, seiner Funktion ist demnach ohne Einbeziehung der Systemumwelt schlechterdings unmöglich (Faulstich 1992, 24).

Was leistet die Systemtheorie? Es ist der Ansatz, alles Seiende – z. B. Maschinen, Lebewesen, Menschen, Menschengruppen, Institutionen – als Systeme aufzufassen, die sich gegenüber ihren jeweiligen Umwelten mehr oder weniger geschlossen oder offen geben. Offene Systeme tauschen mit ihren Umwelten Materie, Energie oder Informationen aus. Biologische und soziale Systeme sind relativ offen, mechanische Systeme relativ geschlossen gegenüber ihren Umwelten. Offene Systeme gelten zunächst nur als Transformationsmodelle: Aus der Umwelt gelangen sogenannte Inputs in das System, werden dort auf die verschiedenartigste Weise transformiert und als Output an die Systemumwelt abgegeben.

In dieser allgemeinen Beschreibung bietet die Systemtheorie die Möglichkeit, die verschiedensten Wirklichkeiten relativ einheitlich zu erfassen. Ihre Erfinder, allen voran Ludwig von Bertalanffy, sahen in ihrer Abstraktheit und Inhaltslosigkeit daher auch eine allen Wissenschaften überzuordnende Wissenschaftstheorie. Für Sozialwissenschaftler und Organisationstheoretiker sind andere Aspekte dieser Theorie interessant: daß ein System – z. B. ein Unternehmen – aus vielen Teilsystemen bestehen kann; daß es die Summe seiner Teile sein kann, zugleich aber sowohl mehr als die Summe seiner Teile wie eine in sich kohärente Einheit, ein „Ganzes".

Die Sozialwissenschaften haben auch die Auffassung hinter sich gelassen, daß offene Systeme reine Transformationsmodelle von Inputs in Outputs sind. Heute herrscht die Theorie vor, daß lebende, insbesondere Humansysteme – also Personalsysteme, informelle Sozialsysteme wie Paare und Kleingruppen, formalisierte Sozialsysteme wie Organisationen und Institutionen, gesellschaftliche Teilsysteme wie Politik, Wirtschaft, Religion oder Massenkommunikation und deren Teilsysteme wie politische Parteien, Wirtschaftsbranchen, Religionsgemeinschaften oder Presse und Rundfunk – aus sich selbst heraus Bewußtsein und Kommunikation herstellen. Durch diese „Autopoiesis" grenzen sie sich gegenüber einer Umwelt ab, mit der sie dennoch grundsätzlich in Wechselbeziehung stehen.

Diese neue Theorie von den sich selbsterzeugenden, selbstorganisierenden, selbsterhaltenden und selbstreferentiellen Systemen macht Kommunikation – zur freudigen Überraschung der Kommunikationswissenschaftler – zum Angelpunkt jedes Systems. Durch Netzwerke aus Kommunikationen reproduzieren selbstreferentielle Humansysteme Informationen, Sinn, Mitteilungen und Themen. Es sind Kommunikationssysteme. Durch Kommunikation allein geschieht ihre Differenzierung zur Umwelt, ihre systeminterne Orientierung und ihre Autonomie.

Das alles muß „wissenschaftlich beobachtet" werden können. Auch dies leistet die Systemtheorie besser als andere, da sie die theoretischen von den praktischen Betrachtungsweisen besser unterscheiden lehrt. Der Beobachter erkennt jetzt komplexere Zusammenhänge:

Man kann jetzt die System/Umwelt-Differenz aus der Perspektive eines Beobachters (z.B.: des Wissenschaftlers) unterscheiden von der System/Umwelt-Differenz, wie sie im System selbst verwendet wird, wobei der Beobachter wiederum nur als selbstreferenzielles System gedacht werden kann. Reflexionsverhältnisse dieser Art revolutionieren nicht nur die klassische Subjekt-Objekt-Epistemologie; sie entdogmatisieren und „naturalisieren" nicht nur die Wissenschaftstheorie; sie erzeugen auch ein sehr viel komplexeres Objektverständnis durch ein sehr viel komplexeres Theoriedesign (Luhmann 1985, 25).

Aber nicht nur die Theorie hat ihre Vorteile von der Anwendung dieses komplexeren Designs. Auch die Praxis profitiert von der Systemtheorie und der aus ihr entwickelten Theorie der Ausdifferenzierung von (Sub-)Systemen innerhalb von Systemen durch Selbstreferenz, „d.h. dadurch, daß die Systeme in der Konstitution ihrer Elemente und ihrer elementaren Operationen auf sich selbst (und nicht auf andere) Bezug nehmen" (Luhmann).

Unsere Blicke werden differenzierter und damit schärfer. Grundsätzlich sehen wir nicht mehr nur eine Organisation im kommunikativen Austausch mit diversen Öffentlichkeiten, sondern wir achten innerhalb dieser Organisation auf diverse Subsysteme, zum Beispiel die „PR-Abteilung" mit ihren eigenen kommunikativen Bezügen zu ihren internen und externen Umwelten, und wir achten auch auf die Personalsysteme „PR-Chef" oder „Boss" in bezug zu deren Umwelten (PR-Abteilung, Kollegenschaft etc.).

Wir unterscheiden auch mehrere Ebenen des Verkehrs mit Umwelten in sachlicher Hinsicht, kurz: wir vermögen „durch weitere interne strukturelle Differenzierungen für Public Relations eine komplexe Kommunikations- und Interaktionsstrategie zu entwickeln und danach arbeitstäglich zu verfahren".

Wir erkunden dabei nicht das „Wesen" dieser personalen oder sozialen Systeme, sondern ihr Verhalten und ihr Handeln. Wir beobachten ihre Kommunikation und ihre Interaktionen. Wir erkennen mehrere Umwelten, die je verschieden zu behandeln sind. Individuen sind zum Beispiel durch unterschiedliche Berufs- und Arbeitsrollen in PR-Systeme einbezogen. „Es sind folglich keine feststehenden Seins-Qualitäten, die aus Individuen substantielle Bestandteile von PR-Systemen machen würden", so resümiert Rühl diesen neuen Theorieansatz, „sondern stets Probleme der Relation und der Selektion von Kommunikation und Interaktion, durch die Individuen psychisch an PR-Systemen teilnehmen" (Ronneberger und Rühl 1992, 92).

Geschieht dieses „analytische Aufbrechen der vortypisierten Wirklichkeit des Alltags", so stellt man bald fest, daß sowohl Personal- wie Organisationssysteme keineswegs vernunftrational handeln, also Menschen nicht allein nach den Kriterien von Zweck und Mitteln sowie Organisationen nicht allein nach den Kriterien von Optimierung und Perfektion. Die Systemrationalität unterstellt – im Gegensatz zur Vernunftrationalität – ein Handeln gemäß den zahlreichen informellen Gruppierungen und formalisierten Sozialsystemen, in die jeder einzelne und jedes Subsystem funktional eingebunden ist.

Wir nähern uns damit den entscheidenden Aspekten der gesellschaftlichen Kommunikation: Ihre inneren Gesetzmäßigkeiten kann nur erkennen, wer die vortypisierten Wirklichkeitsbilder und die hochgehaltenen Kriterienkataloge der Organisationen in ihren Beziehungen zu ihren Außenwelten durchschaut. Was für den Systemtheoretiker dann zum Vorschein kommt, sind nicht Machtinstinkte und andere psychologische Motive, sondern ein Bündel an Funktionen und Rollen, die er mit anderen Funktionen und Rollen „systemrational" zu vergleichen hat. Eindimensionales Handeln sieht er nirgendwo.

Das gilt im Prinzip auch für das Marketing, so vernunftrational es sich gibt und sosehr es versucht, seinerseits ganz eindimensional die PR-Arbeit in ein Marketinginstrumentarium einzubinden und darin seine einzige Funktion zu sehen. Damit treffe man „allenfalls PR-Sonderverhältnisse", schreibt Manfred Rühl, womit er alle betriebswissenschaftlichen Ansätze, PR-Wirklichkeiten zu erfassen, in ihre Schranken weist. Die Interpretation wirtschaftlichen Handelns mit Hilfe des Zweck-Mittel-Schemas stelle PR als einen „ziemlich mechanistischen Kommunikationsprozeß" vor und verneble den analytischen Blick für elementare Kommunikationsverläufe, „ganz zu schweigen von den hochkomplexen funktionalen Besonderheiten der Public Relations in und zwischen Organisationen hochdifferenzierter Gesellschaftsordnungen" (Ronneberger und Rühl, 94 f.).

Wenn aber Kommunikation und Interaktion nicht nur zweckgerichtet verlaufen, darf man sie nicht rein kausalistisch betrachten. Welche alternative Betrachtungen gibt es? Rühl schlägt, auf Niklas Luhmann zurückgreifend, vor, nicht mehr Ursachen und Wirkungen von PR kausalwissenschaftlich zu verknüpfen, also nicht mehr „Gegenstände" zu erforschen, sondern problematische Sachverhalte – „PR-Probleme" – systemrational zu untersuchen.

Wir können solche PR-Probleme als „Beziehungsprobleme" begreifen und kommen damit zum Kernpunkt der gesellschaftlichen Kommunikation: In Beziehungssystemen verschwinden die Kausalketten; nur Zusammenhänge bleiben erkennbar. Wer sie untersuchen will, vergleicht funktionale Abläufe. Er hat dadurch die Chance, aber auch die Not, mehrere Alternativen zur Lösung eines PR-Problems in Betracht zu ziehen.

Die Funktionsvergleiche, so sagen die Systemtheoretiker, ermöglichen neue Blicke auf die PR-Wirklichkeit. Diese werde erst dadurch „typisierbar, kategorisierbar und somit identifizierbar". Aber auch die Praxis profitiere davon:

Ihre Systemkapazitäten können gesteigert werden, wenn man die Funktionalisierung eines widerspruchsvollen Nebeneinanders geschehen läßt. Damit wird eine wichtige Realität erkennbar. Denn Humansysteme können gleichzeitig unter entgegengesetzten Prämissen operieren. Dadurch wird die Zahl der Kommunikationen und Interaktionen gesteigert, d. h. die Komplexität, mit der sich Systeme an ihrer Umwelt orientieren, nimmt zu (Ronneberger und Rühl 1992, 108).

Was den Wissenschaftler befriedigt, macht den Praktiker ungeduldig. Was müssen Theorien leisten, um etwas zu taugen? Sofern sie Tatbestände und Sachverhalte einfangen sollen, sie beschreiben und erklären, sofern sie also faktischen und nicht normativen Charakters sind, bringen solche Theorien den meisten Gewinn, die erstens das weiteste Spektrum an Wirklichkeiten und Möglichkeiten erfassen und die das Erfaßte zweitens am tiefsten ergründen.

Die Systemtheorie leistet ersteres; nur die Sozialpsychologie könnte letzteres schaffen. Aber noch hantieren wir bloß mit den Begriffen Kommunikation, Persuasion, Information und Sinn.

Zu Kap. II. 2:
Armbrecht, Wolfgang: Innerbetriebliche Public Relations. Grundlagen eines situativen Gestaltungskonzepts; Opladen 1992, berichtet über die von Larissa Schneider vorgelegte Studie: Organizational Structure, Environmental Niches, and Public Relations: The Hage-Hull-Typology of Organizations as Predictor of Communication Behavior; Diss. Uni. Maryland 1985.

Bertalanffy, Ludwig von: General Systems Theory: A New Approach to Unity of Science; 1951.

Botan, Carl: Public Relations as a Science. Implications of Cultural Differences and International Events; in: Avenarius, Horst/Wolfgang Armbrecht (Hrsg.): Ist PR eine Wissenschaft?; Opladen 1992.

Bürger, Joachim: PR-Gebrauchsanleitungen für praxisorientierte Öffentlichkeitsarbeit; Loseblattsammlung; Landsberg 1985 ff.

DPRG (Hrsg.): Public Relations – Das Berufsbild der Öffentlichkeitsarbeit; Bonn 1991.

Faulstich, Werner: Grundwissen Öffentlichkeitsarbeit. Kritische Einführung in die Public Relations; Bardowick 1992.

Grunig, James E.: Symmetrical Presuppositions as a Framework for Public Relations Theory; in: Public Relations Theory. Edited by Botan/Hazleton; Hillsdale, New Jersey 1989.

Grunig, James E./Todd Hunt: Managing Public Relations; New York 1984.

Grunig, James E./Larissa Schneider-Grunig: Toward a Theory of the Public Relations Behavior of Organizations: Review of a Program of Research; in: Public Relations Research Annual, Volume 1, Hillsdale, New Jersey 1989.

Grunig, Larissa: How organization theory can influence public relations theory; in: Avenarius, Horst/Wolfgang Armbrecht (Hrsg.): Ist PR eine Wissenschaft?, Opladen 1992.

Harlow, Rex: Building a public relations definition; in: Public Relations Review, 2. Jahrgang 1976.

Hundhausen, Carl: Werbung um öffentliches Vertrauen; Essen 1951.

Kunczik, Michael: Public Relations. Konzepte und Theorien; Köln 1993.

Luhmann, Niklas: Soziale Systeme, Grundriß einer allgemeinen Theorie; Frankfurt a. M. 1985.

McQuail, Denis: Mass Communication Theory. An Introduction; London 1983.

Meffert, Heribert: Marketing. Grundlagen der Absatzpolitik., 7. Auflage Wiesbaden 1991.

Merten, Klaus: Artefakte der Medienwirkungsforschung; in: Publizistik 1/1991.

Miller, Gerald R.: Persuasion and Public Relations: Two „Ps" in a Pod; in: Botan, Carl H./Vincent Hazleton jr. (Hrsg.): Public Relations Theory; Hillsdale, N.J. 1989.

Noelle-Neumann, Elisabeth/W. Schulz (Hrsg.): Publizistik; Frankfurt a. M. 1971.

Olasky, Marvin N.: Corporate Public Relations: A new Historical Perspective; Hillsdale, N.J. 1987.

Ronneberger, Franz/Manfred Rühl: Theorie der Public Relations; Opladen 1992.

Rühl, Manfred: Kommunikationswissenschaft zwischen Wunsch und Machbarkeit; in: Publizistik 2–3/1985.

–: Public Relations; Innenansichten einer emergierenden Kommunikationswissenschaft; in: Avenarius, Horst/Wolfgang Armbrecht (Hrsg.): Ist Public Relations eine Wissenschaft?, Opladen 1992.

–: Was Public Relations ist, was Public Relations tut. Fünf Schwierigkeiten, eine allgemeine PR-Theorie zu entwerfen; in: PR-Magazin 4/92.

3. Die Geschichte der PR

Seit wann gibt es Öffentlichkeitsarbeit? Die Antworten auf diese Frage sind so zahlreich wie die Autoren, die sich mit Öffentlichkeitsarbeit befassen. Es sind in der Regel keine Historiker. Sie nähern sich dem Komplex Vergangenheit daher unter eher gegenwartsbezogenen Vorzeichen. Einige sind lediglich darauf fixiert, wann und wo der englische Begriff „public relations" erstmals auftaucht – ein recht belangloses Problem. Andere stürzen sich auf die ersten Spuren von Pressereferenten, -büros, -agenten, die sie in der allgemeinen historischen Literatur entdecken. Dritte schlachten die PR-Geschichtsbestände wie einen Steinbruch für ihre aktuellen Theorien und Anliegen aus.

Ein sorgfältigerer Umgang mit der Geschichte ist geboten. Das liegt nicht nur im Interesse der Wissenschaft, sondern auch des Berufsstands. Jedes Tätigkeitsfeld des Menschen gewinnt Ansehen aus dem Nachweis, daß es auch in Vorzeiten ausgeübt wurde. Die Frage nach der Geschichte der PR ist daher keine rein akademische.

Vom Umgang mit der Geschichte

Viele Autoren schöpfen gerade aus der Vergangenheit die Legitimation für ihren Gegenstand. Manche übertreiben dabei ganz gehörig. So bezeichneten James Grunig und Todd Hunt 1984, in der ersten Auflage von ›Managing Public Relations‹, die Auftritte und Reden, die Briefe und Berichte der Apostel und Evangelisten als PR-Aktivitäten und nannten die Ausbreitung des Christentums im ersten Jahrhundert ohne explizite Analyse „one of the great public relations accomplishments of history" (1984, 15).

Die Beschäftigung mit der Geschichte der PR dient bisweilen auch dazu, dem eigenen Konzept von der PR eine aus der Vergangenheit abgeleitete Begründung zu geben: Seht her, so geschah es schon einmal. Die PR-Geschichte reicht demnach so weit zurück, wie sich die Bestandteile der eigenen PR-Definition in der Vergangenheit ausmachen lassen. In der Regel geschieht dies jedoch recht unhistorisch: Einzelne Vorkommnisse und Fakten werden aus dem Geschichtsbestand herausgepickt und mit einzelnen PR-Begriffen belegt: mit Wahlpropaganda, Vertrauenswerbung und immer wieder mit Überredungskunst.

So sprechen Scott Cutlip und Allen Center wie Grunig und Hunt von PR-Publikationen, wenn sie in antiken Werken der Literatur und Kunst absichtsvolle Beeinflussungsinstrumente im Dienste der Obrigkeiten ausmachen können. Das „special pleading" für einen Auftraggeber ist ihr zentrales, an aktueller Praxis orientiertes PR-Konzept. Sie finden es prompt in grauer Vorzeit:

Virgil's Georgics was written to persuade urban dwellers to move to the farms to produce food for the growing city. The walls of Pompeii were inscribed with election appeals. Caesar carefully prepared the Romans for his crossing of the Rubicon in 49 B.C. by sending reports to Rome on his epic achievements as governor of Gaul, and historians believe he wrote his Commentaries as propaganda for himself (Cutlip und Center 1978, 19).

Die Liste solcher Vorläufer läßt sich beliebig vermehren und auch beliebig weit in die Vergangenheit zurückführen. Edward Bernays, der erste und nach wie vor der für die PR-Geschichte anregendste PR-Autor, bot dafür ein klassisches Beispiel. Es führt weit über die literarischen Zeugnisse zurück:

Yet in ancient Sumeria, Babylonia, Syria and Persia in the dawn of civilization even the despotic rulers were aware of their publics. Proclaiming the divinity of kings was a step of the first importance in gaining the worshipful obedience of subjects. Rulers impressed themselves upon the people through erection of statues and other monuments (Bernays 1961, VI).

Man glaubt den Stolz zu spüren, mit dem die Amerikaner PR-Aktivitäten aus dem „klassischen Altertum" ableiten. Gemäß ihrer Definition, daß PR gemanagte Kommunikation ist und daß folglich auch die Umkehrung gilt: Alle gemanagte Kommunikation ist PR, folgern sie, daß es beides schon immer gab: „Managed communication – public relations – is as old as history itself" (Grunig und Hunt 1984, 21).

Das Wort, daß PR so alt ist wie die Geschichte selbst, überträgt James Grunig jetzt sogar auf seine eigene Idee von PR, obwohl diese Idee gerade nicht der Propaganda oder Rhetorik, sondern dem Dialog, also einer symmetrischen Kommunikationsform huldigt: Die Überzeugung, daß Kommunikation eine sinnvolle Alternative zu Gewaltherrschaft und Zwang und Unterjochung ist, wenn es gilt, soziale Beziehungen in einer Gemeinschaft von Menschen aufrechtzuerhalten, gehöre zu den fundamentalen Ideen der Public Relations.

Although many of the examples of the use of public relations ideas before the twentieth century seem to suggest that public relations in early times was assymetric-persuasive communication, there also is much evidence that the idea of symmetric communication is as old as history itself (Grunig und Hunt 1995, Kap. 3).

Auch sie graben also nach Belieben alte Fälle aus. Sie orientieren sich dabei an PR-Modellen, die sie in unseren Tagen ausgemacht haben. Sie handeln folglich ganz unhistorisch. Da sie nur Kommunikationsweisen und -techniken beobachten, geraten sie obendrein leicht ins Moralisieren. Von den Kommunikationsbedingungen ist kaum die Rede: welche „publics" es damals gegeben habe, ob es auch schon eine „public opinon" gab und neben den Obrigkeiten, seien es Kirche oder Staat, weitere, gegebenenfalls miteinander konkurrierende Organisationen, die ihre kommunikativen Aktivitäten eigenständig „managten".

Es gibt Autoren, die alles dies erst im Zeitalter der Industriegesellschaft oder der pluralistischen Gesellschaftsordnung unserer Tage verwirklicht sehen. So meint Franz Ronneberger, daß die kommunikativen Sachverhalte und die gesellschaftlichen Zusammenhänge, die durch Öffentlichkeitsarbeit oder Public Relations bezeichnet werden, keinem menschlichen Handeln schlechthin entsprechen. Sie sind also nicht so alt wie die Geschichte selbst. Das Entstehen von PR setze vielmehr hochgradige soziokulturelle Differenzierungsprozesse voraus (Ronneberger und Rühl 1992, 41).

Andere machen als das entscheidende Kriterium für das Aufkommen von PR nicht die neuzeitliche Industriegesellschaft aus, auch nicht eine pluralistische Gesellschaftsordnung (schließlich war schon die Feudalzeit gewissermaßen „pluralistisch"), sondern die postmoderne Informationsgesellschaft. Einer ihrer Wesenszüge sind die Public Relations.

Die Systemtheoretiker finden an dieser Betrachtungsweise großen Gefallen. Werner Faulstich beschreibt in Anlehnung an den Amerikaner C.S. Sloane PR als einen Reflex auf eine zunehmende Differenzierung von Subsystemen und Elementen in allen gesellschaftlichen Teilbereichen seit dem Übergang von der Industrie- zur Informationsgesellschaft am Anfang des 20. Jahrhunderts. Die gesellschaftliche „Überkomplexität" erfordere seither ein „informationsorientiertes Regelwerk", damit das einzelne System mit seinen immer systemreicheren Umwelten noch zu interagieren vermag. Faulstich bündig: „PR als eine System-Umwelt-Interaktion wurde erst mit der Entwicklung zur Informationsgesellschaft notwendig." Sie sei ein Kind des 20. Jahrhunderts (Faulstich 1992, 41).

PR-Theoretiker können damit leben. Sie sehen ihren Begriff „Public Relations" vor dem Schicksal der definitorischen Unschärfe bewahrt, wenn er nicht „unkritisch auf beliebige Zeitalter und gesellschaftliche Zusammenhänge übertragen" wird (Ronneberger und Rühl 1992, 42). Ronneberger brachte diese ahistorische Haltung sehr frühzeitig auf den Punkt:

Ob PR eine Geschichte hat, ist in diesem Zusammenhang belanglos. Es dürfte sich gewiß nachweisen lassen, daß bereits in der griechischen Polis sich Organisationen und „Systeme" um „öffentliche" Anerkennung bemüht haben. Das gilt erst recht für die aufstrebenden Zünfte und Stände in Städten des europäischen Mittelalters. Es hat eine städtische Öffentlichkeit gegeben, in der solche Kämpfe auch ausgetragen wurden. Doch was immer in jenen Gesellschaften geschah: es war etwas grundsätzlich anderes als die PR-Aktivitäten der Gegenwart. Was wir heute unter PR verstehen, ist eine Erscheinung unserer politischen Kultur, ein Bereich der öffentlichen Kommunikation von konstitutiver Bedeutung für Existenz und Funktionsweise moderner Systeme (1977, 105).

Strukturierungsversuche

Einen Historiker dürfte dieses Verdikt über die Vergangenheit allerdings nicht davon abhalten, nach den Wurzeln und Ursprüngen solcher modernen Öffentlichkeitsarbeit zu suchen. Auch den modernen Staat gab es schließlich noch nicht im Zeitalter des Absolutismus, und doch setzt die Geschichtsschreibung des modernen Staatswesens nicht erst bei der Französischen Revolution an.

Daß Verhältnisse immer „komplexer" werden, Systeme sich immer stärker „ausdifferenzieren" und ihre Umwelten immer „systemreicher" erscheinen, galt noch für jede vollentwickelte Gesellschaft. Man lese dazu nur einmal das großartige Kapitel über die Organisation der öffentlichen Meinung durch Oktavianus, das Ronald Syme 1938 in seinem berühmten Buch ›The Roman Revolution‹ schrieb, um zu wissen, wieviel PR es damals gab.

Wenn wir die politische Kommunikation als Bestandteil der PR betrachten – was in diesem Buch konsequent geschieht –, dann hebt die Geschichte der PR mit den ersten Zeugnissen von Kommunikation zwischen Herrschern und Beherrschten oder zwischen Priestern und Gläubigen, Häuptlingen und Stämmen an. Vieles davon ist Binnen-PR, propaganda fidei, imperiale Propaganda bis hin zur Massenagitation selbst in modernem Stil. Als Grundform gesellschaftlicher Kommunikation muß es PR – auch ohne den Nachweis durch spezielle Quellen – seit jener grauen Vorzeit gegeben haben, seit der sich Menschen organisieren und als Gruppen miteinander verkehren.

Man kann untersuchen, welcher Instrumente man sich zu welchen Zeiten mit welchem Erfolg bediente. Bedeutende Gelehrte haben über „the symbolic instrument in early times" bereits viele Tatbestände zusammengetragen (Lasswell, Lerner und Speier 1979, 257–298). Eine Strukturierung der PR-Geschichte sollte man jedoch nicht entlang der PR-Instrumente vornehmen, so reizvoll es sein mag, von Bauten, Statuen, Inschriften und Münzen über Aktionen, Reden, Schriften und Briefe bis zu den Massenveranstaltungen und schließlich zur Pressearbeit fortzuschreiten. Man würde nur feststellen, daß es fast alles schon zu fast allen Zeiten gab.

Möglich, aber genauso zeitunspezifisch wäre es, den Einsatz der PR-Gattungen darzustellen: von den Mythen und Sagen über die Geschichtsdeutungen, die Hymnen und Lieder bis zu den Proklamationen und Wahlplattformen für differenzierte Publika. Wurden Mythen nicht auch im 20. Jahrhundert eingesetzt?

Solche Spezialuntersuchungen sind notwendig und nützlich, um neben dem how-to-do auch das how-they-did zu erfahren und aus Vergleichen zu lernen. Aber eine Strukturierung der PR-Geschichte bieten sie nicht; sie ermöglichen es auch nicht, Perioden erkennbar werden zu lassen. Dazu ist ein anderer Ansatz erforderlich, der über die reinen Faktensammlungen hinausgeht, in denen sich die meisten historischen Notizen in PR-Büchern erschöpfen. Ein Beispiel möge dies verdeutlichen:

Kaiser Rudolf II. (1576–1612) erließ eine Anordnung, in der er die periodische Veröffentlichung von Berichten über den Türkenkrieg anregte, um der Beunruhigung der Bevölkerung durch unkontrollierte Gerüchte entgegenzutreten. Was Hanns Küffner und Hans Pollmann in einer „Entwicklungsgeschichte des amtlichen Informationswesens in Deutschland" als frühes Faktum berichteten (Küffner und Pollmann 1972, 9), läßt die eigentliche PR-Fragestellung unberührt: Was veranlaßte den Kaiser dazu, der Beunruhigung seiner Bevölkerung Rechnung zu tragen? Und wer war diese Bevölkerung? Wieviel Öffentlichkeit kennzeichnete sie?

Vielleicht ist die Öffentlichkeit das geeignetere Kriterium, um die Geschichte der Öffentlichkeitsarbeit zu strukturieren. Dann ginge es um das wechselnde Gewicht der öffentlichen Meinung; um die Rolle der Massen und den Einfluß der Herrschenden auf sie; um die schon vor dem Zeitalter der Demokratisierung zu beobachtende Autonomie von Publika und das Verhalten der politischen Klasse ihnen gegenüber. Ein PR-geschulter Historiker könnte neue, auch systemtheoretisch ausdifferenzierende Einblicke in das Spannungsverhältnis zwischen den Herrschaftssystemen und ihren Umwelten zutage fördern. Die allzu häufig auf die Pressepolitik verkürzten Darstellungen – auch bei Küffner und Pollmann – verstellen den Blick auf die Kommunikationsbedingungen und mithin auf die ihnen zugrunde liegenden mentalen Machtverhältnisse in früheren Gesellschaften.

Die angeführten Gesichtspunkte legen die folgende Strukturierung der PR-Geschichte nahe:

1. Periode: Erste Spuren von geplanter Kommunikation in Stammes- und agrarischen Feudalgesellschaften. Die Vorgeschichte der PR.

2. Periode: Die imperiale PR antiker Reiche, z. B. Ägypten, Babylon, die Diadochen, Rom, Indien und China. Die Frühgeschichte herrschaftlicher Propaganda in Flächenstaaten; ungefähr 2000 vor bis 1500 n. Chr.

3. Periode: Die PR in antiken Stadtkulturen, z. B. Athen, Rom und Byzanz. Die Frühgeschichte patrizischer Kommunikation in Stadtstaaten; ungefähr 500 vor bis 500 n. Chr.

4. Periode: Die PR der Religionsgemeinschaften Christentum und Islam. Die Frühgeschichte der propaganda fidei; 500 bis 1800 n. Chr.

5. Periode: Die PR zur Zeit des Absolutismus und der Aufklärung. Der Strukturwandel der Öffentlichkeit, wie ihn erstmals Jürgen Habermas beschrieb; 1500 bis 1900 n. Chr.

6. Periode: Die PR im Industrie- und Informationszeitalter; ab 1850.

Von diesen sechs skizzierten Perioden ist nur die letzte einigermaßen gut erforscht. Ob die ersten fünf im Sinne von Entwicklungsstufen zu betrachten sind, wie es sowohl für die generelle Geschichte der menschlichen Gemeinschaften als auch für speziellere wie zum Beispiel die der Technik in der Regel geschieht, muß vorerst offenbleiben. Es könnte durchaus sein, daß die PR-Perioden eher den Literatur- oder Philosophiegeschichten vergleichbar allesamt „unmittelbar zu Gott stehen", wie es Leopold von Ranke einmal für alle Zeitepochen formulierte.

Entwicklungslinien im 20. Jahrhundert

Für die PR in unserem Jahrhundert hat man mehrfach versucht, Entwicklungslinien herauszuarbeiten. Schule machten Edward Bernays mit einem Vorwort zur Neuauflage seiner ›Crystallizing Public Opinion‹, das er 1961 schrieb, und James Grunig mit den von ihm ermittelten berühmten vier PR-Modellen (über die im nächsten Kapitel ausführlich berichtet wird). Grunig sah in ihnen nicht nur eine geeignete, wissenschaftlich fundierte Erfassung der aktuellen PR-Praxis, sondern auch eine Möglichkeit, historische Vorgänge einzuordnen. Von seiner ursprünglichen These einer fortschreitenden Entwicklung der PR in den USA von primitiveren zu höheren Formen der Kommunikation – also vom ersten zum vierten Modell – ist er inzwischen abgerückt. Seine neue Beschreibung des geschichtlichen Ablaufs in den USA verrät aber noch immer die alte Denkweise:

Das simple Publicity-Modell herrschte demzufolge in den USA von 1850 bis 1900 vor. Bernays hatte diese Periode nach dem sarkastischen Spruch, der dem Sohn William des Eisenbahnkönigs Cornelius Vanderbilt zugeschrieben wird, „the public be damned"-Periode genannt.

Das Informationsmodell folgte von 1900 bis in die 20er Jahre. Bernays nannte diese Zeit „the public be informed"-Periode, charakterisiert durch die ersten Pressechefs in der Wirtschaft.

Das Modell der asymmetrischen Kommunikation, also der Persuasion – für viele das heute gültige PR-Modell schlechthin –, sei in den USA in den 20er Jahren aufgekommen. Bernays charakterisierte diese Zeit ganz folgerichtig als „the rise of a new profession", nämlich die des PR-Chefs in den Organisationen.

Im vierten Modell schließlich, das die symmetrische, gleichgerichtete Kommunikation zwischen Partnern, also den Dialog zwischen Organisationen und ihren Öffentlichkeiten erwartet, sieht James Grunig anders als vor 10 Jahren heute eher eine professorale Idee als eine historische Tatsache. Seit dem Ende der 50er Jahre forderten etliche PR-Praktiker in ihren Schriften ein solches Verhalten. Aber keiner hielt sich daran. Nur die Professoren hatten ihren Paradigmenwechsel: „Educators develop the symmetric idea", heißt daher jetzt das Stichwort für diesen Übergang von der Vergangenheit in die Zukunft der PR-Profession. Bernays hingegen macht nur noch mehr und noch mehr PR rundum aus: „Public relations expands."

In dieser Expansion dürfte tatsächlich das entscheidend Neue gegenüber der bisherigen Geschichte der geplanten Kommunikation bestehen: Die professionellen und bewußt geleisteten Public Relations verbreiten sich rasch und flächendeckend über den ganzen Erdball. Sie differenzieren sich in Spezialgebiete und spezielle Organisationsformen (Agenturen zum Beispiel) aus und dringen in Forschung und Lehre vor.

Sind auch andere Fortschritte auszumachen? Gerade das 20. Jahrhundert brachte mit zwei Weltkriegen und zwei totalitären Regimen Rückfälle in krude Frühformen gemanagter Kommunikation. Sie legen nahe, von jeder Aufwärtsentwicklung abzusehen und PR-Geschichte nur als eine jahrtausendealte „chronique scandaleuse" zu behandeln. Olasky bringt dazu Beispiele aus der amerikanischen Wirtschaftsgeschichte, MacArthur aus dem heutigen Pentagon.

So schlimm aber ist es nicht. Auch wenn uns das menschliche Kommunikationsverhalten immer wieder verzweifeln läßt und wir annehmen müssen, daß es in der PR-Geschichte partout keinen Fortschritt gibt, so wächst unabhängig von allen Wechselfällen das öffentliche Bewußtsein über die Gefährdungen des öffentlichen Dialogs. Dazu müssen mehr und mehr Menschen PR kennen, durchschauen und darüber reflektieren Das Grunigsche Endzeitalter der PR – sein viertes Modell – mag Utopie bleiben. Unser öffentliches Gewissen schärft sich von Mal zu Mal.

Zu Kap. II. 3:
Bernays, Edward L.: Preface to New Edition of Crystallizing Public Opinion; New York 1961.
Cutlip, Scott M./Allen H. Center: Effective Public Relations; Englewood Cliffs 1978.
Faulstich, Werner: Grundwissen Öffentlichkeitsarbeit. Kritische Einführung in Problemfelder der Public Relations; Bardowick 1992.
Grunig, James E./Todd Hunt: Managing Public Relations; New York 1984; 2. Auflage erscheint 1995.
Küffner, Hanns/Hans G. Pollmann: Das Presse- und Informationsamt der Bundesregierung; Bonn 1972.
Lasswell, Harold/Daniel Lerner/Hans Speier: The Symbolic Instrument in Early Times; in: Propaganda and Communication in World History, Vol. I.; Honolulu, Hawaii 1979.
MacArthur, John R.: Die Schlacht der Lügen. Wie die USA den Golfkrieg verkauften; München 1993.
Olasky, Marvin N.: The Development of Corporate Public Relations 1850–1930; in: Journalism Monographs, Jg. 1987, Heft 102.
Ronneberger, Franz: Entwurf einer Gliederung mit Erläuterungen für die Theorie der Public Relations; unveröffentlichtes Manuskript 1977; zitiert nach Flieger, Heinz: Public Relations und Kommunikationspolitik; in: Rühl, Manfred/Heinz-Werner Stuiber (Hrsg.): Kommunikationspolitik in Forschung und Anwendung; Düsseldorf 1983.
Ronneberger, Franz/Manfred Rühl: Theorie der Public Relations; Opladen 1992.
Sloane, C. S.: Social, Economic and Political Contexts for PR; in: Public Relations Review, vol. 13, 1987.
Syme, Ronald: The Roman Revolution; Oxford 1938.

III. DAS KOMMUNIKATIONSGESCHEHEN

1. Der Kommunikationsprozeß

Kommunikation ist ein elementares Geschehen, das jedermann widerfährt. Sie geschieht durch Einzelpersonen, Personengruppen, Klein- und Großorganisationen. Sie geschieht mittels Sprache und Bildern, Körpersprache und Tönen, mit dem Duktus und der Diktion eines Textes oder einer Rede. Sie informiert oder argumentiert oder appelliert; sie benützt die direkte Aussage oder die Umschreibung – als Metapher, Analogie oder Gleichnis. Der Brief eines Unternehmens an eine Behörde ist genauso Kommunikation wie der Hautkontakt zwischen Mutter und Säugling.

Es mag als platte Einsicht erscheinen, daß alles menschliche Tun als Kommunikation bezeichnet werden kann, doch der berühmte Satz des Paul Watzlawick macht schon Sinn: Man kann nicht nicht kommunizieren. Aber man kann gut nicht verstanden werden. Manfred Rühl betonte es mehrmals:

Jeder Kommunikationsprozeß ist ein riskantes Unternehmen. Soll ein begonnener Kommunikationsprozeß fortgesetzt werden, müssen die Beteiligten wissen, wer was worüber gesagt/gehört hat, wie er es gesagt/gehört hat und wie das, was er gesagt/gehört hat, in Beziehung steht zu dem, was er eventuell gestern gesagt/gehört hat, aber auch zu dem, was er möglicherweise morgen sagen/hören wird (Rühl 1985, 232).

Gestern und morgen! Erfahrungen und Erwartungen prägen jede Kommunikation. Gerade das Gedächtnis und die Erinnerungen – die von Einzelmenschen wie von Organisationen oder Publika – spielen im Kommunikationsprozeß eine große Rolle. Images beruhen darauf, auch Meinungen.

Außer solchen Dispositionen ist beim Kommunikationsprozeß auch der Kontext zu bedenken, in dem sie geschieht. Kommunikation setzt psychologische und soziale Strukturen voraus, um verstanden zu werden, auch um Verständnis zu finden und eine Reaktion hervorzurufen. Wichtig ist, welche soziale Rolle die Teilnehmer dabei einnehmen und ob diese bedeutender als ihre psychische Position ist, zum Beispiel ihre Autorität oder ihre Befindlichkeit.

Von der Kommunikationsforschung wird, wie Rühl in seiner Theorie der Public Relations anmerkt, das „Gespräch" eines Paares als Urform menschlicher Kommunikation idealisiert, der gegenüber alle anderen Formen nur moderne oder modische Begleiterscheinungen sind. In der Tat sollten sich alle Propagandisten des Dialogs prüfen, wie weit sie nicht dieser Idealisierung des Dialogs aufsitzen. Selbst das Hintergrundgespräch eines Managers mit einem Journalisten ist Kommunikation mit einem organisierten Medium und intendiert Massenkommunikation.

Massenkommunikation selbst kennt die moderne Kommunikationswissenschaft nur als Medienkommunikation, ja sie zieht häufig genug beide Begriffe zu dem der Massenmedien zusammen, ob sie nun große oder kleine Auflagen, viele oder wenige Zuschauer, Zuhörer etc. haben. Ist aber nicht auch ein Papstbesuch Massenkommunikation? PR-Leute sollten sich hüten, der – auch von Rühl gegeißelten – „medienzentristischen Engsicht" der deutschen „Publizistik"-Wissenschaft zu folgen (Ronneberger und Rühl 1992, 116).

In der Massenkommunikationsszene agieren Berufskommunikatoren – Journalisten wie PR-Leute und Marketers – mit Systematik und Konsequenz gegenüber einer größtenteils rollendiffusen, unorganisierten Öffentlichkeit, aus der sie ihre spezifischen Publika – Teilöffentlichkeiten, Zielgruppen etc. – herausschneiden. Sie arbeiten mit Strategien und Erfolgskontrollen. Ihr Material ist die immer komplexere Ereignishaftigkeit unserer pluralistischen Gesellschaft. Je stärker sich deren Strukturen gegenüber der Öffentlichkeit öffnen und je weiter sich dieses Prinzip über den ganzen Erdball ausdehnt, um so vielfältiger wird der Chor der Stimmen, um so schwieriger aber auch das Ziel jeder einzelnen, sich Gehör zu verschaffen.

Etwas pauschal hat Hans Magnus Enzensberger vor Jahr und Tag für diesen Chor den Ausdruck „Bewußtseinsindustrie" geprägt. Ihm liegt der Verdacht zugrunde, daß alle diese Kommunikationsprozesse nach Maßstäben des Geschäfts ablaufen. Der Ausdruck ist verblaßt; aber der Schutz der Rezipienten vor den Manipulatoren von Nachrichten und Meinungen bleibt für viele Ordnungspolitiker nach wie vor ein erstrebenswertes Ziel.

Die Bestandteile der Kommunikation

Wie geschieht Kommunikation? Weder die Kommunikationswissenschaft noch die Kommunikationspraxis beschäftigen sich sonderlich eingehend mit dieser Frage. Das ist um so ärgerlicher, als andere Wissenschaftsdisziplinen und Fachbereiche ihre Grundbegriffe sehr wohl erörtern, zum Beispiel was ein Markt sei oder ein Geschäft. Entsprechend fruchtbar ist auf diesen Feldern daher auch der Austausch an Wissen, Erfahrungen und Regeln.

Über Kommunikation hingegen denken in erster Linie die Psychologen und Soziologen nach, und wenn einer der letzteren – Niklas Luhmann – die Kommunikation zum grundlegenden Faktor jedes sozialen Systems macht, den Gesellschaftsbegriff auf Kommunikation als „sein letztes, nicht wegdenkbares Moment zurückführt und von daher neu entwickelt", dann wird er heute zum Federführenden jeder Kommunikationstheorie. Manfred

Rühl läßt sich bis in einzelne Sätze – man vergleiche die sogar gleichlautenden Kapitel „System und Funktion" – auf Niklas Luhmann zurückführen (Luhmann 1987, 30–91).

Niklas Luhmann sieht die Gesellschaft als „das soziale System aller kommunikativ erreichbaren Erlebnisse und Handlungen". Manfred Rühl untersucht nun aber genauer, was hier geschieht: wie die „Hyperkomplexität der Weltereignisse auf informative und sinnhaft verstehbare Niveaus reduziert wird" (Ronneberger und Rühl 1992, 124). Er unterscheidet dazu vier elementare Komponenten jeder Kommunikation: die Mitteilung, den Sinn, die Information und das Thema.

Die Mitteilung oder Botschaft oder auch Nachricht ist das auslösende Moment im kommunikativen Prozeß. Sie ist „ein Vorschlag für alle Kommunikationsformen, der anregen kann, nicht jenes, sondern dieses, bisher noch nicht bekannte, daher die Adressaten hochwahrscheinlich überraschende Ereignis zu beachten".

Mitteilungen haben einen Sinn und enthalten Informationen. „Sinn ist die Ordnungsform menschlichen Erlebens, die Form der Prämissen für Informationsaufnahme und bewußte Erlebnisverarbeitung", schrieb Luhmann 1971 (61). Sinnvolle Mitteilungen strukturieren die Ereignisse der Welt für die menschliche Kommunikation. Sie sind damit die Vorbedingungen für die Kommunikationskomponente Information.

Information kennzeichnet den Neuigkeitsaspekt im Kommunikationsprozeß. „Informationen überraschen andere, indem sie ihnen Neues erfahrbar machen", schreibt Rühl (Ronneberger und Rühl 1992, 127). „Informationen bewirken jenen Unterschied, der in Humankommunikation gesucht wird."

Um aber tatsächlich zustande zu kommen, bedarf die Humankommunikation stets der Steuerung durch bestimmte „Leitgesichtspunkte", wie Rühl sich ausdrückt. Sie bedarf der Themen. Durch Thematisierungen wird das immense Sinnpotential menschlicher Kommunikation eingegrenzt, geordnet und damit steuerbar. Mitteilungen, die bestimmten Themen zugeordnet werden können, sind weniger beliebig, vor allem aber verständlicher, auch wenn nie ganz sichergestellt werden kann, daß die Teilnehmer an einer Kommunikation exakt über dieselbe Sache sprechen, also bei ihrem Thema bleiben. Rühl warnt hier erneut, wie schon 1985:

Das Verstehen bleibt risikobehaftet, und es besteht keine Aussicht, daß je alles von allen mit Sicherheit verstanden wird. Denn ein perfektes und optimales Verstehen, durch welche Thematisierung auch immer, kann nie zustande kommen. Alles eindeutig zu verstehen, ist menschlich unmöglich (131).

Dennoch müsse man sich, zumal in der öffentlichen Kommunikation, auf ein brauchbares, ein zufriedenstellendes Verstehen – er nennt es Gebrauchsverstehen – verständigen.

Thematisierungen bestimmen die öffentliche Diskussion, nach Niklas Luhmann auch die öffentliche Meinung. Themen können kreiert, debattiert und schließlich ruiniert werden (Luhmann 1971 b,12). Themen haben Konjunkturen und Karrieren und folglich Märkte. Neben den Medien mit ihren jeweiligen thematischen Schwerpunkten – wir kommen unter dem Stichwort „Agenda-setting" noch darauf – reguliert auch die Gesellschaft selbst durch tradierte Konventionen, Sitten und Gebräuche, Tabus und Ängste den Katalog an Themen, über die öffentlich gesprochen und geschrieben oder nicht gesprochen und nicht geschrieben wird.

Der Kampf um die Aufmerksamkeit

Öffentliche – oder auch private – Aufmerksamkeit ist ein knappes Gut. Wer sich Gehör verschaffen will, muß sich jeweils gegen viele Wettbewerber durchsetzen. Niklas Luhmann hat in seinen Überlegungen zum öffentlichen Thematisierungsprozeß erstmals fünf Aufmerksamkeitsregeln bestimmt und analysiert (Luhmann 1971 b). Wolfgang Bergsdorf griff sie in seinen Betrachtungen zum Kommunikationsmanagement und zu den Perspektiven und Chancen der Public Relations wieder auf:

Erste Regel, nach der sich die Chance öffentlicher Aufmerksamkeit orientiert, ist die überragende Priorität bestimmter Werte. Wenn zum Beispiel ein Thema signalisiert, der Friede sei bedroht, die Gesundheit beeinträchtigt, die Unabhängigkeit der Justiz gefährdet, dann erhöht sich die Chance, daß diesen Gegenständen die Aufmerksamkeit der Öffentlichkeit zuteil wird.

Zweite Regel sind Krisensignale und Krisensymptome. Berichte über Hungersnöte und Gewaltakte haben eine gute Chance, öffentlich kommuniziert zu werden. Das ist der Grund, weshalb negative Ereignisse eine größere Kommunikationschance haben. Weil sie von der Regel abweichen, genießen sie unter den Bedingungen freier Meinungsäußerung eine Priorität vor dem Regelmäßigen, Alltäglichen, Normalen.

Dritte Regel für die Erringung öffentlicher Aufmerksamkeit ist die Neuheit von Ereignissen. Denn Neues hat die Vermutung von Wichtigkeit für sich.

Vierte Regel: Auch Signale des publizistischen Erfolges beanspruchen die Vermutung von Wichtigkeit. Zuwächse von Stimmen bei Wahlentscheidungen oder auch die erhöhte Frequenz bei der Nennung von Personennamen lenken zusätzliche Aufmerksamkeit auf diese Träger des publizistischen Erfolges.

Die fünfte Regel, nach der die Chancen öffentlicher Aufmerksamkeit verteilt werden, gründet sich auf den Status des Absenders einer Kommunikation. Je höher der Status, desto größer erscheint die Bedeutsamkeit einer

Mitteilung, desto eher wird sie öffentlicher Aufmerksamkeit teilhaftig (Bergsdorf 1990, 33 f.).

Die Überredungskunst

Durch Kommunikation zu überzeugen oder zu überreden ist nicht nur das Ziel aller Public Relations als geplante Kommunikation; es ist nicht nur das Bemühen aller publizistischen Kommunikatoren, also der Presse; es ist das Grundanliegen jeder Kommunikation.

Wer etwas mitteilt, sagt dabei zugleich etwas über sich selbst, ausgesprochen oder nicht, bewußt oder unbewußt. „Selbstdarstellung und Selbstrepräsentation sind elementare Leistungen jeder Humankommunikation", schreibt Rühl in seiner › Theorie der Public Relations‹ (133) in Anlehnung an die grundlegenden Studien von Erwing Goffmann über „the presentation of self in everyday life".

Aber ein Kommunikator will nicht nur von sich selbst überzeugen. Meist treibt ihn ein weitergehendes Anliegen um. Er will durch Mitteilungen etwas bewirken: Kenntnisse, Einsichten, Reaktionen anderer Kommunikationsteilnehmer. Vielleicht rechnet er sogar damit, daß eines auf das andere folgt: auf die Kenntnisnahme die Zuwendung und darauf die Handlung. Viele Praktiker rechnen mit solchen Dominoeffekten, wo ein Stein auf den nächsten trifft und ihn umwirft: „Awareness", so sagt es das Marketing, löse „interest" aus, „interest" ein „desire" und „desire" schließlich die gewünschte „action". Werbung huldigt noch heute diesem A-I-D-A-Modell.

Intellektuelle sind geneigt, solche einfachen Kausalketten in Frage zu stellen. Aber verfolgen nicht gerade sie mit all ihrer Suada das Ziel, andere von ihrem Standpunkt zu überzeugen? Sie nutzen dazu vornehmlich eines der urältesten menschlichen Kommunikationsmittel: die Rede.

Schon die alten Griechen haben die Beredsamkeit, die mehr der Überzeugung als der Wahrheitsfindung dient, zu einer Kunstfertigkeit gemacht. Schulen der Rhetorik gab es in der ganzen antiken Welt, und Rhetorik wurde noch im Mittelalter als zweite der septem artes liberales an den Lateinschulen gelehrt. Auch wenn Platon und seine Jünger sie aus philosophischen und pädagogischen Gründen verwarfen, hielt sich die Kunst der Rede als wesentlicher Bestandteil abendländischer Kultur bis weit in die Neuzeit. Die › Rhetorik‹ des Aristoteles – nach Grunig und Hunt „one of the earliest books to articulate the idea of public relations" (Grunig und Hunt 1995, Kap. 3) –, Quintilians › Institutio Oratoria‹ und Ciceros Schrift › De Oratore‹ blieben über die Jahrhunderte die Grundbücher dieser Kultur.

Für die Christenheit kamen des Augustinus Anmerkungen zur Rhetorik in seinem Werk › De Doctrina Christiana‹ hinzu. Aufgabe christlicher Lehre und mithin der Beredsamkeit sei es, die Wahrheit aus den Dunkelheiten der

Bibel ans Licht zu heben. Aber die Predigtlehre wehrt sich bis heute dagegen, deshalb unter „die Botmäßigkeit der Dogmatik" gestellt zu werden. Wolfgang Trillhaas macht in der Homiletik Problemstellungen „eigenen Rechtes" aus und sieht in ihr mithin so etwas wie eine Wissenschaft von der kirchlichen Redekunst (Trillhaas 1974, 2).

Die Pflege der geschliffenen Rede wäre auch den PR-Leuten anzuraten. Zwar haben unpolitische Intellektuelle und Industrielle dagegen ihre Vorbehalte. „Die Rhetorik hat in unserer Bildungswelt keine Stelle", hatte Ernst Robert Curtius in seinem großen Werk ›Europäische Literatur und lateinisches Mittelalter‹ bedauert. „Ein angeborenes Mißtrauen gegen sie scheint dem Deutschen eigen" (1948, 69). Aber andere Nationen urteilen darüber unbefangener. Man denke an die Debattierclubs in Oxford und anderswo.

Junge PR-Leute, die nur Pressetexte zu verfassen haben, verhaken sich darüber meist in zähen Auseinandersetzungen mit Ingenieuren und Kaufleuten. Ihre Karriere tritt auf der Stelle. Wer jedoch Redetexte anzufertigen versteht, sitzt den Verantwortlichen gegenüber und lernt deren Probleme und Konzepte kennen.

Worin besteht die Überredung? Da ist einerseits der Vorschlag, für den sich die Angesprochenen entscheiden sollen. Man könnte ihn ganz rational vortragen mit Argumenten und Widersprüchen zu Gegenargumenten, mit logischen Schlüssen und der schließlichen Aufforderung, sich dafür zu entscheiden. Häufig genug bedarf es aber auch zusätzlicher Anstöße – „incentives", wie sie vor allem in der Schule von Carl I. Hovland untersucht wurden. So wird man vielleicht auf bestimmte Grundbedürfnisse des Menschen abheben, die ein Angesprochener mit seiner Entscheidung befriedigen könnte. A. H. Maslow hat sie 1954 als eine Pyramide dargestellt:

- Physiologische Bedürfnisse, wie Wohlbefinden, Gesundheit und Behaglichkeit, das Gefühl der Zufriedenheit nach einem guten Essen, stellen die Basis der Pyramide dar.
- Sicherheitsbedürfnisse wie Geborgenheit, Frieden oder ein sicherer Arbeitsplatz bauen darauf auf.
- Soziale Bedürfnisse wie der Wunsch, geliebt zu werden, zu einer Gemeinschaft zu gehören, folgen in der Werteskala.
- Anerkennung, die zu Prestige und Selbstvertrauen führt, und
- Selbstverwirklichung stehen obenan.

Propagandisten wissen gut auf dem Klavier der Bedürfnisse zu spielen. Auch die Werbung hebt darauf ab. Manche Überzeugungskünstler stellen moralische Vor- oder Nachteile in Aussicht. Dann werden „Belohnungen" versprochen oder „Strafen" angedroht. Viele bringen darüber hinaus sogenannte „periphere Reize" ins Spiel; sie lassen ihren Vorschlag zum Beispiel durch Personen vortragen, die bei ihren Adressaten über Charisma oder Attraktivität oder einfach über eine neutrale Glaubwürdigkeit verfügen. Die Wirtschaft bietet dazu Sportler auf, die Politik die Künste, die Wissenschaft zitiert Genies.

Man kann diese Beispiele harmlos nennen, weil sie sich meist nur sehr partiell auswirken. Bedrohlich wird die Überredungskunst dann, wenn sie als System eine ganze Gesellschaft zu indoktrinieren versucht. In totalitären Staaten ist das die Regel. Manche Autoren wollen dieses System aber auch in den freieren Gesellschaften ausgemacht haben. Sie unternahmen dazu zwei Anstrengungen:

Erstens wurden die Verführungen trotz aller auf den Markt getragenen Diskussionen über Marketingstrategien und Wahlkampfkonzepte für geheim erklärt. Vance Packard beschrieb 1957 sehr plakativ „The Hidden Persuaders". In der Personifizierung steckt die suggestive Behauptung, daß es sich dabei um sehr mächtige Personenkreise handelt, um Leute, die nur eins bewegt: „Der Griff nach dem Unbewußten in jedermann", wie der deutsche Untertitel lautet (1967). Und die Wissenschaft baut dagegen Dämme auf. So schrieb C. U. Larson sein nicht ganz so weit verbreitetes Buch über die „Persuasion" ursprünglich aus einem einzigen Grund: „As a persuadee you must train yourself to be cautious" (1983, 3).

Zweitens mußte das System der Verführung für total, sogar für totalitär erklärt werden. Dafür lag dann der Begriff Propaganda auf der Hand. Der Franzose Jacques Ellul beschrieb 1962 Propaganda als einen unvermeidlichen, integralen Bestandteil von hochtechnisierten Gesellschaften, mehr noch: als unsere gegenwärtige Kultur. Ihr zu entrinnen sei daher unmöglich.

Was charakterisiert diese Art von Propaganda? Sie ideologisiert alle Erscheinungen des Lebens; sie wirkt in allen Institutionen der Gesellschaft; sie erfaßt die Massen, ohne daß sich diese der Indoktrinierung bewußt werden können. Die revoltierenden Studenten von 1968 sahen es ähnlich. Sie stellten auch die Quelle dieser Propaganda an ihre Pranger: das sogenannte „Establishment". Ihre Nachfahren sind davon längst abgerückt. Sie sprechen nur noch unverbindlich von der Tyrannis des Zeitgeists oder dem New Age.

Die wirkliche Propaganda unterscheidet sich von solchen diffusen Verführungen beträchtlich: Sie wird öffentlich proklamiert und entstammt einer eindeutigen Quelle.

Die Propaganda

Was leistet Propaganda? Es mag überraschen, sie hier erörtert zu finden. Die meisten PR-Praktiker weisen es strikt von sich, mit Propaganda zu tun zu haben. Günter Barthenheier hat in einem „Arbeitspapier zur Orientierung über das Berufsfeld auf Anregung und Initiative der Deutschen Public Relations Gesellschaft" diese Tätigkeit scharf ausgegrenzt:

Unter Propaganda ist die Publizierung und politische Durchsetzung eines weltan-
schaulich-theoretischen Gedankengebäudes unter Beanspruchung absoluter Wahrheit mit dem Ziel der bewußtseinsmäßigen Gleichschaltung großer Bevölkerungs-
gruppen zu verstehen. Propaganda ist deshalb ein Kommunikationsverhalten totalitärer Staaten (Barthenheier 1988, 36).

Auch die Wissenschaft hat Berührungsängste. Der Soziologe Eugen Buß
schrieb, ebenfalls im Auftrag einer DPRG-Gliederung:

Propaganda ist mit einem modernen Verständnis von Public Relations nicht vereinbar. Propaganda polarisiert, radikalisiert, emotionalisiert und genau dies kann
nicht Gegenstand von PR sein (Buß 1992, 20).

Gegenteiliger Ansicht ist Michael Kunczik. Er setzt PR mit Propaganda
gleich. Der Nachteil dieses Verfahrens ist es, daß man in seinem Buch
›Public Relations‹ über die Propaganda selbst kaum etwas erfährt. Buß hingegen untersucht nicht nur die Merkmale der faschistischen und kommunistischen Propaganda, sondern auch die Bedingungen, unter denen noch hier
und heute Propaganda entstehen kann. Dazu gehören vor allem strukturelle
Spannungen in einer Gesellschaft; man denke an die unterprivilegierten
Schwarzen in den USA oder in Südafrika. Dazu gehören auch konkurrierende Wertvorstellungen: fundamentalistische Strömungen und Bewegungen
mit alternativen Prinzipien. Buß folgert selbst:

Interessenkonflikte werden in einer pluralistischen Gesellschaft im geordneten Diskurs gelöst, Wertkonflikte dagegen provozieren propagandistische Argumente.

Werte sind prinzipiell nicht verhandlungsfähig. Kompromisse gelten als
Verrat an der ganzen Sache. Gegner werden rhetorisch zu Feinden stilisiert,
die nichtkonforme Umwelt wird dämonisiert: Der Eindruck wird suggeriert,
alles habe sich gegen die bessere, lichtere, reine Idee verschworen.
Propaganda braucht Feinde. An einer Missionierung Andersgläubiger ist
ihr daher nur bedingt gelegen. Buß versteht sie im Gegenteil sogar als eine
kommunikative, emotional gefärbte Methode,
– um auf der Grundlage gesellschaftlicher Spannungen bestimmte pau-
   schalierte Wertideen unter einer Gefühls- oder Schicksalsgemeinschaft
   zu vertreten und zu legitimieren,
– um Anhänger auf dieser Grundlage zu mobilisieren,
– um Kräfte zur Diskreditierung und Diffamierung eines politischen Gegners heranzubilden (1992, 8).
Das war auch in der ehemaligen DDR das Ziel der Propaganda. Sie sollte,
wie Gunter Holzweißig analysierte, eher nach innen gerichtet sein und – beispielsweise in der Parteischulung – der theoretischen Unterweisung der
Eliten dienen. Die Agitation hingegen hatte vornehmlich tagespolitische
Aufgaben und „sollte die breite Öffentlichkeit mit den jeweiligen Winkel-

zügen und Kursänderungen der Partei in dem für erforderlich gehaltenen Umfang kurzfristig vertraut machen" (Holzweißig 1994, 58). In der Praxis wurden die Tätigkeitsmerkmale der Agitation und der Propaganda allerdings nie eindeutig abgegrenzt.

Konnte der Agit/Prop-Apparat der DDR seine Ziele erreichen? Die Mißerfolge der kommunistischen Propaganda trotz ihrer jahrzehntelangen Monopolstellung in vielen Teilen der Erde sprechen dagegen. Auch Hitler und Goebbels scheinen nur durch die parallelen Einschüchterungen mittels Gestapo und militärischer Gewalt ihre propagandistischen Ziele erreicht zu haben. Beide Systeme verloren die Macht über ihre Völker, als sich die propagierten Behauptungen nicht mehr mit den offensichtlichen Verhältnissen deckten und die „Stimmung" zunahm, daß sich daran auch in Zukunft nichts mehr ändern wird.

Der Sicherheitsdienst (SD) der SS hatte die Wirkung der NS-Propaganda während des 2. Weltkriegs in seinen nur für die Reichsführung bestimmten, streng geheimen „Meldungen aus dem Reich" sehr kritisch analysiert. „Das Ergebnis war für Goebbels, der das Volk mit seiner Propaganda lenken zu können glaubte, häufig unerfreulich", stellte der Herausgeber der Dokumente Heinz Boberach fest; „zeigten die Berichte doch, welches Maß von unabhängiger Meinung sich die Objekte der Propaganda bewahrt hatten, und wie sie es verstanden, die Nachrichten der Presse und des Rundfunks auf ihren Wahrheitsgehalt zu prüfen" (Boberach 1965, XVIII).

Die wiederholt bekundete Skepsis über den Erfolg der eigenen Propaganda macht es andererseits wahrscheinlich, daß auch die SD-Meldungen über erfolgreiche Filme, Rundfunksendungen und Presseartikel zuverlässig sind. Sie bestätigten die überragende Bedeutung der Wochenschau als Propagandamittel, das nur von einem einzigen anderen übertroffen wurde: den Reden Hitlers. Sie allein waren nach dem Urteil der SD-Rechercheure in der Lage, die Stimmung des Volkes nachhaltig zu beeinflussen, wenn auch für immer kürzere Zeiträume.

Es lohnt sich dennoch, die Vorbehalte einer Bevölkerung gegenüber einer nahezu allmächtigen Propagandamaschine auch heute noch zur Kenntnis zu nehmen. Gerade der „Propagandaminister" wurde durchschaut. Seine berühmteste Rede (am 18. Februar 1943 im Berliner Sportpalast gehalten) – „Wollt ihr den totalen Krieg? Wollt ihr ihn, wenn nötig, totaler und radikaler, als wir ihn uns heute überhaupt vorstellen können?" –, fand nicht nur frenetischen Beifall. Der SD gab „aus dem Reich" eine sehr durchwachsene, wie stets im Berichtskonjunktiv formulierte Meldung nach oben:

Der letzte Teil der Rede sei uneinheitlich aufgenommen worden. Zwar sei allgemein die Schlagkraft der 10 Fragen hervorgehoben, jedoch von Volks- und Parteigenossen aus allen Kreisen zum Ausdruck gebracht worden, daß der propagandistische Zweck

dieser Fragen und Antworten den Hörern und Lesern allzusehr zum Bewußtsein gekommen sei (Boberach 1965, 360).

Da wundert es nicht, daß die Reichsführung diese Art Meldungen bald
darauf einstellen ließ. Sie waren ihr „zu defaitistisch".

Heute sind wir geneigt, Propaganda zu vernachlässigen. Zur Mobilisierung von Wahlkampfverbänden und Betriebsgemeinschaften stellt sie ein geeignetes, vielfach erprobtes Arsenal an Stilmitteln, Symbolen und Ritualen
bereit. Nur die aus den Nazizeiten bekannten geballten Einsätze aller verfügbaren Instrumente des Massenauftritts – Fahnen, Transparente, Trommeln und Aufmärsche, Appelle und Lichtsignale – würden einem außenstehenden, aufgeklärten Publikum eher wie eine schlechte Oper erscheinen.
Die Inszenierungen der letzten Olympiaden beweisen es.

Aber gerade sie zeigen auch, wie anfällig man in der großen, weiten Welt
für die Methoden der Nazi-Propaganda ist. Yoshio Ogai, PR-Referent der
japanischen Liberaldemokraten in Tokio, hat 1994 ein Buch über ›Hitlers
Wahlkampfstrategie‹ als eine Bibel des modernen Wahlkampfs vorgelegt.
Seine Parteioberen hätten es abgesegnet, wie er der FAZ versicherte
(8. 6. 1994).

Man sehe sich also vor! Gegen Propagandafeldzüge ist auch heutzutage
nicht jedermann gefeit. Gerade in kriegerischen Zeiten, die es immer wieder
gibt, werden nicht nur unaufgeklärte Völkerschaften propagandistisch mobi-
lisiert. Selbst hochentwickelte Informationsgesellschaften unterliegen dann
bisweilen einer konzertierten Manipulation. „Die Schlacht der Lügen"
nannte Dagobert Lindlau John MacArthurs Buch über den Golfkrieg des
Jahres 1991, darin die üble Rolle der PR in einem zentralen Kapitel beschrieben ist: „Wie die Babys verkauft wurden" (MacArthur 1993, 46ff.).

Es gebe im englischen Sprachraum kein einziges kommunikationspoliti-
sches Hirngespinst, das nicht irgendwann durchschaut und von innen her
aufgerollt und angeprangert worden sei, tröstet uns Lindlau in seinem Vorwort. Irgendwann! Jede veröffentlichte Kritik trägt nur so weit, wie sie von
einer wachsamen Gruppe innerhalb der Gesellschaft mitgetragen wird.
Sonst hat sie keine größere Wirkung als ein Leserbrief oder – wie im Falle
MacArthurs – eine Buchrezension.

Die Deutschen im Februar 1943 wie die Serben zur Zeit ihrer Dezember-
wahlen 1993 hören Propaganda, vergleichen sie mit dem Augenscheinli-
chen, sind daher skeptisch gegenüber den Sprüchen und Verheißungen ihrer
Minister und bleiben dennoch im propagandistischen Mahlstrom gefangen,
der sie umgibt. Walter Kempowskis kollektives Tagebuch über die Monate
Januar und Februar 1943 im Deutschen Reich – ›Das Echolot‹ – zeigt auf,
wie häufig nur die Propagandafloskeln nachgebetet wurden, mit denen die
Hirne vollgestopft waren. Da war ein Zeitgeist wirksam gewesen, der aus

einem dumpfen, alten Nährboden seine Ängste, Weltbilder und Werte bezog. Wer solche Quellen anzapft, hat in unruhigen Zeiten auch heute noch Chancen.

Was hilft? Propaganda und Manipulation können in den aufgeklärteren Gesellschaften ihren diabolischen Schrecken verlieren. Dazu bedarf es gewiß einer vigilanten, kritischen Presse, falls sie – rechtzeitig – alles durchschaut. Und falls sie nicht selbst – was vorkommen soll – einen Manipulationsprozeß inszeniert. Der Kampagnenjournalismus ist dafür zu einem selbstkritischen Begriff der Presse geworden. Wolf Schneider versteht darunter:

– ein Thema Ausgabe um Ausgabe am Leben halten;
– Formulierungen wählen, die dem Leser bestimmte Auffassungen schmackhaft, andere unmöglich machen sollen;
– einzelne Argumente bewußt günstig plazieren;
– bestimmte Aussagen häufen, andere total verschweigen, also: bewußte Selektion in der Darbietung des Stoffes;
– Kunstgriffe wie die verfälschende Vereinfachung komplexer Zusammenhänge oder unangemessene Dramatisierung und Personalisierung (Schneider 1984, 50).

Solange dies alles durch ein einzelnes Medium aufgrund seines leidenschaftlichen Eintretens für oder gegen eine bestimmte Sache geschieht, ist darin kein Makel zu sehen. Manipulation der öffentlichen Meinung liegt erst vor, wenn sich mehrere Medien in ihrem Verhalten angleichen, wenn es zu einem Chor der Stimmen, zum Beispiel aus Hamburg oder aus den Neuenglandstaaten in den USA oder von den drei großen amerikanischen Fernsehgesellschaften ABC, NBC und CBS, kommt. Sind bei solchen Übereinstimmungen Verabredungen im Spiel und bezwecken sie mehr als hohe Auflagen und Einschaltquoten? Auch Schneider beantwortet diese Fragen nicht.

Propaganda und Manipulation verlieren erst dann dauerhaft ihre Schrecken, wenn die Bevölkerungen selbst wachsam sind. Sie müssen sich dazu jene Offenheit bewahren, in der kein Kommunikationsangebot ohne Widerspruch bleibt. Daran zerbrechen viele Manipulationen, vorausgesetzt, der Widerspruch findet ein engagiertes Publikum.

Zu Kap. III. 1:

Barthenheier, Günter D.: Public Relations/Öffentlichkeitsarbeit heute – Funktionen, Tätigkeiten und berufliche Anforderungen; in: Schulze-Fürstenow, Günther (Hrsg.): PR-Perspektiven; Wiesbaden 1988.

Bergsdorf, Wolfgang: Politische Kommunikation: Definition, Probleme, Methoden; in: Dörrbecker, Klaus/Thomas Rommerskirchen: Blick in die Zukunft: Kommunikationsmanagement. Perspektiven und Chancen der Public Relations; Remagen 1990.

Boberach, Heinz (Hrsg.): Meldungen aus dem Reich. Auswahl aus den geheimen Lageberichten des Sicherheitsdienstes der SS 1939–1944; Neuwied, Berlin 1965.

Bohse, Jörg: Inszenierte Kriegsbegeisterung und ohnmächtiger Friedenswille. Meinungslenkung und Propaganda im Nationalsozialismus; Stuttgart 1990.

Buß, Eugen: Propaganda. Anmerkungen zu einem diskreditierten Begriff; Heft 4 der Schriftenreihe „PR-Kolloquium", hrsg. von der DPRG-Landesgruppe Nordrhein-Westfalen; Wuppertal 1992.

Curtius, Ernst Robert: Europäische Literatur und lateinisches Mittelalter; Bern 1948.

Ellul, Jacques: Propaganda. The Formation of Men's Attitudes; New York 1965.

Enzensberger, Hans Magnus: Einzelheiten I. Bewußtseins-Industrie; Frankfurt a. M. 1964

Goffmann, Erwing: The Presentation of Self in Everyday Life; Garden City (NJ) 1959.

Grunig, James E./Todd Hunt: Managing Public Relations; New York 1984.

Holzweißig, Gunter: Medienlenkung in der SBZ/DDR. Zur Tätigkeit der ZK-Abteilung Agitation und der Agitationskommission beim Politbüro der SED; in: Publizistik 1/1994.

Kempowski, Walter: Das Echolot; München 1993.

Larson, C. U.: Persuasion: Reception and Responsibility; 3. Aufl. Belmont/CA 1983.

Luhmann, Niklas: Soziale Systeme. Grundriß einer allgemeinen Theorie; Frankfurt a. M. 1987.

–: Sinn als Grundbegriff der Soziologie; in: Habermas, Jürgen, und Luhmann, Niklas: Theorie der Gesellschaft oder Sozialtechnologie; Frankfurt a. M. 1971.

–: Öffentliche Meinung. Politische Planung. Aufsätze zur Soziologie von Politik und Verwaltung; Opladen 1971.

MacArthur, John R.: Second Front. Censorship and Propaganda in the Gulf War; New York 1992; dt: Die Schlacht der Lügen; München 1993.

Maslow, A. H.: Motivation and Personality; New York 1954.

Ogai, Yoshio: Hitora senkyo senryaku; Tokio 1994.

Packard, Vance: Die geheimen Verführer. Der Griff nach dem Unbewußten in jedermann; Berlin 1967.

Ronneberger, Franz/Manfred Rühl: Theorie der Public Relations; Opladen 1992.

Rühl, Manfred: Kommunikationswissenschaft zwischen Wunsch und Machbarkeit; in: Publizistik 2 bis 3/1985.

Schneider, Wolf: Unsere tägliche Desinformation. Wie die Massenmedien uns in die Irre führen; Hamburg 1984.

Trillhaas, Wolfgang: Einführung in die Predigtlehre; Darmstadt 1974.

Watzlawick, Paul/Janet H. Beavin/Don D. Jackson: Menschliche Kommunikation. Formen, Störungen, Paradoxien; Bern/Stuttgart 1971.

2. Die vier PR-Modelle

Eine Organisation ist intern und extern mit den vielfältigsten Kommunikationsprozessen befaßt. Nicht alle ihre Kontakte nach draußen sind öffentlich. Geschäftspost und Verhandlungen zum Beispiel mit Lieferanten von Waren, Dienstleistungen oder Kapital gehören zur privaten Sphäre. Öffentlich ist in der Regel der Kontakt mit den direkten Bezugspartnern: der Kundschaft oder Mitgliedschaft zum Beispiel.

Kommunikation findet darüber hinaus aber auch mit solchen Teilen der Öffentlichkeit statt, die nicht direkt von den Tätigkeiten der Organisation abhängen. Wie verhält sich eine Organisation in solchen Fällen? Gibt es bestimmte, unterscheidbare Verhaltensmuster?

James Grunig hat 1984 vier derartige Muster – er nannte sie PR-Modelle – vorgestellt und seither immer neuen Validitätsprüfungen unterzogen. Sein eigenes Fazit: Keines dieser Modelle wird ausschließlich angewandt; häufig werden mehrere kombiniert; „mixed-motive models" nennt er sie jetzt (1995). Keines paßt ausschließlich weder zu bestimmten Typen von Organisationen noch zu bestimmten organisationsinternen Kulturen oder auch zu bestimmten PR-Problemen. Auch wird – zur Verblüffung Grunigs – keines so angewandt, wie es nach seiner Deduktion den größten Erfolg versprechen müßte. Dennoch gibt es diese vier Modelle als unterscheidbare Formen von Kommunikationsprozessen, „und sie scheinen die unterschiedlichen PR-Verhaltensweisen besser zu erfassen als jede andere Theorie" (Grunig und Grunig 1989, 59).

Die Publicity

Das einfachste Modell ist das der Publicity. Es ist eine Einwegkommunikation von einem Aussender zu den Empfängern der Information. Bezweckt wird eine ziemlich baldige positive Reaktion in Form von Kauf- oder Wahlakten. Da dies häufig nur mit knappen, nicht problematisierten Mitteilungen erreicht werden kann, wird die vollständige Wahrheit weder vom Aussender noch vom Empfänger als wesentlich angesehen. Einseitigkeiten und „Halbwahrheiten", ja „Polemiken" werden in Kauf genommen.

Propaganda ist der Ausdruck, der sich dafür eingebürgert hat, auch in der wissenschaftlichen Literatur, und der von daher auf das ganze Gebiet der Public Relations abstrahlt. An ihrer Bedeutung hat sich seit den Jahren der Erfindung dieses Wortes durch die katholische Kirche nichts geändert.

Geändert haben sich die Medien für dieses Kommunikationsmodell. Ursprünglich waren sie allesamt reine Werbemittel und sind es, vor allem im wirtschaftlichen Wettbewerb wie im Parteienwettstreit, noch heute. Aber auch die Presse bietet sich als Mittler für Publicitybotschaften an. Es ge-

Die vier Public-Relations-Modelle

	Publicity	Informationstätigkeit	Überzeugungsarbeit	Dialog
Charakteristik:	Propagieren	Mitteilen und Verlautbaren	Argumentieren	Sich austauschen
Ziel/Zweck:	Anschlußhandlung	Aufklärung	Erziehung	Konsens
Art der Kommunikation:	Einwegkommunikation, stark verkürzte Aussagen	Einwegkommunikation, umfassende Mitteilungen	Asymmetrische Zwei-Wege-Kommunikation, Berücksichtigung des Feedback	Symmetrische Zwei-Wege-Kommunikation, Mediation
Kommunikations-Modell:	Sender → Empfänger (Stimulus – Response)	Sender → Empfänger	Sender ↔ Empfänger	Gruppe ↔ Gruppe (Konvergenzmodell)
Art der Erforschung:	Quantitative Reichweiten- und Akzeptanzstudien	Verständlichkeitsstudien	Evaluierung von Einstellungen, Meinungsforschung	Evaluierung des Vertrauens, Verhaltensforschung
Typische Verfechter:	P. T. Barnum	Ivy Lee	Edward L. Bernays	James E. Grunig, Berufsverbände
Anwender heute:	Parteien, Veranstalter, Verkaufsförderer	Behörden, Unternehmen	Unternehmen, Verbände, Kirchen	Unternehmen, PR-Agenturen
Geschätzter Anteil der Anwendungen:	25 v. H.	35 v. H.	35 v. H.	5 v. H.

Abbildung 9: Die vier Grunigschen Modelle, auf deutsche Verhältnisse übertragen. Grunig und Hunt schätzten 1984 den Anteil der Anwendungen auf 15%, 50%, 20% und 15% (1984, 22). Unsere eigenen Schätzungen beruhen auf Erfahrungen in Deutschland; beim 4. Modell ist an die noch immer seltenen Anwender des Mediationsverfahrens gedacht: EVOs, Verkehrsbetriebe etc. (die wörtliche Übersetzung der Grunigschen Begriffe und Zahlen hatte erstmals Benno Signitzer veröffentlicht [1988, 100]).

schieht unter dem prinzipiellen Vorbehalt, über die Weitergabe selbst zu entscheiden, ein Umstand, der für diese Botschaften von großer Bedeutung ist: Eine sozusagen neutrale Instanz nimmt sich ihrer an.

In diesem Moment kommt PR ins Spiel. Aus dem allgemeinen Kommunikationsmodell der Propaganda wird das spezielle PR-Modell der Publicity. Berühmt wurde die Publicity, die amerikanische „press agents" amerikanischen Schauspielern, Sängern oder Politikern verschafften. Ihr Vorbild war der mit allen Wassern des Showgeschäfts gewaschene Phineas T. Barnum. Seine Kernsprüche machen noch heute die Runde. „There is no such thing as bad publicity." Die Zeitungen mögen mich attackieren, soviel sie wollen, sagte er, solange sie meinen Namen richtig buchstabieren.

Publicity wird auch heute noch – meist in Kampagnenform – lebhaft betrieben: für Personen und Produkte, für Marken und Ideen. Wir gehen darauf ausführlich ein, denn ohne diese Kommunikationsform sind moderne Gesellschaften weder alert noch mobil.

Die Informationstätigkeit

Das zweite PR-Modell ist die komplettere Informationstätigkeit. Hierbei wird nicht in erster Linie eine Re-Aktion des Empfängers bezweckt, wohl aber sein Informiertsein über einen Sachverhalt. Ein Unternehmen veröffentlicht einen Vierteljahresbericht über die Geschäftslage; eine Behörde teilt den Hergang eines Polizeieinsatzes mit; eine Fluggesellschaft informiert akkurat über einen Absturz.

Wer informiert, muß über alle Aspekte eines Sachverhaltes Auskunft geben, die zu seiner Beurteilung erforderlich sind. Wie rücksichtslos gegenüber sich selbst man dabei verfahren muß, kann nur situativ beantwortet werden. Vom partiellen oder totalen Verschweigen – weil der Sachverhalt die Öffentlichkeit nichts angehe und auch in vielen Fällen tatsächlich schiere Neugier im Spiel ist – bis zur rückhaltlosen Preisgabe aller Details sind alle Spielarten anwendbar.

Einer der ersten, die die Information auch über widrige Sachverhalte zum Prinzip ihrer Öffentlichkeitsarbeit machten, war der ehemalige NEW YORK TIMES-Journalist Ivy Ledbetter Lee (1880–1934). Amerikaner, so berichtet Ray Hiebert, datieren noch heute die Geburtsstunde moderner PR auf den Zeitpunkt, zu dem Lee die Direktoren der Pennsylvania Railroad veranlaßte, bei Eisenbahnunfällen jedes Faktum mitzuteilen, selbst soweit es für die Eisenbahngesellschaft peinlich war (Hiebert 1966, 61).

Schädlich, davon war Lee überzeugt, war diese Verfahrensweise für die Gesellschaft keinesfalls. Kurzfristig mag es Vorteile bringen, Tatsachen vertuschen zu wollen oder zu Vorhaltungen indigniert zu schweigen. Aber längerfristig zahlt sich ein offenes Verhältnis zur Presse stets aus. Nur dadurch ist zu erreichen, daß auch der Standpunkt des Unternehmens zu einem Problem einigermaßen fair wiedergegeben wird. In der „Declaration of Principles", die Lee jeder Presseaussendung beifügte und die sein Biograph Ray Hiebert ebenso wie übrigens auch Grunig und Hunt veröffentlichten, hieß es:

„This is not a secret press bureau. All our work is done in the open. We aim to supply news … In brief, our plan is, frankly and openly, on behalf of the business concerns and public institutions, to supply to the press and public of the United States prompt and accurate information concerning subjects which it is of value and interest to the public to know about" (Grunig und Hunt 1984, 33).

Was dadurch erreicht werden soll, ist die „objektive Wiedergabe der Unternehmensposition in den Medien". Für Pressestellen in der Wirtschaft gilt dies noch immer als wichtigstes Erfolgskriterium, wie Frank Böckelmann 1988 aus Befragungen ermittelte.

Die Überzeugungsarbeit

Was aber, wenn solche Zeitungsberichte das Publikum gar nicht erreichen? Oder wenn die einmalige flüchtige Mitteilung nicht ausreicht, um ein Publikum mit einer Botschaft vertraut zu machen? Das Wissen um Fakten rangiert nur allzu oft an letzter Stelle bei der Verfestigung unserer Ansichten: hinter dem Glauben, dem kulturellen Umfeld, dem Zufall, dem Anschein, der geistigen Trägheit, den Vorurteilen und dem Wunsch, die Realität unseren Vorurteilen entsprechend wahrzunehmen. Wer durch dieses Gemenge dringen will, ist auf andere Kommunikationsprozesse verwiesen. Er setzt vor allem das dritte PR-Modell ein: die geballte Kraft der Überzeugungsarbeit, dabei auch der Überredungskunst.

Grunig charakterisiert diesen Kommunikationsprozeß als „scientific persuasion". Wissenschaftlichkeit heißt für ihn, daß dazu zunächst das Sinnen und Trachten des Publikums erforscht werden müsse. Nur wer sich auf sein Publikum einstelle, kann es überzeugen.

Ein gewisser wechselseitiger Prozeß zwischen dem Veranlasser und dem Rezipienten wird daher bei diesem Modell unterstellt, weshalb es in höherem Grade „kommunikativ" ist als die beiden bislang beschriebenen. Verlaufen jene nur in einer Richtung („one way") vom Aussender zum Empfänger, so dieser in beiden („two ways"). Aber die kommunikativen Initiativen gehen nach wie vor eindeutig vom Veranlasser aus. Grunig nennt dieses Modell daher das der asymmetrischen Zwei-Wege-Kommunikation.

Edward L. Bernays (1891–1995) gilt als der Protagonist dieses Modells. Er war mit Sigmund Freud verwandt und freundschaftlich verbunden, sehr gebildet und an Verhaltens- und Sozialforschung interessiert. In seinen Büchern, Artikeln und Reden betonte er immer wieder die Aufgabe der Public

Relations, auf das öffentliche Wohl und Interesse zu achten. Aber er sah dieses Wohl stets im Einklang mit den Wünschen seiner Auftraggeber stehen. Man kann daher vermuten, daß er sich sehr gut selbst zu überreden wußte, bevor er die anderen überzeugte; und dieser Selbstzufriedenstellung unterwerfen sich viele PR-Leute bis auf den heutigen Tag.

Wo er – und sie – auf ihr jeweiliges Publikum zugehen, geschieht, was Grunig und Hunt in ihrem Handbuch ›Managing Public Relations‹ leicht sarkastisch so beschreiben: Sie sehen sich als Anwälte des öffentlichen Wohls; aber sie nehmen ihre Rolle in der Weise wahr, daß sie herauszufinden suchen, was einem Publikum an einer Organisation gefallen könnte, um diesen einen Aspekt dann so herauszustellen, als sei er ein und alles; oder indem man feststellt, welche Wertvorstellungen und Verhaltensweisen eine Teilöffentlichkeit pflegt, um sodann die eigene Organisation so zu beschreiben, als ob sie diesen Werten entspricht (1984, 40). Konsequenterweise nannte Bernays dieses Vorgehen des crystallizing of public opinion ein engineering of consent (Bernays 1955).

Der Dialog

In der Literatur und in den Reden der PR-Leute existiert noch ein viertes PR-Modell. Es unterstellt, daß Organisationen nicht nur so tun, als gingen sie auf die Vorstellungen ihrer Teilöffentlichkeiten ein, sondern daß dies wirklich geschieht. Das heißt, daß das Wechselgespräch auch für die Organisation und nicht nur für ihr Publikum zu Konsequenzen führt. Einwirkungen geschehen dann nicht nur „asymmetrisch", sondern „symmetrisch".

Der hier skizzierte Kommunikationsprozeß ist der Dialog. Der Begriff wird inflationär gebraucht. Aber man sehe sich vor! Ein Dialog ist keine Plauderei, auch kein Presse-„Gespräch", keine Talkshow und schon gar nicht ein unverbindlicher liberaler Diskurs. Ein Dialog hat Konsequenzen.

Manche Autoren haben dabei nur das gegenseitige Verständnis im Sinn, andere sogar die gegenseitige Berücksichtigung im Handeln. Scott M. Cutlip, der als erster PR-Wissenschaftler in den frühen 50er Jahren dieses Modell favorisierte, definierte zusammen mit seinem Koautor Allen Center in seinem Handbuch der Public Relations Öffentlichkeitsarbeit als die Bemühung, zwischen Organisationen und ihren Öffentlichkeiten ein „harmonious adjustment" zustande zu bringen (1952, 15).

Die berufsständischen Organisationen hüben wie drüben verkünden wie ein Echo darauf den Dialog als die entscheidende Kommunikationsform. So widmet zum Beispiel das von DPRG und GPRA gemeinsam verabschiedete „Berufsbild Öffentlichkeitsarbeit" eine seiner drei proklamatorischen Selbstdarstellungen dem Dialog (in den beiden anderen wird PR als aktive Kommunikationsgestaltung und als Führungsaufgabe beschrieben):

Dialog heißt, Einstellungs- und Verhaltensänderungen nicht einseitig anzustreben: Positionen der Öffentlichkeit müssen Eingang in Entscheidungen von Organisationen finden (DAPR 1991, 7).

Harold Burson, einer der großen PR-Praktiker, ging sogar einen Schritt weiter und nannte es die Aufgabe der PR, „to make sure that business institutions perform as servants of the people" (Burson 1974, 227). Aber das sind weise Sprüche. Ihre Verwirklichung hängt davon ab, daß der von Grunig und Olasky geforderte Paradigmenwechsel tatsächlich gelingt.

Da und dort lassen sich öffentlich-rechtlich strukturierte Unternehmen bereits darauf ein. Sie unterwerfen sich einem Mediationsverfahren, das von einem neutralen Konfliktmittler moderiert wird. Der Runde Tisch ist dafür zum Symbol geworden. An ihm treffen alle interessierten Organisationen und Initiativen zusammen. Der große Vorteil dieses Verfahrens: nicht nur die Gegner, auch außenstehende Befürworter eines Projektes kommen zu Wort. Konsens ist leichter zu vermitteln. Er bleibt das Ziel.

Dazu gehört allerdings Kompromißbereitschaft auf beiden Seiten. Selbst Organisationen mit lauteren Absichten und Motiven können an der Uneinsichtigkeit oder Sturheit einer Bevölkerungsgruppe scheitern. Die Auseinandersetzung mit der Basis ist so einfach nicht, wie PR-Berater aus akquisitionsbedingten Gründen und Theoretiker aus idealistischen Vorstellungen annehmen. Wir widmen diesem Komplex ein eigenes Kapitel (VI, 2).

Zu Kap. III. 2:
Bernays, Edward L.: Crystallizing of Public Opinion; New York 1923.
– (Hrsg.): The Engineering of Consent; New York 1955 (Bernays 1961, LV, über dieses Buch: „It expanded the principles and practices I outlined in Crystallizing Public Opinion and emphasized planning and organization").
Böckelmann, Frank: Pressestellen in der Wirtschaft; Berlin 1988.
Burson, Harold: The Public Relations Function in the Socially Responsible Corporation; in: Melvin Anshen (Hrsg.): Managing the Socially Responsible Corporation; New York 1974.
Cutlip, Scott M./Allen H. Center: Effective Public Relations; Englewood Cliffs, N.J. 1952.
Grunig, James E.: Organizations, Environments, and Models of Public Relations; in: Public Relations Research and Education 1984.
Grunig, James E./Todd Hunt: Managing Public Relations; New York 1984.
Grunig, James E./Larissa Schneider-Grunig: Toward a Theory of the Public Relations Behaviour of Organizations: Review of a Program of Research; in: Public Relations Research Annual, Vol. 1; Hillsdale, N.J. 1989.
Hiebert, Ray Eldon: Courtier to the Crowd; Ama, Iowa 1966.
Signitzer, Benno: Public Relations-Forschung im Überblick; in: Publizistik 1/1988.

3. Die Rolle der Medien

Medien vermitteln Botschaften und Nachrichten über die Weltläufte. Was sie vermitteln, sollte der Wirklichkeit entsprechen. Diesen Ehrgeiz haben sie selbst. Aber vielfach heißt es, die Medien-Welt reflektiere eine andere, neue Wirklichkeit, eine „Medien-Realität". Wolf Schneider schrieb in seinem Buch über ›Unsere tägliche Desinformation‹:

Der Journalist ist Mitschöpfer einer neuen, der Medien-Realität, in der sich die Wirklichkeit nach ihrer journalistischen Aufbereitung richtet oder mit dieser verwechselt werden kann (Schneider 1984, 24).

Wir haben zu untersuchen, wie weit die Public Relations an dieser „journalistischen Aufbereitung" beteiligt sind. Wenn ja, ob sie als die eigentlichen Verursacher aller Diskrepanzen zwischen der Wirklichkeit und den Berichten darüber zu gelten haben.

Wir haben uns darüber hinaus aber auch zu fragen, ob diese von den Journalisten oder den PR-Leuten hergestellte Medienrealität die einzige heutzutage wahrnehmbare Realität ist. Viele Wissenschaftler sehen es so, und mancher nachdenkliche Kopf ist über dieses neue „Leben aus zweiter Hand" aufs äußerste besorgt. Franz Ronneberger stehe für viele: „Die Bedeutung dieses Phänomens für die Existenz der Menschen im gegenwärtigen Zeitalter kann gar nicht wichtig genug genommen werden", schrieb er 1983 zum Abschied von seiner Lehrtätigkeit; „es wird uns noch vor außerordentliche Probleme stellen" (Ronneberger 1983, 508).

Wissenschaftliche Annäherungen

Die Wissenschaftler stützen sich bei ihren Überlegungen auf zwei meinungsmächtige Möglichkeiten der Presse ab: Diese bestimme erstens, welches Ereignis mitteilenswert ist und welches nicht – die Amerikaner benutzen seit den 50er Jahren dafür den von Kurt Lewin geprägten Ausdruck „Gatekeeper" –, und sie bestimmen zweitens, welche Themen vordringlich in der Öffentlichkeit zur Sprache kommen – der amerikanische Begriff „agenda setting" bürgert sich dafür auch in Deutschland ein.

Beide Tatbestände weisen auf, daß Presse auswählt und daß sie folglich unter keinen Umständen die volle Wirklichkeit abbilden kann. Die eine Frage, die daraus folgt, lautet daher verkürzt, ob Presse ausgewogen oder einseitig ist; und die andere, ob das Weltbild, das sie vermittelt, den Vorstellungen des Publikums von dieser Welt entspricht. Was die Welt – die „Realität" – selber ist, können wir auf diese Weise nicht erfassen; sie wird von Mal zu Mal, von Ort zu Ort und von diesem und jenem anders wahrgenommen. Wissenschaftler neigen daher dazu, diese eigentliche Wirklichkeit wie ein

Kantisches „Ding an sich" bei ihren Betrachtungen außen vor zu lassen. Winfried Schulz, der 1976 eine profunde Studie über „die Konstruktion von Realität in den Nachrichtenmedien" vorlegte, wobei er zu den Nachrichten auch Berichte und Reportagen rechnete, sah sich nicht in der Lage, hierüber eine „verbindliche Auskunft" zu geben. Denn was „wirklich" geschehe, welches das „richtige" Bild von Realität ist, das sei eine letztlich metaphysische Frage (Schulz 1976, 27).

Für Schulz kommt daher auch nicht der „Falsifikationsansatz" in Frage, der im Endeffekt immer auf einen Vergleich zwischen Medienrealität und „faktischer" Realität hinauslaufe. Es ließe sich leicht nachweisen, daß diejenigen Autoren, die ihn benutzen, eine fiktive Realität zum Maßstab nehmen, die deutliche Züge einer utopischen Vorstellung trägt: Alle Nationen sind gleich, alle Menschen sind gut und die Welt sowieso; daher sollten die Nachrichten nicht alles Negative so sehr herausstellen.

Wie Kant das „Ding an sich" nicht leugnet, so Schulz nicht die Existenz einer „objektiven Realität". „Aber wir nehmen an, daß der wahre Charakter dieser Realität eine Hypothese ist, die man letzten Endes nicht falsifizieren und schon gar nicht verifizieren kann." In der Kommunikationswissenschaft hat eine Denkrichtung daraus jetzt die radikale Konsequenz gezogen, „Die Wirklichkeit der Medien", so der Titel ihres gemeinsamen Lehrbuchs, für grundsätzlich konstruiert zu halten. Dieser „radikale Konstruktivismus" beruht auf einer ebenso radikalen Kognitionstheorie:

> Auch wenn wir uns darum bemühen, unsere Interaktion mit anderen zu erklären, so sind es immer nur wir selbst, die den anderen als jemanden sehen, der auf das, was wir gesagt haben, reagiert, oder uns als diejenigen sehen, die auf das, was andere gesagt haben, reagieren ... Daraus folgt, daß auch die Kommunikationen, an denen wir uns bewußt beteiligen, die wir mit unseren eigenen Augen sehen, unsere eigenen Konstruktionen sind (Krippendorf 1994, 104).

Das gilt auch für Journalisten, sosehr sie stets „mit eigenen Augen sehen". Nur sind ihre Konstrukte nicht privat, sondern Bestandteile der gesellschaftlichen Kommunikation. Sie entstehen in den Beziehungssystemen, in denen Journalisten arbeiten: intern das Redaktionsteam, der Verlag, die Eigentümer; extern die Informationsquellen und -abnehmer. Siegfried Weischenberg bringt die neue Sehweise auf den Punkt:

> Wirklichkeitsentwürfe der Medien sind also nicht das Werk einzelner „publizistischer Persönlichkeiten", wie die traditionelle Publizistikwissenschaft behauptete, sondern das Ergebnis von sozialen Handlungen (1994, 428).

Das ist vorerst das letzte Wort der Kommunikationswissenschaft. Sie hält sich daher in den Auseinandersetzungen zwischen der Medien- und der PR-Welt darüber, was „objektiv" richtig ist, eher bedeckt. Nur in einem ist sie sich sicherer als die PR-Welt, sogar als die meisten Journalisten. „Wie auch immer das Verhältnis der Medienwelt zur ‚faktischen‘ Realität beschaffen sein mag", so resümiert Schulz, „sicher ist, daß Nachrichten von den Rezipienten in der Regel als verbürgte Zeugnisse des ‚tatsächlichen‘ Geschehens angesehen werden, daß sie also in ihren Wirkungen der Realität gleichzusetzen sind" (29).

So sicher ist das aber nicht.

Diskrepanzen

Die Medienrealitäten kontrastieren in der Regel mit den Realitäten, wie sie Organisationen sehen. Daraus erwachsen natürliche Spannungen, und die PR-Welt ist häufig genug versucht, sie mit dem „Falsifikationsansatz" zu lösen. Wer zum Beispiel die deutschen Pressebeiträge zu dem sicherlich recht aufdringlichen, also auch persönlich erfahrbaren Thema Auto liest oder ansieht, mag zu der von diesen Berichten nahegelegten Schlußfolgerung kommen, daß es sich wegen der Verdrängung des Autos aus den Innenstädten, wegen der zahllosen Staus und wegen der Unfälle auf Autobahnen und Landstraßen nicht mehr lohne, ein Auto zu kaufen. Die Presse erweckt bisweilen sogar den Anschein, daß diese Kaufenthaltung die moralischere Lösung ist.

Ihr hält die Automobilindustrie eine andere Realität entgegen. Eberhard v. Kuenheim, BMW, sagte im März 1991 in einer mit seiner Presseabteilung verabredeten Rede vor Verlegern:

Glaubt man der Berichterstattung in ihrer Breite, so ist das Auto ein Feind der Zivilisation – und in der Summe ist es der Prügelknabe der Nation. Jedoch haben sich im vergangenen Jahr bei uns insgesamt 9 Millionen Menschen erneut für das Auto entschieden. Sie haben dafür zum Teil beachtliche Summen gezahlt. Was ist nun mit diesen Menschen? Liegen sie mit ihren Entscheidungen falsch? (v. Kuenheim 1991, 6).

„Diese Menschen" bezogen ihr Weltbild offensichtlich aus einigen zusätzlichen, korrigierenden Erfahrungen und Erkenntnissen. Sie kamen dadurch zu anderen Schlußfolgerungen als die Presse.

Die Chefs der PR-Welt verweisen, wenn die Mediendebatten allzu lautstark und lästig zu werden drohen, gerne auf die „schweigenden Mehrheiten", die hinter ihnen stehen. Dieser Topos rührt aus der Zeit, da die amerikanische Regierung mit ihren Vietnameinsätzen in immer größere publizistische Bedrängnis geriet, und sie hatte damit über eine lange Zeitstrecke Erfolg. Aber plötzlich erwies sich das Schweigen der Mehrheit nicht mehr als Zustimmung, und der Krieg mußte beendet werden. Hatte die Presse dieses Ende antizipiert, gar veranlaßt oder beurteilte sie die Stimmungslage doch sehr viel zutreffender als die Regierung?

Natürlich spielt nicht nur die Auswahl der zu thematisierenden Probleme

oder der berichtenswerten Ereignisse eine Realitäten konstituierende
Rolle. Hinzu kommt die Dramaturgie des Presseauftritts, der Grad an Aufgeregtheit, mit der ein Ereignis dargeboten wird. Wird eine prekäre Situation eine „Krise" genannt, eine vernünftige Debatte ein „Krach"; wird ein in
der Sache schwieriger Entscheidungsprozeß als Entschlußlosigkeit interpretiert, dann entstehen dichotomische Medienrealitäten, auf die die politischen Realitäten nun ihrerseits mit verstärkendem Echo reagieren.

Presse polarisiert. Die ihr eigentümliche Tendenz, alles schnell auf den
Begriff zu bringen, ist ihre Stärke. Aber dies führt dazu, daß die extremen
Standpunkte zu einer Sache, weil sie gleiches bezwecken – alles schnell auf
einen Begriff zu bringen –, bevorzugt wiedergegeben werden. Hans-Peter
Peters vom Kernforschungszentrum Jülich hat dies am Beispiel der Kern-
energiedebatte untersucht:

Erhebt man in Bevölkerungsbefragungen Einstellungen, so folgt das Ergebnis in aller
Regel einer Häufigkeitsverteilung, die man „Normalverteilung" nennt: Die meisten
Befragten haben mittlere Einstellungen, weder völlig dafür noch völlig dagegen. Nur
kleinere Anteile wählen bei den Fragen jeweils die extremen Enden der Skala.
  Parallel zu dieser Befragung haben wir eine Inhaltsanalyse von Zeitungen und Zeitschriften durchgeführt. Die Verteilung dieser politischen Positionen im Medieninhalt
weicht von der üblichen Normalverteilung ab: Hier sind die extremen Standpunkte
deutlich stärker besetzt als die mittleren Positionen. Diese Verteilung fand sich – mit
kleinen Modifikationen, was die jeweilige Zahl der Pro- und Kontra-Kernenergiefor-
derungen betrifft – in allen betrachteten Medien ungeachtet ihrer jeweiligen Position
zur Kernenergie (Peters 1990).

Wenn die deutsche PR-Welt über die deutsche Medienwelt stöhnt und
pauschale Breitseiten abfeuert, hat sie die Massenpresse im Sinn. Dabei
macht sie nach Bedarf Ausnahmen. FAZ und WELT sind immer ausgenommen, die SÜDDEUTSCHE größtenteils, auch BILD erfährt viel Nach-
sicht, nicht jedoch das Fernsehen und die Magazine. Hinsichtlich des Fernsehens wird ihre Kritik sogar von der schreibenden Zunft geteilt (weshalb die
Chefs der PR-Welt bei Gesprächen mit Journalisten so häufig eine Bestätigung ihrer Vorurteile bekommen).

Das Fernsehen sei ein Sensationsmedium, befand der Journalist Cordt
Schnibben als „Bilanz seines Besuchs in den Nachrichtenredaktionen der
deutschen Fernsehsysteme":

Unglücksfälle sind die Sternstunden des Fernsehens. „Live, direkt, ungeschnitten",
das ist nach Friedrich Nowottny das Spezifische seines Mediums; Debatten, Katastrophen und Sport sind deshalb die Domänen des Fernsehens. Für alle anderen Felder
journalistischer Neugier ist es leider vollkommen ungeeignet (Schnibben 1988, 52).

Doch für ganz heikle Sensationen – das Gladbecker Geiseldrama von 1988
zum Beispiel – forderte der Schriftsteller Walter Jens, wie Schnibben berich-

tete, die Abstinenz des Fernsehens. Hier wäre die Stunde des Wortes, des beteiligten, des engagierten Wortes gewesen und nicht des eindimensionalen, zugespitzten, naturalistischen Bildes.

Die Wissenschaft drückt den Schnibbenschen Befund etwas abgeklärter aus: „Für die Nachrichtengebung im Fernsehen spielt der Überraschungswert der Meldungen eine besonders große Rolle", heißt es bei Winfried Schulz (1976, 105). Und Ulrich Saxer beschreibt den „Realitätszugriff der szenischen Medien" von dem daraus resultierenden Ergebnis her: „Film, Radio, Fernsehen verwandeln grundsätzlich die Welt in Theater" (Saxer 1993, 181). Die Fernsehrealität ist also stets um einige Grade aufgeregter als die Realität der Printmedien.

Wie steht es um die Realitätswiedergaben der anderen, von den Organisationen jedweder Couleur beargwöhnten Mediengruppe: der Magazine? Den deutschen Nachrichtenmagazinen unterstellte die deutsche Wirtschaft jahrzehntelang recht pauschal eine realitätsverzerrende Stimmungsmache mit eindeutig linken Tendenzen. Seit den 80er Jahren konnten diese Vorwürfe allerdings nicht mehr konsequent aufrechterhalten werden.

Was blieb, ist die berühmte „SPIEGEL-Sprache", eine Ausdrucksweise, die 1956 erstmals von Hans Magnus Enzensberger und in der Folgezeit von vielen anderen Autoren beschrieben wurde (Enzensberger 1962, 74–101). Das jüngste Glied in dieser Kette ist Simone Christine Ehmig. Sie untersuchte die Darstellung von Motiven und Emotionen deutscher Politiker im SPIEGEL.

Indem der SPIEGEL allen genannten Spitzenpolitikern von CDU/CSU, FDP und SPD überwiegend negative Motive und Gefühle zuschrieb, erweckte er den Eindruck, die führenden Politiker in der Bundesrepublik Deutschland im Untersuchungszeitraum (1980–1983) seien ausgesprochen fragwürdige Gestalten: Sie zeigten Gefühle, die in der jeweiligen Situation nicht angebracht waren, sie waren von unbeherrschten Emotionen getrieben oder täuschten Gefühle vor. Sie hatten minderwertige Motive, stimmten anderen etwa nur aus Opportunismus zu, äußerten sich herablassend, autoritär, wollten andere von oben herab belehren. Ihre Äußerungen waren von Selbstüberschätzung und Überheblichkeit geprägt; sie enthielten Ironie, Spott und Zynismus. Die Politiker zeigten selten Bereitschaft, einen Diskurs über ihre Aussagen oder Widerspruch zuzulassen u. a. m. (Ehmig 1991, 198).

Diese ausgesprochen negative Charakterisierung führender deutscher Politiker stelle letztlich eine fundamentale Systemkritik dar. Die Autorin sah darin einen Ausdruck von Politikverdrossenheit, die möglicherweise in bestimmten Teilen des Journalismus verbreitet sei. Als sie dieses Fazit 1990 schrieb, merkte sie an, daß es diese Politikverdrossenheit in der Bevölkerung nicht gebe, wozu sie die Allensbacher Marktanalyse von 1989 anführte. Einige Jahre später gab es diese Politikverdrossenheit auch in der Bevölkerung. War es eine späte Folge ständiger SPIEGEL-Lektüre? Ehmig hatte angemerkt, daß sich die Mitarbeiter des SPIEGEL über Umfang und Tragweite ihrer fundamentalen Systemkritik möglicherweise selbst nicht hinreichend bewußt sind. Sprache, so dürfen wir folgern, wirkt stärker als Sachverhalte; Häme stärker als Haltung, Metaphern stärker als Realitäten.

Die Magazine selbst halten ihre Leser für autonomere Persönlichkeiten mit eigenem Urteilsvermögen und intelligenter als das durchschnittliche Fernsehpublikum. Der STERN veröffentlichte 1987 eine Infratest-Studie mit folgendem Befund:

STERN-Leser lassen sich keiner bestimmten ideologischen oder parteipolitischen Perspektive zuordnen: Sie sehen die Probleme unserer Gesellschaft oder der menschlichen Gemeinschaft insgesamt ohne Voreingenommenheit mit gesundem Menschenverstand und mit Blick auf das pragmatisch Notwendige (Dialoge 2, 1987).

Dieser aufgeklärte, gut informierte STERN-Leser begibt sich einmal in der Woche in eine „STERN-Welt", in der alles ein wenig anders ist, wie R. C. Georg 1988 in einer Analyse der Unternehmensberichterstattung des Magazins feststellte. Georg untersuchte vor allem die Berichte zur Stahlkrise im Frühjahr und Herbst 1987. STERN-Leser, die sich ausschließlich auf das Faktenangebot der STERN-Berichterstattung in den Ausgaben 12 bis 16 und 51 und 52 des Jahres 1987 gestützt hätten, müßten zu einer falschen Beurteilung des Sachverhaltes und zu dem Eindruck gelangen, im Revier stehe eine soziale Katastrophe unmittelbar bevor. Georg schrieb, unbeeindruckt von den wissenschaftlichen Skrupeln, über die wir referierten:

Dieser inszenierten anti-sozialen Message-„Realität" steht die objektive gegenüber, wie sie sich in den einschränkungslos verfügbaren Informationen niederschlägt, die von den beteiligten Unternehmen in gedrucktem Pressematerial, in Pressekonferenzen, Betriebsversammlungen und in den Mitbestimmungsgremien veröffentlicht wurden (Georg 1988, 33).

Die Unternehmen hatten mit ihren Aussagen recht behalten. Die strukturell notwendige Reduzierung der Stahlkapazitäten war kein „Kahlschlag" und konnte sozialverträglich gelöst werden. Kein „Notstand" brach aus, keine Stadt wurde zum „Friedhof". Auch die STERN-Leser hatten sich nicht über Gebühr über die drohende Katastrophe empört. Hatten sie den STERN lediglich zur Unterhaltung „konsumiert"?

Wolf Schneider ist zuzustimmen: Die Medien-Realität ist eine eigene, bisweilen von der erfahrbaren abweichende Realität. Um so dringlicher die Frage: Wie weit ist PR an deren „Aufbereitung" beteiligt?

Der Einfluß der PR-Arbeit auf die Medien
Das Beispiel STERN legt nahe anzunehmen, daß die Medien-Welt der

Wirklichkeit näherkäme, wenn sie auf die Aussagen der PR-Welt etwas besser achten würde. Denn genau dies geschah nicht. Georg stellte fest:

Die Sichtung der Informationsquellen zeigt, daß fast ausschließlich Informationen von der „Betroffenen-Seite" wiedergegeben wurden. Die unternehmerische Seite wurde weitgehend ausgeklammert. Eine Recherche bei den beteiligten Unternehmen ergab, daß der STERN in der gesamten Stahlberichterstattung des Jahres 1987 – mit der einen Ausnahme des Spethmann-Interviews – keinen Informationskontakt mit verantwortlichen Sprechern der Unternehmen hatte.

In kritischen Situationen unterstellt die Presse den betroffenen Organisationen mit gesundem Mißtrauen alle jene Abwiegelungs- und Verschleierungstechniken, auf denen ihr Vorurteil gegenüber der PR beruht. Der sonst übliche „Informationskontakt" setzt vielfach aus. Dabei kennzeichnet gerade er den Pressealltag, und dies in einem Ausmaß, das vielleicht nicht die Presse selbst, aber die Kommunikationsforscher besorgt macht.

Der Umfang des Informationsflusses von der einen zur anderen Seite ängstigt sie sogar. 60% der politischen Nachrichten, „die selbst so honorige Blätter wie die NEW YORK TIMES und die WASHINGTON POST aufgreifen, werden von Pressestellen in Umlauf gebracht". Das hat, wie Stephan Ruß-Mohl 1989 in der ZEIT berichtete, Leon Sigal 1973 ermittelt. Für die meisten anderen US-Medien dürfe das eher zu niedrig gegriffen sein. Der New Yorker Medienkritiker Jeff Cohen gehe inzwischen von 80% aus (Ruß-Mohl 1989, 34).

Sollten wir fragen, aus welchen obskuren Quellen die restlichen 20% kommen? Die genannten Ermittler und ihre aufgeregten Kommentatoren zählen alle „Verlautbarungen" aller Organisationen zusammen, und sie erfassen Presseaussendungen und Pressekonferenzen und Presseauskünfte. Aber warum barmen sie sich über diesen Informationsfluß? Wie sollte politisches Leben anders vonstatten gehen als durch den öffentlichen Diskurs, also durch Rede und Gegenrede, weitergegeben über Pressestellen und durch Pressekonferenzen?

Und sollte der Wirtschaftsteil der Zeitungen die Auskünfte der Privatfirmen – aus denen Wirtschaft zum größten Teil besteht – aus ihrer Berichterstattung ausklammern? Weshalb wohl gibt es Gesetze, die die „Veröffentlichung" von Bilanzen, Dividendenankündigungen, Zukäufen, Personalveränderungen etc. expressis verbis vorschreiben?

Natürlich braucht die Presse bisweilen auch die obskuren Quellen. Rolf Schmidt-Holtz, der langjährige Herausgeber und Chefredakteur des STERN, hat darauf einmal in einer grundsätzlichen und bemerkenswert offenen Weise hingewiesen. Es geschah in einer ›ZDF-Magazin‹-Sendung am 7. August 1991 und bezog sich konkret auf die Moral der Informationsbeschaffung bei Stasi-Enthüllungen:

Bei Informationen kommt es darauf an, daß sie richtig sind. Und dann ist es zweit-rangig, woher sie kommen ... Es gibt überhaupt keine falschen Quellen. Wenn wir nur das veröffentlichen würden in einem Magazin, was uns von sympathischen und or-dentlichen Leuten angeboten wird, wenn wir nur darauf achten würden, daß uns die Quelle gefällt, dann könnten wir 80% der Enthüllungen nicht mehr veröffentlichen (Schmidt-Holtz 1991, 6).

Magazine leben von „Enthüllungen". Manchmal stürzen dadurch Welten zusammen. Aber was darauf folgt, sind vornehmlich „Stellungnahmen". Davon und dadurch lebt die Politik und leben die Medien. „Ein erheblicher, bei vielen Medien überwiegender Anteil der Nachrichten", so resümiert Winfried Schulz, „bezieht sich nicht auf beobachtbares, faktisches Ge-schehen – also Ereignisse im landläufigen Sinn –, sondern referiert verbale Äußerungen, Interpretationen und Spekulationen" (1976, 64).

Ist es deshalb berechtigt, von der Öffentlichkeitsarbeit als Determinanten journalistischer Informationsleistungen auszugehen, wie es Barbara Baerns seit 1979 tut? (Baerns 1979, 301 ff.). Wo der Journalist zum Schiedsrichter über divergierende Verlautbarungen konkurrierender Organisationen wird, kann von der Dominanz der Öffentlichkeitsarbeit nicht die Rede sein. Aber es gibt Fälle, wo er dazu weder Zeit noch Gelegenheit hat. Eine der Schluß-folgerungen von Barbara Baerns lautet daher:

Öffentlichkeitsarbeit hat Themen und Timing der Medienberichterstattung unter Kontrolle (1985).

Wenn es stimmt, daß der Beginn der Kampfhandlungen am Golf im Fe-bruar 1991 absichtlich auf die Prime-Time der ostamerikanischen Fernseh-sender gelegt wurde, ist dies ein schlagendes Beispiel zum Stichwort Timing. Es raubte der Presse nicht nur die Möglichkeit der Recherche, sondern auch der Reflexion.

Wenn in vier von fünf Fällen Greenpeace die Anlässe zur Berichterstat-tung selber vorgibt und die Medien die Pressemitteilungen der Umweltorga-nisation einfach übernehmen, „dann ist es auch mit ihrem Thematisierungs- und Themenstrukturierungsvermögen nicht mehr weit her", lesen wir bei Ulrich Saxer (1994, 5).

Baerns wie Saxer befürchten, „daß standardisierte Informationsverarbei-tungsprozesse unabhängig von subjektiven Intentionen der Macher und un-abhängig von gesellschaftlichen Erwartungen dominieren und das tägliche Informationsgeschehen lenken" (Baerns 1992, 137).

Dieses Diktum suggeriert, daß auch eine ideologisch gespreizte Tages-presse – von der FAZ bis zur TAZ – daran nichts ändert und die Medien dem Publikum nur die PR-Bilder der Wirklichkeit vermitteln. Unterstellt, es sei so: Sind die Leute dadurch falsch informiert? Zwei Schlußfolgerungen bie-ten sich an: Entweder entsteht durch die konträren, oft widersprüchlichen

Verlautbarungen in der Summe eine einigermaßen stimmige Information. Dann können wir als Publikum über die Zeitstrecke cum grano salis die „Realität" erfahren. Oder die Verlautbarer bieten den Journalisten, ebenso pauschal geurteilt, ständig und unisono so geschönte Abbilder der Realität, daß ein insgesamt falscher Eindruck entsteht. Bei der Berichterstattung über die DDR in ihren besseren Tagen war dies letztlich der Fall. Aber wo sonst?

Die Aktivität und Passivität von Journalisten gegenüber der PR-Arbeit werden jetzt durch intensivere Input-Output-Vergleiche untersucht. Pressekonferenzen und das dort ausgehändigte Informationsmaterial werden nach Umfang und Inhalt mit dem Niederschlag in der Presse verglichen. Man lernt zu differenzieren und stellt fest:

– Der Einfluß von PR auf Medieninhalte ist relativ groß, wenn PR für die Medien ein Ereignis inszeniert – Beispiel Greenpeace –, das nicht aus einer akuten Krisensituation heraus entsteht und bei dem Journalisten gegenüber dem Veranstalter keine überwiegend negativen Prädispositionen haben. In diesem Fall verhalten sich Journalisten relativ passiv gegenüber dem PR-Material (Barth und Donsbach 1992, 163).

– Der Einfluß von PR auf Medieninhalte ist deutlich geringer, wenn PR in einer Konflikt- oder Krisensituation an das Mediensystem herantritt und man annehmen kann, daß die Journalisten eher negative Einstellungen gegenüber dem Veranstalter besitzen. In einem solchen Fall verhalten sie sich eher aktiv.

– Der Einfluß von PR auf Medieninhalte ist bei Nachrichtenredaktionen tendenziell größer als bei den Kommentatoren und den Redakteuren von Magazinen, Wochenendzeitungen und Hintergrundsendungen. Erstere sind auf die primären Verlautbarer angewiesen; letztere recherchieren weitgehend unabhängig von den Vorgaben der auslösenden PR-Stelle (Schnitzmeier 1989, 32).

– Der Einfluß der PR läßt aber auch in den Tageszeitungen nach, weil diese sich unter dem Konkurrenzdruck der immer aktueller berichtenden Magazine „kurioserweise gezwungen sehen, mit mehr Hintergrund und unabhängiger von PR-Vorgaben zu berichten" (Saffarnia 1993, 442).

Pierre Saffarnia widerlegt die Determinierungshypothese am Beispiel der Wiener Tageszeitung KURIER, und was er dabei herausfand, läßt sich wohl verallgemeinern. Er hatte sich nicht, wie Baerns, bestimmte Organisationen herausgegriffen – ein „international bekanntes deutsches Industrieunternehmen", später die „nordrhein-westfälische Landespolitik" – , um festzustellen, daß deren Verlautbarungen sehr häufig abgedruckt werden. Sein Ansatz war der ganze PR-Input, den eine Tageszeitung erhält, also auch die Notizen von Studentengruppen oder Bürgerinitiativen. Solche Gruppierungen hatten mit ihrer PR bei weitem nicht vergleichbar viel erreicht:

Statushohe Instanzen haben von Natur aus höhere Chancen, in den Medien präsent zu sein als etwa Minderheitengruppen, Randgruppen oder gesellschaftlich niedriger Positionierte ... Ein Gutteil des Determinierungsansatzes erklärt sich lediglich dadurch, daß die meisten einschlägigen Studien bei Elite-Institutionen ansetzen, wodurch die Resultate weniger als „Determinierung durch PR", sondern vielmehr als „kommunikative Chancenungleichheit" oder besser „große kommunikative Chancen statushoher Instanzen" zu lesen sind (Saffarnia 1993, 421).

Es sei denn, die Kleinen machen großen Krach ...

Das Agenda-Setting

Neben der Auswahl des Nachrichtenstoffs scheint die Wahl der stets nur begrenzten Zahl von Diskussionsstoffen, die eine Öffentlichkeit zu erörtern in der Lage ist, das Vorrecht der Presse zu sein. Damit bestimmen die Medien zwar nicht, was wir denken sollen, wohl aber, worüber wir nachdenken sollen. So etwa läßt sich die Hypothese von der „agenda setting function of mass media" verallgemeinern, die Maxwell McCombs und Donald L. Shaw 1972 nach Untersuchungen von – wie könnte es in den USA anders sein – politischen Wahlkampagnen aufstellten. Beide Autoren sahen einen engen Zusammenhang zwischen den Themen („issues"), die die Medien bevorzugt behandeln, und den thematischen Prioritäten der Wähler. Geht aber stets die Themenauswahl der Medien den Hauptanliegen ihrer Publika voraus, wie es die Autoren vermuteten? Das ist seither die große Frage.

Ihre Studie löste eine Lawine weiterer Untersuchungen aus, und sowohl ihr Forschungsansatz wie ihre Forschungsmethoden wurden in der Folge unter den Wissenschaftlern heftig diskutiert. McCombs und Shaw selbst rückten schon 1977 davon ab, das agenda setting ausschließlich der Presse zuzuschreiben:

The agenda setting power of the press may be sought for as a process of consensus building between those who have access to the press or whom the press regularly converse with news, the press itself, and the audience or society at large (Shaw und McCombs 1977, 20).

Wer aber sind denn wohl „jene, welche Zugang zur Presse haben"? Die beiden Autoren nehmen den Begriff „Public Relations" dafür genausowenig in den Mund wie Renate Ehlers und Hans-Bernd Brosius, die vom „Einfluß von Drittvariablen" sprechen, wenn sie neben Publikum und Presse an die nie auszuschließende Möglichkeit denken, daß auch Organisationen die Themen der Öffentlichkeit zu strukturieren vermögen. Brosius berichtete über eine erstaunliche Menge an Studien, die zwei amerikanische Autoren „aus politikwissenschaftlicher Sicht" zusammengetragen haben und die nahelegen, media agenda, public agenda und policy agenda zu unterscheiden (Brosius 1994, 275). Alle drei scheinen vom Issue-Management der

PR noch nichts gehört zu haben. Wir widmen dieser Aktivität ein eigenes Kapitel.

Die Themenselektion der Medien ist offensichtlich „das Ergebnis eines komplexen Wechselwirkungsprozesses zwischen den Medienorganisationen und der gesellschaftlichen Umwelt" (Ehlers 1983, 172), wobei die jüngere Denkrichtung dem „publikumsorientierten Ansatz" den Vorrang gibt. Auch Journalisten sind Publikum, und leben sie allesamt in ein und derselben Stadt, sagen wir Hamburg oder New York, dann mag das gescheite Gossip unter ihresgleichen die Ursache dafür sein, wenn bisweilen der SPIEGEL, der STERN und die ZEIT oder NEWSWEEK und TIME MAGAZINE in der gleichen Woche mit den gleichen Themen aufmachen.

Die Funktion der Medien

Welche Funktion haben die Medien? Die Antwort blieb die Kommunikationswissenschaft bis heute schuldig. „Eine spezielle Funktionslehre des Mediensystems steht noch aus", stellte Ronneberger 1983 fest (509). Statt dessen liegen höchst unterschiedliche Beschreibungen, Erwartungen und Ansprüche von Professoren, Autoren und interessierten Personenkreisen vor. Gesellen wir daher auch die der PR-Welt hinzu!

Massenkommunikation, so heißt es allenthalben, ist ein Steuerungselement moderner Gesellschaften. Die Medien spielen darin einen eigenen Part: mit Information, Unterhaltung und Kritik. Zuförderst vermitteln sie Informationen, und viele Autoren sehen darin ihre Grundfunktion. Sie denken dabei nicht nur an die traditionellen Generalanzeigeraufgaben – die Mitteilung wichtiger Termine, Verordnungen, Ereignisse etc. –, sondern auch an die Erörterung aktueller Probleme und Nöte. Das ist wichtig genug für die Informierung nicht nur der Regierten, sondern auch der Regierenden selbst.

Bewältigt werden diese informativen Aufgaben durch zwei Fähigkeiten, die bisweilen selbst in den Rang von Funktionen erhoben werden: die Reduktion von Komplexität und die Artikulation der Sachverhalte. Doch häufig genug wird gerade dies von der PR-Arbeit vorab geleistet. Mißtrauische Autoren sprechen daher von der „Definitionsmacht der PR-Leute" (Ruß-Mohl in der ZEIT Nr. 40/89).

Ob durch PR oder Presse initiiert, die Artikulationsfunktion der Medien ist Voraussetzung für alle darüber hinausreichenden Möglichkeiten. „Die Medien verleihen den Menschen die Worte", schrieb Elisabeth Noelle-Neumann in ihrer ›Schweigespirale‹. „Wenn sie für ihren Standpunkt keine einigermaßen geläufige, keine einigermaßen häufige Artikulation finden, verfallen sie in Schweigen, sind mundtot" (Noelle-Neumann 1982, 247).

Über die Information hinaus weist eine Funktion, auf die vor allem Franz

Kriterien / Typen	Rollenbild	Intention	Autonomie	Berufsethik	Recherche	Faktenpräsentation
Objektiver Journalismus	Vermittler	Information	klein	technisch	Verlautbarung	neutrale Faktizität
Interpretativer Journalismus	Erklärer	interpretative Information	mittel	subjektiv	Beizug von Interpretationshilfen	erläuterte Faktizität
Präzisionsjournalismus	Forscher	präzise Information	groß	wissenschaftlich	sozialwissenschaftliche Methoden	wissenschaftlich erhärtete Faktizität
Recherchierjournalismus	Detektiv	geprüfte Information	mittel	qualifizierte Berufskultur	Erschließung zugänglicher Quellen	geprüfte Faktizität
Investigativer Journalismus	Wachhund	Kontrolle/ Kritik	groß	politisch	unorthodox	Gegenwahrheit
Meinungsjournalismus	Parteigänger	Meinungsformung	mittel	Loyalität	Verlautbarung	persuasiv
Anwaltschaftlicher Journalismus	Anwalt	Solidaritätsweckung	groß	sozial	inoffizielle Quellen	Betroffenheitsjournalismus
„Neuer"/Literarischer Journalismus	Unterhalter	Authentizität	groß	ästhetisch	subjektive Sensibilität	literarisch

Abbildung 10: Acht Typen von Informationsjournalismus hat Ulrich Saxer in Anlehnung an Siegfried Weischenberg ausgemacht. Je nach Rollenverständnis, Intention und beruflicher Ethik praktizieren sie unterschiedliche Recherchetechniken vom braven Verlautbarungsjournalismus bis zur Einvernahme von Hinterbliebenen, was man im Jargon als „Witwenschütteln" bezeichne. Jeder Typus entwickele dazu auch seine eigenen Rechtfertigungen (Saxer 1994, 6).

Ronneberger in seiner großangelegten ›Kommunikationspolitik‹ abgehoben hat: die Herstellung spezifischer Öffentlichkeiten. Damit verbunden sind Sozialisations- und Integrationsprozesse (1978). Man wird noch auf Jahre hinaus aufmerksam verfolgen können, wieweit den Medien diese Leistung in den neuen Bundesländern gelingt, oder wieweit sie versucht sein könnten, auf genau den gegenteiligen Effekt der Desintegration zu setzen.

Zu dieser zweiten Funktion der Herstellung von Öffentlichkeit gehört auch die Aufrechterhaltung des politisch-gesellschaftlichen Grundkonsens. Ob hierzu eine Verpflichtung besteht, ist seit den Tagen der 68er Revolten strittig. Damals rüttelte eine empörte Studentenschaft an den Grundfesten des „Establishments", worunter sie die führenden Kreise einschließlich der Medien verstand. Die Intellektuellen haben in der Folgezeit noch jahrzehntelang eine bemerkenswerte Distanz zum westlichen Gesellschaftssystem gepflegt, und viele journalistische Geister folgten ihnen dabei. Sie wurden „freischwebende Intellektuelle" in der Bedeutung von Karl Mannheim, übten Gesellschaftskritik aus der Distanz zu allen vorhandenen gesellschaftlichen Übereinkünften, verpflichtet nur einem fundamentalistischen Aufkläreridealund einer unerschütterlichen Toleranz.

In manchem Verlagshaus wirkte dieses Prinzip lange nach. „Unsere publizistische Arbeit soll die freie Meinungsbildung in der Gesellschaft fördern. Wir verstehen uns deshalb als Verlagshaus der Alternativen", hieß es jahrzehntelang in der Unternehmensverfassung der Bertelsmann AG. Die staatliche PR-Welt hätte es wohl lieber gesehen, manche Alternative wäre ausgeklammert geblieben.

Auch die privatwirtschaftliche PR-Welt mißtraut den durch die Fundamentalkritiken durchscheinenden Entwürfen einer prinzipiell anderen Gesellschaft. Nach der Diskreditierung des sozialistischen Systems bleiben schließlich noch einige andere Konzepte im Umlauf, die dem der PR-Welt heiligen antagonistischen Pluralismus eine eher gleichschaltende Ordnung der gesellschaftlichen Kräfte vorziehen würden: von der Radikalökologie bei uns bis zum Neukonfuzianismus in Asien.

Die Herstellung von Öffentlichkeit bedeutet nach diesen Überlegungen nicht nur die Füllung eines Sprachraums mit Informationen, Themen und Ideen. Es bedeutet vor allem seine Strukturierung, die Schaffung einer geistigen Verfassung. Das hat in Konsumgesellschaften eine zusätzliche und häufig angefochtene Variante. Auch private Organisationen vermögen nämlich über spezifische Medien Teilöffentlichkeiten herzustellen. Man denke an die Fachzeitschriften für bestimmte Konsumgüter: Automobile, Elektrogeräte, Kleidung, Eßwaren, Möbel. Die Bildungsfunktion dieser Spezialmedien wird häufig unterschätzt, und doch sollte man sie recht hoch veranschlagen.

Bildung ist nämlich nicht nur eine dem schulischen Sektor nahe Funktion der Medien, wiewohl meist nur diese Art von Bildung, wenn überhaupt, von den Autoren wahrgenommen wird. Bildung im weitesten Sinne bieten alle sogenannten Lebenshilfe-Beiträge, und bei manchen Zeitschriften steckt das Programm schon im Titel: „SCHÖNER WOHNEN", „GUTE FAHRT", „GOLDENE GESUNDHEIT", „EIN HERZ FÜR TIERE" etc. Was solche Programme bewirkten, war jahrzehntelang beim Vergleich

von westlichen mit sozialistischen Straßenbildern zu erkennen: die Kleidung
der Menschen, die Gesichter und Frisuren der Frauen, der Zustand der Fahrzeuge, die Auslagen der Geschäfte, ihre Fassaden. Es sind gewiß Äußerlichkeiten, aber in ihnen scheinen zwei grundsätzlich positive Verhaltensweisen
auf: Sorgfalt und Pflege. Die gepflegte äußere Erscheinung ist ein Ergebnis
medialer Bildung.

Konsumgüter-PR ist an dieser Bildungsfunktion der Medien begreiflicherweise besonders interessiert. Die Wirtschaft insgesamt hebt darüber hinaus
auf die Verbreitung von Kenntnissen über die Gesetzmäßigkeiten einer
Marktwirtschaft ab. Den alternativen Bewegungen geht es um ein ausge-
prägteres Umweltbewußtsein, den Ingenieuren um mehr Verständnis für
komplexe technische Zusammenhänge. Alle beklagen den in diesen Hin-
sichten ungenügenden Schulunterricht und wollen die Medien mit ganz spezifischen Weiterbildungsfunktionen beaufschlagt sehen.

Diese wehren sich hinhaltend, verweisen auf die zum Teil auflagenstarken
Spezialzeitschriften und räumen dann doch den meisten Problemfeldern
auch in ihren allgemeinpolitischen Spalten – denen das Hauptinteresse ihrer
Leser und Hörer gilt – allgemeinverständliche Beiträge ein. Man denke
daran, mit welcher Sorgfalt komplizierte Finanzvorgänge – Diskontsatzver-
änderungen zum Beispiel – als Hauptnachrichten wiedergegeben werden.
Gewiß graust es manchmal den Experten bis hinauf in hohe Ränge, wie mit
ihrer Fachsprache verfahren wird und wie komplexe Sachverhalte vereinfacht und auf den Punkt gebracht werden. Sie nennen die Journalisten deswegen bisweilen unwissend und oberflächlich. Aber unwissend sind sie
selbst: hinsichtlich der Weiterbildungsmethoden, die in ihren eigenen Organisationen angewandt werden, um komplexe Sachverhalte zu vermitteln.

Näher zur Basis wollen andere Autoren die Medien gerückt sehen. Als
„Gesprächsanwälte" für vernachlässigte Interessen in der Gesellschaft
sollten sie eine „Forumsfunktion" übernehmen. Wolfgang Langenbucher
hat einmal mit Peter Glotz – ›Der mißachtete Leser‹ – und einmal mit Walter
A. Mahle – ›Umkehrproporz‹ – diese Kompensationsaufgabe der Presse herausgearbeitet. Sie wird so selten keineswegs wahrgenommen. Aus vielerlei
Gründen, die zum Teil in Persönlichkeitsstrukturen zu suchen sind, halten
die meisten Journalisten es in der Regel mit den „Underdogs". Für sie gehört diese Forumsfunktion zur Informationspflicht der Medien.

Einige mögen darüber hinaus daran interessiert sein, durch die Medien
die Gesellschaften zu verändern, statt – nur – zu informieren und weiterzu-
bilden. Durch Massenkommunikation Massen zu mobilisieren, war ein Konzept totalitärer Systeme. „Nachrichtengebung ist Agitation durch Tatsachen", hieß es noch bis vor kurzem in den journalistischen Handbüchern der
DDR. Das ist für dieses Jahrhundert wohl kein Thema mehr.

Steckt aber nicht doch in vielen Medienleuten, seien es Verleger oder Journalisten, etwas Missionarisches? Renate Köcher, Noelle-Neumanns designierte Nachfolgerin in Allensbach, hat daran einmal die Unterschiede zwischen je 400 bis 450 deutschen und britischen Journalisten festgemacht. „Missionar und Spürhund" nannte sie das Gegensatzpaar (Köcher 1986). Siegfried Weischenberg ließ ein Jahrzehnt später 1498 Redakteure und freie Journalisten befragen und kam zu neueren Befunden: „Deutschlands Journalisten wollen keine Weltverbesserer sein" (Weischenberg 1994, 7).

Das war zu Axel Caesar Springers Zeiten ganz anders. Der Verleger hatte alle seine Redakteure ausdrücklich auf vier Essentials eingeschworen: Demokratie, freie Marktwirtschaft, Wiedervereinigung und Freundschaft mit Israel. Konsequent war in der ganzen Springerpresse über Jahrzehnte nur von der sogenannten „DDR" die Rede.

Aber einflußreich wollen Journalisten schon noch sein. Ist das indessen legitim? Weit verbreitet sei die Überzeugung von der Legitimität des eigenen Einflusses auf die öffentliche Meinung, hat Ulrich Sarcinelli einmal festgestellt. Auch der jeweils nicht betroffene Teil ihrer Leser- oder Zuhörerschaften billigt ihnen sicher diese Einflußnahme zu. Nur wenige sind darüber so grundsätzlich empört wie Martin Walser: „Keine Macht ist so illegitim wie die der Medien ...", heißt es in seinem Roman ›Ohne einander‹. „Sie dürfen alles und müssen nichts."

Einer lernt jetzt, wieviel er darf. An dem erprobten Rollenspiel von Politik und Presse, von Politikern und Journalisten, das trotz aller Kreuz- und Querverbindungen nahezu in der ganzen westlichen Welt seit Jahrhunderten besteht, rüttelt seit 1994 der italienische Geschäftsmann, Medienzar und Ministerpräsident Silvio Berlusconi. Daß er alle drei Funktionen parallel ausüben könnte, war wohl sein Konzept. Daß dies nicht nur ihm, sondern auch der „Firma Italien" zugute käme, ist seine Überzeugung. Das mögen auf Dauer Irrtümer sein. Dennoch wirft das Ereignis, daß ein Verleger und Fernseheigner durch den Einsatz seiner Medien Wahlen gewinnt und sodann die Geschäfte eines Staates führt, ein Blitzlicht auf ganz neue politische und mediale Strukturen im Informationszeitalter.

Wenn alles ineinanderläuft, wer kontrolliert dann noch wen? Durchweg alle Autoren, die wir angeführt haben, und einige mehr, sprechen den Medien eine Kontrollfunktion zu. Aber was heißt Kontrolle überhaupt? Sind die Medien sozusagen zu Recht und nicht nur nach dem Napoleonischen Bonmot die „vierte Gewalt"? Kontrollieren sie die Regierungen und Behörden so wie die Parlamente? Kontrollieren sie die anderen Organisationen so wie deren Aufsichtsgremien? Wenn dem so wäre, bedürfte es keines investigativen Journalismus. Die Verwaltungen wären verpflichtet, ihre Arbeitsschritte offenzulegen; Geheimdiplomatie wäre abgeschafft; die

Wirtschaft müßte sich in ihre Bücher schauen lassen; jede Organisation müßte ihre Protokolle den Medien zugänglich machen.

Ein Journalist, so stellte Erich Steffen, Vorsitzender Richter am Bundes- gerichtshof, in einer Untersuchung über die Grenzen des investigativen Journalismus fest, könne weder kraft seiner Aufgabe noch aus dem beson- deren Informationswert des Gegenstandes ein Privileg beanspruchen.

Insbesondere hat die Presse gegenüber nichtstaatlichen Stellen weder einen Informa- tionsanspruch noch auch nur Anspruch auf pressefreundliches Verhalten. Das hat prinzipiell auch gegenüber juristischen Personen, Verbänden, Machtkomplexen zu gelten (Steffen 1988, 119).

Die Medien haben keine Kontrollfunktion. Sie haben einen Beobachter- status, aber sie haben eine entscheidende zweite Grundfunktion neben der Information: die öffentliche Kritik. Sie bedeutet Maßnehmen der beobach- teten Wirklichkeiten an den Idealen einer Gesellschaft. Medien sagen nie nur „so ist es", sondern stets auch: „So soll es sein."

Zu Kap. III.3:
Baerns, Barbara: Öffentlichkeitsarbeit als Determinante journalistischer Informa- tionsleistungen. Thesen zur realistischen Beschreibung von Medieninhalten; in: Publizistik 1979.
–: Öffentlichkeitsarbeit oder Journalismus? Zum Einfluß im Mediensystem; Köln 1985.
–: Öffentlichkeitsarbeit als Thema der Publizistik und Kommunikationswissenschaft; in: Avenarius, Horst/Wolfgang Armbrecht (Hrsg.): Ist PR eine Wissenschaft?; Opladen 1992.
Barth, Henrike/Wolfgang Donsbach: Aktivität und Passivität von Journalisten gegen- über Public Relations. Fallstudie am Beispiel von Pressekonferenzen zu Umwelt- themen; in: Publizistik 2/1992.
Brosius, Hans-Bernd: Agenda-Setting nach einem Vierteljahrhundert Forschung: Methodischer und theoretischer Stillstand?; in: Publizistik 3/1994.
Dialoge 2, STERN-Bibliothek; Hamburg 1987.
Ehlers, Renate: Themenstrukturierung durch Massenmedien. Zum Stand der empiri- schen Agenda-Setting-Forschung; in: Publizistik 2/1983.
Ehmig, Simone Christine: Parteilichkeit oder Politikverdrossenheit? Die Darstellung von Motiven und Emotionen deutscher Politiker im SPIEGEL; in: Publizistik 2/1991.
Enzensberger, Hans Magnus: Einzelheiten I. Bewußtseinsindustrie; Frankfurt a. M. 1962.
Georg, R. C.: Unternehmen in der STERN-Welt; unveröffentlichtes Manuskript, Dezember 1988.
Glotz, Peter/Wolfgang Langenbucher: Der mißachtete Leser; Köln 1969.
Infratest: Der STERN und seine Leser. STERN-Bibliothek; Hamburg 1987.

Köcher, Renate: Spürhund und Missionar. Ein Vergleich zwischen britischen und deutschen Journalisten; in: Die Medien – das letzte Tabu der offenen Gesellschaft; Mainz 1986.

Krippendorf, Klaus: Der verschwundene Bote. Metaphern und Modelle der Kommunikation; in: Merten, Klaus/Siegfried J. Schmidt/Siegfried Weischenberg (Hrsg.): Die Wirklichkeit der Medien; Opladen 1994.

Kuenheim, Eberhard von: Polemik und Aggressivität; in: MEDIENKRITIK Nr. 19/6.5.1991.

Langenbucher, Wolfgang/Walter A. Mahle: Umkehrproporz und kommunikative Relevanz. Zur Zusammensetzung und Funktion der Rundfunkräte; in: Publizistik 4/1973.

Luhmann, Niklas: Öffentliche Meinung; in: Langenbucher, Wolfgang (Hrsg.): Zur Theorie der politischen Kommunikation; München 1974.

McCombs, Maxwell E./Donald L. Shaw: The Agenda-Setting Function of Mass Media; in: Public Opinion Quarterly 36. Jg. 1972.

Noelle-Neumann, Elisabeth: Die Schweigespirale; Frankfurt a. M., Berlin 1982.

Peters, Hans-Peter: Kommunikation über die Risiken der Kernenergie; Jülich 1990.

Ronneberger, Franz (Hrsg.): Public Relations des politischen Systems. Staat, Kommunen und Verbände; Nürnberg 1978.

–: Kommunikationspolitik I: Institutionen, Prozesse, Ziele; Mainz 1978.

–: Das Syndrom der Unregierbarkeit und die Macht der Medien; in: Publizistik 4/1983.

Ruß-Mohl, Stephan: Wohl dosiert und leicht verdaulich; in: Die Zeit Nr. 40/29.9.1989.

Saffarnia, Pierre A.: Determiniert Öffentlichkeitsarbeit tatsächlich den Journalismus? Empirische Belege und theoretische Überlegungen gegen die PR-Determinierungsannahme; in: Publizistik 3/1993.

Sarcinelli, Ulrich: Massenmedien und Politikvermittlung – Eine Problem- und Forschungsskizze; in: Wittkämper, Gerhard W. (Hrsg.): Medien und Politik; Darmstadt 1992.

Saxer, Ulrich: Public Relations und Symbolpolitik; in: Armbrecht, Wolfgang/Horst Avenarius/Ulf Zabel (Hrsg.): Image und PR. Kann Image Gegenstand einer PR-Wissenschaft sein?; Opladen 1993.

–: Journalisten in der Medienkonkurrenz; in: Publizistik 1/1994.

Schmidt-Holtz, Rolf, im ZDF-Magazin STUDIO 1 vom 7.8.1991, aufgezeichnet und wiedergegeben in: Medienkritik Nr. 34 vom 19.8.1991.

Schneider, Wolf: Unsere tägliche Desinformation. Wie die Massenmedien uns in die Irre führen. Ein STERN-Buch; Hamburg 1984.

Schnibben, Cordt: Herr Minister, ich danke Ihnen! Über das Elend des deutschen Fernsehjournalismus; in: Die Zeit Nr. 38/16.9.1988.

Schnitzmeier, Jürgen: Macht der Öffentlichkeitsarbeit oder Macht des Journalismus?; PR-Magazin 9/89.

Schulz, Winfried: Die Konstruktion von Realität in den Nachrichtenmedien. Analyse der aktuellen Berichterstattung; Freiburg/München 1976.

Shaw, Donald L./Maxwell E. McCombs: The Emergence of American Political Issues. The Agenda Setting Function of the Press; St. Paul, Minnesota 1977.

Sigal, Leon V.: Reporters and Officials; Lexington 1973.

Steffen, Erich: Die Grenzen des investigativen Journalismus; in: Archiv für Presserecht, nachgedruckt in: Martini, Bernd-Jürgen (Hrsg.): journalisten jahrbuch '89, München 1988.

Walser, Martin: Ohne einander. Roman; Frankfurt a. M. 1993.

Weischenberg, Siegfried: Journalisten in Deutschland. Was sie denken und wie sie arbeiten; in: Sage & Schreibe Spezial 2/1994.

Weischenberg, Siegfried: Journalismus als soziales System; in: Merten, Klaus (s. u. Krippendorf, Klaus): a. a. O.

4. Die Bewußtseinsindustrie

Das aufklärerische Ideal einer autonomen, allein von Journalisten gemachten Presse als Spiegel und Korrektiv für eine Gesellschaft reibt sich in zweifacher Hinsicht an den Realitäten. Erstens gilt es, auf den Medienmärkten erfolgreich zu sein; private Verlage sind daran genauso stark interessiert wie öffentlich-rechtliche Anstalten. Zweitens sind Medien stets den Machtstrukturen ausgesetzt, über die verschiedene Kräfte der Gesellschaft versuchen, Einfluß zu nehmen.

Die PR-Leute werden mit diesen Gegebenheiten häufig konfrontiert. Sie werden entweder in geschäftliche Beziehungen eingebunden oder aufgefordert, verborgene Machtverhältnisse auszunutzen. Sie sind damit für viele Gesellschaftskritiker Bestandteil jener „Bewußtseinsindustrie", die uns seit den Tagen der dialektischen Aufklärung immer wieder einmal beschäftigt.

Strategisches Zeitungsmanagement

Zunächst zum Geschäft! Es ist nach der in den Medien vorherrschenden Arbeitsteilung Sache der Verleger und Intendanten. Aber kaum ein Chefredakteur kann sich deren Sorgen entziehen. Trotzdem haben viele von ihnen über Jahrzehnte ihre Redaktionen von den geschäftlichen Erwägungen ziemlich freigestellt. Neuerdings werden aber auch die Redaktionsmitglieder in die strategischen Planungen eines Verlages einbezogen. Es entstehen „integrative Marketing-Konzepte", die die Journalisten wie die Verlagsmanager zu einem koordinierten Vorgehen veranlassen.

Was ist ein solches integratives Marketing? Beide Berufsgruppen sollen einen Sinn sowohl für die journalistische und gesellschaftspolitische Verantwortung wie für die betriebswirtschaftlichen Notwendigkeiten haben. Der Journalist soll lernen, in Zielgruppen zu denken. „A newspaper's business, after all, is to sell news to readers, then sell those readers to advertisers", schrieb Conrad Fink, ehemals Vizepräsident der Associated Press, als Professor für Journalismus und Zeitungsmanagement an der University of Georgia in seinem programmatischen Buch ›Strategic Newspaper Management. An Approach to the 1990's‹.

Das Prinzip, Leser an Anzeigenkunden zu verkaufen, kann zu fatalen Konsequenzen führen. Die School of Public Health im amerikanischen Staat Michigan hat in 25 Jahrgängen von 99 amerikanischen Zeitschriften der Jahre 1959 bis 1986 nach Artikeln über die Risiken des Rauchens gesucht und nur herzlich wenige gefunden, wie sie im ›New England Journal of Medicine‹ berichtete. Der Hintergrund: Zigarettenwerbung war in den USA seit 1971 in Radio und Fernsehen verboten und daher in den Printmedien stark angeschwollen. Entsprechend selten wurde in den Zeitschriften auf die Gefahren des Rauchens aufmerksam gemacht. „Schere im Kopf" nannte ein Kommentator der FAZ vom 5.2.1992 diese Tatsache und fügt hinzu, daß diese Schere auch den Autoren jener medizinischen Zeitschriften geläufig sei, die mehr oder weniger vollständig vom Werbeaufkommen der Pharmaindustrie leben.

Den Redakteuren von Fachzeitschriften hüben und drüben ist das „Marketingdenken" seit eh geläufig, und Jürgen Habermas hatte schon vor Jahr und Tag apodiktisch festgestellt: „Die Gesetze des Marktes dringen in die Substanz der Nachrichten ein." Aber damals wurden moderne Managementmethoden bei Tageszeitungen, Radiostationen und Fernsehanstalten weder konsequent angewandt noch wissenschaftlich propagiert. Letzteres geschieht jetzt mit Professionalität und Nonchalance.

Stephan Ruß-Mohl war angesichts dieser Literatur recht irritiert, wie lässig seine Wissenschaftskollegen in der Neuen Welt über die gesellschaftlichen und politischen Folgen einer redaktionellen Produktion nachdenken, die sich künftig noch stärker an betriebswirtschaftlichen Kriterien ausrichtet. „Werden da nicht doch Konflikte unter den Tisch gekehrt, die es offener zu behandeln gilt?" fragt er die Wissenschaftler (1991, 141). Mehr Marketing, wie es vor allem Fink propagiere, bedeutet für Ruß-Mohl letztlich, daß man auch auf den redaktionellen Seiten verstärkt die Wünsche derjenigen Kunden zu erfüllen sucht, mit denen sich das meiste Geld verdienen läßt: der werbetreibenden Wirtschaft.

Wie berechtigt solche Skepsis ist, zeigt ein offensichtlich immer wiederkehrendes Beispiel. Im Herbst 1986 erschienen die beiden Magazine STERN und SPIEGEL binnen einer Woche mit dem gleichen Titelthema: „Droge Luxus – die Deutschen im Kaufrausch" proklamierte montags der SPIEGEL, und donnerstags stieß der STERN mit einer perlenbehängten Nackten auf dem Cover und der Schlagzeile nach: „Lust auf Genuß – die Deutschen ein Volk von Genießern". Im STERN las man „vom explosions-

Abbildung 11: Der jährliche Tanz ums Goldene Kalb. Auch Zeitschriften, die sich der
Aufklärung verschreiben, spielen dazu auf.

artigen Anwachsen des Luxuskonsums", im SPIEGEL von einer um sich greifenden „Hemmungslosigkeit des Kaufens".

STERN und SPIEGEL führten Zeugen auf, zitierten aus Untersuchungen, jonglierten mit Prozentzahlen. Cordt Schnibben ging allen Quellen nach und kam zu einem frappierenden Ergebnis:

Ich rufe bei der Hauptgemeinschaft des deutschen Einzelhandels an. Der Sprecher ist zornig: Als SPIEGEL und STERN bei mir anfragten, habe ich denen sofort gesagt, daß die Luxuswelle eine Erfindung ist. Firmen, die Waren aus dem hochwertigen Sortiment führen, haben keine größeren Zuwachsraten als früher.

Der Luxusdeutsche ist also ein Yeti. Ein Geschöpf, das immer kurz vor dem Erscheinen des Weihnachtsmannes gesichtet wird, wie ein Blick ins Archiv zeigt. Dezember 1983: Luxuskonsum: Zurückhaltung ist nicht mehr gefragt. Was teuer ist und als besonders fein gilt, wird zu einem Umsatzrenner. Dezember 1981: Champagner auf die schnelle – die Deutschen sind auf den Geschmack gekommen. November 1980: Die Deutschen erfaßt ein Drang zum Luxus (DIE ZEIT 19. 12. 1986).

1987 – also nach dem Erscheinen des ZEIT-Berichts – waren STERN und SPIEGEL verstummt, vermutlich ganz verschämt verstummt. Dafür setzte eine andere Illustrierte das Spielchen fort, weil in der Redaktion offensichtlich nicht die ZEIT gelesen wird. Die BUNTE kam im Dezember 1987 mit dem Titel heraus: „Lust auf Luxus". Und drei Jahre danach war auch beim STERN die ZEIT wieder vergessen. Im Dezember 1990 erschien Heft 51 mit dem an den SPIEGEL von 1986 erinnernden Titel: „Luxus-Weihnachten 1990 . . . die Deutschen im Kaufrausch".

Werden wir grundsätzlicher! Das Ideal der NEW YORK TIMES – „All the News That's Fit to Print" – verdeckt, was eigentlich in der Medienwelt geschieht: Nachricht wird nur, was die spezifische Leser- oder Zuhörerschaft interessieren könnte oder sollte. Man nehme gerade die Nachrichtenauswahl der respektiertesten amerikanischen Medien über Deutschland. Eigentümlichkeiten der Magazine kommen hinzu: Nachricht wird nur, was eine „Story" hergibt, eine dramaturgisch aufgebaute Erzählung mit einem möglichst pointenreichen Schluß.

In allen Fällen geht es um mehr als reines Medienmarketing, also den Absatz des eigenen Produkts an Konsumenten oder Inserenten. Eine noch immer unterentwickelte PR der Medien würde darauf verweisen, daß jede Redaktion bei ihren Zielgruppen als glaubwürdig und kompetent erscheinen will, um Vertrauen und Anerkennung wirbt, kurz: eine Beziehung aufbaut, die an Fortbestand prinzipiell interessiert ist. Diese Grundform der gesellschaftlichen Kommunikation geht jeder konkreten redaktionellen Äußerung voraus.

PR-Einfluß auf die Verlage?

Das häufig recht gute Zusammenspiel im redaktionellen Feld ließ es nach dem Zweiten Weltkrieg in Deutschland nie mehr zu dem Gedanken kommen, die Industrie oder die Bankenwelt müßten über eigene Verlage verfügen. Auch als mit der Einführung privater Sender die Chancen dafür noch einmal recht groß waren, widerstand die industrielle PR-Welt nach anfänglicher Unsicherheit allen Verlockungen.

Hatten wir uns nicht der unrühmlichen Einflüsse zu erinnern, die der Krupp-Direktor Hugenberg oder die Chefs der Gutehoffnungshütte Paul Reusch und Karl Haniel in den zwanziger Jahren auf die Zeitungswelt nahmen? Dabei war auch deren Erfolg nicht überall groß. Paul Hoser nahm sich dazu einmal die Münchner Presse vor. Was er fand, ermuntert nicht zur Nachahmung:

Die Interessenpolitik der Schwerindustrie, deren Kapital in den Münchener Neuesten Nachrichten steckte, wurde von beiden Zeitungen in jeder zentralen wirtschafts- und sozialpolitischen Frage berücksichtigt, ohne daß es deswegen einer laufenden Rückfrage oder direkten Einflußnahme bedurft hätte. „Hier genügte der vorauseilende Gehorsam und die Tätigkeit verkappter Lobbyisten, so daß sich das millionenschwere Engagement zumindest in dieser Hinsicht auszahlte", wie die SÜDDEUTSCHE ZEITUNG am 12. 2. 1991 referierte.

Insgesamt aber waren, wie Hoser überzeugend darlegte, die Münchner Zeitungen nur Seismographen und Katalysatoren politischer Prozesse. Aus eigener Kraft haben sie keine radikale Umorientierung bei ihren Leserschaften bewirken können. Das verkannten die Interessengruppen, die mit dem Kauf von Zeitungen vor allem politische Massenmeinung zur Durchsetzung ihrer gesellschaftspolitischen Leitbilder kaufen wollten (Hoser 1991).

Wissen das Giovanni Agnelli und Carlo de Benedetti? In Italien ist die Industrie bis auf den heutigen Tag in erheblichem Umfang im Pressewesen engagiert. In Südafrika befinden sich die weiße Tageszeitung STAR und die schwarze SOWETAN, die größte Tageszeitung des Landes, sowie Radio Soweto über die Gesellschaft Argus im Besitz der Johannisburg Consolidated Company (ICI, von den Journalisten Johnny's genannt), und diese gehört der Anglo-American. Die Beispiele lassen sich fortsetzen, ihr Zweck und ihr Erfolg ist offen.

Sollte man sich also eher an die Redakteure halten? Viele italienische Journalisten stehen auf den Honorarlisten von Firmen; und trotzdem scheint es sich besser auszuzahlen, eine ganze Zeitung als einen einzelnen Journalisten zu kaufen. LA STAMPA und IL CORRIERE DELLA SERA veröffentlichten über Jahre kaum automobilkritische oder japanimportfreundliche Artikel.

Ob es der Industrie von Nutzen sein kann, nicht nur von Importen, sondern auch von kritischen Denkanstößen verschont zu werden, sei dahingestellt. Die Deutschen ziehen es vor, dem frischen Wind der branchen- und
produktpolitischen Kontroversen ausgesetzt zu sein. Es ist nachweisbar, daß
offene Kritik dem Unternehmensfortschritt förderlich ist. Allerdings leben
auch die Japaner in eher geschlossenen Supersystemen, die von Industrie-
und Verlagskomplexen und deren Beziehungsgruppen gebildet werden; und
sie leben damit nicht schlecht, soweit sich das von außen beurteilen läßt. Die
japanische Industrie braucht offensichtlich weniger als die europäische den
Anstoß von der eigenen kritischen Öffentlichkeit, um sich erforderlichen In-
novationen zuzuwenden.

In Deutschland kommt es nur selten zu mehr als ephemeren Kontakten zwischen Industriellen und Verlegern. Beide Gruppen haben sich erstaunlicher-
weise wenig zu sagen. Auch die Bankenwelt, die beide Lager kennt, vermittelt
kaum. Rudolf Augstein und sein SPIEGEL sind sicher ein Fall für sich. Aber es
erstaunt dann doch wieder nicht, wenn Redaktion und Verlag zu seinem
70. Geburtstag ein SPIEGEL-SPEZIAL-Heft mit Beiträgen von 64 sehr nam-
haften Autoren aus allen Gesellschaftsbereichen herausbringen, unter denen
nur ein einziger Vertreter der Wirtschaft auftaucht: Hilmar Kopper, Deutsche
Bank. Und ist auch der einzige, der in seinem Beitrag bekennen muß: „Ich
schreibe, ohne den Jubilar persönlich zu kennen ..." (Kopper 1993, 93).

Zu konzentrierten Gesprächen treffen sich allenfalls eine kleine ausgewählte Gruppe von PR-Verantwortlichen mit den Chefs einzelner Verlags-
oder Rundfunkhäuser. Dabei kommt es bisweilen zu offenherzigen „off-the-
records-Informationen" oder zu heftigen Vorhaltungen, aber zu keinen Verabredungen. Man trennt sich immer wieder in Freundschaft und spielt doch
das alte Katz-und-Maus-Spiel weiter.

Die Schatten der dialektischen Aufklärung

Woran könnte das Phänomen „Bewußtseinsindustrie" also noch festgemacht werden? Die Mediengewerkschaft führt es als eher kleine Münze im
Mund. Sie wendet es auf die Binnenverhältnisse an, wenn es in ihrem Grün-
dungsprogramm vom 7. 11. 1986 heißt:

Die Machtinhaber in der Bewußtseinsindustrie und ihre politischen Freunde dürfen
den „Kampf um die Köpfe und Herzen" der abhängig Beschäftigten und künstlerisch
Tätigen nicht gewinnen.

An der privatwirtschaftlichen Struktur des westlichen Mediensystems
reiben sich seit eh viele kritische Geister. Einerseits sehen sie darin einen
grundsätzlichen Widerspruch zum verfassungsrechtlichen Auftrag, die freie
Information und die unabhängige Meinung zu garantieren; Anhänger einer

„kritischen Medientheorie" suchen daher seit langem nach alternativen Pressestrukturen, auch wenn sich weder Staat noch Gewerkschaften, noch Bürgerinitiativen länger im Stand der Unschuld befinden. Der Markt, auch der Meinungsmarkt, erweist sich trotz aller Schwächeanfälle gegenüber Mächtigen noch immer als der geeignetste Garant von Pressefreiheiten, darin vergleichbar der ebenso prekären Demokratie.

Andererseits geht es dieser Kritik nicht nur um die Verfassung der Medien, sondern nahezu um das ganze „System". Theodor W. Adorno und Max Horkheimer haben es in ihrer ›Dialektik der Aufklärung‹ als „Kulturindustrie" denunziert. Hans Magnus Enzensberger hatte es sich in seinen ebenso häufig zitierten frühen Schriften als „Bewußtseins-Industrie" vorgeknöpft. Allen drei gemeinsam ist die Vorstellung einer „industriellen" Fertigung, zurückzuführen auf das Diktum von Karl Marx: „Das Bewußtsein ist von vornherein schon ein gesellschaftliches Produkt und bleibt es, solange überhaupt Menschen existieren" (Marx 1845).

„Industrielle Maße", so sagte Enzensberger 1962, habe dieses Produkt erst in den letzten hundert Jahren angenommen. Er zählte wie die Frankfurter Schule nicht nur Funk, Film, Fernsehen und die Schallplattenindustrie, nicht nur die Mächte der Propaganda, der Reklame, der Public Relations und des Journalismus dazu.

Mode und Gestaltung, religiöse Unterweisung und Tourismus sind als Sparten der Bewußtseins-Industrie noch kaum erkannt und erforscht; auch wie „wissenschaftliches" Bewußtsein industriell induziert wird, wäre am Beispiel der neueren Physik, der Psychoanalyse, der Soziologie, der Demoskopie und anderer Disziplinen erst zu studieren (Enzensberger 1964, 9).

Was auch heute noch an dieser Aufzählung verblüfft, ist die Tatsache, daß alle diese Felder bisweilen von den industriellen Public Relations instrumentalisiert werden. Im Unterschied zu den damaligen, die 68er Revolte mitbegründenden Analysen sehen jüngere Autoren jedoch in Bewußtseins-„Industriellen" keine geschlossene Gesellschaft, kein gegen sozialen Fortschritt verschworenes „Establishment". Auch teilen sie nicht mehr den Kulturpessimismus der Frankfurter, die in Werbung und Unterhaltung nur negative, manipulative, den Menschen in seiner Freiheit begrenzende und herabwürdigende Phänomene sahen. Michael Kunczik schrieb beredt und advokatorisch in den BERTELSMANN-BRIEFEN – wo auch sonst? –:

Um es einmal überspitzt auszudrücken: ohne das schnöde Profitstreben der Verleger wäre es um unsere Buchkultur sehr schlecht bestellt; ohne die kapitalistische Raffgier der Schallplattenverleger wäre es nie zu einer Demokratisierung der E-Musik gekommen. Noch nie hatten so viele Menschen die Gelegenheit, exzellente Aufnahmen von Beethoven, Mahler oder wen immer man anführen will, auf Schallplatten oder auch in anderen Massenmedien zu hören (Kunczik 1988).

Wir könnten uns daher durchaus mit dem neueren, von Alphons Silbermann empfohlenen Begriff der „Medienkultur" anfreunden, trotz der seinerzeitigen sarkastischen Kritik von Enzensberger an dem Begriff „Kultur", – er nannte es eine Augentäuschung jener Kritiker, „die sich's haben gefallen lassen, daß die Gesellschaft sie kurzerhand dem sogenannten Kulturleben zurechnet, daher sie den fatalen Namen Kulturkritiker tragen; nicht selten auch noch vergnügt und stolz darauf, daß ihnen derart ihre Harmlosigkeit bescheinigt, ihr Geschäft zur Sparte gemacht wird" (1964, 8). Aber der Begriff „Medien" greift zu kurz, wenn wir erfassen wollen, was alles zum Träger bestimmter Botschaften werden kann: Mode und Design, wie gesagt, selbst die Kunst . . .

Eine andere, derzeit ebenfalls verblichene Form von Bewußtseinsindustrie leisteten sich jahrzehntelang ideologisch festgelegte Intellektuelle im Hinblick auf fremde Länder, die sie dem eigenen Publikum in oft überschwenglichen Farben schilderten, obwohl die jeweiligen Verhältnisse dazu gar nicht angetan waren. Wäre es nur bei vereinzelten Stimmen geblieben, müßte darüber kein Wort verloren werden. Aber häufig genug war es ein ganzer Chor gleichgestimmter Autoritäten. Sie huldigten dem Credo Walter Benjamins, das 1924 in seinem Moskau-Essay erschien:

Im Grunde aber ist die einzige Gewähr der rechten Einsicht, Stellung gewählt zu haben, ehe man ankommt. Sehen kann in Rußland nur der Entschiedene . . .

Nur wer in der Entscheidung mit der Welt seinen dialektischen Frieden gemacht hat, der kann das Konkrete erfassen. Doch wer „an Hand der Fakten" sich entscheiden will, dem werden diese Fakten ihre Hand nicht bieten.

Dieser Devise des entschiedenen Sehens folgten vor dem Zweiten Weltkrieg die Berichte vieler Literaten über die Sowjetunion. Unter den Franzosen war es einzig André Gide, der 1936 mit seinem Reisebericht widersprach; unter den Amerikanern Ludwig Marcuse. Nach dem Zweiten Weltkrieg sammelte vor allem China Elogen. Stephen W. Mosler denunzierte sie 1971: ›China Misperceived. American Illusions and China's Realities‹. Oder erinnern wir uns der Berichte über die DDR. Sie veranlaßten die Pressezunft zu einer heilsamen, selbstkritischen Aufarbeitung.

Ein ebenfalls verblichenes Schlagwort aus den Hochtagen der dialektischen Aufklärung leitet vom massenhaft manipulierten Denken ein massenhaft manipuliertes Handeln ab. Wenn Kaufakte nicht mehr nur auf der Einzelverführung durch Werbung beruhen, sondern auf einer zwanghaften Suggestion des Habenmüssens, weil alle anderen es haben, dann liege „Konsumterror" vor. Aus dieser These spricht der Hochmut asketischer Intellektueller. Hans Magnus Enzensberger denunzierte diese Bourgeois schon 1970 in seinem ›Baukasten zur Theorie der Medien‹:

Die Hypothese vom „Konsumterror" kommt den Vorurteilen der Bourgeoisie, die sich für politisch aufgeklärt hält, über das angeblich integrierte, kleinbürgerlich gewordene und korrumpierte Proletariat entgegen. Die Anziehungskraft des Massen-konsums beruht aber nicht auf dem Oktroi falscher, sondern auf der Verfälschung und Ausbeutung ganz realer und legitimer Bedürfnisse, ohne die der parasitäre Prozeß der Reklame hinfällig wäre … Das gilt auch im Hinblick auf die Bewußtseins-Indu-strie. Die elektronischen Medien verdanken ihre Unwiderstehlichkeit nicht irgend-einem abgefeimten Trick, sondern der elementaren Kraft tiefer gesellschaftlicher Be-dürfnisse, die selbst in der heutigen depravierten Verfassung dieser Medien durch-schlagen (171).

Dieser Text, den Enzensberger 1970 schrieb, reflektiert die Verblüffung der damaligen Intellektuellen über die liberale Denke des damaligen Bür-gertums und seine „repressive Toleranz". Er zeigt auch, wie verquer gedacht werden muß, wenn sich Ideologiekritik mit Tatsachen einläßt.

Heute ist Konsumterror kein Thema mehr, nicht einmal für den Medien-markt selbst. Aber das Phänomen des Massenkonsums bleibt speziell für Öf-fentlichkeitsarbeiter ein Problem. Sie stecken tief im Räderwerk des skiz-zierten „Systems".

Zu Kap. III.4:

Adorno, Theodor/Max Horkheimer: Dialektik der Aufklärung; Frankfurt a. M. 1947.
Enzensberger, Hans Magnus: Einzelheiten I. Bewußtseins-Industrie; Frankfurt a. M. 1962.
–: Baukasten zu einer Theorie der Medien; in: Kursbuch 20/1970.
Fink, Conrad C.: Strategic Newspaper Management. An Approach to the 1990s; New York 1988.
Habermas, Jürgen: Strukturwandel der Öffentlichkeit; Neuwied 1962.
Hoser, Paul: Die politischen, wirtschaftlichen und sozialen Hintergründe der Mün-chener Tagespresse zwischen 1914 und 1934. Methoden der Pressebeeinflussung; Frankfurt a. M. 1991.
Kopper, Hilmar: Ankündigung der Gladiatoren; in: SPIEGEL-SPEZIAL 6/1993.
Kunczik, Michael: Medien, Kommunikation, Kultur. Zum Einfluß der Medien auf Kultur und Gesellschaft; in: Bertelsmann-Briefe Heft 123, Mai 1988.
Marx, Karl: Die deutsche Ideologie 1. Teil, 1845/46.
Mosler, Stephen W.: China Misperceived. American Illusions and China's Realities; 1971.
Prokop, Dieter: Chancen spontaner Gegenöffentlichkeit – Medienpolitische Alter-nativen; in: Baacke, Dieter (Hrsg.): Kritische Medientheorien, Konzepte und Kommentare; München 1974.
Ruß-Mohl, Stephan: Buchbesprechungen; in: Publizistik 1/1991.
Schnibben, Cordt: Verflucht, sind wir alle Hedonisten? Ein Trend wird geboren: Wie STERN und SPIEGEL die Luxusdeutschen schufen; in: Die Zeit Nr. 52/86 vom 19.12.1986.
Silbermann, Alphons/Albin Hänseroth: Medienkultur, Medienwirtschaft, Medien-management; Frankfurt a. M. 1989.

5. Wirkungen

Die Frage nach der Wirkung von Kommunikationsprozessen gleicht einem Versteckspiel. Wer sich als Kommunikator zu Wirkungen bekennt, weist sich damit als einflußreich aus, und Einfluß bedeutet immer auch Macht. Macht, heißt es sodann, muß kontrolliert und gegebenenfalls beschnitten werden. Politiker treten sogleich auf und rufen nach entsprechenden Maßnahmen: Stellenproporz und Ausgewogenheit in der Medienwelt, Werbeverbote (z. B. für Zigaretten) oder Selbstkontrolle im Marketing, Zensur für jugendgefährdende Bücher, Filme und andere Kunst. Wer das alles vermeiden will, leugnet zweckmäßigerweise, wirkungsvoll zu sein.

Am nachdrücklichsten verneinen Journalisten, daß sie Macht ausübten. „Sie beeilen sich, Medienwirkung zu dementieren", trug Franz Ronneberger 1983 vor (495). Er berief sich auf Untersuchungen von Wolfgang Donsbach, wenn er hinzufügte, daß im interkulturellen Vergleich die deutschen Journalisten dabei besonders zurückhaltend reagieren.

Sie leugnen jede Macht. Ihr Auftreten, bisweilen Telegöttern gleich, verrät jedoch, daß sie häufig genug vom Gegenteil überzeugt sind. Henri Nannen, damals Chefredakteur des STERN, schrieb im Frühjahr 1973 in seiner Illustrierten einen offenen Brief an Rudolf Augstein, den Herausgeber des SPIEGEL:

Die sogenannte Macht der Presse, das wissen wir beide, besteht vorrangig darin, daß einige Leute an sie glauben, und warum sollten wir die eines besseren belehren.

Aber genau dies versuchte er mit seinem STERN-Vorwort.

Das Patt der Befunde

PR-Leute sind in der Regel wenig zimperlich, wenn sie nach den Wirkungen ihrer Tätigkeit gefragt werden; schließlich sind sie größtenteils erfolgsabhängig. Aber ihre „Erfolgskontrolle" beschränkt sich meistens auf die Ergebnisse der Presseresonanz. Vor der Wirkungsforschung bestehe unter ihnen „eine weitverbreitete Angst". So Grunig und Hunt 1984, so auch Benno Signitzer 1988. Fragte der eine dazu: „Ist es die Angst, daß keinerlei Wirkung gefunden wird?" (Signitzer 1988, 108), so hatten die anderen die Antwort parat: „They fear that an unfavorable evaluation could cost them their jobs or pet projects" (Grunig und Hunt 1984, 183). Wie wahr!

Anders als die Journalisten machen PR-Leute eher mehr als weniger aus ihrer Arbeit daher. Der greifbarste Erfolgsnachweis sind für sie dabei die Fernsehmitschnitte und Presseausschnitte. Sie evaluieren sie auch hinsichtlich der gesteckten Ziele. Aber was damit beim Publikum erreicht wurde, lassen sie meist offen. Die SPD-Bundestagsfraktion z. B. unternahm am 3. März 1988 eine Presseaktion zum Thema Schwangerschaftsberatung. Jürgen Schnitzmeier, ein Praktikant in der Pressestelle der Fraktion, analysierte diese Aktion. Er listete ex post neun kurzfristige und drei langfristige Kommunikationsziele auf. Die kurzfristigen hatten es vor allem mit einer besseren Positionierung der Partei in den Medien zu tun, die langfristigen mit den politischen Zielen der Partei in der Bundesrepublik: „Ablösung der Bundesregierung und Realisierung einer Frauenpolitik nach den Vorstellungen der SPD" war Ziel Nr. 12.

Das Ergebnis: Die Tageszeitungen „transportierten" im Schnitt zwischen 5 und 5,8 der neun evaluierten kurzfristigen Ziele. Die auf das Lesepublikum abzielenden drei langfristigen Ziele waren hingegen nicht Gegenstand der Untersuchung und also auch nicht der Berichterstattung Schnitzmeiers (1989, 33). Im Grunde wäre es aber vor allem darauf angekommen.

Die Wissenschaftler haben diese Wirkung an der Basis sehr wohl im Auge. Aber glücklich sind sie mit ihren Hervorbringungen keineswegs. Klaus Merten, in der Sammlung und Sichtung von unzähligen Untersuchungen zur Wirkungsforschung bewandert, spricht von einem Patt der Befunde. „Viele als verbürgt angesehene Theorien, Konzepte und Ergebnisse der Wirkungsforschung erweisen sich ex post, bei genauerer Prüfung, als wenig valide" (Merten 1991, 36 und 1994, 291). Sein Fazit 1991: „Den Zustand der Medienwirkungsforschung kann man nicht als befriedigend ansehen."

Was Bernard Berelson, einst der große Entdecker der kleinen Medienwirkungen, 1954 ganz sarkastisch feststellte, gilt also noch immer:

Some kinds of communication on some kinds of issues, brought to the attention of some kinds of people under some kinds of conditions have some kinds of effects (Berelson 1954, 345)

Werner Früh, ein jüngerer Wirkungsforscher, kam zu keinen ermutigenderen Ergebnissen. Die professionelle Kritik an den zur Zeit umlaufenden zahlreichen Kommunikations- und Wirkungsmodellen lasse sich in zwei Positionen zusammenfassen: Entweder wirft man den Modellen vor, diesen oder jenen wichtigen Faktor nicht zu enthalten oder so komplex zu sein, daß sie unüberschaubar und empirisch unüberprüfbar werden (Früh 1991, 76).

Trotzdem wird sich die PR-Praxis sehr genau mit den unter Wissenschaftlern erörterten Wirkungsmodellen befassen müssen. Sie bieten zwar keine schlüssigen Rezepte, aber ein Arsenal an Argumenten und Gegenargumenten, mit denen ihre Arbeit und ihre Erfolge begutachtet werden können.

Wirkungsweisen

Die Schwierigkeiten mit der kommunikativen Wirkung beginnen schon mit der Definition. Eine Wirkung ist die Folge einer vorausgehenden Ursache. Und beides verbindet das Prinzip der Kausalität. Kann man aber bei kommunikativen Vorgängen von kausalen Zusammenhängen sprechen? So flink dies die PR-Praktiker behaupten möchten, so stark sind die Vorbehalte vieler Wissenschaftler. „Streng kausale Annahmen", so resümiert z. B. Klaus Merten, „kann man für die Wirkungsforschung nicht aufrechterhalten" (1991, 43).

Einige lösen dieses Problem durch einen definitorischen Kurzschluß: „Kommunikation ist Wirkung", sagen sie (Schulz 1982, 51). Was aber „bewirkt" Kommunikation? Bewirkt sie, worauf die Anhänger des Kausalitätsprinzips abheben, in jedem Fall eine „Veränderung": des Kenntnisstandes, der Einstellungen oder sogar des Verhaltens eines Rezipienten? Oder könnte Kommunikation auch stattfinden, ohne daß sich irgend etwas „verändert"? Man denke an ein Paar, das sich wechselseitig der Liebe versichert.

Unterstellen wir Veränderungen – und Nichtveränderungen höchstens aus einer Parallelisierung gegensätzlicher Einwirkungen. Was kann alles zu einer Wirkung beitragen? Das berühmte Axiom von Paul Watzlawick – „man kann nicht nicht kommunizieren" (1969, 53) – legt nahe, daß jede Wahrnehmung die Wirkung auf eine verursachende Mitteilung ist.

Diese Mitteilung braucht keine textlich ausgedrückte Botschaft zu sein. Ihre Wirkung verfehlen auch Gesten, Mienenspiel und Körpersprache nicht. Einwirkungen können von Produktdesign, Baustil, Auftritt und vielen anderen dinglichen Botschaften einer Organisation ausgehen. So ist denn auch die für Praktiker entscheidende Frage nicht, ob Wirkungen entstehen, sondern was veranlaßt wen wodurch zu welcher Kenntnisnahme oder – abstrakter – zu welcher Veränderung seines mentalen Zustandes.

Dabei dürfen wir nicht nur nach einer einzigen Wirkungsweise fragen. Amerikanische Wirkungsforscher haben Matrizen mit mehreren erarbeitet. Wählen wir die einprägsamste. Steffen Chaffee applizierte sie – wie die meisten seiner Kollegen – auf die Massenmedien. Sie gelten aber generell für jede Art von Kommunikation:

Medienbotschaften können aufgrund ihres Inhaltes oder einfach durch die Zeitspanne wirken, während der sich die Leute damit befassen. Jede dieser beiden Wirkungsmöglichkeiten können sich entweder auf Kenntnisse, Einstellungen oder Verhaltensweisen beziehen. Und diese zwei mal drei Wirkungsweisen können auf Individuen oder auf zwischenmenschliche Beziehungen oder auf größere soziale Systeme einwirken, also insgesamt auf sechs mal drei gleich achtzehn verschiedenerlei Weise (Chaffee 1980, 77–107).

Die meisten Kommunikationsforscher, fügte Chaffee sarkastisch hinzu, haben von diesen achtzehn möglichen Wirkungsweisen nur eine einzige im Auge: die Wirkung von Medieninhalten auf die Einstellung von Individuen.

Modelle und Theorien

Im deutschsprachigen Schrifttum sind zwei Schulen der Wirkungsforschung erkennbar. Die eine ist eher kommunikator-, die andere stärker empfängerorientiert. Erstere hebt mehr auf die Erforschung der Kausalzusammenhänge zwischen Kommunikatoren und Rezipienten ab, letztere mehr auf die Selektionsvorgänge der Rezipientenseite. Zwischen beiden gibt es zahlreiche Brückenschläge (Schönbach 1995).

Streng kommunikatororientiert ist der klassische Wirkungsansatz, die „Stimulus-Response-Theorie". Sie kann bis auf des Aristoteles Rhetorik zurückgeführt werden und hatte ihren letzten Höhepunkt in den zwanziger Jahren dieses Jahrhunderts mit der Theorie zur politischen Propaganda von Harold D. Lasswell (1927, 630). Nach dieser Theorie wirkt ein Kommunikator durch die von ihm ausgehende Botschaft – den Stimulus – auf Empfänger ein, bei denen dadurch eine Reaktion – die Response – verursacht wird. Die berühmte Lasswell-Formel lautet: „Wer sagt was zu wem in welchem Medium mit welcher Wirkung?"

Dieser Theorie folgen heute noch alle Rhetorik- und viele Marketingschulen. Auch die Anwender der beiden ersten Grunigschen PR-Modelle der Publicity und der einseitigen Information rechnen mit ihr, und folglich stellen sich die meisten Chefs der PR-Welt PR-Realisierungen nach dieser einfachen Regel vor.

Aber das Publikum hört und handelt nicht auf Kommando. Schon siebzehn Jahre nach Lasswell wiesen Paul Lazarsfeld, Bernard Berelson und Hazel Gaudel mit ihren Beobachtungen über den Einfluß der Medien auf die Wahlentscheidungen amerikanischer Bürger nach, daß diese mit den „Stimuli" der Presse und der Propaganda höchst selektiv verfahren (1969, 118). Wirklich beeinflussen ließen sich damals durch die Medien nur 8% der Wähler; die änderten ihre Meinung. Bei allen anderen hätte die Entscheidung schon vor Beginn des Wahlkampfes festgestanden, bestimmt durch Schichtzugehörigkeiten und beeinflußt von den opinion leaders in diesen Schichten. Medien und Wahlwerbung könnten Standpunkte nur „verfestigen". Daraus leiteten die Autoren die sogenannte Verstärkerthese ab: Medien verstärken nur die schon vorhandenen Einstellungen.

Seitdem oszilliert, wie Ulrich Saxer einmal resümierte, die Wirkungsforschung zwischen Vorstellungen von Medienallmacht und Medienohnmacht (1987, 70). Seitdem wird dem Publikum teils weniger, teils mehr Eigenständigkeit im Selektieren von Botschaften zugesprochen.

Einerseits vermögen Medien ein Publikum zu „überrumpeln" – weil sie entweder eine monopolartige Position haben (man denke an die Wirkung des serbischen Fernsehens auf die serbische Bevölkerung während des jugoslawischen Bürgerkriegs) oder weil sie authentisch wirken (man denke an die konträren Reportagen über die Kriegsgreuel der Serben in westlichen Medien); auch vermögen Medien persönliche Betroffenheit in einem Publikum zu erzeugen oder seine Bedürfnisse anzusprechen, vielleicht sogar zu wecken; und sie vermögen dies zum Teil nahezu übereinstimmend („konsonant") und in kurzen Abfolgen („kumulierend") zu tun (wie man es ebenfalls hinsichtlich der für die Serben abträglichen Berichterstattung erlebte). Andererseits ist ein Publikum keineswegs wehrlos. Es vermag Medienbotschaften abzublocken: erstens durch eine nur selektive Zuwendung zu bestimmten Kanälen (Beispiel: Den SPIEGEL lese ich grundsätzlich nicht); zweitens durch eine selektive Wahrnehmung von Botschaften in den gewählten Kanälen (Beispiel: Was über die Serben mitgeteilt wird, interessiert mich nicht) und schließlich durch selektive Erinnerungen (Beispiel: Was der Serbenführer sagte, weiß ich nicht mehr, aber an sein Gesicht im Fernsehen erinnere ich mich noch).

Publika agieren aber nicht nur defensiv gegenüber dem Ansturm befremdlicher Botschaften. Sie wenden sich ihnen bisweilen aktiv zu. Nach welchen Kriterien dies geschieht, gehört zu den interessantesten Fragen der Forschung. Eine berühmte Antwort gab darauf der amerikanische Sozialpsychologe Leon Festinger 1957 mit seiner Theorie der kognitiven Dissonanz: Ein Publikum nimmt nur solche Botschaften auf, die zu seiner bisherigen Einstellung passen, also konsonant sind. Dissonante Mitteilungen blockt es ab.

Doch selbst diese Theorie, so bestechend sie war, gilt nicht generell. Publika greifen auch nach dissonanten Informationen, wenn sie sie angehen und für sie relevant sind. Also kommt es darauf an, was Informationen relevant macht. Hierzu leisten Medien einen wesentlichen Dienst:
– Sie melden und beschreiben Probleme, problematisieren also das Weltgeschehen.
– Sie lenken die knappe öffentliche Aufmerksamkeit auf wenige Fragen, thematisieren also die öffentliche Diskussion („agenda-setting").
– Sie lassen die Geschehnisse größer oder kleiner erscheinen, als sie tatsächlich sind; sie beeinflussen damit unseren Wahrnehmungsumfang.

Bei allen drei Wirkungen handelt es sich im Grunde nur um Vorgaben, um den Rahmen, der unser Blickfeld ausmacht. Über die Inhalte selbst – unsere Meinungen und Einstellungen zu den gemeldeten Themen und Problemen – entscheiden wir möglicherweise ganz selbständig oder aufgrund anderer Einflüsse.

Wache Rezipienten nehmen auf Schritt und Tritt unendlich viele Botschaften auf. Das Ausmaß an Aufgewecktheit, das im einen Publikum besteht, mag vom anderen differieren; folglich auch die Stärke an Selektionsvermögen. Aber selbst wenn wir mit allen heutigen Kulturkritikern annehmen wollen, der Mensch sei ein „außengeleitetes Wesen", so bedeutet dies nur, daß er insgesamt weniger aus primären, direkten Erfahrungen und mehr aus sekundären, medial angeeignetem Wissen lebt. Trotzdem, so heißt es unter konstruktivistischen Anthropologen, konstruiere er seine Wirklichkeit autonom.

Wir sind damit bei der zweiten Denkschule unter den Wirkungsforschern angelangt. Sie denken rezipientenorientiert: Der Mensch wende sich nur solchen Botschaften zu, die für ihn von Nutzen sind oder ihm eine Belohnung, z. B. in Form von Unterhaltung versprechen. Dieser Nutzenansatz (im amerikanischen und daher auch in weiten Teilen der deutschsprachigen Literatur als „uses and gratification"-Modell bezeichnet) wurde erweitert: Die Rezipienten durchsetzen die auf sie eintreffenden Botschaften mit früher erworbenen Erkenntnissen und Vorstellungen, bevor sie sie auf sich „wirken" lassen.

Kann man dann überhaupt von Wirkungen sprechen? Klaus Merten verwirft den kausalen Wirkungsansatz selbst in seiner abgeschwächten Form. Er behauptet, „der Rezipient rezipiert, wie neuerdings Annahmen des Konstruktivismus überzeugend nachweisen können, keine Information, sondern er wählt jeweils nur aus einem Angebot aus und erzeugt Information in seinem Kopf, indem er die Angebotsauswahl mit einer weiteren Auswahl aus Beständen seines Wissens und seiner Erfahrung verknüpft" (1991, 49).

Wirkungen kommen nach diesem Konzept nur durch die operative Struktur selektiver Instanzen zustande. Dabei ist für den PR-Praktiker zweierlei bedeutsam:

Erstens ist demnach die Wirkung einer Aussage in einem ganz erheblichen Umfang von aussagefremden Bedingungen abhängig. Den Kontext gilt es zu beachten.

Zweitens verändern Wirkungen jedesmal auch die Vorstrukturen der Selektion für künftige Informationen, „so daß sich Umfang und Richtung einer späteren Wirkung selbst dann schon ändern müssen, wenn der gleiche Input ein weiteres Mal angeboten wird".

Jede erzielte Wirkung ist daher nicht nur von der Aussage eines Kommunikators, sondern buchstäblich von ihrer eigenen Vorgeschichte abhängig. Diese Überlegung könne folglich erklären, weshalb Wirkungen so oft so unterschiedlich ausfallen; sie erklären auch, weshalb Wirkungen so unterschiedlich ausfallen müssen: eben weil die „Vorgeschichte" von Wirkungen wichtig ist, in der Regel aber nicht miterfaßt werden kann.

Sind wir jetzt klüger? Vielleicht drehen sich die Kommunikationsforscher deshalb immer wieder in selbstgezirkelten Kreisen, weil sie im Grunde nur Medienforscher sind. Alle, die wir anführten, befaßten sich, auch expressis verbis, mit der „Medien-Wirkungsforschung". Sie behandeln den Kommunikationsvorgang wie ein universales, alterslos an- und abschwellendes Dorfpalaver. Leute reden und schweigen, Leute hören hin und weg.

Die Verhaltensänderung

Es ist schwer, gültige Regeln dafür zu finden, wie Kommunikatoren auf die Auffassungen und Einstellungen ihrer Publika einwirken können. Noch schwerer ist aber der Nachweis des letzten Dominoeffekts, der Krönung jedes persuasiven Bemühens: Wie kommt es von neuen Einstellungen zu einem neuen Verhalten?

Die Amerikaner, gewitzt durch die widersprüchlichsten Untersuchungsergebnisse, geben heute einer sehr situativen Theorie den Vorzug. James Grunig und Todd Hunt schreiben:

To say that attitudes and behaviors are situational means that people do not think and act in relation to broad values that they apply to all situations, but they change their attitudes and behaviors to fit the situation (1984, 130).

So ist es durchaus vorstellbar, daß eine Person, auch eine Gruppe gegenüber einer Organisation nicht nur eine, sondern zwei oder sogar mehrere sehr unterschiedliche Haltungen einnimmt. Sie mag zum Beispiel die spezifische Konstruktionsphilosophie eines Fahrzeugherstellers verurteilen und dennoch die gesellschaftspolitische Aufgeschlossenheit seines Personals sympathisch finden und sein kulturelles Engagement preisen. Bei Intellektuellen findet man häufig solches Hin- und Hergerissensein.

„Hedging and wedging" nennt Keith R. Stamm diese Strategie des Publikums, zwei konträre Einstellungen zugleich zu haben und je nach Situation mal die eine, mal die andere hervorzukehren. Allen PR-Praktikern sei sie ins Stammbuch geschrieben. Sie sollen nicht meinen, sich durch Wohltaten ein für alle Fälle günstiges Meinungsklima schaffen zu können (Stamm und Bowes 1972, 56–60).

Und wenn schon die Einsichten oszillieren, wieviel mehr das Verhalten! Der Wankelmut und die Reaktion eines Publikums bleiben auf immer die großen Unbekannten in dem Spiel, das wir Öffentlichkeitsarbeit nennen.

Das Ereignismodell

Bringen wir praktische Erfahrungen ein! Wirkungsfaktor Nr. 1 ist das Ereignis. Es ist ein außerhalb des Kommunikators liegender Vorgang, sei es ein Naturereignis – vom Erdbeben in Lissabon bis zur Aidskrankheit – oder ein von Menschen angerichtetes: Kriege und Katastrophen wie Reformpläne oder Regierungsumbildungen. Zählen wir auch die kleinen Ereignisse dazu: Geburten, Krankheiten, Blitzeinschläge, Todesfälle.

Wirken kann selbstverständlich das Ereignis nur im Rahmen des darüber

Mitgeteilten und der dazu vorab bekannten Wissensbestände. Wirken mag auch die von den Medien beigefügte Bewertung. Aber gerade hier sehe man sich vor! Es überrascht Politiker und PR-Praktiker immer wieder, in welcher Geschwindigkeit sich Öffentlichkeiten über einen bestimmten Skandal ein Urteil gebildet haben, längst bevor der erste publizierte Kommentar dieses Urteil formuliert.

Wirkungsfaktor Nr. 2 ist das Pseudoereignis, ausdrücklich geschaffen, um Wirkung zu erzielen. Es kann von Personen, von Organisationen oder auch von den Medien selbst verlaßt worden sein. Der Ausdruck „Pseudo" ist dafür gebräuchlich, aber nicht wertneutral. Die Sache selbst ist es häufig durchaus. Die Menschheit liebt Inszenierungen, und manche lieben das Sich-in-Szene-Setzen: Feste und Proteste, Debatten und Anklagen.

Pseudoereignisse sind auch die auf falschen Befunden beruhenden Hiobsbotschaften. Durch sie können Medien – meist ungestraft – großen Schaden bewirken. Man denke an die Fälle Birkel in Deutschland (die Eiernudelfabrik verlor ihren Markt und darüber ihre Existenz) und Audi in den USA (der Autohersteller wurde einer Fehlkonstruktion bezichtigt, die sich eindeutig als falsches Fahrverhalten herausstellte).

Wirkungsfaktor Nr. 3 ist das ereignishafte Wort. Auch es entstammt in der Regel nicht der Medienwelt, sondern beruht auf der Autorität einer Person oder einer Organisation. Es kommentiert oder prognostiziert, kritisiert oder droht. Es unterliegt dabei vielleicht mehr als die anderen Faktoren schnellen Abnutzungseffekten. Große Autoritäten gewinnen daher ihre tiefere Wirksamkeit aus langen Perioden des Schweigens.

Kein Wirkungsfaktor ist die Lautstärke, die Größe der Schlagzeilen, die Heftigkeit der Auftritte. Das hat schon Lazarsfeld im Hinblick auf die amerikanische Wahlkampfpropaganda erkannt. Medien sind hier häufig nur Echo auf vorausgegangene Wirkungen. Erscheint eines Tages ein Serum gegen Aids, so reichen kleine Nachrichten auf den Wissenschaftsseiten der Tageszeitungen, um diese Tatsache weltweit bekannt zu machen. Der Uses-and-Gratification-Ansatz würde bestätigt. Es kommt auf die Stärke des Arguments an, nicht auf die Stärke des Medienauftritts.

Es kommt auch nicht auf die Eindringlichkeit des Fernsehbildes an. Man ist leicht geneigt, dem westdeutschen Fernsehen eine bedeutende Rolle bei der revolutionären Wende in der ehemaligen DDR zuzuschreiben, vor allem wenn man die Medienakteure selbst befragt (Lude 1991, 207 ff.). Sie haben die Revolution gewiß augenscheinlicher gemacht, aber weder veranlaßt noch beschleunigt. Die erstaunlich schnelle Mobilisierung der Massen geschah – sicher nicht zum ersten Mal in der Geschichte – aus ihnen selbst heraus.

Die Ereignisse wirken; ob es darüber nur Berichte oder auch Bilder gibt, ist von sekundärer Bedeutung. John Mueller, Professor an der Universität von Rochester, beobachtete und verglich die Public Opinion in den USA nach zwei vergleichbaren Kriegen: Sowohl im Korea- als auch im Vietnamkrieg sei die Zustimmung der Bevölkerung zum Einsatz des amerikanischen Militärs in den Meinungsumfragen um 15 Punkte gefallen, als die Zahl der Toten von tausend auf zehntausend anstieg, und noch einmal um 15 Punkte, als sie von zehntausend auf hunderttausend in die Höhe schnellte.

Mueller fügte hinzu, daß in beiden Kriegen der Trend ähnlich verlief, obwohl Korea noch ein Zeitungskrieg war, ohne Fernsehbilder vom Grauen und ohne Protestbewegungen. Seine These: Der immer wieder behauptete Einfluß des Fernsehens auf die öffentliche Meinung während des Vietnamkrieges werde reichlich übertrieben dargestellt und sei vielleicht sogar ein Märchen der Fernsehmacher selbst. Peter Staisch machte in seinem Buch ›Mein Amerika‹ auf diese These aufmerksam und fügte hinzu:

Eine Beobachtung, die mich sehr nachdenklich stimmt, weil ich die These vom Fernsehkrieg Vietnam auch immer nacherzählt habe (1991, 277).

Bewirkt das Fernsehen – als Medium, als Institution – also gar nichts? Gelten alle die kulturkritischen Hinweise nichts, die wir von George Gerbners Untersuchungen über die kommerzgeprägte alltägliche Fernsehkultur der Amerikaner bis zu Neil Postmans beredter Klage über den Verlust der Kindheit lesen? Sie werden von vielen besorgten Pädagogen wiederholt und durch viele kritische Nachprüfungen in Frage gestellt. Deren entscheidendes Gegenargument: Das Fernsehpublikum ist genausowenig einheitlich lenkbar, wie es vorher das Film- oder Radiopublikum war (Sturm 1986).

Nur beim ersten Auftreten eines neuen Mediums scheint sich vorübergehend ein einheitlicher Medienkonsum zu entwickeln: Erhöhtes Interesse, größeres Vertrauen, auch gleichgerichtete Reaktionen. Die berühmte Radiosendung von Orson Welles, die viele New Yorker veranlaßt haben soll, fluchtartig die Stadt zu verlassen, konnte in dieser Form wohl nur 1938 wirken (Cantril 1940). Aber wie viele Autoren führen sie noch immer an!

Die „kulturkritische Attitüde gegen die Einführung der jeweils neuen Medien" führt Michael Kunczik vom Farbfernsehen über den Tonfilm, die Zeitungen und das Buch bis zur Schrifteinführung zurück (1988, 13). Platon zum Beispiel hatte im ›Phaidros‹ wie in seinem berühmten 7. Brief seine Skepsis gegenüber dem Verstehen niedergeschriebener Lehren betont:

Denn bei den Lernenden wird diese Kunst in den Seelen Vergessen schaffen durch Vernachlässigung der Erinnerung, da sie sich ja im Vertrauen auf die Schrift von außen durch fremde Zeichen ihre Erinnerung wecken lassen, nicht von innen her durch eigenen Antrieb . . . Von der Weisheit aber gibst Du den Schülern einen Schein, nicht die Wahrheit.

Seien wir als PR-Leute also gelassener! Sind Medien in einer Gesellschaft etabliert, bildet sich in der Regel ein normales Nutzungsverhältnis heraus. Differenzierungen und Distanzierungen stellen sich ein, auch Reaktanz gegen Übertreibungen. Fernsehgewohnheiten verlieren den Ritualcharakter, die Sender ihre Unfehlbarkeit. Das endlose Gespräch über die Wirkung von Gewaltdarstellungen auf Zuschauer spinnt sich trotzdem fort.

Zu Kap. III. 5:

Berelson, Bernard: Communication and Public Opinion; in: Schramm, Wilbur (Hrsg.): The Process and Effects of Mass Communication; Urbana 1954.

Cantril, Hadley: The invasion from Mars; Princeton 1940.

Chaffee, Steven H.: Mass Media Effects: New Research Perspectives; in: Mass Communication Review Yearbook, Vol. 1; Beverly Hills 1980.

Donsbach, Wolfgang: Legitimationsprobleme des Journalismus. Gesellschaftliche Rolle der Massenmedien und berufliche Einstellungen von Journalisten; Freiburg/ München 1982.

Festinger, Leon: The Theory of Cognitive Dissonance; Stanford, Cal. 1957.

Früh, Werner: Medienwirkungen: Das dynamisch-transaktionale Modell; Opladen 1991.

Gerbner, Georges: Living with Television: The dynamics of the cultivation process; in: Bryant, J./D. Zillmann (Hrsg.): Perspectives of Media Effects; Hillsdale 1986.

Grunig, James E./Todd Hunt: Managing Public Relations; New York 1984.

Kunczik, Michael: Medien, Kommunikation, Kultur. Zum Einfluß der Medien auf Kultur und Gesellschaft; Bertelsmann-Briefe 123, 1988.

Lasswell, Harold D.: The Theory of Political Propaganda; in: American Political Science Review 21. Jg. 1927.

Lazarsfeld, Paul F./Bernard Berelson/Hazel Gaudet: The People's Choice. How the Voter makes up his mind in a Presidential Campaign; New York 1944; Wahlen und Wähler; Neuwied/Berlin 1969.

Ludes, Peter: Die Rolle des Fernsehens bei der revolutionären Wende in der DDR; in: Publizistik 2/91.

Merten, Klaus: Artefakte der Medienwirkungsforschung: Kritik klassischer Annahmen; in: Publizistik 1/91.

Merten, Klaus: Wirkungen von Kommunikation; in: Merten, Klaus/Siegfried J. Schmidt/Siegfried Weischenberg (Hrsg.): Die Wirklichkeit der Medien; Opladen 1994.

Mueller, John: War, Presidents and Public Opinion.

Nannen, Henri: Fragen an Rudolf Augstein; in: Der Stern v. 18. 1. 1973.

Platon: Phaidros, Kapitel 59.

Postman, Neil: Das Verschwinden der Kindheit; Frankfurt a. M. 1983.

–: Wir amüsieren uns zu Tode; Frankfurt a. M. 1985.

Ronneberger, Franz: Das Syndrom der Unregierbarkeit und die Macht der Medien; in: Publizistik 4/83.

Saxer, Ulrich: Medienwirkungsforschung und Erfahrung; in: Rühl, Manfred (Hrsg.): Kommunikation und Erfahrung; Erlangen 1987.

Schnitzmeier, Jürgen: Macht der Öffentlichkeitsarbeit oder Macht des Journalismus?, in: PR-Magazin 9/89.

Schönbach, Klaus: Analyse der Medienwirkung; Materialien zu einem PR-Fachstudium; München 1995.

Schulz, Winfried: Ausblick am Ende des Holzweges. Ein Überblick über die Ansätze der neuen Wirkungsforschung; in: Publizistik 1–2/82.

Signitzer, Benno: Public Relationsforschung im Überblick; in: Publizistik 1/88.

Staisch, Peter: Mein Amerika. Innenansichten aus dem Land der Widersprüche; München 1991.

Stamm, Keith R./John E. Bowes: Environmental Attitudes and Reaction; in: Journal of Environmental Education 3, 1972.

Sturm, Hertha: Die grandiosen Irrtümer des Neil Postman; in: epd/Kirche und Rundfunk Nr. 71, 1986.

Watzlawick, Paul/Janet H. Beavin /Don D. Jackson: Menschliche Kommunikation. Formen, Störungen, Paradoxien; Bern/Stuttgart/Wien 1969.

6. Erfolgskontrollen

Geplante Kommunikationsprozesse müssen bewertet werden, und trotz aller wissenschaftlicher Skrupel lassen sie sich bewerten. Die Medien selbst registrieren Aufmerksamkeit und Resonanz, erstere durch Auflagen- bzw. Verkaufskontrollen und Einschaltquoten; letztere durch qualitative Untersuchungen der Reaktionen: Leserbriefe, Anrufe, Nachfragen oder Proteste.

Soweit sich Medien im Wettbewerb mit anderen befinden – und das gilt heute, vom BUNDESANZEIGER abgesehen, nahezu für alle –, registrieren sie auch die aus ihren aktuellen publizistischen Aktionen resultierenden Auswirkungen auf ihre Reputation. Denn sie wirken allesamt öffentlichkeitsarbeitend in die Öffentlichkeiten hinein.

Noch intentionaler ist die Öffentlichkeitsarbeit der nichtmedialen Organisationen. Deren Kommunikationsprozesse sollten daher in der Regel einer akribischen Erfolgskontrolle unterliegen. Doch gerade dies scheint nicht der Fall zu sein. Die Mehrheit von 216 im Herbst 1989 befragten leitenden DPRG-Mitgliedern mißt der formellen Kontrolle nur eine geringe Bedeutung zu. 88% verlassen sich auf ihre persönlichen Kontakte mit Journalisten und Meinungsführern (Pracht 1991, 39–46). Das Thema Wirkungskontrolle werde vermutlich deshalb vernachlässigt, weil es so komplex ist, meinen Lutz Hagen und Cathrin Oberle (1994a, 27).

Atmosphärische Beurteilungen

Wer sein Tun einer Erfolgskontrolle unterwirft, geht Risiken ein. Politikern und Unternehmern ist das geläufig. Ihre Wahl- oder Geschäftserfolge lassen sich messen, beurteilen, kritisieren. Ihre PR-Leute halten sich hingegen meist zurück. Steigen oder fallen sie nicht eh mit ihren Bossen? Oder meiden sie aus ganz anderen Gründen die Kontrolle ihrer Arbeit?

Sie führen, wie ermittelt wurde, Zeit- und Geldmangel ins Feld (Pracht 1991, 42 und 43). Aber ihre Gesprächspartner in den Agenturen halten das Kostenargument für vorgeschoben, wie sie Hagen und Oberle erklärten (1994a, 28):

Tatsächlich hätten die Kunden oft kein Vertrauen in die zur Verfügung stehenden Methoden. Auch die Furcht, exakte Evaluation könnte Schwachstellen der PR-Arbeit entdecken, wird als wahres Motiv vermutet.

Vielleicht mißtrauen die Auftraggeber aber nur den den Agenturen „zur Verfügung stehenden Methoden" und würden, wenn schon, einen Kontrollauftrag eher an Dritte vergeben. Wo sie weder das eine noch das andere tun, sondern ihrem Spürsinn und ihren Kontakten vertrauen, können sie leicht genehmen Selbsttäuschungen verfallen. Weshalb gehen sie dann aber so häufig diese Risiken ein?

Es mag deshalb geschehen, weil sie die Ursache für eine PR-Maßnahme häufig nur „atmosphärisch" ausgemacht haben. Warum sollten sie dann nicht mit den gleichen Sensorien beurteilen können, daß die „Atmosphäre" wieder rein ist?

Trotzdem verlasse man sich nicht unbedingt auf persönliche Eindrücke unter seinesgleichen! Gerade versierte PR-Praktiker neigen dazu, solchen atmosphärischen Beurteilungen zu vertrauen. Sie schließen von 3 Kommentaren auf 30 gleichgesinnte, aber noch nicht gedruckte, auf 300, die das gleiche haben schreiben wollen, und auf 300000, die die geschriebenen Kommentare mit Zustimmung zur Kenntnis nahmen. Ein gefährlicher Schluß, der häufig zum Trugschluß wird.

Zur atmosphärischen Beurteilung ist die subjektive Einschätzung von Intensität und Tonalität der Publikumsreaktionen zu rechnen – als Gastgeber erinnere man sich der oft viel zu emphatischen Schmeicheleinheiten von Besuchern –, auch die Diktion der Medien. Solche Einschätzungen sind wichtig, aber sie ergeben selten ein unvoreingenommenes Bild vom Ablauf eines Kommunikationsprozesses.

Dennoch ziehen erfahrene Praktiker die aufgezeigten atmosphärischen Eindrücke durchaus ins Kalkül. Lothar Rolke nennt die Absenderbefragung daher als erstes Element einer Analyse.

Natürlich ist ein solches Verfahren primitiv und sind die Ergebnisse subjektiv, ungenau und einseitig. Aber deshalb dieses Verfahren abzulehnen, ist vorschnell. Jeder Kommunikator ist gut beraten, von Zeit zu Zeit zu überprüfen, wie sein Tun in seiner engsten Umgebung wahrgenommen wird. Denn wer auf Dauer keine Zustimmung im eigenen Haus findet, kann nach außen noch so eindrucksvoll agieren, er bleibt mit dem Ergebnis seines Handelns isoliert (Rolke 1992, 36).

Eine arge Selbsttäuschung wäre es auch, nicht zwischen den Ergebnissen – manche sagen Wirkungen – einer PR-Aktion und ihrem Erfolg zu unterscheiden. In der Regel springen die Ergebnisse einer Aktion recht bald danach in die Augen: die Teilnehmer an einer Veranstaltung, die Berichte in den Zeitungen, die Anfragen ... Wurden damit auch die Ziele erreicht, die der Aktion zugrunde lagen? Hat sich der intendierte Erfolg wirklich eingestellt?

Wir wissen jetzt, daß ein Publikum eine wahrgenommene Botschaft – wenn es sie denn auch wirklich wahrgenommen und nicht überhört hat – nicht unbedingt gleich akzeptiert. Wir wissen auch, daß man bei einem Überangebot gleichgerichteter Botschaften – dem subkutanen wie dem propagandistischen „Trommelfeuer" – bisweilen sogar mit Reaktanz rechnen muß, also gerade mit der Ablehnung und Abweisung des Wahrgenommenen. Billigen alle, die an einer Veranstaltung teilnehmen, auch die auf sie einhämmernden Botschaften? Akzeptieren alle Kinobesucher das im Film plazierte Produkt? Vorsicht ist bei der Analyse von Handlungsergebnissen geboten.

Die Medienresonanz-Analyse

Im Mittelpunkt der meisten Wirkungskontrollen steht sowohl für die PR-Praktiker wie für ihre wissenschaftlichen Beobachter die Presseresonanz. Die Praktiker evaluieren ihre Presselektüre; wenn sie fleißig sind, evaluieren sie auch die Stapel an Zeitungsausschnitten und Fernsehmitschnitten, die sie sich beschaffen; und alte Hasen wissen dann, wohin der Hase läuft.

Wissenschaftler bringen neuerdings Systematik in diese atmosphärischen Beurteilungen. Die bislang bemerkenswertesten Versuche stammen von Barth, Donsbach und Saffarnia (Publizistik 2/1992 und 3/1993). Sie analysieren die PR-Wirkung auf die Medien nach zwei Kriterien:

1. Findet das Thema des Verlautbarers Eingang in die Medienberichterstattung, in welchem Umfang, an welcher Stelle und wie oft?

2. Wie stark wird es „transformiert", das heißt umgeschrieben, ergänzt, in Frage gestellt, kritisiert, mit anderen Botschaften durchsetzt?

Die Forscher lesen dazu aufmerksam sprachliche Nuancen und Details – veränderte Satzfolgen, geänderte Gewichtungen –, ganz wie die alten Hasen es unwillkürlich tun.

Das Institut für Medienentwicklung und Kommunikation (IMK) der FAZ in Frankfurt bietet solche nahezu wissenschaftlichen Input-Output-Analysen den Pressestellen an. Sein Verfahren könne, wie Hagen und Oberle schreiben (1994b, 35), als eine zielorientierte Evaluation angesehen

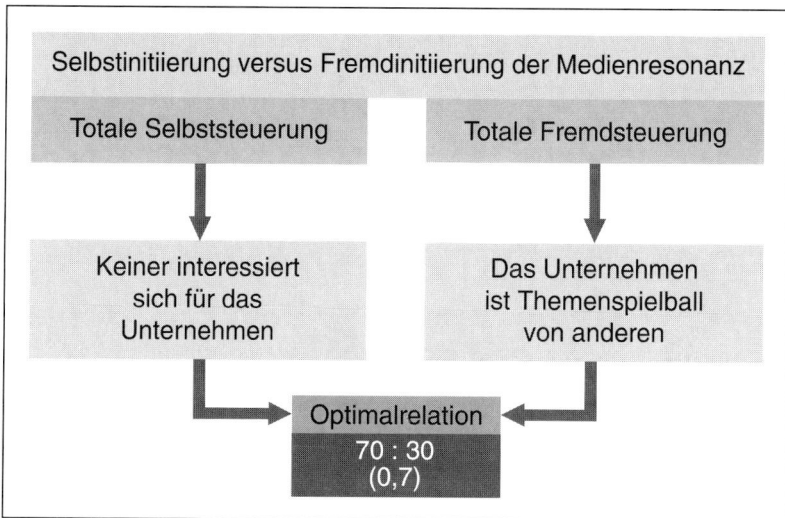

Selbstinitiierung versus Fremdinitiierung der Medienresonanz

Totale Selbststeuerung   Totale Fremdsteuerung

Keiner interessiert   Das Unternehmen
sich für das   ist Themenspielball
Unternehmen   von anderen

Optimalrelation
70 : 30
(0,7)

Abbildung 12: Einen interessanten Schlüssel, um die optimale Medienresonanz einer Organisation zu erfassen, legt Lothar Rolke vor. Wenn nichts anderes als die eigenen Verlautbarungen in den Medien aufscheinen, Presse also höchstens reagiert, nicht agiert, besteht nach seiner These auch kein rechtes Interesse an ihr. Wird hingegen über sie diskutiert, ohne daß ihre eigenen Botschaften dabei berücksichtigt werden, ist sie ein Spielball der Medien. Eine optimale Relation zwischen beiden Positionen liegt nach seinen Erfahrungen bei 70% eigenem und 30% fremdem Anteil. Für die „Kommunikationskennziffer", die er daraus ableitet, erheischt Rolke eine Beachtung wie für andere Kennziffern einer Organisation: ihre Bilanzrelationen, ihre Produktivität etc. (Rolke 1992).

werden. Die Inputs werden in ihre Einzelaussagen zerlegt und mit ihren inhaltlichen und formalen Merkmalen erfaßt. So werden auch stilistische und rhetorische Merkmale, zum Beispiel wörtliche Reden berücksichtigt. Der Output wird nach dem gleichen Schema analysiert.

Manche Kennziffern machen dabei die Runde. Wem es darauf ankommt, daß sein Thema möglichst schnell breit wahrgenommen wird, mag sich an einen Medien-Durchdringungsindex halten, den der deutsche PR-Agenturchef Joachim Klewes aufgrund seiner Erfahrungen mit 30% beziffert. Er bucht es als einen Erfolg, wenn nach einer Kampagne in einem eng definierten Zeitraum in jedem dritten der als relevant erachteten Medien das Thema angesprochen wird (Klewes o.J., 25).

Mit solchen Analysen ist aber nur die Wirkung der PR auf die Medien erfaßt, nicht die weiterreichende Wirkung auf die Publika. Lothar Rolke hat daher die herkömmlichen Medienanalysen zu einer Medienresonanzanalyse erweitert. Sein Untersuchungsansatz geht von der Wirkungsweise der Medien aus. Wir haben gelernt, daß Wirkungen nicht linear auf einzelne Ursachen zurückzuführen sind, sondern von situativen Begleitumständen abhängen. Diese müssen daher auf jeden Fall mit in Betracht gezogen werden, wenn man Stärken und Schwächen des eigenen Kommunikationsverhaltens analysieren will.

Rolke stützt sich vornehmlich auf zwei Meinungsmechanismen: auf die Verstärkung von Mehrheitsmeinungen durch Trendsetter und opinion leader sowie auf die Beeinflussung der öffentlichen Debatte durch das agenda setting bzw. das issue management. Folglich muß eine Medienresonanzanalyse davon ausgehen, vorab trendsetter und opinion leader zu erkennen und Themenkarrieren zu identifizieren. Erst in diesem Rahmen ist es sinnvoll, Einzelberichte nach Plazierung und Umfang, Darstellungsform und Tendenz zu erfassen und aufeinander zu beziehen.

Trends lassen sich erkennen. Man kann ermitteln, ob man in der anschwellenden oder abklingenden Phase einer Themenkarriere agiert, ob die eigene Position im Mehrheitsstrom oder dagegen anschwimmt. Auch läßt sich feststellen, ob man im Zentrum des Interesses und der Aufmerksamkeit oder eher am Rande der Belanglosigkeit operiert. Diese Art der Analyse hat daher den unbestreitbaren Vorteil, bessere Rückschlüsse von den Medienreaktionen auf die möglichen Reaktionsmuster des Publikums zuzulassen. Wie aber erfasse ich dessen Denken?

Die Meinungsforschung

Meinungsforschung geschieht herkömmlicherweise durch Befragungen: von den einfachsten bis zu den raffiniertesten Kombinationen (von Gallup bis Noelle-Neumann). Gegen diese Methode wird immer wieder eingewandt, daß sie künstliche Frage-und-Antwort-Spiele inszeniert und Sachverhalte thematisiert, die im Erleben der Probanden keine Entsprechungen haben. Soviel Abstraktionsvermögen sei oft nicht vorhanden. Auch schlügen Sprachbarrieren bei standardisierten Befragungen auf die Befunde durch.

Methodisch und theoretisch neue Wege geht die sogenannte Lebensweltforschung. Sie versucht, alle relevanten Erlebnisbereiche, mit denen eine Person tagtäglich zu tun hat (Arbeit, Familie, Freizeit, Konsum etc.) und die für die Entwicklung und Veränderung von Einstellungen und Verhaltensmustern bestimmend sind, zu erfassen. Dahinter steht die Überlegung, daß die soziale Wirklichkeit nur dann zureichend rekonstruiert werden kann, wenn es gelingt, das Alltagsbewußtsein der Befragten zu erfassen.

Dazu reicht das herkömmliche Interview mit vorgefertigten Fragen nicht aus. Aufschlußreicher ist die möglichst freie Rede einer Person über alle Lebensinhalte, die ihr wichtig erscheinen. Das Gespräch wird aufgezeichnet.

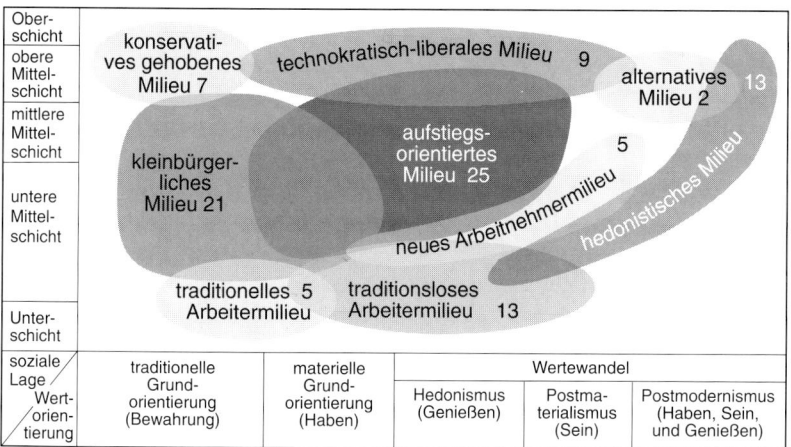

Abbildung 13: Die amerikanische Werbeagentur Leo Burnett in Chicago hat 1973 erstmals Lebensstile (Lifestyles) zur Grundlage ihrer Marktforschung gemacht. Diese ließen sich allerdings nicht automatisch aus dem amerikanischen Kulturkreis auf den europäischen übertragen. Mit dem Sinus-Institut in Heidelberg wurde daher in den 80er Jahren die Everyday-Life-Research International konzipiert. Diese hat zunächst 8, später bis zu 11 unterscheidbare soziale Milieus in Deutschland ermittelt, beschrieben und anhand von repräsentativen Auswertungen quantifiziert. Diese Milieustudien werden mit den klassischen Kriterien der Sozialschichten und der Wertvorstellungen in Bezug gesetzt. Auch registrierte man neue Milieus, wie die Young Urban Professionals (Yuppies), die von der Informationstechnologie geprägte Arbeiterschaft etc. (Homma und Ueltzhöffer 1990, 203).

Die Lebensweltforschung gründet nicht auf der Analyse sozialer Schichten (klassifiziert nach Unter-, Mittel- und Oberschicht; Schulbildung, Beruf und Einkommen), sondern nach sogenannten sozialen Milieus. Ausgangspunkt für diesen Schritt war die Erkenntnis, daß Lebenswelten nicht nur von demographischen Merkmalen, sondern auch von milieuspezifischen Eigenheiten, von milieuspezifischen kulturellen Bindungen und von milieuspezifischen Wertorientierungen geprägt werden.

Bei der Definition der sozialen Milieus handelt es sich im Unterschied zur Schichteinteilung um eine inhaltliche Klassifikation. Soziale Milieus fassen Menschen zusammen, die sich in Lebensauffassung und Lebensweise ähneln, die also kulturelle Teileinheiten innerhalb der Gesellschaft bilden. Dabei liegt es in der Natur der Sache, daß die Grenzen zwischen den Milieus fließend sind und sich Lebenswelten nicht exakt etwa nach Einkommen oder Schulabschluß eingrenzen lassen wie soziale Schichten.

Welche Vorteile haben die eine und die andere Methode? Die Instrumente

Abbildung 14: Meinungsmache mit Meinungsforschung,
zu Recht im Hohlspiegel des SPIEGEL Nr. 26/1991 glossiert.

der Meinungsforschung geben uns Aufschlüsse über die Resonanz auf dezidierte PR-Botschaften: Wurden sie verstanden, werden sie nachvollzogen? Sie sollten daher unter den angeführten Vorbehalten bei entsprechenden Kampagnen angewandt werden.

Die Instrumente der Lebensweltforschung sind geeignet, uns darüber zu unterrichten, welche Chancen unser Wirken in verschiedenen Teilen der Öffentlichkeit hat; wo welche Aufnahmebereitschaft, wo welche Widerstände bestehen könnten. Lebensweltforschung ist daher eher prospektiv als zur Erfolgskontrolle einzusetzen.

Die Ergebnisse der Meinungsforschung lassen sich im Gegensatz zu denen der Lebensweltforschung meist griffig präsentieren. Schließlich enthalten sie kollektive Antworten auf konkrete Fragestellungen. Damit werden sie bisweilen selbst zu einem Instrument der Meinungsmache. Es kommt nur darauf an, welche Fragen in welchen Zusammenhängen oder auch zusammenhanglos welchen Publika gestellt wurden. Je nachdem können die publizierten Antworten, wie Elisabeth Noelle-Neumann aus sicher sehr vielen persönlichen Erfahrungen weiß, auch als „Waffe der Propaganda" dienen. Am wirksamsten geschähe dies im Wechselspiel mit einflußreichen Medien. Aber auch politische Kräfte bedienten sich dieser Art „Echo-Demoskopie". Jedes Parteilager und jeder Industrieverband könne sich sein Demoskopieinstitut halten, „und man kann praktisch zu jeder Frage die Ergebnisse bekommen, die man wünscht" (Noelle-Neumann 1990).

Medien, die solche Ergebnisse aufgreifen, finden sich immer. Ob sich die öffentliche Meinung dadurch wirklich täuschen läßt, sei dahingestellt.

Täuscht die Öffentlichkeit aber nicht ihrerseits mehr und mehr die Umfrageinstitute? Seit dem großen Streit um die Volksbefragung in den späten 80er Jahren hat in der Bevölkerung das Datenschutzbewußtsein zugenommen. Mißtrauen gegen jede Form des „Aushorchens" mache sich breit, berichtet Klaus Schönbach (1986, 103). Die Verweigerungsraten gegen Befragungen seien hoch. Die Zuverlässigkeit der ermittelten Daten nehme stark ab.

Die Forscher suchen jetzt nach verläßlicheren Methoden, um Wirkungen zu erforschen. Fündig wurden sie bislang kaum.

Abbildung 15: Klaus Schönbach: „In der Bevölkerung macht sich Mißtrauen gegen jede Form des Aushorchens breit."

Der Erfolg

Das entscheidende Element der Erfolgskontrolle, in vielen Fällen der Erfolg schlechthin, ist die Publikumsreaktion gemäß der Zielvorgabe. Diese beinhaltet erstens, daß das richtige, das intendierte Publikum erreicht wurde. Eine positive Resonanz unter Intellektuellen (und Journalisten) besagt wenig, wenn es zum Beispiel um das Verkehrssicherheitsbewußtsein in der breiten Masse geht.

Die Zielvorgabe beinhaltet zweitens das intendierte Ziel selbst, und man sollte sich seiner ursprünglichen Intentionen auch im Kontrollstadium noch gewiß sein:

– Ging es um eine kurzfristige Aktion, zum Beispiel um eine PR-Kampagne, oder um einen eher längerfristig wirksamen Lernprozeß des Publikums, zum Beispiel hinsichtlich des Rufes einer Organisation?

– Ging es um die Durchsetzung einer Botschaft und dabei nur um Kenntnisnahme und Problembewußtsein oder auch um Akzeptanz und Zustimmung zu ihren Inhalten, um eine Einstellungsänderung des Publikums?

– Oder ging es darüber hinaus auch um Einwirkungen auf das Verhalten des Publikums; kurzfristig zum Beispiel um Kauf- oder Wahlakte oder – bei Krisen – um schnelle Reaktionsmuster; langfristig um Konsumgewohnheiten, gesellschaftspolitisches Verhalten und dergleichen?

Die Fristigkeit nennt Franz M. Bogner in jedem Fall ein wesentliches Kriterium der Erfolgskontrolle. „Kurzfristiger Ineffizienz kann durchaus langfristige Effizienz gegenüberstehen" (Bogner 1990, 286). Bei langfristigen Zielen ist langer Atem also angebracht.

Publikumsreaktionen können je nach Fall beobachtet oder gemessen werden; am offensichtlichsten bei Kauf- und Wahlentscheidungen, weniger spontan bei intendierten Verhaltensänderungen: wenn z. B. aufgrund eines verbesserten Arbeitsklimas Krankenstände und Kündigungen zurückgehen, wenn ein verstärktes Umweltbewußtsein zur Beachtung ungewohnter Abfallvorschriften führt.

Oder könnten umgekehrt die Abfallvorschriften das Umweltbewußtsein geschärft haben? Die Interdependenz der Wirkungen narrt viele Erfolgskontrolleure. Das ist ihr erstes Kernproblem, wie Manfred Bruhn feststellt. Und als zweites nennt er die meist offene Frage, welchem der eingesetzten Kommunikationsinstrumenten die entscheidende Wirkung zugerechnet werden kann (Bruhn 1992, 203). Niemand vermag schlüssig nachzuweisen, daß eine positive Reaktion jeweils den PR-Maßnahmen zu verdanken ist. „Aber so ist eben Kommunikationsarbeit", resümiert Franz Bogner aus Erfahrung: „Wichtig, aber unbedankt" (1990, 289).

Zu Kap. III. 6:

Bogner, Franz M.: Das neue PR-Denken. Strategien, Konzepte, Maßnahmen, Fallbeispiele; Wien 1990.

Hagen, Lutz/Cathrin Oberle: Wirkungskontrolle von Öffentlichkeitsarbeit, a) Teil 1: Publikumsbezogene Kontrollinstrumente; in: PR-Magazin 8/1994; b) Teil 2: Kontrollinstrumente für die Pressearbeit; in: PR-Magazin 10/1993.

Homma, N./J. Ueltzhöffer: The Internationalisation of Everyday-Life-Research: Markets and Milieus; in: Marketing and Research Today; 1990.

Klewes, Joachim/Susanne Femers: Kann man Öffentlichkeitsarbeit messen?, in: K & K Kohtes und Klewes (Hrsg.): Kompetenz 11; Düsseldorf o. J.

Noelle-Neumann, Elisabeth: Umfragen in der DDR; in: Politische Meinung, Mai 1990.

Pracht, Petra: Zur Systematik und Fundierung praktischer Öffentlichkeitsarbeit; in: PR-Magazin 5/1991.

Rolke, Lothar: Messen und Bewerten. Die Wirkung von PR; in: PR-Magazin 8/92.

Saffarnia, Pierre A.: Determiniert Öffentlichkeitsarbeit tatsächlich den Journalismus? Empirische Belege und theoretische Überlegungen gegen die PR-Determinierungsannahme; in: Publizistik 3/1993.

Schönbach, Klaus: Medienberichterstattung als Indikator öffentlicher Meinung. Ein Vorschlag, Medienwirkung langfristig zu untersuchen; in: Mahle, Walter A. (Hrsg.): Langfristige Medienwirkungen; Berlin 1986.

IV. PR-STRATEGIEN AM MEINUNGSMARKT

1. Die öffentliche Meinung
und die Möglichkeiten ihrer Beeinflussung

Was kann das Ziel des Agierens auf den Meinungsmärkten sein? Es kann darum gehen, ein konkretes, naheliegendes Ziel zu erreichen: bestimmte Personen populär, bestimmte Maßnahmen plausibel oder bestimmte Angebote bekannt zu machen. Viele Informationen und Argumentationen dienen solchen meist aktuellen Zwecken. Ihre Veranlasser können häufig auf beachtliche Einzelerfolge blicken und dennoch einen nur diffusen Gesamteindruck hinterlassen. Wer mehr erreichen will, muß PR-Kampagnen in PR-Strategien einbinden und über den Tag hinausblicken.

Vielen Organisationen geht es um mehr. Ihr Ziel ist ein nachhaltiger, gesamthafter Eindruck bei solchen Teilöffentlichkeiten, auf die es ihnen bei der Verfolgung ihrer Interessen ankommen muß. Dabei ist manche Organisation versucht, einen guten Eindruck dadurch zu bewerkstelligen, daß ungute Tatbestände vertuscht werden. Andere kommunizieren nicht gegen die Realitäten, aber auf Kosten der Realität; sie richten ihr Augenmerk mehr auf ihr äußeres Erscheinungsbild als auf die Anreicherung von Substanz. Zwei gefährliche, weil höchstens kurzfristig wirksame Abwege.

Erfolgreicher ist die stetige, korrekte Kommunikation. Allen aktiv am gesellschaftlichen Leben teilhabenden Organisationen muß daran gelegen sein, daß über sie ein gewisser Fundus an Wissen oder zumindest an Vorstellungen besteht, der sich zu einem mehr oder weniger geschlossenen, möglichst realitätsnahen Bild zusammenfügen läßt: ihrem Image.

Solche Images vereinfachen die Kontakte einer Organisation mit ihren Publika. Sie braucht sich bei ihnen nicht immer wieder einzuführen, von vorne anfangend zu informieren und zu argumentieren. Sie kann gerade bei höherwertigen Kommunikationsformen, zum Beispiel bei Dialogen, auf umfangreichere Wissensbestände setzen.

Freilich geht es ihr nicht nur um Vergegenwärtigungen. In der Regel kommt es ihr auch darauf an, daß ihre Publika damit eine positive Meinung verbinden. Meinungen stellen Werturteile dar. Wir wollen sie daher methodisch von den Images trennen, denn ein vielleicht identisches Vorstellungsbild von einer Organisation kann bei zwei konträren Publika zu konträren Bewertungen ihres Sinns und ihrer Existenzberechtigung führen.

Meinungen reichen über die Vergegenwärtigung einer Organisation hinaus. Es sind wertende Urteile auch über Sachverhalte, Einzelmaßnahmen oder einzelne Verlautbarungen. Selbst anerkannte Organisationen stoßen immer wieder auf partielle Mißbilligung, wenn sie zu bestimmten unpopulären Sachverhalten eine von der Publikumsmeinung abweichende Haltung einnehmen. Ihr Ansehen hält dies in der Regel aus. Trotzdem werden sie austarieren müssen, wie strapazierfähig ihre Images sind.

Neben diesen praktischen Überlegungen gibt es grundsätzliche Fragen, die wir nicht vernachlässigen dürfen. Wieweit können Organisationen die Urteilsbildungen der Öffentlichkeit beeinflussen? Wieweit dürfen sie es? Wieweit haben sie es in der Hand, ihr Image zu gestalten? Wieweit dürfen sie dabei von der Realität abweichen und Idealvorstellungen suggerieren? Die amerikanische PR-Literatur hebt bei diesen Fragenkomplexen schärfer als die europäische auf ethische Kriterien ab.

Die Funktion der öffentlichen Meinung

Öffentlichkeit ist der Gegenbegriff zu Privatheit und Geheimnis. „Einen zeitgemäßen, sozial und sachlich operativen Begriff von Öffentlichkeit hat die Wissenschaft noch nicht gefunden", bedauerte der stets äußerst bedachtsame Manfred Rühl noch 1993 (141). Uns genügt zu wissen, daß Öffentlichkeit den thematischen Resonanzboden der Gesellschaft bildet. Auf ihm wirken organisierte Anbieter und unorganisierte Abnehmer mit Angeboten und Nachfragen, mit Leistungen und Zahlungen, und trotzdem wurde der Begriff des Meinungsmarktes, von Praktikern schon seit längerem benutzt, erst durch Rühl in die Publizistikwissenschaft eingeführt (Ronneberger und Rühl 1992, 261 ff.).

Auf dem Resonanzboden der Gesellschaft entstehen Meinungen. Themen werden verhandelt, Images geprägt. Wie und durch wen das geschieht, ist die Existenzfrage der PR-Arbeit. Nähern wir uns ihr mit behutsamen Schritten.

Öffentliche Meinung ist im Prinzip eine mehrheitssuchende Meinung. Worin besteht ihre Funktion in modernen Gesellschaften? Aus der philosophischen Tradition des Abendlandes – von Machiavelli über John Locke und David Hume bis zu Rousseau – ist das Konzept von der moralischen Natur der öffentlichen Meinung überliefert: Sie äußert sich in Billigung oder Mißbilligung von Personen, Zuständen, Anforderungen etc. Elisabeth Noelle-Neumann, als Wissenschaftlerin wie als praktische Meinungsforscherin gleichermaßen ausgezeichnet, folgt diesem Konzept:

Wichtig ist zu beachten, daß öffentliche Meinung immer eine irrationale wertgeladene Komponente hat, einen moralischen oder auch ästhetischen Wert. Wer anders

denkt, ist nicht dumm, sondern schlecht. Aus dem moralischen Element zieht öffentliche Meinung ihre Kraft, ihre Isolationsdrohung (Noelle-Neumann 1982, XI).

Eine andere Funktion der öffentlichen Meinung wird aus ihrer moralischen Natur abgeleitet: ihre integrierende Kraft. Erst die Gemeinschaft im
Meinen schaffe integrierte Gesellschaften. Bei dieser Betrachtungsweise
rückt das Schicksal der abweichenden Meinung – ganz extrem: des Außen-
seiters, des Avantgardisten, des Ketzers – in den Blickpunkt. Unterliegen
Nonkonformisten, so die Frage, berechtigterweise dem Konformitätsdruck,
der durch Sitte, Gesinnung, Volksempfinden oder Zeitgeist (alles Ausdrucksformen öffentlicher Meinungen) geschaffen wird? Schon Tocqueville
sah im Konformitätsdruck eine Gefahr für das Individuum in demokratischen Völkern:

Dort erscheint die öffentliche Gunst ebenso nötig wie die Luft, die man atmet, und
mit der Masse nicht im Einklang zu sein, heißt sozusagen nicht leben. Diese braucht
nicht die Gesetze anzuwenden, um die Andersdenkenden unterzukriegen. Die Mißbilligung genügt. Das Gefühl ihrer Vereinsamung und ihre Ohnmacht übermannt sie
alsbald und raubt ihnen jede Hoffnung (Tocqueville 1962, 280).

„Social control" nannte der amerikanische Soziologe Edward Ross 1898
den Druck der öffentlichen Meinung auf den einzelnen. Diese Sozialkon-
trolle sei im Vergleich zur Justiz und zur Polizei elastischer und billiger.

Jürgen Habermas hat eine höhere, elitärere Auffassung von der Demokratie. Öffentliche Meinung sollte in ihr durch das Räsonnement politisch
informierter, selbständig urteilender freier Bürger entstehen. Ihr Diskurs
war das Korrelat zur Herrschaft und ist heute die Grundlage demokratischer
Entscheidungen. Die Funktion der öffentlichen Meinung ist es nach diesem
eher normativen als deskriptiven Konzept, rationale Entscheidungen insbesondere bezüglich der Gesetzgebungen herbeizuführen.

PR-Fachleute können sich mit diesem Konzept leicht anfreunden. Es gestattet die Auseinandersetzung einer Organisation mit ihren Öffentlichkeiten auf der Basis rationaler Argumente. Es setzt dazu – ganz aufkläre-
risch – die gleiche Informiertheit und Intellektualität bei allen Gesprächspartnern voraus. In den berühmten „Pro-und-Contra"-Sendungen des Fernsehens mit ihren abschließenden kollektiven Urteilen blitzt die Urform
dieser Meinungsbildung auf.

Kann sich öffentliche Meinung mit allem befassen? Die Zahl der öffentlich zu debattierenden Probleme ist in der Regel weitaus größer als der verfügbare Medienrahmen, und die Zahl der in den Medien erörterten Probleme ist größer als der für öffentliche Debatten verfügbare Zeitrahmen. Niklas Luhmann hat dies 1971 auf die kurze Formel gebracht: „Aufmerksamkeit ist knapp" (1971, 15). Die Gesellschaft kann nicht mit beliebig vielen

Themen gleichzeitig fertig werden. Sie muß sich auf die vordringlichsten konzentrieren, und dies leistet die öffentliche Meinung. Sie hat damit eine für moderne Gesellschaftssysteme lebenswichtige vierte Funktion – neben Moral, Integration und Räsonnement –: sie thematisiert.

Der Prozeß der öffentlichen Meinung bündelt die Aufmerksamkeit: Ein Thema wird durch Formeln „verhandlungsfähig" gemacht, und „diskussionsgestählt" wird es entschieden oder es wird, „wenn alles gesagt ist", wenn „das Thema ruiniert ist", beiseite geschoben. Luhmann vermutet, „daß das politische System, soweit es auf öffentlicher Meinung beruht, gar nicht über Entscheidungsregeln, sondern über Aufmerksamkeitsregeln integriert wird" (Luhmann 1971, 16).

Die vier aufgezeigten, durchaus unterscheidbaren Funktionskonzepte lassen erkennen, was öffentliche Meinung bewirken kann. Was sie ist und wie sie entsteht, ist damit erst angedeutet. Wir kommen dem Kern der Sache näher, wenn wir uns mit den Bestandteilen von öffentlicher und veröffentlichter Meinung befassen.

Öffentliche und veröffentlichte Meinung

Die veröffentlichte Meinung ist der einfachere Fall. Journalisten schreiben oder sprechen Kommentare. Sehen wir davon ab, wer oder was sie dazu veranlaßt hat und ob sie durch ihre Urteile Meinungen anderer machen. Stellen wir einfach fest: Sie selbst meinen dieses oder jenes, und sie genießen das Privileg, publiziert zu werden. Ist dies sodann die öffentliche Meinung?

PR-Leute haben häufig ihre liebe Not, der eigenen Organisation solche Kurzschlüsse auszureden. Sie können auf viele Fälle verweisen, die das Gegenteil belegen: Wahlentscheidungen fallen häufig anders als die meinungsleitenden Medien eines Landes vermuten lassen; auch Kaufentscheidungen weichen immer wieder von den Beurteilungen ab, die ein oder mehrere Fachorgane über das Angebotene abgeben.

Wann kann eine veröffentlichte Meinung als weitgehend akzeptierte öffentliche Meinung gelten? Sind alle Kundgebungen von gleichem Gewicht? Wieviel macht dabei die Masse aus?

Selbst ein Chor von Medienkommentatoren hat die Zuhörer- oder Leserschaften nicht unbedingt auf seiner Seite. Auch ein Chor von Leserbriefen oder von interviewten Straßenpassanten zeugt nicht von der Meinung der Mehrheit. Selbst die Straßendemonstration oder die kundgemachten Resolutionen von Interessengruppen brauchen nicht „die" öffentliche Meinung zu sein. Häufig genug pochen die Herrschenden darauf, daß trotz allem lautem Geschrei die „Mehrheiten schweigen".

Dennoch hat das Geschrei sein eigenes Gewicht. Manchmal gibt „die

Straße" tatsächlich die Richtung vor, ob sie auch einmal „Hosianna" und eine knappe Woche später „Kreuzigt ihn" ruft. Dabei war es für den Ausgang der Ereignisse unerheblich, ob es dieselben Volksmassen oder jeweils andere waren. In aufgeregten Zeiten bestimmen die lauten Leute den Ton.

Insofern kann jede der gerade aufgeführten „Kundgebungen" katalytische Funktionen haben: Es wird ausgesprochen, was bislang nur vage gefühlt wurde („Wir sind das Volk"); es werden Folgerungen formuliert, die vorher nicht gesehen wurden („Wir sind ein Volk"); es werden die Zögernden zu Stellungnahmen veranlaßt („Stasi raus"). Auch eine veröffentlichte Meinungsumfrage kann solche katalytischen Funktionen wahrnehmen.

Entscheidend ist dabei nicht, ob eine Meinung von Medien veröffentlicht wird; entscheidend ist nur, ob sie öffentlich kundgetan wird. Das kann auch nichtmedial, wie zum Beispiel bei den Leipziger Montagsdemonstrationen 1989 geschehen.

Die Medien haben nicht die Meinungsmacht, die ihnen selbst kluge Beobachter zuschreiben. Es sei müßig nachzufragen, ob gewisse herrschende Meinungen und Überzeugungen primär aus der Mitte der Gesellschaft oder aus den Medien hervorgehen, meinte Franz Ronneberger 1983. Den Ausschlag gebe in jedem Falle die Artikulation durch die Medien; „sie haben bis auf kleine Reste die öffentliche Kommunikation okkupiert oder gar usurpiert" (1983, 496).

Unsere Erfahrung ist das nicht; und wer heutige politisch mobilisierte Öffentlichkeiten betrachtet, kommt zu ähnlichen Schlüssen wie wir: „Öffentliche Bewußtseinsbildung als Basis gemeinschaftlich akzeptierten Handelns wird vielfältiger, facettenreicher, differenzierter und hängt vermutlich nicht mehr vorwiegend von der massenmedialen Informationsverbreitung ab", schreiben seit 1991 zwei junge österreichische Kommunikationswissenschaftler (Burkart und Probst 1991, 73).

Dies gilt vermutlich auch für die Meinung der „Weltöffentlichkeit". Sie ist schon lange nicht mehr eine ausschließlich publizierte Meinung einiger dominierender Tageszeitungen in den Metropolen Europas oder Nordamerikas. Über bestimmte Ereignisse und ihre Veranlasser haben sich immer wieder global nahezu übereinstimmende Meinungen „aus der Mitte der Gesellschaft", wie Ronneberger es nennt, gebildet. Man denke an die verschiedenen Aufstände im ehemals kommunistischen Machtbereich.

Wissenschaftliche Vorüberlegungen

Was in den Köpfen der Leute vorgeht und wie sie sich ihre Meinungen bilden, sind zwei spannende, vermutlich nie endgültig zu beantwortende Fragen. Genauso offen sind die Fragen, was die Leute wahrnehmen, wie und weshalb sie es tun und was sie mit solchen Wahrnehmungen anfangen. Wüßten wir es, so gäbe es ziemlich einfache Rezepte für Public Relations. Gleiches gilt für die Beziehungen zwischen dem, was die Menschen bewegt und ihrem Verhalten. Wie geradlinig sind die Wege vom Wahrnehmen zum Handeln? Oder birgt schon die Wahrnehmung selbst ein aktives, geradezu kreatives Tun? Diese Fragen sind Gegenstand der modernen Kognitionsforschung.

Kognitionswissenschaftler sind heute zwei verschiedenen Richtungen zuzurechnen, und was sie konzipieren, führt zu unterschiedlichen Einschätzungen darüber, in welchem Umfang die Öffentlichkeitsarbeit Vorstellungen und Meinungen beeinflussen kann. Da ist erstens die aus der Kybernetik entstandene traditionelle Schule vor allem des angelsächsischen Kulturkreises. Sie sah die Phänomene des Denkens und des Erkennens allzu lange in der Obhut der Philosophen und Psychologen. Im Gegensatz zu ihnen begann sie eine eher naturwissenschaftliche Analyse des Wahrnehmens und seiner Funktionsweisen.

Ihre Schlüsselidee ist, daß Informationen „aufgenommen", „gespeichert", „verarbeitet" und „kommuniziert" werden; daß alle Wahrnehmungen und Erkenntnisse, Urteile und Meinungen nur die Repräsentation einer außerhalb vorgegebenen Welt darstellen. Die erfolgreiche Abbildung einer Außenwelt gilt als das entscheidende Kriterium für eine gelungene Erkenntnis; die Handlungen des Menschen sind daraus resultierende Reaktionen.

Francisco J. Varela, aus dieser Schule hervorgegangen, heute ihr Kritiker, beschreibt ihre drei erkenntnistheoretischen Annahmen recht prägnant: 1. Die Welt ist vorgegeben. 2. Unser Erkennen bezieht sich auf diese Welt – wenn auch oft nur auf einen Teil derselben. 3. Die Art, auf die wir diese vorgegebene Welt erkennen, besteht darin, ihre Merkmale abzubilden und sodann auf der Grundlage dieser Abbildungen zu handeln (Varela 1990, 100).

Das ist ein pragmatischer Ansatz. Er läßt technische Anwendungen bis hin zu den künstlichen Intelligenzen zu. Die typischen Arbeitsbereiche dieser größtenteils aus den Naturwissenschaften hervorgegangenen Forscher sind daher
–   Wahrnehmung – und maschinelles Sehen,
–   Sprache – und technische Sprachverarbeitung,
–   logisches Schließen – und Programmsynthese sowie
–   Handeln – und Robotik.
Auch die amerikanischen Kommunikationswissenschaftler und insbesondere die PR-Forscher unter ihnen hängen dieser Denkrichtung an. Sie kommen dadurch zu teilweise anderen Schlußfolgerungen und selbst zu an-

deren moralischen Bewertungen als die deutschen. Wir werden es bei der Erörterung der Imagebildung erkennen.

Die zweite Richtung der Kognitionswissenschaft sieht das Grundphänomen des Verstehens als eine zirkuläre Tätigkeit an. „Handeln und Erkennen, der Handelnde und das Erkannte sind in einem unzertrennbaren Kreis miteinander verbunden", beschreibt Varela diese neuere, auf der europäischen Phänomenologie, auf Heidegger, Merleau-Ponty und Michel Foucault beruhende Schule.

Diese Denkrichtung berücksichtigt, wie Varela sagt, den wiederentdeckten gesunden Menschenverstand als die nichtbeherrschbare Vieldeutigkeit des Hintergrundwissens und der Welterfahrung. Wissen sei ein ständig ablaufender Verstehens- und Interpretationsprozeß, der nicht in irgendeiner angemessenen Weise als Menge von Regeln und Annahmen eingefangen werden kann. Varela: „Was wichtig ist, wird vom gesunden Menschenverstand mit Bezug auf den Handlungszusammenhang bestimmt."

Wahrnehmungen und Erkenntnisse bilden nach dieser Theorie keine äußeren Wirklichkeiten ab. Sie sind vielmehr Hervorbringungen des menschlichen Geistes, abhängig von unserem Alltagswissen über unsere körperliche und soziale Geschichte. Daraus folgt: der Erkennende und das Erkannte, Subjekt und Objekt bedingen einander; sie entstehen gemeinsam.

Die Bestandteile der öffentlichen Meinung

Wenn wir zu erfassen versuchen, mit welchen unterschiedlichen Meinungsbestandteilen die PR zu tun hat, halten wir uns zweckmäßigerweise an die Sachverhalte, die von der Markt- und Meinungsforschung erfragt und klassifiziert werden:

- Wahrnehmungen, genauer: das Wahrgenommene, also die abfragbaren Erinnerungen, die sich auf Ereignisse oder Botschaften beziehen
- Wissensbestände, mit oder ohne Vorgaben abgefragt, d. h. gestützt oder ungestützt
- Vorstellungen über einzelne Menschengruppen oder Organisationen, d. h. deren Images, ermittelt durch umfangreiche Analysen
- Urteile zu bestimmten Sachverhalten oder auch konkreten Problemen, das heißt Meinungen im engeren Sinne, meist demoskopisch erfaßt
- Einstellungen zu bestimmten Grundfragen des Lebens sowie die ihnen zugrunde liegenden Wertvorstellungen, durch eine qualitative Demoskopie oder durch die Lebensweltforschung erkundet.

Die aufgelisteten Meinungsbestandteile sind auf vielfältige Art miteinander verbunden. Das sollten wir zweckmäßigerweise stets in Betracht ziehen. Sie enthalten, wenn wir sie genau analysieren, zumeist

- Urteile, auch verfestigte Vorurteile, Klischees und Stereotypen in Form

von Bewertungen oder Einschätzungen, sei es nach moralischen oder ästhetischen Kriterien;
– Absichten und Wünsche und schließlich
– Motive, die von den Kognitionswissenschaftlern der ersten Schule als die
  eigentlichen Verursacher von Entscheidungen, Handlungen und Verhalten angesehen werden, während die zweite Schule auch in den übrigen Denkvorgängen Handlungsauslöser sieht.

Wahrnehmungen und Wissensbestände

Der Wahrnehmungsprozeß unterliegt drei bewußten oder unbewußten
Auswahlverfahren. Jeder Mensch nimmt erstens nur Teile des umfangreichen Medienangebots wahr. Einigem wendet er sich vielleicht niemals zu:
sei es den Nachrichtenmagazinen oder den Sportnachrichten oder den An-
zeigenblättern. Häufig genug weiß er dies genau und bekennt sich zu dieser
Abwahl.

Neben der selektiven Zuwendung gibt es zweitens die selektive Wahrnehmung selbst: auch innerhalb des Informationsangebots, dem sein generelles
Interesse gilt, finden nicht alle Informationen die Aufmerksamkeit des Publikums. Und drittens wird es nicht alles Wahrgenommene behalten. Gerade
die selektive Erinnerung ist die stärkste Blockade, die es sich gegenüber der
Informationsflut erlaubt.

Doch selbst bei den ausgewählten, sogar behaltenen Themenkreisen wird
das Publikum nicht mit deren ganzen komplexen Bezügen fertig. Es vereinfacht die Sachverhalte, um sie sich verständlich zu machen und in ihren Wis-
sensbestand aufzunehmen. Der amerikanische Journalist Walter Lippmann
hat diesen Vorgang 1922 in seinem noch immer zitierten bahnbrechenden
Buch ›Public Opinion‹ beschrieben. Sich ein Bild von der Wirklichkeit – „the
world outside" – zu machen, sei für die Menschen aussichtslos.

Denn die reale Umgebung ist insgesamt zu groß, zu komplex und auch zu fließend,
um direkt erfaßt zu werden. Wir sind nicht so ausgerüstet, daß wir es mit soviel Subti-
lität, mit so großer Vielfalt, mit so vielen Verwandlungen und Kombinationen aufnehmen könnten. Obgleich wir in dieser Umwelt handeln müssen, müssen wir sie erst
in einem einfacheren Modell rekonstruieren, ehe wir damit umgehen können (Lippmann 1964, 18).

Lippmann nennt diese vereinfachten Wissensbestände Stereotype. Der
Ausdruck stammt aus der damaligen Zeitungsdrucktechnik: Texte wurden
in der Stereotypie in starre Formen gegossen und konnten dadurch beliebig
oft vervielfältigt werden. Gleiches geschehe in den Köpfen der Menschen.
Sie prägen sich vereinfachte Zusammenhänge ein und rufen sie bei Bedarf in
die Erinnerung. Stereotyp, also in unveränderter Form immer wiederkeh-
rend, sind Denkschablonen, Urteile, Symbole, Begriffe, Klischees oder

Bilder. Aus ihnen bauen wir in uns eine von der Außenwelt unterscheidbare Bilderwelt auf, die, wie Lippmann sagt, „pictures in our heads":

Ich behaupte, daß das Stereotypenmodell im Zentrum unserer Codices weitgehend vorausbestimmt, welche Tatsachengruppen wir sehen und in welchem Lichte wir sie sehen sollen. Das ist auch der Grund, warum in der allerbesten Absicht die Nachrichtenpolitik einer Zeitschrift die Herausgeberansicht zu unterstützen strebt; warum ein Kapitalist eine Gruppe von Tatsachen und bestimmte Aspekte des menschlichen Lebens buchstäblich sieht; sein sozialistischer Gegner sieht eine andere Gruppe von Tatsachen und andere Aspekte. Daher betrachtet jeder den anderen als unvernünftig und verstockt, während der wahre Unterschied zwischen ihnen in der unterschiedlichen Wahrnehmung liegt (1964, 18).

Lippmanns Feststellungen gelten im Prinzip noch immer. Aber was bei ihm als ein eher wertneutraler Orientierungsmechanismus zu verstehen ist, wird in demagogischen Händen leicht zu einem Steuerungsinstrument. Alle Propagandisten – die großen Vereinfacher unter den Kommunikatoren – arbeiten vornehmlich mit Stereotypen, Klischees und Vorurteilen.

Dabei ist die Kultivierung von Vorurteilen die gefährlichste Form der Stereotypie. Der amerikanische Sozialpsychologe C.W. Allport hatte Anfang der fünfziger Jahre ihren Hort in Gruppen mit übertriebenem Wir-Gefühl ausgemacht, die sich von Fremdgruppen bewußt absetzen wollen und deshalb das Andersartige verteufeln. Die Selektionsmechanismen werden dabei häufig bis zur Leugnung der Realität strapaziert. Affektive und emotionale Einstellungen herrschen vor (Bergler und Six 1972, 1371 ff.), vor allem die Angst vor einer angeblichen Übermacht der Verteufelten.

Die Verschwörung des Weltjudentums war eine Stereotype des Antisemitismus. Die Eroberung der Weltmärkte durch die sogenannte „Japan Inc.", also durch das Kartell von Tokioter Regierung und Trusts, ist eine ebenfalls aus Ängsten geborene Stereotype. Sie macht es hartbedrängten Wirtschaftsunternehmen mit starkem Teamgeist (Wir-Gefühl) schwer, vorurteilsfrei über Japaner zu sprechen.

Dennoch muß gerade dies von den PR-Leuten geleistet werden. Vorurteile abzubauen, die in der eigenen Organisation herrschen, ist vielleicht die härteste Aufgabe, die ihnen zufallen kann. Aber sie lohnt. Die Angst, die manche Reaktion diktiert, würfe, einmal dekuvriert, ein sehr viel ungünstigeres Licht auf die eigene Organisation.

Lippmanns Appell an die potentiellen Erzeuger und Multiplikatoren von Stereotypen – die Verlautbarer wie die Journalisten –, sich ihrer Verantwortung bewußt zu sein, bleibt daher bestehen. Aber man sollte aus seinen damaligen Befunden nicht schließen, die heutigen Öffentlichkeiten hätten oder pflegten nur einen begrenzten oder einseitigen Kenntnisstand über sie interessierende Themen.

Wie viele Erfahrungen belegen, besteht sowohl unter Journalisten wie bei Mediennutzern ein oft erstaunlich umfangreiches Wissen über bestimmte Sachverhalte oder Organisationen. Sie sind aus den unterschiedlichsten Quellen gespeist und werden wie bei einem Puzzle aus bisweilen recht beiläufigen, nahezu belanglosen Nachrichtensplittern zusammengefügt. Auch die Fähigkeit, nach solchen Puzzles bei Notwendigkeit neue Bewertungen von Sachverhalten vorzunehmen, ist keineswegs selten. Dies hängt vermutlich mit der wachsenden Meinungsflexibilität der Menschen zusammen.

Organisierte Teilöffentlichkeiten verhalten sich in ihrer Mediennutzung nicht anders als die Stäbe von Großorganisationen oder die Rechercheure gestandener Magazine: Sie lesen und beobachten und kompilieren auf intelligente Weise. Daß aber auch Einzelpersonen nach der Puzzlemethode zu ganz verblüffenden Einsichten kommen können, bewies dem Autor der Purser eines nächtlichen Lufthansaflugs nach Südafrika. Seine Kenntnisse über BMW entsprachen hinsichtlich Personalia, Unternehmensentwicklung und Produktplanung nahezu lückenlos jedem Insiderwissen.

Er, der Fan, hatte mit akribischer Aufmerksamkeit das Puzzle „BMW" aus den unterschiedlichsten Presseinformationen zusammengesetzt. Er fügte das Separatwissen, das sich Presseleute auf ihren jeweiligen Sachgebieten angeeignet hatten, zu einem Ganzen zusammen; das der Wirtschaftskorrespondenten, wenn sie sich bei ihren Recherchen unter anderem auf die Prognosen der Finanzanalysten der Bankenwelt beziehen; das der Motorjournalisten, wenn sie aus der technischen Auslegung neuer Fahrzeugmodelle auf die nächsten Entwicklungs- und Investitionsvorhaben schließen; das der Magazinredakteure, wenn sie Gesten und Stimmlage und Zusammenspiel der Entscheidungsträger bei ihren Auftritten mustern, und schließlich das der Klatschpresse mit ihren Berichten über Hochzeiten oder auch über mindere gesellschaftliche Anlässe. Für den aufmerksamen PR-Mann waren die jeweiligen Lektüren des Pursers nachvollziehbar.

Vorstellungen und Schemata

Wissen und Vorstellungen liegen für die Kognitionswissenschaft nahe beieinander. Aber unter „Vorstellungen" verstehen Praktiker mehr als die vorgestellten Verbindungen eines Objektes mit einem Attribut oder einer Reihe wertneutraler Eigenschaften. Die Vergegenwärtigung eines Objektes besteht meist in einer ganzen Reihe von Assoziationen, die sich zu einem mehr oder weniger geschlossenen Ganzen fügen: zu einem Bild.

Verbinden sich mit einem vorgestellten Objekt mehrere Vorstellungen und Wissensbestände, so benutzt die Wissenschaft seit den Arbeiten des amerikanischen Psychologen J. R. Anderson zu Beginn der achtziger Jahre

den Begriff „Schema", falls sich diese Bestände einigermaßen kohärent zusammenfügen. Bei unserem BMW-Fan darf davon ausgegangen werden.
    Schemata helfen einem Publikum, neue Informationen in ein vorhan-
denes Vorstellungsbild einzuordnen. Wissenschaftler können zum Beispiel
sehr schwierige Texte lesen und verstehen, weil sie ein Schema – eine wissenschaftliche Theorie – haben, das die Zuordnung der neuen Thesen zu alten
Wissensbeständen erlaubt. Schemata sind folglich „organisierte" Vorstel-
lungskomplexe, aber keine geschlossenen, sondern offene; man schreibt
ihnen einen dynamischen Charakter zu.
    Wenn jemand veranlaßt wird, über eine Organisation nachzudenken, wird
er sich frühere Schemata in Erinnerung rufen, die in das Muster der neuen
Erfahrungen passen. James Grunig beschrieb das einmal so:

If I have a reason to think about Exxon, for example, I may bring together memories
of the Valdez as well as of my friendly service station up the street. For Union Carbide, which has no consumer products, Bhopal may be the only cognitive unit on my
mind unless I work for or know someone who works for the company (1993, 281).

    Grunig sieht in den Schemata die begrifflich faßlichere Form dessen, was
hierzulande unter der Bezeichnung „Image" läuft, und er schlägt unter anderem deshalb vor, auf letzteren Begriff zu verzichten. Beide beinhalteten
die Gesamtsumme („sum total") oder eine Zusammenstellung („composite") aller Detailkenntnisse über eine Organisation oder ein Objekt. Diese
Auffassung wird in Deutschland kaum geteilt. Images sind Vorstellungs-
bilder, und Bilder sind weitaus mehr als die Summe ihrer Bestandteile. Wir
handeln davon gesondert.
    Der Schemaansatz ist dort vorteilhaft, wo sich eine Öffentlichkeit kein ge-
samthaftes Bild von einer Organisation machen kann oder auch nicht will,
weil sie sie für zu klein oder zu unbedeutend hält. Dann rufen die Botschaften dieser Organisation bestenfalls ein Schema von gespeicherten All-
gemeinbildungsbeständen wach. Man denke an die Vorstellungen der Amerikaner von Litauen. Sie bleiben vermutlich unterhalb der Gewichtigkeit
eines Image.
    Was Schemata bewirken, hat Klaus Merten einmal in vier Funktionen zu-
sammengefaßt:
–   Schemata wirken erstens als Filter für die aufzunehmende Information,
    für die Verarbeitung dieser Information als Wissen und für den Abruf des
    Wissens aus der Erfahrung
–   Schemata organisieren zweitens die Wahrnehmung neuer Informationen
    in die bereits vorhandenen Informationsbestände (Wissen, Erfahrung)
–   Schemata liefern drittens aufgrund der bereits vorliegenden Erfah-
    rungen eine Interpretationsstruktur mit, die die Evaluation neuer Infor-
    mation leistet

– Schemata liefern viertens aufgrund ihrer Stimmigkeit und des zugrunde liegenden Erfahrungsbestandes Hilfen für die Bewältigung neuer Situationen respektive Szenarios; das heißt, sie arbeiten mit Vertrauen aus der Vergangenheit, das in die Zukunft projiziert wird (1992, 46).

Der Schemaansatz ist für PR-Leute vorteilhaft, weil es ihnen stets darum gehen wird, neue Informationen auf die bereits vorhandenen Wissensbestände ihrer Publika abzustimmen. Sie werden dabei auf die unterschiedliche Aufnahmefähigkeit unterschiedlicher Publika achten müssen. Das gilt generell: Bevölkerungssegmente mit höherem sozioökonomischem Status oder höherer formaler Bildung können sich neue Informationen rascher aneignen als die status- und bildungsniedrigeren Segmente. Das haben drei amerikanische Forscher 1970 aus Langzeitstudien ermittelt. Sie folgerten mit besorgtem Augenaufschlag, „daß die Kluft zwischen diesen Segmenten tendenziell zu- statt abnimmt" (Tichenor, Donohue und Olien 1970, 161).

Diese berühmt gewordene „Hypothese von der Wissenskluft" gilt aber auch partiell. Selbst intelligenten Laien fällt es schwer, oder sie lehnen es sogar ab, auf speziellen Gebieten, zum Beispiel der Computertechnik, der modernen Finanzdienstleistungen oder der Rentenanpassungsmechanismen, zusätzliche Informationen anzunehmen.

Urteile, Einstellungen und Lebensauffassungen

Haben wir „Wissen" und „Vorstellungen" in begriffliche und dingliche Nähe zueinanderrücken müssen, so legt uns der wechselnde Gebrauch der Begriffe „Meinungen" und „Einstellungen" eine gleiche Betrachtungsweise nahe. Marktforscher heben auf den ersteren Begriff ab, Wissenschaftler auf den zweiten.

Manche Meinungsforscher unterscheiden zwischen beidem, indem sie Meinungen auf konkrete, aktuelle Sachfragen beziehen und Einstellungen eher den grundsätzlicheren Dauerproblemen des Lebens zuordnen: den Auffassungen zum Beispiel über Ehe, Nation, Konsum, Individualverkehr etc. Bei Meinungen handelt es sich dann um konkrete Urteile oder Beurteilungen, bei Einstellungen um allgemeine Bewertungen.

Die Grenzen sind jedoch fließend, zumal häufig genug Meinungen abgefragt werden – sind Sie für oder gegen einen Abtreibungsparagraphen? –, um Lebenseinstellungen zu erfassen. So kühn die Ableitungen dann auch im einzelnen sein mögen, so ratsam ist es, zwischen beiden Meinungsbestandteilen zu unterscheiden.

Wichtig ist in beiden Fällen, daß wir zu kollektiv gültigen Ergebnissen gelangen. Uns interessiert schließlich nicht die ausgefallene, nur privat geäußerte Meinung einer Einzelperson – es sei denn, ein Reporter oder Marktbeobachter zitiere sie in seinem Bericht, weil er persönlich sie für signifikant hält. Eine solche Stimme zu verallgemeinern, setzt Phantasie voraus. Sie zu verwerten, was häufig genug geschieht, wird je nach der Erfolgschance dem Spür- oder Leichtsinn zugeschrieben.

Ein Kollektiv wird zu bestimmten Urteilen oder Einstellungen veranlaßt, weil es von gemeinsamen Werten oder Grundhaltungen geprägt ist. Die Öffentlichkeitsarbeit hat es häufig genug mit solchen, den Einzelurteilen zugrunde liegenden Lebensauffassungen oder Weltbildern zu tun. Der Amerikaner James Grunig benutzte den deutschen Begriff „Weltanschauung", als er die den Theorien eines Kommunikationswissenschaftlers zugrunde liegenden „presuppositions" beschrieb (1989, 26). Jetzt spricht er mehr von „world view" (1994), und was er damit in bezug auf die Wissenschaftler meint, läßt sich auf jedes Kollektiv übertragen: Allen Urteilungen und Einstellungen liegen erkennbare Wertvorstellungen und Weltbilder zugrunde, die zu komplexen Grundauffassungen des Lebens gehören: eine religiöse Auffassung, ein gesellschaftspolitisches Ordnungsprinzip, die Prägung durch einen bestimmten Kulturkreis oder durch einen epochalen Zeitgeist.

PR-Leute müssen, wenn ihr Wirken erfolg- und segensreich sein soll, solche Grundauffassungen beachten. Beeinflussen lassen sie sich nicht.

Stimmungen

Neben den Meinungen der Leute, also relativ dezidierten Urteilen, haben es Öffentlichkeitsarbeiter immer wieder auch mit Stimmungen zu tun. Stimmungen sind ungefähre Lagebeurteilungen, meist emotional gefärbt und häufig prospektiv. Optimismus oder Pessimismus regieren.

Die Konjunktur, auch die politische Lage – vor allem in Krisen- oder Kriegszeiten – werden durch Stimmungen bestimmt. Es herrschen Ängste oder Euphorie, und dies nicht nur beim einfachen, uninformierten Volk, sondern auch bei Kaufleuten und Börsianern. In Kampfzeiten, einem Streik zum Beispiel, werden Stimmungen geschürt, um die Truppe bei Laune zu halten.

Geschlossene Gesellschaften, die keine öffentliche Meinungsbildung zulassen, werden von Stimmungen beherrscht. Geschlossene Gesellschaften waren das Dritte Reich und die kommunistischen Staaten. Nicht die Demoskopie ermittelte die Stimmung der Bevölkerungen, sondern der Sicherheitsdienst (SD) der SS oder die Staatssicherheit der DDR. Was sie ermittelten – zum Beipiel die „Meldungen aus dem Reich" –, wurde nicht veröffentlicht. Die SD-Berichte wurden im Gegenteil eingestellt, als sie auf die Reichsführung zu defätistisch wirkten (Boberach 1965, XXVII).

Ein probates Mittel, um auf die Stimmung uninformierter Bevölkerungen einzuwirken, ist das Gerücht. Es funktioniert an den Börsen, beherrscht vor allem aber geschlossene Gesellschaften, von rigide geführten Unternehmen bis zu totalitären Staaten. Im Zweiten Weltkrieg wurde manches Gerücht vom deutschen Propagandaministerium in Umlauf gesetzt, „um unpopuläre Maßnahmen, zum Beispiel Rationskürzungen, psychologisch vorzubereiten" (Boberach 1965, X).

Viele der in den „Meldungen aus dem Reich" wiedergegebenen Gerüchte bewiesen aber auch, „daß die Bevölkerung oft erstaunlich gut über Staatsgeheimnisse unterrichtet war, zum Beispiel über den Termin für den Abschluß der Vorbereitungen zum Rußlandfeldzug 1941 oder das Prinzip der V-Waffen 1943, unterrichtet aber auch über die Ermordung von Juden in Polen und den besetzten Ostgebieten".

Sind Gerüchte ein Regulativ zu mangelhafter Information, so die politischen Witze ein Regulativ zur fehlenden öffentlichen Kritik. Dabei zeigte sich während des Zweiten Weltkriegs auch hier ein Grad an übereinstimmendem Verhalten, der verblüffen kann. Wußten viele über vieles gerüchteweise Bescheid, so fand man sich auch in der allgemeinen Stimmungsbeurteilung zusammen. „Selbst Volksgenossen, die sich kaum kennen, würden politische Witze austauschen", heißt es in den „Meldungen über Auflockerungserscheinungen in der Haltung der Bevölkerung" vom 8. Juli 1943. „Offenbar setze man gegenseitig voraus, daß einer heute schon jeden Witz erzählen könne, ohne mit energischer Abfuhr, geschweige denn Anzeige bei der Polizei rechnen zu müssen" (Boberach 1965, 417). Die Spirale des Schweigens war hier durchbrochen.

Meinungsumschwünge, Trendwechsel und Wertewandel

Das Neue frühzeitig zu erkennen und zu gewichten ist eine der vornehmsten Aufgaben der PR – „serving as an early warning system", wie Rex Harlow die PR definierte (1976, 18). Bevor wir uns der Frage zuwenden, wie man Meinungen beeinflussen kann, muß geklärt werden, welche Wechsel es gibt und wie sie zu analysieren oder besser noch zu antizipieren sind.

Meinungsumschwünge im Sinne einer aktuellen Neubeurteilung von Sachverhalten oder Institutionen sind relativ leicht zu erkennen. Ein paar Umfragen und Interviews genügen. Auch die Presse, in diesen Dingen sehr vigilant, gibt häufig brauchbare Hinweise.

Aber ein Wandel von herkömmlichen, sozusagen eingefahrenen Einstellungen des Publikums, auf die bei der Kommunikationsarbeit bislang Verlaß war, hin zu ganz neuen Lebensauffassungen stellt für die PR eine große Herausforderung dar. Trendforscher versuchen sich daran. Doch schon in den unspezifischen Charakterisierungen, die sie einer neuen Lebensauffassung geben, zeigt sich meist die Unschärfe ihrer Analyse: „new age", „Postmodernismus", „Neues Denken" usw. Faßlicher sind die Ergebnisse, die sich aus den Zusammenkünften des in der Schweiz ansässigen „Research Institute on Social Change" (RISC) ergeben.

Alle Trendforscher arbeiten mit der Methode, die Fritjof Capra im Untertitel seines Buches ›Uncommon Wisdom‹ anführt: „Conversations with remarkable people". Faith Popcorn hat ihre Arbeitsweise einmal dem FAZ-Magazin erzählt (1987), und wie sie vorgeht, gilt noch immer:

Wir halten uns eine „Talentbank", eine Liste von 2500 Informanten aus den unterschiedlichsten Orten und Bereichen – Ärzte, Rechtsanwälte, Journalisten, Filmregisseure, Handwerker. Wir befragen sogar regelmäßig einen Indianerhäuptling, der sich auf das Mythenwissen spezialisiert hat.

Am spannendsten wird es, wenn wir diese Informanten, die einander normalerweise nie treffen würden, zum Gedankenaustausch zusammenbringen. Dabei produzieren sie die erstaunlichsten Ideen.

Wir interviewen auch jedes Jahr Versuchspersonen mit speziellen Techniken, bei denen wir sie über Spiele in die eigene Zukunft versetzen. Sie malen sich dann zum Beispiel aus, wie sie im Jahre 1998 leben werden, welches Auto sie fahren und welchen Drink sie in einer schicken Bar bestellen werden.

Dann werten wir 300 internationale Zeitungen und Zeitschriften aus – vom „Greenpeace Magazine" bis zum „Japan Economic Journal". Wir lassen lokale Fernsehsender beobachten, gehen ins Kino, hören die neueste Musik und lesen die Bestseller. Wir suchen nach neuen besonders erfolgreichen Produkten und forschen nach den Gründen für ihren Erfolg. Schließlich interviewen wir zufällig ausgewählte Personen von der Straße. Alle Trends fangen klein an. Wenn man sie erkennt, sind sie leicht vorhersehbar.

Beschäftigen Trendwechsel vornehmlich die Marktforscher, so der Wertewandel die Sozial- und Gesellschaftspolitiker. Werte, die sich wandeln können, beziehen sich auf Grundsachverhalte wie Familie, Religion, Leistung, Autorität usw. Ein Wertewandel polarisiert Generationen oder Stadt- und Landbevölkerungen oder soziale Milieus.

Ein Wertewandel ruft in der Regel die Abwehr der Konservativen heraus. PR-Leute hingegen müssen sich auf ihn einlassen, weil sie sonst den Kontakt zu ihren Zielgruppen verlieren.

Wie ein Wertewandel zustande kommt, wird lebhaft diskutiert. Landläufig gelten neben den Medien – die aber eher Echos auf den Wandel als seine Veranlasser sind – die Schulen und Hochschulen als Brutstätten einer neuen Gesinnung. Dabei mag man mehr an den Ort als an die Lehrer oder ihren Lehrstoff denken (Lehmann und Langerheiner 1986). Wichtig ist vor allem der Einfluß bestimmter gewaltiger Ereignisse, sosehr diese selbst ihre speziellen wertbedingten Ursachen haben mögen:

– Die Erfindung der Antibabypille half der jahrhundertelang geforderten Emanzipation der Frau zum entscheidenden Durchbruch
– Das Aufkommen von Aids bewirkte eine neue Sexualmoral
– Die Katastrophe in Tschernobyl minderte nachhaltig das Zutrauen in technische Beherrschbarkeiten

- Ein Börsenkrach im Jahre 1987 löschte die Lebenswelt der Yuppies (Young Urban Professionals) mit ihrem rauschhaften Konsumverhalten aus. „Greed goes out of style", titelte „Newsweek" 1/88 zutreffend diesen Wertewandel, der viele europäische Importeure bitter traf
- Die politische Wende in den Ostblockstaaten im Herbst 1989 bewirkte weltweit eine radikale Neubewertung der sozialistischen Programmatik
- Die Häufung spektakulärer politischer Skandale führte in den 90er Jahren zu dem Vertrauensverlust der politischen Klasse.

Wer einen Wertewandel beeinflussen will, was nur zu häufig dem Ritt auf einem Tiger gleicht, muß sich zunächst um intakte Eliten bemühen, die es in jeder Gesellschaft gibt. Eliten können stilbildend für einen erwünschten Wertkontext wirken. Man denke an die im Kontext eines Leistungsbewußtseins dominanten oberen Führungskräfte der Wirtschaft; man denke an die im Kontext politischer Loyalität und Effizienz wichtige Ministerialbürokratie; man denke im Kontext von Moral an die Gerichtsbarkeit und von Intelligenz an die Wissenschaft.

Alle Eliten sind in ihrem Selbstverständnis und ihrem Verhalten vielfach angefochten und gebrochen. Dennoch bleiben sie die ersten Adressen, und mancher aus ihren Reihen kann zum kritischen Vorbild werden: ein Weizsäcker für die politische Klasse, ein Herrhausen für die Banker, ein Nobelpreisträger für die Wissenschaft.

Mit Eliten zu reden bedeutet häufig genug, mit Wölfen zu heulen. Alle Reden müssen mit weitläufigen „captationes benevolentiae" beginnen, wie die Rhetoriker die Figuren nennen, mit denen die Zuhörer für den Redner, noch nicht für das zu Beredende eingenommen werden sollen. Aber Reden sind in Zeiten eines Wertewandels das probateste PR-Instrument. Auch finden sich immer wieder Publikationen, die das Gesagte in der Zielgruppe verbreiten.

Geschmackswandel geht häufig mit einem Wertewandel einher. Man erinnere sich der Hippiekultur im Gefolge der Jugendrevolte der 60er Jahre oder des Siegeszugs der Jeans als Ausdruck amerikanischen Demokratieverständnisses! Neue Konsumstile schaffen neue Statussymbole. Selbst wenn sie es leugnen, so gilt doch Thorstein Veblens Theorie vom demonstrativen Konsum auch für Asketen. Der Deux Cheveaux war zu seiner Zeit ein Signal wie der Rolls-Royce. Seine Fahrer, so sagte Lothar Baier einmal, konnten es sich leisten, sich nichts mehr leisten zu müssen. Und sie zeigten es.

Geschmacksurteile bilden zu wollen ist ein noch schwierigeres Unterfangen als Werte zu setzen. Als der Bauhausstil zu Ende ging, versuchten besorgte Designkritiker den Besteck- und Glasfabrikanten WMF dazu zu überreden, seine Filialbetriebe in den Blick-Zentren der Großstädte zur Verteidigung des sachlichen, antidekorativen Bauhausdesigns und seiner Wagen-

feld-Kollektionen einzusetzen. Die Firma konnte vermutlich nur deshalb
weiterbestehen, weil sie es nicht tat.

Um Geschmackstrends zu setzen, bedarf es einer spezifischen Autorität.
Couturiers haben sie; sie können Mode diktieren. Automobilstylisten wie
Giugiaro oder Luthe oder Sacco schaffen es bisweilen. Revolutionäre Archi-
tekturen hingegen kommen meist erst zum Zuge, wenn ein Bann bricht, der
das Bauen in einer Epoche fast diktatorisch beherrscht. Aber wer brach den
Bann des Bauhauses und ließ die Postmoderne walten?

Die Meinungsmacher

Wer sind sie? Landläufig gilt die Presse als Meinungsmacher. Aber sie
weist diese Unterstellung, wie wir feststellten, zurück und schiebt den
Schwarzen Peter den PR-Leuten zu. Rainer Fabian schrieb, als er leitender
Redakteur der WELT war, ein Buch über sie: ›Die Meinungsmacher. Eine
heimliche Großmacht‹. Was aber vermögen Öffentlichkeitsarbeiter zu erreichen, wenn nicht ihr Publikum darauf eingeht?

Macht sich das Publikum also selbst seine Meinung? Fragen wir uns,
wo und wie das geschehen könnte. Lange Zeit wurde angenommen, es
geschehe ausschließlich in den Primärgruppen der Gesellschaft: am
Stammtisch, in den Betrieben, im Kollegium, in der Ortspartei, im Sport-
verein, in den Kirchengemeinden und so weiter. Dort herrschen stabile
Weltbilder und Wertvorstellungen, und alle Mitglieder dieser Primärgruppen schließen sich den dort vorherrschenden Meinungen an, aus
Überzeugung oder aus Tradition oder aus Angst davor, sonst nicht mehr da-
zuzugehören.

Primärgruppen haben die Macht zu solchen „Sanktionen" gegenüber Ab-
weichlern. Zu einer abweichenden Meinung gehört daher Mut, wie jedermann aus eigenen Erfahrungen in seinem persönlichen Umkreis weiß.

Ein Mensch ist aber nicht nur einer einzigen Primärgruppe zuzurechnen.
Häufig gibt es eine ganze Reihe von Bezugsgruppen, die allesamt irgendeine
mehr oder minder starke Form von „sozialer Kontrolle" auf ihn ausüben
wollen. Divergieren die Handlungs- und Meinungsvorschriften dieser
Gruppen, so muß er sich entscheiden. Es geschieht häufig genug nach der
persönlichen Einschätzung, welche der Gruppierungen wohl die stärkere
Sanktionsmacht hat: die Kirche oder der Betrieb, das Elternhaus, die Schule
oder die Jugendgruppe.

Wann wehrt sich ein Individuum gegen die Meinungsvormacht des Kollek-
tivs? Wann ist es bereit, eine neue, andere Meinung zu übernehmen, eventuell auch zu verfechten? Jürgen Zeh hat vier Situationen ausgemacht:

1. wenn die Angelegenheit für den einzelnen persönlich wichtig ist;
2. wenn es ihm prinzipiell um den Protest gegenüber seiner Gruppe geht,

ganz unabhängig vom Meinungsgrund selbst: aus Trotzhaltung, aus Profi-
lierungssucht oder dergleichen;

3. wenn er einen Bezugsgruppenwechsel anstrebt und ihn durch eine abweichende Meinung vorbereiten will;

4. wenn er sich neu aufkommenden Wert- und Normenvorstellungen aus
neugewonnenen Überzeugungen anschließen will (Zeh 1989, 36).

Nicht nur in primären Bezugsgruppen gibt es den sozialen Druck, sich in
der Regel meinungskonform zu verhalten. Der Amerikaner Solomon Asch
hat in den 50er Jahren festgestellt, daß auch in Gruppierungen, die der Zufall zusammenführte, dieser Druck entstehen kann. Er untersuchte in 50
gleichen Experimenten die „effects of group pressure upon the modification
and distortion of judgement" (1952). Sein verblüffendes Ergebnis: Die meisten Menschen schließen sich einer Majoritätsmeinung an, auch wenn sie
keinen Zweifel daran haben könnten, daß sie falsch ist. Es geschieht aus der
Angst, sich von der selbst zufällig zusammengewürfelten Gruppe zu isolieren.

Das waren laborähnliche Versuche, die man daher auch nicht so stark be-
tonen sollte, wie es in der Literatur bis auf den heutigen Tag geschieht. Zwar
kann man bei meinungsoktroyierenden Großveranstaltungen immer wieder
eine starke Konformität im Verhalten der Teilnehmer feststellen. Aber sie
reicht nicht unbedingt über den Augenblick hinaus, und sie sagt auch mehr
über ein angepaßtes Verhalten als ein dezidiertes Meinen aus.

Die Primärgruppen hingegen sind die tatsächlichen Urzellen der öffentlichen Meinung. In ihnen dominieren Wortführer (opinion leaders) mit einer
entweder generellen Autorität aufgrund ihres Ansehens oder mit einer fach-
spezifischen Autorität aufgrund ihrer speziellen Erfahrungen. Auch Wortführer tarieren ihre geäußerten Meinungen häufig nach den Reaktionen
ihrer Zuhörer aus, sind so ganz unabhängig von ihrem vertrauten Publikum
also nicht. Dennoch kann eine wirksame Beeinflussung von Primärgruppen
nur bei diesem Personenkreis ansetzen.

Neben den Vorstellungswelten in den Primärgruppen sind für Meinungsmacher eine Reihe von Wahrnehmungen des gesamten Publikums wichtig.
Da ist erstens die Wahrnehmung eines bestimmten Meinungsklimas. „Die
Menschen glauben zu wissen, was läuft", schrieb Elisabeth Noelle-Neumann 1982.

„Einmal abgesehen von Ihrer eigenen Meinung – was glauben Sie, sind die meisten
Leute für oder gegen . . ." – „was meinen Sie, wie es weitergeht, wie die Ansichten in
einem Jahr sein werden . . ." Es hätte gut sein können, daß die Mehrzahl der Befragten darauf antwortete: „Wie soll ich das wissen, was die meisten Menschen
denken, wie es weitergeht? Ich bin doch kein Prophet!" Aber so antworten Menschen
auf diese Art von Fragen nicht. Als sei es das selbstverständlichste, geben 80 bis 90%

eines repräsentativen Querschnitts der Bevölkerung ab 16 Jahre eine Einschätzung der Umweltmeinungen (Noelle-Neumann 1982, 25).

Meistens haben die Leute recht. Meinungsklima und Meinungswechsel werden von ihnen so wahrgenommen, als handele es sich um die Sensorien ihrer „sozialen Haut", wie Elisabeth Noelle-Neumann sagt. Nur das genaue Gewicht einer vorherrschenden Meinung oder der genaue Umfang eines Meinungswechsels ist ihnen nicht bekannt. Bereits geringe Schwankungen in der Zahl der Anhänger einer Partei werden bisweilen als substantieller Klimawechsel empfunden.

Also kommt es auf die Frage an, wie Menschen auf sich verstärkende oder sich abschwächende Meinungstrends schließen. Argumente allein sind es nicht. Die Leute registrieren nicht nur Botschaften, sondern vor allem die Untertöne, mit denen sie vorgetragen werden: Gewißheit und Siegeszuversicht oder Zweifel und Verzagtheit.

Menschen wollen sich nicht isolieren, beobachten pausenlos ihre Umwelt, können aufs feinste registrieren, was zu-, was abnimmt. Wer sieht, daß seine Meinung zunimmt, ist gestärkt, redet öffentlich, läßt die Vorsicht fallen. Wer sieht, daß seine Meinung an Boden verliert, verfällt in Schweigen. Indem die einen laut reden, öffentlich zu sehen sind, wirken sie stärker, als sie wirklich sind, die anderen schwächer, als sie wirklich sind. Es ergibt sich eine optische oder akustische Täuschung für die wirklichen Mehrheits-, die wirklichen Stärkeverhältnisse, und so stecken die einen andere zum Reden an, die anderen zum Schweigen, bis schließlich die eine Auffassung ganz untergehen kann (Noelle-Neumann 1982, XIII).

Gegen die Theorie der Schweigespirale wurden viele (wissenschaftliche) Einwände vorgebracht. Sie galt, wie Jürgen Zeh schrieb, als „Reizwort, um immer wieder neue kontroverse Diskussionen auszulösen". Noch häufiger wurde gegen ihre Urheberin polemisiert. Warum mußte sie auch, um sich zu rechtfertigen, die Medienszene attackieren? Aber die Folgerungen, die sie aus ihren Analysen zog, geben Praktikern bis heute die einzige Handhabe, wie sich auf öffentliche Meinung einwirken läßt.

Wer es versteht, seine vielleicht eingeschüchterten Anhänger zum Reden zu bringen, wer damit etliche Wortführer in den entscheidenden Primärgruppen für sich gewinnt, wer sodann mit geeignetem Echo nachhelfen kann, wer schließlich die sich allmählich aufraffende Meinungsgemeinde zu bekennerhaften Auftritten veranlaßt, kehrt die Spirale des Schweigens und Vergessens, die sich um seine Anliegen zuzuziehen droht, um. Er hat die Chance, wahrgenommen zu werden: als aktuell, als gewichtig, schließlich als erfolgversprechend.

Parteien verfahren in Wahlkämpfen nach diesem Rezept. Eine PR-Kampagne zur Abwehr eines Tempolimits folgte ebenfalls diesem Muster: Als 1985 alle Welt nur vom Unsinn des Rasens auf Autobahnen sprach und sich kaum jemand mit einer gegenteiligen Ansicht hervortraute, wurden erst einige Betriebsratsvorsitzende der Automobilindustrie für eine Stellungnahme gegen ein Tempolimit gewonnen; dann folgten ein paar Abgeordnete der SPD; deren Äußerungen wurden über die Agenturen verbreitet. Sie wurden beachtet, da es SPD-Stimmen waren. In der IG Metall kam es zu einer Meinungsmehrheit gegen das Tempolimit. In Berlin äußerte sich der Regierende Bürgermeister (CDU) im gleichen Sinne. Die automobilen Fachzeitschriften griffen diese Stimmen auf, bündelten sie zu einem Chor. Die Wickert-Institute schossen mit einem Umfrageergebnis nach: Die Mehrheit der Bürger sei gegen ein Tempolimit. Die politischen Kräfte, die es statt dessen eingeführt wissen wollten, verstummten jetzt ihrerseits.

Zu Kap. IV. 1:
Allport, G. W.: The Nature of Prejudice; New York 1954; deutsch: Die Natur des Vorurteils; Köln 1971.
Anderson, J. R.: Cognitive Psychology and its Implications; San Francisco 1980.
Asch, Solomon: Group Forces in Modification and Distortion of Judgements; in: Social Psychology, New York 1952.
Bergler, Reinhold/Bernd Six: Stereotype und Vorurteile; in: Handbuch der Psychologie, Bd. 7; Göttingen 1972.
Boberach, Heinz (Hrsg.): Meldungen aus dem Reich; Neuwied 1965.
Burkhart, Roland/Sabine Probst: Verständigungsorientierte Öffentlichkeitsarbeit: Eine kommunikationstheoretische Perspektive; in: Publizistik 1/91.
Capra, Fritjof: Uncommon Wisdom; Conversations with Remarkable People; 1987.
Fabian, Rainer: Die Meinungsmacher. Eine heimliche Großmacht; Hamburg 1970.
Grunig, James E.: Symmetrical Presuppositions as a Framework for Public Relations Theory; in: Botan, Carl H./Vincent Hazleton, Jr.: Public Relations Theory; Hillsdale, N.J. 1989.
–: On the Effects of Marketing, Media Relations, and Public Relations: Images, Agendas and Relationships; in: Armbrecht, Wolfgang/Horst Avenarius/Ulf Zabel (Hrsg.): Image und PR. Kann Image Gegenstand einer Public Relations-Wissenschaft sein?; Opladen 1993.
–: World View, Ethics, and the Two-Way Symmetrical Model of Public Relations; in: Armbrecht, Wolfgang/Ulf Zabel (Hrsg.): Normative Aspekte der Public Relations; Opladen 1994.
Habermas, Jürgen: Strukturwandel der Öffentlichkeit; Neuwied 1962.
Harlow, Rex: Building a Public Relations Definition; in: Public Relations Review, 2. Jg. 1976.
Lehmann, Jürgen/Rolf Langerheiner: Die Bedeutung der Erziehung für das Umweltbewußtsein; herausgegeben vom Institut für die Pädagogik der Naturwissenschaften an der Universität Kiel; Kiel 1986.
Lippmann, Walter: Public Opinion; New York 1922; deutsch: Die öffentliche Meinung; München 1964.

Luhmann, Niklas: Öffentliche Meinung; Opladen 1971.
Mayer-List, Irene: Warum liegen Trends im Trend, Frau Popcorn?, FAZ-Magazin 635/1992.
Merten, Klaus: Begriff und Funktion von Public Relations; in: PR-Magazin 11/92.
Noelle-Neumann, Elisabeth: Die Schweigespirale; Öffentliche Meinung – Unsere soziale Haut; Frankfurt a. M./Berlin 1982.
Ronneberger, Franz: Das Syndrom der Unregierbarkeit und die Macht der Medien; in: Publizistik 4/83.
Ronneberger, Franz/Manfred Rühl: Theorie der Public Relations; Opladen 1992.
Ross, Edward Alsworth: Social Control. A Survey of the Foundations of Order; Cleveland/London 1901.
Rühl, Manfred: Marktpublizistik; in: Publizistik 2/1993.
Tichenor, Philip/George A. Donohue/Clarice N. Olien: Mass media flow and differential growth in knowledge; in: Public Opinion Quarterly 34, 1970.
Tocqueville, Alexis de: Über die Demokratie in Amerika; Stuttgart 1962.
Varela, Francisco J.: Kognitionswissenschaft – Kognitionstechnik. Eine Skizze aktueller Perspektiven; stv 882, Frankfurt a. M. 1990.
Veblen, Thorstein: The Theory of the Leisure Class; 1899 deutsch: Theorie der feinen Leute, Köln/Berlin 1958.
Zeh, Jürgen: Soziale Kontrolle durch öffentliche Meinung; in: Publizistik 1–2, 1989.

2. Strukturen und Inhalte von Images

Images haben, solange man sich mit ihnen auch schon beschäftigt, erst in unserer Zeit eine zentrale Bedeutung für das Überleben von Organisationen erhalten. Der Schwede Mats Alvesson sieht die Ursachen dafür in vier neuen Tatbeständen, die unsere westlichen Sozialordnungen bestimmen: Erstens sind die Menschen offener und flexibler in ihren Meinungen, Werten und Vorstellungen. Ihre Weltanschauungen sind weniger stark durch Traditionen und überkommene Strukturen bestimmt. Ihr Verhalten ist egoistischer, auf subjektive Erlebniswelten aus. Festigkeit gegen sich selbst – und andere – weicht Unsicherheit und Schwäche. Der Nährboden für die Annahme neuer Images war folglich nie günstiger. Zweitens werden die in der Gesellschaft agierenden Organisationen für den einzelnen unübersichtlicher; auch die Verbindungen, die sie miteinander eingehen, werden unüberschaubar. Die Ganzheit der Gesellschaft gerät aus dem Blick. Um so wichtiger werden Images als Orientierungshilfen, um sich zurechtzufinden. Drittens vollzieht sich in der Wirtschaft der Ausbau des Dienstleistungssektors, und anders als im industriellen Sektor kann er nicht auf testbare Waren, sondern nur auf immaterielle Leistungen verweisen. Alvesson folgert: „A reasonable hypothesis is that the expansion of the service sector in the economy has brought the issue of the image of the corporations forward" (1993, 122).

Viertens kommt es im Kommunikationsbereich zu einer parallelen Expansion. Manche Autoren nennen ihn den „quartären Sektor". Die Massenmedien leben von jeder Art von Ereignissen, und da die normalerweise vorfallenden nicht ausreichen, werden Pseudoereignisse geschaffen, die es nur deshalb gibt, weil dann darüber berichtet werden kann. Alvesson: „Pseudo events have gradually come to overshadow spontaneous events as sources of impressions and attitudes ... the communication of images then becomes possible and also crucial" (121).

Alvesson spricht vom imaginierten Charakter der modernen Organisationen. Sie arbeiten hauptsächlich mit Pseudoaktivitäten, Pseudoereignissen – denken wir an Sponsorschaften, Spendengesten, Staatsempfänge etc. –, und sie erzielen dadurch Placeboeffekte, weil und solange das Publikum sie beachtet. Sie verschaffen Images, aber keine Substanz; und dies gilt nach Alvesson dann auch für die Binnenstrukturen einer Organisation. Sie ist nicht mehr in erster Linie mit ihren substantiellen Aufgaben befaßt, sondern verlegt ihre Aufmerksamkeit verstärkt auf ihr Image: „Management is, to a large degree, a matter of window dressing" (123–125).

Wer „von der Substanz zum Image" wechselt, betrügt sich in gefährlicher Weise selbst. Aber er betrügt auch andere. Das Imageproblem wird deshalb selten ohne moralische Fußnoten erörtert. Es gibt Autoren, die den Begriff hassen. Für Praktiker hingegen ist er äußerst wichtig. Die kommunikativen Zusammenhänge, in denen sie operieren, ließen sich ohne Images nicht darstellen.

Mißtrauen gegenüber einem angefochtenen Wort

Bei keinem anderen Gegenstand der PR scheiden sich die Geister so entschieden wie bei dem Thema „Image". Eine ältere amerikanische PR-Schule verbat sich die Beschäftigung mit dem Image, und sie wollte sich damit scharf von den Marketingfachleuten absetzen. „I loathe the word image and Kotler is an image devotee", bekannte Scott Cutlip noch kurz vor seinem Tod (1991, 51–56). James Grunig, sein Schüler, war ähnlich rigoros: I never used the term image in my textbook „Managing Public Relations", unless I put it in quotation marks to suggest that I did not know what the term really means. For years I have asked students not to use the term in my public relations classes (1993, 263).

Der Begriff ist in den USA stark angefochten. Immer wieder geriet er durch anklägerische Publikationen in Verruf. I. Ross beschrieb 1959 › The Image Merchants‹; Daniel Boorstin drei Jahre später › The Image: a Guide to Pseudo Events in America‹, und der langjährige Hill-and-Knowlton-Chef

Robert L. Dilenschneider schlug 1990 so kräftig auf die „Image Industry" ein, daß er von den Wissenschaftlern genüßlich zitiert wird. Die Skepsis der Kommunikationswissenschaftler in den USA ist daher verständlich. Larissa Grunig brachte sie auf den entscheidenden Punkt: „It may result as well from a reaction against image as associated with the value of branding products in the advertising industry" (1993, 137). So litt denn der Imagebegriff unter dem schlechten Ansehen der Werbung, das die Wissenschaftler auch im Publikum vermuteten. James Grunig führte außer seinen wissenschaftlichen Skrupeln jedenfalls auch solche eher unwissenschaftlichen Motive an:

On a more emotional level, however, I dislike „image" because of the negative connotative meanings that most people have for it. The average person sees „image" as the opposite of reality – as an imitation of something, as Cutlip put it. In everyday language, images are „projected", „manipulated", „polished", „tarnished", „dented", „bolstered", and „boostered" … I believe that „image" suggests that public relations deal with shadows and illusions rather than reality (1993, 264).

So kämpfen die einen mit dem Polypenbegriff „Image" wie andere mit dem Polypenbegriff „Public Relations" selbst. Die Berührungsängste sind groß. Die Kommunikationswissenschaft war drauf und dran, den Umgang mit Images ausschließlich den Markenstrategen zuzuweisen.

Gerade deshalb wurden deutsche und amerikanische PR- und Marketingforscher im Januar 1992 in Berlin zusammengebracht, um, veranlaßt durch die Herbert Quandt Stiftung, gemeinsam der Frage nachzugehen: „Kann Image Gegenstand einer Public Relations-Wissenschaft sein?" Die kontroversen Standpunkte wurden sowohl in den USA wie in Deutschland veröffentlicht (Avenarius 1993, 65–70). Eine Annäherung wird ihre Zeit brauchen.

Sind Images machbar?

Was macht den Umgang mit den Images für viele Autoren so schwierig? Sie haben verschiedene, teils philosophische, teils psychologische Definitionen parat, die eher lästig als vorteilhaft sind. Das beginnt mit dem alten Imagobegriff antiker Philosophen. Sie stellen das Bild von der Wirklichkeit der Wirklichkeit selbst entgegen. Mit diesem Konzept verbinden sich zwei Anschauungen: Entweder man sieht in solchen Bildern nur Schatten und Illusionen und Imitationen, wie James Grunig und Scott Cutlip, und will sich daher nicht mit ihnen einlassen. Oder man behauptet, daß man die Wirklichkeit selbst nie erkennen könne und es daher auf jeden Fall nur mit Images zu tun habe.

So unterschiedliche Autoren wie Albert G. Sullivan 1965 in den USA und Klaus Merten 1992 in Deutschland kommen von der zweiten Alternative zu vergleichbaren Schlüssen über die zentrale Bedeutung des Images für Public Relations:

- Sullivan: „Images are the proper subject matter of public relations: a decision maker or communicator cannot simply replace images of reality with reality itself, only with other images" (1965, 240–249);
- Merten: „PR ist ein Prozeß intentionaler und kontingenter Konstruktion wünschenswerter Wirklichkeiten durch Erzeugung und Befestigung von Images in der Öffentlichkeit" (1992, 44).

Die „Konstruktion wünschenswerter Wirklichkeiten" ist eine recht kühne Vorstellung, die allen gängigen Vorurteilen der Skeptiker gegenüber dem Imagebegriff Vorschub leistet. Ihr entscheidendes Dogma: „Images sind machbar."

So sehen es nicht nur die „Konstruktivisten" unter den Kommunikationswissenschaftlern, sondern auch die Marketingforscher. Image sei ein Konstrukt, „das inhaltlich gezielt geplant werden muß", sagte Günther Haedrich auf der Stiftungstagung in Berlin. Gewiß gebe es da zwischen Einstellungen und tatsächlichem Verhalten einige „Störfaktoren", aber es komme halt darauf an, sie „so gut wie möglich unter Kontrolle zu halten" (1993, 252).

Images sind am Beginn ihres Lebenszyklus sicher machbar. Jede Organisation, auch jede Person hat ihren ersten Auftritt vor der Öffentlichkeit weitgehend in der Hand. Sie bestimmt, wie sie erscheinen will. Sie bereitet sich auch genau darauf vor. Amerikaner nennen dieses erste Eindruckschinden „Impression-Management".

Aber dann setzt ein Vorgang ein, der gerade die Praktiker stark beschäftigt: Das Publikum beobachtet eigenständig. Es macht sich sozusagen seine eigenen Bilder aufgrund eigener Vergleiche mit anderen umlaufenden Botschaften und Bildern. Es kann dabei recht eigensinnig, bisweilen sogar launisch sein. Dann werden plötzlich Marken für „in" oder „out" erklärt, ohne daß die sogenannten Imagekonstrukteure auch nur das geringste an ihren Strategien geändert hätten. Das Vor-Urteil von der Machbarkeit geht von einer Inferiorität des Publikums aus.

Images sind statt dessen primär die eher unberechenbare Reaktion des Publikums auf das Verhalten und den Auftritt einer Organisation. L. H. Bristol ist zuzustimmen, der schon vor einer Generation gesagt hat: „Whether you consciously do something about it or not, your organization will have a definite corporate image" (1960, XVI). Die eigentlichen Imagemacher sind die Publika.

Daher ist auch die moralische Meßlatte fragwürdig, die vor allem in der amerikanischen Imagedebatte zur Zeit dominiert. Dort heißt es, daß, wer sein Image machen oder beeinflussen will, damit einen ungebührlichen Einfluß nimmt, denn dies könne in letzter Konsequenz zur Beherrschung be-

stimmter Publika führen; wie überhaupt das asymmetrische Persuasionsmo-
dell in den USA vielfach mit einer moralischen Wertung behaftet wird, die
damit etwas zu voreilig in die wissenschaftliche Betrachtung von Images eingeht.

Wenn wir aber einen „Paradigmenwechsel" vornehmen und statt der
Machbarkeit von Images dem Publikum eine starke Eigenständigkeit unterstellen, könnten zwei moralische Fragen auch in umgekehrter Richtung gestellt werden: Erstens die eher ironische Frage nach der Rezeptionsmoral
des Publikums – darf es jedes unsinnige Klischee über eine Organisation
oder eine Menschengruppe auch wider besseres Wissen wiederholen? – und
zweitens die Frage der Rechtmäßigkeit. Es mag unrecht sein, ein falsches
Bild von sich zu suggerieren. Aber hat eine Organisation nicht ein Recht auf
ihr eigenes Image, genauer: auf die Korrektur abwegiger Vorstellungen?

Die Wissenschaftler sollten wissen, daß hier eine der wichtigsten Aufgaben auch moralisch einwandfreier Praxis liegt. Imagekorrekturen zwingen
Praktiker nicht „die herabwürdigende Rolle simpler Publicityagenten" auf,
wie Haberman und Dolphin annehmen (1988, 396). Sie sind vielmehr ein
wesentlicher Teil jedes Kommunikationsprozesses. Wie kann man mit Öffentlichkeiten kommunizieren, wenn diese nicht wissen, wer man ist?

Images beeinflussen das Verhalten einer Organisation genausosehr wie
das des Publikums. Organisationen re-agieren auf die Wahrnehmung ihres
Rufs; sie berücksichtigen die Einschätzungen, die das Publikum mit ihrem
Ruf verbindet. Der Aufbau eines Images ist daher der ununterbrochene
Prozeß wechselseitiger Beeinflussungen zwischen einer Organisation und
ihren Publika.

Nur ein einziges amerikanisches PR-Autorenteam – Baskin und Aronoff –
kommt diesem Praktikerkonzept nahe. Sie schreiben:

An organization's image is a composite of people's attitudes and beliefs about the organization. Images can not be communicated directly. They are built over time, developed through the cumulative effect of many messages. Such messages, which take
many forms, are frequently not transmitted intentionally (1988, 62).

Psychologische Annäherungen

Wie Images entstehen, hat lange vor Baskin und Aronoff die Psychologen
beschäftigt, und auf deren Untersuchungen basieren die Theorien der Mar-
ketingfachleute und Marktpsychologen. Dabei dominierte zunächst die
Wahrnehmungspsychologie, und gerade sie verführte die PR-Leute zu drei
schiefen Schlußfolgerungen:

Erstens identifizieren Wahrnehmungspsychologen ein Image mit einer
Reihe verwandter Begriffe: mit Wissen, mit Einstellungen, mit Schemata
und Stereotypen, also ungefähr mit allem, was in den Köpfen der Menschen

vorgeht; folglich auch mit allem, was in die Köpfe gelangt. Haberman und Dolphin definieren Images sogar als das Produkt von Botschaften: „Image is the reproduction of the thoughts or feelings of the sender" (1988, 15). Dieser Nachteil führt dazu, daß das Verhältnis zwischen der Aussage eines Senders und dem Verständnis bzw. Mißverständnis des Publikums als zentrales Problem der Imagegestaltung angesehen wird. Das ist es nicht. Es ist eher das zentrale Problem jedes Dialogs.

Der zweite Nachteil bei der Anwendung der Wahrnehmungspsychologie ist die Versuchung, alle möglichen Objekte als imagefähig anzusehen, also auch Gold, Mozart, den Kölner Dom und so weiter. Dieser Betrachtungsweise folgt Kotler, wenn er sagt, „Image is the set of beliefs, ideas and impressions that a person holds of an object" (1991, 570). Er meint sicher: „of any object". Für PR-Praktiker sind solche Objekte höchstens Versatzstücke zu einem Image: Gold zum Image eines Olympiasiegers, Mozart zum Image von Österreich, der Dom zum Image von Köln.

Der dritte Nachteil liegt in der Tendenz, die uns interessierenden Phänomene eher individualpsychologisch als gesellschaftspolitisch zu interpretieren. In der Individualpsychologie mag der Unterschied zwischen dem Image als Abbild und der tatsächlichen Realität eine Rolle spielen. Als einzelner werde ich mich selbstverständlich darum bemühen, ein möglichst reelles Bild von einer Organisation zu erhalten. In dem Publikum, dem ich mich zurechne, operiere ich aber mit den vorhandenen Bildern von ihr. Gesellschaftspolitisch und damit kommunikationspraktisch sind Images Realitäten und waren es schon immer.

Die Eigentümlichkeiten von Images

Was also sind Images? Die entscheidenden Anstöße für eine PR-adäquate Betrachtung kamen aus der deutschen „Gestalt"-Psychologie (die auch im Englischen so heißt). Sie besagt, daß die Welt in unserer Wahrnehmung nicht als eine Summe von Einzeleindrücken erlebt wird, sondern in vorgeordneten Ganzheiten, die sich das Gehirn aufgrund seiner ihm angeborenen Fähigkeit des Gestaltens zusammenfügt.

Die Bilder, die wir uns von Organisationen machen, sind etwas Gesamthaftes, also mehr als die Summe von Teileindrücken. In solche Bilder geht etwas von uns selbst ein: Wertungen, Erinnerungen, Zuordnungen zu anderen Bildern und dergleichen. Das macht sie recht resistent gegenüber flüchtigen Botschaften, mit denen man sie korrigieren will.

Diese Resistenz hängt mit der starken Subjektivität von Images zusammen. Es handelt sich ja tatsächlich um Bilder, die das Subjekt „gestaltet". Kenneth Boulding, der große Marktpsychologe am Anfang der Imageerörterung, sprach vom „subjektiven Wissen", das durch Raum, Zeit, persönliche Beziehung, Wertmaßstäbe etc. determiniert ist und verschiedene Dimensionen des Bewußtseins bzw. des Unterbewußtseins aufweist (1958, 9f.). Gerhard Kleining, einer der ganz frühen deutschen Imageautoren, nennt Images Projektionen psychischer Energie auf gegebene Reize. Sie zeigen, wie eine Person ihre Umwelt erlebt. Das Image wird hier nicht als Verfälschung der Realität angesehen, sondern als legitimer seelischer Komplex interpretiert (1958, 64).

Ein Publikum verarbeitet also nicht nur die empfangenen Einzelbotschaften einer Organisation in umfangreichen kognitiven oder semantischen Analysen. Es formt sich sein Bild von dieser Organisation, indem es eigene Vermutungen und Erwartungen hinzufügt; kurz gesagt: es verschafft sich selbst ein Bild davon. Images bestehen sowohl aus aufgefundenen wie aus erfundenen Bestandteilen.

PR ist also nicht zu definieren als Erzeugung und Befestigung von Images, wie Merten und viele Marketingleute sagen; PR ist höchstens zu definieren als der Umgang mit Images. Wir haben zu lernen, mit Images zu leben.

Das erfordert als erstes Geduld. Images sind aufgrund der Eigensinnigkeit der Publika sehr stabil. Sie können jahrzehntelang von der Wirklichkeit Lügen gestraft werden. Einer Sportmarke unter den Automobilen haftete die Sportlichkeit auch in langen Perioden einer eher abartigen Produktpolitik an; ihr Image äußerte sich dann in einer ungeduldigen Erwartungshaltung und in einer überdehnten Kritik an den nicht diesem Vorstellungsbild entsprechenden, nicht „imageadäquaten" Produkten. Dabei reagierten Presse und Publikum nahezu synchron.

Vergleichbare Phänomene haben wir auch bei den Bildern der Völker voneinander. Über friedfertige oder kriegerische Nationen herrschen festgefügte, nahezu atavistische Vorstellungen, die bei jedem kleinen Indiz hervorbrechen, das auf den „wahren Charakter" hinter dem angelernten Firnis zu verweisen scheint. Images reizen daher zum Teil zu immer wieder denselben affektiven Reaktionen.

Aber Images unterliegen gerade wegen ihrer subjektiven und damit emotionalen Ausprägung auch einer starken Dynamik. Mancher Experte betont den Prozeßcharakter von Images, ihre Unvollständigkeit und Offenheit, die Raum für Akzentuierungen und Korrekturen lasse. Häufig geschieht dies durch Veränderungen in dem, was man – in der gleichen Begriffswelt bleibend – den Hintergrund eines Bildes nennen könnte: Wenn sich das Koordinatensystem der Werte verschiebt, die für ein Publikum maßgebend sind, fallen neuer Glanz oder neuer Schatten auf das ihm vertraute Bild von einer Organisation. Deren soziales Umfeld ist immer für Überraschungen gut.

Imageträger und Imagetransfers

Publika haben Images nicht nur von Organisationen. „Vom Image der politischen Persönlichkeit über das Image von Eisschränken bis hin zum Image der Gartenzwerge wird das Gesamtgebiet des sozialen Seins gewissermaßen durchimaginisiert", klagte Heinz E. Wolf in den sechziger Jahren. Kurt R. Hesse, der dieses Diktum mitteilt, weist auch darauf hin, daß Ernest Dichter für sich reklamiere, als erster den Imagebegriff im Sinne von „Markenpersönlichkeit" verwendet zu haben (Hesse 1992, 28f.). Das war, wenn es so war, 1939.

Nach dem Krieg wurde dieser Begriff für Verbrauchsgüter immer wichtiger. Je weniger sich deren Qualität und Funktion unterscheiden ließen, um so wichtiger wurde ihr „psychologischer Mehrwert", ihr Ansehen, ihre Ausstrahlung, ihre Aura, eben ihr „Image", wie man seit den fünfziger Jahren ganz allgemein sagt.

Schon kurz darauf, so stellte der amerikanische Werbefachmann G. A. Flanagan 1967 fest, „a new phrase, corporate image, exploded into the realms of public relations and advertising" (1967, 63). Flanagan schrieb allerdings auch, daß dieser Begriff keineswegs so neu gewesen sei. Schon seit 1908 war AT&T ganz dezidiert und ausdrücklich um „image building" bemüht (L. Grunig 1993, 136). Vermutlich war der Begriff also zunächst von PR-Leuten angewandt worden, bevor sich die Marketers seiner bemächtigten. Die Anstrengung selbst aber gibt es sicher schon genauso lange, wie es Public Relations gibt: seit Menschengedenken.

Wichtig ist es festzuhalten, daß es für ein einziges Stichwort mehrere unterscheidbare Imageträger geben kann. BMW zum Beispiel steht a) für einen Konzern (corporate image), b) für eine Marke (Automobile sowohl als Motorräder), c) für einzelne Produkte und d) für die BMW-Fahrer (Anwenderimage, häufig ein prekäres Feld).

Im Fall BMW sind die psychologischen Qualitäten der Einzelimages nahezu identisch, und unser Koordinatensystem an Werten und Lebensanschauungen – „der Bildhintergrund" – kann sie mühelos einander zuordnen. Imagetransfers werden dadurch möglich, das heißt die von einem Publikum nachvollziehbare Charakterisierung eines in der Regel schwächeren Imageträgers durch die Charakterzüge eines stärkeren.

Hingegen gelingen in vielen Großkonzernen, die aus eher unbekannten Holdings und zahlreichen selbständig operierenden Divisions mit heterogenen Markenimages bestehen, solche Transfers kaum. Daimler-Benz ist hierfür ein Beispiel: Die Deutsche Aerospace oder die AEG haben andere Bildhintergründe als die Mercedes-Automobile. Um wie vieles riskanter ist die Behauptung von Imagetransfers zwischen einer Organisation und einer von ihr gesponserten fremden Aktivität!

*Imagekomponenten und **Imageanalysen***

Bevor wir uns mit der Frage beschäftigen, wieweit und wodurch die Images der Publika durch Organisationen beeinflußbar sind, müssen wir analysieren, aus welchen Komponenten Images bestehen. Diese Komponenten sind zugleich die Grundtatbestände, die bei jeder Imageanalyse erfaßt werden.

Solche Analysen entstehen aus Befragungen derjenigen Teile der Öffentlichkeit, in denen man Images über die eigene Organisation oder ihr Angebot vermutet. Dazu dient in der Regel die demoskopische Methode, also die Auswahl von mehreren hundert bis rund zweitausend Personen als repräsentativen Querschnitt durch den entsprechenden Bevölkerungsteil, und ihre mündliche Befragung aufgrund eines einheitlichen und vorab auf Verständlichkeit getesteten Fragebogens.

Gefragt wird zuerst nach der Bekanntheit einer Organisation. Nur wer bekannt ist, von dem kann ein Bild existieren. Der Bekanntheitsgrad ist daher das erste Kriterium einer Imageanalyse, und sich bekannt zu machen die erste PR-Aufgabe, die daraus eventuell folgt.

Für etablierte Marken und Organisationen in etablierten Meinungsmärkten ist das Bekanntmachen kein aktuelles Problem. Aber der Kampf um das begrenzte Erinnerungsvermögen der Menschen ist groß. Aus 1800 Wörtern besteht der durchschnittliche Wortschatz eines Deutschen. Bernd M. Michael hat diesem Vermögen 3228 Marken gegenübergestellt, die mit einem jährlichen Werbeetat von je über 1 Million DM zusätzlich in die Köpfe der Deutschen gelangen wollen: über Namen oder Signale und möglichst mit ein paar Wissensbeständen.

Hier ist Werbung und Publicity angezeigt, in einer späteren Phase auch das zweite Grunigsche Modell der Information. Das gilt selbst für sozusagen intellektuelle Wissensbestände, wie die Aktivitäten der Organisation, ihr Standort, ihre Größe – im Vergleich zu Wettbewerbern –, ihre Organisationsform und ihre Führungsstruktur. Solche Wissensbestände werden in einer Imageanalyse daher als nächstes abgefragt, sei es „gestützt" – mit multiplen Vorgaben – oder „ungestützt".

Sich mit Wissenswertem bekannt zu machen heißt, in den Publika gewisse Schemata zu verankern; zu Images werden sie erst durch zwei weitere notwendige Komponenten.

Die zweite Komponente eines Images nach der Bekanntheit ist das Ansehen; manche sagen dafür: der Ruf, die Reputation. Wenn Wirtschaftsmagazine, wie das amerikanische FORTUNE und europäische, wie MANAGER MAGAZIN oder LE POINT, die „Images" der 100 oder 500 größten Unternehmen ermitteln, haben sie ausschließlich diese Komponente im Auge.

Abbildung 16: Bernd M. Michael: „Bei einem Wortschatz der Deutschen von durchschnittlich 1800 Wörtern versuchen 3228 Markennamen mit jährlich über jeweils 1 Mio. DM Werbeetat zusätzlich in deren Köpfe zu gelangen."

Auch viele Wissenschaftler möchten am liebsten nur davon handeln, zum Beispiel Scott Cutlip, der 1991 noch von „that good old-fashioned word reputation – not image" schwärmte, oder P. N. Furbank, der 1970 in seinen Reflexionen über das Wort „Image" der Geschäftswelt vorschlug, dieses Wort durch „Reputation" zu ersetzen:

To have a reputation implies that other people are actively making some kind of assessment of you, whereas public image merely implies that people passively acquire certain associations, or conditioned reflexes to your name (1970, 142).

Der amerikanische Kriterienkatalog für eine gute Reputation ist älter und umfassender als die europäischen. Als „key attributes of reputation" gelten für FORTUNE:
- Quality of management: Qualität der Führung
- Financial soundness: Finanzielle Solidität

- Quality of products or services: Produkt- und Kundendienstqualität
- Ability to attract, develop, and keep talented people: Qualität der Personalpolitik
- Use of corporate assets: Mittelverwendung (Gewinnausschüttung oder Reinvestition)
- Value as long-term investment: Anlagewert für Aktionäre
- Innovativeness: Innovationskraft
- Community and environmental responsibility: Verantwortungsbewußtsein gegenüber der Umwelt.

Gefragt werden in der Regel die Kenner, nicht das allgemeine Publikum. FORTUNE erklärt Jahr für Jahr „how it was done":

More than 8000 senior executives, outside directors, and financial analysts were asked to rate the ten largest companies in their own industry (or sometimes a shorter list) on eight attributes of reputation, using a scale of zero (poor) to ten (excellent) . . .

Für die Börsenbewertungen gibt es spezielle Ratingsysteme. Ratingagenturen prüfen die Bonität einer Firma vor allem nach finanziellen Kriterien. Verleihen sie oder entziehen sie ihr die höchste Stufe, einen Triple A, so geht die Meldung darüber durch die ganze Wirtschaftspresse. Moody's und Standard & Poor, die beiden bekanntesten Agenturen, bewerten von AAA über AA, AI (oder A+) nach BBB und so weiter bis C.

Kreditwürdig müssen nicht nur die großen börseneingeführten Werte sein. Selbst der kleinste Handwerksbetrieb und über den wirtschaftlichen Bereich hinaus nahezu jede Organisation sind auf die Zwischenfinanzierung ihrer Aktivitäten angewiesen. Wer Geld braucht, braucht einen guten Ruf. Dazu ist über die ordentliche Geschäftsführung hinaus eine akkurate Rechenschaft erforderlich. Die institutionelle PR bietet dafür die Handhabe.

Mit einem guten Ruf verbinden sich Achtung und Anerkennung. Jedoch dürfte dabei zwischen dem Ansehen unter Kennern und dem in einem größeren Teil der Öffentlichkeit zu unterscheiden sein. Die oberen Führungskräfte der Wirtschaft rückten 1989/90 und erneut 1993/94 BMW auf den ersten Platz der Liste des MANAGER MAGAZINS (mit 647 und 603 von 700 Punkten) vor Daimler-Benz (624 bzw. 513) und Siemens (603 bzw. 548). Die westdeutsche Bevölkerung sah die Reihenfolge ganz anders. Bei ihr ermittelte das Sample-Institut, Mölln, zu den gleichen Zeitpunkten andere Reihenfolgen. Die angesehensten Firmen waren 1989/90 und 1993/94:

- Daimler-Benz für 14% aller Befragten, 1993/94 mit 7% noch auf dem 2. Platz
- VW für 8%, so auch 1993/94, damit auf dem 1.Platz
- Siemens für 6% respektive 5%, damit 3. Platz, und
- BMW für 2% respektive 4% und damit erst auf dem 4. Platz.

Eine Organisation ist also gut beraten, nicht jede veröffentlichte Image-analyse für bare Münze zu nehmen. Sie sollte sich vorab fragen, in welchen Kreisen sie Ansehen und Achtung genießen muß, und sie sollte folglich nicht nur auf Analysen bauen, die die Medien ihr andienen. Medien sind darauf bedacht, ihre eigenen Leserschaften als entscheidende Teilöffentlichkeiten darzustellen. Diese sind aber nicht unbedingt mit den Teilöffentlichkeiten und Zielgruppen der Organisation identisch.

Eine Organisation sollte sich auch fragen, wie weit sie auf Popularität und Sympathie bedacht sein muß. Beide Kriterien haben – anders als Achtung und Anerkennung – keineswegs ausschließlich mit der Reputation zu tun. Man kann sich im Gegenteil vorstellen, daß selbst ein schlechter Ruf mit großer Popularität zusammengeht. In den Künsten ist dies bisweilen der Fall.

Sympathie und Popularität hängen meist von der dritten Komponente eines Image ab: dem Profil. Erst ein spezifisches Profil unterscheidet eine bestimmte Organisation von ihren Wettbewerbern am Meinungsmarkt. Daimler-Benz und BMW mögen gleich hoch angesehen sein. Ihre Publika sehen in ihnen aber auch unterscheidbare Marken-„Persönlichkeiten". Gleiches gilt für zwei konkurrierende gleich starke Parteien – z. B. CDU und SPD –, gilt für die gleichermaßen hoch angesehenen Kirchen – die katholische und die evangelische – und für jede Organisation, die nicht gerade über ein Monopol verfügt. Aber selbst dann werden Profile verglichen, z. B. das der jetzigen Bundesregierung mit ihren Vorgängerinnen, das des Bonner Staates mit dem Weimarer usw.

Mit dem Kriterienkatalog der Wirtschaftsmagazine sind Profile nicht zu erfassen. Auch die Rangfolge spielt hier keine Rolle, sondern der Vergleich. Profile ergeben sich aus Polarisierungen. Gemessen werden folglich „Polaritätenprofile", wobei in der Regel gegensätzliche Aussagenpaare und eine Skala von Zwischenwerten vorgegeben sind.

Erst Profile führen zu Sympathien oder Antipathien. Dann lautet eine – auch abfragbare – Schlußfolgerung im Publikum: „Ich mag diese Marke/ mag sie nicht"; „Es wäre schade, wenn es X nicht mehr gäbe/es wäre nicht schade".

Es ist zweifelhaft, ob man es immer allen recht machen kann. Wer sich um ein ausgeprägtes Profil bemüht, eckt leicht irgendwo an. Das kann durch intellektuelle Redlichkeit aufgefangen werden. Prinzipiell sollte gelten:

Das Ansehen einer Organisation muß untadelig sein. Ihr Profil darf Kanten haben.

Einflußmöglichkeiten

Wer versucht, sein Image zu verbessern, wird in der Regel auf drei Möglichkeiten verwiesen: Er setze entweder auf Medienkontakte oder auf das

Marketing oder auf das eigene Erscheinungsbild. Auf die Wissenschaft setze er besser nicht. „No theory of image formation exists", hat Larissa Grunig gerade erst festgestellt (1993, 137).

Die Medienschiene bevorzugen die Manager. 65% (1992: 73%) von ihnen sehen in einem verbesserten Kontakt zu den Medien die „wichtigste Maßnahme zur Verbesserung des Firmenimage", wie das MANAGER MAGAZIN anläßlich seiner großen Imageuntersuchungen immer wieder ermittelt, gefolgt von der Teilnahme an Messen und der Werbung in den Medien. Manager, so schrieb das Magazin dazu, haben einen starken Glauben an die Machbarkeit – also Manipulierbarkeit – von Meinungen (5/1992, 49).

Das ist in der Tat ein starker Glaube. Er beinhaltet die Zuversicht, daß die Presse die erwünschten Imagekomponenten wiedergibt, die man ihr zureicht. Das trifft nicht einmal auf die Wirtschaftspresse zu, so andächtig diese in der Regel zuhört. Was aber bleibt davon beim Leser hängen? Was macht er damit?

Dennoch ist eine gute Presse für zwei der drei Imagekomponenten wichtig: für die Aufrechterhaltung der Bekanntheit und für den Ruf. Dabei darf es nicht um Alvessons „Window Dressing" gehen. Entscheidend ist die Unternehmensleistung vor dem Medienkontakt: der Aufbau von „Substance".

Leute, die es für möglich halten, daß „Images am Reißbrett entstehen und durch geeignete Strategien in die Öffentlichkeit getragen werden", wollen den PR-Mann gerade von solchen Skrupeln befreien. „Die Verpflichtung auf Wahrheit", so empfehlen Merten und Westerbarkay (1994, 207), „ist für ein Image nicht bindend, sondern überflüssig und besitzt im Zweifelsfall nur mehr den Stellenwert einer operativen Fiktion." So ausschließlich diese beiden Wissenschaftler die PR-Funktion „unter konstruktivistischer Perspektive" (205) definieren als „die Freiheit, Images zu konstruieren", so folgerichtig behaften sie sie mit „Problemen" und barmen über „das Image der Image-Konstrukteure" (210).

Sie sind übrigens nicht die einzigen, die sich erst über einige essayistische PR-Erklärungen mokieren, dann das Fehlen einer allseits anerkannten Definition beklagen und diesen Umstand der PR-Zunft zuschreiben statt dem Unvermögen der Gelehrtenwelt, sich auf eine geeignete Formel für den etwas komplexen Sachverhalt PR zu einigen; die sodann ihre eigene, durch schroffe Einseitigkeit anfechtbare Definition vorlegen und just daraus die Legitimation ableiten, der Praxis mit erhobenem Zeigefinger ein dubioses, wenn nicht gar unethisches Verhalten zu unterstellen. Michael Kunczik verfährt genauso. Er setzt PR mit Propaganda gleich und entrüstet sich sodann darüber weidlich.

Die zweite Möglichkeit, ein Image zu verbessern, bietet das Marketing

mit seiner geballten Kraft an. Über die Werbeschiene lassen sich Marken-
kerne entweder reaktivieren oder aktualisieren (wobei der Ausdruck
„Marke" durchaus auch auf andere Gebiete übertragbar ist). Im Marken-
kern wird erfaßt, was für das Produkt oder die Organisation das Wesentliche
ist. Es wird untersucht, ob ihr Anliegen noch glaubhaft, noch vertretbar,
noch erfolgversprechend ist oder ob es angereichert werden muß mit neuen
Schlüsselsignalen. Die Werbung arbeitet dazu mit neuen Farben, neuen
Schriften, einer neuen Diktion. Die PR fügt Schlagworte hinzu wie Umwelt,
Dritte Welt und ähnliche gängige Aspekte. Schließlich wird eine spezifische
Kompetenz behauptet: Nur die betreffende Marke habe die ausreichende
Kompetenz, Lösungen für ein spezifisches Problem anzubieten.

Das alles sind Möglichkeiten, die viel Kreativität und anschließende Beharrlichkeit voraussetzen; die auch zu regelrechten erbitterten Auseinandersetzungen führen können, bei denen Images eher zerstört als aufgebaut
werden. Berüchtigt waren die „Cola Wars" der achtziger Jahre: Pepsi gegen
Coca. Aber nur wenige können diesen Kampf um Aufmerksamkeit und Zuwendung für sich entscheiden. Es ist daher ein riskanter Weg, Images über
das Marketing aufzubauen.

Gleiches gilt für das noch immer höchste Ziel jedes Sportsponsorings.
85% der im Sport engagierten Unternehmen suchen dadurch einen Imagetransfer, ermittelte das Kölner Institut Sport+Markt über die Jahre in
seinem „Sponsoringbarometer". Wie sportlich und jugendlich müßte es da
doch eigentlich auf den Märkten zugehen!

So bleibt nur eine dritte Möglichkeit, wie eine Organisation ihr Image in
einer Teilöffentlichkeit verbessern kann: durch die Arbeit an ihrem Erscheinungsbild.

Das ist mehr als Window Dressing. Da wir gelernt haben, aus welchen unterschiedlichen Quellen und Vorkommnissen Publika ihre Images aufbauen,
dabei zu gesamthaften Vorstellungen gelangen, die eigene Wertungen einbe-
ziehen und Zusammenhänge herstellen, die wir auf Anhieb nicht vermuten
würden, beinhaltet ein imageintendierendes Erscheinungsbild die Hand-
lungsweisen, den Auftritt und die Aussagen der gesamten Organisation in
der Öffentlichkeit. Folglich müssen alle ihre Aktivitäten – bei einer industriellen Organisation z. B. Technik und Verkauf, Finanzen und Personalpolitik, Marketing und PR – in einem strategischen Planungsprozeß zusammengefaßt werden. Der Amerikaner L.B. Moore forderte schon 1960, daß
PR diese Anstrengungen zu koordinieren habe (1960, 14–22).

Zwar kann auch bei einem solchen Prozeß niemals sichergestellt sein, daß
die eigenen Vorstellungen von der eigenen Organisation – das „Eigenimage"
– von der Außenwelt als „Fremdimage" vollständig übernommen wird. Dazu
enthalten Images normalerweise zu viele Übertreibungen und Verzerrungen.

Aber eine gesamthaft operierende Organisation hat eher die Möglichkeit, zur Korrektur eines einseitig wahrgenommenen Images Verifizierungen anzubieten. Das gibt ihr innere Stärke und äußere Überzeugungskraft.

Imagestrategien

Im PR-Alltag kann man grob zwischen zwei PR-Hauptzielen unterscheiden: erstens die Durchsetzung von Meinungsinhalten zu bestimmten, relativ klar umrissenen Sachverhalten und zweitens die Beeinflussung des Image, das in der Außenwelt von der eigenen Organisation existiert. Das erste Ziel wird durch PR-Kampagnen mit kommunikativen Mitteln in kurz- oder mittelfristigen Planungszeiträumen anvisiert. Das zweite Ziel ist ein eher langfristiger Prozeß, der nur gelingt, wenn sich die ganze Organisation einer gesamthaften Ausrichtung unterwirft. Es ist ratsam, in diesem Fall nicht leichtfertig von Kampagnen, sondern von Strategien zu sprechen. Beim Image geht es nämlich ums Ganze, und das Ganze ist Angelegenheit von Strategien.

Ein strategisches Management ist nicht jedermanns Sache. Es erfordert mehr als das traditionelle schnelle Kalkül. Es kultiviert eine Denkweise über den Tag und das eigene Tätigkeitsfeld hinaus. Es bezieht alle Analysen und Planungen einer Organisation in die eigenen Überlegungen ein. Es unterwirft sich Abstimmungsprozessen, um ein gesamthaftes Konzept zustande zu bringen. Es berücksichtigt dabei alle möglichen – auch alternativen – Wirkungen auf die Außenwelt und deren Reaktionen. Es bedenkt vor allem die längerfristigen Entwicklungen, denn es verliert nie seine langfristige Zielsetzung aus dem Auge.

Bezogen auf das Image kann sich die PR-Fachkraft glücklich schätzen, in deren Organisation ein solches strategisches Denken überall gepflegt wird. Mehrere Entwicklungsschritte sind nämlich von allen zu leisten, wenn es zu einem den eigenen Vorstellungen angenäherten Image kommen soll.

Eine Imagestrategie muß zunächst das Ziel verfolgen, der eigenen Organisation oder Marke zu einer eindeutigen Identität zu verhelfen. Diese Aufgabe ist so entscheidend, daß, wie drei amerikanische Autoren feststellten, viele Firmen lieber von „Corporate Identity" (= CI) als von „Image Building" sprechen (Wilcox u. a. 1989, 22). Andere nennen es die „Unternehmenspersönlichkeit".

Zur Identität gehört mehr als ein paar ausgeprägte Charakterzüge. Herauszuarbeiten sind drei voneinander unterscheidbare Bestandteile der CI:
–   das kohärente Selbstverständnis ihrer Mitglieder: die „corporate philosophy";
–   ein identifizierbares Erscheinungsbild: das „corporate design" und
–   ein geschlossenes Auftreten: das „corporate behavior".

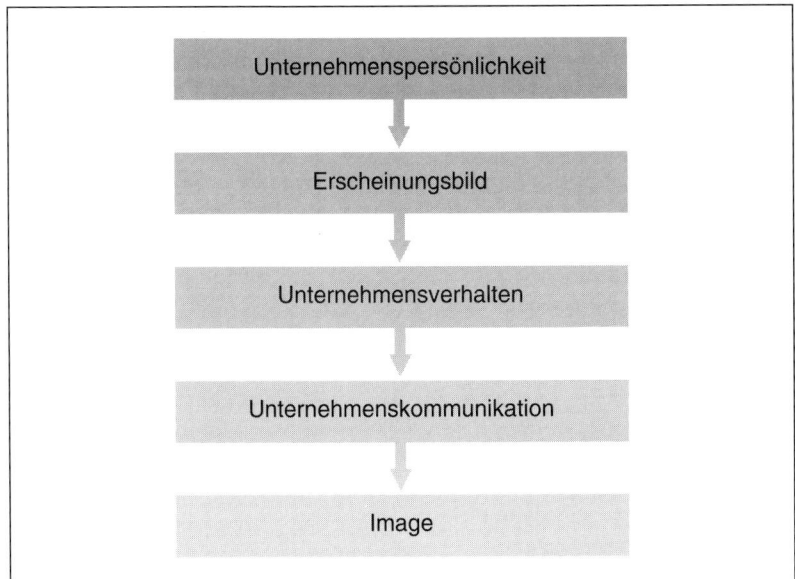

Abbildung 17: Die griffigste Darstellung, wie ein Image aus der richtigen Deduktion seiner Elemente beeinflußt werden kann, bot Alexander Demuth (1988, B 21).

Das kohärente Selbstverständnis einer Organisation erfassen zu wollen, ist häufig der schwierigste Teil des ganzen Unterfangens. Nur wenige Organisationen sind nicht mit Traditionen behaftet und dadurch mit Traumata oder Legenden durchsetzt; nur wenige verfügen über eindeutige und eingrenzbare Ziele, über völlig gleichgesinnte Mitglieder mit gleichartigen Reaktionsmustern gegenüber Öffentlichkeiten und über eine stromlinienförmige Marschrichtung.

In allen anderen Fällen muß komplexeren Sachverhalten Rechnung getragen werden, insbesondere den bereits in den Öffentlichkeiten kursierenden Images. Die dort wahrnehmbaren Bestandteile einer Unternehmensphilosophie oder auch die auf die Organisation applizierten pauschalen Vorurteile – zum Beispiel die Radikalität einer Gewerkschaft, die Frömmigkeit eines Ordens, die Sportlichkeit einer Marke – sind zu berücksichtigen und mit neueren Tatbeständen anzureichern. Darüber hinaus sind die Grundsachverhalte einer Organisation, das, was sie aus sich selbst heraus darstellt, zu prüfen und im Licht der öffentlichen Beurteilung zu betrachten.

Auch wird man tunlichst bemüht sein, die Unterschiede gerade zum nächsten Wettbewerber herauszuarbeiten, da es sich hierbei in der Regel um den ärgsten Konkurrenten handelt. Dies geht in späteren Ausformulierungen für die Öffentlichkeit selten ohne einen Hauch von Diffamierung ab, obwohl gerade sie vermieden werden sollte. Wer sich in solcher Form wiederholt an einem Gegner reibt, ruht nicht in sich selbst. Parteien machen am ehesten diese Erfahrung. Wie häufig werden ihre Aussagen nur als feindfixiert wahrgenommen.

Die – zunächst nur für interne Zwecke des Briefings erstellte – corporate philosophy ist die Grundlage für das angestrebte Erscheinungsbild, das corporate design. Dessen Ausformungen haben sich schließlich danach zu richten, ob man sich konservativ oder modern oder avantgardistisch, zurückhaltend oder aggressiv, bescheiden oder triumphierend geben will. Formen und Farben und Materialien richten sich danach. Alles sind Signale, aus denen Öffentlichkeiten ihre Rückschlüsse ziehen.

Symbole, Produktdesign und Architektur sind die dominierenden Faktoren. Sie sollten im Idealfall stimmig sein. Aber gerade hierbei ist häufig Gegebenheiten Rechnung zu tragen, die nicht leicht zu beeinflussen sind. Eine Bank, die sich der Modernität verschrieben hat, tut sich schwer mit den altehrwürdigen Fassaden ihrer Stadtresidenzen.

Bei Organisationen, deren corporate design nur realisiert werden kann, wenn auch die autonome Handelskette mitzieht, müssen lange Zeiträume für die Durchsetzung eingeplant werden. Bei Edeka-Läden mag es genügen, eine entsprechende Namensleiste anzubringen. Automobilhändler haben die ganze Architektur ihrer Häuser anzupassen. Die Einheitlichkeit der Briefköpfe und Rechnungsbögen und Visitenkarten und dergleichen mehr kommen hinzu.

Der Erfolg solcher Maßnahmen, wo sie gelingen, ist verblüffend. Die entsprechenden Organisationen verfügen sprichwörtlich weltweit, also bis in die arabische Wüste oder den indischen Urwald, über einen gleichförmigen Auftritt, der globale Präsenz suggeriert.

Das Erscheinungsbild ist nicht die einzige, wenn auch vielfach dominierende Signalwelt einer Organisation. Für viele, insbesondere mit Dienstleistungen befaßte Organisationen spielt ein anderer Faktor die letztlich entscheidende Rolle: ihr Auftritt, das corporate behavior. Meist hängt erst davon ab, ob eine Bank oder eine Behörde, ein Hilfsdienst oder eine Armee mit positiver Resonanz rechnen dürfen. Dabei zählt in der Breite vor allem das Verhalten der einzelnen Mitglieder gegenüber Kunden oder Betroffenen oder auch nur gegenüber Passanten. Nach innen haben sich daher die größten Anstrengungen solcher Organisationen zu richten.

Zum Verhalten einer Organisation gehört auch ihre Diktion in Reden, Anzeigen und Geschäftsbriefen. Zieht sich nicht bei mancher durch alle Verlautbarungen ein Hauch von Arroganz? Ist bei anderen nicht eine Lautstärke wahrnehmbar, die krächzend anmutet? Die Tonalität des eigenen

Abbildung 18: Das beste Beispiel einer Organisation wie aus einem Guß ist bis auf den heutigen Tag die Olympiade 1972 in München. Das von Willi Daume vorgegebene Konzept der „heiteren Spiele von München" wurde architektonisch von Günter Behnisch, gestalterisch von Otl Aicher und programmatisch von Willi Daume selbst verwirklicht. „Ausgehend vom allgemeinen Olympia-Emblem, einheitlichen Farben und Farbkombinationen sowie einer einheitlichen Schrift, werden alle im Zusammenhang der Spiele stehenden Plakate, Zeichensysteme (Piktogramme), Informationstafeln, Veranstaltungskalender, Prospekte, Programme, Kataloge, Fahnen, Eintrittskarten, Münzen, Briefmarken, Anstecknadeln, Anhänger, Bulletins, Werbeträger, Publikationen und sonstigen Objekte bis hin zur Olympiamode nach Prinzipien gestaltet, die den liebevoll-festlichen, harmonischen und künstlerisch hochrangigen Rahmen der Spiele unterstreichen", heißt es im Vorwort der Dokumentation ›Kunst + Design, Kultur Olympia‹ zu Ehren von Willi Daume, Preisträger der Stankowski-Stiftung 1986.

Auftritts will bedacht sein und sollte zum übrigen Erscheinungsbild „passen". Darauf haben Öffentlichkeitsarbeiter zu achten.

In der Regel kann sich keine Organisation ihre Gesprächs- oder Geschäftspartner auswählen; aber auf dem mäzenatischen oder dem gesellschaftspolitischen Feld ist dies durchaus möglich. Kommt es hier zu Stimmigkeiten, also zu einer wahrnehmbaren Korrelation des gewählten Feldes mit der eigenen Organisationskultur, ist die Signalwirkung stark. Sie schafft keinen „Imagetransfer", aber eine zusätzliche respektvolle Beachtung der eigenen Identität.

Ein analoges Vorgehen empfiehlt sich für Marken- und Produktimages. „Produktphilosophie" ist ein etwas hochgegriffenes, aber häufig benutztes Wort. Wichtig ist, daß der Markenkern herausgearbeitet wird: das Spezifische und Markante des eigenen Angebots. Das Marketing, das dies meist hervorragend leistet, sollte aber auch beachten, daß viele Waren heute unter großem Rechtfertigungsdruck stehen. Dann kommt es nicht nur auf gut formulierte Trotzreaktionen an – „ich rauche gern" –, sondern auf den Nachweis der Sinnfälligkeit der ganzen Gattung, neben dem Brand-Image also auf das Generic-Image, wie die Marketingschulen sagen (Zentes 1983).

Selbst das Corporate Behavior hat hier seine Entsprechung. Das Image der Anwender eines bestimmten Leistungsangebots prägt sehr stark das Image des Angebots. Wenn BMW-Fahrer als Raser gelten, ist Öffentlichkeitsarbeit angesagt. Verkaufsanzeigen suggerieren ihnen dann ein „souveräneres" Fahrverhalten, und den Kritikern des schnellen Autoverkehrs wird ein Sinn-Angebot gemacht: „Über den Umgang mit dem Auto" zu reflektieren, steht dann einer Automobil-PR gut an (Avenarius 1985).

Mythenbildungen

Manche Marken haben mehr als ein Image. Sie verkörpern einen aus wechselvoller Geschichte und gelebten Traditionen gespeisten Mythos. Der Begriff wird erst seit wenigen Jahren unter PR-Leuten diskutiert. Er entstand in der Automobilindustrie, um traditionsreiche Marken wie Mercedes oder Porsche von solchen abzugrenzen, die zwar über ein exzellentes Image, aber eben nicht über diese zusätzliche Strahlkraft verfügen, die imagekritische Zeiten überbrücken hilft; die sogar, wie im Fall Bugatti, die Existenz der Marke selbst überdauern.

Mythen können nicht geschaffen werden. Sie entstehen, wie es in firmeninternen Studien heißt, wenn Personen oder Gegenstände prototypisch Sehnsüchte und Wunschbilder einer Zeit verkörpern. Sie sind also keine Kopfgeburten, sondern von Leidenschaften geprägte Herzensanliegen, um die sich Kulte und Legenden ranken. Herausragende Figuren werden zu Heroen; man denke an James Dean, John F. Kennedy, die Beatles, aber auch an einen Alfred Krupp, einen Rockefeller, einen Rathenau. Große Institutionen werden von Geheimnissen umgeben: die Kurie, die Freimaurer, die Ruhrbarone, die Pressemogule ...

Mythen können daher quer zu zukunftsorientierten Imagestrategien liegen. Entmythologisierungen sind dann erforderlich. Sie geschahen am sichtbarsten bei der Wandlung der Firma Fried. Krupp nach dem Zweiten Weltkrieg von der „Waffenschmiede des Deutschen Reiches" zu einem normalen Investitionsgüterkonzern.

In anderen Fällen sind Mythen förderlich. Ihre Ausstrahlung reicht häufig über den vergleichsweise begrenzten geographischen Raum hinaus, in dem Images bestehen. Franz Beckenbauer und den FC Bayern verehrte man über Jahrzehnte in der ganzen Welt, auch wenn man sich nur in einigen Fußballnationen ein genaueres Bild von ihnen machen konnte. Weltmarken profitieren ebenfalls von „legendären" Produkten, die ihren Namen bis nach Timbuktu und Katmandu tragen.

Mythen sollten in solchen Fällen gepflegt werden. Man bewahre die Legenden, die sich um die Heroen der eigenen Gründerzeit bildeten! Deren Taten und Versäumnisse, Stärken und Schwächen, Tugenden und Laster sind Nährstoffe für kraftspendende Phantasien, darin der griechischen Mythologie vergleichbar.

Auch die nüchterne Geschichtsschreibung kann ihren Teil dazu beitragen. Alles darf durchleuchtet und analysiert werden, nur nicht der Mythos selbst. Bleiben muß ein Rest an Geheimnis und unerklärbarem Wirken. Man überantworte die Darstellung der Vergangenheit daher den Schriftstellern unter den Historikern.

Mythen schaffen Anhängerschaften, und diese äußern sich oft in regelrecht kultischen Handlungen. Es mag imagegefährdend erscheinen, anfechtbare Produkte verehrt zu sehen. Aber es festigt den Mythos. Als sich rund 4500 nordamerikanische BMW-Motorradfahrer zu ihrer jährlichen Rallye in Vermont trafen, wurde bei ihrem Corso durch die Stadt Rutland ein khakifarbenes Gespann aus Rommels Afrikafeldzug mitgeführt. Fahrer und Beifahrer trugen Helme der Deutschen Wehrmacht. Keine Hand rührte sich zum Protest. Die Ehrfurcht überwog.

Zum Mythos, das wird aus allem Dargestellten klar, gehört ein Quentchen Verruchtheit. Motorsport zum Beispiel ist eine mythenträchtige Aktivität, weil sie mit Gefahren und gräßlichen Unfällen, mit Lärm und Gestank, Pech- und Glückssträhnen, Publikumslieblingen, Sex, Sekt und vielem Geld verbunden ist. PR-Leute haben das auszuhalten, wenn ihnen an der Pflege von Mythen gelegen ist. Sie lassen dann auch den Devotionalienhandel gewähren, der an den Rennstrecken üblich ist, obwohl er dem Corporate Design der Firma und jeglichem guten Geschmack zuwider ist.

Zu Kap. IV. 2:

Alvesson, Mats: Organization: From Substance to Image?, in: Armbrecht, Wolfgang/ Horst Avenarius/Ulf Zabel (Hrsg.): Image und PR; Opladen 1993.

Armbrecht, Wolfgang/Horst Avenarius/Ulf Zabel (Hrsg.): Image und PR; Opladen 1993.

Avenarius, Horst: Image and Public Relations Practice; Introduction in a Special Edition on Image; in: Journal of Public Relations Research 5 (2), 1993.

–: Wer beherrscht wen? Über den Umgang mit dem Auto; in: Süddeutsche Zeitung Nr. 206/85.

Baskin, O. W./C. E. Aronoff: Public Relations: The Profession and the Practice; Dubuque, IA 1988.

Boorstin, Daniel: The Image; A Guide to Pseudo Events in America; New York 1962.

Boulding, Kenneth: The Image: Knowledge in Life and Society; Ann Arbor 1956; deutsch: Die neuen Leitbilder; Düsseldorf 1958.

Bristol, L. H., Jr.: Developing the Corporate Image. A Management Guide to Public Relations; New York 1960.

Cutlip, Scott M.: Cutlip Tells of Heroes and Goats Encountered in a 55 Year PR Career; in: O'Dwyer's PR Services Report 5 (5), 1991.

Demuth, Alexander: Unternehmens-Image; in: FAZ/ Der Markenartikel; 14. 6. 1988.

Dilenschneider, Robert C.: We Don't Do Coups; in: Gannett Center Journal 4, 1990.

Flanagan, G. A.: Modern Institutional Advertising; New York 1967.

Furbank, P. N.: Reflections on the Word „Image"; London 1970.

Gesamthochschule Kassel und Stankowski-Stiftung (Hrsg.): Kunst + Design, Kultur Olympia; Kassel 1986.

Grunig, James E.: On the Effects of Marketing, Media Relations, and Public Relations: Images, Agendas, and Relationships; in: Armbrecht, Wolfgang/Horst Avenarius/Ulf Zabel (Hrsg.): Image und PR; Opladen 1993.

Grunig, Larissa A.: Image and Symbolic Leadership; in: Armbrecht, Wolfgang/Horst Avenarius/Ulf Zabel (Hrsg.): Image und PR; Opladen 1993.

Haberman, D. A./H. A. Dolphin: Public Relations: The Necessary Art; Aimes, Iowa 1988.

Haedrich, Günther: Images und strategische Unternehmens- und Marketingplanung; in: Armbrecht, Wolfgang/Horst Avenarius/Ulf Zabel (Hrsg.): Image und PR; Opladen 1993.

Hesse, Kurt R.: Images und Fernsehen; in: Media Spectrum 12/92.

Kleining, Gerhard: Die Bedeutungsanalyse. Ein Verfahren der Absatzanalyse; in: Absatzforschung, Heft 24, Jg. 1958.

Kotler, Philip: Marketing Management; Englewood Cliffs, New Jersey 1991.

Manchester, William: The Arms of Krupp; Boston/Toronto 1964, deutsch: Krupp. 12 Generationen; München 1968.

Merten, Klaus: Begriff und Funktion von Public Relations; in: PR-Magazin 11/92.

Merten, Klaus/Joachim Westerbarkay: Public Opinion und Public Relations; in: Merten, Klaus/Siegfried J. Schmidt/Siegfried Weischenberg (Hrsg.): Die Wirklichkeit der Medien. Eine Einführung in die Kommunikationswissenschaft; Opladen 1994.

Michael, Bernd M.: Die zentrale Bedeutung der Marke; unveröffentlichtes Vortrags-
manuskript für das Fachstudium PR an der BAW München; 1993.

Moore, L. B.: The Manager and the Image; in: Bristol, Jr., L. H. (Hrsg.): Developing
the Corporate Image: A Management Guide to Public Relations; New York 1960.

Ross, I.: The Image Merchants; New York 1959.

Sullivan, Albert G.: Toward a Philosophy of Public Relations: Images; in: Lerbinger,
Otto/Albert G. Sullivan (Hrsg.): Information, Influence, and Communication:
A Reader in Public Relations; New York 1965.

Wilcox, D. L./P. H. Ault/W. K. Agee: Public Relations: Strategies and Tactics; New
York 1989.

Wünsch, Barbara: Imagetransfer wichtigstes Sponsorenziel; in: Horizont Nr.4 (24.1.
1992).

Zentes, Joachim: Grundbegriffe des Marketing; Stuttgart 1983.

3. Öffentlichkeiten und Zielgruppen

Organisationen sind von Außenwelten umgeben. Soweit sie von ihnen abhängen, stehen sie mit ihnen in Kontakt oder in festen Austauschbezie-
hungen. Daß sich ein einzelner selbstgenügsam von der Außenwelt abkap-
selt wie ein Eremit oder daß dies sogar einer Gruppe gelingt, wie wir es wiederum nur von religiösen Gemeinschaften, zum Beispiel Wüstenklöstern,
kennen, ist selten genug. Alle anderen Personen, Gruppen oder Organisationen leben mit und in vielen „Welten", die nicht ihre eigenen sind.

Kontakte von innen nach außen sind – wiederum von manchen Klöstern
abgesehen – meist Sache der ganzen Organisation. Alle ihre Organe haben
Ansprechpartner in der Außenwelt. Die meisten lassen sich konkret benennen: Lieferanten, Kunden, Geldgeber, Steuerbehörden und so weiter.
Auch die Presse ist in der Regel ein konkreter Ansprechpartner. Aber da sie
vor allem Medium und Mittler zu anderen Außenwelten ist, muß gerade die
Öffentlichkeitsarbeit die dahinterliegenden Menschengruppen und Massen
zunächst erkennen. Erst dann läßt sich entscheiden, auf welche Presse es ankommt.

Drei Ansätze zur Erfassung der Außenwelt

Die Außenwelt ist prima facie unübersichtlich. Wer sich ihr nähert, stellt
zunächst die unterschiedlichsten Erscheinungen fest: Da gibt es andere Organisationen, da gibt es organisierte Gruppierungen und da gibt es diffuse
Publika mit schwankenden Interessen und Meinungen. Von der Kleingruppe bis zur Masse, von den namentlich ansprechbaren Personenkreisen
bis zur anonymen „Straße" steht einem das ganze Spektrum der Gesellschaft
gegenüber.

Wie erfaßt man dieses Umfeld aus dem Blickwinkel der eigenen Organisation? Drei Betrachtungsweisen bieten sich an.

Eine erste – organisationstheoretische – Betrachtung sieht in der Organisation wie in ihrem Umfeld Systeme, die miteinander in Beziehungen stehen. Alle Systeme lassen sich dabei in Subsysteme untergliedern, auch die Organisation selbst. Systeme und Subsysteme tauschen miteinander Geld und Waren und Leistungen, auch Botschaften und manchmal nur Gesten aus.

Solche Umfeldsysteme haben zu einer Organisation entweder feste Bindungen oder nur lose Beziehungen. Die Amerikaner sprechen in beiden Fällen von „linkages". Leute, die auf diese Weise mit einer Organisation verbunden sind, bezeichnen sie als „stakeholders", in der deutschen Literatur mit „Anspruchsgruppen" übersetzt. Der Amerikaner F. E. Freeman definierte sie in seinem ›Stakeholder Approach‹ von 1984:

People linked to an organization have a stake in it. A stakeholder, therefore, is any individual or group who can effect or is effected by the actions, decisions, policies, practices, or goals of the organization (Freeman 1984, 25).

Diesem organisationstheoretischen Ansatz ist der zweite, der PR-Ansatz verwandt. Nur hebt er weniger auf die Tatsache der Bindungen als auf deren Inhalte ab, weniger auf die „linkages" als auf die „issues". Wir sprechen im Deutschen von den Anliegen der Außenwelt gegenüber einer Organisation.

Solche Anliegen ergeben sich als Konsequenz aus dem Zusammentreffen von Organisation und Außenwelt. „Organizations are ‚linked' to other systems through consequences", schrieb James Grunig bündig und hob deren Schlüsselfunktion für jede PR-Arbeit hervor:

Determining how consequences link an organization to other systems in its environment, therefore, represents the most central question that public relations practitioners must face (Grunig und Hunt 1984, 139).

Gemeinsame Anliegen schaffen eine spezifische Form menschlichen Zusammenschlusses. An sie denken die amerikanischen PR-Autoren, wenn sie von „publics" reden. Sie greifen damit allesamt auf eine von dem amerikanischen Philosophen John Dewey 1927 geprägte Formel zurück:

A public is a group of people who 1. face a similar problem, 2. recognize that the problem exists, 3. organize to do something about the problem.

Die deutsche Entsprechung ist weniger das seit Jürgen Habermas wieder gebräuchliche Wort „Publikum" als der Begriff „Teilöffentlichkeit". Habermas beschrieb in seinem Buch über den „Strukturwandel der Öffentlichkeit" das bürgerliche Publikum der Aufklärungszeit als eine relativ autonome Gruppierung gebildeter Leute mit selbstständigem Urteilsvermögen und eigenständigen Bewertungen. Er schloß „die im geschichtlichen Prozeß gleichsam unterdrückte Variante einer plebejischen Öffentlichkeit" ausdrücklich aus seinen Betrachtungen aus (1962, 8).

Da sich das Habermassche Publikum heute durchaus in jenem – sehr großen – Teil der Bevölkerung wiederfinden könnte, der klassische Medien konsumiert wie Zeitungen, Zeitschriften und Bücher, der sich auch als Konzert- und Theaterpublikum in vielen Veranstaltungen zu erkennen gibt, wollen wir diesen Begriff für alle jene Fälle heranziehen, wo es sich um verständige, aufmerksame Teilnehmer an Kommunikationsprozessen handelt.

Unter Teilöffentlichkeiten verstehen wir hingegen diejenigen Teile einer Bevölkerung, mit denen eine Organisation bei der Verfolgung ihrer Ziele, Entscheidungen und Maßnahmen in Kontakt oder in Konflikt gerät. Es sind die davon Betroffenen. PR-Autoren unterscheiden sie, angelehnt an die Definition von Dewey, in

– Teilöffentlichkeiten, die zwar betroffen sind, es aber gar nicht wissen („latente Teilöffentlichkeiten")
– Teilöffentlichkeiten, denen zwar das Problem bewußt ist, die aber nichts dagegen unternehmen („bewußte Teilöffentlichkeiten")
– Teilöffentlichkeiten, die sich organisieren, um mit dem Problem fertigzuwerden („aktive Teilöffentlichkeiten").

PR-Leute tun gut daran, diese Unterscheidungen zu beachten. Latente, bewußte oder aktive Teilöffentlichkeiten reagieren nämlich auf eine eventuelle PR-Aktion recht unterschiedlich. Bewußte Teilöffentlichkeiten brauchen Informationen – das zweite Grunigsche PR-Modell; aktive Teilöffentlichkeiten schätzen den Dialog – das vierte Modell; ob latente Öffentlichkeiten durch das erste Modell wachgerüttelt werden sollen, bleibt dem Einzelfall überlassen.

Mit dem Stichwort „PR-Aktion" gelangen wir zum dritten Ansatz, um Außenwelt zu erfassen: dem Marketingansatz. Er befaßt sich mit denjenigen Teilen der Öffentlichkeit, die von einer Organisation direkt angesprochen werden, weil ihr dies erforderlich erscheint, um ihre kommunikativen Ziele durchzusetzen. Hier spricht man daher von „Zielgruppen", im Englischen „target groups" oder „target audiences".

Viele PR-Autoren setzen die Begriffe „Zielgruppen" und „Teilöffentlichkeiten" gleich. Andere vermeiden den Zielgruppenbegriff ganz, weil hierbei mehr der Marketing-Aspekt und die Publicity und weniger die Kommunikationsdimension zum Ausdruck kämen (Signitzer 1988, 101).

Beide Verhaltensweisen führen zu falschen Schlüssen. Eine Organisation hat Teilöffentlichkeiten, und sie definiert ihre Zielgruppen, und sie muß zwischen beiden unterscheiden. Sie muß unterscheiden zwischen all den Gruppierungen in der Außenwelt, die sich von ihr und ihren Handlungen betroffen fühlen oder es sind oder es sein könnten, und demjenigen Teil dieser Gruppierungen, auf den sich ihre spezielle Aufmerksamkeit und ihre ganzen Anstrengungen richtet. Ersteres sind die Teilöffentlichkeiten der Organisation, letzteres die Zielgruppen für ihre Aktivitäten.

Zielgruppen sind also die Adressaten von PR- und Werbeaktivitäten. Sie werden nach strategischen oder taktischen Gesichtspunkten ausgewählt und angesprochen, sei es mit publicityträchtigen Mitteln oder auf die feine Art des Dialogs. Voraus geht auf jeden Fall die Entscheidung der Organisation, gerade über diese Gruppierungen bestimmte Kommunikationsziele zu erreichen und nicht über andere.

Man kann den Gruppe-Begriff dabei aus semantischen Gründen für irreführend halten, wie Beate Schulz (1992, 19); aber er hat sich in der Marketingwelt eingebürgert, und es besteht kein Anlaß, aus Berührungsängsten deren Begriffe oder deren Instrumentarien abzulehnen. Wichtig ist nur, daß darüber der grundsätzliche Unterschied zwischen beiden Disziplinen nicht verlorengeht. Dieser Unterschied betrifft den Markt.

Grundlage der Marketing-Vorstellungen sind Märkte. Märkte lassen sich schaffen; Märkte können auch vernachlässigt werden, zum Beispiel aus Kostengründen. Grundlage der PR-Vorstellungen sind Teilöffentlichkeiten als Ansprüche vortragende Gruppierungen. Sie bestehen, ob man will oder nicht. Ein Publikum ist kein Markt, sagt James Grunig:

Organizations can create their own markets by carving up a population into segments most like to consume their products and services. Publics, in contrast, organize around issues and seek out organizations that create those issues – to seek information, to seek redress of grievances, to pressure the organization, or to seek government regulation. As publics move from being latent to active, organizations have little choice other than to communicate with them, whereas organizations can choose to ignore markets if they wish (Grunig 1992, 112).

Strukturierungsvorschläge

Um eine PR-Strategie zu erarbeiten, ist es zunächst erforderlich, die Außenwelt einer Organisation zu strukturieren. Die einfachste Form, ihre möglichen Teilöffentlichkeiten aufzuzeigen, ist die Gruppierung in traditionelle Kontaktfelder, etwa nach dem Schema von Abbildung 19. Es erlaubt einen in die Tiefe der Gesellschaft reichenden Überblick, weil hinter den naheliegenden Kontaktmöglichkeiten die großräumigen Zusammenhänge aufscheinen.

Diesem Schema fehlt allerdings die Gewichtung der einzelnen Felder, sei es nach ihrer Bedeutung für die eigene Organisation oder nach dem Aufwand, der für den Kontakt mit ihnen betrieben wird. Philip Kotler hat dafür aus angelsächsischem Verständnis zwei andere Übersichten ange-

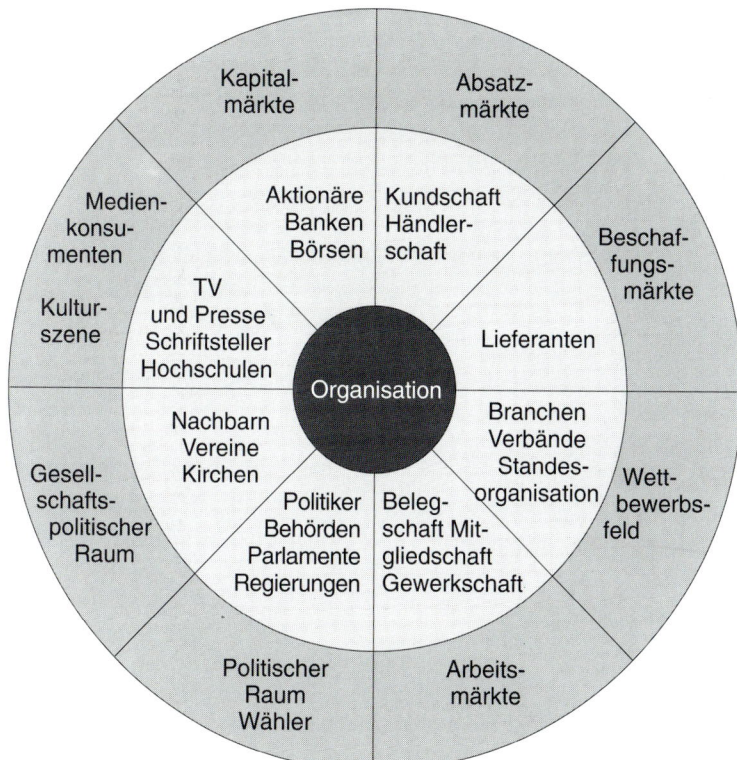

Abbildung 19: Mögliche Kontaktfelder einer Organisation, hier vornehmlich eines Unternehmens.

fertigt, die zugleich auch die jeweils einsetzbaren Kommunikationsinstrumente enthalten: die Abbildungen 20 und 21 geben dies wieder (Kotler 1983, 35).

Schließlich wird auch in Deutschland bisweilen das Schaubild herangezogen, das Milton Esman 1972 über die linkages einer Organisation erstellte (19–40). Es führt näher an die für die PR-Arbeit entscheidenden Zusammenhänge heran, weil es die Art der Beziehungen charakterisiert, auch wenn es im vorliegenden Fall – der Abbildung 22 – ganz konkret auf eine amerikanische Universität angewandt ist.

So unterscheidet Esman zwischen Kontroll- und Genehmigungsinstanzen („enabling linkages"), Gruppen mit gleichen Wertvorstellungen „(normative linkages"), funktionalen Bindungen des In- und Output und schließlich informellen Anspruchsgruppen („diffused linkages").

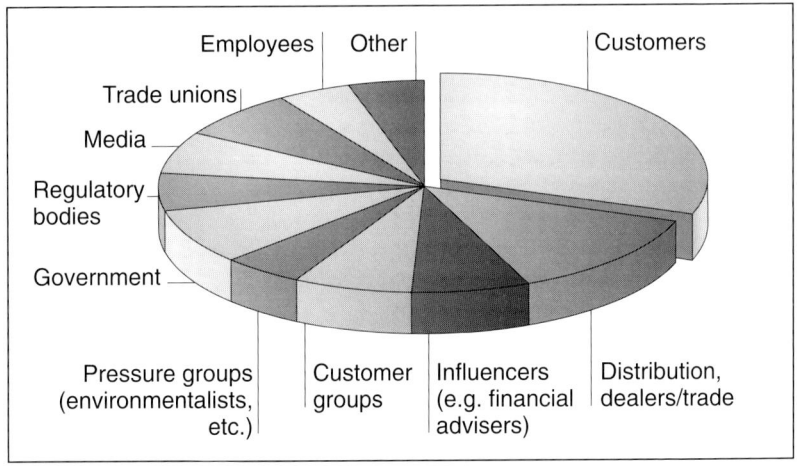

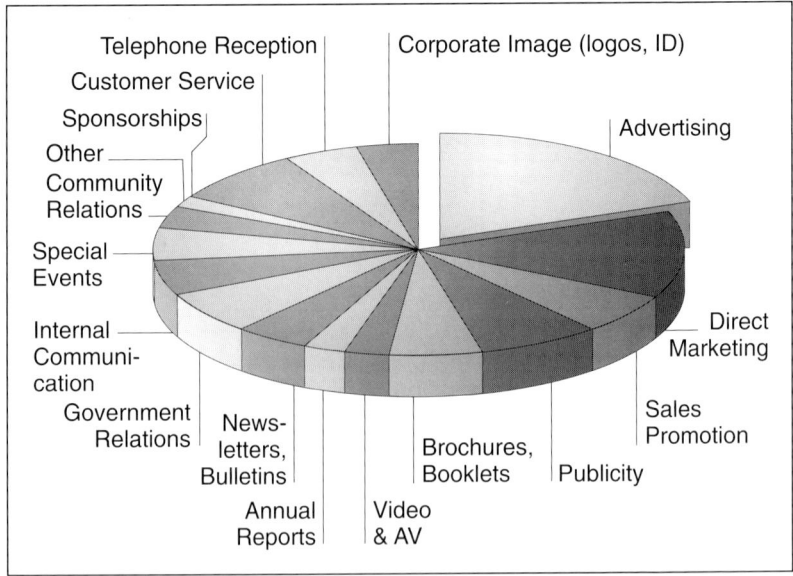

Abbildung 20 u. 21: Philip Kotler gewichtete die Kontaktfelder – das Macro Environment – eines Unternehmens nach den auf sie entfallenden Kontaktbemühungen
(s. oben). Ihnen entsprechen weitgehend auch die dafür jeweils vorzusehenden Kommunikationsinstrumente im Macro Communication Model (s. unten).

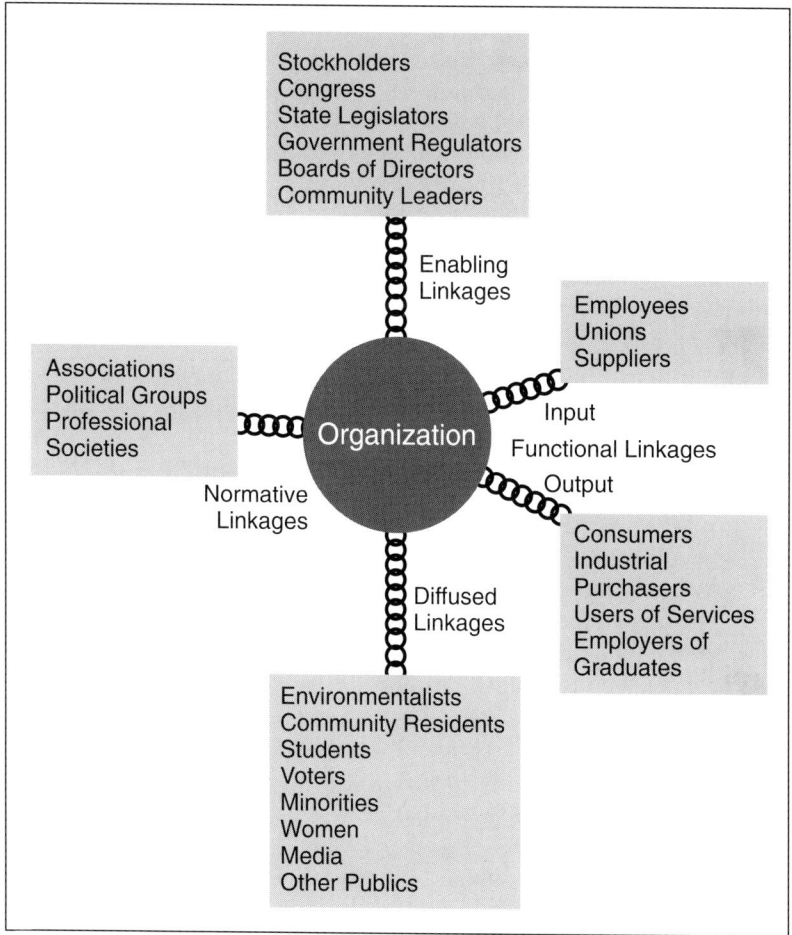

Abbildung 22: Milton Esman hat für eine amerikanische Universität ein Beziehungs-
feld skizziert, das die verschiedenen Teilöffentlichkeiten nicht gewichtet, aber nach
der Art ihrer Beziehungen unterscheidet.

Die situative Theorie der Teilöffentlichkeiten

Alle vorgeschlagenen Strukturierungen sind rein schematisch. Sie können
bei einem auftauchenden Problem als Raster dienen, um sicherzustellen,
daß keine relevante Bezugsgruppe vernachlässigt wird. Ist es demgegenüber
aber nicht wichtiger, die Außenwelt nach Problemfeldern zu erfassen?

Probleme, so sieht es zum Beispiel die Grunig-Schule, entstehen situativ;

folglich auch die ihnen zuzuordnenden Teilöffentlichkeiten. Dieser Sicht-
weise liegt die Theorie der Sozialwissenschaften zugrunde, daß das Verhalten
der Menschen situationsgebunden ist. James Grunig beschreibt deren Anwendung auf die PR in seinem Handbuch über ›Managing Public Relations‹:

To say that attitudes are situational means that people may evaluate your organization
favorably in some situations, such as its performance in producing a quality product,
but unfavorably in other situations, such as its records on air pollution. They will not
have one broad attitude towards your organization on all issues (1984, 147).

Grunig folgert daraus seine „situative Theorie der Teilöffentlichkeiten".
Er beschreibt sie mit einprägsamen Sätzen:

A public is a loosely structured system whose members detect the same problem or
issue (144).

Ändert sich die Situation, das Problem, die Ursache, so ändert sich auch
das Publikum:

Each consequence may bring about a public with different people in it. Publics come
and go (138).

Dieses Konzept ist sehr pragmatisch. Es erlaubt die Konzentration der
Kräfte auf Problemfelder und dabei die sehr rationelle Unterscheidung zwischen aktiven und passiven, respektive latenten Teilöffentlichkeiten, mithin
auch zu Nichtteilöffentlichkeiten. Gerade darin liegt ein Vorteil, auf den
James Grunig immer wieder hinweist:

Many public relations practitioners plan public relations programs for groups of
people who are not part of a public relations problem (146).

Auch die Erfassung problembezogener Teilöffentlichkeiten ist nach
diesem Konzept relativ leicht. Grunig selbst hat seine Methode an vier unterschiedlichen Problemfeldern demonstriert. Ermittelt wurde dabei erstens,
wie stark das einzelne Problem wahrgenommen wird („Problem recognition: How often you stop to think about it?"), zweitens, wie groß man das eigene Unvermögen einschätzt, an dem Problem etwas ändern zu können
(„Constraint recognition: Would your efforts make a great deal of difference?"), und drittens, wie groß der Grad der Betroffenheit ist („Level of involvement: Do you believe the issue has effected or could effect you?").
Abbildung 23 gibt dieses Frageschema wieder.

Die Nachteile dieses Konzepts resultieren aus seiner definitorischen
Strenge. Da niemals die gesamte Bevölkerung – die „population" – mit dem
gleichen Problem befaßt sei, anerkennt James Grunig auch keine Gesamtöffentlichkeit:

Publics are always specific; they always have some common problem. Thus they
cannot be general. A general public is a logical impossibility (138).

Because the Grunig theory is a "situational theory," problem recognition, constraint recognition, and level of involvement must be measured for each of several organizational consequences. In a study of policy issues important to several large business corporations, people interviewed over the telephone were asked one question to measure each variable for four different issues. In some studies, as many as sixteen issues were included. That many issues can be included, however, only when a mail questionnaire, rather than a telephone interview, is used. Here is the way each variable is measured.

Problem Recognition

Remember that the theory says people do not think or communicate about an issue unless they detect a problem. Thus, whether they "stop to think" about an issue would be a logical consequence of problem recognition and an indicator of its presence. The question:

1. First, I would like you to consider how often you *stop to think about* each of four issues. After I name each of these issues, please tell me whether you stop to think about the situation often, sometimes, rarely, or never. The first issue is:

	Often	*Sometimes*	*Rarely*	*Never*
Deregulation of natural gas	4	3	2	1
Breaking up the Bell telephone system	4	3	2	1
Chemical disposal sites	4	3	2	1
Acid rain from air pollution	4	3	2	1

Constraint Recognition

Remember that a person feels constrained when he, as an individual, cannot do anything about an issue. The following question, therefore, represents a simple measure of that concept:

2. Now, would you think of whether you could do anything personally that would make a difference in the way these issues are handled. If you wanted to do something, would your efforts make a great deal of difference, some difference, very little difference, or no difference?

	Great Deal	*Some*	*Very Little*	*None*
Deregulation of natural gas	4	3	2	1
Breaking up the Bell telephone system	4	3	2	1
Chemical disposal sites	4	3	2	1
Acid rain from air pollution	4	3	2	1

Level of Involvement

The key term used to measure level of involvement, as specified by the theory, is "connections." Thus, the question asks:

3. Now, I have a third question about the same issues. For each situation, tell me to what extent you *see a connection* between yourself, personally, and each of these situations. There would be a connection if you believe the issue has affected or could affect you. Tell me if the connection is strong, moderate, weak, or if you see no connection. The first issue is:

	Strong	*Moderate*	*Weak*	*None*
Deregulation of natural gas	4	3	2	1
Breaking up the Bell telephone system	4	3	2	1
Chemical disposal sites	4	3	2	1
Acid rain from air pollution	4	3	2	1

Abbildung 23: James Grunig gibt vier Beispiele, wie sich die Teilöffentlichkeiten für vier Problemfälle erfassen lassen (Grunig/Hunt 1984, 150).

Dieses harsche Diktum läßt uns allerdings fragen, was denn eine Teilöffentlichkeit letztendlich ausmacht. Ist es wirklich nur ein aktuelles, im Prinzip lösbares und damit die Teilöffentlichkeit selbst auflösbares Problem? Unbestreitbar gibt es solche Fälle reichlich. Aber viele Organisationen stehen mit Teilöffentlichkeiten in Kontakt, ohne daß ein Konfliktstoff anliegt, und dieser Kontakt ist so unentbehrlich und so dauerhaft wie die Existenz der Organisation selbst. Man denke an die Pflege nachbarschaftlicher Beziehungen.

Grunigs situative Betrachtungsweise berücksichtigt auch wenig die innere Verfaßtheit von Teilöffentlichkeiten. Wenn sie mit strukturellen und damit längerfristigen Problemen konfrontiert sind, bleiben sie selbst keineswegs „loosely structured systems". Sie sind häufig genug ihrerseits so verstetigt und durchstrukturiert wie die Organisation selbst, mit eigenen Organen und Meinungsführern, mit Multiplikatoren und Medien, vor allem aber: mit eigenen, weiterreichenden Teilöffentlichkeiten.

Sie wenden sich nämlich ihrerseits mit ihren Anliegen und Appellen nicht nur an die das Problem verursachende Organisation, sondern an andere, größere Teile der Öffentlichkeit bis hin zur gesamthaften, meistens medienbezogenen Öffentlichkeit. Man appelliert an diese Gesamtöffentlichkeit wie an ein das Weltgewissen repräsentierendes Tribunal.

Die Weltöffentlichkeit

Alle Teilöffentlichkeiten sind zu einer Gesamtöffentlichkeit hin offen. Alle Öffentlichkeitsarbeit operiert folglich gegenüber Teilöffentlichkeiten stets mit dem Blick auf die öffentliche Meinung einer allgemeineren Öffentlichkeit als einem eher unparteiischen Tribunal, das den Konflikt entscheiden könnte.

Wo endet eine solche Gesamtöffentlichkeit? Ist es die Masse aller Menschen, also zum Beispiel die heterogene, träge Bevölkerung einer Stadt, eines Landes, der ganzen Welt? Die Menschenmassen und ihr möglicher „Aufstand" – Ortega y Gassets Vision – sind aus dem Blickfeld der Soziologen geraten. Auch die Kommunikationsexperten sprechen nur noch zögerlich von der „Massenkommunikation" durch „Massenmedien": Massive Auflagen und Einschaltquoten heiße nicht, daß das Lese- und Zuschauerpublikum den Massencharakter habe, den die traditionelle, klassische Massentheorie mit dem Begriff verband.

Die PR-Praktiker, klagte James Grunig, der darüber 1990 in Salzburg berichtete, nehmen diese neueren Erkenntnisse aber nicht wahr. „As a result they still are preoccupied with publicity in the mass media and continue to believe that they are dealing with a general public" (1992, 111).

Wir möchten trotzdem an diesem Glauben festhalten. Wenn bis zu 80%

wahlberechtigter Bürger Wahlen wahrnehmen, gibt es keinen Grund, diese konkreteste Form des Tribunals aus dem Auge zu verlieren.

Endet eine solche Gesamtöffentlichkeit indes an den Landesgrenzen? Gibt es so etwas wie Weltöffentlichkeit? Wie äußert sie sich? Die global players unter den Konzernen und die global activists wie Greenpeace und Amnesty International kennen die Antworten.

Für eine Weltöffentlichkeit zählt nicht die Masse. Weltöffentlichkeit kann, wie die Weltmeinung, nur punktuell geortet werden. Aber sie existiert, über den Globus verteilt. Das sieht auch die Wissenschaft inzwischen ein: „Begriffe wie Weltöffentlichkeit und weltöffentliche Meinung, die in der Vergangenheit eher für eine politische Utopie standen, kennzeichnen inzwischen reale Phänomene", schrieb Winfried Schulz 1988 (137).

In den Jahren zwischen 1960 und 1980, als die vermeintlich gefährliche Rolle der multinationalen Konzerne, der „Multis", international diskutiert wurde – und diese Diskussion bestritten nicht nur die Weltblätter, sondern auch regionale Presseorgane –, machte man als Träger einer problematisierten Weltöffentlichkeit und der von ihr initiierten politischen Aktivitäten „Gewerkschaften, Regierungen, Parteien und schließlich supra- und internationale Behörden, Organisationen und die sie tragenden Gremien wie die Europäischen Gemeinschaften, die Organisation für Wirtschaftliche Zusammenarbeit und Entwicklung (OECD) und die Vereinten Nationen" aus (Gruhler 1974a, 13).

Wolfram Gruhler analysierte 1974 im Auftrag des Instituts der Deutschen Wirtschaft die weiterästelten Bemühungen dieser Kräfte, durch „Veranstaltungen, Äußerungen, Programme und Beschlüsse auf nationaler und internationaler Ebene" das Problem der Multis politisch zu okkupieren: Vorwürfe zu publizieren und Forderungen vorzutragen.

Mit vielen publizistischen Mitteln versuchte die Wirtschaft gegenzusteuern. Neben der genannten sehr umfangreichen Dokumentation gab es populistische „Sachbücher", zum Beispiel über ›Die Multis – Mär und Wirklichkeit‹. Es gab Reden und Artikel der betroffenen Firmen zuhauf (Gruhler 1974b).

Irgendwann aber erlosch das Interesse an diesen Problemen weltweit. Die Diskussion verstummte, ohne daß es zu Lösungen kam. Nur James Grunigs Definition der „publics" behielt in diesem einen – globalen – Fall die Oberhand: „Publics come and go."

Zu Kap. IV. 3:
Dewey, John: The Public and Its Problems; Chicago 1927.
Esman, Milton: The Elements of Institution Building; in: Eaton, Joseph W. (Hrsg.): Institution Building and Development; Beverly Hills 1972.

Freeman, F. E.: Strategic Management: A Stakeholder Approach; Boston 1984.

Gruhler, Wolfram: Die Kontroverse um die multinationalen Unternehmen. Kritik der Vorwürfe und Forderungen; Köln 1974.

–: Die Multis – Mär und Wirklichkeit; Köln 1974.

Grunig, James E.: The Development of Public Relations Research in the United States and its Status in Communication Science; in: Avenarius, Horst/Wolfgang Armbrecht (Hrsg.): Ist PR eine Wissenschaft?; Opladen 1992.

Grunig, James E./Todd Hunt: Managing Public Relations; New York 1984.

Habermas, Jürgen: Strukturwandel der Öffentlichkeit; Neuwied 1962.

Kotler, Philip: Marketing in Australia; Prentice Hall of Australia 1983.

Schulz, Beate: Strategische Planung von Public Relations. Das Konzept und ein Fallbeispiel; Frankfurt a. M. 1992

Schulz, Winfried: Massenkommunikation in den internationalen Beziehungen; in: Dürr, Karlheinz (Hrsg.): Problemfelder internationaler Beziehungen; Tübingen 1988

Signitzer, Benno: Public Relations Forschung im Überblick; in: Publizistik 1/88.

4. Der PR-Prozeß

Kenntnisse der Meinungs- und Imagebildungsprozesse in Teilen oder in der Gesamtheit einer Bevölkerung sind die entscheidenden Voraussetzungen für eine erfolgreiche PR-Arbeit. Diese selbst ist so vielgestaltig wie das Kommunikationsgeschehen. Eine erste Ordnung in diese Vielfalt brachten die vier PR-Modelle von James Grunig, die bei allen Ausmalungen und Neugruppierungen im Prinzip noch immer gelten: Publicity, Informationstätigkeit, Überzeugungsarbeit und Dialog.

Trotz solcher unterschiedlichen Zielsetzungen und Arbeitsweisen unterliegen alle PR-Vorgänge einem gleichartigen Verlauf. Wir wollen diesen PR-Prozeß analysieren. Er ist die Grundlage für den Aufbau und Ablauf von PR-Strategien und PR-Kampagnen.

Das Prozeß-Modell

In der Literatur ist der PR-Prozeß am prägnantesten von dem Amerikaner Vincent Hazleton beschrieben worden. Er hat ihn unter dem Deckmantel der zur Zeit omnipotenten Systemtheorie vor der ersten internationalen PR-Konferenz von Kommunikationswissenschaftlern in Salzburg im Herbst 1990 vorgetragen. Sein Text ist daher auch auf dem deutschen Buchmarkt zugänglich (Hazleton 1992, 33–45).

Hazleton sieht eine Organisation von einem Umfeld umgeben, das in der Regel nach fünf Gesichtspunkten erfaßt werden kann. Er richtet dabei sein Augenmerk nicht nur auf unterscheidbare Teilöffentlichkeiten, sondern

Abbildung 24: Vincent Hazleton: „Systems theory is a structure of science, i. e., it has no substance by itself and must be applied" (1992, 34).

auch auf dazugehörige Gegebenheiten: Tatbestände, Gesetzmäßigkeiten, Umstände, Entwicklungen etc. Sie alle sind für die PR einer Organisation relevant, denn sie sind der „input" der Außenwelt, den es bei der Arbeit – der „transformation" – zuvörderst zu berücksichtigen gilt.

Da gebe es erstens die rechtlichen und politischen Gegebenheiten: Gesetze und Vorschriften, Behörden und Politiker; zweitens die gesellschaftlichen: Kräfte, Strukturen und Organisationen; drittens die wirtschaftlichen Gegebenheiten; viertens die technologische Komponente, vor allem die Entwicklung der Kommunikationstechniken selbst, und fünftens schließlich die Wettbewerber mit ihren eigenen PR-Kampagnen.

Alle diese „Dimensionen" des Umfelds einer Organisation
– sind mehr oder weniger komplex
– unterliegen mehr oder weniger dynamischen Prozessen der Veränderung
– wirken auf die Organisation mit einem mehr oder weniger intensiven, eindeutigen oder mißverständlichen, starken oder schwachen Informationsfluß ein.

PR-Praktiker müssen diese variablen Einflüsse beachten und gewichten. Bei dieser Analyse sollten sie sich bemühen, möglichst objektiv zu sein. Ihre Ansprechstellen in der eigenen Organisation werden eh die unterschiedlich-

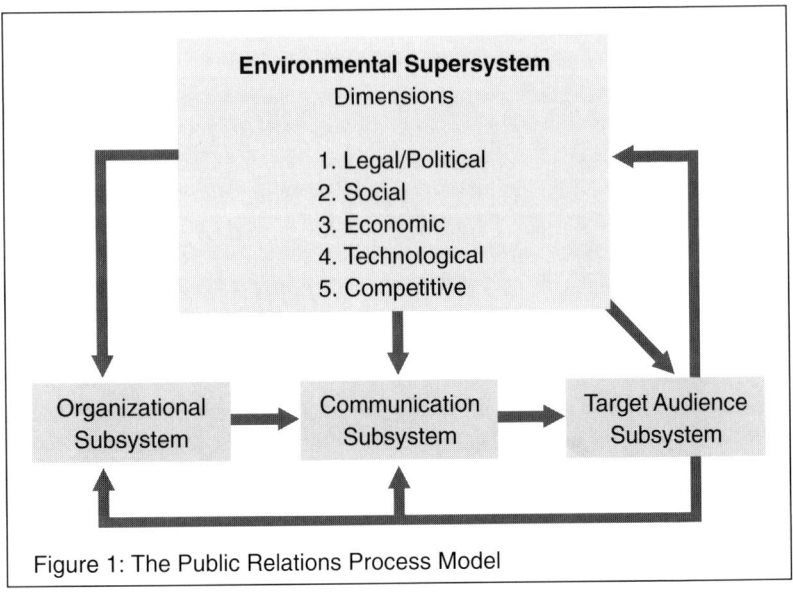

Figure 1: The Public Relations Process Model

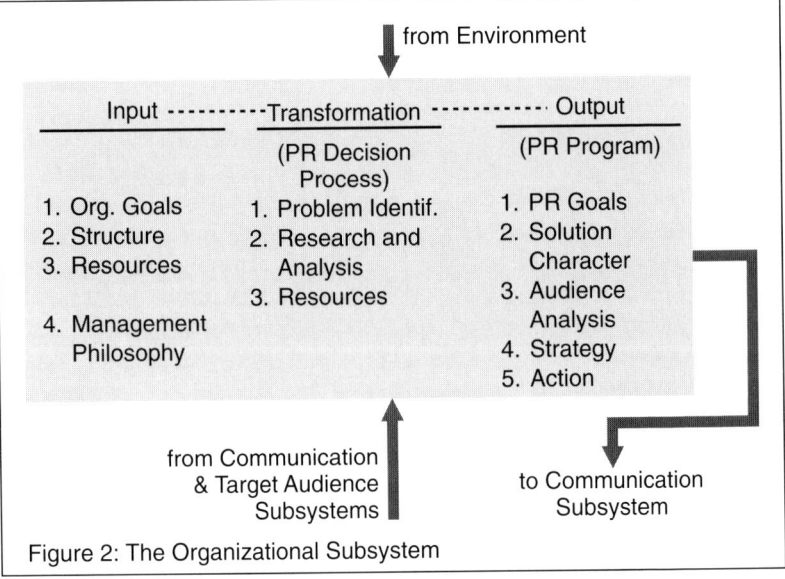

Figure 2: The Organizational Subsystem

Abbildung 25: Vincent Hazleton stellt den PR-Prozeß als eine Abfolge mehrerer Schritte innerhalb von vier Systemen dar: dem Supersystem des Umfeldes und den drei Subsystemen der Organisation, der Kommunikationsarbeit der Organisation und ihrer Zielgruppen. Die Darstellung läßt viele mögliche Rückbeziehungen erkennen.

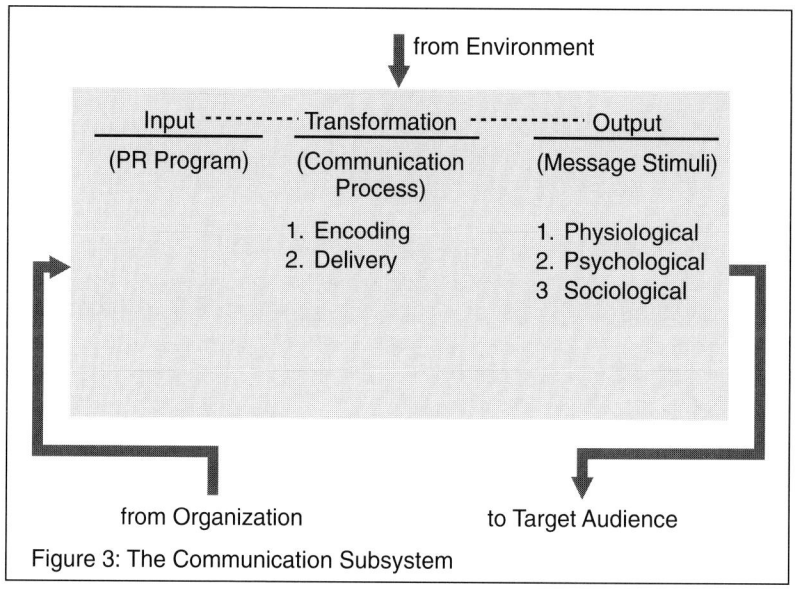

Figure 3: The Communication Subsystem

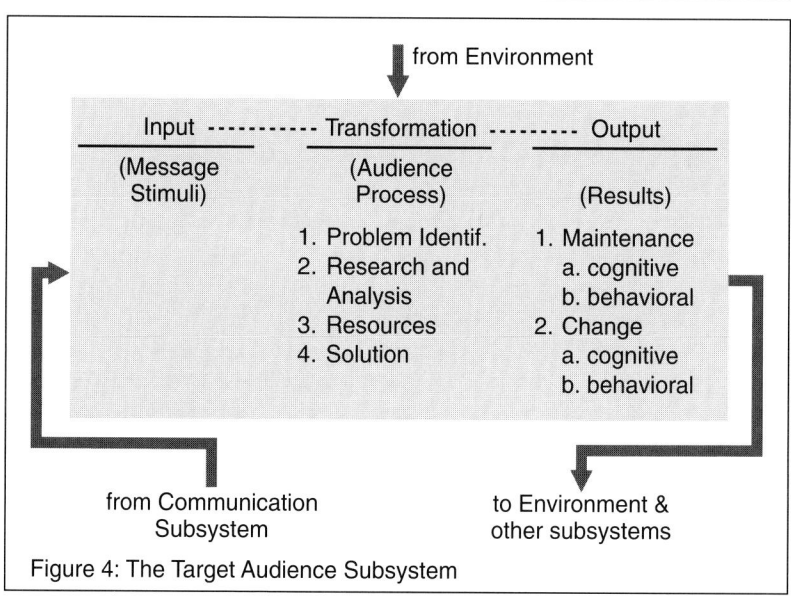

Figure 4: The Target Audience Subsystem

sten, meist subjektiven Betrachtungen ins Feld führen. Wer sich ihnen auslie-
fert, hat draußen verloren.

Die Organisation, als System aufgefaßt, erhält „inputs", verarbeitet sie
und gibt die Resultate als „outputs" an andere Systeme ab. Sehen wir die Organisation unter dem Blickwinkel der PR, dann interessieren uns ihre Ziele,
ihre Struktur, ihre Kraftfelder – zum Beispiel Arbeitskräfte, Know-how,
Image etc. – und ihr Wertesystem, manchmal in den Sätzen einer Managementphilosophie formuliert.

Bei der PR-Arbeit sind diese genannten Aspekte einer Organisation
ebenso zu berücksichtigen wie die Aspekte des Umfeldes. Beides sind „inputs" für einen Prozeß, den die Systemtheoretiker, hier vor allem die Organisationstheoretiker, generell „transformation" und die Hazleton in unserem speziellen Fall den „PR decision process" nennen.

Der PR-Entscheidungsprozeß beinhaltet zunächst die Problemstellung.
Sie ergibt sich in der Regel aus der Diskrepanz zwischen den eigenen Zielen
und den Widerständen im Umfeld. Daraus folgen Untersuchungen, Analysen der Kräfteverhältnisse und der eigenen Stärken. Sind schon diese Prozesse höchst selektive Vorgänge, so vor allem der letzte Teil des PR-Ent-
scheidungsprozesses: der Lösungsvorschlag für das Problem.

Die amerikanischen Organisationstheoretiker richten auf diese Selek-
tionsprozesse ein besonderes Augenmerk, und sie tun es zu Recht. Wer nicht
die adäquate Lösung eines Problems ins Auge faßt, betreibt meist Augenwi-
scherei. Gerade PR-Lösungen stellen häufig genug schwache Kompromisse
dar zwischen dem, was PR-Praktiker für erforderlich halten, und dem, was
sie in ihrer Organisation durchzusetzen vermögen.

Auch Hazleton bezieht seine Entscheidungskriterien für PR-Lösungen
aus der Organisationstheorie. Wir geben sie größtenteils mit erhobenem
Zeigefinger wieder, denn die Fallstricke sind für Kommunikatoren wesentlich häufiger als für Organisatoren. Welche internen Überlegungen und Kriterien beeinflussen die Entscheidung für eine PR-Lösung und welche Ein-
flußfaktoren sind dabei eher hinderlich?

- Die PR-Lösung, für die man sich entscheidet, ist oder ist nicht mit den
  Vorstellungen und Möglichkeiten der Organisation vereinbar.
- Sie ist oder ist nicht kommunizierbar, also plausibel und nachvollziehbar.
- Sie unterliegt einem Zeitdruck – was häufig zu voreiligen Erwartungen
  bei den Nicht-PR-Fachleuten der Organisation führt.
- Sie bietet relative, sagen wir partielle Vorteile: geschickte Ausreden oder
  Ablenkungsmanöver oder vorübergehende Besänftigungen – weil sich
  die Organisation nicht zu einem durchgreifenden Eingehen auf das Pro-
  blem zum Beispiel nach dem Dialogmodell verstehen kann.
- Sie nimmt auf bestimmte soziale Beziehungen Rücksicht – aber nicht auf

solche, auf die es im konkreten Fall für die PR-Lösung ankäme, zum Beispiel nicht auf ihre Teilöffentlichkeiten, wohl aber auf die „dominant coalition" der eigenen Organisation.

- Sie trennt bestimmte Problemteile ab, grenzt sie aus – und muß sie daher vielleicht später um so eindringlicher behandeln.
- Sie geht nur so weit, wie es die Möglichkeiten eines Rückzugs erlauben. Daß Rückzüge gerade bei der öffentlichen Kommunikation schwieriger durchzuhalten sind als bei anderen Tätigkeiten einer Organisation – zum Beispiel bei Verhandlungen –, liegt auf der Hand: Einmal geäußerte Verlautbarungen und Meinungen lassen sich meist nur unter Gesichtsverlust abmildern oder ableugnen. Presse vergißt nie. Daher die häufig zu beobachtende Betulichkeit der PR-Arbeit.
- Sie berücksichtigt die Komplexität des Problems – was bisweilen dazu führt, es eher aussetzen zu wollen, als sich für eine bestimmte Lösung zu entscheiden.
- Sie erfordert persönlichen Einsatz nicht nur der PR-Fachleute, sondern der ganzen Organisation, insbesondere ihrer Spitze – doch wie häufig hält gerade diese eine reservierte Distanz zu den PR-Aktivitäten ihres Hauses.
- Sie berücksichtigt das Risiko des Scheiterns.

Der Lösungsvorschlag, der aus dem PR-Entscheidungsprozeß hervorgeht – und den sich idealiter die gesamte Organisation zu eigen gemacht haben sollte –, führt zu einem PR-Programm. (Systemtheoretisch ist dieses PR-Programm der „output" aus dem Transformationsprozeß im Organisationssystem und zugleich der „input" für den Transformationsprozeß im Kommunikationssystem.)

Für das PR-Programm gilt es,
- zunächst grundsätzlich die PR-Aufgabe festzulegen: Soll eine Situation aufrechterhalten oder geändert werden, und sofern letzteres zu geschehen hat: Soll sich das Umfeld oder die Organisation ändern oder beide? Sodann gilt es,
- den Charakter des Lösungsvorschlags zu erkennen und bei der noch zu bestimmenden Vorgehensweise zu berücksichtigen. Im Grunde geht es bei diesen Überlegungen darum, welches der vier Grunigschen PR-Modelle anzuwenden ist. Das hängt auch von den nächsten Programmpunkten ab. Dabei gilt es,
- die Zielgruppen der PR-Aktion zu ermitteln;
- die Vorgehensweisen festzulegen, mit denen Zielgruppen angesprochen werden können, und schließlich
- die gewählten kommunikativen Maßnahmen durchzuführen.

Von den PR-Modellen war in diesem Buch schon die Rede, von den Zielgruppen auch. Befassen wir uns hier genauer mit den Vorgehensweisen und den Maßnahmen.

Vincent Hazleton nennt die Vorgehensweisen „Strategien". Gemeint sind aber prinzipielle Verhaltensweisen gegenüber Publika. Von der Art der Zielgruppe hänge es ab, welche gewählt werde; aber auch von der in einer Organisation obwaltenden Managementphilosophie. Es mache einen Unterschied, ob man ein Publikum

– sich selbst überläßt („facilitative strategy");
– mit ungeschminkten Informationen versorgt („informative strategy");
– mit Appellen an Gefühle und Wertvorstellungen zu überzeugen versucht („persuasive strategy");
– mit Drohungen oder Versprechungen unter Druck setzt („coercive strategy").

Möglich wäre es auch, mit einem Publikum zu verhandeln und zu handeln („bargaining and negotiation"), und schließlich, mit ihm gemeinsam ein Problem zu definieren und zu lösen („problem solving").

Es leuchtet ein, daß die Wahl dieser verschiedenen Vorgehensweisen häufig weniger von der Art der Zielgruppen als von der Kultur abhängt, die in einem Unternehmen beim Umgang mit Menschen gepflegt wird. Sehen wir in ihnen eine passive, duldsame Masse mit wenig Ehrgeiz, die klare Vorgaben und Kontrollen braucht, so werden wir auf eine andere Kommunikationsstrategie verfallen, als wenn unser Menschenbild durch Individuen geprägt ist, die nach Selbstverwirklichung streben, sich daher häufig in Konflikten mit Organisationsstrukturen befinden, aber lern- und wandlungsfähig sind und souveräne Entscheidungen treffen. Nur starke PR-Leute können bisweilen eine von ihnen gewünschte Verhaltensweise gegen ein vorherrschendes Binnenklima durchsetzen.

Das PR-Programm ist mit dem Maßnahmenbündel komplett. Um es in die Realität umzusetzen, bedarf es nach dem PR-Entscheidungsprozeß des Kommunikationsprozesses selbst. Die gewählten Botschaften müssen „produziert" und ausgesandt werden. Wie beides geschieht, wird heute bereits in vielen Handbüchern dargestellt. Es gilt vielfach als die wesentliche Arbeitsleistung der PR. Selbst Franz Ronneberger greift, als er in seinem Beitrag zur „Theorie der Public Relations" nach den Beständen einer vorwissenschaftlichen PR-Kunde forscht (Ronneberger und Rühl 1992, 54), auf die vier „Grundfunktionen" zurück, in die zuletzt Heinz Flieger das Tätigkeitsfeld der PR unterschieden hat:

– Beraten und Planen (Konzeption)
– Informieren und Gestalten (Redaktion)
– Kontaktpflege nach innen und außen (Kontakte)
– Organisieren und Abwickeln (Organisation).

Nur in dem Stichwort „Planen" steckt ein Stück strategischer Arbeit. Das Schwergewicht liegt nach dem, was Flieger noch 1986 aus der Praktikerliteratur und Verbandsveröffentlichungen über den PR-Fachmann ermittelte, beim Machen (Flieger 1986, 26). Die Zunft kastriert sich selbst.

Der „output" des Kommunikationsprozesses sind die aufbereiteten Botschaften, die als Stimuli auf die ausgewählten Zielgruppen treffen. Wenn wir diese Zielgruppen jetzt als eigene „Systeme" begreifen, so registrieren wir Aufnahmebereitschaft für „inputs" nicht nur von der eigenen Organisation, sondern von vielen anderen, auch widersprechenden; wir registrieren eine physische, psychische oder auch gruppenspezifische Wahrnehmung und Verarbeitung all dieser Botschaften.

Vielleicht lief damit der initiierte PR-Prozeß erfolgreich ab. Vielleicht war aber ein Wettbewerber erfolgreicher. Oder, was auch vorkommt, das Publikum setzte sich gegen beide durch.

PR-Strategien

Der Begriff Strategie ist häufig nicht mehr als eine Worthülse und wird ähnlich den Begriffen „Unternehmens-" oder selbst „Produkt-Philosophie" schon dann angewandt, wenn einmal etwas intensiver über eigenes und fremdes Handeln nachgedacht wurde.

Strategie wird bisweilen – wie im Militärischen – von der Taktik abgesetzt. Nur messen Kommunikatoren bis hin zu den Marketingleuten, die in den 50er Jahren als erste den Strategiebegriff von ihren Lehrern an der Harvard Business School übernommen haben, dem taktischen Verhalten keinen großen Stellenwert bei. Taktieren gegenüber Publika und Presse gilt als unfein. Es kommt daher weniger in der Lehre als in der Praxis vor.

Die Informationspolitik einer Organisation folgt zum Beispiel sehr häufig taktischen Winkelzügen. Man rückt nicht gleich mit der Sprache heraus, unternimmt Umwegargumentationen oder rhetorische Umschreibungen. Das kann zweckmäßig sein, um harte Wahrheiten weich einzubetten, weil sonst ein Schock entsteht, der für alle Seiten nachteilige Reaktionen hervorruft. Das Taktieren gehört daher zum normalen politischen Verhalten einer Organisation wie zur individuellen Kommunikation. Nur kann das Taktieren nicht alles sein, genausowenig wie das schnelle Reagieren.

Strategisch ausgerichtetes Handeln ist daneben unabdingbar. Es ist gerade für PR sehr wichtig, weil häufig genug das Gegenteil geschieht: die eher impulsive Reaktion auf minder wichtige Vorkommnisse, ohne daß Gesamtzusammenhänge bedacht werden. Strategisch handeln heißt:
-   eine Situation gesamthaft und unvoreingenommen analysieren, wozu auch gehört, die Struktur und Motivation der eigenen Organisation wie die Potentiale und Argumente eventueller Gegenkräfte ohne Vorbehalte abzuschätzen;

- sich realistische Ziele setzen und alle späteren Realisierungen immer wieder an den Zielvorgaben messen;
- alle Maßnahmen, die der Erreichung des Zieles dienen, so exakt wie möglich planen, also möglichst wenig dem Zufall überlassen;
- daher weit vorausdenken, was bedeutet, in alternativen Szenarien denken;
- rationale und nicht gefühlsbetonte Schlüsse aus den jeweiligen Prämissen, Vorgaben und Ergebnissen ziehen;
- stets die Kontrolle über den gesamten Handlungsablauf behalten, eventuelle Kurskorrekturen vornehmen und damit
- die gewählte Strategie einem ständigen Optimierungsprozeß unterwerfen.

Strategisches Denken und Handeln kann vielen PR-Operationen zugrunde liegen. Wir haben das Beispiel „Imagestrategie" schon abgehandelt. Auch beim Aufbau von PR-Kampagnen spielt es eine Rolle. Dies gilt vor allem bei sehr langfristig angelegten Kampagnen, die es erforderlich machen, in längeren Zeiträumen zu denken und die Trends und Megatrends zu beachten, die in diesen Zeiträumen obwalten können.

Aber man sollte nicht glauben, alles PR-Handeln sei planbar oder müsse planbar gemacht werden. Geben wir auch dem Spieltrieb eine Chance! Lassen wir daher nicht nur Maßnahmen zu, die der Erreichung eines Zieles dienen! Das krasse Gegenteil vom zweckrationalistischen, kalt kalkulierten, straff organisierten Managen ist zum Beispiel das klassische Mäzenatentum. Und selbst zwischen diesem und einer strategischen PR-Operation gibt es manche Spielwiesen, die wie Optionsfelder für mögliche künftige Strategien gepflegt werden können.

PR-Kampagnen

PR-Kampagnen sind die hohe Schule der PR. Mit ihnen versuchen PR-Fachleute, in den Meinungsbildungsprozeß einzugreifen; mit ihnen versuchen sie auch recht häufig, auf relativ schnellem Wege Imagekorrekturen zu erreichen, so flüchtig in diesem Falle die Wirkungen sein mögen. Images ändern sich nur, wenn mehr geschieht als Kommunikation, nämlich eine Änderung der Organisation selbst.

Kampagnenverläufe entsprechen dem PR-Prozeß-Modell, das Vincent Hazleton für alle PR-Tätigkeiten entworfen hat. Man kann sie nach ihren Gegenständen unterscheiden, was C. U. Larson tat: die Wahlkampagne für Personen, die Werbekampagne für Produkte und die Meinungskampagne für Ideen (Larson 1983, 163). Nur kam er selbst darauf, daß alle drei Arten vieles gemeinsam haben (167).

Man kann auch versuchen, einzelne Faktoren einer Kampagne – ihre Informationsquellen, ihre Botschaften, ihre Medien , Zielgruppen und Ziele – mit den möglichen Reaktionen des Publikums in einen Raster zu bringen. Die in den USA berühmte „Persuasionsmatrix" von William J. McGuire wird hierzulande allerdings als theoretisch unzulänglich angesehen (Ronneberger und Rühl 1992, 145).

Man kann in diese Prozeßfolge schließlich die speziellen Erkenntnisse und Regeln der Marketingschulen eingeben, denn bei Kampagnen werden neben den herkömmlichen PR-Instrumenten häufig genug auch werbliche eingesetzt.

Fünf Arbeitsprozesse beinhaltet jede PR-Kampagne: Analyse, Strategie, Konzept, Umsetzung und Kontrolle (s. Schema). Marketingschulen lehren, diese Prozesse nicht nur als logische oder zeitliche Abfolge zu begreifen, sondern von jedem Punkt des Verfahrens Rückkoppelungen zu früheren vorzunehmen. Solche Kontrollschritte stellen erstens sicher, daß das Kampagnenkonzept in sich schlüssig ist. Sie bewirken zweitens, daß es zu jeder Zeit an die vielleicht falsch eingeschätzten Gegebenheiten angepaßt werden kann. Kontrollschritte ermöglichen rechtzeitige Korrekturen, sei es in der Planungsphase oder bei der Realisierung.

Bei der Analyse ist im Vorteil, wer schon lange zuvor ein Problemarchiv aufgebaut hat, das die wesentlichen Sachverhalte, die die Public Relations einer Organisation berühren könnten, enthält. Es sind Zeitschriftenartikel, Abhandlungen, Buchbesprechungen, selbst Buchauszüge und Dokumentationen, geordnet nach den Stichworten, die einmal auf die Agenda der Presse oder ins Blickfeld von Teilöffentlichkeiten geraten können. Es gehört nicht nur Ordnungssinn, sondern auch Phantasie dazu, sich vorzustellen, was alles für die Organisation einmal zum Problem werden kann.

Zu analysieren sind sodann die Überlegungen der eigenen Organisation zur Lösung des Problems; welchen Vorschlag sie hat und welche Chancen, ihn durchzusetzen. Dazu hilft ein Katalog sachlicher Argumente für und wider. Auch wer den eigenen Vorschlag für allgemein einleuchtend hält, hat noch lange nicht gewonnenes Spiel. Verfügt er über genügend Ansehen, um ihn durchzusetzen?

So kommt es als nächstes darauf an, die Stärken und Schwächen der eigenen Organisation zu erkennen. Sie lassen sich durch Imageanalysen feststellen. Wichtig zu wissen ist, über welche Autorität und Kompetenz sie in welchen Teilöffentlichkeiten verfügt und welche Chancen sie folglich hat, ihre Vorstellungen wirksam vorzubringen.

Die Teilöffentlichkeiten zu erkennen, die von dem Problem oder seinen Lösungen betroffen sind, sich betroffen fühlen oder noch betroffen werden, gehört zu diesem Teil der Analyse. Mit welchen Fragestellungen der Grad ihrer Betroffenheit auszumachen ist, hat James Grunig an vier Beispielen

PR-KAMPAGNEN-SCHEMA

Abfolge der Planung	Arbeitsschritte und Instrumentarien zur Erarbeitung
I Analyse	
1.1 Problemstellung	Recherche, dazu rechtzeitiger Aufbau eines Problem-Archivs
1.2 Lösungsvorschlag	Argumentationskatalog der Organisation
1.3 Stärken/Schwächen der Organisation	Organisationsinterne Interviews, Imageuntersuchungen
1.4 Teilöffentlichkeiten = betroffene/interessierte Publika	Lebensweltforschung und andere Formen der Felduntersuchungen
1.5 Akzeptanz zum/Widerstände gegen Lösungsvorschlag	Inhaltsanalyse der Presse, demoskopische Befragungen
1.6 Prognosen/Szenarien auch zu den Rahmenbedingungen des Problems	Wissenschaftliche Studien oder Befragungen, eigene Überlegungen
II Strategische Planung	
2.1 Kommunikative Zielsetzung	Entscheidung über Kampagnenart: Aufklärungskampagne, Akzeptanzkampagne Kampagne zur Verhaltensänderung, Kampagne zum Wertewandel
2.2 Zeithorizont	
2.3 Positionierung im Meinungsmarkt	Formulierung der zentralen Aussage der Botschaft, Pretests der Inhalte
2.4 Zielgruppen = Adressaten der PR-Aktionen	Markt- und Meinungsforschung
2.5 Interne Zielgruppen	Interne Interviews und Befragungen
2.6 Multiplikatoren – der eigenen Botschaft – der gegnerischen Botschaften	Feldstudien
2.7 Meinungsführer innerhalb einer Zielgruppe oder Teilöffentlichkeit	Feldstudien

III   Das PR-Konzept

3.1   Die PR-Lösung   Ideenfindung und Gestaltung

3.2   Medienstrategie

3.2.1 Medienauswahl (= Werbeträger)   Media-Analysen u. a.
       – Presse-Medien
       – Orale Medien
       – Aktionsmedien
       – Schaumedien
       – Vorbilder, z. B. Stars, VIPs,
         Konsumautoritäten

3.2.2 PR-Instrumente (= Werbemittel)   Media-Analysen u. a.
       – Reden und Statements
       – Pressekontakte
       – Publikationen
       – Anzeigen, Spots
       – Placements
       – Veranstaltungen und Aktionen

IV   Umsetzung

4.1   Redaktion   Inhaltsaufbereitung und Texten

4.2   Maßnahmenplanung   Abfolge und Gewichtung
                                             der PR-Instrumente

4.3   Kostenplanung

4.4   Organisationsplanung   Einsatz einer/mehrerer Agenturen,
                                             Einsatz eigener Kräfte

V   Kontrolle

5.1   Ergebniskontrolle   Resonanz auf den Einsatz
                                             der PR-Instrumente

5.2   Erfolgskriterien   Aus der Zielsetzung zu entwickeln
       und Erfolgskontrolle

aufgezeigt (s. Seite 185). Es kommt anschließend darauf an, die Lebensstile, Wertvorstellungen und Weltbilder dieser Teilöffentlichkeiten zu erfassen, um ihre Ängste und Erwartungen richtig einschätzen zu können.

Neben dem Standing der eigenen Organisation ist auch ihr Ansinnen zu analysieren. Die Stärken und Schwächen der eigenen Position ergeben sich aus Analysen über Akzeptanz oder Widerstände gegen den Lösungsvorschlag im Umfeld. Wer sind die möglichen Gegner, wie werden sie argumentieren und welche Chancen haben sie? Hierzu reicht in der Regel eine intelligente Inhaltsanalyse der Presseberichte. Man kann sie durch demoskopische Befragungen oder durch die Stärken- und Schwächenanalysen von Wettbewerbern ergänzen. Konkurrenten und Meinungsgegner sind das entscheidende Widerstandpotential.

Schließlich sollte man sich fragen, ob sich im Laufe der Kampagne die Rahmenbedingungen des Problems verändern könnten und wodurch. Prognosen, in Szenarien gefaßt, helfen dabei viel. Auch die Krisenpläne gehören hierher. Wichtig ist einerseits die Vorstellung, wie sich die Dinge bei erfolgloser oder erfolgreicher Kampagne weiterentwickeln würden. Wichtig ist andererseits die Überlegung, ob sich das Interesse oder sogar die Wertvorstellungen einer Teilöffentlichkeit im Kampagnenverlauf ändern könnten, so daß die eigenen Problemlösungen ihren Reiz verlieren. Durch solche eher spielerischen Überlegungen gewinnen PR-Experten häufig eine zusätzliche Tiefenschärfe zur Beurteilung und Behandlung ihres Problems.

Der Analyse folgen der strategische und der konzeptionelle Teil der Kampagne. Sie werden bisweilen zusammengefaßt. Manche sprechen weniger prätentiös von der „Planungsphase" und sehen sie von der „Realisierungsphase" abgegrenzt. Andere reden vom „Strategiekonzept", verstehen unter der „Umsetzung" die konkreten Einsatzplanungen und setzen davon wiederum die eigentliche „Durchführungsphase" ab. Allen gemeinsam ist nur die Ausgrenzung des ersten und des letzten Teils: der „Analyse" und der „Kontrolle".

Diese Ordnungsversuche zeigen, daß die Trennungslinien zwischen den einzelnen Kampagnenteilen in vielen Fällen unterschiedlich verlaufen, manchmal auch eher hinderlich sind. Man fasse die Einzelschritte daher zweckmäßigerweise als einen variablen Kriterienkatalog auf. „Strategien" sollten dann von „Konzepten" unterschieden werden, wenn zum Beispiel alle erfaßbaren Daten und Fakten auf stringente strategische Planungen hinauslaufen, die die Organisation selbst erstellt, während das kreative Konzept sodann von einer PR-Agentur beigesteuert wird.

Was beinhaltet eine Kampagnenstrategie? Sie gibt Antworten auf die Fragen, welche Schlüsse aus den analysierten Fakten und Gegebenheiten zu ziehen sind und wer mit welcher Botschaft in welchen Zeiträumen über

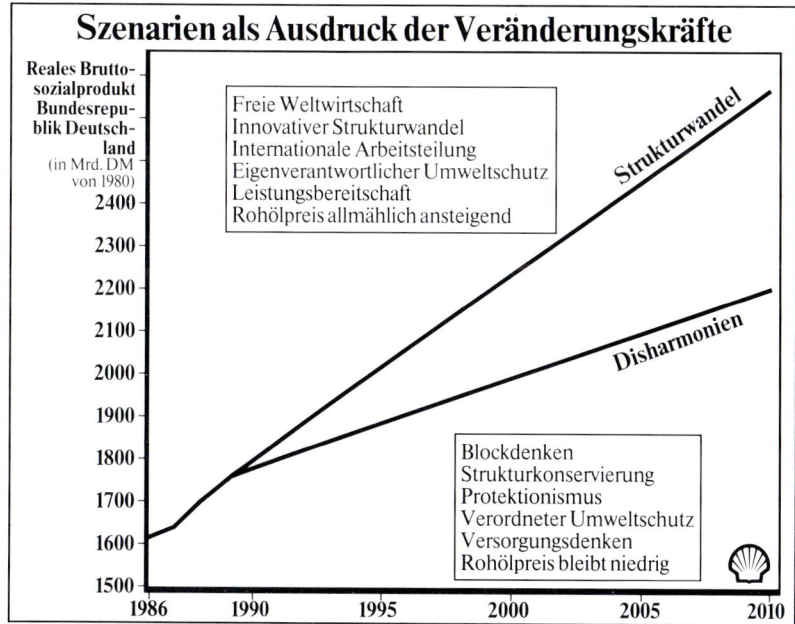

Abbildung 26: Prognosen, die zu jedem Kampagnenplan gehören sollten, werden oft in entscheidungsoffenen Szenarien dargestellt. Auch die berühmte „Shell-Prognose des PKW-Bestandes bis zum Jahr 2010", die in mehrjährigen Abständen vorgelegt wird, arbeitet zum Beispiel bei der Entwicklung des Bruttosozialprodukts mit zwei Szenarien (Deutsche Shell 1989, 7).

welche Medien für welche Ziele gewonnen werden soll. Das sind in der Regel Entscheidungsvorgänge. Ihre Reihenfolge ist variabel, da sich unter den Entscheidungskriterien auch feste Daten befinden können, aus denen die weiteren Schritte abzuleiten sind. Zum Beispiel könnte der Zeithorizont der Kampagne durch ein Eckdatum vorgegeben sein; oder die Zielgruppe ist durch das Problem eindeutig umrissen.

Die festesten Vorgaben gibt es normalerweise für die Zielsetzung selbst. Was kommunikativ erreicht werden soll, folgt häufig aus dem Lösungsvorschlag für das Problem. In allen Fällen läßt sich jetzt jedenfalls feststellen, ob es das Ziel ist,
– nur zu informieren und aufzuklären oder
– auch Zustimmung zu erhalten oder
– sogar eine Verhaltensänderung zu erreichen.
Die Abfolge macht deutlich, daß die Zielsetzungen immer anspruchs-

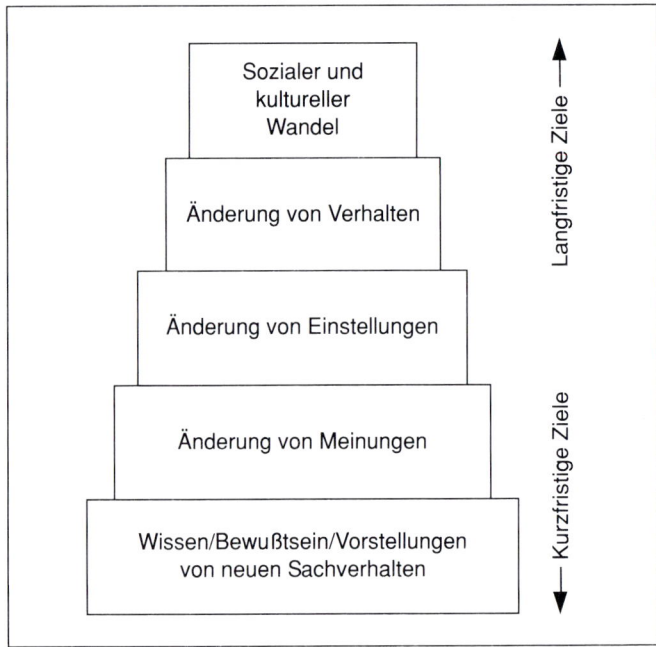

Abbildung 27: Das Schaubild von Beger, Gärtner und Mathes (1989, 67) ist von unten nach oben zu lesen. Einen Sachverhalt bewußtzumachen, ist verglichen mit dem Ziel, ein Verhalten zu ändern, einfacher, schneller und preiswerter zu erreichen. Um einen Wertewandel zu bewerkstelligen, bedarf es der Anstrengung einer ganzen Gesellschaft über einen sehr langen Zeitraum. Mit der deutsch-französischen Aussöhnung nach dem Zweiten Weltkrieg war ein solches Vorhaben gelungen. Eine vergleichbare Aufgabe unseres Dezenniums ist es, den ehemaligen Staaten des Comecon marktwirtschaftliche Werte zu vermitteln.

voller werden, folglich auch einen jeweils höheren Kampagneneinsatz erfordern.

Die zentrale Botschaft, die ein Publikum zur Kenntnis nehmen oder akzeptieren oder gar befolgen soll, muß nicht sofort in einen einprägsamen Slogan münden. Noch geht es weniger um Kreativität als um Plausibilität. Wichtig ist daher zunächst, daß die Botschaft in einem zweifelsfreien Satz geäußert wird, der verstanden und nachvollzogen werden kann. Hierbei kommt es vor allem auf die Zielgruppen, meist jedoch auch auf die Teilöffentlichkeiten an, zu denen hin die Zielgruppen offen sind. Das kann durch Verständnistests abgecheckt werden, die keinen größeren Umfang haben als die Pretests der Demoskopen.

Der Satz, der die Botschaft beinhaltet, stellt die eindeutige Position der Problemlösung am Meinungsmarkt dar. Er sollte daher nicht nur verständlich und nachvollziehbar formuliert sein, sondern einen unverwechselbaren, sozusagen eigentümlichen Inhalt haben. Schließlich hat er sich gegen Antisätze durchzusetzen, die von gegnerischen Positionen stammen.

Die anschließenden Überlegungen haben den Adressaten der Kampagne zu gelten. Wir unterscheiden wiederum zwischen Teilöffentlichkeiten und Zielgruppen. Teilöffentlichkeiten sind alle von dem aufgekommenen Problem berührten Publika. Dabei mag es sich um eine so diffuse Menschengruppe handeln – alle Frauen, alle Bewohner einer Region, alle Sportler, alle Handwerker usw. –, daß wir spezifische, eingrenzbare Zielgruppen auswählen wollen, die die direkten Adressaten unserer Kampagne darstellen können, weil sie innerhalb der Teilöffentlichkeit eine aktive Rolle spielen, den Ton angeben oder auch nur auffallen – auf die vorangeschickte Aufzählung bezogen zum Beispiel die berufstätigen Frauen, die Kommunalpolitiker, die Sportaktiven, die Handwerksmeister. Die Meinungen solcher fester umrissenen Zielgruppen zu dem anstehenden Problem lassen sich demoskopisch ermitteln und in Rechnung stellen.

Zielgruppen sind stets Teil einer größeren Gruppe in der Öffentlichkeit, darin eingebettet, auch an deren Wertvorstellungen und Lebensauffassungen orientiert. Solche Teilöffentlichkeiten können durch das Instrumentarium der Milieu- und Lebensweltforschung erfaßt werden. Dabei lassen sich spezifische Reaktionsmuster auf das vorliegende Problem, auch auf die vorgeschlagene Lösung studieren.

Internen Zielgruppen sollte hohe Aufmerksamkeit gelten. Wer versäumt, sie in seine Überlegungen einzubeziehen, riskiert den Erfolg seiner Bemühungen. Als der Arbeitgeberverband Gesamtmetall 1988 eine große Kampagne in der westdeutschen Bevölkerung durchführte, um ihr Verständnis und ihre Zustimmung zu flexiblen Arbeitszeiten zu erhalten, wurden 40% des gesamten Budgets für die interne PR-Arbeit bereitgestellt. Es galt, die zahlreichen angeschlossenen Einzelverbände und regionalen Verbandsglieder, aber auch jeden einzelnen Metallarbeitgeber über den Sinn und den Umfang dieser Kampagne zu informieren. Sie hätten sie sonst leicht durch kolportierbare Kritiken und lose Sprüche um jeden Kredit bringen können.

Wer eine Botschaft weitererzählt, mit positivem oder negativem Vorzeichen, ist ein Multiplikator. Man denkt hierbei sofort an Presseleute, genau wie man schon bei der Bestimmung der Zielgruppen häufig an die Medien denkt. Aber Presseleute berichten über ein Kampagnenereignis – wenn überhaupt – in der Regel nur einmal; es sei denn, sie machen sich ausnahmsweise eine Kampagne zu eigen und operieren sodann nach den Regeln des Kampagnenjournalismus.

Denken wir daher besser an Leute, die Erfahrenes immer wieder weitererzählen. Häufig rekrutieren sie sich aus den internen Zielgruppen. Sind diese motiviert, vermögen sie sogar zu Propagandisten der Botschaft zu werden. Aber auch unparteiische Gruppen geben bisweilen die Inhalte einer Kampagne weiter, ohne dabei einen eigenen Meinungsdruck auszuüben. In unserer Beispielfolge wäre zu denken an Frauenverbände und ihre Medien, an lokale Parteiorganisationen, an die Mitglieder der Sportvereine und die Innungen. Feldstudien müßten ermitteln, wie weit die Impulse dieser Gruppierungen reichen.

Gleiches gilt von den Wortführern, Personen, denen innerhalb der Zielgruppen oder Teilöffentlichkeiten bezüglich des aufgekommenen Problems eine Meinungsführerschaft zugemessen wird: Ärztinnen zum Beispiel, örtliche Honoratioren, prominente Sportler und für das Handwerk vielleicht die Pfarrer.

Meinungsführer sind nicht unbedingt die in ihrem Bekanntenkreis intellektuell Überlegenen, die Akademiker, die Wort- und Schriftgewaltigen. Von ihnen nimmt man eh an, daß sie sich rasch neuen Argumenten öffnen, sie aber ebenso rasch wieder fallenlassen. Meinungsführer sind eher Leute mit starken Überzeugungen, gefestigten Standpunkten und verläßlichen Urteilen. Sie kommen „aus der Mitte des Volks", sprechen dessen Sprache, kennen dessen Stimmung. Sie vor allem gilt es daher auszumachen und zu gewinnen.

Aus den Befunden der Zielgruppenforschung ergibt sich die Medienstrategie. Sie gilt häufig als Kernstück jeder Kampagne. Dabei geht es um zwei Fragestellungen:

– Mit welchen Medien sind welche Zielgruppen ansprechbar?
– Mit welchen PR-Instrumenten kann die Botschaft in die vorab ausgewählten Medien am besten kommuniziert werden?

Die Media-Analysten des Marketing sprechen im ersten Fall von den Werbeträgern – also Zeitungen, Fernsehen, Rundfunk, Außenwände etc. –, im zweiten von den Werbemitteln – also Anzeigen, Fernseh- oder Rundfunkspots, Plakate etc. Für PR-Experten sind die Spektra viel reichhaltiger. Für sie kann schließlich alles zum Medium werden: eine Zeitung ebenso wie eine Aktion, eine Predigt ebenso wie eine bestimmte Person, die als Star oder Sternchen, als Konsumautorität oder mit ihrer ganzen Persönlichkeit zum freiwilligen oder unfreiwilligen Werbeträger von Botschaften wird. Das Product Placement bietet dafür zum Teil infame Beispiele.

Auch die Instrumente sind vielfältiger. Wählen wir zum Beispiel den Wirtschaftsteil der überregionalen Zeitungen als geeignetes Medium, so können wir uns darin für das immer wieder verwendbare Instrument PR-Anzeige oder einen nur einmaligen redaktionellen Bericht entscheiden, um die eigene Botschaft zu kommunizieren, und dieser Bericht mag entweder von einer Pressekonferenz, einer Pressenotiz oder einer öffentlichen Rede mit griffigen Aussagen herrühren.

Bei der Medienstrategie bedarf es der Konzentration auf die richtigen Einsätze. Volltreffer, um einmal die militärische Analogie zu bemühen, die bei der Anwendung von Strategien seit den Lehren der Harvard Business School Pate stand, sind oft wirkungsvoller als Trommelfeuer und Breitseiten.

Nicht immer ist der Weg über die Redaktionen mit ihrer stets eigenen Verarbeitung des angebotenen Materials die richtige Lösung. Mit viel Phantasie läßt sich über orale oder visuelle oder Aktionsmedien mehr erreichen. Gerade mit der Mund-zu-Mund-Propaganda haben PR-Leute vielfach zu tun. Börsengerüchte oder die Gespräche am Stammtisch sind Quellen eigenen Charakters.

Erfahrene PR-Experten instrumentalisieren Organisationsfaktoren, zum Beispiel die eigene Architektur, das Topmanagement, Frauen in der Organisation. Botschaften müssen schließlich nicht nur verbal oder visuell mitgeteilt werden. Botschaften lassen sich auch personalisieren, und hin und wieder gilt der berühmte Satz des alten Marshall McLuhan: „The medium is the message."

Gehört Phantasie zum Geschäft der Mediastrategen, so die Kreativität zur Umsetzung der strategischen Vorgaben in konkrete PR-Lösungen. Denn noch haben wir diese nicht gefunden. Eine Strategie sagt uns nur, was wir auf welchen Wegen und mit welchen Mitteln erreichen wollen. Jetzt kommt es darauf an, aus dem analysierten Stoff, aus der bislang nur formulierten Botschaft und der Interessenlage der aufgefundenen Publika die Inhalte unserer PR-Auftritte zu kreieren. Wir brauchen das PR-Konzept.

.Was sagen wir aus? Mit welcher Sprache, welcher Tonalität sagen wir es aus? Welche Metaphern und Zitate führen wir an? Welche Bilder wählen wir? Machen wir es wie Benetton oder Otto Kern? Gibt es eine einzige zündende Idee, die unsere Vorstellung dem Publikum plausibel und akzeptabel macht? Und wie gestalten wir sie aus?

Kreatives Konzept und organisatorische Umsetzung liegen nahe beieinander. Sie sind aber nicht nur aus methodischen Gründen zu trennen, wie es etwa bei den Funktionsbeschreibungen der Public Relations von Günther Schulze-Fürstenow und Heinz Flieger geschieht, auf die sich Franz Ronneberger beruft: „Redaktion" wird dort von „Organisation" geschieden.

Zwischen den Plänen und ihrer Realisierung besteht für PR-Leute auch faktisch ein gewaltiger Unterschied. Sie schlagen häufig gute Ideen vor, zeigen aber bei der Verwirklichung ihrer Vorschläge Schwächen, beklagten sich 1993 die Chief Executive Officers vieler amerikanischer Unternehmen über ihre PR-Leute, und in Europa mag es kaum anders sein.

PR-Leute leisten ausgezeichnete Arbeit, wenn es gilt, innere und äußere Kommunikationsprobleme zu analysieren und Defizite aufzudecken; sie sind aber vielfach außerstande, den Schritt von der Analyse zur Aktion zu machen. Es fehlt ihnen an Durchsetzungsvermögen.

So zitierte der Hamburger PR-REPORT Nr. 1399 vom 29.7.1993 die CEOs. Ihr Rat: PR-Leute sollten über die Struktur ihres Unternehmens besser Bescheid wissen und bis hin zum Detail damit vertraut sein. Die Umsetzung, verschiedentlich auch Realisierungsphase genannt, wird bei dieser Erörterung trotzdem als ein Planungsvorgang vorgestellt, weil wir eher die Präsentation einer Kampagne als ihre nachträgliche Beschreibung für eine Erfolgsstory vor Augen haben.

Zur Umsetzung gehören in diesem Sinne die Planung der Kosten, des Arbeitskräfteeinsatzes und der Abläufe. Diese Planungen sind bisweilen nicht die Folgerungen aus Strategien und Konzepten, sondern eher deren Prämisse, sozusagen das organisationsbedingte Diktat, dem alle strategische Planung unterworfen wird. Budgets liegen häufig von vornherein fest, so unlogisch dies sein mag. Vor allem die Medienstrategie steht unter dem Zwang, bestimmte vorgegebene Etatvorstellungen einzuhalten. Es ist ein heilsamer Zwang, einerseits für die Organisationen, die dadurch zu einem sparsamen Mitteleinsatz angehalten bleiben, obwohl sie meist einem schier missionarischen Drang folgen wollen; andererseits für die Öffentlichkeiten selbst. Der Zwang der begrenzten Mittel verhindert, daß auf die Publika permanent ein ungehemmter Schwall faustdicker PR-Suada niederprasselt.

Auch die Ergebnis- und Erfolgskriterien sollten zum Planungsprozeß einer Kampagne gehören und nicht erst zur nachträglichen Anpassung von Ergebnissen an Prämissen. Es sollte schließlich von vornherein allen Beteiligten bewußt sein, woran man den Erfolg einer Kampagne messen will.

Larson, der den sich wandelnden Charakter jeder Kampagne betont – und er schrieb sein Buch nach der gründlichen Analyse von mehr als 800 Kampagnen jeder Art –, hat fünf verschiedene Stadien ausgemacht, die eine Kampagne nacheinander durchläuft; und bei jedem dieser Stadien sind daher auch Wirkungen auf Zielgruppen feststellbar.

Zuerst müsse vom angesprochenen Publikum der Gegenstand der Kampagne erkannt – „identifiziert" – werden: die Person, das Produkt, die Idee.

Dann werde die „Legitimität" des Angebots geprüft: Wie wird es begründet, welche Tests und Testimonials liegen vor?

Danach „partizipiere" das Publikum einmal probeweise am Kampagnenziel, und sei es bloß in Form einer symbolischen Geste: die Mitnahme eines Aufklebers, einer Probepackung, das Hochhalten einer Kerze.

Das vierte Stadium bringt die Durchsetzung im Meinungsmarkt, die „Penetration". Die Öffentlichkeit hat Stellung bezogen, die Kampagne ist siegreich oder wird verdammt; aber jeder kennt sie, jeder hat eine Meinung dazu.

Im Falle des Sieges folgt ein fünftes Stadium: die „Verbreitung" der Idee, die Distribution des Produkts oder die Amtsübernahme des Siegers.

Keine Kampagne, sagt Larson, verläuft gradlinig; jede richtet sich stets nach neuen Situationen, neuen Ansprüchen des Publikums. Zwischenprüfungen sind daher vorzusehen. Festzulegen ist, bei welchen Gelegenheiten das Konzept der Kampagne oder auch ihre strategische Planung überprüft und gegebenenfalls geändert werden sollte. Das sind oft schmerzliche Vorgänge, die der Eitelkeit und der Bequemlichkeit der Initiatoren entgegenstehen. Aber gerade darauf dürfen sie nie Rücksicht nehmen.

Zu Kap. IV.4:

Beger, Rudolf/Hans-Dieter Gärtner/Rainer Mathes: Unternehmenskommunikation. Grundlagen, Strategien, Instrumente; Frankfurt a.M. 1989.

Deutsche Shell AG: Grenzen der Motorisierung in Sicht; Hamburg 1989.

Flieger, Heinz: Public Relations als Profession; Wiesbaden 1986

Hazleton, Vincent: Toward a System Theory of Public Relations; in: Avenarius, Horst/Wolfgang Armbrecht (Hrsg.): Ist Public Relations eine Wissenschaft?, Opladen 1992.

Larson, C. U.: Persuasion: Reception and Responsibility; 3. Auflage Belmont/Ca. 1983.

McGuire, William J.: Theoretical Foundations of Campaigns; in: Rice, Ronald I./William G. Paisley (Hrsg.): Public Communication Campaigns; Beverly Hills/London 1981.

Ronneberger, Franz/Manfred Rühl: Theorie der Public Relations; Opladen 1992, S. 54.

5. Thematisierungsprozesse

Alle bisher erörterten PR-Praktiken haben den Zweck, die – bereits vorgegebenen – Ziele und Handlungen einer Organisation zu begleiten, diese in den ebenfalls vorgegebenen herkömmlichen Teilöffentlichkeiten der Organisation bekannt zu machen oder durchzusetzen, verständlich zu machen oder zu rechtfertigen. Reicht dies für eine Organisation aber aus? Bedarf sie für ihre Existenzchancen nur des wohlmeinenden Echos in der Öffentlichkeit?

Könnte sie nicht wollen, die Öffentlichkeit mit einem ganz neuen Thema zu befassen, zu dem nur sie eine geeignete Antwort hat, so daß sie gewissermaßen als die einzige weitsichtige und gesellschaftspolitisch verantwortungsvolle Institution angesehen wird? Parteien leben von solchen Thematisierungen. Heiner Geißler hat für die CDU erst den Begriff „Die Neue Arbeit", später „Die Neue Soziale Frage" thematisiert:

Die Union darf sich ihre Begriffe nicht nehmen lassen und sollte es nicht zulassen, daß im Bewußtsein der Bevölkerung verwischt wird, daß sie diese Idee entwickelt und gleichzeitig in der Regierungszeit daraus praktische, politische Konsequenzen durch die Anerkennung von Erziehungsjahren, Einführung des Erziehungsgeldes und des Erziehungsurlaubs gezogen hat (1990, 173).

So denken und agieren viele Organisationen, neben den politischen vor allem die Gewerkschaften und neuerdings auch etliche Wirtschaftsunternehmen. Das Gedränge am Meinungsmarkt ist dadurch groß.

Agendas und Issues

Jede Gesellschaft steckt voller Probleme, und jede Öffentlichkeit reflektiert eine bestimmte Anzahl davon, allerdings lange nicht alle. „Öffentliche Aufmerksamkeit ist knapp", haben wir von Niklas Luhmann vernommen; selbst einem als dringlich erachteten Thema wendet sie meist nur über eine knappe Zeitspanne ihre ganze Aufmerksamkeit zu (1971, 9–34).

Die Zeitspanne, in der ein Thema auf der Tagesordnung steht, wurde in der Folgezeit genauer betrachtet. Man lernte einzelne Phasen unterscheiden, die über der Zeitachse entstehen. Man ordnete ihnen (auf der Abszisse) die erst wachsende, zuletzt aber wieder auseinanderlaufende Menge an Interessenten zu. Die entsprechende Kurve entspricht der an- und abschwellenden Bedeutung, die die Öffentlichkeit dem Thema zumißt. Wie verläuft der Lebenszyklus eines Themas?

Ein Einzelereignis wird zum Anlaß für Betroffenheit; es wird zum Fall, dem allgemeinere Beachtung zukommen kann. Aber nur wenige befassen sich zunächst damit, finden Rückhalt nur bei anderen, von ähnlichen Fällen Betroffenen. So werden es allmählich mehr und mehr. Ein Trend entsteht. Intellektuelle nehmen sich des Themas an, formulieren ein Anliegen, machen es öffentlich. Aktivisten stellen sich ein, Massenmedien und Politiker stoßen nach. Jetzt werden Ansprüche geltend gemacht, konkrete Forderungen werden laut, die sich zunehmend verfestigen. Das Thema stößt auf immer größere Aufmerksamkeit, wird schärfer erfaßt, formalisiert, dadurch immer weniger neuen Einflüssen und Abwandlungen zugänglich. Mächtige Interessengruppen machen es sich zu eigen. Die Lösung wird überfällig. Dann kommt es zu ihr: ein neues Gesetz, eine neue Vorschrift, höhere Zah-

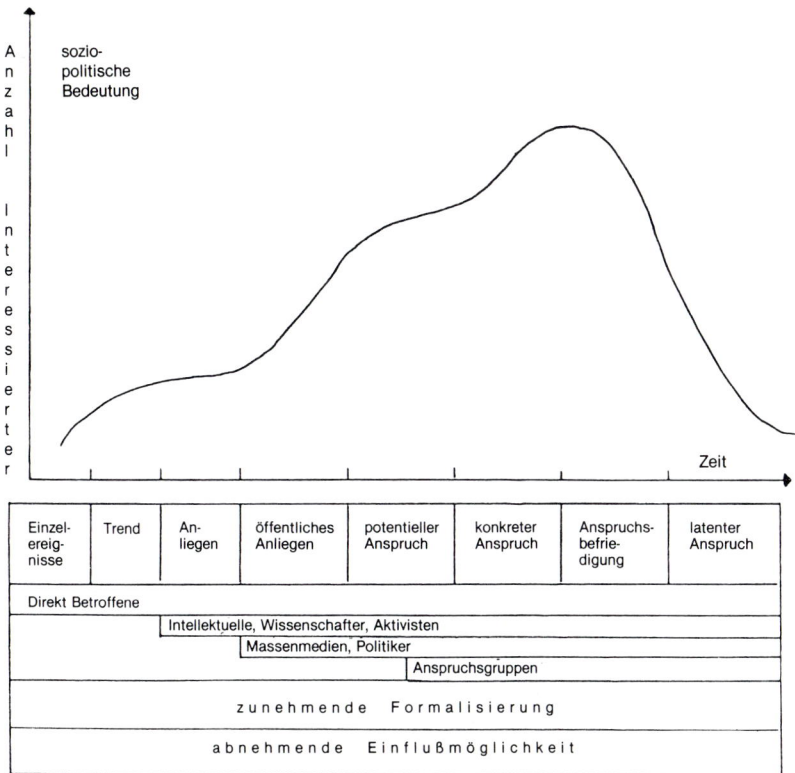

Abbildung 28: Der Lebenszyklus soziopolitischer Themen (Achleitner 1985, 94).

lungen, eine ganze Reform. Danach erlahmt das allgemeine Interesse sofort.

Wer kann wie auf diesen Gang der Dinge Einfluß nehmen?

Diese Frage beschäftigt seit zwei Jahrzehnten die Kommunikationswissenschaft. In der amerikanischen Literatur gibt es für den Begriff „Thema" zwei Ausdrücke: „agenda" und „issue", und da die Amerikaner von der Machbarkeit der Verhältnisse und der Steuerbarkeit des Lebens zutiefst überzeugt sind, haben sie beide – nach wissenschaftlichen Kriterien gewiß voreilig – aktiviert: Sie sprechen von „agenda setting" und „issues management", als ob es in beiden Fällen stets auch Herren des Verfahrens gäbe. Bereitwillig und ebenso unreflektiert wurden beide Begriffskombinationen von der deutschen Literatur übernommen.

Das „agenda setting" meint die Vorstellung, daß es vornehmlich die Massenmedien sind, die einer Gesellschaft die „Tagesordnung" der öffentlichen

Diskussion vorgeben. Maxwell McCombs und Donald Shaw haben diesen Begriff 1972 eingeführt (1972, 176–187) und dazu inzwischen rund 400 Untersuchungen ausgelöst. Für ihre These spricht also einiges, gäbe es da nicht den Anspruch der PR-Leute (einschließlich Heiner Geißler), daß sie es sind, die die Themen setzen oder – wie es neuerdings heißt – Begriffe für sich „besetzen".

Für diese Praktiken wird sich der Fachausdruck „issues management" bald einbürgern, denn dieser Amerikanismus eignet sich vortrefflich dazu, die Angebotspalette der PR-Agenturen um einen weiteren schillernden Begriff zu ergänzen. Er stammt schließlich auch von einem PR-Berater, dem Amerikaner W. Howard Chase, der ihn 1977 einführte – „Public Issue Management: The New Science" –, ihn zusammen mit Barry L. Johnes systematisierte und anläßlich einer speziellen „IM"-Konferenz im Jahre 1982 auch schlüssig beschrieb:

Issues management is the capacity to understand, mobilize, coordinate and direct all strategic and policy planning functions and all public affairs/public relations skills toward achievement of one objective: Meaningful participation in creation of public policy that affects personal and institutional destiny.

Die Planungsstäbe einer Organisation, so lesen wir bei Chase wie bei anderen Autoren, sind also bei weitem die wichtigsten internen Partner der PR bei solchen Aktivitäten. Nur sie vermögen es, die Organisation längerfristig und konsequent auf ein bestimmtes Thema auszurichten. Häufig genug lösen gerade sie die Thematisierung aus, denn sie können aufgrund ihrer Planungen die Schwierigkeiten erahnen, die die Öffentlichkeit ihren Vorhaben bereiten mag. Sie werden versucht sein, durch rechtzeitige Einflußnahme auf die politischen Prozesse solche Schwierigkeiten auszuschließen.

Dabei geht es nicht nur um die Gesetzgebung, obwohl dies häufig so gesehen wird. „Bei issues im issues management-Konzept handelt es sich zumeist um Themen, die über den Weg des öffentlichen Meinungsbildungsprozesses einer gesetzlichen Regelung zugeführt werden", sagen Schaufler und Signitzer (1990, 32). Tatsächlich aber gehen etliche Anliegen darüber hinaus; wie auch die beiden Autoren durchaus sehr langfristige gesellschaftliche Trends als „issues" gelten lassen.

Wenn ich in Deutschland investiere, liegt mir an einem „investitionsfreundlichen Klima". Das betrifft nicht nur die Steuergesetzgebung, sondern auch die Haltung von Politik und Presse gegenüber privaten Investoren. Oder ich will sicher sein, daß in diesem Land bestimmte Arbeitstugenden den heutigen Standard auch in den nächsten Dekaden behalten; ich wirke folglich darauf hin. Ich präge den Begriff vom „Industriestandort Deutschland".

Die Frage der Legitimation

Bevor wir beschreiben, wie eine Thematisierung geschieht, haben wir die Frage zu klären, ob private Organisationen überhaupt berechtigt sind, „sich an der Gestaltung der öffentlichen Politik kräftig zu beteiligen" (Chase).

Die Zunft macht sich darüber durchaus Gedanken. Vereinzelte Stimmen lehnen das „Issue-Management" strikt ab. Benno Signitzer führt den Amerikaner Richard A. Anderson an, der in einer großen Rede dagegen zu Felde zog: „The term carries implications of manipulation and arrogance and it sounds very self-serving. Issues cannot be managed" (Signitzer 1988, 106).

Aber Signitzer und Schaufler kennen auch andere: „Issues management-Vertreter gehen davon aus, daß die Wirtschaft aufgrund ihrer Bedeutung für die Gesellschaft nicht nur das Recht, sondern auch die Pflicht hat, ihren Beitrag zur Lösung gesellschaftlicher Konflikte zu liefern" (1990, 34).

Das ist zunächst nur ein Anspruch, so dringlich man ihn auch formulieren und mit Verantwortungsbegriffen ausstatten mag. Wird die Gesellschaft ihn akzeptieren? Schließlich fehlt für dieses Mitwirken jegliche demokratische Legitimation. Darf zum Beispiel der Verband der Deutschen Automobilindustrie im Namen von Millionen von Autofahrern sprechen?

In den hochindustrialisierten Nationen gibt es darüber einen gewissen Konsens: Die Presse beachtet derartige Ansprüche weidlich, die Gesellschaft akzeptiert die geäußerten Meinungsbeiträge und bezieht sie in den öffentlichen Disput ein. Auch gestatten die meisten Parlamente durch die Institution der „Hearings" ausdrücklich das Mitwirken außerparlamentarischer Kräfte an den Prozessen der politischen und gesetzgeberischen Willensbildung. Ihre Legitimation beziehen diese Kräfte dabei aus ihrem spezialisierten, prospektiven Sachverstand wie aus dem volkswirtschaftlichen oder technologischen Gewicht ihres Interessenspektrums.

Manche Autoren halten dieses Gewicht für so entscheidend, daß sie zu ganz neuen, nahezu ständestaatlichen Schlußfolgerungen kommen. William L. Renfro, Mitautor eines Public-Affairs-Handbuchs, spricht von einem neuen Sozialkontrakt. Der bisherige Gesellschaftsvertrag zwischen dem Volk und seiner Regierung, der in recht konservativer Weise durch die Verfassungen und Bundesgerichtsurteile festgeschrieben sei, lasse die Geschäftswelt weitgehend außen vor. Da diese aber tendenziell mehr als die staatlichen Organe für die Durchführung der vom Staatsvolk gesetzten Politik zuständig werden, komme es wohl bald zu einem „radical new social contract being written by and for American business" (1990, 25).

Hüten wir uns vor solchen rhetorischen Übertreibungen! Sie reflektieren die angelsächsische Korporatismustheorie, die, wie sie Manfred Rühl 1981 (17) beschrieb, die enge Verbindung der „big corporations" meint („big business plus big labor plus big government"). Diese Kombination mag im

Lande faktisch das Sagen haben; aber man sollte sie nicht auch noch institutionalisieren.

Verfahrensschritte im Issue-Management-Prozeß

Selbst kleinere Organisationen haben die Chance der Thematisierung. Bürgerinitiativen gelingt es, auch Greenpeace oder Amnesty International haben einmal klein angefangen. Prüfen wir daher jetzt, was zu tun ist, um ein Thema in die öffentliche Debatte einzuführen. Sowohl Renfro (1990, 22 f.) wie Jones und Chase (1979, 3–23) schlagen einem „Issue-Management" – wobei sie durchaus an ein spezielles Arbeitsteam in einer Organisation denken, das immer wieder mit neuen Issues beauftragt wird – vier Verfahrensschritte vor:

1. Geeignete Themen ausmachen (identifizieren),
2. die ihnen zugrunde liegenden Probleme analysieren,
3. ihren Bezug zur eigenen Organisationsstrategie prüfen und
4. die Umsetzung planen.

Der erste Schritt besteht in der Auflistung möglicher Themen. Parteien sind darin sehr bewandert, zumal wenn es ihnen darum geht, Wahlkampf- oder Grundsatzprogramme aufzusetzen. Sie verfallen dabei häufig auf die von der Presse bereits angesprochenen „Agenden", weil dann die Durchsetzung in den Medien keine großen Schwierigkeiten bereitet.

Anders die Wirtschaft. Für sie beinhaltet dieser erste Schritt die Anwendung eines Frühwarnsystems. Sie muß gerade die Themen erkennen, die noch nicht auf den Presseagenden stehen. Man will schließlich mit Lösungsvorschlägen zur Hand sein, bevor der öffentliche und möglicherweise erregte Disput einsetzt.

Chase erkannte wohl als erster, daß Öffentlichkeitsarbeit weit im Vorfeld der Meinungsbildung beginnen muß, wenn sie an deren Prozessen aktiv teilnehmen will. Verpaßt man diesen frühen Zeitpunkt, so trifft man auf weitgehend verfestigte Meinungen, die nur schwer, wenn überhaupt verändert werden können (Wildgruber 1993, 12).

Dabei ist vieles ungewisser als in der Politik: die nicht abwägbare Dringlichkeit eines Themas wie das daran interessierte Publikum. Im Gegensatz zum Politiker, der in einem gegebenen politischen Feld mit festen Strukturen und Zielgruppen agiert, stehe ein Unternehmensvorstand, wie Renfro schreibt, einem diffusen Publikum gegenüber, das sich vielleicht erst ganz plötzlich in den Entscheidungsprozeß eines Unternehmens einmischen will, das neue Maßstäbe aufstellt und sie rückwirkend angewandt sehen will, ohne Vorwarnung und ohne Erbarmen.

Um solche Überraschungen auszuschließen, treffen sich in den USA neuerdings eine Reihe von Firmen zum Austausch von Informationen und Er-

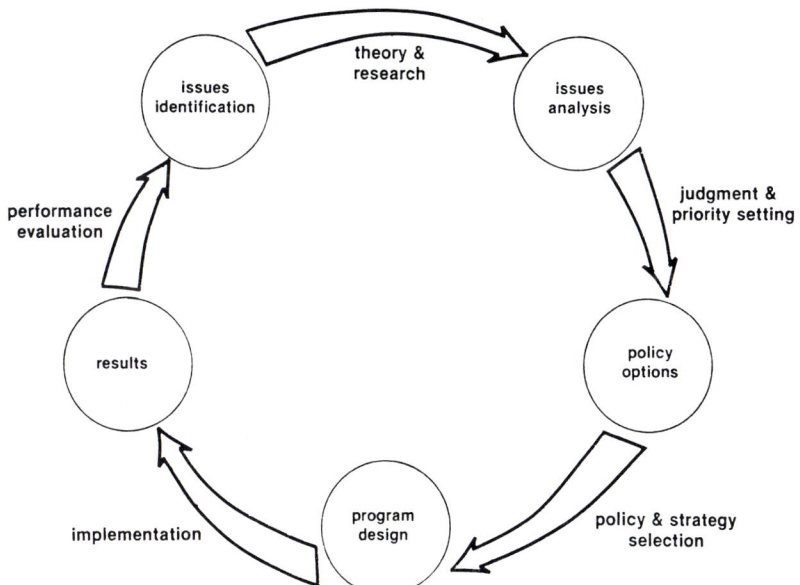

Abbildung 29: Die Geschlossenheit dieses Kreises von William L. Renfro will nicht andeuten, daß aus jedem bewältigten Thema sogleich ein neues entsteht. Der Kreis beschreibt vielmehr die konsekutive Arbeitsweise eines Issue-Management (IM), das sich nach dem Ablauf eines Issue unter Berücksichtigung der dabei gemachten Erfahrungen (performance evaluation) wieder einem neuen zuwenden kann. Renfro bemerkt dazu, erfahrungsgemäß benötige ein IM-Team ein bis zwei Kreisläufe – und das heiße, ein bis zwei Jahre –, bis es eine effiziente IM-Kapazität aufgebaut habe.

fahrungen darüber, was künftig auf die Tagesordnung der politischen Dispute geraten könnte. Für die Politiker selbst hat sich das Instrument der „issue briefs" des „Congressional Research Service for Members of the US Congress" als äußerst nützlich erwiesen. Renfro meldet, daß eine Reihe anderer Institutionen dieses Instrument übernommen haben:

Solche Themenskizzen (wir könnten auch Trendanalysen sagen) haben mehrere übereinstimmende Züge: Erstens beschreiben und erklären sie das Thema; zweitens erörtern sie seine verschiedenen möglichen Aspekte und Ausuferungen; drittens erörtern sie die Art, den Zeitpunkt und den Ablauf eines eventuellen Hochkochens und schließlich verweisen sie auf weitere Quellen oder Auskunftspersonen. Da sie nur der Information dienen, empfehlen diese Themenskizzen keine Strategien (Renfro 1990, 22).

Aus allen diesen Vorgaben hat eine Organisation sodann im dritten Schritt dasjenige Thema auszuwählen, das sie sich zu eigen machen will. Dies kann niemals nur eine Entscheidung des PR-Stabes sein. Die ganze Organisation ist hier gefordert, vor allem aber das Personal an ihrer Spitze. Wer ein Thema aufgreift und durchhalten will – und letzteres ist der kritische Part, der Kredit verschafft oder verspielen läßt –, darf nicht Forderungen stellen, sondern muß Lösungen anbieten und sich dafür als kompetent erweisen.

Hier versagt das Spitzenpersonal sehr häufig. Allzu gerne mischt es sich in die politische Debatte ein, ohne zum fraglichen Thema zuvor eine eigene Kompetenz aufgebaut zu haben. Manche meinen auch, ihre gewisse generelle Autorität reiche dazu aus. Aber das Publikum nimmt es nur wenigen Persönlichkeiten in einem Lande ab, sich zu nahezu jedem Thema zu äußern.

Neben der Kompetenz bedarf es der Konsequenz im Auftritt. Es bedarf der wiederholten Vorstellung der eigenen Lösungsvorschläge oder – siehe Heiner Geißlers Zitat – sinngemäßer Maßnahmen. Es bedarf des ceterum censeo.

Damit ist der vierte Schritte im Thematisierungsprozeß erreicht. Mit ihm wendet sich die Organisation an die Öffentlichkeit und dabei vorzugsweise an die Medien. Sie stößt bei ihnen auf eigene Gesetzmäßigkeiten der Thematisierung.

Das „agenda setting" der Presse besteht unter anderem darin, ein einzelnes Ereignis zu exemplifizieren oder mehrere zu einem generellen Phänomen zu verdichten, damit größere Problemzusammenhänge herzustellen, in den Vordergrund des Interesses zu schieben – zu aktualisieren – und sodann mehr oder weniger lautstark nach Lösungen zu rufen oder rufen zu lassen. Pressethemen haben dabei ein durchaus nicht immer nachvollziehbares Eigenleben. Sie können für die Fachpublizistik längst abgehandelt sein und plötzlich in der Boulevardpresse fröhliche Urständ feiern. Sie können hochkommen, versanden und erneut wie eine Grundwoge andere Diskussionsstoffe überrollen.

Wenn es mit einem Thema bereits so weit gekommen ist, haben es betroffene Organisationen relativ schwer, sich Gehör zu verschaffen. Dem Medienruf „Autos raus! Städte ersticken im Verkehr!" (SPIEGEL-Titel Nr. 11/ 45 Jg., 11.3.1991) hatte die Automobilindustrie nur gerade zeitgleich ein eigenes Konzept eines „kooperativen Verkehrsmanagements" zwischen öffentlichem und privatem Personenverkehr entgegengesetzt. Ob sie die Oberhand behält, ist zur Zeit offen (Avenarius 1994, 195).

Es kommt schon darauf an, der erste zu sein, der ein Thema besetzt. Es kommt aber auch darauf an, dabei eine Lösung anzubieten, die mit den herrschenden gesellschaftlichen Wertvorstellungen übereinstimmt. „Wem dies gelingt", sagen Schaufler und Signitzer wohl zu Recht, „hat gegenüber der anderen Konfliktpartei einen beachtlichen Vorteil" (1990, 32).

Die Abwehr von Issues

Hat, wer darin zu unterliegen droht, die Chance des Entwischens? Gibt es die Möglichkeit, einer Thematisierung zu entgehen, ein Problem im öffentlichen Bewußtsein herunterzuspielen, die Aufmerksamkeit von ihm abzulenken? Klaus Schönbach schrieb: „Ganze Industriezweige in unserem Land (etwa die chemische Industrie) haben mit ihrer PR – vielleicht fälschlicherweise – viel mehr Anstrengungen unternommen, zu deproblematisieren als zu problematisieren" (1992, 329).

Es ist das Syndrom von den schlafenden Hunden, die man nicht wecken will. Einmal thematisiert, wird ein Problem schließlich immer wieder auf die Tagesordnung der öffentlichen Diskussion gelangen und den Verursachern oder den Verantwortlichen so lange zusetzen, bis sie es gelöst haben. Das ist häufig nicht nur unbequem und lästig für eine betroffene Organisation, sondern auch äußerst kostspielig. Vielleicht ist sie zur Abhilfe längst bereit, aber nicht unter Zeitdruck und nicht mit von außen oktroyierten Vorgaben.

Wie wird abgewehrt? Die vornehmste Art ist die Begriffswahl für das Thema. Wer es rechtzeitig besetzt, ist hier in der Vorderhand. Alle Verlautbarer aller Zeiten sind geneigt, abwiegelnde, kalmierende Ausdrücke für einen prekären Sachverhalt vorzuziehen – und alle Presseleute sind ebenso geneigt, gerade diese Ausdrücke durch dramatisierende zu ersetzen. Nur die Wirtschaftspresse übernimmt noch immer zu einem weit überwiegenden Teil die von den Pressestellen angebotenen Begriffe.

Beharrlich sind auch die Versuche, prekäre Einzelereignisse nicht als eine zusammenhängende Krise aufscheinen zu lassen. Aus einzelnen Ausfällen soll niemand folgern, daß zum Beispiel ein Produkt generell mit Qualitätsmängeln behaftet sei. Daimler-Benz wäre dies nach der Einführung eines neuen Mittelklassemodells fast gelungen, hätten da nicht vielerorts Taxifahrerproteste stattgefunden. Die Medien schlossen daraus schnell auf tieferliegende Zusammenhänge (Junginger 1991, 217). Den Boeing-Werken war nach einer Reihe von Flugzeugunfällen ein ähnliches Schicksal widerfahren: Der Qualitätsruf der Firma und damit einer ganzen Branche wurde zum Thema.

Sind Ablenkungsmanöver möglich? Flugzeugunfälle lassen sich zu einem generellen Problem der Flugsicherheit verallgemeinern, verursacht durch überhöhte Verkehrsbelastungen. Absatzrückgänge in den USA lassen sich der spröden Außenpolitik der Bundesregierung anlasten, und in beiden Fällen mag die Presse diese Hintergründe thematisieren und damit von den Hauskrisen der Hersteller ablenken. Politiker inszenieren Pseudoereignisse wie demonstrative Reisen oder eröffnen „Nebenkriegsschauplätze". Die Palette der Ausweichverfahren ist groß.

Es liegt an der Presse selbst, wieweit sie diese Spiele mitmacht oder durchschaut. Dabei urteilt sie nicht nur unvoreingenommen. Aufbauschungen

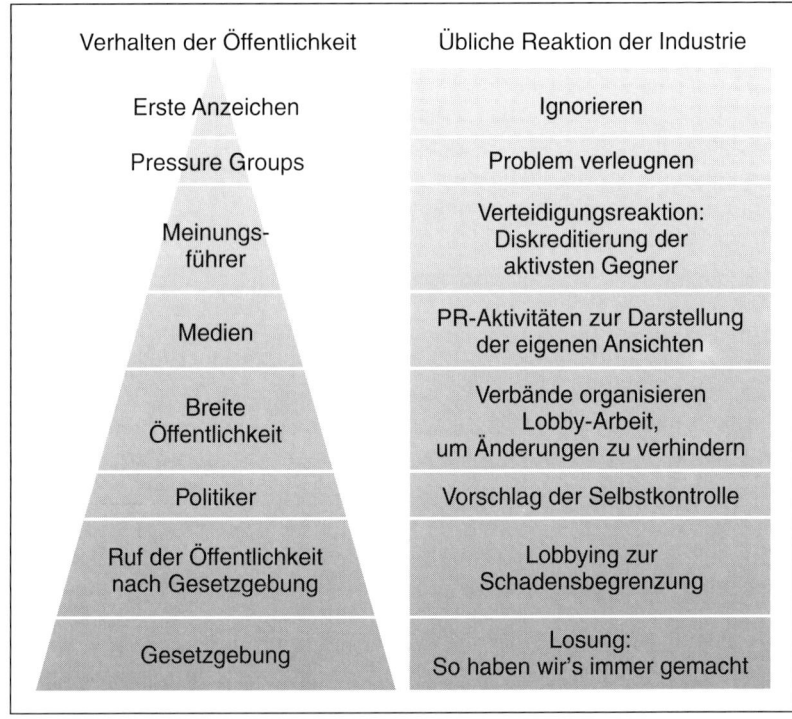

Verhalten der Öffentlichkeit	Übliche Reaktion der Industrie
Erste Anzeichen	Ignorieren
Pressure Groups	Problem verleugnen
Meinungs-führer	Verteidigungsreaktion: Diskreditierung der aktivsten Gegner
Medien	PR-Aktivitäten zur Darstellung der eigenen Ansichten
Breite Öffentlichkeit	Verbände organisieren Lobby-Arbeit, um Änderungen zu verhindern
Politiker	Vorschlag der Selbstkontrolle
Ruf der Öffentlichkeit nach Gesetzgebung	Lobbying zur Schadensbegrenzung
Gesetzgebung	Losung: So haben wir's immer gemacht

Abbildung 30: Die Abwehrreaktionen der Industrie auf Themen, die sie nicht selbst in die öffentliche Diskussion eingebracht hat, verlaufen häufig nach einem immer gleichen Muster. Die schematische Gegenüberstellung hat Siemens erstmals vorgestellt und damit ein gutes Stück heilsamer Selbstkritik vorgetragen (Wildgruber 1993). Sie läßt sich auch an anderen Branchen exemplifizieren (Avenarius 1994, 195).

und Entrüstungen kann sie sich nur leisten, wenn sie der Aufmerksamkeit ihrer Kundschaft sicher ist. Schaufler und Signitzer schrieben dazu: „Als gewinnorientierte Unternehmen wählen die Medien solche Themen, die ein jeweils möglichst hohes Leserinteresse versprechen" (1990, 33).

Auch der Gegenangriff wird bisweilen praktiziert. Er verspricht dann Erfolg, wenn die angegriffene Organisation vermuten darf, mit ihrer Retourkutsche im Trend zu liegen. Als Greenpeace im Frühjahr 1991 mit einem dem SPIEGEL nachgemachten PLAGIAT den Hamburger Verlag wegen der Verwendung chlorhaltigen Druckpapiers attackierte, schlug das Magazin zurück: „Umweltkonzern im Zwielicht" meldete der SPIEGEL-Titel Nr. 38/1991. Obwohl nicht nur Stephan Ruß-Mohl darin einen „Racheakt" vermutete (Ruß-Mohl 1991, 14), verhielt sich die übrige Presse still. Der WIENER, ESQUIRE, das Fernsehmagazin REPORT und DIE ZEIT hatten schon vorher festgestellt, daß hier ein Mythos versinke. Aber erst die SPIEGEL-Titelstory brachte Greenpeace in Bedrängnis.

Sehr viele Organisationen sind es wohl nicht, die sich vergleichbare Möglichkeiten ausrechnen dürfen . . .

Zu Kap. IV. 5:

Achleitner, P. M.: Soziopolitische Strategien multinationaler Unternehmen; Bern und Stuttgart 1985.

Armstrong, Richard A.: The Concept and Practice of Issue Management in the United States; in: „Vital Speeches" 1. 10. 1981; Pavlik, John V.: Public Relations. What Research Tells Us; Newbury Park 1987.

Avenarius, Horst: Krisengerede und Prävention; in: Rolke, Lothar/Bernd Rosema/Horst Avenarius: Unternehmen in der ökologischen Diskussion; Opladen 1994.

Chase, W. Howard: Public Issue Management: The New Science; in: Public Relations Journal 33, 1977.

Geißler, Heiner: Zugluft. Politik in stürmischer Zeit; München 1990.

Issue Management Conference. A Special Report; in: Corporate Public Issues VII No. 23, 1982.

Jones, Barrie L./Howard W. Chase: Managing Public Policy Issues; in: Public Relations Review 5, 1979.

Junginger, Walter: Das BMW-Mercedes-Duell; Stuttgart 1991.

Luhmann, Niklas: Öffentliche Meinung; in: Ders.: Politische Planung; Opladen 1971.

McCombs, Maxwell E./Donald L. Shaw: The Agenda Setting Function of the Mass Media; in: Public Opinion Quarterly 36, 1972.

Pavlik, John V.: Public Relations. What Research Tells Us; Newbury Park 1987.

Renfro, William L.: Issues Management: The American Experience; in: International Public Relations Review, Vol. 13, No. 4, 1990.

Rühl, Manfred: Public Relations der Gewerkschaften und Wirtschaftsverbände; Düsseldorf 1981.

Ruß-Mohl, Stephan: Retourkutsche des SPIEGEL?; in: MEDIENKRITIK, Nr. 39/1991.

Schaufler, Günter/Benno Signitzer: Issues Management: Modewort oder neuer Weg in der PR? Ein Begriff macht die Runde; in: PR-Magazin 12/90.

Schönbach, Klaus: Einige Gedanken zu Public Relations und Agenda Setting; in: Avenarius, Horst/Wolfgang Ambrecht (Hrsg.): Ist Public Relations eine Wissenschaft?; Opladen 1991.

Signitzer, Benno: Public Relations-Forschung im Überblick. Systematisierungsversuche auf der Basis neuerer amerikanischer Studien; in: Publizistik 1/1988.

Wildgruber, Otto: Issue-Management. BAW-Vortragsmanuskript München 1993.

Abbildung 31: Mit dem PLAGIAT, einer Einmalbroschüre ganz im SPIEGEL-Stil,
wollte Greenpeace dem Magazin beweisen, daß die Herstellung des SPIEGEL auf
chlorfreiem Papier technisch möglich ist.

Abbildung 32: Der SPIEGEL schlug kräftig zurück: „Geldmaschine" und „McDonalds der Umweltszene" lauteten die Schlagworte am 16. 9. 1991.

V. INSTITUTIONELLE PUBLIC RELATIONS FÜR ORGANISATIONEN

1. Formen der Selbstdarstellung

In Öffentlichkeiten hineinzuwirken vermag nur, wer von ihnen wahrgenommen werden kann. Der Träger einer Botschaft oder eines Anliegens ist ein konstituierender Faktor der Botschaft selbst. Wichtig ist es daher zunächst, den entscheidenden Teilöffentlichkeiten ein prägnantes Vorstellungsbild von der eigenen Organisation zu vermitteln – ein Image; und soweit es nicht vorliegt, muß es veranlaßt werden.

Diese vornehmlich an sich selbst zu leistende Arbeit haben wir im Kapitel über das Image erörtert. Ihr liegt eine Strategie zugrunde, also eine Idealvorstellung von dem, was möglicherweise erreichbar ist. Wirklichkeiten weichen von den Idealen ab. So geht es denn jetzt vornehmlich darum, wie sich Organisationen in der rauhen Wirklichkeit verhalten sollen: in normalen, dann auch in kritischen und schließlich in besonderen, nahezu feierlichen Situationen.

Welches PR-Modell eine Organisation dazu wählt, hängt, wie James Grunig ermittelte, sehr stark von den bei ihr obwaltenden political values ab (und diese wiederum von der vorherrschenden Ideologie oder Unternehmenskultur). Entscheidungen werden demzufolge von einer internen Machtelite getroffen, einer eher informellen, auf persönlicher Autorität beruhenden „dominant coalition". Gehört der PR-Chef dazu, werden solche Entscheidungen die Belange von Öffentlichkeiten berücksichtigen, sonst kaum. Herrschen liberale (statt konservative), außengerichtete (statt auf den inneren Zusammenhalt bedachte) und innovative (statt Effizienz absichernde) „politische Werte" vor, wird man sogar mit den Öffentlichkeiten in einen Dialog treten, sonst kaum.

Die Korporatismustheorie

Alle Organisationen verfolgen auf ihren Meinungsmärkten ihre eigenen, zum Teil egoistischen Interessen, gebremst nur von den Gesetzen und den konträren Interessen anderer Organisationen. Nach unserem Verständnis von der Gesellschaft ist das legitim. Auch Wettbewerb und Streit sind legitim. Daß sie auf friedlichem Wege ausgetragen werden, sichert innerhalb eines verfaßten Gemeinwesens der Staat; und zwischen den Staaten sichert eine mehr und mehr zusammenrückende Staatengemeinschaft, gestützt auf

Konventionen und Gemeinschaftsorganisationen, den größtenteils friedlichen Austrag internationaler Interessengegensätze.

Als urteilende Instanz über dem Stimmengewirr und dem Kampfgetümmel hat sich die öffentliche Meinung herausgebildet: auf nationalem Feld reich entfaltet mit den verschiedensten Ausdrucksformen, Reaktionsmustern und Erforschungsmöglichkeiten; in der internationalen Szene eher rudimentär auf die veröffentlichte Meinung der Journalisten beschränkt.

Die politischen Entscheidungsträger achten und beachten diese Instanzen. Aber sie sind häufig genug selbst Vertreter partikularer Interessen. Reflektiert die Politik überhaupt jemals die Gesamtheit der existierenden Gruppierungen? Das Konzept der pluralistischen Gesellschaftsordnung geht davon aus. Pluralismus, so postulierte Ernst Fraenkel 1972, ist das Strukturelement der freiheitlich-rechtsstaatlichen Demokratie: Eine unbestimmte Anzahl freiwilliger, nichthierarchischer Organisationen, die weder um eine besondere staatliche Zulassung bemüht sein müßten noch über ein Repräsentationsmonopol verfügen, konkurrieren um Machtchancen.

Entspricht aber die Wirklichkeit diesem Konzept? Zählen nicht eigentlich nur die großen Organisationen, die big corporations? Die angelsächsische Soziologie hat sich als erste mit dem „corporatism" befaßt und das Verhältnis von Großorganisationen zueinander untersucht. Es erschien ihr eng verbunden: „big business plus big labor plus big government". Und die deutsche Literatur griff bald darauf die neue Betrachtungsweise auf: „Vom Pluralismus zum Korporatismus" hieß die Devise schon 1979 (v. Aleman und Heinze 1979).

Manfred Rühl übertrug diese „Korporatismustheorie" 1981 auf die Erörterung der Public Relations von Gewerkschaften und Wirtschaftsverbänden (1981, 8–21). Dabei wies er auf den von dieser Theorie vollzogenen „Paradigmenwechsel" hin: Die lange Zeit sowohl bei den „linken" wie bei den „konservativen" Autoren vorherrschende Auffassung vom einseitigen Einfluß der Verbände auf den Staat sei empirisch überholt. Die moderne Kooperatismustheorie beruhe auf der Wechselseitigkeit der Beziehungen zwischen Staat und Verbänden; sie beziehe auch die Parteien in diese „symbiotische Verklammerung" (von Aleman) mit ein. Alle drei beeinflussen sich gegenseitig und zögen ihre je besonderen Vorteile daraus.

Der Staat profitiert in vielfältiger Weise von dieser Zusammenarbeit. Neben dem Informationsaustausch nennt Rühl die Tatsache, daß die Verbände den Staat insofern entlasten, „als sie an seiner Stelle gesellschaftliche Interessen vorselektieren und kanalisieren sowie an der Konsensherstellung über diese Interessen – also nicht nur an der Artikulation und Durchsetzung ihrer eigenen Interessen – mitarbeiten".

Die PR solcher Organisationen kann sich nicht nur nach außen richten.

Um „gesellschaftliche Interessen vorzuselektieren" und darüber „einen Konsens herzustellen", ist stets und gleichgewichtig PR nach innen erforderlich. Manchmal bedarf es sogar der größeren Anstrengung, die bei neuen Gesetzen oder Vorschriften zugestandenen Kompromisse der eigenen Klientel verständlich zu machen.

Auch die Organisationen würden von dieser Zusammenarbeit mit dem Staat profitieren, referierte Rühl die Kooperatismustheoretiker, „und zwar insofern, als sie durch diese Kooperation über die Chance verfügen, ihre Interessen besser durchzusetzen".

Besser als wer? Kommt es in unserem Gesellschaftssystem vor allem darauf an, groß (big) zu sein, um mithalten zu können? Wohl gilt noch immer Theodor Eschenburgs bitterer Satz: Wer nicht organisiert ist, ist ungeschützt. Er betrifft Kinder, Arme, auch viele sinnvolle Zukunftsprojekte.

Aber weder der Organisierungsgrad noch die Größe der Organisation sind entscheidend. Schon ganz einfache, chaotische, fast kontraproduktive Organisationsformen wie die der Grünen oder der Statt-Parteien in ihren Anfängen fanden verblüffend Gehör. Selbst ein Einzelkämpfer wie Hans Herbert von Arnim braucht bei seinen Feldzügen gegen die Selbstbedienungsmentalitäten der politischen Klasse nach der Wende von 1989 nicht unbedingt den Rückhalt eines Bundes der Steuerzahler.

Und auf Größe kommt es genausowenig an. Es gibt Unternehmen mit kleinsten Marktanteilen und großer Medienpräsenz; es gibt Initiativen mit wenig Mitgliedschaft und gewaltiger Resonanz; es gibt Öko-Institute mit schmalem Budget und hoher Autorität. Auch der Kleinere vermag sich gebührend zur Geltung zu bringen – wenn er das Geschäft der institutionellen PR versteht.

Das PR-Konzept für eine Organisation

Von Imagestrategien und PR-Kampagnen war die Rede. Beide beziehen sich auf aktuelle Defizite oder Probleme. In der PR-Literatur überwiegt ihre Darstellung, weil sich auch die Praxis vornehmlich um „Fälle" kümmert; weil überhaupt „Fallstudien" leichter zum Angelpunkt aller Erörterungen gemacht werden können. Organisationen, die in Öffentlichkeiten operieren, haben jedoch auch jenseits aller konkreten Vorfälle einen ständigen, dauerhaften Bedarf an Öffentlichkeitsarbeit – sozusagen für den Alltag.

Wirtschaftsunternehmen ist das vertraut. Aber auch Medien und Parteien, Gewerkschaften und Hochschulen, selbst Kirchen wenden PR tagtäglich an. Sie sollten sich daher dieser Grundform ihrer gesellschaftlichen Kommunikation bewußt sein – und sie planen.

Den Maßnahmen, die sie in dieser Hinsicht planen und durchführen, sollte ein durchgängiges, kohärentes Konzept zugrunde liegen, ein Konzept, das sich auch in Krisenzeiten bewährt. „Maßnahmen leiten sich aus Konzepten ab", schreibt Franz Bogner (1990, 103), „Konzepte basieren auf Strategien. Strategien wiederum fußen auf einer Philosophie, auf Werthaltungen und Zielen." Folgerichtig beginnt seine „PR-Konzeption" mit der allen weiteren Schritten vorausgehenden „Unternehmens- (Institutions-) Philosophie" (104).

Philosophie ist ein anspruchsvoller, leider auch sehr abgenutzter Begriff. Den Werten geht es ähnlich. Wenn in der Wirtschaft einmal etwas grundsätzlicher nachgedacht wird, heißt es schnell, man befasse sich mit Philosophie. Recht behende hantiert man da mit Unternehmens-, Absatz-, sogar mit Produktphilosophien. Seien wir zurückhaltender!

Im Falle eines PR-Konzepts bedarf es durchaus philosophischer Anstrengungen. Sie liegen in der strengen Reduktion vieler Aspekte auf einen abstrakten Kern. Sie liegen in der Unbedingtheit der Analysen – gegen zu erkennende eigene Vorlieben. Sie liegen in der Unvoreingenommenheit, mit der die eigenen Befunde jederzeit wieder in Frage gestellt werden. Und sie liegen in der Offenheit aller Antworten gegenüber einem ethischen Absolutum.

Solche Maxime entsprechen jedem wissenschaftlichen Ethos. Auch stehen sie jedem Manager gut an. Zur Philosophie werden sie erst dann, wenn ihre Ergebnisse zu einem Gedankengebäude getürmt und formuliert sind. Ob es so weit kommen soll, ist allerdings die Frage. Organisationen haben wie Organismen einen inneren, keineswegs leicht zu erfassenden Kern. Er macht den Mythos einer Unternehmung aus, der durch Analysen und Erklärungen eher zerstört als bewahrt werden könnte.

Was nicht ganz erklärbar ist, regt die Phantasie stärker an. Publikum liebt Mystifikationen. Auch intern bleiben größere Freiräume des Denkens und Entscheidens. Die Gefahr, aufgrund festgeschriebener Philosophien in internen Dogmatismus zu verfallen, ist größer als die entgegengesetzte, aufgrund von Dunkelheiten manches im unklaren zu lassen. Beginnen wir unser PR-Konzept daher anders als Franz Bogner mit einer Organisationsbeschreibung. Schon dabei können Sachverhalte kritisch bewertet werden.

1. Die Inhalte der Organisationsbeschreibung:
– Das Organisationsziel, auf seinen dauerhaften Kern gebracht; also nicht das aktuelle Arbeitsprogramm, so inhaltsreich es häufig dargestellt und daher auch bald wieder ausgewechselt wird. Zu erfassen ist vielmehr das eher grundsätzliche Anliegen der Organisation, ihr Auftrag, ihr Interesse. Auszugehen ist daher vom „Zweck" der Organisation, wie er in ihrer Satzung steht, so allgemein er auch formuliert sein mag.
– Die Grunddaten und ihre Entwicklung über eine faßbare Zeitachse: Um-

sätze, Produktions- und Absatzziffern, Rentabilitätsfaktoren; oder die
Mitgliederentwicklung, Beiträge und Spendeneingänge, Haushalts-
pläne, Kostenstrukturen.
– Marktbedingungen und Wettbewerber; deren Daten und Strukturen.
– Die Grundstrukturen wie Eigentumsverhältnisse, Verfaßtheit, Organisa-
tionsaufbau, Arbeitsweise.
– Die Personalsituation nach Bildungsstand und Herkunft, Motivation,
Einkommen, Organisierungsgrade.
– Informelle Autoritätsstrukturen, zum Beispiel die berühmte „dominant
coalition" der amerikanischen Organisationslehre.
– Die Rolle der PR-Arbeit, ihr Ansehen, ihre Einordnung, ihre Mitwir-
kungsmöglichkeiten, ihre Budgets.
– Aus dieser Faktenanalyse ergibt sich eine erste Evaluation: die Chancen
und Risiken im Vergleich zum Wettbewerb.

2. Die Ermittlung der eigenen Identität:
– Das grundsätzliche Selbstverständnis der Organisation, landläufig ihre
„Philosophie" genannt. Was dafür zu leisten ist, wurde im Zusammenhang mit der Imagestrategie erörtert. Hinzuzufügen ist der immer häufiger abverlangte Nachweis der Daseinsberechtigung.
– Der USP (die „unique selling proposition"), ein Marketingkriterium,
das für jede Organisation gilt, die im Wettbewerb mit anderen steht (und
für welche träfe dies nicht zu?): Wie, wodurch, worin unterscheidet sich
ihr Selbstverständnis von dem ihrer direkten Konkurrenten?
– Das eigene Image im Soll-Ist-Vergleich und, falls erforderlich, zugleich
das der ganzen Branche, für eine Partei zum Beispiel das Image der
„politischen Klasse".
– Der Soll-Ist-Vergleich führt zu einer zweiten Evaluation: dem Grad der
Anerkennung aufgrund des ermittelten Ansehens und dem Maß an Sympathie (oder Antipathie) aufgrund des ermittelten Profils.

3. Die Analyse des Umfelds der Organisation:
Dieser Konzeptteil befaßt sich mit den Überlegungen, die die PR zu
einem Frühwarnsystem werden lassen. Zwar hört man Warnungen nicht
gerne, aber sie müssen kein Anlaß zu pessimistischen Folgerungen sein. Zur
Umfeldbetrachtung gehören:
– Die Wertsysteme in der Gesellschaft, ihr eventueller „Wandel" – stets bezogen auf die von der Organisation für ihre Daseinsberechtigung angeführten Werte.
– Der Erwartungshorizont der Gesellschaft gegenüber dem von der Organisation vertretenen Anliegen oder Auftrag.

– Das Konfliktpotential, das die Operationen der Organisation gegebenenfalls bergen; der Grad an Betroffenheit, der darüber in Teilöffentlichkeiten besteht oder entstehen kann; die Analyse dieser Teilöffentlichkeiten.

– Das Kommunikationsverhalten der Teilöffentlichkeiten, ihr Verhältnis zu den Kommunikationsangeboten der Publizistik: Welche werden wie genutzt und wieviel Vertrauen wird ihnen entgegengebracht? Welche alternativen Mediennutzungen zeichnen sich ab?

– Solche Umfeldanalysen führen zu einer dritten Reihe von Evaluationen: Sie betreffen das Verhältnis der Organisation zu ihrem Umfeld und prüfen dessen Bereitschaft, sich mit den Aussagen und dem Verhalten der Organisation zu befassen.

4. Die Kommunikationsstrategie:

Aus den Analysen und Evaluationen der vorausgegangenen Arbeitsschritte ergibt sich die für die Organisation zweckmäßigste Kommunikationsstrategie. Diese beinhaltet:

– Die Weiterentwicklung ihres Erscheinungsbildes und ihres Auftritts in der Öffentlichkeit.

– Die Verbesserung ihres Verhaltens, sowohl des generellen wie des kommunikativen.

– Die Definition ihrer Zielgruppen aus den vorgegebenen Teilöffentlichkeiten; die Erkennung von Meinungsführerschaften und möglichen Multiplikatoren.

– Der Aufbau einer Medienstrategie, mit der die Zielgruppen erreicht werden können.

– Die Auswahl der regelmäßig einzusetzenden PR-Instrumente wie Pressekonferenzen, Besucherbetreuung, Publikationen und Filme, Veranstaltungen, Anzeigen und Plakate, Mailings und Messen.

– Die Einrichtung eines ständigen Erfolgskontrollsystems mit Imageanalysen – in etwa dreijährigen Abständen – und eine kontinuierliche Medienresonanzanalyse.

– Die vierte Evaluation beinhaltet daraus folgend den Handlungsbedarf, den Bedarf an Personal und Arbeitsmitteln sowie die dafür erforderlichen Budgets.

Die Erwartungen der Publika

Bei ihrem Auftritt in der Öffentlichkeit bemüht sich jede Organisation – zu Recht – um Perfektion: Ihr Verhalten soll untadelig sein, ihr Erscheinungsbild stimmig und ihre Anliegen einleuchtend. Gilt das gleiche Prinzip auch für ihre Selbstauskünfte? Jede Organisation hat ein vitales Interesse daran, sich vorteilhaft darzustellen. Das ist ein erster „Grund-Satz" der Selbstauskunft. Er gilt auch dann, wenn sie Fehler, Rückschläge oder Mißlichkeiten einzuräumen hat. Unterm Strich will jedermann grundsätzlich als vortrefflich oder entschuldigt erscheinen.

Diesem ersten Satz kann ein zweiter hinzugefügt werden: Das interessierte Publikum weiß das und stellt es in Rechnung. Es unterstellt und duldet gewisse „Schönfärbereien" (Lindlau). Es vergleicht die Aussagen der einen Organisation mit seinem Wissen über die Aussagen einer konkurrierenden. Es hat als zusätzliche Korrektur bisweilen Pressekritik zur Hand.

Viele Organisationen können ihre Schwächen trotzdem über längere Zeit verbergen; Staaten – der alten DDR zum Beispiel – gelingt dies zum Teil über Jahrzehnte. Aber in einer offenen Gesellschaft kann, wenn es sich um mehr als ein vorübergehendes Formtief handelt, der wahre Zustand einer Organisation nicht auf Dauer verborgen bleiben. Kommt es dann zu einer plötzlichen, für das interessierte Publikum zu einer überraschenden Offenlegung, brechen meist alle Dämme des Vertrauens weg. Auch hierfür ist das Ende der DDR ein bezeichnendes Beispiel.

In der Regel empfiehlt es sich daher, interessierte Teilöffentlichkeiten rechtzeitig aufzuklären. Man vermeidet dadurch nicht mehr kontrollierbare Kurzschlußreaktionen – zum Beispiel auf den Kapitalmärkten; man vermag im Gegenteil vielleicht sogar Gewinn aus dem öffentlichen Disput über die eigenen Probleme zu ziehen. Der gesetzliche Zwang zur öffentlichen Rechnungslegung hat sich als ein heilsames Verfahren erwiesen; er wurde in Deutschland mehrmals verschärft, einmal nach der großen Krupp-Krise in den 70er Jahren und zuletzt 1994.

Krupp wurde bis Ende 1968 als eine OHG geführt und unterlag keiner Bilanzierungspflicht. Es war daher auch nicht der warnenden Kritik von Finanzanalysten und Wirtschaftsredakteuren ausgesetzt. Die Offenlegung seiner Misere war für Regierungen und Banken ein Schock. Bürgschaften mußten beschafft werden, und ein neues Gesetz war die Folge, das jetzt alle großen Unternehmen und nicht nur die Aktiengesellschaften zu einer umfassenden Information der Öffentlichkeit verpflichtete. Dieses Publizitätsgesetz betrifft alle Firmen mit einer Bilanzsumme über 125 Mio. DM, mit Umsatzerlösen von über 250 Mio. DM und mehr als 5000 Beschäftigten.

Den Aktiengesellschaften selbst wurde am 1. August 1994 eine noch weitergehendere Publizitätspflicht auferlegt. Um allen Marktteilnehmern beim Aktienhandel die gleichen Chancen zu gewähren, müssen nunmehr die Börse, die Aktionäre und die Öffentlichkeit einheitlich und zeitgleich über Vorgänge unterrichtet werden, die geeignet sind, den Kurs der Aktie „erheblich zu beeinflussen". Die bisherige Übung, einen handverlesenen Kreis von

Finanzanalysten und Wirtschaftsjournalisten vorab ins Vertrauen zu ziehen oder auch nur vorab zu informieren, verliert dadurch an Bedeutung.

Presse steht für Leserschaften und Börse für Aktienkäufer. Auf welche Zielgruppen es einer Organisation überhaupt ankommen muß, ergibt sich aus der Analyse ihrer Teilöffentlichkeiten. Nur in wenigen, eher kritischen Fällen muß sie sich an alle Bürger eines Landes wenden: bei Rückrufaktionen für ein Produkt, bei Hilfsaktionen für eine Region oder vor Wahlen.

Viele Organisationen können sich jedoch auf spezifische Teilöffentlichkeiten beschränken, und selbst den big corporations ist es anzuraten, aus der Masse der Bevölkerung bestimmte Zielgruppen herauszuschälen. Die Industrie hat ihre Skeptiker in anderen Gruppierungen als die Gewerkschaften oder die Kirchen.

Wichtig ist es auch, spezifische Entwicklungen in einer Bevölkerung wahrzunehmen. Manche kommen auf leisen Sohlen daher: Veränderungen in ihrer Bildungsstruktur, in ihrem Medienkonsum, in ihrem politischen Engagement. Welche Grundanliegen zuzeiten obenan stehen, ob es vorrangig um gutes Einkommen, den Schutz der Umwelt oder die Sicherung der Arbeitsplätze geht, spielt zum Beispiel für das Ansehen eine große Rolle.

Die PR-Agentur Kohtes und Klewes hat vom Sample-Institut in Mölln im November 1989 und erneut im März 1994 erkunden lassen, was die west- und dann die gesamtdeutsche Bevölkerung von den großen Unternehmen erwartet und „was ein hervorragendes Unternehmen kennzeichnet". Die Antworten reflektieren die vordringlichsten Anliegen der jeweiligen Epoche, und Unternehmen, die in der Gesellschaft etwas bewirken wollen, werden solche Ergebnisse beachten.

Arbeitsplatzsicherheit war 1994 das drängendste Problem der Deutschen. Sie sahen es bei VW am vorbildlichsten gelöst und stellten diese Firma 1994 an die Spitze aller „Unternehmen, die ihrem Idealbild am nächsten kamen". Nicht die López-Affäre habe sie berührt, sondern:

Was derzeit in der Bevölkerung zählt, ist wahrscheinlich die Konsolidierung der angespannten Arbeitsplatzsituation bei VW durch das in Deutschland einzigartige Experiment der Viertagewoche in Großkonzernen (Kohtes und Klewes 1994, 5).

Die sehr verdienstvolle Studie analysiert auch die Informationsquellen, die die Bevölkerung benutzt. Über 50% der Befragten nennen die Medien an erster Stelle. Für über 40% ist zur Meinungsbildung auch wichtig, was man sich in der Familie oder am Arbeitsplatz erzählt. Rechnet man in diese Kategorie die gesellschaftlichen Begegnungen, so dürfte dieser Anteil unter dem Top-Personal jeder Organisation noch sehr viel höher sein. Die Anfälligkeit für das gossip ist gerade im Management sehr groß. Aber auch entscheidende Beurteilungen beziehen die medienmißtrauischen Manager eher aus Gesprächen als aus anderen Quellen.

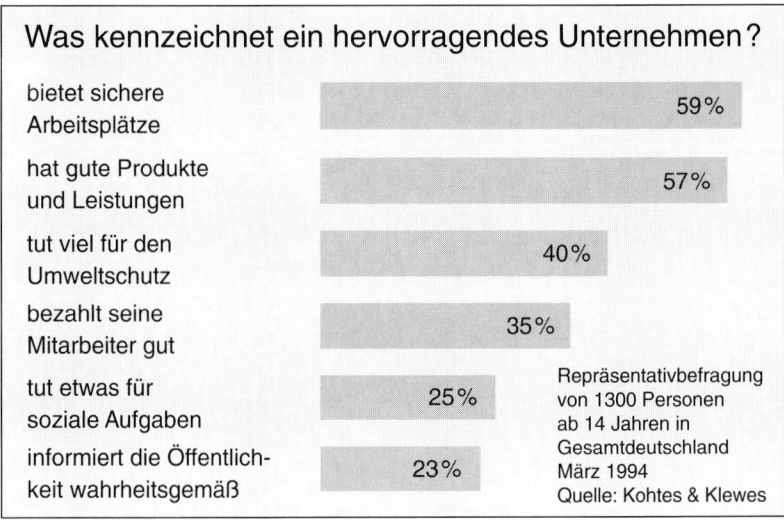

Abbildung 33: „Was kennzeichnet Ihrer Meinung nach ein wirklich hervorragendes Unternehmen, also ein Unternehmen, das zu Recht einen wirklich hervorragenden Ruf genießt?" Das Sample-Institut, Mölln, fragte im März 1994 wie im November 1989 einen repräsentativen Querschnitt der Bevölkerung: 1300 Personen über 14 Jahre. Aus 15 Antwortvorschlägen (Karten, gemischt vorgelegt) konnten drei ausgewählt werden. Sichere Arbeitsplätze rückten gegenüber 1989 vor Produktqualität und Umweltschutz. Die „wahrheitsgemäße Information der Öffentlichkeit" fiel vom 4. auf den 6. Platz zurück.

Für knapp 30% der Deutschen ist das, was in der Werbung über Produkte und Leistungen von Unternehmen zu erfahren ist, ein wesentlicher Faktor bei der Zuordnung eines Images. Offensichtlich werde die Werbung, so der Kommentar schon 1989, als ernstzunehmendes Aushängeschild eines Unternehmens gewürdigt. Aber wichtig ist auch, daß 43 Prozent aller Befragten der Werbung eine geringe oder keine Rolle zumessen. Distanz und Mißtrauen gegenüber dieser Form der Selbstauskunft einer Organisation sind weit verbreitet.

Der „wahrheitsgemäßen Information" mißt rund ein Viertel der Bevölkerung großes Gewicht bei. Unter den Gymnasiasten sind es 1994 sogar 32%. Aber es verdient die Aufmerksamkeit aller Kommunikatoren, daß die Bevölkerung quer durch alle Bildungsschichten vom „idealen" Unternehmen nicht in erster Linie „mehr Öffentlichkeitsarbeit" erwartet – wie wohl innerhalb der Organisation der Schlachtruf lauten würde –, sondern doppelt so stark „ehrliche/wahrheitsgemäße Öffentlichkeitsarbeit und Information" (Sample-Institut 1989, 39 und 1994, 8).

	Gesamt	Geschlecht		Altersgruppen (Jahre)			Schulbildung			
		Frauen	Männer	–34	35–54	55 +	Haupt-/ Volks.	Mittel-/ Reals.	Obers./ Gymn.	Hochs./ Univer.
Basis	1300	686	613	442	424	434	663	383	143	111

Von dem, was ich aus dem Fernsehen oder aus der Zeitung über das Unternehmen erfahre

	Gesamt	Frauen	Männer	–34	35–54	55 +	Haupt-/ Volks.	Mittel-/ Reals.	Obers./ Gymn.	Hochs./ Univer.
spielt für mich eine sehr große Rolle	22%	18%	26%	20%	23%	23%	22%	21%	25%	24%
spielt eine größere Rolle	29%	31%	28%	32%	31%	25%	30%	29%	33%	22%
spielt nur zum Teil eine Rolle	26%	26%	26%	28%	27%	22%	25%	27%	25%	28%
spielt eher eine geringe Rolle	11%	13%	10%	12%	10%	12%	11%	12%	12%	12%
spielt keine Rolle	10%	11%	8%	7%	7%	15%	10%	9%	4%	14%
ohne Angabe	1%	1%	1%	1%	1%	2%	1%	1%	0	–
Total	100%	100%	100%	100%	100%	100%	100%	100%	100%	100%

Von dem, was man sich im Bekanntenkreis, in der Familie oder am Arbeitsplatz erzählt

	Gesamt	Frauen	Männer	–34	35–54	55 +	Haupt-/ Volks.	Mittel-/ Reals.	Obers./ Gymn.	Hochs./ Univer.
spielt für mich eine sehr große Rolle	15%	14%	15%	13%	15%	15%	15%	14%	18%	9%
spielt eine größere Rolle	27%	27%	27%	29%	27%	24%	27%	28%	22%	26%
spielt nur zum Teil eine Rolle	32%	31%	33%	34%	32%	28%	31%	31%	37%	33%
spielt eher eine geringe Rolle	15%	14%	15%	14%	15%	15%	15%	15%	12%	14%
spielt keine Rolle	11%	12%	9%	8%	9%	15%	10%	11%	10%	17%
ohne Angabe	1%	1%	2%	1%	1%	2%	2%	1%	0%	2%
Total	100%	100%	100%	100%	100%	100%	100%	100%	100%	100%

	Gesamt	Frauen	Männer	–34	35–54	55 +	Haupt-/ Volks.	Mittel-/ Reals.	Obers./ Gymn.	Hochs./ Univer.
Basis	1300	686	613	442	424	434	663	383	143	111

Von dem, was ich aus der Werbung für Produkte oder Leistungen des Unternehmens erfahre

	Gesamt	Frauen	Männer	–34	35–54	55 +	Haupt-/ Volks.	Mittel-/ Reals.	Obers./ Gymn.	Hochs./ Univer.
spielt für mich eine sehr große Rolle	10%	9%	10%	11%	10%	8%	10%	9%	9%	10%
spielt eine größere Rolle	19%	18%	20%	18%	20%	19%	20%	19%	16%	13%
spielt nur zum Teil eine Rolle	28%	27%	28%	29%	28%	25%	28%	29%	27%	21%
spielt eher eine geringe Rolle	22%	20%	24%	24%	23%	19%	20%	22%	27%	27%
spielt keine Rolle	20%	23%	17%	17%	18%	26%	20%	19%	20%	28%
ohne Angabe	2%	2%	1%	1%	1%	2%	2%	2%	1%	2%
Total	100%	100%	100%	100%	100%	100%	100%	100%	100%	100%

Abbildung 34: „Wenn Sie sich von einem großen Unternehmen ein Bild machen, wovon gehen Sie dabei in der Regel aus?" Für PR-Leute ist es wichtig, welchem Medium – sei es die Presse oder der Stammtisch oder die Werbung – sie ihre Botschaften anvertrauen. Unter der Werbung dürfte hier jede Form des Spots oder der Anzeige, also auch die PR-Anzeige gemeint sein (Sample-Institut, Mölln 1994, im Auftrag von K & K Kohtes und Klewes).

Die wahrheitsgemäße Information

Die wahrheitsgemäße Information hat bei den Organisationen keinen hohen Stellenwert. Jenseits aller geduldeten Schönfärberei herrscht rundum noch immer ein Umfang an Vertuschungen, Verleugnungen, Desinformationen und Halbwahrheiten, der angesichts des fortgeschrittenen Informationsstandes und der ausgereiften Wissensverarbeitung in unseren Gesellschaften erstaunen läßt. Hier offenbart sich ein atavistischer Grundzug unserer Zeit: Das Wohlergehen der eigenen Gruppe und die daraus resultierende Gruppenmoral hat Vorrang vor dem abstrakteren Gemeinwohl und der sich darauf beziehenden Ethik.

Regierungen führen diesen Reigen der Sünder an, und man sieht ihnen meist ihre Verfehlungen nach. Das Urbeispiel einer Desinformation, die Emser Depesche, die den Krieg zwischen Frankreich und Deutschland 1870 auslöste, wird höchstens in Frankreich moralisch beurteilt. Noch heute erscheint gegenüber einem politischen Gegner das Mittel der irreführenden Nachrichtenpolitik erlaubt. Die Staaten verhalten sich selbst in Friedenszeiten häufig so arglistig, als befänden sie sich im Krieg.

„Haben Sie schon einmal – sozusagen als letzter Ausweg – gelogen?" fragte Walter Henkels neun ehemalige Bundespressechefs. Die Antworten reichten von „nein" über „nicht mit Bewußtsein" oder „natürlich habe ich nicht immer die Wahrheit gesagt – doch ob's denn eine Lüge war?" bis zu dem „solche Fragen beantworte ich nur meinem Beichtvater – und selbst dem ohne Vergnügen!" (Henkels 1985, 150–157).

Auch das Wirtschaftsleben kennt Täuschungsmanöver. Über die Informationspolitik vor großen Börsentransaktionen ließen sich viele Bücher schreiben. Sie würden die Fälle wertneutral darstellen, ohne darob kritisiert zu werden; nur Betroffene schrien auf.

Im Wettbewerb ist vieles statthaft. Ist nicht die heimliche Entwicklung eines neuen Produktes, mit der man den Markt, vor allem aber die Konkurrenz überrascht, ein Stück gelungener Täuschung? Manchmal gelingt auch die Irreführung. BMW stellte während der Entwicklung eines Zwölfzylindermotors einen früheren Prototyp demonstrativ in das Firmenmuseum und verkündete lauthals in Anzeigen, zwölf Zylinder brauche man vernünftigerweise nicht mehr. Sowohl Daimler-Benz wie Jaguar ließen sich dadurch in die Irre führen. Daimler-Benz konnte erst fünf Jahre später einen eigenen Zwölfzylinder auf den Markt bringen; Jaguar konstruierte ein neues Automodell, das für einen Zwölfzylindermotor keinen Raum mehr hatte. Es verlor den Markt und bald auch die Selbständigkeit.

Wenn der Clan unter sich im Clinch liegt, bleibt das Publikum, so neugierig es sein mag, unberührt. Informationsdefizite klagt es erst ein, wenn die „Vertuschung von Vorfällen" – so die Formulierung aus dem Kreis der von Kohtes & Klewes Befragten – die Allgemeinheit betrifft.

Wer hier versagt, hat es schwer, Vertrauen wiederzugewinnen. Presse vergißt nicht. Journalisten reisen vielfach mit ihren alten Berichten zu neuen Pressekonferenzen an. Rhetorik bewirkt dort kaum etwas. Alle Beteuerungen und Versicherungen werden geflissentlich überhört. Glaubwürdigkeit könne nie durch direkte sprachliche Selbstcharakterisierung vermittelt werden, stellten Manfred Piwinger und Wolfgang Niehüser im 5. PR-Kolloquium der DPRG-Landesgruppe NRW fest (1994, 15). Es hilft nur die indirekte, symbolische Kommunikation. Die Autoren empfehlen, dazu ein „umfassendes Symbolmilieu" zu schaffen.

Zu einem solchen Symbolmilieu gehört nach unserem Verständnis eine beobachtbare Haltung der Offenheit, des Zuhörens, des Sich-Einlassens auf kritische Fragen, der Respekt vor der Kritik, das Einräumen von Irrtümern. Sich im Gegenteil seiner eigenen Schlitzohrigkeit zu rühmen und „nichts auf sein Geschwätz von gestern zu geben", dürfte die Zahl der Mißtrauischen eher erhöhen.

Die Rechenschaft

Jedes Organisationsmanagement ist Rechenschaft schuldig, sei es aus organisationsinternen Gründen, also seiner Abhängigkeit von den Mitgliedern der Organisation, sei es aus Verantwortungsbewußtsein gegenüber Öffentlichkeiten oder sei es unter gesetzlichem Zwang. Rechenschaftgeben gebietet letztlich zweierlei: konsequent und ehrlich sein. Zur Konsequenz: Rechenschaft gibt man in festgelegten Zeitabständen vor konstituierten Auditorien: Mitgliederversammlungen, Aktionärsversammlungen, Parlamenten. Die Aussagen werden in Berichten vorgetragen und vervielfältigt, größtenteils gedruckt. Die Rechnungslegung wird von Prüfern testiert.

Dieses Ritual strahlt Vertrauen aus. Daher ist Ehrlichkeit oberstes Gebot: Die Auditorien verlassen sich mehr auf diese Äußerungen als auf alle sonstigen Verlautbarungen des Managements zu beliebigen Anlässen.

Mittelpunkt dieser formalisierten Berichterstattung ist der Jahresbericht einer Organisation. Er ist zugleich in vielen Fällen ihr wichtigstes Dokument der Selbstdarstellung gegenüber größeren Öffentlichkeiten. An ihm wirken daher in der Regel neben den Finanzexperten die PR-Leute einer Organisation aktiv mit; häufig haben sie sogar die Redaktionsleitung.

Sie sollten sich dabei nicht mit der Rolle eines Illustrators begnügen. Sie können dadurch nur zum Spielball von Gefälligkeiten werden. Bei den Illustrationen in Jahresberichten hat man häufig genug den Eindruck, ein Management wolle sich damit ein ganz persönliches Album anlegen. Weshalb sonst weisen die Berichte aus ein und derselben Branche häufig eine frappierende Gleichförmigkeit der Bildmotive auf?

Manche Jahresberichte bringen statt dessen relativ geschlossene Bildteile, in denen symptomatische Bereiche einer Organisation überwiegend optisch ausgelotet werden. Solche Bildstrecken erschließen auch Insidern neue Aspekte. Die gleiche Funktion nehmen Essays wahr, die bisweilen eingefügt werden. Am berühmtesten war der der Deutschen Bank über „Die Macht der Banken" im Geschäftsbericht für das Jahr 1986.

Kernstück eines Jahresberichts ist – bei aller Liebe zu Essays – die Darstellung der wirtschaftlichen, finanziellen und organisatorischen Lage. Handeln wir diesen Komplex an den Geschäftsberichten für Kapitalgesellschaften ab. Deren Problematik stehe für alle, cum grano salis also auch für Nonprofit-Organisationen.

Der Jahresabschluß der Kapitalgesellschaft hat unter Beachtung der Grundsätze ordnungsgemäßer Buchhaltung ein den tatsächlichen Verhältnissen entsprechendes Bild der Vermögens-, Finanz- und Ertragslage der Kapitalgesellschaft zu vermitteln (§ 264, Abs. 2 HGB). Dieses „Bild" ist aber nicht leicht herzustellen, weil in jede Rechnungslegung zahlreiche subjektive Bewertungen eingehen; subjektiv, da sie auf Schätzungen und Prognosen beruhen, für die es nur unterschiedlich sichere Grundlagen gibt. Solche Unsicherheiten eröffnen nicht selten erhebliche Spielräume für finanzpolitische Maßnahmen, „die auch durch Abschlußprüfer nicht ohne weiteres erkannt, kaum erahnt, geschweige denn quantifiziert oder gar beseitigt werden können" (Clemm 1989, 362).

Das Prinzip der „gläsernen Taschen", in den 50er Jahren in der Bundesrepublik propagiert, ist daher nicht mehr als ein schöner Publizistentraum. Von „Bilanzkosmetik" reden nach wie vor die einen (Manager Magazin 9/1989), von „Bilanzpolitik" die anderen. Tatsächlich widerspiegeln alle Geschäftsberichte – und sicher die Jahresberichte der allermeisten Organisationen – das natürliche Spannungsverhältnis zwischen den Informationsinteressen der Adressaten und der eher zögerlichen Haltung des Managements. Erstere wollen in der Regel alles und alles möglichst „ungeschminkt" wissen; letztere sehen die Implikationen des „ungeschützten" Mitteilens voraus. Sie haben dafür gute Gründe, die zum Teil in den unterschiedlichen Interessenlagen der Geschäftsberichtsleser liegen.

Wer sind diese? Sind es Unternehmenseigner oder Gesellschafter, so haben sie Interesse an einem vollständigen Einblick in die Lage des Unternehmens, aber sie teilen das Interesse der Geschäftsleitung, daß davon nicht alles zu Markt getragen wird. Diese Haltung nimmt zumeist auch die Kreditwirtschaft ein. Gläubiger sind an der Kreditwürdigkeit eines Unternehmens interessiert und mithin kaum daran, daß diese von der Publizistik „zerredet" wird.

Nicht anders verhalten sich die Bankenvertreter in den Aufsichtsräten von Kapitalgesellschaften. Sie wissen genau, daß es einer zweiten Gruppe von

Anteilseignern – den Aktionären von sogenannten großen Publikumsgesell-schaften – „kaum um das Schicksal des Unternehmens und seiner Arbeit-nehmer, sondern vielmehr (fast) ausschließlich egoistischerweise um mög-liche Wertveränderungen ihrer Aktien (sprich Börsenkurs-Steigerungen und -verluste) und erwartbare Dividenden geht" (Clemm 359).

Die Informationsinteressen der Arbeitnehmer mögen konträr zu denen der Aktionäre weniger auf die aktuelle Kasse als auf die künftige Sicherheit der Arbeitsplätze abheben. Auskünfte über Investitionsvorhaben – ob über-haupt, in welchen Sparten und mit welchen Konsequenzen für die Arbeits-bedingungen – sind vorrangig. Die Belegschaften haben in der Regel das be-ständigste Interesse an einem Unternehmen, beständiger noch als die Eigner, die sicher recht häufig mit dem Gedanken spielen, ihre Firma bei günstiger Gelegenheit zu verkaufen, oder selbst jobhoppende Manager. Wer Kasse oder Karriere machen will, denkt kurzfristig.

Die Frage, wie offen ein Unternehmen sein sollte, ist um so bedrän-gender, je stärker es sich in einer Krise befindet. Dann haben alle im Unter-nehmen selbst engagierten Gruppen – die Eigner, die Belegschaften, die Gläubiger – ein vorrangiges Interesse daran, den Zusammenbruch zu ver-meiden, der aus Panikreaktionen entstehen könnte. Sie werden versucht sein, eine Krise „zu verschweigen, zu vertuschen, zu verschleiern oder zu-mindest zu verharmlosen, um den Kredit des Unternehmens und damit häufig auch seine Überlebenschancen möglichst zu erhalten und nicht zu ver-mindern oder zu zerstören" (Clemm 364).

Andererseits gibt es große Gruppen, denen solche Informationen deshalb gerade nicht vorenthalten werden dürfen: die potentiellen Kapitalgeber und Geschäftspartner, die Behörden und Politiker – wie häufig mußten sie schon, man erinnere sich des Falls Krupp, in letzter Minute für Rettungs-maßnahmen bereitstehen! –, kurz, die Öffentlichkeit in ihrer ganzen, grau-samen Breite.

Etliche Praktiker, auch Clemm, raten zu einer möglichst lange zurückhal-tenden Informations- und damit auch Bilanzpolitik. Der Nachteil dieses Ver-fahrens sind die um so heftigeren und nicht mehr beeinflußbaren Reak-tionen auf eine Schockinformation am Ende der Strecke. Wir sehen daher die größere Chance in der rechtzeitigen, krasser: in der frühzeitig begin-nenden Information: zunächst über wachsende Probleme der Branche, dann über die eigenen Schwierigkeiten, dann über die nur noch partiellen Erfolge, schließlich über partielle Mißerfolge.

Dieser Weg ist um so eher gangbar, je früher das Unternehmen in Zeiten des großen Erfolgs darauf verzichtet, diesen plakativ herauszustellen. Zwar gilt die alte Regel, „success breads success", und ein erfolgreiches Unter-nehmen ist daher leicht geneigt, der Produktpublicity eine gewisse „Bilanzpublicity" zur Seite zu stellen. Manche Marken werden schließlich auch deshalb gekauft, weil sie Erfolg ausstrahlen.

Aber man muß vermeiden, sich in seinen eigenen Übertreibungen zu verfangen. Wenn der Erfolg zum konstituierenden Bestandteil eines Markenprofils wird, wird er für die Marke selbst zu einem Stigma, das ihr auf Gedeih und Verderb anhaftet. Dann wird es schwierig, Krisensituationen durch Öffentlichkeitsarbeit zu meistern. Gerade die „Imageriesen", denen Publikum und Presse vorher alles erdenklich Gute zugeschrieben haben, mußten dies schmerzlich erfahren: IBM, Nixdorf, Daimler-Benz, DER SPIEGEL . . .

Die gesellschaftsbezogene Berichterstattung

In den frühen 70er Jahren wurde in den USA sehr lebhaft die Frage diskutiert, ob es auch gesellschaftsbezogene Rechnungslegungen geben könnte. Der Begriff „social audit" machte die Runde und wurde recht bald auch von den Deutschen übernommen. Sie übersetzten ihn mit „Sozialbilanzen" und verkürzten damit das amerikanische Anliegen von der auf die Firmen-Umwelt bezogenen Berichterstattung zum Berichtswesen über die eher firmeninternen Sozialbeziehungen. Das wirkt bis heute nach.

Die Amerikaner ließen übrigens recht bald von der Idee einer quantifizierbaren Bilanzierung der in den Umweltbeziehungen einer Firma erzielbaren Güter und Belastungen wieder ab. Grunig und Hunt stellen fest:

Most organizations that now evaluate and report their social responsibility do so through a report rather than through an audit (1984, 57).

In Europa ist das nicht anders. Zwar enthalten viele sogenannten Sozialberichte ein umfangreiches Zahlenwerk über die Struktur des Personalaufwands; aber sie bieten damit nicht mehr als einen Auszug aus den allgemeinen Aufwandstabellen, und sie enthalten nicht einmal mögliche Daten über mäzenatische Aktivitäten und Spenden.

Ein „Vexierspiel der Zahlen" hat Jakob Schmitz daher diese Übungen genannt und für die verbale Berichterstattung plädiert, so verfänglich auch diese sein kann: „Sie darf nicht in den Versuch abgleiten, dem Unternehmen den Mantel des Philanthropen umzuhängen" (Schmitz 1978, 40 f.).

Nur ist auch dies fast nicht zu vermeiden. Selbst wo eine Organisation bestrebt sein sollte, ihre Blößen zu offenbaren, wird sie es in Worten tun, die nicht wehtun oder zumindest philanthropische Betroffenheit bekunden.

Der „gesellschaftsbezogene" Berichtsteil ist also häufig recht wortreich, auch freundlichst bebildert. In den USA macht er vielfach der erkannten „social responsibility", also der gesellschaftspolitischen Verantwortung alle Ehre. So erörtert zum Beispiel der ›Public Interest Report‹ von General Motors, eine jährliche gesonderte Publikation, für das Jahr 1982 die Probleme des Clean Air Act, der Unfallsicherheit für kleine Fahrzeuge, des Engagements in Südafrika, der gleichen Beschäftigungschancen für Frauen und Minderheitsgruppen, der Werksschließungen und Umbesetzungen. Er berichtete über die mäzenatischen Aktivitäten, die durch die Gesetze verursachten Kosten und über die Steuern, die die Firma aufbrachte.

Alle hier von General Motors aufgegriffenen Problemfelder stellen sozusagen „secondary involvements" der Firma dar. Für sie fühlt sie sich socially responsible. Die „primary involvements" betreffen ihr Geschäft. Gilt das aber nur für Wirtschaftsunternehmen? Grunig und Hunt verneinen es:

All organizations have secondary involvements as well as primary involvements.

Es gehöre sich nicht, daß eine Behörde wie die Environmental Protection Agency (EPA) nur über ihre primäre Aufgabe berichte, die Umwelt durch immer schärfere Auflagen für die Industrie zu schützen. Haben ihre Maßnahmen nicht auch Konsequenzen für Arbeitsplätze, eventuell sogar für die Handelsbilanz der USA, und müßte EPA daher nicht eigentlich auch über diese sekundären Auswirkungen berichten?

The need seems strong for economic organizations – business firms – to report their social consequences. But there seems to be an equal need for social organizations to report their secondary economic and social consequences (Grunig und Hunt 1984, 59).

In Deutschland stellt man sich nicht einmal diese Frage. Hier überwiegt der Personalbericht. Christine Popp fiel auf, „daß einige Unternehmen ihre gesellschaftsbezogene Berichterstattung noch fast ausschließlich mit erweiterten Berichten aus dem Personalbereich abdecken, mit Informationen also, die hauptsächlich für die Mitarbeiter interessant sind" (Popp 1990, 38).

Die eigenen Belegschaften gelten daher auch als wichtigste Zielgruppe der Sozialberichterstattung. Damit sind zwei Ziele verbunden. An erster Stelle wird die Motivierung der Belegschaften genannt: „So erhielt der Aspekt der innerbetrieblichen Information und Motivation Vorrang vor der Selbstdarstellung nach außen", hieß es einmal bei der Bertelsmann AG in bezug auf die Sozialbilanz (Harnischfeger 1976, 29).

Das zweite Ziel hebt darauf ab, Belegschaften „auch in ihrer Rolle als Vertreter des Unternehmens in der Öffentlichkeit zu unterstützen". So beschrieb die Daimler-Benz AG im Geschäftsbericht für das Jahr 1987 die personalpolitischen Ziele der innerbetrieblichen Information.

Dann aber wird es wichtig, in diesen Berichten auch die Umwelt eines Unternehmens zu berücksichtigen. Mitarbeiter können schließlich, wie Klaus von Wysocki bemerkt, „im Einzelfall zugleich Verursacher einer Schadstoffemission und die von ihr Betroffenen sein". Überhaupt gibt es mannigfache Überschneidungen der Beziehungsfelder eines Unternehmens mit denen seiner Belegschaftsmitglieder (von Wysocki 1981, 26).

Trotz dieser Tatsache und der vermutbaren internen Aufmerksamkeit über problematische Beziehungsfelder mit der Umwelt bleiben viele Unternehmen darüber weitgehend stumm. Nach Meinolf Dierkes und Andreas Hoff, die dreißig Berichte der Jahre 1975 bis 1979 analysierten, weist die gesellschaftsbezogene Berichterstattung – im Unterschied zu dem, was beide Autoren die „Sozialbilanzentwicklung" nennen – deutliche Defizite auf, die in den nächsten Jahren verstärkt zu kompensieren Ziel gemeinsamer Anstrengungen von Wissenschaft und Praxis sein sollte (Dierkes und Hoff 1981, 65).

Es ist fraglich, ob es zwischenzeitlich dazu gekommen ist. Die wissenschaftlichen Veröffentlichungen zu diesem Thema nehmen ab, die Diskussion stagniert. Das stellte Christine Popp 1990 fest. Und die Praxis? Die STEAG und die Deutsche Shell, Pioniere des gesonderten Sozialberichts in den frühen 70er Jahren, haben ihn in die allgemeine Berichterstattung zurückgenommen – „integriert", wie es besänftigend heißt. Auch andere Unternehmen kürzen oder vergessen ihn bisweilen, um ihn bei passender Gelegenheit wiederaufleben zu lassen, ganz nach Belieben. Kontinuitäten sind kaum zu erkennen.

Eine task force des US-Handelsministeriums kam 1979 zur gleichen Feststellung:

Features that distinguish good social reporting include consistency, objectivity, comparability, and relevance to appropriate social concerns. A great deal of current social reporting lacks these qualities. Consistent reporting from year to year is the exception (Grunig und Hunt 1984, 58).

Der Einsatz von Autoritäten

Für den Kontakt mit der Öffentlichkeit setzen Organisationen häufig organisationsfremde Autoritäten ein. Deren Mitarbeit bezeugt einen Zuspruch, der um so glaubwürdiger wirkt, je entfernter der Standort der Autorität von dem der Organisation erscheint.

Die Kunst gilt als die eigensinnigste, unbeeinflußteste und auch entfernteste Welt sowohl von der Wirtschaft wie von der Politik. Wenn sich Künstler bereit finden, an einem PR-Ereignis mitzuwirken, zeichnet dieser Sachverhalt nicht nur das Ereignis aus, sondern in erheblichem Umfang die dahinterstehende Organisation.

Wilmont Haacke hatte in seinen historischen Skizzen zur PR vermerkt, daß schon Goethe auf die Bitte eines Badekommissars „im Namen der Bürgerschaft von Karlsbad" für die damalige Kaiserin Maria Ludovica von Österreich ein Willkommensgedicht geschrieben hat (Haacke 1969,B48).

Auch heute gibt es die gleichen Bilder: Kabarettisten oder Sänger bei Wahlkampfveranstaltungen einer Partei (SPD); eine Dichterlesung anläßlich eines Streiks (IG Metall); ein von Alexander Calder bemalter Rennwagen beim 24-Stunden-Rennen in Le Mans (BMW); eine Otto-Piene-Ausstellung über die Computertechnik und die Kunst (IBM), überhaupt der Zutritt mit solchen Aktivitäten in die Kunsttempel, die Vernissage mit Reden aus wiederum anderen Autoritätsbereichen – Manfred Rommel, Oberbürgermeister von Stuttgart, anläßlich einer Ausstellung über „Kunstformen der Technik" (SEL) –: Sie alle bezeugen Zustimmung vielleicht nur zu der in Frage stehenden Aktion, vielleicht auch darüber hinaus zum Existenzauftrag der jeweiligen Organisation.

Der Journalist nimmt davon Kenntnis, sollte es nach Michael Jungblut jedenfalls tun. Zur Piene-Ausstellung der IBM schrieb er:

Denn hier handelt es sich um die experimentelle Zusammenarbeit zwischen Technikern und Künstlern, und es geht um die Nutzung der Elektronik als künstlerisches Ausdrucksmittel. Wenn der Journalist über diese Ausstellung, über den Einsatz von Computern in der Kunst berichtet, erscheint nicht nur der Name IBM im redaktionellen Teil (falls er nicht durch allerlei verbale Verrenkungen umgangen wird). Es wird zudem auch auf bisher dem Leser oder Zuschauer vielleicht nicht bekannte Anwendungsmöglichkeiten der Elektronik hingewiesen und zugleich der Computer aus der Sphäre des Arbeitsalltags und des (nicht immer geliebten Werkzeugs und manchmal Arbeitsplatzvernichters) in den Bereich der Kultur gehoben (Bruhn 1987).

Der Arbeitsalltag kann noch in andere Bereiche gehoben werden. Bei der Eröffnung des BMW-Werks Regensburg – einem PR-Ereignis par excellence – redete nicht nur der bayerische Ministerpräsident Franz Josef Strauß, spielte nicht nur Peter Güttler mit seinen Dresdner Kammermusikern; es segneten der katholische Bischof und der protestantische Präses das Werk und seine Belegschaft mit einer Emphase, daß aus der Feier ein liturgisches Fest wurde.

Hans Magnus Enzensberger, einer der kapitalkritischsten Geister der letzten Jahrzehnte, recherchierte für die BMW Öffentlichkeitsarbeit 4 Anzeigenthemen, textete komplizierte technische Sachverhalte z. B. über eine Doppelgelenk-Federbein-Vorderachse mit schöner Klarheit und erfand für sie auch den schlüssigen Abspann: „BMW – das intelligente Automobil". Diese Anzeigen erschienen in den TRANSATLANTIK-Heften der Jahrgänge 1983/84.

Es gehört schon zu den beglückenden Augenblicken der PR-Arbeit, wenn es gelingt, Menschen aus konträren Lebenswelten für eine Zusammenarbeit zu gewinnen.

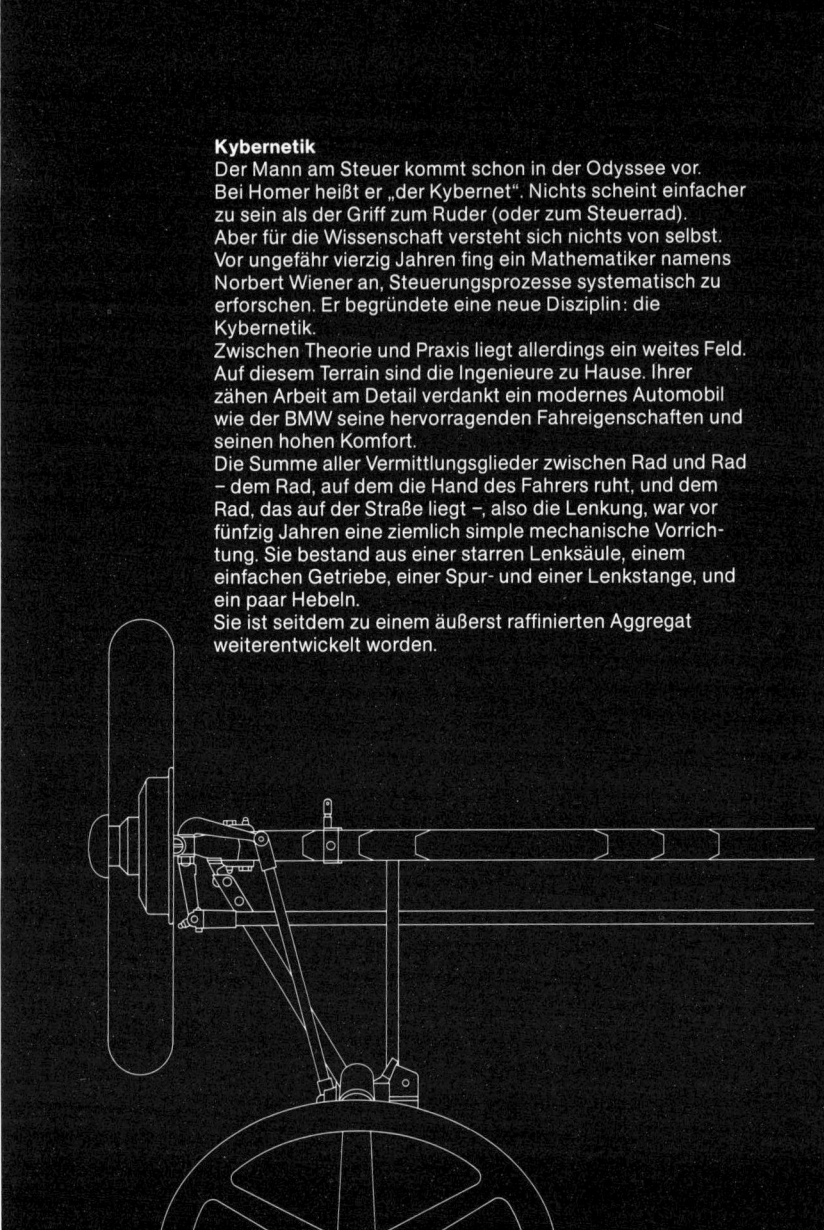

Kybernetik
Der Mann am Steuer kommt schon in der Odyssee vor.
Bei Homer heißt er „der Kybernet". Nichts scheint einfacher
zu sein als der Griff zum Ruder (oder zum Steuerrad).
Aber für die Wissenschaft versteht sich nichts von selbst.
Vor ungefähr vierzig Jahren fing ein Mathematiker namens
Norbert Wiener an, Steuerungsprozesse systematisch zu
erforschen. Er begründete eine neue Disziplin: die
Kybernetik.
Zwischen Theorie und Praxis liegt allerdings ein weites Feld.
Auf diesem Terrain sind die Ingenieure zu Hause. Ihrer
zähen Arbeit am Detail verdankt ein modernes Automobil
wie der BMW seine hervorragenden Fahreigenschaften und
seinen hohen Komfort.
Die Summe aller Vermittlungsglieder zwischen Rad und Rad
– dem Rad, auf dem die Hand des Fahrers ruht, und dem
Rad, das auf der Straße liegt –, also die Lenkung, war vor
fünfzig Jahren eine ziemlich simple mechanische Vorrich-
tung. Sie bestand aus einer starren Lenksäule, einem
einfachen Getriebe, einer Spur- und einer Lenkstange, und
ein paar Hebeln.
Sie ist seitdem zu einem äußerst raffinierten Aggregat
weiterentwickelt worden.

Abbildung 35: Eine Anzeige, die der Vergessenheit entrissen werden sollte. Der Text
ist von Hans Magnus Enzensberger, die Zeichnung von Otl Aicher. Sie erschien in der
Zeitschrift TransAtlantik 9/1983.

Der Kranz des Lenkrades ist gepolstert. Seine vergrößerte Oberfläche schützt ebenso wie die geknickte Lenksäule vor Aufprallschäden. Eine servounterstützte Lenkung erhöht den Fahrkomfort.
Weniger selbstverständlich sind die konstruktiven Neuerungen bei der eigentlichen Lenk-Kinematik. Was z. B. eine Doppelgelenk-Federbein-Vorderachse ist, und was sie bewirkt, das wissen nur die Fachleute. Die Lenkachse wird bei dieser äußerst aufwendigen, BMW-eigenen Doppelgelenk-Anordnung durch einen ideellen Drehpunkt gebildet. Freizügigkeit bei der Auslegung des Lenkrollradius, großer Nachlaufwinkel, kleine Nachlaufstrecke, negativer Sturz des kurvenäußeren Rades, verringerte Lenkkräfte, seitenrichtige Rückmeldung: so beschreiben die Ingenieure die Vorzüge dieses Systems.
Wer aber kein Experte ist, der braucht sich nur ans Steuer zu setzen, um zu verstehen, was das bedeutet. Er bemerkt, daß der Wagen exakter denn je geradeaus läuft und daß er leichter, sicherer reagiert. Er spürt die bessere Seitenführung, den optimalen Kontakt zur Straße, die Unempfindlichkeit gegen störende Einflüsse, das ruhige, souveräne Fahrverhalten.

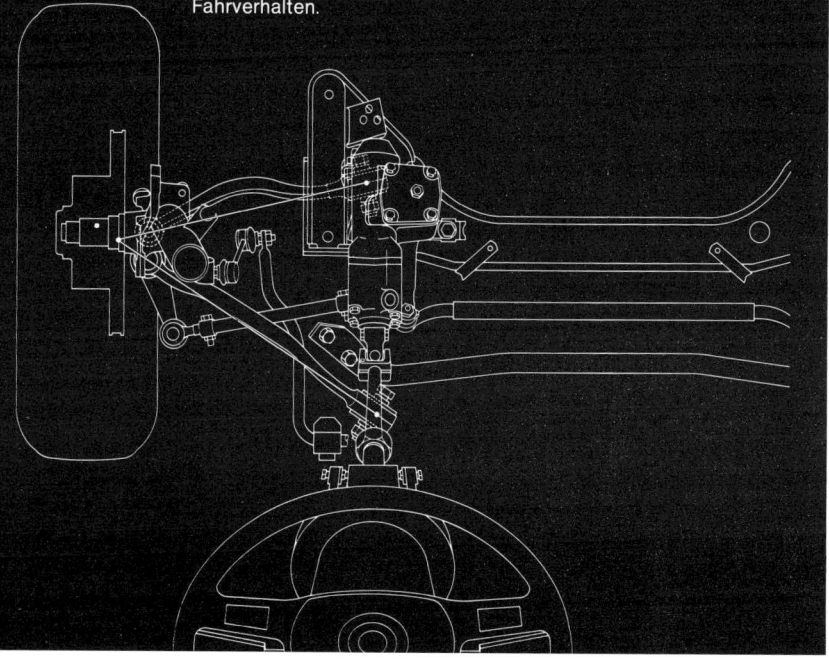

Zu Kap. V. 1:
Aleman, Ulrich von/Rolf G. Heinze (Hrsg.): Verbände und Staat. Vom Pluralismus zum Korporatismus. Analysen, Positionen, Dokumente; Opladen 1979.

Bogner, Franz: Das neue PR-Denken; Wien 1990.

Bruhn, Manfred: Sponsoring – Unternehmen als Mäzene und Sponsoren; Frankfurt a. M. 1987.

Clemm, Hermann: Bilanzpolitik und Ehrlichkeits- („True and fair view") -Gebot; in: Die Wirtschaftsprüfung, Heft 12/1989.

Dierkes, Meinolf/Andreas Hoff: Sozialbilanzen und gesellschaftsbezogene Rechnungslegung in der Bundesrepublik Deutschland. Eine Analyse der bisherigen Experimente; in: Hoffmann-Nowotny, Hans-Joachim (Hrsg.): Sozialbilanzierung. Soziale Indikatoren VIII. Konzepte und Forschungsansätze; Frankfurt a. M./New York 1981.

Fraenkel, Ernst: Pluralismus als Strukturelement der freiheitlich-rechtsstaatlichen Demokratie; in: Nuscheler, Franz/Winfried Steffani (Hrsg.): Pluralismus – Konzeptionen und Kontroversen; München 1972.

Grunig, James E./Todd Hunt: Managing Public Relations; New York 1984.

Haacke, Wilmont: „public relations" – oder das Vertrauen der Öffentlichkeit; in: Beilage zur Wochenzeitung das parlament, 29. 11. 1969.

Harnischfeger, Manfred: Irrweg Sozialbilanz? Das Instrumentarium des betrieblichen Rechnungswesens allein greift nicht; in: PR-Magazin 1/76.

Henkels, Walter: Die leisen Diener ihrer Herren. Regierungssprecher von Adenauer bis Kohl; Düsseldorf 1985.

Piwinger, Manfred/Wolfgang Niehüser: Formen symbolischer Kommunikation. Ihre wichtige Rolle im Verständigungsprozeß. 5. Kolloquium, hrsg. von der DPRG-Landesgruppe NRW; Wuppertal 1994.

Popp, Christine: Sozialbilanzen. Gesellschaftsbezogene Verfahren der Public Relations; in: PR-Magazin 9/90.

Rühl, Manfred (Hrsg.): Public Relations der Gewerkschaften und Wirtschaftsverbände; Düsseldorf 1981.

Sample-Institut Mölln: Was die Deutschen von Großunternehmen erwarten. Ergebnisse einer Repräsentativbefragung im Auftrag der K&K Kohtes & Klewes Kommunikation GmbH; Düsseldorf 1989.

–: Image von Großunternehmen; Mölln 1994.

Schmitz, Jakob: Vexierspiel der Zahlen? Plädoyer für die verbale Berichterstattung; in: PR-Magazin 4/78.

US-Department of Commerce Task Force on Corporate Social Performance, Washington 1979 (zit. in: Grunig und Hunt 1984, 58).

Wysocki, Klaus v.: Sozialbilanzen. Inhalt und Formen gesellschaftsbezogener Berichterstattung; Stuttgart/New York 1981.

2. Krisen- und Katastrophenmanagement

Mit vielen gewichtigen Begriffen gehen wir heutzutage recht leichtfertig um. Das Wort „Krise" gehört dazu. Krisen können aus „Katastrophen" oder „Skandalen" erwachsen. In der Regel benutzen wir dann aber diese stärkeren Ausdrücke. Von Krisen sprechen wir hingegen mit Vorliebe, wenn sie außer uns selbst noch keiner so richtig ausgemacht hat; besonders stolz sind wir, wenn wir die ersten sind, die eine Situation als kritisch erkannt haben. Dann überkommen uns Entdeckerfreuden.

Solche Entdeckungen sind nahezu etwas Alltägliches. Wie häufig geraten einzelne Organisationen oder auch die ganze Gesellschaft in kritische Situationen. Das bringt der rasche Wandel mit sich, dem wir alle unterworfen sind. Wir sind eine dynamische, alles Überkommene immer wieder in Frage stellende Gesellschaft. Krisen sind so gesehen ein eher normales Vorkommnis. Sie können heilsame Prozesse des Kurswechsels oder der Veränderung auslösen. Sie können auch spontan entstehen, aus einem Ereignis, das einer Katastrophe gleichkommt. Daneben gibt es Vertrauens- oder Führungs- und bisweilen Existenzkrisen (Moeller 1993, 23). Ob es Katastrophen sind, ist vielfach nur eine Sache des Standpunkts.

Häufig wird aber auch schon von Krise gesprochen, wenn es sich erst um ein Risiko handelt: um die Eventualität, daß es zu einer Krise oder zu einer Katastrophe kommen könnte. Wer Risiken beschreibt, beschwört Ängste herauf. Risiken sind die vorweggenommenen, die erwarteten Krisen. Risikobewußtsein ist die nervöse Basis für die heutzutage übersteigerte Wahrnehmung von Krisen. Wir müssen die Risikowahrnehmung daher in unsere Überlegungen miteinbeziehen. Der Bogen unserer Überlegungen spannt sich daher vom Risiko über die Krise bis zur Katastrophe.

Dabei neigen Journalisten zum Übertreiben. „In den Medien", so resümiert Georg Ruhrmann seine Untersuchungen über die Risikokommunikation der Presse, „werden die Risiken dramatisiert, vereinfacht sowie politisch aufgewertet" (Ruhrmann 1992, 15).

Ganz anders die Haltung der Pressesprecher. Sie befürchten die angstvollen Reaktionen des Publikums, auch die Dramatisierungen der Presse. Sie wiegeln ab und werden darin durch die Ratschläge vieler Autoren bestärkt (Beger u.a. 1989, 165). In ihrem Wortschatz fehlen die Begriffe „Risiko", „Krise" oder „Katastrophe". Nur Agenturen sprechen von Krisen-PR, aber dieses „zunehmende Gerede ist oft nur Verkaufsmasche und der Versuch, Geschäfte mit der Angst zu machen" (Groß 1990, 7).

Risikokommunikation und Krisenprävention
Wer nimmt wie Krisen und Risiken wahr? In der Literatur hat man sich an-

gewöhnt, zwischen den Wahrnehmungen von Experten und Laien zu unterscheiden. Sie hätten nicht nur ein unterschiedliches Wissen, sondern auch unterscheidbare Weltbilder. So richteten sich Wissenschaftler nach Autoritäten und wissenschaftlichen Ergebnissen, Laien nach einem Alltagsverstand. „Im Falle eines Risikos folgen Laien eher ihren Befürchtungen und Gewohnheiten. Man orientiert sich an den Verhaltensweisen der Bezugsgruppe und deren Meinungsführer", schreiben Ruhrmann und Schütte (1991, 27). An der Reduktion von Problemkapazität seien sie nicht interessiert. „Im Gegenteil: Man befürchtet nicht vorhergesehene oder noch gar nicht ausgesprochene Risiken."

Diese Unterscheidungen mögen bei zunächst sehr komplizierten neuen Problemkreisen wie zum Beispiel der Gentechnologie sinnvoll sein. Hier divergieren die Ängste des Publikums und die Beschwichtigungen der Experten. Wo jedoch über drohende „Verkehrsinfarkte" oder krankheitserregende „Luftverpestungen" diskutiert wird, sieht es anders aus. Da heizen zwar Schlagworte die Stimmung unter den zum Publikum versammelten Laien stärker an als unter den Experten, die sich in Seminaren treffen. Aber auch im sich artikulierenden Laienpublikum ist immer wieder ein erstaunliches Wissen und sehr viel Sachverstand festzustellen. Es gibt viele Experten auf der jeweiligen Gegenseite.

Aus der Risikoforschung ist bekannt, daß freiwillig übernommene Risiken eher akzeptiert werden als die nicht selbst kontrollierten. Dazu gehören der Straßenverkehr, die Ernährung (das Rauchen!), das Investitionsverhalten von Unternehmern, der Sport (von Cube 1990, 9, 49, 134). Diese Tatsache läßt sich aus der Welt des Publikums auch in die der Experten übertragen. Wo diese ein Kernkraftwerk bauen, sehen sie die damit verbundenen Risiken als beherrschbar an, akzeptieren sie freiwillig und minimieren sie zu Restrisiken.

Daraus folgt eine Unterscheidung, die vielleicht zutreffender ist als die zwischen Laien und Experten. Handelnde Personen sind in der Regel nicht ängstlich. Das gilt auch für die Autofahrer. Sie wissen – aber eher abstrakt –, daß es Risiken geben kann. Sie geben sich daher – in der öffentlichen Diskussion – risikobewußt und zuversichtlich zugleich. Nicht in dieses Handeln einbezogene Personen hingegen neigen zu Besorgnissen. Sie sind mißtrauisch, und zwar vor allem wegen des in ihren Augen leichtsinnigen Verhaltens der Handelnden. Diese „riskieren" zuviel.

Ein Krisenmanagement muß daher sehr frühzeitig eine ganz spezielle Form des Vertrauens aufbauen. Es reicht nicht aus, als qualitätsbewußt und solide zu gelten. Sind Alles-Könner, zu denen sich High-tech-Unternehmen gerne stilisieren, nicht auch die Alles-Macher?

Öffentlichkeiten schenken nur dem Vertrauen, der ihre Sorgen und Befürchtungen teilt. Zu kommunizieren ist daher vorab, daß man das eigene Tun keineswegs als problemlos ansieht. In der Automobilindustrie geschah dies am spektakulärsten durch die Reden und unkonventionellen Ideen des damaligen Ford-Chefs Daniel Goeudevert. Das waren zunächst nur Anstöße, und sie betrafen in der Hauptsache das Transportmittel Auto selbst. Diese Reden, denen sich bald weitere Stimmen aus anderen Firmen anschlossen, beendeten die harten Vorwürfe, die Frederic Vester noch 1985 gegenüber der Automobilindustrie in einer Sonntagsbeilage der SÜDDEUTSCHEN ZEITUNG geäußert hatte: Sie sei verkrustet und korrupt. Gerade Vester wurde von Goeudevert um die Ausarbeitung neuer Vorschläge für die Kombination von Auto und Bahn gebeten.

Goeudeverts Überlegungen fanden in der Automobilindustrie selbst zunächst nur wenig Widerhall. Das führt uns zu einem zweiten wichtigen Gebot der präventiven Risiko- und Krisen-PR: Die eigene Organisation muß – wörtlich genommen – bis zum letzten Mann für die Zusammenarbeit mit besorgten Öffentlichkeiten gewonnen werden. Das beginnt auf ihrer Chefetage und endet bei ihren Pförtnern – den ersten Ansprechpersonen für aufgeregte Nachbarn.

Kein Fall hat die Gemüter betroffener Bürger und weiter Kreise der deutschen Presse in den letzten Jahren stärker bewegt als die Störfallserie bei Hoechst im Frühjahr 1993. Am Rosenmontag dieses Jahres wurden um 4.14 Uhr aus einer Anlage des Werks Frankfurt-Griesheim rund 10 Tonnen Ortho-Nitroanisol in die Luft geschleudert. Es herrschte nur leichter Nordwind, weshalb der größte Teil der Emission auf dem Werksgelände niederging; ein kleinerer Teil fiel auf ein rund 30 Hektar großes Wohngebiet in den Stadtteilen Schwanheim und Goldstein.

Die Informationsarbeit, die daraufhin einsetzte, wurde von Ludwig Schönefeld, dem dafür Verantwortlichen, im Wortsinne minutiös festgehalten (Schönefeld 1993, 216). Die Öffentlichkeitsarbeiter von Hoechst hatten prompt reagiert. Was jedoch die Öffentlichkeit erst verunsicherte und schließlich empörte, war der Inhalt der Informationen. Der ausgetretene Stoff, der von Hoechst als „mindergiftig" bezeichnet wurde, stand laut Auskunft eines Toxikologen gegenüber dpa in dem Verdacht, Krebs zu erregen. Einer Forschergruppe des Werks, nicht jedoch dem Werksleiter war dies bekannt. So kam es, daß die Nachbarn von Hoechst mindestens zwei Tage lang widersprüchliche und unvollständige Informationen erhielten und den Argwohn schöpften, kritische Informationen würden bewußt zurückgehalten. Selbst die überregionale Presse schüttelte den Kopf.

Eine funktionierende Presseabteilung kann nur wenig ausrichten, wenn andere Stellen ihres Hauses mit Informationen mauern. Edgar Gärtner berichtete von der „Wagenburgmentalität", in der man bei Hoechst schon seit

Jahr und Tag befangen gewesen sei. „Einer der Grundsätze in der Öffentlichkeitsarbeit des Unternehmens lautete bislang, die Bevölkerung dürfe nicht
beunruhigt werden" (Gärtner 1993, 226). Wieviel Unruhe eventuell zulässig
wäre, entschieden dabei nicht die Öffentlichkeitsarbeiter.
Krisenfälle lassen sich grundsätzlich nur durch eine offene Unternehmenskultur meistern, die die Besorgnisse der Außenstehenden respektiert.
Aus der Hoechster Störfallserie können aber nicht nur Regeln für eine
präventive PR nach innen abgeleitet werden. Lehren lassen sich auch für
den Kontakt nach draußen ziehen. Die Kommunikation von Problembewußtsein ist die erste, vielleicht noch recht akademische Stufe der Prävention. Sehr viel eindringlicher wirkt, wer sich betroffen gibt. Nur der hat auch
die Chance, verängstigte Publika zu erreichen. Betroffenheit gegenüber Risiken äußert sich in Ängsten. Mit den Ängsten der Bevölkerung zu rechnen
ist das eine, und es fällt schwer genug. Eigene Ängste einzugestehen, ist der
andere, vielleicht noch seltenere Schritt.

Wolfgang Hilger, der Hoechst-Chef zur Zeit der Störfälle, räumte vor der
Presse selbstkritisch Versäumnisse in dieser Hinsicht ein:

Der Griesheimer Störfall hat uns gezeigt, daß wir unser Handeln zu stark danach
richten, was wir naturwissenschaftlich/technisch für verantwortlich halten, und uns
zu wenig an dem orientieren, was die Menschen um uns herum bewegt, was bei ihnen
Befürchtungen und Ängste auslöst.

Hilger sprach damit an, welche ganz andere „Orientierung" in einem Unternehmen selbst stattfinden muß, das sich mit gefährlichen – „giftigen" –
Stoffen befaßt. Seine Schlußfolgerung:

Ängste sind Fakten. Also haben wir sie zur Kenntnis zu nehmen. Darüber müssen wir
mit den Bürgern sprechen (Hilger 1993, 4).

Um mit den Bürgern glaubhaft über ihre Ängste zu sprechen, bedarf es
vielleicht auch des zweiten Schritts. Überzeugungskraft geht nicht von Argumenten aus, sondern nur von Personen, die Vertrauen ausstrahlen. Je mehr
Verantwortung sie tragen, um so wirkungsvoller ist ihr Auftritt.

„Wer keine Angst hat, ist dumm", hat der verstorbene VEBA-Chef von
Bennigsen-Foerder einmal in einer Fernsehsendung des WDR („ZAK") er-
klärt. Der SPIEGEL machte daraus die Überschrift zu einem dreiseitigen
Porträt und kommentierte den Satz:

Aber das scheinbar erstaunliche, daß er seine Angst zugibt, hat, wie alle seine Auftritte, etwas mit nüchternem Kalkül zu tun. „Eben weil ich Angst habe", lautet die
versteckte Botschaft, „tue ich alles, damit dieser GAU nicht eintritt."

Der SPIEGEL hatte die PR-Botschaft verstanden und vielleicht verstand
sie auch die Bevölkerung.

Aber Problembewußtsein und Betroffenheit zu kommunizieren reicht nicht aus. Unternehmen müssen schließlich Risiken eingehen. Eine Welt ohne Risiko gibt es nicht, und kein Fortschritt ist zum Nulltarif zu haben. Also muß kommuniziert werden, daß man zum Risiko steht.

Welches Verhalten ist angebracht? Gehen wir zunächst von den äußersten Konsequenzen aus, die Wolfgang Langenbucher, Hans Jonas und mancher andere vor Augen haben, wenn sie von den extremen Risikofaktoren der modernen Technologie sprechen. Das Risikoprinzip müsse dann „zum Dreh- und Angelpunkt der Wertsetzungen werden" (Langenbucher 1992, 380).

Das verlange gerade von den Organisationen der Wissenschaft und Wirtschaft eine erhöhte, auch öffentliche Risikosensibilität. Das Management müsse die Fähigkeit entwickeln, Risiken nur unter dem Vorbehalt der eigenen Lernfähigkeit einzugehen. Es sollte, sagt Langenbucher, den Ehrgeiz haben, „selbst der kritischsten Protestinitiative immer noch um einige Grade der Risikosensibilität voraus zu sein".

Dazu gehören nicht nur Worte. Die Leute wollen in der Regel aus Taten erkennen, daß ein Unternehmen über die Kompetenz verfügt, mit einem Umweltproblem verantwortungsbewußt und gekonnt umzugehen. Das ist am ehesten dadurch zu leisten, daß es sich über den eigenen, eher begrenzten Firmenauftrag hinaus mit den daraus resultierenden Folgen für die Gesellschaft befaßt. Die Automobilindustrie zum Beispiel trägt nicht nur eigene Lösungen für die Verkehrsprobleme vor, die durch das Automobil entstanden sind. Sie wirkt bei ihrer Verwirklichung mit.

Katastrophenmanagement

Was hat im Falle einer Katastrophe zu geschehen? „Forward thinking chief executives know that crisis management must be practiced as a strict corporate discipline." Der Satz stammt von einem, der es wissen muß. Steven Fink war Mitglied des Crisis Management in Three Mile Island, dem nordamerikanischen Atomkraftwerk, das 1979 einen schweren Störfall hatte. Er schrieb danach das Buch über ›Crisis Management: Planning for the Inevitable‹, wobei der Ausdruck „Krise" recht besehen ein PR-Euphemismus für „Katastrophe" ist, dort wie hierzulande.

Was in solchen Fällen zu tun ist, muß im voraus geplant sein, und der Plan muß getestet und geprobt werden, immer wieder. Die detailliertesten Hinweise in deutscher Sprache bieten dazu Rudolf Beger und seine Autorenkollegen (1989, 155–179) sowie Klaas Apitz (1987).

Entscheidend sind die ersten Stunden. „All crisis have a window of opportunity to gain control" – über das Urteil der Öffentlichkeit – „of 45 minutes to 12 hours", sagte Paul Shrivastava, Direktor eines Industrial Crisis Institute in Brooklyn, der NEW YORK TIMES. Diese Zeitung veröffentlichte einen Bericht über „Exxon's Public Relations Problem" am 30. April 1989. Ganz Amerika diskutierte und kritisierte damals das Verhalten des Exxon-Chairman Lawrence G. Rawl, der sich erst sechs Tage nach dem Tankerunglück in Alaska der Presse stellte und nochmals zwei Wochen später erstmals an die Unglücksstelle reiste.

Bei einer Katastrophe, die ein ganzes Land betroffen macht, reicht es nicht aus, das Notwendige zu veranlassen. Ostentative Gesten sind gefordert, die der Öffentlichkeit, bisweilen sogar der Weltöffentlichkeit, zwei Botschaften sofort, also binnen weniger Stunden, vermitteln müssen:

– Die Verursacherin fühlt sich – bei aller offenzuhaltenden Schuldzuweisung – betroffen und zuständig; sie nimmt die Herausforderung so ernst, daß sich ihre oberste Leitung selbst damit befaßt.

– Sie hat die notwendigen Entscheidungen zur Lösung getroffen, ja bei ihr und nicht bei irgendwelchen außenstehenden Instanzen (der Polizei, den Umweltschützern, wissenschaftlichen „Experten" etc.) liegt die Kompetenz für die erforderlichen Untersuchungen und Maßnahmen.

Mit diesen eindringlichen ersten Botschaften bleibt die Verursacherin auch in der Folge eine unentbehrliche Auskunftsstelle für die Presse.

Ob zu diesen ostentativen Gesten auch die sofortige Reise des obersten Chefs an den Unglücksort gehört, sei dahingestellt. Warren Anderson tat es im Falle Bhopal – Tausende Tote durch eine Giftgasexplosion – und verbrachte prompt eine Nacht hinter indischen Gittern. Steven Fink nannte es eine „foolish, knee-jerk reaction, which removed him from his essential management and communications responsibilities for nearly a week" (Fink 1989). Aber die Welt sprach stets respektvoll von ihm und seiner Firma, der Union Carbide, indes Exxon über viele Jahre ihr „Public-Relations-Problem" anhaftete.

Keine Katastrophe ist mit der anderen vergleichbar. Nur die Reaktionen der Presse gleichen sich immer wieder, weshalb sie vorhersehbar sind. Die Presse ist darauf bedacht, sofort und rückhaltlos unterrichtet zu werden. Dabei ist sie häufig genug die Getriebene und nicht die Antreibende. Im Falle Sandoz erhielt sie 11 Minuten nach dem Brandbeginn im Chemiewerk die ersten Telefonanrufe – nicht von der Polizei, nicht von der Feuerwehr, geschweige denn von der Firma, sondern aus der Bevölkerung (Hobi 1989, 37).

Wie darauf zu reagieren ist, muß eingeübt werden, denn es entspricht weitgehend gerade nicht dem normalen Reaktionsmuster:

– Statt gesicherte Fakten abzuwarten, muß sofort Rede und Antwort gestanden werden. Dazu ist der schnelle Zugriff auf relevante Hintergrundinformationen sicherzustellen. Erforderlich ist ein internes vernetztes

1. Phase:		Aktive Information durch Hoechst
22.02.	5.30 Uhr	Information des Bereitschaftsdienstes der Zentralabteilung Öffentlich-keitsarbeit (ZÖA) nach dem Alarm- und Gefahrenabwehrplan des Werkes Griesheim
22.02.	5.43 Uhr	Eintreffen der ZÖA im Krisenzentrum (Einsatzstab)
22.02.	6.00 Uhr	Bereitschaftsdienst informiert ZÖA-Leitung
22.02.	6.30 Uhr	Eintreffen des Werksleiters im Krisenzentrum
22.02.	6.30 Uhr	Veranlassung erster Hörfunk-Statements
22.02.	7.00 Uhr	Empfehlung: Presse-Konferenz um 9 Uhr
22.02.	7.20 Uhr	Einladung der Presse beginnt
22.02.	9.00 Uhr	Presse-Konferenz im Werk Griesheim
22.02.	10.15 Uhr	Berufsfeuerwehr gibt Ausmaß der Schäden in Frankfurt-Schwanheim bekannt
22.02.	11.00 Uhr	Verteilung des ersten Informationsblattes: Die Werksleitung entschul-digt sich bei den Nachbarn und informiert über Sofortmaßnahmen.
22.02.	mittags	Einrichtung des Bürgertelefons in der ZÖA
2. Phase:		"Mangelhafte Informationspolitik"
22.02.	15.55 Uhr	dpa meldet Krebsverdacht gegen ortho-Nitroanisol
22.02.	16.30 Uhr	PK von Umweltministerium und Stadt
23.02.		Hoechst bestätigt den Krebsverdacht
3. Phase:		Ungewißheit bei allen Beteiligten
23.02.		ZÖA-Mitarbeiter betreuen Bürger vor Ort
23.02.		Intensivierung der Information durch Informationsblätter für die Bürger
24./25.02.		Entschuldigung des Vorstands bei den Bürgern bei Bürger-Versamm-lungen in Frankfurt-Schwanheim
4. Phase:		Sanierung von Schwanheim
26.02.		Etablierung des Krisenstabes im Werk Griesheim und eines Informa-tionszentrums für Bürger- und Medienanfragen im Werk Höchst
27.02.		Einrichtung der Sparkassen-Zweigstelle
27.02.		Etablierung der Bauleitung in Schwanheim
27.02.		Verstärkung der Bürger-Betreuung durch Naturwissenschaftler aus dem Werk Höchst
5. Phase:		Abklingendes Medieninteresse
04.03.		Presse-Konferenz des Vorsitzenden des Vorstands der Hoechst AG

Abbildung 36: Chronologie der Krisenkommunikation nach dem Störfall im Werk Griesheim der Hoechst AG (Schönefeld 1994, 214).

Kommunikationssystem, das nicht nur Handlungsabläufe festlegt, wie es für herkömmliche Krisenpläne gelehrt wird (Beger u. a. 1989, 172–176). Es muß darüber hinaus den jeweils letzten Kenntnisstand über Wirkungsketten enthalten.

– Statt ein komplettes, nahezu abschließendes Maßnahmenbündel zu verkünden und den Anschein zu erwecken, alles längst im Griff zu haben, sollte betont werden, daß alle Auskünfte nur vorläufig sind. Man verweise auf weitere Pressekonferenzen zu gegebenen Zeiten. Gerade dies widerstrebt gängigen Verhaltensmustern eines Managers vor der Presse.

– Statt den Unfall zu verharmlosen (Tschernobyl eine „Havarie"), müssen die „rein theoretisch" möglichen Komplikationen und Gefahren benannt werden, gegebenenfalls mit Hinweisen darauf, wie man sich dagegen schützen kann (denn dies ist in der Regel den internen Katastrophenplänen zu entnehmen).

Man riskiert damit größere Schlagzeilen und eine panikartige Reaktion der Bevölkerung. Aber für eine Schadensverursacherin ist es langfristig besser, „zunächst den größeren Alarm zu schlagen und dann schrittweise Entwarnung zu geben". Das riet Wolfgang Hilger im nachhinein (1993, 4). Für seine Firma wurde es zum Prinzip:

Hoechst hat aus den Störfällen im Frühjahr 1993 die Lehre gezogen, bei einem Schadensfall immer zunächst die größtmöglichen Auswirkungen anzunehmen, um dann mit zunehmender Sicherheit bei der Lagebeurteilung schrittweise Entwarnung zu geben (Schönefeld 1994, 30).

Spektakuläre Rückrufaktionen mit weitreichenden Konsequenzen aus augenscheinlich minimalen Anlässen, wie sie 1990 Perrier exerzierte, bestätigen diese Regel.

Gegen Paniken hilft auch, theoretisch bedrohte Bevölkerungen vorsorglich darüber zu unterrichten, welche Maßnahmen im Katastrophenfall zu treffen sind. Vorbildlich verhielten sich die Stadt Leverkusen und die Firma Bayer. Ein Infoblatt ging an alle Haushalte. Ihm lag ein Brief des Oberstadtdirektors und des Werksleiters der Bayer AG bei. Darin hieß es unter anderem:

Lesen Sie es bitte aufmerksam durch, und legen Sie es gut sichtbar – beispielsweise neben dem Telefon – ab. Es informiert Sie in kurzer Form, wie Sie sich richtig verhalten, wenn Sie ungewöhnliche Gerüche oder Rauchwolken wahrnehmen bzw. über das Sirenensignal gewarnt werden.

Zwei Eindrücke sollten in der ersten Phase einer Katastrophe also vermieden werden: daß kein Grund zur Aufregung bestehe, weil der Schaden nicht schlimm sei, und daß man die Sache schon im Griff habe. Die Sandoz-Leute wurden 1986 von der Presse als Basler Vertuscher gebrandmarkt, die versuchten, die Volksseele mit Valium-Vokabeln wie „Bagatelle" oder „Er-

Für Ihre Sicherheit
Verhalten bei Chemieunfällen

Wahrnehmungen

Gefahrenmerkmale:

- *ungewöhnliche Geruchswahrnehmung*
- *Rauchwolke*
- *ungewöhnliche Geräusche*

Informationen:

- *Lautsprecherinformation*
- *Rundfunkdurchsage*
- *Telefondurchsage*
- *Information durch Nachbarn*

Achtung

Vom Zeitpunkt der ersten Gefahrenwahrnehmung bis zur Lautsprecher- oder Rundfunkdurchsage kann einige Zeit vergehen!

Informationen können Sie in dieser Zeit von der **Leitstelle des Amtes für Brand-, Katastrophenschutz und Rettungswesen des Landratsamtes Bitterfeld, Telefon** *0 34 93/4 23 34,* oder von der **Leitstelle der Bayer Bitterfeld GmbH, Telefon** *0 34 93/35 61 35,* erhalten.

Blockieren Sie nicht Notrufnummern durch Rückfragen, es sei denn, eine besondere Situation macht es notwendig.

Sicherheitshinweise

- *Vom Unfallort fernbleiben*
- *Gebäude aufsuchen*
- *Kinder ins Haus holen*
- *Behinderten und älteren Menschen helfen*
- *Passanten aufnehmen*

- *Fenster und Türen schließen*
- *Klimaanlage ausschalten*
- *Lüftung im Auto ausschalten*

- *Nasse Tücher vor Mund und Nase halten*
- *Bei gesundheitlichen Beeinträchtigungen Kontakt mit dem Arzt aufnehmen*

- *MDR-Life (UKW/FM 91,5 MHz, bei Kabelanschluß 88,0 MHz)*
- *MDR-RSA (UKW/FM 94,6 MHz, bei Kabelanschluß 87,55 MHz)*
- *Info – Telefon: Stadt Bitterfeld 03493/ 42334 Bayer Bitterfeld GmbH 03493/ 35 6135*
- *Erst bei Entwarnung das Gebäude verlassen.*

Bayer Bitterfeld GmbH

Abbildung 37: Sicherheitshinweise der Bayer AG für die Bevölkerungen an ihren Werksstandorten.

eignis" zu beruhigen. Dieses Zeitschinden habe schlechtes Gewissen und eine tiefe Mißachtung besorgter Bürger verraten (Schütze 1986, 4). Folgt die Presse bei einem lehrbuchartigen Verhalten der Pressesprecher aber in jedem Fall deren Darlegungen? Man wappne sich mit Geduld! Henrike Barth und Wolfgang Donsbach haben die „Aktivität und Passivität von Journalisten gegenüber Public Relations" anhand von vier Pressekonferenzen untersucht, darunter zwei, die sich mit Krisen befaßten:

Entsprechend unseren Erwartungen gaben die Zeitungen bei den Krisenpressekonferenzen von Unternehmen der chemischen Industrie deutlich seltener die zentrale Botschaft der Veranstalter wieder. Bei Böhringer nannten 41% der Beiträge das wichtigste Kommunikationsziel, bei Sandoz sogar nur 23% ... Sofern die Zeitungen das Kommunikationsziel überhaupt wiedergegeben hatten, geschah es überwiegend wertfrei ... Vor allem Sandoz gelang es nicht, die eigenen Initiativen zur Schadensbehebung als Thema in der Öffentlichkeit zu plazieren.

Wie wir in unseren Hypothesen erwarteten, behandelten die Journalisten in ihren Beiträgen über die Krisenpressekonferenzen wesentlich häufiger solche Themen, die nicht aus den Unterlagen zu den Pressekonferenzen stammten ... Die beiden Krisenpressekonferenzen veranlaßten die Journalisten zu mehr Eigenrecherche als die Aktionspressekonferenzen ... Anders ausgedrückt stammten bei den Krisenpressekonferenzen durchschnittlich 10% aller Aussagen von der jeweiligen Pressekonferenz, bei den Aktionspressekonferenzen waren es 39% aller Aussagen oder rund viermal so viele (Barth und Donsbach 1992, 157ff.).

Selbst die in der Presse wiedergegebenen Aussagen eines Störfallverursachers schlagen nicht unbedingt zu seinem Vorteil aus. Herrscht Mißtrauen gegenüber seinen Auskünften oder Skepsis gegenüber seiner Kompetenz, mit dem Geschehen fertig zu werden, so versucht die Presse ihn mit verschiedenen Techniken zu überführen, wie Mathes, Gärtner und Czaplicki einmal feststellten (1993, 34f.):
– Sie stellt seinen aktuellen Aussagen frühere, anderslautende gegenüber;
– sie zitiert zwei sich widersprechende Stellungnahmen aus ein und derselben Organisation;
– sie konfrontiert die Aussage eines Experten der Organisation mit der eines „Zeugen vor Ort";
– sie bemüht sich um einen – stets auffindbaren – „Gegenexperten";
– sie kritisiert die geschilderte Vorgehensweise, indem sie ihr eine idealtypische vorhält; hierbei schlüpft der Journalist sozusagen in die Rolle eines Sachverständigen.

Vieles davon ist vermeidbar, wenn man selbst auf Unterschiede zwischen früheren und neueren Aussagen verweist oder alternative Lösungen nennt und seine Entscheidungen begründet. Vielleicht gewinnt man auch Aufsichtsbehörden für parallele Stellungnahmen.

Mit Aufsichtsbehörden zusammenzuarbeiten, gehört zum kleinen Einmaleins der Katastrophenkommunikation und ist daher in der Regel Bestandteil jedes hausinternen Krisenplans. Journalisten wenden sich an diese Stellen genauso dringlich wie an den Störfallverursacher selbst. Darüber hinaus erschließt sich die Presse bei Bedarf zusätzliche, häufig unerschöpfliche Informationsquellen: besorgte Bürger, erschöpfte Einsatztrupps, kaltgestellte Mitarbeiter.

Am Beispiel des Grubenunglücks in Borken 1988 zeigten Krisenforscher auf, wie sich die Medienberichterstattung auf solche inoffiziellen Quellen verlagerte, als die offiziellen ihre Glaubwürdigkeit eingebüßt hatten. Das Ereignis wurde dadurch „umbewertet": aus einem „unvermeidbaren, überraschenden Unglück" wurde eines, das „vorhersehbar war und auf Schlamperei beruhte"; aus einer „Vorzeigezeche" wurde das unzulänglich ausgerüstete „Bergbaumuseum Borken" (Mathes u. a. 1993, 31–38).

Liegt in dem geschilderten Verhalten der Presse ein journalistisches Naturgesetz oder läßt sich die Informationsqualität durch persönliche Freundschaften zwischen Pressestellen und Presse verbessern? Ein Wirtschaftsforschungsinstitut untersucht von Zeit zu Zeit, wie bekannt sich beide Seiten sind. Es unterstellt, daß der Erfolg einer Krisen-PR vornehmlich auf den in guten Zeiten aufgebauten persönlichen Kontakten zwischen Journalisten und Pressestellen beruht (Doeblin 1989, 2).

Daran ist viel Wahres. Eine schadensbegrenzende Kommunikation in Katastrophenzeiten ist um so einfacher, je stärker in der Presse der Eindruck herrscht, daß die Verursacherin normalerweise nicht zur „Wagenburgmentalität" neigt. Der gegenteilige Eindruck schadet sehr, wie gerade der Fall Hoechst beweist. Ludwig Schönefeld, 1993 in der Firma für die Information über Umweltschutz und Lokales verantwortlich, meinte angesichts der sehr aggressiven Berichterstattung über den Störfall vom Rosenmontag, daß „mit Hoechst möglicherweise alte Rechnungen beglichen wurden" (Schönefeld 1993, 217).

Aber man rechne weder im Bösen noch im Guten ausschließlich mit alten Bekanntschaften! Auf Kontinuität bauende Öffentlichkeitsarbeit kann sich dort nicht bewähren, wo Nachrichtensender mit wechselnden Kamerateams arbeiten, die im gesamten Sendegebiet flexibel eingesetzt werden. „Aufgrund ihrer Aktualität gewinnen aber gerade die Nachrichtensender für die später erscheinenden Printmedien bezüglich der journalistischen Einschätzung von Ereignissen die Rolle des Meinungsführers", schrieb Schönefeld.

Er bestätigt damit, was Hans Mathias Kepplinger über das Verhalten der Medien in Konfliktfällen ermittelt hatte. Journalisten, sagt er, orientieren sich in solchen Situationen noch intensiver als sonst an der Berichterstattung anderer Medien, und dies selbst dann, wenn sie deren Beurteilungen nicht übernehmen.

Wenn Meinungen und Fakten einmal als bedeutsam etabliert sind, kommen Journalisten kaum umhin, auch dann über diese Sachverhalte zu berichten, wenn sie selbst sie für weniger relevant oder für falsch halten (Kepplinger 1992, 42).

Massenmedien neigen in Konfliktsituationen nicht nur zu einer passiven Chronistenpflicht. Gesichtspunkte des Medienmarketing veranlassen sie bisweilen zu spektakulären Aktionen. So brachte BILD während der unsicheren Phase des Griesheimer Störfalls 106 Kinder für eine Woche nach Mallorca. Die Lufthansa und Neckermann sponserten mit.

Als formale Begründung für diese enorm publicityträchtige Aktion, die Hoechst noch schlechter dastehen ließ, diente eine von dem Kieler Toxikologen Prof. Wassermann erhobene, allerdings von keinem seiner Kollegen geteilte Forderung, die Kinder müßten aus dem betroffenen Gebiet evakuiert werden. Ries, Berufsfeuerwehr Frankfurt, hält diese Aktion, ohne den Unfall verharmlosen zu wollen, für blinden, verantwortungslosen Aktionismus, weil man entweder alle oder niemanden evakuieren solle, um nicht unberechtige Sorgen, ja Panik bei den Zurückgebliebenen auszulösen (FAZ 2. 3. 1993).

Die meisten Katastrophen brechen plötzlich aus, werfen grelle Flammen, brennen eine Zeitlang heftig und schwelen noch lange dahin. Volker Klenk hat in Gesprächen mit Graf Zedtwitz-Arnim „Verlaufsmodelle für Krisen" entwickelt, wobei er die publizistische Intensität über der Zeitachse festhält (Klenk 1989, 29–36). Dabei entstehen Kurven, die wie umgekehrte ballistische Bahnen aussehen: Einem steilen, nahezu plötzlichen Anstieg der öffentlichen Beachtung – die erste Phase – folgt eine Periode hoher Aufmerksamkeit, gekennzeichnet durch viele Hintergrundberichte, Enthüllungen, Folgekommentare etc. – die zweite Phase – und dann ein ganz allmähliches Nachlassen des Interesses – die dritte Phase; es sei denn, neue Ereignisse heizen die Diskussion wieder an.

Neue Ereignisse können dabei auch hausgemacht sein, wenn zum Beispiel gegen eine peinliche Veröffentlichung ein Prozeß angestrengt wird. So geschehen im Fall Thyssen gegen Wallraff, im Fall Siemens gegen Delius. Jedesmal flammte die öffentliche Diskussion wieder in ganzer Breite auf.

Auch in den vorausgehenden Phasen hat es ein Unternehmen oft in der Hand, wie die Krise verläuft: Wer anfänglich mauert, verschiebt den Höhepunkt der kritischen Berichte leicht nach hinten, ist dieser heißen Phase dadurch aber um so länger ausgesetzt, denn die portionierten Enthüllungen steigern die Emotionen. Wer statt dessen von vornherein offen ist, erlebt einen früheren, spitzen Höhepunkt, dem bald die eher abwägende Berichterstattung folgt.

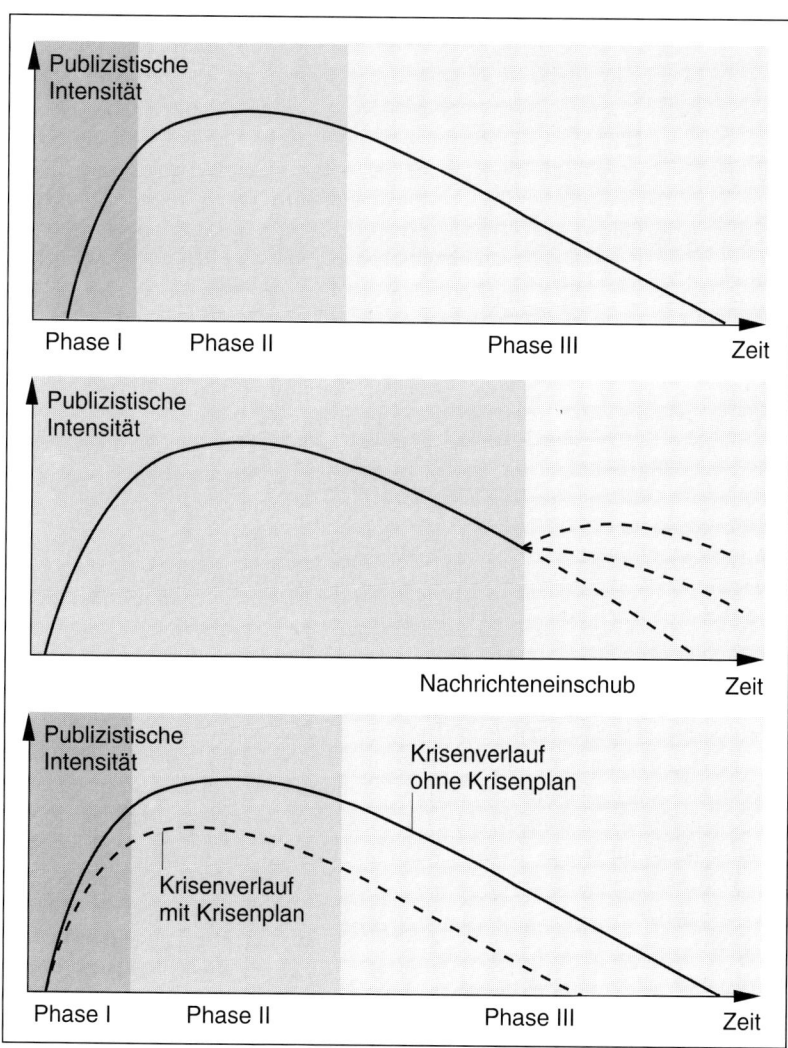

Abbildung 38: Verlaufsmodelle für die Katastrophenberichterstattung (Klenk 1989, 29–36).

Unbedachte Äußerungen des Verursachers, zum Beispiel verharmlo-
sende Kommentare, steigern in der heißen Phase die Empörung, während
sie in der dritten Phase durchaus auf ein gewisses Verständnis stoßen
können. Bis dahin hat sich so manches Urteil relativiert.

Die wohl schlimmste, weil kaum zu beherrschende Folge einer Katastrophe sehen Klenk und von Zedtwitz dann eintreten, wenn sie zu einem ex-
emplarischen, immer wieder angeführten Fall wird. Dann stehen Namen für
ganze Ereignisketten der Desinformation: Seveso, Sandoz, Tschernobyl. Da
ist es auf jeden Fall besser, es nicht erst zu einer Katastrophe kommen zu
lassen.

The Art of Apology

Sollen Organisationen Fehler eingestehen und sich entschuldigen? Fehler
einräumen, Mißerfolge Mißerfolge nennen, Schwierigkeiten zugeben, die
man sich selbst zuzuschreiben hat: Nichts fällt schwerer, und nichts verschafft dennoch so viel Respekt. Man bedenke, wie hart es eine Automobilfirma ankommt, eine Rückrufaktion veröffentlichen zu müssen.

„A lot of companies realize it's good PR to look vulnerable", bemerkte das
WALL STREET JOURNAL einmal (24. 11. 87). Es geschah anläßlich eines
Berichts über den signifikanten Unterschied zweier amerikanischer Luft-
fahrtgesellschaften:

Continental Airlines entschuldigte sich in einer ganzseitigen Anzeige in
NEWSWEEK für Verspätungen, falsche Buchungen, irregeleitetes Ge-
päck. Wörtlich hieß es: „You were frustrated and angry." Delta Airlines tat
das Gegenteil. Obwohl etliche Unregelmäßigkeiten vorkamen, einmal auch
der Pilot in der falschen Stadt landete, behielten sie unbeirrt ihren Slogan
bei: „Delta gets you there."

Vor Entschuldigungen warnen vor allem die Juristen einer Organisation.
Wer Fehler eingestehe, sei vor überzogenen Regreßansprüchen nicht mehr
sicher. Und wessen Fall bei einem Gericht anliege, erwecke durch einen Akt
des Bedauerns den Verdacht, seine Richter in unzulässiger Weise beeinflussen zu wollen. Das befürchtete man zum Beispiel bei Chrysler, als sich
die Firma, wegen zurückverstellter Kilometerzähler in Gebrauchtwagen des
Betrugs angeklagt, in einer Anzeige entschuldigte.

Die Gegenargumente der PR-Leute sind meist psychologischer Art.
„Häufig wird der strategische Wert von Entschuldigungen unterschätzt",
schreiben Manfred Piwinger und Wolfgang Niehüser in einer vortrefflichen
Studie über Skandale, ihren Verlauf und ihre Bewältigung.

Entschuldigungen sind nicht einfach nur Demutsgesten, die dem Eingeständnis einer
Niederlage gleichkommen ... Weil sich der Entschuldigende zu dem Zeitpunkt, an
dem er die Entschuldigung vorbringt, nur von seiner besten Seite zeigt, kann er in

mehrfacher Hinsicht Pluspunkte sammeln. So hat man in psychologischen Experimenten nachgewiesen, daß Personen, die sich bei anderen entschuldigen, von diesen positiver bewertet werden (1991, 26).

Das gilt freilich in erster Linie für Personen, die in Skandale verwickelt sind. Sie haben möglicherweise das ganze Schema der Selbstverteidigung durchlaufen, das Piwinger und Niehüser aus sozialpsychologischen und linguistischen Erkenntnissen zusammenstellten, bevor sie sich zu einer Entschuldigung aufraffen:

DIE VERTEIDIGUNG
1. Vermeidung einer Reaktion
   - gar nicht reagieren
   - Thema wechseln
2. Hinhalten/Ablenken
   - Lächerlich machen
   - Bagatellisieren
   - Gegenvorwurf erheben
3. Verteidigung der Unschuld
   - Leugnung eines Vorfalls
   - Handlung abstreiten
   - Handlung umdeuten
4. Abstreiten der Verantwortlichkeit
   - Absichtlichkeit bestreiten
   - Informationsdefizite geltend machen
   - auf äußere Zwänge verweisen
   - Zurechnungsfähigkeit bestreiten
5. Rechtfertigung
   - negativen Charakter des Ereignisses vermindern
   - sozialen Vergleichsprozeß einleiten
   - Normdiskussion einleiten
   - sich auf höhere Ziele berufen
6. Entschuldigung

Aber selbst wer bis zu dieser letzten Stufe gelangt ist, kann einer positiven Reaktion keineswegs gewiß sein. Auch das Sich-Entschuldigen vor Öffentlichkeiten muß gekonnt sein.

Das Ritual japanischer Firmenchefs, vor laufenden Fernsehkameras Fehler und Skandale einzugestehen, tief gebeugt sich zu entschuldigen und der Nation zu geloben, sich zu bessern, hat das TIME MAGAZINE anläßlich einer ganzen Serie solcher Auftritte als „the art of apology" apostrophiert (12.8.1991).

Was kommt an? Die Werksleitung von Frankfurt-Griesheim, dann auch der Vorstand der Hoechst AG haben sich bei der Bevölkerung entschuldigt. Wolfgang Hilger tat es in einer Pressekonferenz 15 Tage nach dem Störfall:

Warum *wir* heute an den 22. Februar 1993 erinnern wollen.

An diesem Tag ereignete sich in unserem Werk in Griesheim ein schweres Chemie-Unglück.

Eine ganz ungewöhnliche Häufung von Fehlern führte in einem Betrieb für Farbstoffvorprodukte dazu, daß die Produktion von ortho-Nitroanisol außer Kontrolle geriet und ein Reaktionsgemisch über die Werksgrenzen hinweg bis in den Stadtteil Schwanheim gelangte.

Doch damit nicht nicht genug. In den folgenden sechs Wochen ereignete sich eine Reihe weiterer Unfälle, in deren Folge die Kritik der Öffentlichkeit immer lauter wurde: sowohl an der Sicherheit bei Hoechst als auch am Informationsverhalten.

Auch wenn diese Ereignisse ein Jahr zurückliegen, sind wir weit davon entfernt, das, was passiert ist, zu verdrängen. Wir haben alle nur möglichen Konsequenzen gezogen. In den vergangenen 12 Monaten wurden alle vergleichbaren Anlagen überprüft und umgerüstet, um Bedienungsfehler für die Zukunft auszuschalten.

Unser 10-Punkte-Programm für Sicherheit, Schulung und Kommunikation.

Mit unserem 10-Punkte-Programm zur Verbesserung der Sicherheit der Produktionsanlagen, der Schulung der Mitarbeiter sowie der Kommunikation nach innen und außen haben wir unsere Sicherheitsbemühungen verstärkt. Kurzfristig über die Umsetzung bereits wirksamer Sofortmaßnahmen, langfristig durch die Weiterentwicklung unserer Sicherheitskonzepte.

Die rückläufige Zahl der Unfälle in den vergangenen Jahren hatte uns das Gefühl gegeben, schon auf dem richtigen Weg zu sein.

Auch die Gutachten, die das Hessische Umweltministerium unmittelbar nach den Unfällen in Auftrag gegeben hat, bestätigen, daß bei Hoechst alle organisatorischen Voraussetzungen für einen sicheren und umweltgerechten Anlagenbetrieb gegeben sind. Die Gutachten bescheinigen Hoechst einen hohen Sicherheitsstandard. Zudem wird festgestellt, daß unser Sicherheitsniveau auch im internationalen Vergleich vorbildlich ist.

Aber die Störfälle haben leider gezeigt, daß alle Sicherheitsanstrengungen nicht ausreichten, um Fehler zu vermeiden und damit das Risiko eines Unfalls ganz auszuschließen. Deshalb werden wir in unseren Anstrengungen nicht nachlassen, hier immer weitere Verbesserungen zu erzielen.

Vertrauen kann nur wachsen, wo auch Offenheit herrscht.

Es ist nur allzu verständlich, daß das Vertrauen der Öffentlichkeit in unsere Arbeit Schaden genommen hat. Bei den Informationsabläufen gab es Pannen. Ein Dialog kam zunächst nicht in Gang. Auch daraus haben wir Lehren gezogen. Unsere Nachbarn und die Öffentlichkeit müssen noch mehr Einblick in unsere Arbeit bekommen. Auch was mögliche Risiken betrifft. Das Interesse ist da, dies beweisen die mehr als 60.000 Besucher in unseren Werken beim letzten „Tag der offenen Tür". Oder der neue „Gesprächskreis Hoechster Nachbarn", in dem sich Hoechst seit letztem Sommer mit Vertretern aller gesellschaftlichen Gruppen regelmäßig an einen runden Tisch setzt. Wir haben aus dem 22. Februar 1993 gelernt.

Und wir wollen das auch weiterhin tun. Denn wir möchten Ihr Vertrauen zurückgewinnen.

Wenn Sie mehr zum Thema wissen möchten oder sich für unser 10-Punkte-Programm interessieren, dann schreiben Sie uns. Oder rufen Sie uns an. Hoechst AG, InfoService 65926 Frankfurt am Main Telefon 069/3054000

Hoechst

Abbildung 39: Hoechst hat aus den Störfällen des Jahres 1993 nicht nur informationspolitische Konsequenzen für die Zukunft gezogen, sondern in bemerkenswerter Offenheit auch nach Jahr und Tag noch einmal Rechenschaft abgelegt. Diese Anzeige erschien fast halbseitig am 22. Februar 1994 in den überregionalen Tageszeitungen. Sie unterlief damit auch sehr geschickt eventuelle Reminis-

Ich möchte mich im Namen von Hoechst bei allen Bürgerinnen und Bürgern von Schwanheim und Goldstein, die von dem Störfall betroffen wurden, entschuldigen. Sie haben Belastungen, Schaden und Angst erlitten. Sie haben dadurch Vertrauen in uns und unsere Arbeit verloren. Wir werden aus unseren Fehlern lernen und Konsequenzen ziehen.

Hilger hatte zu diesem späten Zeitpunkt schlechte Karten. Daß er aus seinem Urlaub nicht sofort zurückgekehrt war, brachte ihm in BILD üble Nachrede ein, und andere Zeitungen zitierten BILD genüßlich. Aber selbst die erste offizielle Entschuldigung des Vorstands in der ersten von drei Bürgerversammlungen 2 Tage nach dem Unfall wurde von den Medien nahezu verschluckt. Der Personalvorstand Justus Mische hatte gerade „Liebe Nachbarn …" gesagt, als ihm höhnisches Gelächter entgegenschlug.

Diesen Ausschnitt, diese fünf Sekunden des Spotts mußte er sich unzählige Male in Fernsehnachrichten und Hintergrundberichten anschauen. Nicht mehr gefilmt worden sei, wie er sich bei den Griesheimern in aller Form und im Namen des Unternehmens entschuldigt habe. Nicht mehr gefilmt worden sei auch, daß er später am Abend von den Teilnehmern der Runde verstanden worden und auch beklatscht worden sei (FAZ 19. 4. 1993).

Entschuldigungen werden vermutlich nur von denen akzeptiert, die sie betreffen. Wer sie zum Fenster hinaus redet, um ein unbeteiligtes Publikum – oder die Presse – zu beeindrucken, muß mit Abfuhren rechnen. Auch Floskeln genügen dann nicht – wie das Wort von der Gnade der späten Geburt. Nur eine eindringliche Sprache hat die Chance, Gehör zu finden. Am besten sind Reden, aber Reden nur zu dem jeweils einen Thema. Richard von Weizsäckers Rede zum 8. Mai 1945 war von dieser Art.

Waldheim und von Weizsäcker waren Offiziere während des Zweiten Weltkriegs; beide später Bundespräsidenten. Keinem von beiden konnte irgendein Rechercheur irgendein Verbrechen anlasten. Aber der eine folgerte daraus, er könnte sich aus der Geschichte zurückziehen; der andere stand zu ihr. Dem einen nahm man daraufhin selbst die leisesten philosemitischen „Formulierungen" übel, dem anderen sah man eine „gewagte Formulierung" nach. Sinnigerweise druckte die „Süddeutsche Zeitung" beide Kommentare untereinander ab. Selten führt unterschiedliches Verhalten zu so augenfällig miteinander vergleichbaren Reaktionen.

Zu Kap. V. 2:

Ansberry, Clare: Forgive or Forget: Firms Face Decision wether to Apologize for their Mistakes; in: Wall Street Journal 24. 11. 1987.

Apitz, Klaas: Konflikte, Krisen, Katastrophen: Präventivmaßnahmen gegen Imageverlust; Wiesbaden 1987.

Barth, Henrike/Wolfgang Donsbach: Aktivität und Passivität von Journalisten gegenüber Public Relations; in: Publizistik 2/1992.

Beger, Rudolf/Hans-Dieter Gärtner/Rainer Mathes: Unternehmenskommunikation. Grundlagen, Strategien, Instrumente; Frankfurt a. M. 1989.

Cube, Felix von: Gefährliche Sicherheit. Die Verhaltensbiologie des Risikos; München/Zürich 1990.

Delius, F. C.: Unsere Siemens-Welt. Eine Festschrift zum 125jährigen Bestehen des Hauses Siemens; Berlin 1972.

Doeblin Wirtschaftsforschung: Die Kommunikation von Unternehmen in Krisenzeiten. Eine Umfrage unter Wirtschafts- und Umweltjournalisten; 1989.

FAZ-Redaktion Rhein-Main-Zeitung: „Die Kinder müssen nicht fortgebracht werden", 2. 3. 1993.

Fink, Steven: Crisis Management: Planning for the Inevitable; New York.

–: Prepare for Crisis, it's Part of Business; in: The New York Times, 30. 4. 1989.

Gärtner, Edgar: Erfahrungen aus einer Störfallserie; in: Rolke, Lothar/Bernd Rosema/Horst Avenarius (Hrsg.): Unternehmen in der ökologischen Diskussion; Opladen 1994.

Groß, Wolf-Dietrich: Unternehmen brauchen Öffentlichkeit; in: Blick durch die Wirtschaft, 26. 1. 1990.

Hilger, Wolfgang: Ausführungen anläßlich der Pressekonferenz am 4. 3. 1993; in: Hoechst-Presse-Information, Hoechst AG, Zentralabteilung Öffentlichkeitsarbeit; Frankfurt a. M., 4. 3. 1993.

Hobi, Urs: Chronologie einer langen Nacht; in: Information in Krisenlagen. Beilage zur Allgemeinen Schweizerischen Militärzeitschrift Nr. 4/1989, hrsg. von der Abteilung Presse und Funkspruch APF im Eidgenössischen Justiz- und Polizeidepartment, Bern.

Holusha, John: Exxon's Public Relations Problem. Experts see Failings in Handling of Spill; in: The New York Times 30. 4. 1989.

Kepplinger, Hans Mathias: Die Rolle der Medien in Konflikten; in: Demuth, Alexander (Hrsg.): Imageprofile '92. Konfliktmanagement und Umweltstrategien; Düsseldorf 1992.

Klenk, Volker: Krisen-PR mit Hilfe von Krisenmodellen; in: PR-Magazin 2/89.

Langenbucher, Wolfgang: Strukturen einer partizipativen Lerngesellschaft; in: Avenarius, Horst/Wolfgang Armbrecht: Ist PR eine Wissenschaft?, Opladen 1992.

Mathes, Rainer/Hans-Dieter Gärtner/Andreas Czaplicki: Kommunikation in der Krise. Autopsie eines Medienereignisses: Das Grubenunglück in Borken; Frankfurt a. M. 1991.

Mathes, Rainer/Hans-Dieter Gärtner/Andreas Czaplicki: Krisenkommunikation Teil 1: Wann droht die publizistische Umbewertung? Teil 2: Vorsicht Bumerang-Effekt; in: PR-Magazin 11 und 12/1993.

Moeller, Klaus Ulrich: Störfall-PR: Ist der Ruf erst ruiniert; in: Harvard Business Manager, 15. Jg. 1993, IV 23.

Piwinger, Manfred/Wolfgang Niehüser: Skandale: Verlauf und Bewältigung. Strukturen und Funktionen indiskreter Kommunikationsformen; Wuppertal 1991.

Ruhrmann, Georg: Risikokommunikation; in: Publizistik 1/1992.

Ruhrmann, Georg/Dagmar Schütte: Öffentlichkeitsarbeit und Risikokommunikation; in: PR-Magazin 2/1991.

Schönefeld, Ludwig: Krisenkommunikation in der Bewährung; in: Rolke, Lothar/ Bernd Rosema/Horst Avenarius (Hrsg.): Unternehmen in der ökologischen Diskussion; Opladen 1994.

–: Ein Jahr nach Griesheim ... Wie Hoechst die Bevölkerung, die Medien und die Mitarbeiter informierte. Eine Hoechst-Dokumentation in der Reihe „Hoechst im Dialog"; Frankfurt a. M. 1994.

Schütze, Christian: Großchemie in der Kleinstaaterei; in: Süddeutsche Zeitung, Nr. 261, 1986.

3. Das Verhältnis zur eigenen Vergangenheit

Public-Relations-Handbücher sind arm an fundierten Hinweisen auf den Umgang einer Organisation mit ihrer Vergangenheit. Sie gliedern ihren Stoff nach den Beziehungsgruppen – von den Presse- über die Community- bis zu den Financial-Relations – oder nach den Organisationsformen – PR für Unternehmen, Kirchen, Gewerkschaften und so weiter und so fort – oder nach Strategien, und diese sind allesamt aktuellen oder künftigen Zielen gewidmet. Selbst die Protagonisten der Unternehmenskultur lassen die Vergangenheit Vergangenheit sein.

Dann steht plötzlich ein Jubiläum an. Es steht quer zu allen Planungen. Muß es sein? Man weiß, daß es viel Geld kosten wird: Belegschaften und Aktionäre werden Sonderzahlungen verlangen. Erwartet man nicht auch einen „Festakt"? Dann muß jedenfalls eine „Festschrift" her, und sie muß einem Kundigen übertragen werden, denn alle Welt, auch die Ortspresse, will über die Anfänge der Organisation und ihre weiteren Geschicke plötzlich bilderreich informiert sein. Aber dazu bedarf es lästigerweise eines Archivs, sogar eines Archivars, der rechtzeitig alle wesentlichen Bestände ordnet.

Alles Historische – Abgelegte – geschieht im Alltag mit der linken Hand. Selten bedenkt eine aktive PR-Abteilung, was aus dem ihr vorliegenden Aktenwust in einem Archiv aufbewahrt werden müßte. In vielen Organisationen gehört das Archiv nicht einmal zur PR. Mit der Niederschrift der Geschichte wird ein altgedienter Kämpe betraut, dessen Vorlieben und Aussparungen man freien Lauf läßt. Fehlt dadurch in der Jubiläumsschrift ein Kapitel über die düsteren Zeiten, zum Beispiel des Dritten Reichs, über

Kriegsproduktion und Zwangsarbeiterschicksale, so kommt es zu lebhaften Protesten, zu Demonstrationen vor der Festgemeinde, zu einem bisweilen weltweiten Stirnrunzeln.

Dann holt uns plötzlich die Geschichte ein. Man wird wiedergutmachen müssen: durch Spenden und Sonderdrucke und Denkmäler. PR wird eingesetzt, um Schaden zu begrenzen, der durch schlechte PR entstanden ist.

Traditionspflege

Das geforderte Geschichtsbewußtsein ist mehr als Traditionspflege. Geschichtskenntnisse fördern die Erkenntnis, daß man scheitern kann, Traditionspflege eher das Gegenteil: Uns kann keiner! Die Tradition zu pflegen ist daher zunächst ein internes Anliegen. Aber für viele Organisationen liegt es nahe, Traditionen auch draußen einzusetzen: Entweder suggerieren sie der Öffentlichkeit eine aus der Vergangenheit in die Gegenwart herüberreichende Mächtigkeit oder sie entsprechen dem nostalgischen Hang vieler Kreise, sich mit altehrwürdigen Marken zu umgeben. Das Marketing hat sich daher schon immer für die Traditionspflege mitverwendet. Sobald daraus eine eigene Bemühung wird, taucht dafür neuerdings der Begriff „Heritage" auf.

Heritage im Marketingsinne ist die Entfaltung und Ausbreitung einer glanzvollen Vergangenheit. Das Urbild sind die Aufmärsche traditionsreicher Regimenter auf den Prachtstraßen einer Hauptstadt; sie machen Blutzoll und Niederlagen vergessen, erinnern statt dessen an Siege und Helden.

Andere Heritageinstrumente sind Museen und Ausstellungen und Publikationen darüber, der Aufmarsch von Oldtimern und die Kontaktpflege mit ihren Besitzern. Gerade die letzteren sind ein unschätzbarer Hort der Traditionspflege. Häufig findet sich bei ihnen ein Markenengagement und ein Produktwissen, das selbst langjährige Firmenangehörige nicht zu überbieten vermögen. Ihre Zusammenkünfte muten wie werksinterne Jubilarfeiern an, voller Emphase und tiefem Respekt selbst gegenüber den amtierenden Managern. Ein seltsames, aber zu respektierendes Phänomen.

Auch die Öffentlichkeitsarbeit hat es daher mit der Traditionspflege zu tun; auch sie setzt Heritageinstrumente ein. Dabei faßt sie die Bewahrung des kulturellen Erbes allerdings umfassender auf. Es geht ihr nicht um die Politur der Sonnenseiten einer Organisation, sondern um die Versöhnung der durch ihr früheres Wirken verfremdeten oder zerstrittenen Menschengruppen. Alle haben sich in dem zu pflegenden Erbe wiederzuerkennen: Arbeiter in einer Werksgeschichte, Gegner in einer Regimentsgeschichte, unterlegene, aufgekaufte Unternehmer in einer Firmengeschichte; auch Häretiker und Reformatoren in einer Kirchengeschichte? Ja, auch die.

Ein soziales Gedächtnis hat stets mehr „gespeichert" als sich „angeeignet". Die Aneignungen aus einem Fundus an unsortierten, häufig auch vergrabenen „Gedächtnisspeichern" geschehen meist aus funktionalen Gründen. Das Forscherpaar Assmann beschrieb in einer Medienkunde die drei Motive eines kommunikationsstrategischen Gebrauchs (1994, 124): Herrschaft will sich durch Herkunft legitimieren; Opposition will sie durch Gegenerinnerungen delegitimieren; das ganze Gemeinwesen, auch jede Organisation suchen durch strukturierte Erinnerung ihre Identität. Alle drei Bereiche neigen dazu, den jeweils aussortierten Geschichtsbestand zu verdrängen. Totalitäre Systeme plündern Archive, tilgen Un-Personen sogar aus Fotos oder schreiben Geschichtsbücher um. Eine dynamische, für ihre Zukunft offene Gesellschaft muß hingegen so offen auch gegenüber ihrer Vergangenheit sein.

Geschichtsschreibung

PR-Arbeit beachtet eine Organisation ganzheitlich: als einen Organismus, der zu jeder Zeit mit seinen Legenden und Mythen, mit seinen Versäumnissen und seinen Erfolgen, seiner Schuld und seinen Wohltaten lebt. Dazu ist ein waches Geschichtsbewußtsein erforderlich und ein professioneller Umgang mit den Quellen. Dokumente blenden; sie sind häufig genug nur Zeugnisse von früheren PR-Strategien. Gleiches gilt für die mündliche Überlieferung. In vielen Organisationen gibt es nichts anderes; aber kluge PR-Leute sorgen dann dafür, daß ein orales Archiv mit Tonbandinterviews entsteht.

Gute PR-Arbeit wendet auch bei der Niederschrift das Prinzip der Rechenschaft an: Auf der Verläßlichkeit seiner Auskünfte wie seiner Produkte beruht der Ruf eines Unternehmens. Was sein Prospekt verspricht, hat es zu halten; und was es aus der eigenen Geschichte berichtet, muß die Sachverhalte in ihrem ganzen Zusammenhang wiedergeben.

Die Frage, ob es die Niederschrift der Geschichte einer Organisation geben müsse, sollte eigentlich nur beantworten, wer eine solche Niederschrift unabhängig von einem Jubiläum veranlaßt. Nur der tut es nämlich aus Gründen und nicht aus Anlässen. In allen anderen Fällen liegt – ob ausgesprochen oder nur intendiert – die Jubelfunktion eines Jubiläums zugrunde: Das beeinflußt die Darstellungsweise zumindest für die letzte Dekade des Berichtszeitraums.

Jubeln wird nur eine Organisation, die zum Zeitpunkt ihres Jubiläums auch Anlaß dazu hat. Folglich haben die meisten Organisationsgeschichten Festschriftcharakter: Nach recht durchwachsener, bewegter Vergangenheit endet alles in Friede, Freude, Eierkuchen. Die Illustrationen verdeutlichen es. Die letzten Chefs der Organisation stehen gleichgewichtig neben den Heroen der Gründerzeit, was sicher ein Teil der Übung ist. Es sind Jahrmärkte der Eitelkeit.

Trotzdem finden sich auch in solchen Werken bisweilen Reflexionen über den Wert einer Niederschrift. Wilhelm Treue, der Nestor der deutschen Firmengeschichtsschreibung, widmet dieser Frage das Schlußkapitel seiner sehr seriösen, illustrationslosen ›Geschichte der Ilseder Hütte‹. Er nennt zuerst den Wert für den Leser seiner siebenhundertsieben Seiten: Dieser möge sie wie eine beliebige Biographie betrachten, die ein Stück deutscher Geschichte darstellt, „nicht anders als die Geschichte eines Territorialstaates, einer Mittelstadt oder die Biographie eines Fürsten, eines Staatsmannes" (Treue 1960, 702).

Sodann fragt Treue, ob man aus einer solchen Geschichte etwas zu lernen vermag, was für das gegenwärtige und zukünftige Gedeihen der eigenen Firma mit Nutzen angewandt werden kann. Er führt dazu einige interessante Faktoren aus der Geschichte der Hütte an. Aber seine Schlußfolgerungen sind stets so stark in ihren jeweiligen historischen Kontext eingebettet, daß ihm nur ein generelles Fazit übrigbleibt:

Es lohnt sich gewiß, einige Zeit auf das historische Studium dieser Faktoren zu verwenden. Auf die Dauer ist es sehr kostspielig, einfach vorauszusetzen, daß alle Maßnahmen oder Unterlassungen, die entweder älter als vierundzwanzig Stunden oder auf bereits Verstorbene zurückzuführen sind, heute unbrauchbar sein müssen. In den Vereinigten Staaten von Amerika ist man diesen Möglichkeiten bereits seit längerer Zeit nachgegangen, hat den „Dollar- and Centswert" der Firmengeschichte und des Werkarchives, „the business news of business history" in vielen praktischen Fällen feststellen können.

Gewiß gibt es keine Wiederholungen in der Geschichte – in der Firmengeschichte sowenig wie in der diplomatischen. Aber es dürfte kaum zu beweisen sein, daß es aus der Geschichte geschöpfte „Lehrbücher" nur für Generalstäbler geben kann, nicht auch für Unternehmer – und tatsächlich gibt es ja derartige Lehrbücher, wenigstens für manche wirtschaftlich-unternehmerischen Teilgebiete, die nicht allein auf theoretischen Überlegungen, sondern auf Erfahrungen, also auf Geschichte beruhen (Treue 1969, 706).

Die Geschichtsschreibung ad usum Delphini wird immer wieder einige Köpfe beschäftigen und namentlich in der amerikanischen Publizistik zu Rechenkunststückchen herausfordern. Wichtiger ist die ganz primäre Funktion von Geschichte: Aufzuschreiben, wie es gewesen ist, weil gemeinsames Wissen darüber einen Zusammenhalt schafft.

Aus keinem anderen Grund unterhält ein Gemeinwesen, ein Staat Archive, historische Institute und Historiker. Staaten folgen damit den Grundsätzen der corporate philosophy. Partikulare Organisationen sollten sich ähnlich verhalten, unabhängig von jedem Jubiläum.

Ihre Archive zu öffnen reicht dabei nicht aus. Offizielle Dokumente verschweigen mehr als sie mitteilen. Die ganze Organisation muß sich einer Spurensuche öffnen, wie es Christoph Stölzl einmal ausdrückte. Er beschrieb auch das Ergebnis eines solchen Verhaltens: Daß dann das betreffende Haus „an einem Punkt angelangt ist, an den sonst nach langer Zeit nur staatliche Institutionen gelangen":

Wo sie von der eigenen – ich sage es mal bewußt – Unsterblichkeit, also von der garantierten Transzendenz in die nächste Stufe überzeugt sind. Wenn Unternehmen so weit sind, dann wissen sie, daß alles, was dem Namen Körper, Profil, Tiefe und Dimension gibt, gut für das Haus ist, auch wenn es manchmal heikle Geschichten sind, die da erzählt werden müssen (Stölzl 1992, 6).

Was aber, wenn es dabei um noch lebende Personen geht? Sie haben das Recht, geschützt zu werden, aber kein Recht auf Schonung. Horst Mönnich schildert ganz am Ende seiner BMW-Geschichte einen bezeichnenden Dialog.

Als ich Gerhard Wilcke, ein Jahr vor seinem Tode, in Murnau besuchte, mein fast fertiges Buch in der Hand – es ging um schwierige juristische Passagen in der Aera der Sanierung, die er geleitet hatte –, sagte er mir, den Text überfliegend: „Da machen Sie mal einen dicken Strich!"

„Das geht nicht", antwortete ich, „es ist, was Ihre Person betrifft, die mir wichtigste Stelle; sie zeigt Ihre ganze Verhandlungskunst!"

„Lieber Freund", sagte Wilcke unbeeindruckt, „der Mann aus jenem Amt, das Sie nennen, der mir die Information gab, die mich dann ganz sicher machte, der lebt noch."

„Ich werde", entgegnete ich, „das Amt streichen, die Information nicht. Im übrigen haben Sie alles, was ich verwendete, selbst aufgeschrieben."

„Aber doch nicht für Sie!" sagte Wilcke wütend.

„Für wen dann?" fragte ich bestürzt.

„Für die Geschichte", war seine Antwort (Mönnich 1989, 598).

Das Jubiläum

Jubiläumsfeiern sind der Vergangenheit gewidmet und dienen doch in erster Linie einem ganz gegenwärtigen Ziel. Manchmal geht es dabei um die längst fällige neue Positionierung einer Organisation am Meinungsmarkt, meistens aber um deren Aktualisierung. Hat sie die Spitzenposition inne, kann es bisweilen dringend erforderlich sein, nachdrängende Wettbewerber wieder ins Glied zu verweisen. Bei kaum einer anderen Gelegenheit lassen sich Rangordnungen nämlich so deutlich manifestieren.

Dies gelingt um so besser, je erlauchter der Teilnehmerkreis ist. Die Anwesenheit der Staatsspitze kann in mehrfacher Weise ein Signal sein. Altbundespräsident Theodor Heuss führte Krupp nach dem Krieg in den Kreis der achtbaren Großunternehmen zurück. Seiner Festrede anläßlich des 150jährigen Firmenjubiläums am 21. 11. 1961 lauschten auch der amtierende Bundespräsident, der Bundeskanzler, der Bundeswirtschaftsminister, der Ministerpräsident von Nordrhein-Westfalen und viele ausländischen Botschafter.

Bundespräsident Richard von Weizsäcker sollte Daimler-Benz und der ganzen Automobilindustrie 1986 staatsphilosophischen Glanz verleihen. Was kostet ein Firmenjubiläum? Die BASF in Ludwigshafen hat den Aufwand bekanntgegeben, der ihr 1990 anläßlich ihres 125jährigen Jubiläums entstanden ist (FAZ 21.4.1990), die Aufzählung läßt zugleich die Bandbreite der Möglichkeiten einer Jubiläumsgestaltung erkennen:

1. Festakt am 6. 4. 1990 einschließlich Film über den Konzern, Historische Ausstellung im Rathaus, Chagall-Ausstellung in der Stadt, Wissenschaftliches Symposion mit 1400 Chemikern aus aller Welt, Kundenempfänge in den Verkaufsbüros des In- und Auslandes, sechs Tage der Offenen Tür im Werk Ludwigshafen: 20 Mio. DM
2. Bildband „Chemie für die Zukunft" für Kunden, Mitarbeiter, Vertreter des öffentlichen Lebens und Aktionäre (letztere auf Anforderung); Auflage 300000: 9 Mio. DM
3. Spenden an karitative, wissenschaftliche und kulturelle Einrichtungen in der Region: 5 Mio. DM

Die PR-wirksamen Ausgaben betrugen insgesamt also 34 Millionen DM. Hinzu kamen 93 Millionen DM Sondergratifikationen für 140000 Belegschaftsangehörige und 57 Millionen DM Dividendenbonus für die Aktionäre. Diese Ausgaben gehören allerdings zu dem bei Jubiläen unvermeidlichen und nie ganz verständlichen Ritual des Sichselbstbeschenkens. Sie müssen wohl sein, während manche selbst große Unternehmen auf Festakte, Bildbände und Symposien verzichten mögen, weil sie einer solchen Selbstbestätigung gerade nicht bedürfen.

Museen

Firmenmuseen dienen größtenteils der Traditionspflege und werden daher nach dem Prinzip Heritage angelegt: herausgeputzte Produkte auf Podesten, eingerahmte frühe Plakate, Pokale und Symbole in Vitrinen, historische Fotos oder Ölgemälde. Damit entsprechen diese Ausstellungen den Wünschen firmennaher Besuchergruppen: den Angehörigen und Kunden vor allem. Die Museen der Automobilindustrie folgen häufig diesem Prinzip, zumal sie im Wettbewerb mit erstaunlich reichhaltigen Privatsammlungen stehen, deren Exponate eine hohe Qualität aufweisen.

Viele Museen sind aus Sammlungen entstanden und reflektieren den Stolz des Sammlers. Sie zeigen alles, was sie haben; seien es Waffen oder Käfer oder wie Käfer aufgereihte Automobile. Man erinnere sich des Museums des textilindustriellen Brüderpaars Fritz und Hans Schlumpf in Mülhausen: 470 Oldtimer in Reih und Glied. Auch solche Sammlungen sprechen vornehmlich Leute mit gleichartigen Interessen an.

Abbildung 40: Die „Stützen der Gesellschaft" von George Grosz, 1926 geschaffen, standen – überlebensgroß reproduziert – von 1980 bis 1984 im BMW-Museum. Für Wilfried Minks und Eberhard Schoener, die beiden Gestalter, charakterisierte dieses Bild wichtige Aspekte der 20er Jahre. Das Museum zeigte fünf Jahre lang den politischen und kulturellen Hintergrund zur Firmengeschichte erlebnisreich und kritisch auf. Die WELT AM SONNTAG reagierte darauf mit der Schlagzeile: „BMW leistet sich für zwei Millionen DM ein antikapitalistisches Antiautomuseum." Ein gewaltiges Presseecho führte zu einem Anstieg der Besucherzahlen um das Dreifache. Darunter waren viele, die vorher nie ein Automobilmuseum betreten hatten.

Mit einem jeweils erweiterten Kreis interessierter Besucher kann rechnen, wer in seinem Museum frühe Problemstellungen und -lösungen zeigt. Beispielhaft waren dafür lange Zeit die Museen der Elektrofirmen – Siemens in München oder Philips' Evoluon in Eindhoven; auch das Deutsche Museum in München und etliche Bergbaumuseen widmen sich diesen Aufgaben.

Aber auch die Besucherscharen der technisch orientierten Museen sind nicht die ganze Welt. Wer selbst diese noch immer begrenzten Zielgruppen-

kreise durchbrechen will, um auch solche Meinungsbildner für den Dialog
mit dem Unternehmen zu gewinnen, die seinen Hervorbringungen normalerweise fernstehen – im Falle der Automobilindustrie zum Beispiel die
Frauen, die Pädagogen und Pfarrer, die Künstler und Literaten –, muß unge-
wohnte Wege gehen:
Er verlasse erstens das Prinzip „Heritage" und wende das Prinzip „Hi-
storie" an. Er mache Technikgeschichte zu einer Menschengeschichte, in der
sich Erfolge und Mißerfolge, Freud und Leid, Reichtum und Armut widerspiegeln. Er wird dadurch unwillkürlich über alle Seiten seiner Vergangenheit informieren.
Er rücke zweitens von der Belehrung und Anpreisung ab und biete Unterhaltung, Erlebnis, Spaß. Museen werden – anders als Messestände – nicht
aus beruflichen Gründen besucht. Sie sind Bestandteile der Freizeitkultur.
Er überantworte die Inszenierung seiner Geschichte daher vielleicht eher
den Bühnenbildnern von Theater oder Film als seinen Ausstellungsfach-
leuten ... Er mag in seinem Haus Ärger bekommen, aber draußen viel Zuspruch – auf Dauer sogar mehr Zuspruch.

Ein Haus der Geschichte

Die Bundesrepublik Deutschland hat sich in Bonn für 116 Mio. DM ein
„Haus der Geschichte" geschaffen. Es sollte, wie sein Initiator Helmut Kohl
anläßlich der Eröffnung im Juni 1994 bekundete, „Geschichte zum Anfassen" bieten. Das deutsche Feuilleton prüfte, ob das gelang.
Johannes Willms (SZ) bezweifelte, daß den versammelten Objekten, Fos-
silien und Relikten eine Aussagekraft innewohnt. Zwar werden viele „den
einen oder anderen stillen Erinnerungsgewinn verbuchen können" – vergleichbar den Vätern, die ihren Kindern in Automobilmuseen die Wagen
zeigen, die sie früher fuhren. Aber kann das für alle Besucher gelten?
Können solche Objekte derart plausibel arrangiert und inszeniert werden,
daß sie für sich selbst sprechen? Willms sieht es nicht. Man habe einen Trö-
delladen eingerichtet, der Flohmarktneugier befriedigt (SZ 16. 6. 1994).
Patrick Bahners (FAZ) gewinnt dem sehr sorgfältigen Arrangement, wie
er sagt, einiges mehr ab. Es rücke den zweiten Konsumrausch, den Aufstand
der Achtundsechziger und Brandts demokratisches Wagnis nebeneinander.
Die Darstellung der 70er und 80er Jahre überzeugten ihn weniger. „Hier hat
die Erinnerung noch keine Ikonen wie die Eisdiele oder die Mondlandung"
(FAZ 16. 6. 1994).
Die beiden geschilderten Reaktionen reflektieren die zwei möglichen Betrachtungsweisen, mit denen sich Besucher historischer Museen den ausgestellten Objekten nähern: Willms schaut drauf, Bahners dahinter.
Sie ziehen daher auch unterschiedliche Schlüsse. Wer am Ausgang den

„Trödel" Revue passieren läßt, mag sich „mit den ihm behagenden Versatz-
stücken einer problembereinigten Vergangenheit für eine sorgenfreie Zukunft möblieren" (Willms). Wie viele Museen der Welt haben nichts anderes
im Sinn!

Wer sich indessen seines spielerischen Umgangs mit den rund 100 Moni-
toren erinnert, die Durchblicke vor Augen hat, die sich von einer Plattform
aus auf frühere Perioden ergeben, mag zu einem Geschichtsbild ohne „falsches Pathos" gelangen. Er wird die Bundesrepublik als eine zivile, bürgerliche Gesellschaft sehen. „Ihr Haus ist überraschend unverkrampft. Über
dem Eingang könnte stehen: Niedriger hängen!" (Bahners). War das geplant?

Es kommt gewiß darauf an, historische Museen nur mit allgemein sinnfäl-
ligen Symbolen einer Epoche zu bestücken. Es kommt aber auch darauf an,
sich über den Eindruck klar zu sein, den seine ganze Sammlung macht. In
diesem Eindruck steckt nicht nur die Botschaft der Ausstellung; in ihm
steckt ein gutes Stück des Ausstellers selbst.

Zu Kap. V. 3:
Assmann, Aleida/Jan Assmann: Das Gestern im Heute. Medien und soziales Ge-
    dächtnis; in: Merten, Klaus/Siegfried J. Schmidt/Siegfried Weischenberg (Hrsg.):
    Die Wirklichkeit der Medien; Opladen 1994.
Mönnich, Horst: BMW, eine deutsche Geschichte, Wien–Darmstadt 1989.
Stölzl, Christoph: „Social Fiction" – Gedanken über Horst Mönnichs BMW-Archäo-
    logie; in: BMW-Dossier 15; München, August 1992.
Treue, Wilhelm: Die Geschichte der Ilseder Hütte, Peine 1960.

4. Kulturarbeit und Mäzenatentum

Vergreift sich die Wirtschaft an der Kultur? Bricht sie mit Geldmacht und
Unverstand in ein fragiles System uneigennütziger Werte ein? Die Diskussion darüber ist entbrannt, seitdem das Marketing die Möglichkeit entdeckt
hat, Kultur – wie schon den Sport und andere Bereiche des öffentlichen Lebens – als kommunikatives, absatzförderndes Instrument zu gebrauchen.
Die Kultur beginnt, der Obhut der PR-Leute zu entgleiten und in die Hände
der Werbeleute zu geraten. Dabei könnte es sein, daß diese ganze Aufregung
nur ein Phänomen der Hochkonjunktur der 80er Jahre war und mit deren Er-
lischen auch selbst wieder an Bedeutung verliert.

Für kulturelle Aktivitäten – vermutlich im weitesten Sinne verstanden,
denn es ist schon grotesk, was alles als kulturell gilt – gab die westdeutsche
Wirtschaft nach der Schätzung von Manfred Bruhn 1985 zwischen 20 und 80

Millionen DM und 1992 zwischen 200 und 400 Millionen DM aus, für das
Sportsponsoring hingegen zunächst rund 250 Millionen DM, 1992 aber
schon rund 1,2 Milliarden (Bruhn 1991, 47). Es wäre jedoch vermessen,
solche Aufwärtssprünge auf die Zukunft hochzurechnen. „Im Sportsponsoring kehrt mit der Rezession Bescheidenheit ein", meldete die FAZ 1993
(15. 4.). Bei der Kultur dürfte es nicht anders sein.

Begriffsklärungen
     Die Begriffe Mäzen und Förderer, auch der des „edlen Spenders", sind
alt. Sehr jung ist das Wort vom Sponsor; es meint landläufig dasselbe, obwohl es nicht dasselbe ist.
     Ein Mäzen, sagt man, handele altruistisch und vorzugsweise anonym. Es
komme ihm auf die Sache an, die er fördert, und nicht auf seine eigenen Interessen oder die seiner Organisation. Nach Auffassung vieler amerikanischer Autoren darf sich Mäzen nur nennen, wer den „acid-test" besteht, bei
einer Spende niemals auf seiner Namensnennung zu bestehen. Deutsche
Autoren sind weniger rigoros. Heinz H. Fischer spricht von „tendenziell
eher kulturbezogenen oder unternehmensbezogenen Beweggründen",
sogar von „mäzenatischen Sponsoren" (Fischer 1988) und Manfred Bruhn
übernimmt diese Typologie, wenn er altruistische Mäzene, mäzenatische
Sponsoren und klassische Sponsoren unterscheidet (Bruhn 1991, 24, 206,
290). „Weder Mäzenatentum noch Spendenwesen können mit Sponsoring
gleichgesetzt werden." Trotzdem sei es nicht zweckmäßig, eine strenge Tren-
nung zwischen beiden vorzunehmen (Bruhn 1991, 5,18).
     Die Forscher stöhnen auch über die Verwirrung, die bei der Wirtschaft
herrscht. Sponsoren lehnten es ab, als solche bezeichnet zu werden, berichtet Bruhn, „sie verstehen sich in ihrem Selbstverständnis als klassische
Mäzene" (1989, 39). Bei allen empirischen Untersuchungen bestünde die
Schwierigkeit einer eindeutigen Abgrenzung zwischen dem Mäzenatentum,
dem Spendenwesen und dem Kultursponsoring.
     Aber vielleicht liegt es daran, daß man sie nicht richtig befragt oder von
den falschen Stellen die Auskünfte bekommt. Vielleicht herrscht auch bei
den Forschern selbst noch Unklarheit über die Sachverhalte. „Nach Durch-
sicht der Literatur", schreibt Heinz H. Fischer 1988, „gelangt man zu der Erkenntnis, daß ein präzises Vorstellungsbild vom Mäzen eigentlich nicht existiert" (Fischer 1988, 72).
     Die Verwirrung ist gerade unter den Autoren groß. Peter Roth postuliert
– wie bisweilen auch Arnold Hermanns –, Sponsoring liege „also immer
dann vor, wenn mit einem kulturellen Engagement eine eindeutig unterneh-
mensbezogene Absicht verfolgt wird". Manfred Bruhn ist konkreter: „...
wenn es durch sein Engagement kommunikative Wirkungen erreicht"

Basis der Gruppenbildung: Beweggründe für das kulturelle Engagement		
Eindeutig kulturbezogene Beweggründe	Eindeutig unternehmensbezogene Beweggründe	sonstige Beweggründe
– persönliches Interesse der Unternehmens-leitung an Kunst – persönliche Kontakte zu Künstlern	– Imagepflege – Kundenpflege	– gesellschaftliche Verantwortung – Mitarbeitermotivation/ Identifikation; Arbeitsplatzgestaltung

Typen kulturfördernder Unternehmen (n = 663)			
1. Mäzene	2. Mäzenatische Sponsoren	3. Sponsoren	4. Unternehmen ohne kultur- und unternehmensbe-zogene Interessen
– mindestens ein kulturbezogener Grund – keine unterneh-mensbezogenen Interessen – n = 155 (23,4%)	– mindestens ein kulturbezogener und ein unter-nehmens-bezogener Beweggrund – n = 171 (25,8%)	– mindestens ein unternehmens-bezogener Grund – keine kultur-bezogenen Interessen – n = 238 (35,9%)	– keine Angabe kultur- und unternehmens-bezogener Beweggründe – n = 99 (14,9%)

Abbildung 41: Heinz H. Fischers Typisierung der kulturfördernden Unternehmen aufgrund ihrer „Beweggründe" bietet eine brauchbare Orientierung über die aktuelle Situation; n = Zahl der Nennungen (Fischer 1988, 74).

(Bruhn 1991, 206). Selbst durch Stiftungsarbeit kämen positive Wirkungen für die beteiligten Unternehmen zustande (223). Man müßte sich also schon öffentlichen Dank ausdrücklich verbitten, um nicht als Sponsor zu gelten.

Wer ist ein Sponsor? Sponsoring kommt aus dem Marketing. Gedacht ist an Strategien, die zunächst im Sportbereich recht erfolgreich eingesetzt wurden, um Markennamen bekannter oder auch – je nach Sportart – populärer zu machen. Die Unterstützung erfolgt nach dem Prinzip von Leistung und Gegenleistung: Ich fördere Dich, damit Du mich deutlich nennst. Der Sport wird damit zum Medium für sportfremde Botschaften.

Vom Sport wanderte das Interesse der Sponsoren mit den sich entfaltenden Interessen ihrer Zielgruppen weiteren Lebensbereichen zu: der Kultur, der Kunst speziell, den Wissenschaften, selbst den ökologischen Bewegungen. Jeder Bereich ziert sich anfänglich, denn er will nicht zum Medium artfremder Botschaften werden. Aber er braucht Geld, viel Geld sogar, wenn er im Wettstreit mit anderen Systemen Höchstleistungen erbringen will.

So kommt es bei den Empfängern zu partiellen Annäherungen, manchmal abrupt gefolgt von schroffen, weil prinzipiellen Zurückweisungen und den meist vergeblichen Versuchen, sich ganz auf eigenen Beinen zu halten. Auf der Seite der Geldgeber – ob als „uneigennützige" Mäzene oder als Sponsoren – herrscht auch keine Konsequenz. Sie spielen die Ungeduldigen, auch die Unzufriedenen oder sogar Beleidigten. Dabei ist viel Laune im Spiel, denn entgegen allen Beteuerungen unterliegen sowohl das kulturelle wie das sportliche Engagement eines Unternehmens häufig genug nicht einleuchtend begründbaren Strategien. Bezeichnenderweise wird daher auch mehr nach „Motiven" geforscht.

Wir trennen beide Engagements aus fachlichen Gründen. Kultursponsoring, wo es das gibt, ist näher an der Kulturarbeit anzusiedeln, Sportmäzene, wo es sie gibt, unterwerfen sich eher den Marketinggesetzen. Aber die Grenzen sind fließend, die Begriffe – wir lasen es – verwirrend. Orientieren wir uns daher vor allem an Tatbeständen.

Perspektiven der Kulturpolitik

Kulturelle Leistungen zu finanzieren, ist nach deutschem Verständnis die Aufgabe öffentlicher Hände. Das meint auch „die überwältigende Mehrheit der Nicht-Förderer" unter den deutschen Unternehmen, und sie stellen mit 61,4% die Mehrheit aller vom Ifo-Institut im Dezember 1990 befragten 2235 Unternehmen dar (Hummel 1992, 16). Kunst- und Kulturarbeit bleibt für die deutsche Wirtschaft also die Ausnahme. Es sei vorerst dahingestellt, für wen das von Vorteil ist.

Öffentliche Hände unterliegen einer demokratischen Ausgabenkontrolle und damit einer letztlich politischen Prioritätenbildung, die nicht immer mit den Sonderplänen ehrgeiziger Kultur- oder auch Sportmanager übereinstimmen können. Daher kommt es zu Sonderfinanzierungen durch Sponsoren oder Mäzene. Kulturreferenten verschiedener Städte gehen längst davon aus, daß ein bestimmter Prozentsatz der von ihnen verantworteten kommunalen Kulturaufwendungen von privaten Förderern bestritten wird.

Wer so rechnet, muß um eine kontinuierliche und konsequente Akquisition von Geldgebern bemüht sein. Das führte zur Herausbildung spezieller Agenturen, die ihre Vermittlerdienste zwischen der Werbung treibenden

Wirtschaft und der für sie unübersehbaren Vielfalt von Kulturinstitutionen anbieten.

Wer so rechnet, ist auch geneigt, das ihm zugedachte Sponsoring zu verbrämen. So setzt denn das merkwürdige Spiel ein, daß die Sponsoren von den Begünstigten Mäzene genannt werden; daß man ihre Uneigennützigkeit preist. Manchmal ist einer allerdings diese Begriffsverwirrung leid. Siegfried Hummel z. B., Kulturreferent der Stadt München seit 1988, sieht nur Sponsoren im Kulturbetrieb, verlangt, daß sie ihre ökonomischen Interessen offenlegen und nicht mehr „in der Pose des selbstlosen Mäzens den armen Künstlern bzw. den öffentlichen Händen gegenübertreten". Das sei weder mit der Würde der Geldgeber noch der Geldnehmer zu vereinbaren (SZ 8. 7. 1988).

Die Offenlegung, auch die Veröffentlichung der Motive eines Förderers, sei er Mäzen oder Sponsor, sollte daher die erste Regel sein. Sie gilt insbesondere für Mäzene, weil man vor allem ihnen unlautere Absichten unterstellt.

Vom klassischen zum modernen Mäzen

Daß Mäzene Absichten haben, ist heute der Normalfall. Der ältere, sozusagen klassische Mäzen handelt spontan und befaßt sich mit einem beliebigen Thema, das ihm selbst oder einem befreundeten Künstler aus individuellen Interessen in den Sinn kommt. Solche Beliebigkeit ist Ausdruck von Freiheit, von Unbekümmertheit, sehr häufig auch ein Protest gegen den offiziellen Kunstbetrieb. Das macht dieses Mäzenatentum reizvoll, bisweilen bahnbrechend für Neuerungen, aber für viele Feuilletonjournalisten und Kunstpolitiker auch suspekt: Werden dabei nicht Gelder für ganz private Spleens vergeudet?

Solche Vorbehalte hatte zum Beispiel Hilmar Hoffmann, damals Kulturreferent der Stadt Frankfurt:

Mir ist der korrekte Weg lieber: Die Unternehmen zahlen ihre Steuern, und mit ihrer Hilfe wird demokratische Kulturpolitik für alle ermöglicht. Spenden von Unternehmen sind bis zu einem gewissen Grade doch nur vorenthaltene Steuermittel, die dann aber ohne Einfluß der Öffentlichkeit zweckbestimmt ausgegeben werden (Hoffmann 1981, 12).

Mit Hoffmanns Argumentation müssen wir uns auseinandersetzen. Sie enthält erstens den Vorwurf, unkorrekterweise Steuern vorzuenthalten (analog zum Vorwurf von Gewerkschaften, durch freiwillig gewährten Sozialaufwand würden Löhne vorenthalten). Nun sind Steuern – wie Löhne – feste Größen, für alle Unternehmen einer gleichen Branche oder am gleichen Ort auch gleichartig gestaltet. Nicht alle Unternehmen aber operieren gleich erfolgreich. Mäzenatische Aktivitäten und Spenden werden wie freiwillige Sonderzahlungen an die Belegschaften vor allem von besonders erfolgreichen Unternehmen geleistet. Es wäre kontraproduktiv, sie statt dessen mit einer Sonderabgabe für die Künste zu belasten.

Der zweite Vorwurf betrifft den einer „demokratischen Politik" entzogenen, eher willkürlichen Akt des Förderers. Da fehlen einer Bürgerschaft die Gelder für den Ausbau von Sportanlagen, und ein reicher Mäzen schenkt ihnen ein Theater, das sie gar nicht haben will. Möglicherweise aber will nur die demokratische Mehrheit nicht das Theater. Darf es daher nicht erlaubt sein, für eine Minderheit, vielleicht sogar für eine ärgerlich kleine Minderheit – eine Sekte z. B. – eine besondere Leistung zu erbringen? Es wäre fatal, wenn alle Kulturaktivitäten einer Kommune dem mehrheitlichen Ratschluß von Stadtvätern unterworfen wären.

Selbst gegen die berühmte Alabamahalle, von BMW und der Stadt München in den 80er Jahren eingerichtet, um mit internationalen Konzert-, Theater- und Tanzveranstaltungen den kulturell vernachlässigten Norden der Stadt aufzuwerten, erhob sich Protest unter den Nachbarn. Eine Siedlervereinigung schrieb an BMW, es wäre kein Verlust, „wenn dieser Fremdkörper aus dem Münchener Norden abgerissen wird. Viel lieber ist uns die Verwirklichung von Grünanlagen."

Der dritte Vorwurf ist in unserem Text nur indirekt zum Ausdruck gekommen: Es wird der Einfluß, also die Mitsprache der Öffentlichkeit erheischt. Dahinter steht das Verlangen, die Kompetenz des Mäzens öffentlich zu erörtern. „Ihre Firma macht die Kunst zu ihrer Sache. Warum mischen Sie sich in fremde Metiers, Herr Avenarius?" fragte das FAZ Magazin einmal (Friedrich 1988, 90). Die Antwort:

Ich weiß, daß das auf viele Kritiker wie ein ungebührlicher Einbruch eigennütziger, unbedarfter, aber finanzstarker Kräfte in die uneigennützige, kennerreiche und bitterarme Welt der Künste wirkt. Aber die Künste erhalten ihre Anstöße häufig von draußen. Warum nicht auch von uns?

Die zum Teil argwöhnisch beobachtete Einmischung erfordert Kompetenz. Zweite Grundregel für den Umgang mit den Künsten und der Kultur ist daher der Aufbau von Kompetenz. Damit gelangen wir zur heute dominierenden Form des Mäzenatentums.

Modernes Mäzenatentum geschieht meist durch angestellte Manager. Sie haben sich auch mit solchen Aktivitäten vor den Eigentümern zu rechtfertigen. Das führt zunächst zu einer erhöhten Rationalität. Subjektive Präferenzen und Zufälligkeiten weichen einer konzeptionellen Systematik, die dem des Marketing in nichts nachsteht. Ziele werden gesetzt, Strategien ausgearbeitet, die Durchführung wird professionalisiert und in großen Organisationen als Kulturarbeit institutionalisiert.

Was damit einsetzt, ist noch nicht die Kommerzialisierung der Kunst, sondern die Perfektionierung des Umgangs mit ihr. Alles, was Manager tun, soll exzellent getan werden, also auch ihr Kultur-„Management". Das wirkt zunächst auf die Unternehmen selbst zurück. Es macht sie auf eine zusätzliche Weise exzellent.

Rückwirkungen auf die Unternehmen

„It takes art to make a company great", lautet der berühmte und häufig zitierte Spruch von George Weissman, lange Jahre der Chairman von Philip Morris. Der Einsatz der Kunst galt für ihn zuerst der Entwicklung einer eigenen Unternehmenskultur. Die Kreativität der Mitarbeiter sollte gefördert, ihr Geschmack gebildet werden. Nur von innen heraus waren die Kulturaktivitäten von Philip Morris zu verstehen. Nur darin sah er ursprünglich seinen Eigennutz und nicht in der besseren Vermarktung seiner Produkte, auch wenn das Unternehmen jahrelang mit Weissmans Spruch seine Anzeigen schmückte.

Marketingleute haben ihn immer mißverstanden. Sie hoben dabei auf den einen Satz ab: „Das fundamentale Interesse der Wirtschaft an der Kunst ist das Eigeninteresse." Aber welches Interesse er meint, wurde von ihm sehr prägnant beschrieben:

Unsere grundsätzliche Entscheidung, die Kunst zu fördern, war nicht bestimmt durch die Bedürftigkeit oder die Situation der Kunstszene. Unser Bestreben war es, besser als die Konkurrenz zu sein ... Die Kunst ist Teil unserer Arbeitswelt geworden – in unseren Büros und unseren Fabriken. Eine anregende Atmosphäre schafft ein Gefühl von Wohlbefinden und Stolz unter unseren Mitarbeitern (Zweite 1982, 22).

Das trifft natürlich am ehesten auf solche Unternehmen zu, die Kunst – oder Design – herstellen und vertreiben: Verlage, Porzellanmanufakturen, Möbelwerkstätten, Tapisserien. Hier motiviert der Kontakt mit Autoren oder Künstlern die gesamte Belegschaft bis in die letzte Verkaufsfiliale. Hier mag daher gelten, daß die Förderung der Kunst „als Instrument dienen kann, bestimmte Ziele besser, schneller oder kostengünstiger zu verwirklichen" (Hermanns 165).

Für andere Mäzene ist das meist nur ein Idealzustand. Die Eingeweihten wissen das. Nicht alles sei Kalkül in diesem Geschäft, schreibt Karla Fohrbeck:

Vieles wächst so vor sich hin. Manche denken sich anfangs nichts dabei, lassen sich animieren, dann überzeugen. Dann müssen sie wieder andere überzeugen, dann wartet man aufs Echo, dann sieht man plötzlich die positiven und negativen Nebeneffekte, dann wird es auf einmal strategischer, dann heißt es, die Konkurrenz macht das doch auch und noch viel mehr. Dann sucht man Verbündete, im Haus, bei anderen am Ort, beim Staat, in den Medien ... und es wächst und wächst ... und manche lassen es dann auch wieder sein (Fohrbeck 1989, 95).

Abbildung 42 u. 43: Die Gegenposition zum Auto, die die Dokumenta 6 in Kassel in ihrer Abteilung „Utopisches Design" vorstellte, wurde anschließend bei BMW gezeigt. „Weil Sie wissen sollten, was sich in der Gegenwelt der Kunst in Sachen Fahrzeug tut", hieß es im Vorwort des Münchener Ausstellungskatalogs. Hans Holleins „Wagen" (unten) und Joachim Bandaus „Kabinenmobile" gehörten zu den anstößigsten Exponaten. Ersterer stelle zwar „keine direkte Anklage gegen das Automobil als Tötungsinstrument dar", wirke aber wohl als „beißendes Symbol" (Hollein); letztere sollten das Auto ad absurdum führen. „Mein Anliegen ist es, einseitige, subjektive Sehweisen und Interpretationen zu geben" (Bandau).

Wie richtig sie das sieht! Da kämpft mancher kulturverantwortliche PR-Mann in seiner Organisation mit wachsender Aussichtslosigkeit gegen Unaufmerksamkeit, dann Geringschätzung, schließlich den Stopp seiner Veranstaltungen. Wenn es sich dabei um eine angesehene, fast zu einer Institution gewordenen Einrichtung handelt, deren Schicksal in öffentlichen Debatten erörtert wird, muß er noch selbst für seine Organisation in die Bresche springen, weil niemand sonst es vor kritischem Publikum tut. Er muß für die Haltung seiner Organisation um Verständnis werben und unter Umständen mit Wehmut feststellen, wie gut ihm das gelingt.

Es ist prinzipiell schwer, ein Kulturengagement verständlich zu machen. Es kostet Geld und gilt als überflüssig. Wenn Belegschaften schon gegen die Unterstützung von Sportvereinen protestieren und statt dessen verlangen, man möge ihr Weihnachtsgeld entsprechend erhöhen (DIE ZEIT Nr. 6, 1989), würden sie kulturelle Aktivitäten wohl noch heftiger in Zweifel ziehen. Nur bekommen sie davon in der Regel weniger mit.

Gewiß möchte jeder Mäzen seine Mitarbeiter durch Kulturaktivitäten gerne etwas stärker an sein Unternehmen binden. Sie erzählen das daher auch immer den Wissenschaftlern. Aber gelingen wird es bei dem Gros der Belegschaften nur mit den klassischen Künsten; wenn Sergiu Celibidache mit seinen Münchener Philharmonikern im Audi-Werk spielt. Wo es jedoch um moderne Kunst geht, weil dies der modernen Haltung des Unternehmens entspricht, und wo dies obendrein zu einer Kunstkritik führt, die am Selbstverständnis der eigenen Organisation nagt, wird die Verständigung im eigenen Haus sehr schwierig.

Die zweckmäßigste Form der auf sich selbst bezogenen Kulturkritik ist die Ausstellung. Sie schafft für ein internes Publikum – in der Regel die oberen Führungskräfte – eine erträgliche Distanz zwischen den zu kritisierenden Phänomenen und ihrer Darstellung. Sie ist für die Öffentlichkeit ein Ausweis von Kritikfähigkeit und souveräner Haltung. Sie kann für Künstler den Anstoß bieten, sich überhaupt oder erneut mit der ausgestellten Thematik zu befassen. Und sie kann von der Presse nicht so leicht übersehen werden wie viele andere mäzenatische Aktivitäten.

Motive und Ziele

Wer sich mit zeitgenössischer Kunst einläßt, muß wissen, welche Sprengkraft ihr innewohnt. Selbst die modernen Interpretationen klassischer Theater- oder Opernstücke kann Publika spalten. George Weisman versprach sich davon durchaus eine positive, nämlich anregende Wirkung nach innen. Sie wird in der Regel auf die Führungskräfte und kreativen Mitarbeiter begrenzt bleiben.

Welche Motive und, wenn es mehr ist, welche Ziele gibt es so landauf, landab im Hinblick auf „Zielgruppen"?

Abbildung 44: Reaktion des Feuilletons auf das Kultursponsoring.

Für marketingorientierte Fachleute ist es eine ausgemachte Sache, daß professionelle Kulturarbeit ausschließlich der Kommunikation dient und daß sie folglich nach den Prinzipien des Sponsoring betrieben werden sollte. In ihrem Aufsatz über „Kultursponsoring als Instrument der Kommunikationspolitik" nennen Arnold Hermanns und Norbert Drees die damit zu verfolgenden Ziele:

– das Unternehmensimage zu verbessern und
– die gesellschaftspolitische Verantwortung des Unternehmens zu demonstrieren (1987, 24).

Kann jedoch zwischen beiden Zielen unterschieden werden? Eine Untersuchung des Ifo-Instituts hatte für 1990 ermittelt, daß 87% aller kulturfördernden Unternehmen dabei an die Pflege ihres Image denken. Zwar nennen sie bisweilen (unabgefragt, unter „sonstiges") auch ihre gesellschaftspolitische Verantwortung als Motiv. Aber weil die Unternehmen „mit großer Übereinstimmung den Aspekt der Öffentlichkeitswirksamkeit betont haben", folgert das Institut, daß es ihnen allesamt um ihr Image gehe. „Eine trennscharfe Unterscheidung zwischen der Imagepflege und der Demonstration gesellschaftlicher Verwantwortung dürfte schwer durchzuführen sein" (Hummel 1992, 11).

Es ist unbestreitbar, daß erfolgreiche Kulturarbeit ein Unternehmen auszeichnet und damit sein Ansehen mehrt. Je nach der imageadäquaten Wahl des Kulturfeldes – ob progressive Künste oder konventionelle Kulturtraditionen gepflegt werden – kann es auch zu einer stärkeren Profilierung kommen.

Mancherorts geht es allerdings nicht um das Image des Unternehmens, sondern um das eines Standorts. Für die Kulturarbeit der WMF in Geislingen, von Rosenthal in Selb, von BMW in Dingolfing und selbst in München war es viele Jahre lang oberstes Ziel, in der Nachbarschaft ihrer Werke oder Verwaltungen ein anspruchsvolles Niveau an Kultur und Sport zu schaffen, um einen Standort attraktiver zu machen. BMW sagte damals: „Wir arbeiten in Milbertshofen, und hier gab es nichts, was den Stadtteil irgendwie attraktiv gemacht hätte, kein Kino, kein Theater, keine Gruppe, nichts. Auch das BMW-Forschungszentrum wirkte nur wie ein erratischer Block. Aber gerade wenn man viele hochkarätige Wissenschaftler und Techniker an einem Ort zusammenzieht, mag man in der Umgebung nicht unbedingt Slums und ödes Vorland haben" (Friedrich 1988, 91).

Der Marketingansatz verkennt solche Motive, da er grundsätzlich absatzorientiert ist. Bei den genannten Aktivitäten kommt es aber nicht auf die „Kommunikation" des Firmennamens an, sondern auf das Aufblühen bestimmter Stadtteile, und dies natürlich aus keineswegs „uneigennützigen", sondern strategischen Gründen.

Hermanns und Drees hatten als zweites Motiv des Kultursponsorings die Demonstration gesellschaftspolitischer Verantwortung genannt. Auch Manfred Bruhn führt sie an (1989, 61 und 1991, 231), und die Praktiker wiederholen gerne diese gestanzte Formel der Wissenschaft. Aber man sehe sich vor! Soweit es sich um Sponsoring, also um Geschäfte auf Gegenseitigkeit handelt, verbrämt die Formel von der Verantwortung einen simplen Geschäftsvorgang: Ich kaufe ein Medium für meine Botschaft, und weil dieses Medium dem Kultursektor angehört, darf ich mich gesellschaftlich verantwortlich nennen.

Es gibt Mäzenatentum aus gesellschaftspolitischer Verantwortung, aber selbst Mäzene sollten mit solchen Begründungen vorsichtig sein. Als Daimler-Benz verlauten ließ, man werde für den deutschen Hochleistungssport jährlich rund 20 Millionen DM aufbringen, war viel von der Verantwortung die Rede. Mathias Kleinert begründete diesen Schritt noch 1991 gegenüber der BDW-Zeitschrift:

Wir sind das größte deutsche Unternehmen und haben demzufolge eine gesellschaftspolitische Verantwortung. Die bedeutet auch, daß wir eine soziale Verantwortung haben, womit wir jedoch keine Reklame machen.

Er setzte sogar noch eins drauf:

...UND SiE SEHEN KEiNE GEFAHR, DiE FÜR DiE FREiE KUNST VOM WiRTSCHAFTS-MÄZENATENTUM AUSGEHEN KÖNNTE?

Abbildung 45: Reaktion des Feuilletons
auf die Kulturarbeit der Industrie.

Ich glaube, daß langfristig durch solche Aktivitäten sichtbar wird, daß dieses Unternehmen eine ethische Verantwortung hat, sich dessen bewußt ist und danach handelt (Kommunikation 10/1991).

Äußert man solche Motive, werden einem schnell auch ganz andere unterstellt. Im Falle Daimler-Benz argwöhnte nicht nur der SPIEGEL, daß es dem Unternehmen vor allem darum gehe, angesichts der öffentlichen Kritik an der Übernahme des Rüstungskonzerns MBB eine „freundliche Atmosphäre" anzustreben.

Wohlwollen zu erlangen kann eines der vorrangigen Motive mäzenatischen Handelns sein, und hierzu – aber nur hierzu – paßt die allzu besinnungslos auf die gesamte Öffentlichkeitsarbeit angewandte berühmte Formel von Graf Zedtwitz-Arnim „Tue Gutes und rede darüber". Dann ist sogar die breite Streuung der Mittel auf viele populäre Felder die richtige PR-Methode.

Von den Motiven sind Ziele zu trennen. Mit kulturellen Aktivitäten können durchaus gesellschaftspolitische Zielsetzungen verbunden sein. Nehmen wir das Italien der 80er Jahre. Die italienischen Mäzene waren so zahlreich und so freigebig, daß sie den Staat damit seit 1985 überrundeten. In der Bevölkerung entstand, wie die SÜDDEUTSCHE und die FRANK- FURTER RUNDSCHAU berichteten, der Eindruck, nur die Cultura dei Padroni ziehe den Kulturkarren voran (Kadereit 1988, ZB3).

FIAT wurde zum bei weitem größten singulären Kulturfaktor Italiens neben der katholischen Kirche und der ehedem kommunistischen Partei. Das Engagement dieses Unternehmens ist genausowenig zweckfrei wie das der beiden anderen Institutionen. Dahinter stehen ideologische Konzepte. Was sie für FIAT bewirkten, hat Giorgio Bocca beschrieben:

In wenigen Jahren sind wir von der Kriminalisierung der Unternehmer zu ihrer Mysti- fizierung gekommen. Vor zehn Jahren waren Agnelli und Pirelli die „faschistischen Zwillinge", die als Puppengestalten symbolisch aufgeknüpft wurden. Heute ist der Avvocato Agnelli der populärste Mann Italiens (Bocca 1987).

In den USA versuchten die Japaner zu Beginn der 90er Jahre mit einer ge- waltigen Anstrengung den Unmut zu besänftigen, der entstanden war, als nicht nur japanische Waren die heimischen Industrien bedrohten, sondern darüber hinaus japanisches Kapital bedeutsame Zentren des öffentlichen In- teresses – das Rockefeller Center zum Beispiel – übernahmen. Die japani- schen Spenden stiegen von bescheidenen 30 Millionen Dollar (1986) auf na- hezu 400 im Jahre 1991 an. Die Hälfte dieses Betrages floß amerikanischen Universitäten und Forschungsinstituten zu, 20% kamen der Grund- und Hochschulerziehung zugute und jeweils 15% erhielten die Künste und ört- liche Sozialeinrichtungen. So jedenfalls schätzte es Craig Smith, der kennt- nisreiche Herausgeber des ›Corporate Philanthropy Report‹ (Seattle 1991).

Es war viel Geld, und doch wohl nicht zu viel. „This is the cheapest way to fend off criticism", schrieb Pat Choate in einem Buch über japanisches Lob- bying. Es blieb nicht die einzige Kritik an dieser Offensive. Viele sahen durch sie ihr Land zusätzlich, weil in seiner Kultur, bedroht.

Die Japaner antworteten darauf, wie sie häufig antworten: Sie hätten alles von den Amerikanern selbst gelernt. Sie wendeten nur amerikanische Me- thoden an, um sich als gute Bürger des Landes auszuweisen. Die Art des Vor- gehens, strategisch und konzertiert, war dann aber doch ganz japanisch: Kei- danren, ihr Unternehmensverband, gründete ein „Committee for better Corporate Citizenship", das die Unternehmer des Landes aufrief, überall in der Welt den Gemeinden zu helfen, in denen ihre Firmen ansässig sind. Kei- danren rief auch einen „1% Club" ins Leben, dem solche Firmen angehören dürfen, die mindestens 1% ihres Gewinns vor Steuern für „globale Philan- thropie" ausgeben.

Das Risiko der Kultur

Wir haben sehr ausführlich Motive und Ziele von kulturellen Aktivitäten
erörtert, weil die Haltung des Unternehmens gegenüber der Kunst und
Kultur davon bestimmt wird. Wer von gesellschaftspolitischer Verantwortung spricht, kann sich nicht so schnell aus einem Engagement lösen wie
solche Firmen, die nur Initiatoren sein wollen, von den Sponsoren zu
schweigen, die ihre Hilfe auf (jederzeit kündbare) Verträge und sichtbare
Resonanz abstützen.

Dabei erheischen die Tätigkeitsfelder, für die man sich entscheiden kann,
unterschiedlich intensive Engagements. Sponsoren, vornehmlich im Sport,
verausgaben sich nur finanziell. Die Kulturarbeit erfordert schon einen viel
persönlicheren Einsatz und die Kompetenz der Verantwortlichen. Für den
Kontakt mit den ökologischen Bewegungen ist indessen das ökologische Verständnis der ganzen Belegschaft, bisweilen sogar eine neue Orientierung des
Unternehmens erforderlich. Der Umweltkommunikation sind daher auch
gesonderte Überlegungen zu widmen.

So einfach ist es also nicht, daß man seine Engagements „aus Kostengründen in den Kulturbereich verlagern" könnte, der zudem weniger risikobehaftet sei als der Sport mit seinen Unfällen und Mißerfolgen (Hermanns
und Drees 1987, 24). Natürlich gibt es auch in der Kultur harmlose Fälle. Der
Umgang mit den Geförderten bereitet relativ wenig Probleme, wenn es sich
um populäre Felder handelt. Das gilt für den Sport fast durchgängig, in der
Kunst bei fast allen Formen der traditionellen Hochkultur, in der Sozialar-
beit bei den klassischen Hilfsdiensten. Schwieriger wird es in der Kunst mit
der Förderung der Avantgarde und in der Sozialwelt beim Kontakt mit Protestbewegungen, z. B. Greenpeace.

General Motors hatte von 1974 bis 1977 mit 5 Millionen Dollar die Produktion des Films „Jesus von Nazareth" unterstützt, sich dann aber aufgrund
von Protesten religiöser Fundamentalisten von diesem Engagement zurück-
gezogen, wie Hermanns (1989, 163) berichtet. BMW hat von Anfang an die
Münchener Biennale für Neues Musiktheater mitgetragen – sie entstand als
ein gemeinsamer Entwicklungsauftrag der Stadt München und der BMW
AG an Hans-Werner Henze und Georg Berger –, und BMW hat sich nicht zu-
rückgezogen, als der SPIEGEL in einem Vorbericht über dieses „Kommuni-
stenfestival" die unflätigsten und aufrührerischsten und pietätlosesten Teile
des Programms so genüßlich beschrieb, daß er darob selbst ein „öffentliches
Ärgernis" androhen konnte (Umbach 1988).

Ein Mäzen muß den immer riskanten Umgang mit moderner Kunst aus-
halten oder von ihr von vornherein ablassen. Wer sich auf halbem Wege da-
vonmacht, verliert viel. Er verliert den vertrauensvollen Umgang mit den
Künstlern. Das mag nach Marketingkriterien eine unbedeutende, weil sehr

kleine Zielgruppe sein. Auf sie kommt es jedoch entscheidend an, wenn man sich ernsthaft um einen guten Ruf in der Kunstwelt bemüht. Auch sind sie die kommunikativsten Personen unter den Intellektuellen – falls es darum gehen sollte, diese für einen Dialog zu gewinnen.

Die Reaktionen des Feuilletons

Die Kritik der Künste ist das eine, das es auszuhalten gilt, die Kritik des Feuilletons das andere. Es ist ein ungleich schwierigerer Partner als der Wirtschafts- oder Lokal- oder Sportjournalismus. Ihm ist mit hochherzigen Taten nicht Genüge zu tun. Respekt vor Geld ist ihm fremd. Und mehr als die Tat beachtet es häufig den Auftritt des Förderers.

Das Feuilleton hat grundsätzliche und durchaus anerkennenswerte Vorbehalte gegen eine starke Durchdringung der Kultur mit wirtschaftlichen Zielsetzungen. Es ist dabei allerdings den jeweiligen Paradigmen und Stichwörtern der Kulturkritik ausgesetzt. Die aktuellen kulturkritischen Reflexionen über das Verhältnis von Wirtschaft und Kultur werden unter anderem von den Autoren Peter Koslowski (›Die postmoderne Kultur‹ 1989), Walter Grasskamp (KURSBUCH 99, März 1990) und Jörg Lau (MERKUR 500, November 1990) vorgetragen. Die Schreckenswörter von der Kommerzialisierung und Warenästhetik weichen, wie Lau schreibt, einer postindustriellen Versöhnung von Rentabilität und Kreativität im Zeichen von Produktdesign, Spektakelkultur und eines wiederbelebten Paternalismus namens Unternehmenskultur.

Der „Spektakelkultur", dem beliebtesten Spielfeld von Sponsoren, also den Ausstellungen und Festivals und Kongressen und sonstigen „events" der heutigen Kulturszene, wird von der Kulturkritik kein hoher Stellenwert beigemessen: Es seien leere Inszenierungen einer dramatisch forcierten Kulturindustrie (Lau), blendende und raunende Verwehungen des Schweigens (van Rossum). Mäzene sollten sich daher genau überlegen, was sie anzustellen gedenken, und im Zweifelsfall nicht mit einer Würdigung im Feuilleton rechnen.

In einem Punkt hat sich die in den 80er Jahren von zahllosen Tagungen und Artikelserien über das Sponsoring aufgescheuchte Kulturkritik wieder beruhigen können: Unbegründet bleibt die häufig geäußerte Befürchtung, Sponsoring und Mäzenatentum könnten im deutschen Kulturleben überhand nehmen. Beide bestreiten gerade 3% bis 4% der öffentlichen Kulturausgaben und würden auch bei einer prognostizierten Verdoppelung nicht stärker ins Gewicht fallen; falls es zu dieser Verdoppelung überhaupt kommt, denn das Sponsoring ist ziemlich konjunkturabhängig; die Euphorie darüber ist längst wieder gebremst.

Alles in allem würde es die aktuelle Kulturkritik dem Feuilleton also gestatten, sich gegenüber Mäzenen und Sponsoren nicht mehr zu zieren. So ist es denn auch im Prinzip. Immer häufiger fällt der Name eines Förderers wie beiläufig. Aber kommt es darauf an? Ein Haufen lokaler Presseausschnitte über ein einzelnes Ereignis täuscht einen öffentlichen Eindruck vor, der so nicht existiert. Eine Firma wird dadurch nicht zum Gesprächsgegenstand in der Kulturwelt. Das geschieht nur, wenn sie auch bei grundsätzlichen Erörterungen des Feuilletons erinnert und erwähnt wird.

Was hat es überhaupt mit dem Sponsorenziel auf sich, den eigenen Marken- oder Firmennamen genannt zu bekommen? Wenn die Kulturarbeit beachtlich ist, wird sie beachtet. Und genannt. „Da gibt es Weltfirmen wie Siemens", schrieb Albrecht Roeseler einmal in der SÜDDEUTSCHEN ZEITUNG im Juli 1986, „die eher im Verborgenen agieren und vornehm anonym bleiben, obwohl ihre Spendentätigkeit nicht unerheblich ist." Da gebe es andere, denen es mehr darum gehe, „den Ruhm ihres Namens, ihres Hauses zu mehren, ohne daß es nach plumper Reklame aussieht". Und Roeseler fuhr fort, als ob er seine ganze Zunft der Feuilletonisten mahnen wollte: „Uns allen steht es nicht an, darob die Nase zu rümpfen."

Preisen ließ sich schließlich schon Maecenas selbst; wie anders wüßten wir von ihm? Und gilt gleiches nicht für das Beispiel Siemens? Wer nicht auf seiner Namensnennung besteht, muß deshalb nicht anonym bleiben. Wozu gibt es PR? Bei der standortorientierten Form des Mäzenatentums ist es völlig zweitrangig, ob der Förderer jeweils publiziert wird oder nicht. Es wird eh gewußt.

Auch mancher Geförderte legt sich hierfür ins Zeug. Jürgen Kolbe rühmte als Kulturreferent der Stadt München gegenüber der „Abendzeitung" BMW und Audi (AZ 28. 11. 1986); Björn Engholm nannte als Ministerpräsident in einer Pressekonferenz zum 4. Schleswig-Holstein-Festival 1990 Bertelsmann, Zentis, Audi und Windsor – „bedachtsam und ohne nachweisbare Ironie wiederholt Engholm die Namen zum Mitschreiben" (SZ 5. 4. 1989).

Die Haltung des Kulturjournalismus gegenüber Mäzenatentum und Kultursponsoring wurde von dem Wirtschaftsforschungsinstitut Dr. Doeblin im Mai/Juni 1989 untersucht. 71 Kulturjournalisten von Tageszeitungen, Zeitschriften, Funk- und Fernsehredaktionen antworteten auf eine schriftliche Umfrage. Renate und Jürgen Doeblin faßten die Befunde zusammen:

Mit überraschender Deutlichkeit bekennen sich Dreiviertel der befragten Kulturjournalisten dazu, daß Kultursponsoring im Prinzip eine gute Sache ist, deren Bedeutung angesichts der Finanzprobleme der staatlichen Kulturpolitik noch wachsen sollte.

Die Presse wird den Mäzen normalerweise nennen, wenn er ein berichtenswertes Ereignis initiiert hat (große Mäzene sind häufig Initiatoren, Anreger und Anstifter). Sie wird zögern, wenn der Mäzen durch einen finan-

Abbildung 46: Hugo Borger, Generaldirektor der Museen der Stadt Köln, scheute sich nicht, bei einer Ausstellung über das „Glas der Caesaren" fast ebenso groß den Firmennamen Olivetti am Römisch-Germanischen Museum anzubringen. Er wurde von vielen Feuilletonisten deshalb heftig angegriffen. Aber berühmt blieb sein Diktum: „Die Museen werden nicht schlechter, wenn an ihrer Front auch einmal der Name einer Firma leuchtet" (Borger 1988). Bei einer Ausstellung über das Automobil in der Kunst, 1986 von BMW initiiert, stellte der SPIEGEL fest, daß „die Firma keinerlei Werbung betreibt"; er fügte – darf man sagen: verblüfft? – hinzu, selbst die turmhohe Attrappe eines Kühlergrills vor dem Haus der Kunst sei das „Wahrzeichen von Rolls Royce, nicht von BMW" (6. 10. 1986). Das lasen vermutlich mehr Leute als die Ausstellung besuchten.

ziellen Beitrag ein Ereignis nur einfach ermöglicht hat. Sie wird meistens stumm bleiben, wenn der Mäzen die Nennung erheischt. PR-Leute wissen das in der Regel.

Der Vertreter eines japanischen Unternehmens habe einmal auf einer Tagung über Mäzenatentum, wie Albrecht Roeseler in einem Leitartikel über „Die neue Allianz von Kunst und Kommerz" berichtete, ganz klar gesagt, daß jeder Geldgeber eine Gegenleistung erwarte; und wenn er schon nicht künstlerisch mitreden solle, dann könne man verlangen, daß man ihn wenigstens öffentlich, auch in der Presse, gehörig preise.

„Also preisen wir", fuhr Albrecht Roeseler fort, und er pries namentlich BMW, dann Audi, Siemens, die Hypo-Bank, selbst McDonald's; nur das japanische Unternehmen nannte er nicht.

„Sony", so erinnerte sich Peter Hoenisch an die Documenta 87, „wurde in der Eröffnungspressekonferenz im Kasseler Stadttheater mit ca. 800 Journalisten liebevoll und umfangreich erwähnt, was einen Journalisten dazu veranlaßte, in die Stille hinein laut ‚bravo Sony!' zu rufen. Die ganze Pressekonferenz begann zu applaudieren. Man kann raten, wie die Presseresonanz war – sie war praktisch null."

Wird über ein angestiftetes Kunstereignis berichtet, so darf nicht erwartet werden, daß die Besprechungen durchweg freundlich ausfallen. Eine Ausstellung über das Automobil in der Kunst stieß in den Feuilletons mehrheitlich auf herbe Kritik. Die Kulturjournalisten registrierten nicht die Inhalte, sondern Impressionen („Weihetempel der Autoverherrlichung"); ihnen fehlte das memento mori einer zuvor gesehenen Ausstellung über den „Alptraum Auto". Sie hegten daher alte Vorurteile, was zu einer teilweise einseitigen Berichterstattung führte (Avenarius 1988, 143).

Wenn Hubert Burda, damals der Verleger von Publikationen wie SUPER! oder der SUPER-ILLU, einen höchst angesehenen Literaturpreis stiftet, finden das etliche Feuilletonisten deplaziert. Ist es vertretbar, daß ein „Schmutzblattverleger" (Ulrich Greiner in der ZEIT 12/1992) „seinen Namen mit höchsten literarischen Dingen schmücken darf"? Walter Grasskamp antwortete darauf im selben Blatt (Nr. 17/1992). Er unterschied zwischen Gaben und Taten, wie es auch im angelsächsischen Kulturraum die Regel sei. „Wer hat denn behauptet, ein Mäzen müßte ein guter Mensch sein?" Damit rettete er den Petrarca-Preis, aber auf Kosten seines Stifters.

Grasskamp wurde grundsätzlich. Die Achillesferse des Mäzens sei nicht die Herkunft seines Geldes. Die würde nur hierzulande als ein moralischer Skandal betrachtet, obwohl sie doch als Normalfall vorauszusetzen sei. Das schrieb er dem „typisch deutschen Muster der Mäzenatenkritik" ins Stammbuch. Die wahre Achillesferse des Mäzens – das lehre der Fall Burda – sei die Prominenz. „Burda hat den Königsweg des bürgerlichen Mäzenatentums verschmäht –: die Großzügigkeit der Gaben und die Zurückhaltung der Person. Nur diese Kombination stellt sicher, daß die gewünschte Transformation der Werte nie als kulturelle Geldwäsche beargwöhnt werden kann" (Grasskamp 1992, 71).

Wir sind damit bei dem fast nicht lösbaren Problem des Auftritts. Gerade weil sich Feuilletonisten hinsichtlich der Motive eines Mäzens nie ganz sicher sind, achten sie besonders aufmerksam auf sein Verhalten und seine Äußerungen. Das gilt für die Reden anläßlich von Vernissagen. Das gilt für den Einsatz von Werbemitteln wie Plakate oder Anzeigen. Wer über seine mäzenatischen Aktivitäten nicht nur informiert, sondern sie propagiert, erzeugt leicht den Eindruck einer unangemessenen Aufdringlichkeit.

Die Assoziation eines Kulturereignisses mit seinem Förderer braucht Zeit. Wie für jede erfolgreiche mäzenatische PR kommt es auf Kontinuität und Ausdauer an. Anzeigen können diese Kontinuität aufzeigen. Sie sollten in den Programmheften, in Veranstaltungskalendern und in Spezialzeitschriften erscheinen, die sich mit der Thematik des geförderten Bereichs befassen. Aber gerade hier sehe man sich vor: Selbst das Publikum stört sich an Anzeigen, die allzu offensichtlich die Kultur für Werbezwecke ausnutzen.

Industrie- und Stadtkultur

Die Skepsis des Feuilletons gegenüber den kulturellen Aktivitäten der Wirtschaft könnte verringert werden, wenn beide Seiten dem Wirtschaftsleben kulturelle Bezüge abgewinnen würden; wenn sie erkennen würden, daß die Kultur eines Gemeinwesens zu einem guten Teil auch von Industrie und Wirtschaft mitgeprägt ist. Zu Zeiten der Hanse oder der oberdeutschen Zünfte war dies keine Frage. Doch in den letzten Jahrzehnten standen sich die „Mächte" Kultur und Wirtschaft geradezu verfeindet gegenüber. Die Intellektuellen folgten zumeist dem Diktum der dialektischen Aufklärung der Frankfurter Schule und sahen die Kultur von einer „Kulturindustrie" vereinnahmt; selbst die Empörung des Geistes, so sagten sie, werde zur Ware.

Diese abwehrende Haltung führte bestenfalls zur Nichtbeachtung. Zwei Aussparungen seien noch aus jüngster Zeit vermerkt. Hans Bender, der langjährige Herausgeber der ›BDI Jahresringe‹, hat 1988 eine Anthologie deutscher Gedichte aus dem letzten Jahrzehnt vorgelegt. Darunter war kein einziges, das die Industrie betraf. Es geschah in einem Land, dessen Arbeitsplätze zu 30% industrielle sind und dessen Bruttosozialprodukt zu 40% durch Industrien erzeugt wird.

Das zweite Beispiel: In der „Großen Münchner Kunstausstellung" des Jahres 1986 waren unter 500 neuesten Kunstwerken gerade zwei, die sich mit dem Straßenverkehr befaßten. „Vielleicht fallen uns diese Aussparungen in Zukunft stärker auf", sagte von Kuenheim bei der Eröffnung der parallelen

4. LANDSHUTER HOFMUSIKTAGE

BMW zeigt, wie das ganze Theater begann

Abbildung 47: „Weil der Eindruck entsteht, daß Kultur für Werbezwecke ausgenutzt wird", hat sich gegenüber einer BMW-Anzeigenserie, wie in psychologischen Tests festgestellt wurde, „eine kritisch distanzierte Haltung entwickelt". Der Markenauftritt war optisch zu dominant.

BMW-Ausstellung über das Automobil in der Kunst. „Das Auto sollte ein Thema der Kunst bleiben, weil es ein Thema in unserem Leben ist." Die Zeit des absichtsvollen Mißverstehens oder Nichtbeachtens scheint jedoch vorbei. Mathias Schreiber, der das Verhältnis zwischen Kultur und Wirtschaft aufmerksam verfolgt, stellte einmal fest, daß heute immer mehr Intellektuelle einsehen, „wieviel Kreativität, Eloquenz, Einfühlungsvermögen, Mut, Askese, Erfahrung – lauter Kulturqualitäten – dazugehören, ein größeres Unternehmen erfolgreich zu führen" (FAZ 20. 6. 1988).

Diesen Managerqualitäten sollten die kulturspezifischen Eigenschaften der mittleren Führungskräfte, der Meister und der qualifizierten Arbeiterschaften hinzugefügt werden: ihre Werktreue, ihre Verläßlichkeit, ihre Solidaritäten und ihre gemeinschaftsbildende Kraft. Noch herrscht gegenüber diesen Gruppen das Vorurteil des allzu primitiven Geschmacks und der allzu simplen Interessen für Unterhaltung und Sport. Aber nur Bildungshochmut kann den Blick davor verstellen, daß Stadtkulturen dürftig sind, wenn sie nur von elitären Hochkünsten getragen werden.

Beide Seiten – Kultur und Wirtschaft – müssen aufeinander zugehen, wenn die verschütteten Bindungen zutage gefördert werden sollen. Gerade von seiten der Wirtschaft sind dazu erhebliche, teils mühsame Vorleistungen erforderlich. Auch Rückschläge bleiben nicht aus.

Im Herbst 1991 hatte die Darmstädter Akademie für Sprache und Dichtung auf Anregung und mit finanzieller Hilfe des Gesamtverbands Metallindustrie ein zweitägiges Symposion über „Arbeitswelt und Technik in der deutschen Gegenwartsliteratur" veranstaltet. Viele Schriftsteller und Literaturkritiker nahmen teil, unter ihnen Reinhold Baumgart, Wolfgang Hilbig, Walter Killy, Adolf Muschg, Martin Walser und mit Max von der Grün der einzige aus der Gruppe 61, jener fast vergessenen Dortmunder Initiative, die zeitgleich mit den schreibenden Arbeitern aus Bitterfeld (DDR) versucht hatten, in der Arbeitswelt selbst Literatur entstehen zu lassen.

Man diskutierte mit den Repräsentanten des Kapitals. Dabei wurde an die großen Gesellschaftsromane der Dickens, Balzac und Zola erinnert, denen im Deutschland des 19. Jahrhunderts nur die Idyllen der Stifter und Freytag gegenüberstanden. Erst Kafkas Angestelltenromane stellten präzise die Arbeitswelt dar, und Martin Walser konnte auf seine eigene „Seelenarbeit" verweisen.

Die Appelle des Arbeitgeberpräsidenten und die Vorschläge aus dem Plenum – ein „Firmenschreiber" bei Hoesch analog zu den verschiedenen Stadtschreibern – blieben jedoch ohne Resonanz. Literatur handele vom Unverhofften und von der Ausnahme, hieß es, während die Wiedergabe des Alltäglichen in der Arbeitswelt in ihrer Langeweile nur unerträglich werde. „Man kann es als eine freundliche, aber sublime Verweigerung beschreiben,

wie die Schriftsteller in Darmstadt auf die arglose Einladung der Arbeitgeber reagierten" (Hank 1991).

Vermutlich verspricht ein anderer Ansatz mehr Resonanz. Er wird da und
dort durch Recherchen geleistet, die das Geflecht an wechselseitigen Beeinflussungen aufdecken. Manche Firmenchronik zeugt davon, auch wenn
sich die Machart vieler Publikationen beim Näherrücken an die Zeit der
Lebenden allzu sehr in platten Selbstgefälligkeiten verliert. Hervorgehoben
seien daher zwei andere Dokumentationen:

- Gernot Brauers Buch über Milbertshofen, einem Stadtteil im Münchener Norden, vernachlässigt von den Stadtplanern und Verwaltungen,
  gemieden von den Kulturschaffenden und Bildungsbeflissenen, geprägt
  von Industrie und Militär; geschrieben im Auftrag der BMW AG.

- Otl Aichers Dokumentation über Lüdenscheid im Auftrag der ERCO
  Leuchten GmbH. Die Herausgeber beschrieben in einem Beiblatt – und
  im Klappentext – ihre Intentionen und ihr Vorgehen. Es war ihnen
  darum gegangen, anläßlich ihres 50jährigen Jubiläums nicht ihre Firma
  in den Mittelpunkt einer Publikation zu stellen, sondern das Umfeld, in
  dem sie leben, ihre Stadt und ihre Einwohner:

Ein Jahr lang, von 1982 bis 1983, fotografierten 12 Fotografen, trieben Sonden durch
die Stadt, recherchierten und dokumentierten. Ein Jahr, von 1983 bis 1984, wurde
dann geschrieben, registriert, analysiert, verifiziert, und es wurden Archive durchstö-
bert. Ein Jahr war noch vorher an Vorbereitungen notwendig gewesen, um das Konzept für das Projekt zu entwickeln, die Autoren zu bestimmen und die Verantwor-
tungen für die einzelnen zu regeln. So stecken zum Schluß drei Jahre Arbeit in dieser
Broschüre, die zum Buch geriet.

Der Ehrgeiz des tonangebenden Herausgebers Klaus J. Maack war es,
eine fototopografische Bestandsaufnahme der deutschen Provinz schlechthin zu schaffen, und damit eine neue Form des Mäzenatentums.

Wir, die Auftraggeber, kommen in dem nun vorliegenden Buch vor wie Alfred Hitch-
cock in seinen Filmen – kurz und als Bestandteil des Ganzen.

Diese beiden genannten Publikationen zeigen die neue Dimension einer
urbanen Kultur. Sie führen zu Annäherungen der Bereiche Wirtschaft und
Kultur jenseits von gönnerhaften Spenden und leutseligen Kulturveranstal-
tungen.

Was werden sie bewirken? Eine wohlwollende Erwartung sprach Mathias
Schreiber aus. Es könnte mehr dabei herauskommen als ein neues intellek-
tuelles Prestige von Industriemanagern:

Auf dem Spiel steht vielmehr die normative Phantasie der Denkenden und Handelnden aller Berufe und Sparten, ihre Fähigkeiten, über Fach- und Milieugrenzen
hinweg eine Gesprächskultur zu entwickeln, in der das Leben als Ganzes verhandelt
– und hoffentlich gerettet – werden kann. Eine Firmenkultur, die z.B. im Inneren auf

die offene Zusammenarbeit weitgehend gleichberechtigter Spezialisten setzt und nach außen hin einen Teil der Gewinne in den Umweltschutz, in rücksichtsvolle Firmenarchitektur, in den Dialog mit Außenstehenden und in differenzierte Kultur-Angebote investiert, zwingt Politiker, andere Firmen und andere Bürger geradezu in einen Wettbewerb der Vernunft (FAZ vom 20. 6. 1988).

Zu Kap. V. 4:

Avenarius, Horst: Das Auto im Feuilleton; in: Wagner, Hans (Hrsg.): Idee und Wirklichkeit des Journalismus, München 1988.

Bender, Hans (Hrsg.): Was sind das für Zeiten. Deutschsprachige Gedichte der 80er Jahre; München/Wien 1988.

Bocca, Giorgio: L'Italia che Cambia; Milano 1987.

Borger, Hugo: Keine Angst vor milden Gaben; in: Die Zeit 9. 9. 1988.

Brauer, Gernot: Milbertshofen, ein Portrait aus dem Münchner Norden; München 1991.

Bruhn, Manfred: Sponsoring. Unternehmen als Mäzene und Sponsoren; Frankfurt a. M. 1991 (1. Auflage 1987).

Bruhn, Manfred/H. Dieter Dahlhoff: Kulturförderung, Kultursponsoring. Zukunftsperspektiven der Unternehmenskommunikation; Frankfurt a. M. 1989.

Doeblin-Wirtschaftsforschung: Wirkungen von Kultursponsoring; Heroldsberg 1989.

ERCO (Hrsg.): Was heißt da schon Provinz? 12 Fotografen sehen Lüdenscheid; Lüdenscheid 1984.

Fischer, Heinz H.: Verdrängt der Sponsor den Mäzen?; in: Absatzwirtschaft, Sondernummer Oktober 1988.

Fohrbeck, Karla: Kulturförderung zwischen Kunst und Kommerz; in: Bruhn-Dahlhoff, s. o.

Friedrich, Dorothea: Warum mischen Sie sich in fremde Metiers, Herr Avenarius?; in: FAZ-Magazin 7/88 vom 19. 2. 1988.

Grasskamp, Walter: Der Super-Mäzen oder: Die Vertreibung aus dem Feuilleton; in: Die Zeit, Nr. 17 vom 17. 4. 1992.

Hank, Rainer: Die Industrie lockt die Poeten; in: FAZ vom 11. 12. 1991.

Hermanns, Arnold/Norbert Drees: Kultursponsoring als Instrument der Kommunikationspolitik; in: PR-Magazin 7/87.

Hermanns, Arnold: Sport- und Kultursponsoring; München 1989.

Hoffmann, Hilmar: Zwischen Selbsthinweis und Mäzenatentum; in: „Zeitsignale", eine Themenbeilage des Journalist; April 1981.

Hummel, Marlies: Neuere Entwicklungen bei der Finanzierung von Kunst und Kultur durch Unternehmen; Ifo-Schnelldienst 4–5/92.

Jungblut, Michael: Kultursponsoring – Ein Problem für den Journalismus?; in: Bruhn-Dahlhoff s. o.

Kadereit, Michael: Geliebte Industrielle? Großindustrie und die Verwertung von Kulturvorkommen; in: Frankfurter Rundschau vom 23. 7. 1988.

Lau, Jörg: Neue Allianzen von Kultur und Wirtschaft; in: Merkur, Heft 500, Okt./Nov. 1990, Stuttgart.

Roth, Peter: Kultursponsoring, Landsberg 1989.
Umbach, Klaus: Mit Hackbrett und Weihrauch auf den Mist; in: Der Spiegel vom
    6.6.1988.
Zeller, Reimar (Hrsg.): Das Automobil in der Kunst., München 1986.
Zweite, Achim: „It takes art to make a company great." Amerika, Philip Morris und
    die Kunst; in: Hanisch, D.: Junge Kunst in Deutschland; Köln 1982.

5. Umweltkommunikation

Zwei Formen des Umgangs mit Außenbereichen werden seit geraumer
Zeit mit dem Begriff Sponsoring belegt: Förderungen in der Sozial- und in
der Ökosphäre. In beiden Fällen ist erhöhte Vorsicht geboten. Das „Soziosponsoring" ist der Marketingbegriff für das, was reiche Bürger, gewinn-
starke Firmen und große Industriewerke seit Jahr und Tag ganz selbstverständlich praktizieren: Karitative Hilfe in konkreten Fällen. Soll dies alles
nun vermarktet werden? Die Wohlfahrtsverbände, die hier als Partner in
Frage kommen, scheuen sich nicht, hochherzige Spender namentlich zu
nennen, sogar zu preisen; und bei den Spendern selbst mögen solche Reaktionen durchaus beabsichtigt sein. Aber wie würde es auf interessierte Öffentlichkeiten wirken, wenn einer Preisung ein Sponsorenvertrag zugrunde
liegt? Man meidet das Pharisäertum.

So hat denn auch Manfred Bruhn gegenüber dem PR-Magazin einmal
festgestellt: „Die Etats für Soziosponsoring können vernachlässigt werden"
(Erbelding 1991, 15). Die parallelen Spendenetats indessen könnten sich
sehen lassen. (Aber man sieht sie nicht.)

Das Ökosponsoring birgt andere Gefahren. Eine wachsame Öffentlichkeit prüft genau, ob es sich hierbei um ein Alibi für praktizierte Umwelt-
sünden handelt. Stellt sie dies fest, hat der Sponsor mehr Kredit verloren als
Imagepunkte gutgemacht.

Der Umgang mit Umweltproblemen

Umweltschutz ist eines der Topthemen unserer Zeit. Publika jeglicher
Couleur richten die Gretchenfrage „Wie hältst Du es mit – der Umwelt?" an
nahezu jedes Unternehmen. Wer hierauf positiv zu antworten weiß, gilt als
vortrefflich (Sample-Institut 1990, 4), ja dessen Produkte werden bevorzugt
gekauft (Bruhn 1994, 161).

Für viele Unternehmen liegt es daher nahe, über Umweltschutz zu sprechen. Aber anders als bei den Kriterien Qualität, soziale Leistungen oder
mäzenatische Verantwortung, über die sie ebenfalls immer wieder gerne
sprechen, müssen im Falle der Umwelt den Worten die Taten entsprechen.
Andernfalls reißt irgendeine gereizte Umweltinitiative dem Unternehmen

die Maske vom Gesicht, und die ganze Presse nimmt sich begierig den Über-
führten vor. Die öffentliche Aufmerksamkeit ist zur Zeit in solchen Fällen
nämlich groß, größer als bei Qualitätsmängeln, die vielleicht nur von Marktteilnehmern wahrgenommen werden. Auch die Urteile fallen radikaler aus.

Großes Mißtrauen wird vor allem solchen Firmen entgegengebracht, die
nach gängigen Vorstellungen wegen ihrer Produktpalette zu den Umwelt-
verschmutzern zählen. Das Sample-Institut in Mölln ermittelt regelmäßig,
welchen Branchen eine negative, eine neutrale oder eine positive Verbindung zu Natur und Umwelt zugesprochen wird. Automobile und Mineral-
öle führten 1990 die Negativliste an, Computer und Pharma die positive
(1990, 64 ff.).

Firmen, deren Umweltengagement von vornherein auf Skepsis stößt,
sollten ihre umweltspezifischen Anstrengungen auf diejenigen Tätigkeiten
konzentrieren, die sie selbst mitzuverantworten haben: Produktion, Pro-
duktgestaltung, Verpackungen, auch der Gebrauch ihrer Produkte; und sie
sollten nur über nachvollziehbare Leistungen sprechen. Weiße Raben
werden sie trotzdem nie.

Die anderen Firmen haben es nicht sehr viel einfacher. Auch bei ihnen
wird man prüfen, wie stichhaltig ihr Umweltengagement ist: ob es sich nur
um Beiwerk handelt, zum Beispiel ein lächerlich kleines, belangloses
Biotop im eigenen Gelände oder ein paar spektakuläre Baumpflanzungen
zu Verschönerungszwecken. Machen sie mehr, wird man sie nach dem Sinn
ihres Handelns und nach ihrer Gesinnung fragen. Sie werden auf die Verantwortung verweisen, die sie in ihrem direkten Umfeld haben. Ob man ihnen
diese Begründung abnimmt, hängt davon ab, wie glaubwürdig sie aufzuzeigen vermögen, daß es ihnen tatsächlich um die Sache selbst und nicht um
ihren eigenen Vorteil geht.

Die Umweltförderung

Wo das Umweltengagement nicht auf die eigenen Verantwortungsbe-
reiche konzentriert ist, sondern auf die Förderung externer Vorhaben und
Organisationen hinausläuft, fällt schnell das Stichwort „Sponsoring". Aber
es geht selbst den Sponsoringexperten nicht leicht von den Lippen. Trotz der
„sprachlichen Verwandtschaft" zwischen Öko- und Sportsponsoring (Bruhn
1993, 143), die schließlich ihr eigenes Werk ist, sehen diese Experten so
große Unterschiede, daß sie – im Gegensatz zur Kulturarbeit – gut verstehen, wenn viele Beteiligte lieber von Umweltförderung reden wollen.

Bei dieser Förderung kommt es den Experten auch nicht auf den „acid
test" der Namensnennung an, die beim Feuilleton und in der Kultur selbst
für soviel Spannung sorgt. Entscheidender ist eine andere Erwartung.
Bruhn hat sie formuliert:

Abbildung 48: Manfred Bruhn: „Das Ökosponsoring
berührt die Glaubwürdigkeit des Unternehmens."

Bei Sportengagements wird nicht gefragt, wie „sportlich" das Unternehmen ist,
und bei Kultursponsoring ist es relativ unerheblich, wie es mit dem künstlerischen
Verständnis der Unternehmensleitung und der Führungskräfte bestellt ist. Eine ganz
andere Situation ergibt sich jedoch beim Ökosponsoring, denn hier müssen die Unternehmen rechtfertigen, warum sie sich für externe ökologische Belange engagieren.
Die Legitimationsproblematik des Ökosponsoring bedarf einer internen Auseinandersetzung mit ökologischen Fragestellungen und einer strategischen Grundsatzent-
scheidung über die Eignung des Ökosponsoring als Instrument der Umweltkommunikation (1994, 149).

Den unbedingten Einsatz für die Umwelt fordern und praktizieren nicht
nur die großen Umweltschutzorganisationen Greenpeace, World Wide Fund
for Nature (WWF) oder der BUND, sondern auch viele lokale Bürgerbewegungen und Initiativen. Diese Unbedingtheit läßt es nicht zu, daß Unternehmen daraus ein rein kommunikatives Geschäft machen. „Treten Widersprüche oder Irritationen bei den Sponsorships auf, so muß mit einer breiten
Medienresonanz und kritischer Berichterstattung gerechnet werden"
(Bruhn 1994, 167).

Gibt es irgendein anderes Feld wirtschaftlicher Kommunikation, das vergleichbar konsequent die Unternehmen zu einem adäquaten Verhalten

zwingt? Manfred Bruhn faßt seine Erfahrungen in einer nahezu inständigen Warnung zusammen:

Die Einbindung des Ökosponsoring in eine ganzheitliche Unternehmenskommunikation ist mit der klassischen Einsatzplanung anderer Kommunikationsinstrumente nicht zu vergleichen. Das Ökosponsoring berührt die Glaubwürdigkeit des Unternehmens; daher ist es unabdingbar, daß aus Unternehmenssicht eine inhaltliche Auseinandersetzung über die zu fördernden ökologischen Bereiche erfolgt (Bruhn 1994, 158).

Worin sollte diese Auseinandersetzung bestehen? Bruhn hat die Voraussetzungen für eine erfolgreiche Umweltkommunikation in mehrere Punkte zusammengefaßt, und er schlägt vor, zu jedem einzelnen Punkt spezielle Kompatibilitätsprüfungen vorzunehmen. So bedarf es:
– einer ökologiegerichteten Unternehmensstrategie
– einer daraus abgeleiteten Umweltstrategie, die in andere Unternehmenskonzepte einzubetten sind, vor allem in eine ökologiegerichtete Unternehmensidentität und eine ebensolche Unternehmenskultur.
– Eine ökologiegerichtete Unternehmenskultur muß in der Lage sein, durch tägliche Verhaltensweisen und symbolische Handlungen gegenüber den Kunden und Mitarbeitern die ökologische Verantwortung des Unternehmens zu demonstrieren.
– Vor allem bedarf es also eines konsequenten Unternehmensverhaltens im Sinne der Umweltstrategie. Das betrifft sowohl das am Markt angebotene Leistungsprogramm, die Beschaffungs-, Produktions- und Distributionspolitik als auch innerbetriebliche Maßnahmen.
– Die Integration des Ökosponsorings in alle anderen Instrumente der Unternehmenskommunikation ergibt sich daraus zwangsläufig. Es sei „ein Konzept zu finden, das in der Lage ist, eine ganzheitliche Umweltkommunikation des Unternehmens zu definieren, in die sich die angestrebten Ökosponsorships integrieren lassen" (Bruhn 1994, 160).

Im Grunde wird hier die Erneuerung des Unternehmens an Haupt und Gliedern gefordert. Es geschieht mit nahezu der gleichen Unbedingtheit, die schon die alten Reformatoren von der katholischen Kirche der Renaissance erwarteten.

Die Anzeichen mehren sich, daß solche Erneuerungen tatsächlich geleistet werden. Die schweizerische Handelskette Migros, der Waschmittelkonzern Henkel, der Kosmetikfabrikant Ellida-Gibbs, Automobilfirmen wie BMW und andere haben die Zeichen der Zeit erkannt, beginnen sich umzuorientieren und erste Ergebnisse zu melden (Rolke u. a. 1994). Wenn dies alles aber mit Erfolg geschehen kann, fragt sich, wozu es noch eines Ökosponsorings bedarf. „Imageverbesserungen" gelingen auch bei diesen Zielen besser von innen heraus.

Zu Kap. V. 5:

Bruhn, Manfred: Umweltsponsoring. Ein neuer Weg zur langfristigen Imagebildung; in: Rolke, Lothar/Bernd Rosema/Horst Avenarius (Hrsg.): Unternehmen in der ökologischen Diskussion; Opladen 1994.

Erbelding, Martin: ›Anschluß verpaßt?‹; in: PR-Magazin 11/1991.

Rolke, Lothar/Bernd Rosema/Horst Avenarius (Hrsg.): Unternehmen in der ökologischen Diskussion; Opladen 1994.

Sample-Institut: Sponsoring III; Mölln 1990.

VI. POLITISCHE KOMMUNIKATION

1. Public Affairs, der Kontakt mit der Macht

Die politische Öffentlichkeit durchdringt mehr und mehr Bereiche unseres Lebens. Keine Organisation kann sich ihr auf Dauer entziehen, sosehr sie vielleicht ihre Privatsphäre gewahrt wissen will. Unversehens kann sie ins grelle Licht politischer Debatten geraten; und damit sind nicht nur die Foren der Presse und eines unbeteiligten, aber erregbaren Publikums gemeint, sondern auch und gerade deshalb die Politik und die Behörden. Handelt es sich um einen Rüstungsbetrieb, so können bei bestimmten Lieferungen die Wogen der Erregung den ganzen Globus erfassen und internationale Spannungen heraufbeschwören.

Auch die Umweltproblematik veranlaßt die genannten Öffentlichkeiten immer wieder zu Aktionen und zwingt damit eine Organisation, aus ihrer Privatheit herauszutreten und den Kontakt mit der Macht und den Mächtigen zu suchen.

Der neue Begriff

Für den Kontakt mit den Mächtigen hat sich in den frühen 70er Jahren in den USA der Begriff „public affairs" eingebürgert. Er beinhaltet das Verhältnis einer Organisation zu ihrem politischen Umfeld: zu lokalen Behörden und Parteien wie zu nationalen Regierungen und Parlamenten und darüber hinaus zu internationalen politischen Organisationen. Solche Kontakte wurden auch in den Zeiten davor gepflegt. In der amerikanischen Wirtschaft belegte man sie zunächst mit unterschiedlichen, aber verwandten Stellenbezeichnungen: „Community Relations", „Urban Affairs", „Government Relations" etc.

Die Stelleninhaber der Government Relations waren ursprünglich keine PR-Leute, sondern eher juristisch vorgebildete Sekretäre in zentralen Stäben, für die der Kontakt mit den Mächtigen auch lange Zeit vom beiderseitigen Wunsch nach einem „Ausschluß der Öffentlichkeit" geprägt war. Es ging um Verabredungen und Austausch von Informationen, ohne daß alles dem lauten Getümmel der Presse ausgesetzt war. Auch heute noch pflegen viele große Konzerne in ihren Holdings die übergeordneten Kontakte zur Politik – was durchaus den vertrauten Verkehr mit ausgewählten Journalisten einschließen mag – durch Spezialbeauftragte, während sich ihre PR-

Leute in den einzelnen Sparten tummeln und um deren eigene Profile am Meinungsmarkt bemühen.

Es ist daher nicht nur ein akademischer Streit, welcher der beiden Begriffe – „Public Affairs" oder „Public Relations" – der umfassendere bzw. übergeordnete ist. Weil Public Affairs weniger abgegriffen und mithin edler wirkt, wird er heute bisweilen anstelle des PR-Begriffs benutzt. Wir kennen diese Flucht aus verpönten Arbeitsbezeichnungen gerade in der Kommunikationsbranche sehr gut: von der „Reklame" über die „Werbung" zum „Marketing" wie jetzt von der „Publicity" über die „Public Relations" zu den „Public Affairs".

Aber wir sollten uns vor Euphemismen hüten! Public Affairs ist eine zielgruppenspezifische PR-Arbeit. Grunig und Hunt ist zuzustimmen, wenn sie schon 1984 schrieben:

We prefer to reserve the term „public affairs", therefore, for a specialized public policy and government relations program that is managed by the organization's public relations subsystem (1984, 285).

Sie reden damit gegen den eher umgekehrten Trend in den USA an: der Ausgliederung oder Überhöhung der Public Affairs gegenüber den Public Relations. In der Bundesrepublik indessen haben die PR-Chefs frühzeitig erkannt, daß Public Affairs als Aktivität gegenüber Politikern und Behörden wirkungsvoll nur mit parallelen Aktionen gegenüber der allgemeinen öffentlichen Meinung betrieben werden kann. Sie haben sich daher die Public Affairs zu eigen gemacht – und damit die PR selbst vor dem Abgleiten in eine rein verkaufsfördernde Disziplin bewahrt.

Public Affairs sind der politische Teilbereich der Öffentlichkeitsarbeit. Jede Organisation, die sich mit ihrem politischen Umfeld zu befassen hat, betreibt solchen Zielgruppen gegenüber Public Affairs. Jede politische Organisation, die sich am Meinungsmarkt durchzusetzen hat, betreibt dazu Public Relations.

Die Inhalte der Macht

Wer sich in die politische Arena begibt, muß zuvor das politische Gewicht seiner Organisation in der Gesellschaft ausgelotet haben. Was macht ihn für die politische Szene wichtig?

Erstens stellt jede Organisation einen Kommunikationsfaktor auf ihrem Interessengebiet dar. Dazu gehört, daß sie Informationen aussendet und empfängt, die für die ihr zuzuordnenden interessierten oder abhängigen Teilöffentlichkeiten relevant sind: Kunden, Lieferanten, Belegschaften oder Mitglieder. Es wird daher geprüft, wieweit diese Teilöffentlichkeiten für die politischen Implikationen ansonsten unpolitischer Kontakte aufgeschlossen sind, das heißt: wieweit man bei politischen Aktionen mit ihrem Beifall und ihrem Engagement rechnen kann.

Wir halten zweitens fest, daß eine Organisation einen Meinungsfaktor im öffentlichen Meinungsspektrum darstellen kann, sofern sie mit Kompetenz und daraus erwachsender Autorität zu allgemein interessierenden Themen Stellung nimmt. Hierdurch findet sie bisweilen auch über die ihr direkt zuzuordnenden Teilöffentlichkeiten hinaus Gehör. Man kennt Kirchenleute, die sich über soziale Fragen äußern, wie Gewerkschafter, die zur Abtreibung Stellung nehmen. Auch bei den Hauptversammlungen großer Aktiengesellschaften tritt mancher Redner als mehr oder weniger kundiger Praeceptor Germaniae auf.

Drittens stellen viele Organisationen auch unabhängig von beeinflussenden Äußerungen Machtfaktoren dar. Diese Mächtigkeit müssen wir besonders analysieren. Wir müssen erkennen, wer wen normalerweise aus welchen Gründen für mächtig hält.

Dabei ist Macht ein diffuser Begriff; in politischen Diskussionen wird er häufig polemisch gebraucht. Den Unterstellungen der „Ohnmächtigen" stehen die Abreden der „Mächtigen" gegenüber. Erinnert sei an ein sehr frühes Beispiel kalmierender PR-Arbeit. Kaiser Augustus schrieb seine Taten auf und ließ sie an Bauwerken im ganzen Römischen Reich anbringen. Das 34. Kapitel lautet (verkürzt):

In meinem sechsten und siebten Konsulat, nachdem ich den Bürgerkriegen ein Ende gesetzt habe, habe ich, der ich mit Zustimmung der Allgemeinheit zur höchsten Gewalt gelangt war, den Staat aus meinem Machtsbereich wieder der freien Entscheidung des Senats und des römischen Volkes übertragen ... Seit dieser Zeit überragte ich zwar alle an Einfluß und Ansehen; Macht (potestas) aber besaß ich hinfort nicht mehr als diejenigen, die meine Kollegen in irgendeinem Amt gewesen sind.

Sein siebtes Konsulat war 28 vor Christi Geburt. Gestorben ist der machtverleugnende Kaiser 14 nach Christi Geburt. Sicher galt auch für ihn sein Lebtag der Satz von Max Weber: „Wer Politik betreibt, erstrebt Macht", sei es als Mittel im Dienste anderer Ziele oder um ihrer selbst willen. Aber was solche Macht beinhaltet, wurde in augusteischer Zeit der politischen Diskussion entzogen. Es erscheint auch heute wissenschaftlichen Aussagen nicht zugänglich.

Man könnte die Macht ein Herrschaftsverhältnis von Menschen über Menschen nennen. Aber einfach sind solche Verhältnisse nur noch in einfach strukturierten, nicht in pluralistischen Gesellschaften. Hier löst sich Herrschaft in Mächte und Gegenmächte auf (wir beginnen, den Plural zu benutzen); die Mächte selbst bestehen aus staatlichen Gewalten und Autoritäten, Einflüssen, Geldmächten etc.

John Kenneth Galbraith, der wie viele vor ihm zwischen repressiver, kompensatorischer und konditionierter Macht unterscheidet, also der Drohung mit unangenehmen Konsequenzen, der Belohnung von Wohlverhalten und der Veränderung der Überzeugungen, sieht nur die letztere in den modernen Gesellschaften an Bedeutung gewinnen. Politische Macht, so seine These, beruhe inzwischen nur noch zum geringeren Teil auf Sanktionen und Gratifikationen; sie ergebe sich vor allem aus der Durchsetzung von Parolen und der Verbreitung von Überzeugungen (Galbraith 1987). Das wußte schon Max Weber:

Denn die heutige Politik wird nun einmal in hervorragendem Maße in der Öffentlichkeit mit den Mitteln des gesprochenen oder geschriebenen Wortes geführt (Weber 1971, 27).

Von den drei Quellen der Macht – der Persönlichkeit, dem Eigentum und der Organisation – sieht Galbraith vor allem letztere kontinuierlich wachsen. Zwei Maßnahmen setzt sie dazu ein: Erstens konditioniert sie ihre Mitglieder sorgfältig und verschafft sich dadurch die größere Machtentfaltung nach außen; und zweitens baut sie vorzeigbare, nach dem Massengeschmack komponierte „synthetische Persönlichkeiten" auf, die ihr eine möglichst breite Zustimmung verschaffen.

Solche „synthetischen Persönlichkeiten" erzeugten in der Bevölkerung die „Illusion der Macht"; ihr entspräche der „Genuß der Macht", der sich bei den entsprechenden Persönlichkeitsdarstellern einstellt, weil ihnen aus der Inszenierung und Dramatisierung ihrer Person ein autosuggestives Selbstgefühl erwächst.

Die Analysen von Galbraith sind wichtig, aber sie sollten uns nicht dazu verleiten, Mächte nur als illusionäre Phänomene zu behandeln. Voraussetzung für den Aufbau von „Illusionen" ist eine faktische Mächtigkeit, mögen sich diese Fakten auch längst verflüchtigt haben. Untersuchen wir daher zunächst solche Fakten, die eine Organisation auch unabhängig von Inszenierungen zu einem Machtfaktor werden läßt.

Mächtig ist sie zuerst durch ihre Größe, wie immer man diese mißt und worauf man sie bezieht. Ein Handwerksbetrieb hat kein politisches Gewicht, nicht einmal im kleinsten Dorf. Wenn aber ein Unternehmen den Wirtschaftskreislauf eines Gemeinwesens mitbeeinflußen kann, hat es Gewicht und mithin eine unwillkürliche Macht.

Das gilt auch in größeren, nationalen Maßstäben und selbst darüber hinaus. Manches westdeutsche Unternehmen wächst in globale Größenordnungen hinein, mit denen die übrigen politischen Strukturen nicht mithalten können. Das braucht für beide Seiten kein Schaden zu sein. Drei der größten Industrieunternehmen der westlichen Welt haben ihren Sitz in einem der kleinsten Staaten: den Niederlanden; und dennoch sieht niemand diesen Staat industriellen Interessen ausgeliefert.

Mächtig ist eine Organisation sodann durch ihre Ausdehnung über die Grenzen ihres Gemeinwesens hinaus. Sie hat es dadurch in der Hand, Gewichtsverlagerungen vorzunehmen und standortgebundene Interessen zu vernachlässigen. Ein „Multi" kann sich im Extremfall dem Zugriff einer nationalen politischen Gewalt entziehen; der Jesuitenorden desgleichen. Mächtiger als der ortsgebundene Fabrikant ist daher auch häufig der lokale Chef im Zweigwerk eines Konzerns.

Mächtig kann eine Organisation schließlich dadurch sein, daß sie gesellschaftlich hochsensible Güter verwaltet oder verantwortet, für die von Teilen der Öffentlichkeit eine generelle Kontrolle gefordert wird: die Fernsehbetreiber, die Energieversorger (wegen der Kernkraft), die Rüstungsbetriebe, Transportgesellschaften, sogar die Banken.

Solche Organisationen rufen bisweilen Ängste hervor. Bevölkerungen fühlen sich ihnen um so stärker ausgeliefert, je häufiger sie von dritter Stelle hören, daß man auch sensible Aktivitäten dulden müsse. Nehmen sie befürwortende Stimmen in der Presse, bei Politikern oder an Universitäten wahr, dann gewinnen sie leicht den Eindruck einer Verschwörung des Establishments. Zur „Atomlobby" rechneten die Grünen jahrelang nicht nur die Kraftwerksbetriebe, sondern die ganze Industrie und wesentliche Teile der Presse.

Mit rationalen Argumenten kann solchen Überzeugungen nur selten begegnet werden. Die Vorstellung von Verschwörungen, also von der All-Mächtigkeit eines Machtkomplexes weicht erst, wenn die Ängste verflogen sind, die dieser Komplex hervorruft.

Hilft es überhaupt, Macht abzuleugnen? Die Deutsche Bank hat sich auf solche Diskussionen eingelassen und dabei viel geschickter operiert als weiland der Kaiser Augustus. Lange bevor der Streit um die Macht der Banken in Deutschland durch die Fusion von Daimler-Benz und MBB äußerst virulent wurde – er begann damit, daß der SPIEGEL am 6. 2. 1989 die Deutsche Bank endgültig als Nebenregierung etabliert sah; er führte dazu, daß im Juli 1989 bei einer Umfrage zur Macht im Staat nach der Bundesregierung die Banken an zweiter Stelle genannt wurden und daß die SPD im Bundestag einen Antrag „gegen wachsende Bankenmacht und für mehr Wettbewerb im Kreditgewerbe" einbrachte; daß also die klassische Kette von der veröffentlichten über die öffentliche Meinung zum Handlungsbedarf bei den Politikern und schließlich zum Gesetzentwurf wie in einem Reagenzglas ablief –; drei Jahre davor veröffentlichte die Deutsche Bank in ihrem Geschäftsbericht einen großen einleitenden Essay: „Von der Macht der Banken" (1986).

Die Deutsche Bank räumte ein, daß Banken Macht besitzen. Sie definierte diese Macht als „Einfluß und Gestaltungspotential". Dann kamen die Bescheidungen: Macht an sich sei nichts Verwerfliches, solange dafür Sorge

getragen wird, daß sie „auf eine Vielzahl von autonomen Machtträgern" verteilt ist. Nicht um die Macht als solche gehe es, sondern um ihr jeweiliges
Ausmaß.

Alfred Herrhausen, damals Chef der Deutschen Bank, hielt diese Linie
auch in der heißen Phase der publizistischen Auseinandersetzungen des
Jahres 1989 durch. Was für ihn und sein Bankinstitut einnahm, waren weniger die Argumente (wir mißbrauchen die Macht nicht, sondern nehmen sie
zum Wohl der Wirtschaft wahr; was dieses Wohl ist, bestimmen nicht wir,
sondern ergibt sich aus den zu lösenden Problemen); es war sein Auftreten
und sein Eintreten für diese Sache – vor den Fernsehkameras wie in den
Magazinen. Körpersprache, Diktion und Verständnis für die Gegenseite
schufen ein Vertrauensverhältnis zwischen ihm und seinen Publika, die seine
nicht zu leugnende Machtfülle erträglich machte. Er verkörperte die von
Galbraith beschriebene synthetische Persönlichkeit perfekt.

Herrhausen vermied Presseschelte. Aber Betulichkeit war auch nicht
seine Sache. „Sie leben in der Vorstellung, daß es hinter den Kulissen überall
konspirativ zugeht", sagte er dem STERN am 22. 3. 1989. Er stellte sich den
Fragen dieses Magazins auch ohne große Hoffnungen, verstanden zu
werden:

Sie wollen es nicht glauben, obwohl Sie es nicht beweisen können und ich Ihnen das
Gegenteil auch nicht. Deshalb ist meine Chance, Ihr Bild zu korrigieren, relativ gering ... Hier muß ich jetzt mal kritisch anmerken, daß eine veröffentlichte Meinung
wie die Ihrige natürlich auch Wirkungen zeigt. Es gibt viele Leute, die glauben, weil
das alles so dargestellt wird, sei das mit der Macht tatsächlich so. Dennoch stimmt es
nicht.

Der VEBA-Chef von Bennigsen-Foerder hatte damals auf die seine
Macht einschränkenden Kontrollinstitute Presse und Mitbestimmung hingewiesen (Interview mit der WELT am 13. 3. 1989). Solche Ablenkungsmanöver werden aber nicht immer funktionieren. Schließlich geht es der Öffentlichkeit weniger um die persönliche und eher hausinterne Macht einer
Führungsfigur, die sich in der Tat auf die vielfältigste Weise eingeschränkt
fühlen mag; es geht vielmehr um die Mächtigkeit der von ihr vertretenen Organisation einschließlich ihrer Betriebsräte, Belegschaften, Aufsichtsräte,
Aktionäre und wer sonst so im allgemeinen auf Todesanzeigen mitaufge-
führt wird.

Formen der Machtausübung

Genug der Versuche, sich kleinzumachen! Die Regel ist die gegenteilige
Bemühung um die Hervorkehrung eines politischen Gewichts. Davon hängt
es schließlich ab, ob man auf den Gang der Dinge Einfluß nehmen kann: auf
die politische Willensbildung und die Entscheidungen staatlicher oder gesell-

schaftspolitischer Institutionen. Es ist der Versuch der Teilhabe an staatlicher Macht durch den Einsatz eigener „Machtmittel".

Die weitaus wichtigste Form der Machtausübung ist die Suggestion von Mächtigkeit. Sie kann allein auf Illusion beruhen. Viele Mächtige sind es nur so lange, bis sie ihre Macht unter Beweis stellen müssen und sich als ohnmächtig erweisen. Kluge „Herrscher" wissen, wie weit sie dabei gehen dürfen, ohne sich lächerlich zu machen. Denn Macht haben sie nur über die Eingeschüchterten, über diejenigen, die sich ängstigen und die sich Bedrohliches einbilden. Zu diesen Einbildungen von unten tragen die Medien erheblich bei. Sie weben mit wabernden Worten an den Mythen der Mächtigkeit.

Die Demonstration potentieller Mächtigkeit ist ein häufig angewandtes Manöver. Verbände lassen mit Warnstreiks oder Protestaktionen ihre Muskeln spielen. Und immer wieder wird versucht, gelungene Beispiele mächtiger Demonstrationen lange Zeit lebendig zu halten. Paraden jeglicher Art sind die vorzüglichsten PR-Mittel, um auf noch immer vorhandene Mächtigkeit hinzuweisen. Traditionspflege hat häufig hierin ihren einzigen Zweck. Die Feiern zum 40. Jubiläum der DDR nur wenige Tage vor ihrem Ende waren ein letzter Versuch, Mächtigkeit zu demonstrieren.

Demonstrativ ist auch die Behauptung von Anhängerschaften. Die Automobilindustrie pocht bei verkehrspolitischen Forderungen auf ihre Anhänger. Dazu rechnet sie die eigenen Belegschaften, dahinter die IG Metall. Dann die Autofahrer, dahinter die Automobilclubs. Man kennt die zum Teil sehr scharfen Auseinandersetzungen zwischen diesen Gruppierungen. Aber im Grundsätzlichen, so heißt es dann immer, sind sie sich einig. Und dann werden Millionen Stimmen zusammengezählt.

Gilt eine Organisation als mächtig, dann wird ihre öffentliche Stellungnahme zu einem bestimmten strittigen Problem registriert und ernst genommen. Solche Stellungnahmen sind daher ebenfalls Formen der Machtausübung. Ein eher ohnmächtiges Beispiel lieferte indes die Hoechst AG nach der Bildung der ersten rot-grünen Koalition in Hessen mit dem unglaubwürdigen Hinweis, nun nicht mehr in Hessen zu investieren.

Die politische Spende und der Einfluß des Geldes

Die der Wirtschaft am häufigsten unterstellte Form der Machtausübung ist der Einsatz von Geld. Es heißt, wer nicht aus sich selbst legitimiert oder befähigt ist, Macht auszuüben, kaufe sich Mächtige.

Ist die Spende an eine Partei ein solcher Kauf? In den Aufbaujahren der westdeutschen Demokratie wurden marktwirtschaftlich orientierte Parteien weitgehend über die Spenden der Wirtschaft finanziert. Anders die Sozialdemokratie. Sie wurde von ihrer zahlreicheren Mitgliedschaft finanziert. Wil-

fried Guth, lange Zeit Vorstandsvorsitzender der Deutschen Bank, rechtfertigte einmal dieses Verhalten mit der unternehmerischen Verantwortung,
„sich um ein wirtschaftliches Umfeld zu bemühen, das sinnvolles und erfolg-
versprechendes Wirtschaften erlaubt" (FAZ 19. 7. 1986).

In Verruf geriet das deutsche Parteispendenwesen durch die vielfach üblichen Steuerhinterziehungen der Unternehmen bzw. den Vorteilsannahmen
durch die Parteien. Beides ist strafbar und wurde bestraft. Das Unrechtsbe-
wußtsein war in diesen Fällen allerdings bei allen Beteiligten unterentwik-
kelt. Die Parteien verwiesen die Spender auf die über Jahre geduldeten Um-
wegfinanzierungen, und die Finanzämter duldeten sie auch tatsächlich. Der
schwäbische Unternehmer Hans L. Merkle fühlte sich daher später zu Unrecht angeklagt. Er verzichtete auf eine geräuschlose Bußzahlung und ließ
es zu einem Prozeß kommen. Dessen Ausgang – seine Verurteilung – konnte
ihn ebensowenig zufriedenstellen wie die Kommentare der Presse.

Die mit dem Spendenwesen zusammenhängenden Rechtsfragen wurden
von den Parlamentariern erst 1983 gesetzlich geregelt. Alle Spenden über
den Betrag von DM 20000,– werden seither mit Spender- und Empfänger-
namen registriert und veröffentlicht. Daraus entstand bislang noch keinem
Beteiligten ein Problem. Offenlegungen zahlen sich aus. Sie lassen übrigens
erkennen, daß die meisten Unternehmen alle drei klassischen Parteien mit
Spenden bedenken. Hinzuzurechnen sind Anzeigen, die sie in Parteiblät-
tern plazieren und manche materielle Hilfe mit Hard- und Software.

Ein Spendenvorgang ganz eigener Art, der alle anderen überschattete,
war die vermutete Einflußnahme des Flick-Konzerns auf die Finanzpolitik.
Der Konzern wollte auf die Erlöse aus dem Verkauf seiner Daimler-Benz-
Aktien keine Steuern zahlen müssen. Er zahlte hohe Spenden. In der öffentlichen Debatte spielten zweideutige Aktenvermerke von Eberhard von
Brauchitsch eine Rolle. Sie ließen die Vermutung zu, daß er sich die politische Welt gefügig machen wollte. Die 7. Große Strafkammer des Landge-
richts Bonn verurteilte ihn zu einer zweijährigen Haft auf Bewährung und
550000 DM Strafe.

Das Gerichtsurteil gab ihm in einem Punkt die Oberhand über die Ankla-
gebehörde. Dazu sagte er in einer persönlichen Stellungnahme:

Sie hat damit endlich zur Kenntnis genommen, daß ihr ungeheuerlicher, diffamie-
render Vorwurf, ich hätte Minister (durch Spendenzahlungen) bestochen, unhaltbar
ist, daß es die von ihr behauptete Bestechung nie gegeben hat. Es ist gut, daß die
Staatsanwaltschaft diesen Vorwurf jetzt endlich dadurch aus der Welt geschaffen hat,
daß sie das freisprechende Urteil als unangreifbar hinnimmt.
   Hätten die Politiker, von denen viele gleichzeitig höchste Staatsämter bekleideten,
den Mut gehabt, sich dazu zu bekennen, daß sie den Spendern bei der Einwerbung
von Spenden jahrzehntelang die Überzeugung vermittelt hatten, die von ihnen aufge-

zeigten und empfohlenen Zahlungswege seien in jeder Hinsicht unbedenklich, so hätte das Landgericht Bonn mich vom Vorwurf der Steuerverkürzung freisprechen müssen.

Ist stets auszuschließen, daß Politiker, Beamte oder Presseleute direkt gekauft sind? Immer wieder einmal stecken wohl irgendwo ein paar Interessierte unter einer Decke. Schmiergeld ist dann im Spiel. Nach dem Kriterium Macht aber handelt es sich eher um kleine Münze. Den Schaden hat vielleicht ein Konkurrent, selten das ganze Gemeinwesen. Wird alles aufgedeckt, beklagt man die öffentliche Moral. Aber die ist gerade dadurch wiederhergestellt.

In allen Gesellschaftssystemen gibt es Fälle von Korruption. Sie werden fast alle früher oder später aufgedeckt. Auf ihnen kann daher nicht auf Dauer Macht aufgebaut sein.

Gleiches gilt vom Entzug von Aufträgen, z. B. gegen Presseorgane. Wenn ein kritisches Presseorgan keine Anzeigen mehr von einem Unternehmen erhält, das sich betroffen fühlt, oder von einer Gruppe gleichgesinnter Inserenten, einmal in der Schweiz sogar von einer ganzen Branche, dann zeitigt dies vorübergehend Wirkung. Im Falle des ZÜRICHER TAGES-ANZEIGERS hatte der importierende Automobilhandel automobilkritische Kommentare verstummen lassen. „Kritik am Auto kostet Züricher Tages-Anzeiger Inseraten-Großaufträge", berichtete die STUTTGARTER ZEITUNG am 19. 4. 1979 über diese unrühmliche Aktion.

Aber in der Regel landet, wer dergestalt Macht demonstrieren will, im Schmollwinkel. Der „Kronberger Kreis", ein Arbeitskreis führender Industrieller zur Propagierung der sozialen Marktwirtschaft, der sich Anfang der 70er Jahre in einer Reihe von Anzeigen hervortat, wehrte sich in einer Aufklärungsschrift „Die Wahrheit über Kronberg" ausdrücklich gegen solche Vorwürfe:

Es wurde behauptet, bei dem Kronberger Treffen sei zu einem Anzeigenboykott linker Blätter aufgerufen worden. Das ist nicht richtig. Die Einschaltungen der Anzeigenmotive des Arbeitskreises in der deutschen Presse sprechen für sich. Der Streuplan wurde nach rein mediatechnischen Gesichtspunkten erstellt und enthält z. B. den SPIEGEL, den STERN und KONKRET ebenso wie SPD-eigene Zeitungen (Arbeitskreis Soziale Marktwirtschaft).

Nicht dementiert wurde, daß sich einzelne Mitglieder des Kronberger Kreises auf einen solchen Boykott verständigt hatten und ihn auch jahrelang durchhielten.

Auch aus anderen Kreisen wird immer wieder einmal der Vorwurf laut, bestimmte Wirtschaftszweige hätten durch Pressionen versucht, unliebsame Diskussionen zu unterbinden. Manchmal klagen junge Wissenschaftler, die pharmazeutische Industrie wisse die Publizierung prekärer Erkenntnisse zu verhindern. Geht man den Vorfällen nach, stellt man häufig nur einen vorauseilenden Gehorsam schwacher Verlagsherren fest.

Der große Designer Otl Aicher hatte einmal der Automobilindustrie unterstellt, gegen „das wohl kritischste Buch" über die Automobiltechnik eingeschritten zu sein. Es habe nach der 2. Auflage ein merkwürdiges Schicksal erfahren. „Es war plötzlich vom Markt verschwunden und blieb fortan vergriffen. Es ist nicht mehr aufzutreiben" (Aicher 1984, 52).

Aicher fühlte sich damals von der Automobilindustrie verfolgt. Ihr Verband VDA hatte gegen seine Ausstellung „Kritik am Auto" interveniert. Sie konnte in der Bayrischen Rückversicherung nicht stattfinden. Aber BMW nahm sich seines Projektes an und zeigte es in den eigenen Räumen.

Der Einfluß der Mächtigen

Mit Geld und Machenschaften läßt sich Macht nicht dauerhaft begründen, zumal dabei an eine Form der Macht gedacht ist, die auf Dominanz abzielt. Eine solche Macht ist in einer pluralistischen Gesellschaft eh nur instabil. Wie aber steht es um eine andere Macht, die von vielen gar nicht als solche bezeichnet wird? Wilfried Guth, seinerzeit Aufsichtsratsvorsitzender der Deutschen Bank, hat 1986 geschrieben:

Es bleibt der Aspekt der Macht zu erörtern, der diesen Namen nicht verdient, besser als „Einfluß" zu bezeichnen ist. Kein Zweifel, Unternehmer können, zumal wenn es starke Persönlichkeiten sind, Einfluß auf die Wirtschaftspolitik wie auch auf die allgemeine politische Meinungsbildung ausüben. Hier liegt nicht nur legitim, sondern in verantwortungsbewußtem Sinne wahrgenommen, ein Teil der unternehmerischen Aufgaben (Guth 1986).

Was ist Einfluß? Es ist der Rat, der mit der Autorität des Erfolgs vorgetragen wird. Es ist die Information aus Quellen, die anderweitig verschlossen wären. Es ist der frühzeitige Hinweis auf Trends, über deren Kenntnis man nahezu monopolartig verfügt. Es ist das angedeutete Gewicht der eigenen Stärke, eine Vorwarnung, die natürlich auch als Drohung verstanden werden kann. Es ist der Austausch all dieser Mitteilungen in exklusiven Kreisen, daher auch die Teilhabe an Macht.

Über den Einfluß solcher Kreise wird häufig spekuliert und in Magazinen geschrieben. Sie existieren in fast allen Gesellschaften, in der alten Sowjetunion als Nomenklatura wie in Frankreich unter den meist eng befreundeten Abgängern der Grandes Ecoles; in der Bundesrepublik ansatzweise in den Herrenclubs, den Rotary-Clubs etc.

Aber in diesen Kreisen ist jeder Geber und Empfänger, sei er Minister, Unternehmer, Gewerkschafter oder Kirchenfürst. Hört man Politiker reden, dann haben meist sie den entscheidenden Einfluß genommen, wenn Firmen miteinander fusionieren oder sonstige große Wirtschaftsereignisse eintreten. Industrielle sind weniger gesprächig. Aber jeder hat seine spezifische Rolle und sein Gewicht. Es ist das Gewicht seiner Organisation. Keiner ist damit der einflußreichste, geschweige denn der mächtigste.

Sind sie es alle zusammen? Während der 68er Unruhen wurde zum letzten Mal mit Leidenschaft über die Macht des Establishments nachgedacht. Aber die Establishmenttheorie war aus der Honoratiorendemokratie der späten Adenauerzeit erwachsen. Dieser Unterbau besteht nicht mehr. Basisdemokratische Elemente haben unsere Machtgefüge verändert. Eine Automobilfirma kann kein Werk, kein Testgelände, nicht einmal einen Motorenprüfstand bauen, ohne die Basis vor Ort dafür gewonnen zu haben.

Wer hat also Macht? Was ist Macht überhaupt? Michel Foucault, einer der unruhigen Denker der 68er Zeit, zögerte schon wenige Jahre danach wieder mit den einfachen Antworten. „Was Macht ist, weiß man wohl immer noch nicht." Man wisse auch nicht, wer sie eigentlich hat; aber man wisse, wer sie nicht hat (Foucault 1987, 112).

Die Lobby

Die informellen Begegnungen der sogenannten Einflußreichen sind in Deutschland recht mühsame Veranstaltungen, weil es hierzulande im Gegensatz zu den USA, England und Frankreich kein alleiniges Verwaltungszentrum gibt, das zugleich Zentrum der Gesellschaft, der Wissenschaften und der Ort eines regierenden „Hofes" wäre. Trotzdem sollte der small talk bei Empfängen und Cocktailparties nicht unterschätzt werden. Er schafft Bekanntschaften, Verabredungen oder den ersten friedfertigen Kontakt nach heftigem Schlagabtausch in der Öffentlichkeit.

Geplante Treffen und verabredete Gespräche sind allerdings ungleich wichtiger. Für solche Begegnungen fertigen Public-Affairs-Stäbe Dossiers an. Es ist der eher nichtöffentliche Teil der Public Affairs. In solchen Dokumentationen werden die eigenen Zielvorstellungen und die Wünsche an den jeweiligen Gesprächspartner knapp umrissen. Auch werden voraussichtliche Einwände erörtert und Gegenargumente formuliert. Kein Gespräch wird dem Zufall überlassen.

Wer in westlichen pluralistischen Demokratien politische Verantwortung hat, schätzt solche Vier-Augen-Gespräche, auch wenn sie nicht auf den Markt getragen werden. Aber er wird sie mit allen Seiten führen und nicht zulassen, daß gelte, was Gero Kalt in seinem Aufsatz über „die Lobby in der Landeshauptstadt" beschrieb: „Wo doch jeder weiß, daß einige wenige auserwählte Verbandsrepräsentanten bei den Spitzen der Regierung ein- und ausgehen." Er nannte nicht Roß und Reiter. Aber man wird stets nur einer Seite unterstellen, unzulässigen Zugang zur Macht gefunden zu haben, den Unternehmern (Kalt 1986, 58).

Offenheit ist daher auch für solche „Hintergrundgespräche" geboten. Die
Amerikaner praktizieren sie längst. Wenn die Chairmen der drei großen
Automobilfirmen dem US-Präsidenten ihre Besorgnisse über die japanische
Konkurrenz und über bestimmte Kraftstoffverbrauchswerte vortragen, un-
terrichtet der Sprecher des Weißen Hauses darüber die Presse und fügt die
Stellungnahme des Präsidenten an:

The three chairmen – Lee Iacocca of Chrysler Corp., Harold Poling of Ford Motor
Co. and Robert Stempel of General Motors – have been frequent visitors to Washington recently. A few weeks ago, they met with a number of top administration officials, including Commerce Secretary Robert Mosbacher, White House Economic
Adviser Michael Boskin and Labor Secretary Lynn Martin, to discuss similar issues.
At that meeting, only Mr. Iacocca made a forceful argument in favour of measures to
restrict Japanese imports, according to officials (Wall Steeet Journal 27.3.1991) ...

Aber die Wirtschaft sollte auch selbst ihre Einflußnahmen offenlegen. Wilfried Guth forderte es ausdrücklich:

Dies ist keine Zeit mehr für graue Eminenzen. Gerade die Repräsentanten der Unternehmen müssen ihre Absichten und Ziele im gesellschaftspolitischen Rahmen offen
vertreten (FAZ 19.7.1986).

Offen zutage treten die Absichten und Ziele einzelner Interessenvertreter
am deutlichsten bei den Hearings der Parlamente vor größeren Gesetzesvor-
haben. Wie dabei zu verfahren ist, beschrieb Elisabeth Kohl, die in Bonn
eine Lobbying-Agentur für eine Reihe von Verbänden betreibt:

Wer Hearings erfolgreich nutzen will, muß sich auf seinen Auftritt dort genau so vorbereiten wie für andere öffentlich wirksame Gelegenheiten: Welche Trends bestimmen die öffentliche (veröffentlichte) Meinung? Wer sind die Drahtzieher, wo
liegen ihre Interessen, auf welche Verbündete können sie zählen? Welche sachlichen
Argumente sprechen für welche Position? Wo liegen die strategischen Hebel zur Stär-
kung der eigenen Interessenlage? Kann jeder die Stellungnahme verstehen, oder
muß man dazu Medizin, Chemie oder sonstwas studiert haben?
   In den jeweils zuständigen Ausschüssen und genauso im Plenum sitzen nicht nur
Wissenschaftler und Experten – für Forschung und Entwicklung beispielsweise.
Trotzdem sollen alle ihr Votum abgeben, und Zustimmung erhält in aller Regel die
Position, die am besten kommuniziert wurde (Kohl 1991, 17).

Auf Fakten oder Argumente allein kann also kein Lobbyist setzen; und er
kann auch nicht auf das Hearing allein vertrauen. Sein Arsenal wird in der
Regel eine Reihe weiterer Maßnahmen umfassen:
– Er wird empirische Studien veranlassen: volkswirtschaftliche Gut-
  achten, auch demoskopische Befragungen.
– Er wird Symposien mit anerkannten Experten organisieren.
– Er wird Anzeigen und Beilagen für Printmedien schalten.
– Er wird die Presse durch Pressekonferenzen, Pressekommuniqués oder
  in Hintergrundgesprächen zu gewinnen suchen.

– Er wird Anhängerschaften mobilisieren und dabei vielleicht unziemlich scharfe einseitige Stellungnahmen äußern.

Gero Kalt beschrieb den unrühmlichen Kampf der Ärzte, Zahnärzte, Pharmaindustrie, Optiker und sogar der Taxifahrer gegen das Gesundheitsreformgesetz von 1989. Sie waren mit Flugblättern, Schmähschriften und Plakaten selbst in Arztpraxen zur Hand. „Die Verbände übernehmen die Herrschaft", hatte der Bundessozialminister Norbert Blüm damals gepoltert. Aber er trug den Sieg davon, und der Hartmann-Bund erlitt eine Einbuße an Ansehen.

Man muß als Mächtiger unter Mächtigen seine Grenzen kennen. Nicht jedwede Form gesellschaftspolitischer Einflußnahme sei gerechtfertigt, hatte schon zwei Jahre früher Wilfried Guth gewarnt:

Hier ist vielmehr das große Wort vom unternehmerischen Ethos – ich könnte auch sagen vom unternehmerischen Gewissen – am Platz. Derjenige verletzt es gravierend, der Meinungsdruck auszuüben versucht, der sein Ziel auf Schleichwegen ansteuert und nur spezielle Vorteile für sein Unternehmen im Auge hat (FAZ 19.7. 1986).

Zu Kap. VI.1:
Aicher, Otl: kritik am auto. schwierige verteidigung des autos gegen seine anbeter; München 1984.
Arbeitskreis Soziale Marktwirtschaft, Prospekt o.J., München.
Augustus: Meine Taten; Res Gestae; München 1970.
Avenarius, Horst: Die Mächtigen und die Ohnmächtigen; in: In Rotis, Festschrift für Otl Aicher, München, S. 94, 95.
Foucault, Michel: Von der Subversion des Wissens; Frankfurt a. M. 1987.
Galbraith, John Kenneth: Anatomie der Macht; München 1987.
Grunig, James E./Todd Hunt: Managing Public Relations; New York 1984.
Guth, Wilfried: Macht und Verantwortung; in: FAZ 19.7. 1986.
Kalt, Gero: PR in Bonn – die Lobby in der Bundeshauptstadt; in: Kalt, Gero (Hrsg.): Öffentlichkeitsarbeit und Werbung; Frankfurt a. M. 1986.
Kohl, Elisabeth: Mit offenem Visier; in: PR-Magazin 3/1991.
Weber, Max: Politik als Beruf; Berlin 1971.

2. Auseinandersetzungen mit der Basis

Bürgerinitiativen sind das Kennzeichen unserer Zeit: Engagierte, hochmotivierte und größtenteils gut informierte Menschen schließen sich zusammen. Sie haben das Vertrauen in die etablierten Institutionen verloren, daß diese ein bestimmtes, für sie als Gruppe vordringliches Problem zu erkennen und zu lösen vermögen. Häufig genug sehen sie darin ein Zeichen von Bosheit oder Eigennutz.

Konfrontationen mit den traditionellen Organisationen sind daher vorge-
zeichnet. Gerade die neuere amerikanische PR-Literatur ist voller Hinweise
auf das Verhalten gegenüber „activists' groups". Aber es müßte PR-Leuten
gelingen, mit ihnen zurechtzukommen, sind sie doch selber in zweifacher
Hinsicht activists. Zum einen organisieren sie bisweilen pressure groups für
ihre Ziele: Briefaktionen an Deputierte, Versammlungen mit lautstarken
Debatten, Plakate, Anzeigen.

Zum anderen haben PR-Leute ein größeres Verständnis für die Belange
von Initiativen als die Spezialisten in den eigenen Reihen. Sie halten neue
Wertvorstellungen, die sich in Initiativen ausdrücken, nicht von vornherein
für abwegig, sondern loten aus, in welchem Maße sie einem generellen
neuen Trend entsprechen. Vorhaltungen, die daraus erwachsen, empfinden
sie daher nicht von vornherein als lästige Zumutungen. Nur gegen Ungeduld
steuern sie meist mit aller Entschiedenheit an. Organisationen sind schließlich wie große Tanker, die ihren Kurs nicht ohne Gefährdungen ändern
können. Peter Glotz hatte dieses Bild einmal für die SPD gebraucht. Es gilt
nicht nur für sie.

Einklang mit dem Zeitgeist?

Eine Organisation mag sich in einer leidenschaftlichen Auseinandersetzung mit einer Bürgerinitiative befinden; der PR-Mann, obwohl Partei, hat
dabei immer das Urteil einer anfänglich meist neutralen öffentlichen Meinung vor Augen. Durch sie entscheidet sich, ob sich die eigene Organisation
im Einklang mit dem Zeitgeist befindet; ob ihre Aktivitäten folglich von der
Gesellschaft akzeptiert werden.

Die Forderung nach dem Einklang mit dem Zeitgeist führte auf dem Hessischen Unternehmertag 1989 zu einer lebhaften Kontroverse. Graf Zedtwitz erklärte, „gegen den jeweiligen und immer passageren Zeitgeist" Stellung zu nehmen, könne durchaus ebenfalls eine bindende Pflicht werden.
Ein Unternehmen, das dem Zeitgeist nachlaufe, sei unglaubwürdig. „PR ist
keine Harmonie, dann, wenn es zur Pflicht und zur Glaubwürdigkeit keine
Alternative gibt" (Zedtwitz 1989, 46).

Diesem Postulat liegt ein Unternehmenskonzept zugrunde, das von sozusagen ehernen Werten und ebensolchen gesellschaftlichen Vorstellungen
ausgeht. Sofern es sich dabei um die ethischen Normen des menschlichen
Verhaltens handelt, unterliegen sie keinem Zeitgeist. Zwischen Recht und
Unrecht hört jede Harmoniebemühung auf.

Sofern es sich aber darum handeln sollte, bestimmte Traditionen sozialen
Verhaltens auch über eine gewisse Zeitepoche hinaus zu wahren – die
schließlich ebenfalls nur einen (früheren) Zeitgeist reflektiert –, wird man
sorgfältig abzuwägen haben: Wer autokratischen Führungsstrukturen in an-

tiautoritären Zeiten das Wort redet, verschafft sich gewiß Profil, auch den Ruf, sich selbst treu zu bleiben. „Glaubwürdigkeit" ist damit aber nicht gewährleistet.

Wenn Graf Zedtwitz sagte, der PR-Beruf erfordere es, Martin Luther zu beherzigen: „Hier stehe ich, ich kann nicht anders; Gott helfe mir", dann müssen PR-Leute achtgeben, daß sie zuletzt nicht alleine dastehen, während sich unter dem Druck des Wettbewerbs die Kundenkontakte, unter dem Druck der Technik die Produktionsverhältnisse, unter dem Druck der jüngeren Generation die betrieblichen Strukturen und unter dem Druck alternativer Bewegungen schließlich sogar das Angebot oder der Firmenzweck geändert haben.

Wir bleiben dabei: Wir müssen den Zeitgeist erkennen, und wir müssen unser Handeln danach ausrichten. Das heißt nicht, alles billigen, was neu und modisch ist, aber es heißt, alles in Rechnung stellen und Antworten finden, die auf die neugestellten Fragen passen und nicht nur auf alteingeübte. Gefährlich ist, wenn man aneinander vorbeiredet.

Basisdemokratische Kommunikationskonzepte

Was ist das zur Zeit Neue? Einige nachdenkliche Kulturkritiker haben als das entscheidend Neue die großtechnischen Risiken ausgemacht. Es sei notwendig, sie zu erkennen; es sei auch erforderlich, die Entscheidungen über ihre Anwendung nicht kleinen bürokratischen Kadern vorzubehalten, sondern alle daran teilnehmen zu lassen. Ihre Vision ist die „partizipative Risiko- und Lerngesellschaft". Es ist ein basisdemokratisches Konzept, das, wenn es je realisiert würde, Folgerungen für das Kommunikationsmanagement hat. Wolfgang R. Langenbucher zählt einige auf (1992, 371 ff.):

1. Großtechniken sind nicht nur ingenieurwissenschaftliche Leistungen, die der Technikfolgen-Abschätzung bedürfen. Sie sind zugleich soziotechnische Systeme, deren gesellschaftliche Folgen abgeschätzt werden müssen. Dabei hat die Wissenschaft keine Schiedsrichterrolle mehr. Zu jeder wissenschaftlichen Expertise gibt es stets auch Gegenexpertisen. An die Stelle der Gutachten tritt der öffentliche Diskurs kontroverser Expertenmeinungen.

2. Das Risikobewußtsein ist in den hochindustrialisierten Zivilisationen zu einem politischen Faktor geworden. Kein größeres Unternehmen kommt daher ohne „politischen" Sachverstand aus. Da und dort entstehen sogar Vorstandsposten für „Politik und Wirtschaft".

3. Die risikosensible Medienöffentlichkeit beginnt, in den Intimbereich des betrieblichen und wissenschaftlichen Managements hineinzureden. Entwicklungsrichtung und Ergebnisse des technologischen Wandels werden diskussionsfähig und legitimationspflichtig. „Damit gewinnt", wie Ulrich Beck schreibt, „betriebliches und wissenschaftlich-technisches Handeln

eine neue politische und moralische Dimension" (Beck 1986, 305). Auch Langenbucher spricht von der „Moralisierung der Industrieproduktion".

Den Druck, sich rechtfertigen zu müssen, spüren vor allem die PR-Leute. Aber es könnte zu einem Wettbewerbsvorteil werden, Risikobewußtsein zu manifestieren.

Langenbucher begründet seine Vorstellungen mit einer Demokratietheorie, „die dem öffentlichen Raum der Meinungs- und Willensbildung gegenüber dem Prozeß der demokratischen Gesetzgebung einen prioritären Rang einräumt". Das wäre ein revolutionäres Konzept. Es hätte zur Konsequenz, daß auch unternehmerisches Handeln nicht mehr davon ausgehen könnte, daß auf rechtsförmige Verfahren, etwa in Planungs- und Genehmigungsprozessen, Verlaß ist.

Wirtschaftlichem Handeln werde folglich nicht mehr selbstverständlich zugestimmt. „Daher werden nur solche Unternehmen bei den Bürgern Anerkennung finden, die sich in einen institutionalisierten Dauerprozeß wechselseitiger Verständigung mit ihrer Umwelt begeben. Öffentlichkeit und Zuwendung zu ihr wird dadurch zu einer Produktivkraft."

Diese Wiener Melange von Ideen einer herrschaftsfreien Kommunikation mit Austroökologie und Grassroot-Democracy mag nicht überall aufblühen. Aber selbst Teile davon können Teilen der herkömmlichen Organisationsspezies arg zu schaffen machen. Und sollten sich jemals Ereignisse wie Tschernobyl 1986 oder Kuwaits Ölbrände 1991 oder eine Genkatastrophe in den Zentren der westlichen Meinungsmärkte abspielen, käme es gewiß auch zum GAU der Kommunikation.

Die ideale Sprechsituation

Wenn Wolfgang Langenbucher von den „Großorganisationen" in Wirtschaft und Wissenschaft ein neues Kommunikationsverhalten erwartet, geht er von zwei nicht weiter hinterfragten Annahmen aus: „von der potentiellen Überzeugbarkeit der meisten Gesellschaftsmitglieder" und „gleichermaßen auch von einer Legitimität der Mitbestimmungswünsche von Bürgern" (376). Beide Gesichtspunkte müssen untersucht werden. Von ihnen träumen schließlich alle Sozialromantiker, und nicht wenige PR-Leute sind unter ihnen.

Die „potentielle Überzeugbarkeit der meisten Gesellschaftsmitglieder" ist ein altes aufklärerisches Ideal. PR-Leute lassen sich von ihm leicht einnehmen. Können gegnerische Positionen nicht stets durch Argumente ausgeräumt werden? Voraussetzung wäre natürlich eine „ideale Sprechsituation", wie sie Jürgen Habermas in seiner „Theorie des kommunikativen Handelns" entwickelt hat: Alle Teilnehmer haben die gleichen Chancen, alle verständigen sich über die Regeln ihres gemeinsamen Diskurses, alle unterstellen einander Wahrhaftigkeit und Angemessenheit ihrer Äußerungen. Es besteht eine „gegen Repression und Ungleichheit in besonderer Weise immunisierte Sprechsituation" (Habermas 1988, 49 und 385).

Habermas' „Logik der Argumentation" kann PR-Leute durchaus faszinieren. Der von ihm skizzierte Verständigungsprozeß mag zunächst nicht zu gemeinsamen Billigungen führen, aber zu gemeinsam akzeptierten Definitionen der gegebenen Situation. Das Aushandeln von Situationsdefinitionen nennt Habermas einen wesentlichen Bestandteil der für kommunikatives Handeln erforderlichen Interpretationsleistungen.

Verständigung ist damit wohl erreichbar, aber auch Überzeugung und – mehr als dies – Zustimmung? Menschen denken und handeln lange nicht so rational, wie es die Logik der Argumentation ermöglichen könnte. Gesetzt den Fall, man räume ihr Mißtrauen und sogar ihre Ängste aus. Zwei Verhaltensweisen sind schier unausrottbar:

Da ist erstens die beharrliche Bekräftigung des einmal eingenommenen eigenen Standpunkts. „Wer disputiert, kämpft in der Regel nicht für die Wahrheit, sondern für seinen Satz", soll schon Arthur Schopenhauer festgestellt haben. Er bezog sein Diktum auf die Wissenschaftler; es gilt genauso für die Wortführer in einer vitalen Auseinandersetzung. Sie wollen weder ihr Gesicht noch ihre Anhänger verlieren.

Da ist sodann das eigene, nie hinwegzuargumentierende Interesse, eventuelle Beeinträchtigungen nicht selbst zu erleiden, sondern – wenn schon die Wahl besteht – anderen aufzuhalsen. Das zeigt sich bei jeder Steuererhöhungsdebatte an den Protesten der Betroffenen; das zeigt sich auch an den Entscheidungsprozessen um umweltkritische Investitionsstandorte. Eine „ideale Sprechsituation" ist hierfür nur zu schaffen, wenn man den Kreis der Gesprächsteilnehmer ins Unermeßliche ausdehnt. Die eigentlich Betroffenen werden darin zu einer überstimmbaren, vielleicht sogar als eigennützig deklassierbaren Minderheit.

Die „Legitimität der Mitbestimmungswünsche von Bürgern" ist der zweite Gesichtspunkt, den es zu erörtern gilt. Ihm wird in Zukunft vermehrt entsprochen. Roland Burkart und Sabine Probst legten einmal einen Werkstattbericht über einen signifikanten Fall vor: Bei der Standortplanung für zwei Sonderabfalldeponien in Niederösterreich erhielt die Planungsgesellschaft, die von den beiden Ländern Wien und Niederösterreich getragen wird, die ausdrückliche Auflage, die Vorbereitungen nicht über die Köpfe der Bevölkerung hinweg voranzutreiben. Eine Beteiligung der Bürger am Entscheidungsprozeß wurde konkret vorgeschrieben.

Die Autoren legen diesem Fall die Habermasschen Theorieschritte des kommunikativen Handelns zugrunde. 1990 waren sie zuversichtlich, daß das gut ausging: „Wenn das Handeln, für das man sich entscheidet, aus der ge-

meinsam akzeptierten Situationsdefinition erwächst, wird ihm die betroffene Bevölkerung keinen Widerstand entgegenbringen, denn es erfolgt im
Einklang mit den Interessen der relevanten Teilöffentlichkeiten" (Burkart
und Probst 1991, 66). Drei Jahre später stellten sie ernüchtert fest, daß keine
einvernehmliche Lösung zustande kam (Burkart 1993).

Das Handeln, „für das man sich entscheidet", muß das Ergebnis von
Kompromissen sein. Eine Organisation, die sich darauf einläßt, wird ihre Interessen in der Regel nicht in der von ihr ursprünglich geplanten Weise
durchsetzen können. Dabei ist es häufig illusorisch, erst den Verständigungsprozeß und danach den Entscheidungsprozeß zu suchen. Resistente Bürger-
schaften werden bereits in die „Situationsdefinition" unumkehrbare Ent-
scheidungsvoraussetzungen einzubauen trachten. Das heißt, daß von Anfang an nicht nur argumentiert, sondern bereits verhandelt wird.

Dies scheint überhaupt das Resultat von symmetrischen Zwei-Wege-
Kommunikationen zu sein. Das vierte Grunigsche PR-Modell ist in der Realität kein Kommunikations-, sondern ein Aktionsmodell. Es erfaßt daher
nicht nur den institutionalisierten PR-Apparat eines Unternehmens respektive einer Organisation, sondern alle Entscheidungsstrukturen zu jedem
Zeitpunkt des Verfahrens. Dabei ist – auf beiden Seiten (!) – stets die von
den Habermas-Schülern kritisierte „doppelte Absicht" im Spiel, „mit einem
Adressaten Einverständnis über etwas zu erzielen und gleichzeitig bei ihm
etwas kausal zu bewirken" (Müller-Schöll 1994, 368). Wozu sonst miteinander für und gegen ein Projekt reden?

Manchmal reicht auch die Asymmetrie. Bei relativ durchsichtigen Techno-
logievorhaben mit attraktiven Konsequenzen – Arbeitsplätze in der direkten Nachbarschaft – kann auch das dritte Grunigsche PR-Modell der
asymmetrischen Zwei-Wege-Kommunikation angewandt werden. Vor der
Baugenehmigung des Automobilwerkes Regensburg und vor dem Ankauf
der erforderlichen Grundstücke fanden Informationsversammlungen in
allen benachbarten Gemeinden statt. Das Drehbuch der veranstaltenden
PR-Abteilung war umfangreicher als die vorgebrachten Einwände und
Ängste. Das Vorhaben erhielt die Zustimmung der Bevölkerung und ihrer
Gemeinderäte. Kein von der Basis angestrengter Gerichtsprozeß setzte, wie
andernorts, landesherrliches Entgegenkommen außer Kraft.

„Alternative Öffentlichkeitsarbeit"

Wie ist die Öffentlichkeitsarbeit von alternativen Bürgerbewegungen beschaffen? Gibt es sie überhaupt? Wer etablierte Organisationen wie Greenpeace fragt, bekommt häufig zur Antwort, daß ihre Anliegen zu ernst seien,
um sie als PR-Aufgaben zu deklarieren. „Und doch informieren Sie uns stets
im voraus, wenn Sie etwas unternehmen", entgegnete ihnen einmal Uwe

Abbildung 49: Ein Plattencover mit Liedern gegen Atomkraftwerke
(NWKL 2003, Köln 1977).

Zimmer, Chefredakteur der ABENDZEITUNG, auf einem DPRG-Hearing während der Münchner Medientage 1990. Nirgendwo sonst tritt die PR als Grundform der gesellschaftlichen Kommunikation so offen zutage.

Bürgerinitiativen nutzen die Mittel der Aktions-PR, sogar des Event-Marketing, falls diese Begriffe erlaubt sind. Sind sie nicht überhaupt PR-Aktionen? Ihr Ziel ist es, problematisches Verhalten industrieller Organisationen bewußtzumachen, ein Protestpotential dagegen aufzubauen und dadurch Veränderungen zu erzwingen. Sie arbeiten mit PR-Kampagnen, die – nach dem Rezept von Schocktherapien – meist auf eine einzige Aktion konzentriert sind.

Wolfgang Langenbucher hat das Konzept dieser „alternativen Öffentlichkeitsarbeit" dem der „kommerziellen" gegenübergestellt. Er kommt zu

Abbildung 50: „Dä bleede Ofä" nannten die Wyhler Weinbauern ganz plastisch das geplante Atomkraftwerk („Die Lieder aus Wyhl", 1976, wie häufig bei diesen Erzeugnissen: ohne Impressum).

wesentlichen Unterschieden in nahezu jeder Hinsicht: bei Theorien und Modellen, Strategien, Inhalten, Zielen und Zielgruppen und der Funktion von Medien oder PR (Langenbucher 1993):

- Kommerzielle PR ist der Beruf einzelner in einer Organisation; alternative PR ist die Aufgabe aller Aktivisten. Statt einem professionellen, distanzierten Verhalten wird Betroffenheit erwartet.
- Kommerzieller PR geht es um strategische Informationsarbeit und deren Glaubwürdigkeit; der alternativen geht es um spontane Aktion und Authentizität. Bemüht sich erstere um Objektivität, so geht letztere davon aus, daß Subjektivität akzeptiert werde.
- Kommerzieller PR geht es um die Organisation, für die sie arbeitet, ihr Image, ihr Überleben; für die alternative sind selbst die eigenen Organisationen zweitrangig, nach dem Erreichen der gesteckten Ziele sogar überflüssig.
- Dem Prinzip der repräsentativen, medienvermittelten Kommunikation steht bei der alternativen PR die direkte Kommunikation gegenüber.
- An die Stelle eines konsensorientierten Verhaltens tritt ein konfliktorien-

tiertes Vorgehen. Dem Aufbau von „Vertrauen" in die Zusammenhänge wird Machtkontrolle und -kritik entgegengesetzt.

Erfahrungen legen nahe, daß die alternative Form der Öffentlichkeitsarbeit durchaus Erfolge zeitigt. Die badischen Weinbauern rund um den geplanten Atomreaktor Wyhl waren 1979 die ersten, die der steifen industriellen und bürokratischen Kommunikation eine chaotische, burleske, aber sehr wirkungsvolle Propaganda entgegensetzten. Sie arbeiteten mit haarsträubenden Unterstellungen und schiefen Vergleichen, schwärzten die Ingenieure als Teufel an, zeichneten Karikaturen, sangen Lieder im Idiom der Gegend, vervielfältigten Flugschriften und hielten Brandreden in der nur ihnen verständlichen Mundart. Sie machten die Bauherren nahezu sprachlos.

Werner Rudloff von Siemens KWU hat diese frühen Zeugnisse einer alternativen PR gesammelt und wirft sie nachfolgenden PR-Generationen als Menetekel an die Wand (Rudloff 1994).

Boykotte

Unter den großräumigen Protestmitteln werden zwei immer wieder besonders wirkungsvoll eingesetzt: die Demonstration und der Boykott. Letzterer verdient eine gesonderte Betrachtung.

Großtechnische Risiken sind es nicht alleine, die Massen zu mobilisieren vermögen. Neben der Angst kann auch die moralische Empörung zu massenhaften Protestaktionen führen. Zwei Fälle seien herausgegriffen: der Boykott gegen Nestlé und die Kampagnen gegen Firmen in Südafrika.

Nestlé hatte ihre Säuglingsmilchprodukte über viele Jahrzehnte mit recht robusten Verkaufspraktiken und ohne zusätzliche Aufklärung an stillende Mütter in den Entwicklungsländern vertrieben. Ärzte und Ernährungsfachleute schlugen Ende der 60er Jahre Alarm, weil sie in diesen Ländern einen Zusammenhang zwischen dem durch den Einsatz von Trockenmilchpräparaten bewirkten Rückgang des Stillens und der Zunahme von Säuglingskrankheiten sahen. Verschiedene Trockenmilchhersteller in den USA und England änderten daraufhin allmählich ihre aggressive Verkaufspraxis mit „Milchschwestern", Gratisprodukten für Kliniken etc.

Nestlé hingegen wehrte sich gegen die Vorwürfe zum Teil vehement. Dadurch kam es zu öffentlichen Anschuldigungen auf internationalen Konferenzen, zu anklägerischen Artikeln in englischen Zeitschriften, zu einer Broschüre mit dem Titel ›Nestlé tötet Babies‹, zu einem spektakulären Prozeß in Bern und zu einem noch spektakuläreren Hearing des US-Senatsausschusses für Health and Scientific Research unter Vorsitz von Edward Kennedy; schließlich kam es zu einem kontinentweiten Boykott aller Nestlé-Produkte in den USA, ausgerufen von Kirchen und universitären Organisationen, der erst nach sieben Jahren – am 4. Oktober 1984 – förmlich beendet wurde. Er hatte der Firma erhebliche Umsatzeinbußen eingebracht. Was hatte sie falsch gemacht? Wer den Fall analysiert, kann daraus etliche Lehren für sein Verhalten gegenüber Massenbewegungen ziehen:

– Die Firma wurde von den Vorwürfen überrascht. Kein Frühwarnsystem meldete ihr rechtzeitig, daß Gefahr im Verzuge war.

– Die Firma fühlte sich durch die Vorwürfe verletzt. Sie war offensichtlich von ihrer eigenen Lauterkeit zutiefst überzeugt. Trockenmilch ist schließlich über Jahrzehnte als ein lebensrettendes Produkt gepriesen worden. Vermutlich war jede kritische Selbstüberprüfung der Sozialverträglichkeit ihres Handelns unterblieben.

– Die Firma prozessierte gegen Autoren, gewann auch den Prozeß, verlor aber die Gunst der Bevölkerung und der Richter: „Wenn sich die Privatklägerin", so hieß es im Richterspruch, „in Zukunft den Vorwurf unmoralischen und unethischen Verhaltens ersparen will, muß sie ihre Werbepraktiken ändern."

– Die Firma leugnete ihre Verantwortung; in einer schriftlichen Stellungnahme zu einem im August 1973 erschienenen Artikel über „The baby food tragedy" in der englischen Zeitschrift NEW INTERNATIONALIST wies sie darauf hin, daß die Industrie nicht für die mißbräuchliche Verwendung ihrer Produkte verantwortlich gemacht werden könne.

– Die Firma erhob in dem Kennedy-Hearing den Gegenvorwurf, bei dem Angriff gegen sie handele es sich um den Angriff gegen das System der freien Marktwirtschaft, an dessen Spitze eine weltweit tätige kirchliche Organisation stünde. Die Empörung der Senatoren über diesen bornierten Vorwurf übertrugen die Fernsehstationen in alle US-Haushalte.

– Die Firma verfügte in den ersten Jahren dieser Auseinandersetzung über keine zentrale PR-Abteilung. Alle aufgeführten Fehler hätten sonst vermieden werden können.

Boykott war auch die zentrale Waffe der Apartheidgegner in Nordamerika und Europa. Sie richtete sich gegen alle Firmen dieser Länder, die in Südafrika arbeiteten und investierten, und auch hier waren es vornehmlich kirchliche Gruppen, die den Protesten die Foren verschafften, in Deutschland zum Beispiel die Kirchentage.

Die deutsche Industrie hatte sich anders als die nordamerikanische zum Verbleiben in Südafrika entschlossen. Die Argumente, die dafür sprachen – größtenteils vorbildliche Sozial- und Ausbildungs- und Mitbestimmungsstrukturen für schwarze Arbeitnehmer –, wurden jedoch weitgehend nur leise vorgetragen. Man wollte keine Aufmerksamkeit auf sich lenken, zumal nicht im Markt USA.

Auch die der deutschen Regierung zu erstattenden Jahresberichte über die Einhaltung des EG-Verhaltenskodex für EG-Firmen in Südafrika wurden in der Regel nicht veröffentlicht. Wer es tat, konnte seine Berichte allerdings auch an protestierende Kundenkreise weiterleiten, dabei auf die voraussichtlichen Folgen eines Abzugs verweisen und an die Max Webersche Unterscheidung zwischen einem gesinnungs- und einem verantwortungs- ethischen Handeln erinnern. Die Proteste verstummten sofort.

Anläßlich des Evangelischen Kirchentages 1987 in Frankfurt am Main drohten sie zum letzten Mal zu generellen Resolutionen zu führen. Im Vor- feld dieses Kirchentages war es bei einer von der Industrie angeregten Ta- gung über Embargo und Boykott in der Evangelischen Akademie Arnolds- hain allerdings gelungen, die Kirchenoberen und Kirchentagsberichter- statter der hessischen Medien von der Fragwürdigkeit solcher Maßnahmen zu überzeugen. Noch stärker als Argumente beeindruckte das Publikum die eindeutig industrienahe Position der IG Metall. In diesem Fall hatte es sich bewährt, Fürsprecher in protestaffinen Gruppen zu suchen.

Ein übriges gelang sodann dem sehr überzeugenden VW-Vertreter auf einem der Kirchentagsforen selbst. Die Industrie zeigte Flagge und nahm für sich ein. Das Thema Disinvestment war vom Tisch. Eberhard v. Kuen- heim zog zwei Jahre später eine Lehre für alle daraus:

Vielleicht sollten wir uns häufiger in die Bresche schlagen und mit der Autorität des Sachkenners unsere eigenen Projekte selbst verteidigen. Haben wir keine Berüh- rungsängste, auch nicht gegenüber den Grünen! Trotz aller Utopie, die uns aus ihren Handlungsempfehlungen entgegendringt, wissen wir, daß sie etwas bewirken. Zunächst abweichende Maßstäbe werden manchmal später geltende Regel. Die Grünen organisieren Randgruppen, integrieren sie in den gesellschaftlichen und poli- tischen Dialog. Wir müssen das, was sie zu sagen haben, nicht immer richtig finden; wir können es in Anbetracht des konkreten Wissens in vielen Fällen auch nicht bil- ligen. Es wäre trotzdem gut, wenn auch hier der Dialog funktionierte (v. Kuenheim 1989, 10).

Zu Kap. VI. 2:
Beck, Ulrich: Risikogesellschaft. Auf dem Weg in eine andere Moderne; Frankfurt a. M. 1986.
Burkart, Roland/Sabine Probst: Verständigungsorientierte Öffentlichkeitsarbeit: eine kommunikationstheoretisch begründete Perspektive; in: Publizistik 1/1991.
Burkart, Roland: Public Relations als Konfliktmanagement; Wien 1993.
Grunig, James E./Todd Hunt: Managing Public Relations; New York 1984.
Habermas, Jürgen: Theorie des kommunikativen Handelns; Frankfurt a. M. 1988.
Kuenheim, Eberhard von: Die Technik hat die politische Unschuld schon lange ver- loren; in: Frankfurter Rundschau 21. 4. 1989.
Langenbucher, Wolfgang R.: Strukturen einer partizipativen Lerngesellschaft – Handlungskonsequenz – Prinzipien der Risikosensibilität; in: Avenarius, Horst/

Wolfgang Armbrecht (Hrsg.): Ist Public Relations eine Wissenschaft?; Opladen 1991.

Langenbucher, Wolfgang R.: Idealtypen von Öffentlichkeitsarbeit; in: ÖAW-Fachstudium Public Relations, Studienfach 3: Public Affairs (Vorlesungsmanuskript); Wien 1993.

Müller-Schöll, Ulrich: Buchbesprechung; in: Publizistik 3/1994.

Rudloff, Werner: Bürgerproteste. Materialien zur Vorlesung im BAW-Fachstudium PR; München 1994.

Schopenhauer, Arthur, zitiert aus der ›Eristischen Dialektik‹; in: Merkur 506, S. 404, Stuttgart 1991.

Zedtwitz-Arnim, Georg-Volkmar von: Von der Tyrannis des Zeitgeists; in: Unternehmenskultur: Schlagwort oder Erfolgsrezept? Dokumentation des 4. Hessischen Unternehmertages, Frankfurt a. M. 1989.

3. Die PR der Staatenwelt

Wer für die Öffentlichkeitsarbeit eines Staates oder einer staatstragenden Institution verantwortlich zeichnet, will höchst selten als Öffentlichkeitsarbeiter geschweige denn PR-Experte bezeichnet werden. Mit solchen „niederen Diensten" läßt sich nicht Staat machen. Mit ihnen möchte er sich daher lieber nicht persönlich befaßt sehen. Er nennt sich statt dessen „Regierungssprecher" – in den ersten 20 Jahren der Republik noch „Bundespressechef" –, sein Amt verkürzt ein „Bundespresseamt", noch kürzer BPA; und tatsächlich sind, folgt man seinen Selbstauskünften, die Pressekontakte und Bundespressekonferenzen der Schauplatz seiner Darstellungskunst.

Wollte er hingegen der Kommunikationschef einer Staatsregierung sein, müßten noch andere Aufgaben in sein Blickfeld rücken. Dann müßte es ihm um mehr gehen als den Gefallen der Presse zu finden. Sein Erfolg würde darin bestehen, das Ansehen des Staates nach innen gefestigt und das des Landes nach außen vermehrt zu haben. Aber welcher Regierungssprecher rühmte sich bisher solcher Tätigkeiten? Bekamen sie am Ende ihrer Dienstzeit den Beifall der Bundespressekonferenz, so waren sie es zufrieden.

Staatsdesign und Symbolpolitik

Staatliche Kommunikation beginnt mit der nicht-verbalen. Der Züricher Politologe Daniel Frei hat diese Signalsprache als Grundmuster internationaler Beziehungen beschrieben. Aber auch innerhalb eines Staatsgefüges gibt es eine reiche Skala von Zeichen und Staatsaktionen, die nichts anderes bezwecken als das Selbstverständnis des Staatswesens, seine „Corporate Identity", offensichtlich zu machen. Es sind Ergebnisse einer überlegten oder tradierten PR-Strategie.

Als in der Weimarer Republik der Streit um die Farben der Reichsflagge tobte – ob Schwarz-Weiß-Rot oder Schwarz-Rot-Gold („Senf", wie die Rechte höhnte) –, suchte man Halt bei den darstellenden Künsten. Der Reichskunstwart Edwin Redslob erhielt den Auftrag, sich um die „Künstlerische Formgebung des Reichs" zu kümmern. 1926 stellte er unter diesem Titel sein Programm vor: die Neugestaltung der Hoheitszeichen, der amtlichen Drucksachen, der Urkunden, Münzen, Medaillen, Abzeichen und Fahnen. Es war, wie es im Geleitwort des Reichsinnenministers hieß, der Versuch, „den Reichsgedanken in volkstümlicher Weise zur Darstellung zu bringen" (Gussone 1994, Nr. 5).

Darum geht es, wenn es bewußt geschieht, immer. Aber nur selten kann dabei vom weißen Blatt Papier ausgegangen werden, noch seltener ist es ein einzelner Mann, der wie Otl Aicher für die Olympischen Spiele 1972 in München diese Gestaltung leistet. In der Regel wirken unzählige Architekten, Graphiker, Protokollchefs und sonstige Zeremonienmeister daran mit, ein Bild vom Staatswesen zu schaffen.

Als Konrad Adenauer 1962 den dem Bauhaus verpflichteten Architekten Sep Ruf mit dem Bau eines Wohn- und Empfangsgebäudes des Bundeskanzlers beauftragte, begann für die Bundesrepublik eine Ära fortschrittlichen Designs, die bis zu den Banknoten, Münzen, Briefmarken und Uniformen reichte. Die Gefahr, daß sich der Bonner Staat ein für alle Mal im Nierentisch der 50er Jahre verkörpert sah, war gebannt.

Staaten, die sich auf jahrhundertelange ungebrochene Traditionen berufen, haben es schwerer, Modernität zu bekunden – falls sie es wollen. Aber auf internationalen Ausstellungen wollen sie es in der Regel, und da lassen sie dann ihre Perücken und Roben und Paradeobjekte zu Hause.

Bedarf es überhaupt solcher Symbole in einer ziviler werdenden Epoche? Wer sich an das Gepränge faschistischer oder sozialistischer Staaten erinnert, weiß, welchen Eindruck militante Staatsauftritte hinterlassen können und wie sehr sie Massen zu mobilisieren vermögen. Die westlichen Demokratien pflegen lässigere, sozusagen pluralistische Ausdrucksformen, auch wenn das Erscheinungsbild einzelner Parteitage durchaus zu suggerieren versteht, daß nur hier eine staatstragende Rolle wahrgenommen wird.

Erst wenn es den Grünen gelänge, dauerhaft die Mehrheit im Lande zu gewinnen, hätten die Krawatte und der Lederschuh ausgedient, vermutlich auch das Fahnenspalier, der rote Teppich, die Uniformen, die Staatsbegräbnisse. Dann darf man gespannt sein, welche neuen Formen symbolischer Kommunikation das staatliche Gemeinwesen bestimmen. Denn daß die Zeichensprache ganz verstummt, vermögen wir uns nicht vorzustellen.

Unter Wissenschaftlern ruft das Stichwort „Symbol" eine Reihe anderer Assoziationen als die des staatlichen Corporate Design hervor. Sie unterscheiden zwischen Zeichen oder Zeichensprache einerseits und den Symbolen andererseits. Als Herrschaftszeichen galten früher Krone, Zepter und Thron, aber auch herrschaftliche Gesten und Bräuche, mit denen die Könige sinnfällig machten, „was sie waren, was sie sein wollten, woher sie ihr Amt, die Berechtigung ihrer Ansprüche ableiteten" (Schramm 1954, 33). Zur Staatssymbolik rechnete Percy Ernst Schramm „die Gegengesten, durch die ihre Untertanen zum Ausdruck brachten, daß der so Geehrte Herr und König war", also die Rituale und Zeremonien. Zeichen stehen für etwas – die Krone für die Monarchie, der Staatsadler für den Staat, das Markenzeichen für eine Marke –: Symbole stehen hingegen für sich selbst; sie ersetzen Realität: Im Wahlkampf „ersetzen" Schlagworte die Argumente, im politischen Alltag „ersetzt" die Inszenierung den Dialog; Rituale verschleiern Machtgelüste; man versteht es, durch bestimmte Techniken „Loyalitäten zu mobilisieren ohne den eigenen Handlungsspielraum einzuengen" (Saxer 1993, 165).

Ulrich Saxer hat – aus zunächst heuristischen Gründen – das politikwissenschaftliche Konzept der „Symbolpolitik" auf die PR-Wissenschaft übertragen. Er folgt darin Ulrich Sarcinelli, der Politik, politische Kultur und Politikvermittlung als Vorgänge beschreibt, durch die Symbole geprägt und in größtem Stil verbreitet werden.

Durch Symbolisierung stellt sich Gesellschaft maßgeblich selber her, und darum sind Symbole und Symbolsysteme generalisierte und somit sozial wesentliche Anweisungssysteme, wie die Phänomene dieser Welt wahrzunehmen, zu bewerten und zu behandeln sind. Ihres steuernden Vermögens wegen setzen daher Politiker wie PR-Schaffende Symbole bzw. Symbolsysteme ständig als Mittel zur Realisierung ihrer jeweiligen Ziele ein (Saxer 1993, 166).

Auch wenn die PR-Schaffenden der Wirtschaft dabei aus ethischen Gründen moderater vorgehen müßten und sich nie auf die „Schlammschlachten" und „semantischen Kriege" der Politik einlassen dürften, stellt Saxer eine „zunehmende Konvergenz zwischen beiden Handlungssystemen" fest. Daran seien nicht zuletzt die Medien schuld. „Die homogenisierenden Faktoren von Medienkommunikation schmelzen in unterschiedlichen Institutionen generierte und daher originär unterschiedliche Symbolsysteme in Medienrealität ein" (Saxer 1993, 176).

Gesetzliche Grundlagen

Den Regierungen, die über ein bewußtes Kommunikationskonzept verfügen, dürfen die geschilderten Sachverhalte nicht gleichgültig sein, auch wenn es in der Regel nicht ihr Pressemann ist, den sie damit befassen. Der hat sich schließlich mit anderen Anfechtungen herumzuschlagen.

Die emsigen PR-Aktivitäten seiner Behörde stehen immer wieder einmal unter dem Beschuß der jeweiligen Opposition. Ihr „werbender" oder sogar

„propagandistischer" Charakter führt bisweilen zu heftigen Auseinandersetzungen auch in der Publizistik und vor Gericht. So wurde die Forderung laut, die Regierung dürfe informieren, aber nicht für ihre Sache werben; oder: das Presseamt dürfe zwar die Politik einer Regierung erläutern, nicht aber zur Verteidigung dieser Politik „auf eigene Argumente sinnen" (Sänger 1966).

Die USA ergänzten schon 1913 ihre Verfassung um ein Amendment, das den Regierungsbehörden verbietet, „public experts" einzusetzen, um die Presse im Sinne von Regierungsvorhaben zu beeinflussen. Sie dürften sich nicht durch solche Methoden die Zustimmung der Parlamentarier verschaffen; es sei denn, diese sprächen sich selbst für eine solche Kampagne aus. Dieses „Gillett-Amendment", so resümierten Grunig und Hunt, „has not kept public relations out of government, but it has restricted government to providing information rather than publicity" (1984, 36).

In Deutschland wurde das Bundesverfassungsgericht zweimal angerufen. Dabei gewann es dem Phänomen Öffentlichkeitsarbeit von Mal zu Mal bessere Seiten ab. Anfang der 70er Jahre hieß es noch hinhaltend:

Die sogenannte Öffentlichkeitsarbeit von Regierungen und gesetzgebenden Körperschaften ist unbedenklich, so weit sie ... der Öffentlichkeit ihre Politik, ihre Maßnahmen und Vorhaben sowie die künftig zu lösenden Fragen darlegen und erläutern (BVerfGE 20, 56).

Ein paar Jahre später äußerte sich das Gericht viel überzeugter vom Sinn der Öffentlichkeitsarbeit. In seinem Grundsatzurteil vom 2. 3. 1977 hieß es:

Öffentlichkeitsarbeit von Regierung und gesetzgebenden Körperschaften ist in Grenzen nicht nur verfassungsrechtlich zulässig, sondern auch notwendig. Die Demokratie des Grundgesetzes bedarf – unbeschadet sachlicher Differenzen in Einzelfragen – eines weitgehenden Einverständnisses der Bürger mit der vom Grundgesetz geschaffenen Staatsordnung.
Dieser Grundkonsens wird von dem Bewußtsein der Bürger getragen, daß der vom Grundgesetz verfaßte Staat dem Einzelnen im Gegensatz zu totalitär verfaßten Staaten einen weiten Freiheitsraum zur Entfaltung im privaten wie im öffentlichen Bereich offenhält und gewährleistet. Diesen Grundkonsens lebendig zu erhalten, ist Aufgabe staatlicher Öffentlichkeitsarbeit.

Man beachte, daß das Gericht hier von den „Bürgern" spricht, nicht von den Journalisten. Der Presse gilt, so darf man folgern, nur ein instrumentalisierendes Augenmerk. Zielgruppe staatlicher Öffentlichkeitsarbeit hat das ganze Volk zu sein.

Den Bürgern sind „die Zusammenhänge offenzulegen"; es ist ihr „Verständnis für erforderliche Maßnahmen zu wecken"; mehr noch: es ist statthaft, „um ein konjunkturgerechtes Verhalten zu werben". Der Begriff Wer-

bung wird genannt! Auch wird es einer Regierung erlaubt, zu tariflichen
Auseinandersetzungen Stellung zu nehmen.

Nicht erlaubt ist hingegen das aktive Eingreifen des BPA in den Wahlkampf der Regierungspartei. Genau das war der Gegenstand des Gerichts-
verfahrens von 1976/77. Das Bundesverfassungsgericht bezeichnete verschiedene Maßnahmen der Bundesregierung in der Zeit vor dem Bundes-
tagswahlkampf 1976 als unvereinbar mit dem Grundgesetz. Die Broschüre,
mit der sich das BPA im Mai 1990 den Lesern des „PR-Magazins" vorstellte,
nannte die Beanstandungen nicht. Um so ausführlicher zitierte es diejenigen
Passagen, die die Bedeutung seiner Arbeit unterstrichen. Die – auch im
Sinne des Urteils – unvollständige Publizierung sei daher hier ergänzt:

1. Den Staatsorganen ist es von Verfassungs wegen versagt, sich in amtlicher Funktion im Hinblick auf Wahlen mit politischen Parteien oder Wahlbe-
werbern zu identifizieren und sie unter Einsatz staatlicher Mittel zu unterstützen oder zu bekämpfen, insbesondere durch Werbung die Entscheidung
des Wählers zu beeinflussen.

4. Ein parteiergreifendes Einwirken von Staatsorganen in die Wahlen zur
Volksvertretung ist auch nicht zulässig in der Form von Öffentlichkeitsarbeit. Die Öffentlichkeitsarbeit der Regierung findet dort ihre Grenze, wo
die Wahlwerbung beginnt.

6. Tritt der informative Gehalt einer Druckschrift oder Anzeige eindeutig
hinter die reklamehafte Aufmachung zurück, so kann das ein Anzeichen
dafür sein, daß die Grenze zur unzulässigen Wahlwerbung überschritten ist.

7. Als Anzeichen für eine Grenzüberschreitung zur unzulässigen Wahlwerbung kommt weiterhin ein Anwachsen der Öffentlichkeitsarbeit in Wahl-
kampfnähe in Betracht.

8. Aus der Verpflichtung der Bundesregierung, sich jeder parteiergreifen-
den Einwirkung auf die Wahl zu enthalten, folgt schließlich für die Vor-
wahlzeit das Gebot äußerster Zurückhaltung und das Verbot jeglicher mit
Haushaltsmitteln betriebener Öffentlichkeitsarbeit in Form von sogenannten Arbeits-, Leistungs- und Erfolgsberichten.

9. Die Bundesregierung muß Vorkehrungen dagegen treffen, daß die von
ihr für Zwecke der Öffentlichkeitsarbeit hergestellten Druckwerke nicht
von den Parteien selbst oder von anderen sie bei der Wahl unterstützenden
Organisationen zur Wahlwerbung eingesetzt werden (BVG 1977).

Wer gegen solche Verbote verstößt, nimmt oder verkürzt nach Auffassung
des Gerichts „die rechtliche Chance der Minderheit, zur Mehrheit von
Morgen zu werden" und „setzt die von der Allgemeinheit erbrachten und getragenen finanziellen Mittel in parteiergreifender Weise ein". Das waren
auch die Argumente der jeweiligen – oppositionellen – Antragsteller.

Dem Gerichtsurteil von 1972 lagen zwei Prinzipien zugrunde. Erstens habe sich die Willensbildung in Demokratien vom Volke zu den Staatsorganen hin zu vollziehen und nicht umgekehrt. Zweitens haben Bundesregierung und Bundestag nur einen zeitlich begrenzten Auftrag: mit ihm sei es unvereinbar, „daß die im Amt befindliche Bundesregierung als Verfassungsorgan im Wahlkampf sich gleichsam zur Wiederwahl stellt und dafür wirbt, daß sie als Regierung wiedergewählt wird". Die Bereitschaft aller Bürger zum Rechtsgehorsam würde verlorengehen, wenn staatliche Gewalt als Werkzeug zur Perpetuierung der Herrschaft einer bestimmten Mehrheit dienen könnte.

Einer der Bundesrichter hielt diese Auffassung für recht realitätsfern und gab daher ein Sondervotum ab. Die Demokratie des Grundgesetzes sei eine Parteiendemokratie und eine Bundesregierung kein parteipolitisch neutrales Verfassungsorgan, auch und gerade nicht im Wahlkampf.

Weil das so ist, haben seit Errichtung der Bundesrepublik Deutschland sämtliche Bundeskanzler und nahezu alle Bundesminister in die Bundestagswahlkämpfe eingegriffen, und zwar nicht nur in ihrer Eigenschaft als Abgeordnete und als Parteifunktionäre, sondern gerade auch in ihrer Eigenschaft als Bundeskanzler und als Bundesminister. Dies geschah in bewußter und gewollter Nutzbarmachung der staatlichen Amtsautorität für Zwecke des Wahlkampfes und unter intensiver Ausnützung ihrer Amtsmittel. Hierzu gehörten auch die Haushaltsmittel für die Öffentlichkeitsarbeit (Rottmann in: NJW 1977, Heft 17, 758).

Das stimmt wohl und führte dennoch nicht zu einer Auflehnung gegen den Richterspruch. Regierungschefs nutzen in Wahlkampfzeiten ihren Amtsbonus und ihre Amtsaura von der Signalsprache über den Einsatz von Symbolen bis zu den Anreden weidlich aus. Ihre Amtsapparate halten sie indessen seit dem Urteil von 1977 stärker im Zaum. Der Bundesrechnungshof prüft bisweilen die Öffentlichkeitsarbeit der Regierung vor Wahlen. 1990 hatte er von 416 geprüften Maßnahmen nur 11 rügen oder beanstanden müssen. Deren Wert belief sich auf gerade 1,8 von insgesamt 227 Mio. DM BPA-Budget. So paßte sich doch die politische Realität den Idealvorstellungen von Richtern an.

Regierungsamtliche Öffentlichkeitsarbeit

Trotz des Verbots von Wahlkampfaktionen geschieht Regierungskommunikation nicht unter kampffreien Bedingungen. Darin unterscheidet sie sich von anderen Feldern der Öffentlichkeitsarbeit. Die Unterschiede treten vor allem bei der Arbeit im Inland hervor, und sie hängen mit dem besonderen Stellenwert der politischen Kommunikation zusammen. Wolfgang Bergsdorf, viele Jahre Leiter der Abteilung Inland des BPA, hat sie einmal herausgearbeitet:

Die Wirtschaft teile der Öffentlichkeit nur das Ergebnis ihrer Entscheidungen mit, die Politik hingegen müsse den Entscheidungsprozeß selbst einsichtig machen. Sie müsse „das Abwägen von Chancen und Risiken verdeutlichen, kurzum: die Perspektivenvielfalt eines Problems und die Gesamtsicht seines Umfelds" (Bergsdorf 1990, 36).

Daran ist so viel wahr, daß die Politiker von ihren jeweiligen Gegnern oder auch von profilierungsbeflissenen Parteigängern unaufhörlich zu frühzeitigen Aktivitäten angehalten werden. Aber erstens gibt es auch in der Politik überraschende, vorab nur geheim beratene Schritte; und zweitens kennt auch die Wirtschaft durchaus das Spiel mit offenen Karten und ungewissem Ausgang. Die Veröffentlichung noch nicht ausgereifter Produktideen oder die Suche nach einem geeigneten Standort für ein neues Werk sind klassische Beispiele dafür.

Ein deutlicherer Unterschied zwischen wirtschaftlicher und politischer Öffentlichkeitsarbeit liegt im zweiten Faktor, den Bergsdorf nennt: Politik betreibt „vergleichende Werbung". Was er dazu sagt, klingt abgeklärt und wird auch im privatwirtschaftlichen Wettbewerb angewandt: Politik müsse „gegnerische Informationen und Desinformationen korrigieren; kurz: sie muß Kommunikation betreiben, die stets kontroverse Themen zum Inhalt hat ...". Aber was er nicht sagt, macht den Unterschied aus: Politik nennt den Gegner und disqualifiziert ihn.

Politische Öffentlichkeitsarbeit ist prinzipiell streitbare Öffentlichkeitsarbeit. Ihr fehlt das sonst obwaltende harmonisierende Bedürfnis. Ihr geht es nicht um ein allgemeines, eher vages Wohlwollen aller, sondern um die Aktivierung der eigenen Klientel und das Kaltstellen der Gegner. Tut sie es nicht, wird sie von den Heißspornen in den eigenen Reihen schnell wieder auf Trab gebracht. Sie gewinnt auch die Resonanz der Presse nur bei einem grundsätzlich agonalen Verhalten. Ein Landtagskandidat, der Gegner nicht aufs Korn nimmt, bleibt von der Presse unbeachtet. Sachliche Fragen können nur emotionsaufgeladen mit einem Niederschlag rechnen: Es muß gefordert und gewarnt und gedroht und heftige Kritik geübt werden.

Einen dritten Unterschied zwischen wirtschaftlicher und politischer Öffentlichkeitsarbeit sollten wir daher den beiden von Bergsdorf genannten hinzufügen: Politisches Handeln ist – sicher auch im Gegensatz zu behördlichem Handeln – niemals nur eine auf Sachzwecke ausgerichtete Aktivität. Sie ist stets eine auf äußerste Medienwirksamkeit bedachte Inszenierung:

> Tatsächlich dürfte ein Großteil der politischen Ereignisse, die von den Medien vermittelt werden, nur deshalb auf der public agenda erscheinen, weil es Medien gibt (Sarcinelli 1992, 44).

Das wissen im Grunde alle: die Presse und das Publikum. Regierungsamtliche Sachkommunikation hat es daher auch recht schwer, ohne Mißtrauen zur Kenntnis genommen zu werden. Steckt hinter einer Sache nicht stets ein Stück Politik? Bergsdorf sieht eher die handwerklichen Schwierigkeiten:

Natürlich ist Politik ein schwieriger, sperriger Stoff, dessen Chancen für Aufmerksamkeit im Wettbewerb um Auflagenzahlen und Einschaltquoten unter der wachsenden Dominanz der Unterhaltung eher geringer werden (1990, 36).

Bergsdorf hat dabei wie selbstverständlich nur die Presse und das Fernsehen im Sinn. Seine Abteilung – rund hundert Dienststellen – setzt jedoch, wie es in einem Schriftsatz der Bundesregierung vom 2. September 1976 für das Verfahren vor dem Bundesverfassungsgericht heißt, für einen „unbegrenzten Bevölkerungskreis" wie „für bestimmte, sachlich alleininteressierte Personenkreise" zahlreiche Periodika, Broschüren, Bücher, Anzeigen, Filme und Informationsstände auf Messen und Ausstellungen ein.

Für diese „Öffentlichkeitsarbeit im engeren Sinne" standen 1990 im Inland 65,5 Millionen DM, im Ausland 89 Millionen DM zur Verfügung. Weitere 236 Millionen DM gelten der sogenannten „Öffentlichkeitsarbeit im weiteren Sinne". Darunter listet man die Aufklärungsarbeit in Gesundheitsfragen, Drogenbekämpfung, Verkehrssicherheit, Nachwuchswerbung für die Bundeswehr etc. „Selbstdarstellung und Imagepflege", wie die jeweilige Opposition zu sagen pflege, sei dies aber sicher nicht, hieß es dazu in der dem PR-Magazin 5/90 beigefügten Broschüre des BPA.

Über seine Maßnahmen und die dafür insgesamt aufgewandten Mittel berichtet das BPA vierteljährlich im Bulletin der Bundesregierung. Recht stereotyp nennt es dabei den Verwendungszweck:

Die Ausgaben dienen der Information der mehr als 79 Millionen Bürger in der Bundesrepublik Deutschland über ihre Rechte, Pflichten und Chancen sowie über die Arbeit und die Ziele der Bundesregierung.

Dem Bundesinnenministerium zugeordnet, im Prinzip aber unparteiisch wirkt daneben die Bundeszentrale für Politische Bildung. In einem Erlaß des Ministeriums wird ihre Aufgabe umrissen: Sie soll im deutschen Volk Verständnis für politische Sachverhalte fördern, das demokratische Bewußtsein festigen und die Bereitschaft zur politischen Mitarbeit stärken. Für jährlich rund 40 Millionen DM werden Bücher, Zeitschriften – DAS PARLAMENT und die „Informationen zur politischen Bildung" – sowie Reisen und Seminare angeboten. Ihre Adressaten sind Lehrer und Schüler, Politiker und Journalisten.

Die Information nach innen
Ein Amtschef muß – wie jeder PR-Chef – auch nach innen informieren. Besucher des BPA fragen dies bemerkenswerterweise am meisten nach. „Es

ist merkwürdig", schreiben Küffner und Pollmann (1972, 93), „daß die Fragen fast immer nur um ein einziges Thema kreisen: Wer informiert den Bundeskanzler, das Gesamtkabinett, die Spitzen der Verwaltung? Wie ist sichergestellt, daß die politische Führung auch wirklich alles erfährt, unverfälscht und rechtzeitig?"

Verschiedene Regierungschefs nutzten verschiedene Methoden der internen Information: Schriftliche Vorlagen, mündliche Lagevorträge, Lagebesprechungen in kleinerem oder größerem Kreis, ergänzt durch Übersichten, Schaubilder etc. Wichtiger als die Form ist aber der Inhalt. Nicht nur die Besucher des BPA mißtrauen der Zivilcourage der Vortragenden und argwöhnen, daß unliebsame Nachrichten unterschlagen oder verfälscht werden könnten. Auch Karl Carstens mahnte in seinem Werk über ›Politische Führung‹ den Lagebericht als Grundlage der Regierungskunst an:

Die richtige Informierung des Bundeskanzlers und der Bundesregierung erfordert vielseitige Fähigkeiten. Der für die Information Verantwortliche muß sich in die Lage der Regierung versetzen können. Er muß ihr alles wichtige berichten, aber darf sie nicht in Details ersticken. Er muß selbst zu jener Gesamtschau aller politisch relevanten Vorgänge fähig sein, die eine der wichtigsten Grundlagen der Regierungskunst ist. Er muß die Fähigkeit zur Abstraktion und zur Zusammenfassung vieler Einzelmeldungen haben. Er muß, wenn er mündlich vorträgt, seiner Darstellung eine fesselnde Form geben können. Sonst geht sein Vortrag – vor allem, wenn er ihn vor einem größeren Kreis hält – in allgemeiner Unaufmerksamkeit unter. Er muß seine Berichte ungeschminkt geben, darf schlechte Nachrichten nicht verschweigen und gute nicht übertreiben ...

Viele Entwicklungen in der Politik zeichnen sich für den intuitiv begabten Beobachter früher ab als für den rein rational Operierenden. Nicht umsonst gehört die italienische Diplomatie – jedenfalls nach meinen Erfahrungen – zu den bestinformierten der Welt. Abgesehen von der hervorragenden diplomatischen Tradition der Venezianer, die sie übernommen hat, verfügt sie über eine große Zahl feinnerviger Persönlichkeiten, die Vorgänge registrieren können, welche für andere Beobachter noch unsichtbar sind (Carstens 1971, 188f.).

Karl Carstens war Diplomat, bevor er Politiker wurde. Doch sein Informationsethos gilt für jegliche Art von Binneninformation, geschehe sie durch Diplomaten oder Pressechefs. Fruchten kann sie allerdings nur, wenn auch der Informierte eine „feinnervige Persönlichkeit" ist. Sonst bleibt jede „Regierungskunst" auf der Strecke.

Staatliche PR im Ausland

Internationale Kommunikation ist für den PR-Praktiker ein zwielichtiges Feld, angesiedelt zwischen politischen Gesten, Diplomatie, Geheimdienst und Kulturarbeit. Entsprechend selten ist er selbst gefragt.

Auch die Wissenschaft hat für diese Aktivitäten noch keine Basis ge-

funden. „Die Quellenlage", schreibt Michael Kunczik, „ist nicht nur
schlecht, sondern, und dies sei besonders betont, sie ist zumeist auf dem Niveau der vorwissenschaftlichen, anekdotischen Beobachtung angesiedelt"
(Kunczik 1990a, 39). Darin steckt ein Stück Selbstkritik, denn sein eigenes
Werk über „Internationale Public Relations" ist ein einziges Sammelsurium
an Beispielen, wie keines umfangreicher gedacht werden kann (1990b).
    Besser ist auch die Zunft der Kommunikationswissenschaftler als ganze
nicht dran. 1984 brachte die Zeitschrift PUBLIZISTIK ein Doppelheft über
„Internationale Kommunikationsbeziehungen" mit 24 Beiträgen heraus.
Das Resümee ist nicht sehr viel ergiebiger als das des Einzelkämpfers
Kunczik. „Internationale Kommunikation", schrieb etwa Beate Schneider,
sei nur „ein Sammelbegriff für unterschiedlichste Studien zur Auslandsbe-
richterstattung und Auslandspresse, Propaganda und Auslandsrundfunk,
vergleichende Medienstrukturanalysen, Satellitentechniken, internationaler öffentlicher Meinung und Imagebildung, zur Analyse von grenzüber-
schreitenden Informationsströmen, aber auch zu Formen der Diplomatie,
des Völkerrechts und Internationaler Politik" (1984, 303).
    Vieles davon wird nie zu Markte getragen. Kunczik macht daraus sogar
ein Prinzip: „Public Relations-Aktionen", schreibt er in seinem Buch, „sind
ganz besonders dann erfolgversprechend, wenn sie nicht als solche zu erkennen sind" (1990b, 13). Doch er verallgemeinert damit zu stark. Zwar gibt
es durchaus viel – zuviel – Geheimniskrämerei, insbesondere bei der Beauf-
tragung von Agenturen durch fremde Regierungen oder auch mit Geheim-
diensten. Aber es gibt genauso häufig ein öffentliches Vorgehen, ein öffentliches Berichtswesen, öffentliche Anhörungsverfahren in den Parlamenten,
und es gibt das eitle Selbstlob der press agents.
    „Jeder Versuch, diese Public Relations auf nicht ganz öffentlichen Wegen
voranzutreiben, ist nicht nur zum Scheitern verurteilt, sondern wird sich mit
Sicherheit gegen den Urheber richten", schrieb der erste deutsche Nach-
kriegsdiplomat in den USA, der New Yorker Generalkonsul Heinz Kre-
keler, 1951 sehr weise in sein Grundkonzept für die deutsche Öffentlichkeitsarbeit in den USA (Hoffmann 1991, 459). Er berichtete dem Auswärtigen
Amt, das sich darüber mit dem Bundespresseamt beriet.
    Die deutsche Öffentlichkeitsarbeit im Ausland wird bis auf den heutigen
Tag von mehreren Ministerien, staatlichen oder halbstaatlichen Organisationen wahrgenommen. Das BPA zum Beispiel operiert gegenüber dem
Ausland im Prinzip nicht anders als gegenüber den Bürgern Deutschlands.
Man betreut Journalisten, in diesem Falle die Auslandskorrespondenten in
der Bundeshauptstadt; man lädt wichtige Persönlichkeiten aus Kultur und
Publizistik zu einem Besuch in Deutschland ein; man publiziert PR-Bro-
schüren, Filme und Bücher in einer Vielzahl von Sprachen und distribuiert

sie über Botschaften, Konsulate, Goethe-Institute und andere deutsche Einrichtungen.

Deutsche Spiel- und Dokumentarfilme werden über TransTel, eine gemeinsame Tochter des Bundes und der ARD, in fremdsprachlichen Fassungen an rund 800 Sender in etwa 100 Länder Lateinamerikas, Afrikas und Asiens vertrieben. Man will die Zuschauer dieser Länder „mit den politischen, kulturellen, wirtschaftlichen und sozialen Gegebenheiten des heutigen Deutschland in geeigneter Form vertraut machen und darüber hinaus allgemeine Unterrichtung vermitteln", wie es im Gesellschaftsvertrag vom Mai/Juni 1965 heißt.

Das sei Sympathiewerbung für Deutschland, nicht aber Regierungspropaganda, beteuerten die Mitarbeiter von TransTel der FAZ, und diese nannte das Unternehmen eine der erfolgreichsten Institutionen der deutschen auswärtigen Kulturpolitik (5. 9. 1985). In einigen afrikanischen Ländern bestreiten deutsche Filme bis zur Hälfte der Programme. Dort sieht man sich zum Beispiel „Den Alten" an oder den „Siebten Sinn" oder hört „Musik aus Studio B".

Ähnlich verfahren auch andere große Staaten. In den USA heißt diese Tätigkeit „public diplomacy". Sie wird von der United States Information Agency (USIA) wahrgenommen, eine Organisation, die früher einmal unter der Aufsicht des „Secretary of State" stand und daher lange Zeit von Diplomaten geleitet wurde. Heute ist sie eine selbständige Organisation, vergleichbar dem Goethe-Institut. Ihre Arbeit beaufsichtigt eine „US Advisory Commission on Public Diplomacy", die nicht aus Beamten, sondern aus führenden Geschäftsleuten besteht. Diese Kommission veröffentlicht jährlich einen Report mit Findings und Recommendations.

Die Aktivitäten der USIA ähneln formell denjenigen vieler vergleichbarer Institutionen anderer Länder, wenn auch um ein Vielfaches umfangreicher und intensiver:

International broadcasting, overseas press and public affairs activities, and educational and cultural exchanges are essential parts of public diplomacy (US-Advisory Commission 1991).

Die Interessen einer Weltmacht bringen es allerdings mit sich, daß sich in den Bruchzonen ihrer Einflußsphären, wo Streitkräfte stationiert sind oder Guerillakriege aufflackern, eine Reihe anderer Aktivitäten wahrgenommen werden, die sich nicht ganz in das Bild herkömmlicher PR einordnen lassen. Der Report der Advisory Commission spricht nicht darüber.

Ausführlich wird dafür das in den Augen der Kommission vorbildliche Vorgehen anläßlich des Golfkrieges 1990/91 gewürdigt.

Language qualified officers, with broad contacts and knowledge of their host countries, articulated US policies, countered misperceptions, arranged press briefings and other public affairs programs, reported on opinion trends, and assessed public diplomacy themes and activities. In the Middle East, USIA officers communicated effectively with Ministries of Information and provided public affairs assistance to the United States central command.

Voice of America, English, Arabic, and Farsi broadcasts were greatly expanded, and rebroadcast of VOA's coverage by foreign radio stations increased dramatically … In stepped-up appearances on USIA's media and in briefings at its Foreign Press Centers in Washington and New York, US officials explained coalition policies and refuted Iraqi disinformation (1991, 15).

Die Amerikaner analysierten die Kriterien ihres Erfolgs und benannten vornehmlich zwei Faktoren: Man operierte zurückhaltend (low key) und ließ häufig andere für sich sprechen:

Public diplomacy in the Gulf crisis was effective largely because it was reasoned, imaginative, restrained, and low key … The temptation to preach and overreact was avoided. And on many issues, coalition partners took the lead where an „American“ approach would have been less credible (1991, 15).

Die Rolle der Nachrichtendienste

Der USIA ist es ausdrücklich verboten, CIA-Dienste zu übernehmen. Aber der CIA scheint es gestattet zu sein, auslandsgerichtete Medienarbeit durchzuführen. Hansjürgen Koschwitz, Kommunikationswissenschaftler in Göttingen, legte Zeitungsberichte über diese Tätigkeiten vor (1988, 14). So hatte die CIA von 1966 bis 1975 in London einen Informationsdienst „Forum World Features“ organisiert, der politische Artikel in die internationale Publizistik lancieren sollte. Darüber hinaus haben nach den Berichten auch seriöser Blätter zahllose ausländische Journalisten mit der CIA zusammengearbeitet, und parallel zum Aufbau eines solchen Korrespondentennetzes vollzog sich die materielle Unterstützung oder Subventionierung eines stattlichen Kreises ausländischer Publikationen, Zeitungen sowie Zeitschriften.

Auch Desinformationen geschahen in beträchtlichem Umfang. William Colby, der frühere Leiter der CIA, hat 1977 einem parlamentarischen Untersuchungsausschuß mitgeteilt, man habe des öfteren falsche Stories in die Auslandspresse geschleust, unter anderem die Stärke kleiner prowestlicher Widerstandsgruppen aufgebauscht, die gerade durch einen solchen Trick Zulauf erhielten und damit in den Stand gesetzt wurden, erfolgreiche Aktionen ins Werk zu setzen. Koschwitz führt als Gewähr die NEW YORK HERALD TRIBUNE (28. 12. 1977) an. Er fährt fort, wobei er sich erneut auf dieses Blatt beruft (3. 1. 1978):

Das Repertoire der mit getarnter Medienarbeit beschäftigten CIA-Stellen reicht vom Verfassen von Leserbriefen und deren Weiterleitung an ausgewählte Redaktionen (denen natürlich die geheimdienstliche Anbindung des Absenders unbekannt bleibt) über das Umarbeiten, Ausschmücken oder Frisieren von Unterlagen, Materialien, Dokumenten, etwa von Überläuferberichten, bis hin zum Formulieren gänzlich unzutreffender Meldungen und Texte (Koschwitz 1988, 81).

Koschwitz berichtet ausführlich auch über die vergleichbaren Aktivitäten des KGB, hierbei weitgehend auf die Auskünfte von Überläufern gestützt. Der Bericht läßt erkennen, zu welchen äußersten Mitteln Supermächte greifen, wenn es ihnen darum geht, die veröffentlichte Weltmeinung auf ihre Seite zu ziehen:

> Eine Fülle von Spielarten des getarnten Kampfes um Einflußnahme auf die wechselseitigen Beziehungen zwischen Staaten oder auch die inneren Verhältnisse des Auslandes, gar um Formung der Weltmeinung hat sich während der zurückliegenden Jahrzehnte herausgebildet, deren sich die Staaten nun permanent, oft äußerst raffiniert bedienen (Koschwitz 1988, 71).

Koschwitz macht aber auch deutlich, daß die geheimen publizistischen Aktivitäten der Großmächte in vielen Fällen durch offizielle Aussagen oder Erklärungen außenpolitischer Entscheidungsträger abgestützt wurden. Niemand vermag daher schlüssig zu sagen, ob eventuelle Wirkungen auf die verdeckte Medienarbeit oder das laute Trommeln der Politiker zurückzuführen ist, das sich natürlich seinerseits in den Medien niederschlug.

Die CIA selbst scheint die Wirksamkeit ihrer verdeckten Medienarbeit sehr hoch eingeschätzt zu haben: „Aus Geheimdienstsicht", berichtet Koschwitz (83), „hat diese Arbeit im Vergleich zu den offiziellen Informationsbemühungen der zuständigen Ämter ICA bzw. USIA nicht selten bessere Ergebnisse erbracht." PR-Fachleute und Diplomaten urteilten darüber sehr viel zurückhaltender.

Alle aber waren davon überzeugt, daß der KGB auf dem Felde des psychologischen Medienkrieges effizienter operierte. Als Musterbeispiel wird die Aidskampagne angeführt. Sie nahm den nahezu klassischen Verlauf: beginnend mit einem mysteriösen Leserbrief in einer linksorientierten indischen Tageszeitung, von der LITERATURNAJA GAZETA drei Monate später aufgegriffen, dann von TASS und zahllosen Blättern kolportiert, stets mit Nennung der indischen Zeitung als Quelle, nicht jedoch des Leserbriefs. Aids, so ging die Behauptung, sei aus der Erprobung neuer bakteriologischer Waffen der Amerikaner hervorgegangen.

Was ist von alledem geblieben? Der unbestreitbare Vorsprung des sozialistischen Lagers im getarnten Psychokrieg, so urteilte Hansjürgen Koschwitz 1988 wohl zu Recht, wurde durch das sehr offene Massenkommunikationssystem des Westens wettgemacht. Nur in totalitären Staaten, so möchten wir ergänzen, können sich Gerüchte über lange Zeiträume halten. Desinformationen haben heute nur einen schmalen, sich meist rasch verflüchtigenden

Wirkungskorridor in einer breiten Masse sich ständig selbst korrigierender Informationssysteme.

Die Zeichensprache in der internationalen Kommunikation

Kommt es zwischen Staaten zum Zusammenbruch der normalen internationalen, in der Regel durch die Diplomatie aufrechterhaltenen Kommunikation, dann setzt ein Regime der Zeichen und Gesten im Verkehr miteinander ein. Es ist „ein einfaches Vokabularium elementarer Willensbekundungen", schreibt Daniel Frei (1982, 300). Es beschränke sich auf die Billigung oder Mißbilligung des Verhaltens eines anderen Staates, oder es bringe Forderungen, Versprechen und Drohungen von unterschiedlichen Graden der Intensität zum Ausdruck.

Am weitesten ausgebildet ist der Zeichencharakter von Flottenbewegungen. Sie können noch am deutlichsten das „Flaggezeigen" exerzieren. Raymond Cohen hat festgestellt, daß allein durch die Verschiebung eines Schiffes insgesamt 16 klar unterscheidbare Aussagen gemacht werden können (1981, 79ff.). Um solchen Manövern aber jede operativ-militärische Bedeutung zu nehmen, wurde 1972 zwischen den USA und der Sowjetunion ein „Agreement on the prevention of incidents on and over the high seas" abgeschlossen. Frei berichtet (1982, 306):

Darin wird präzise festgelegt, was im „Signalisierballett" nichtverbaler Machtdemonstration erlaubt ist und was nicht. Laut Artikel 3 sind Kollisionen zu vermeiden, Angriffe gegeneinander dürfen nicht übungshalber simuliert werden, man darf auch nicht zum Schein aufeinander zielen, man darf einander nicht mit Scheinwerferlicht blenden; Artikel 4 verbietet Kunstflugübungen über gegnerischen Schiffen, und Artikel 7 verlangt bei Zwischenfällen sofortigen Informationsaustausch über die Marineattachés in Washington und Moskau. Dieses Abkommen kann durchaus als Ausdruck des Willens betrachtet werden, den symbolischen, zeichenhaften Gebrauch von Machtmitteln vom operativen Gebrauch dieser Machtmittel klar abzugrenzen.

Der Regierungssprecher einer Landmacht braucht in derartigen Gepflogenheiten nicht unbedingt ausgebildet zu sein. Aber solche Theaterdonner werden in der Regel ausdrücklich um der internationalen Resonanz willen inszeniert. Daher wird es dem Wissenden möglich sein, der allgemeinen Aufgeregtheit nicht eine persönliche hinzuzufügen. Seinem Harmonisierungsbedürfnis dürfte es eher entgegenkommen, in solchen Fällen zu abwiegelnden Kommentaren aufzufordern.

Die mediatisierte Außenpolitik

Kehren wir zur Normalität zurück! Fast jeder Staat ist daran interessiert, im Ausland ein hohes Ansehen zu genießen. Zwar kann er in der Regel darauf verzichten, überall in der Welt gleich populär und wohlgelitten zu sein. Aber in denjenigen Meinungszentren, von denen er mehr oder weniger abhängt, ist er um ein gutes Image bemüht.

Dabei geht es ihm zum Teil darum, für seine Exportwirtschaft günstige Voraussetzungen zu schaffen; nicht viele Länder verfügen über so zugkräftige Slogans wie Made in Germany. Zum Teil will er auch die Attraktivität des eigenen Landes erhöhen: für Touristen, Investoren oder Kreditgeber.

Michael Kunczik, der über solche staatlichen PR-Aktivitäten arbeitet, hat aus umfangreichen Fällen verschiedene Hypothesen abgeleitet (1991, 347):

1. Je abhängiger ein bestimmtes Land vom Export ist, desto intensiver betreibt es Imagepflege.

2. Ein Staat wird um so eher zu PR-Maßnahmen greifen, je weniger über ihn – aus welchen Gründen auch immer – positiv berichtet wird.

3. Ein Staat wird um so eher zum Gegenstand von PR-Aktionen eines anderen Staates, je größer dessen wirtschaftliche oder politische Bedeutung und je offener dessen Mediensystem ist.

Zwischen Staaten mit vergleichbaren Mediensystemen kann es daher zu einer, wie Kunczik es nennt, „mediatisierten Außenpolitik" kommen: Die Reaktionen der ausländischen Öffentlichkeit werden in das außenpolitische Kalkül miteinbezogen. Er rechnet dazu die Politschau, die vielfach an die Stelle der Verhandlungen oder Gespräche tritt und auf die alle Medien immer wieder schier besinnungslos abfahren. Diese Schau geschieht bei den einen für ein heimisches Publikum, bei den anderen für die Zuschauer in der weiten Welt. Für die ersteren bot der US-Präsident Reagan manches verblüffende Beispiel, für die letzteren – ebenso einseitig und extrem – Gorbatschow.

Kunczik stöhnt darüber offensichtlich. Es fragt sich trotzdem, ob daran so viel falsch sein kann. Die Symbolpolitik, die innerhalb der modernen Demokratien vorherrscht, gilt genauso in ihren Beziehungen zueinander. Allerdings gilt auch, daß Weltöffentlichkeiten und Weltmeinungen durch Inszenierungen und „Politschauen" ganz diabolisch beeinflußt werden können. Was Ulrich Saxer „Schlammschlachten" nennt, erhält in den internationalen Auseinandersetzungen schnell kriegerische Akzente. Meister in der Inszenierung von Pseudoereignissen sind die alternativen und terroristischen Aktivisten. Greenpeace zieht damit die Aufmerksamkeit der Weltpresse an.

Die Arbeit der PR-Agenturen darf nicht unbeachtet bleiben. Sie machen die PR „für" Staaten, und ihr großes Arbeitsfeld ist die mächtigste, zugleich offenste Nation der Welt: die USA. Ihre Auftraggeber kommen aus allen Regionen der Welt und von aller Herren Länder. Edward Bernays, der Altmeister der amerikanischen PR, hat in den zwanziger Jahren die Litauer und Tschechen, in den fünfziger Jahren Pandit Nehru beraten und betreut. Ein anderer Altmeister, Ivy Lee, schrieb Memoranden für die IG-Farben und beriet Joseph Goebbels. Er war als PR-Berater in den USA für Argentinien, Frankreich, Polen, Rumänien und Ungarn tätig.

Solche Agenturleute rühmen sich ihrer Kontakte zur inländischen Presse; eine freundliche, auch ausführliche Berichterstattung gilt als Nonplusultra für die meist auftraggebende Diplomatie. Was hatten sich die Deutschen nach dem Zweiten Weltkrieg über einen ersten nahezu ausgewogenen Artikel in der amerikanischen Zeitschrift LOOK gefreut: „Germany's lonely Jews" hieß der Bericht am 23. 9. 1952. Er wurde im AA und BPA auf seine positiven oder negativen oder neutralen Wirkungen untersucht, als hätte es sich um einen Vertragstext gehandelt.

Vermehrt werden Anzeigen und umfangreiche Zeitungsbeilagen eingesetzt. Auch in europäischen und gerade in deutschen Zeitungen nehmen die Länderspecials zu. Die USA sind schon lange nicht mehr das bevorzugte Ziel ausländischer PR-Kampagnen, wie Kunczik beobachtet hat: „Zumindest was die Zahl staatlicher PR-Anzeigen betrifft, kann festgehalten werden, daß die Bundesrepublik Deutschland ein wichtiges Zielgebiet für die Public Relations anderer Staaten darstellt" (1991, 354).

Kluge PR-Leute wissen aber, daß mit anderen Aktivitäten auf Dauer mehr zu erreichen ist. Sie setzen auf die direkte Ansprache durch Kultur. In unzähligen Ländern stehen die Amerika-Häuser der USIA, die Instituts Français des Quai d'Orsay und die Goethe-Institute im edlen Wettstreit um die Gunst der Intellektuellen. Ein Land hatte fast ausschließlich auf den olympischen Sport gesetzt: die frühere DDR. „Tatsächlich fanden sich in der Sportberichterstattung die einzigen positiven Bezüge zur DDR", berichtete Hartmut Keil nach einer Analyse der Abendnachrichten von ABC, CBS und NBC zwischen 1988 und 1990 (Keil 36).

Keines dieser PR-Mittel aber kann an den machtvollen Einfluß bestimmter Zeichen oder Ereignisse heranreichen, wenn diese das Denken und Handeln einer Nation bloßzulegen imstande sind. Das deutsch-amerikanische Verhältnis gibt dafür eine Reihe beredter Beispiele.

PR-Strategien der Deutschen in den USA

Deutschland verfügt in den USA seit Jahr und Tag über einen Fundus an Goodwill. Seine Bündnistreue und die Qualität seiner Produkte sind die Grundlagen dieses Ansehens. Zwar werden die politischen Reminiszenzen an das Dritte Reich immer wieder wachgerüttelt, zum Teil durch so unglückliche PR-Aktionen wie den Soldatengräberbesuch von Reagan und Kohl in Bitburg. Aber das Bild der beiden Nationen voneinander blieb über Jahrzehnte stabil.

Zwei gegenläufige Entwicklungen haben diesen Zustand zuletzt in Frage gestellt: Erstens verlagert sich das Schwergewicht der Meinungsbildung in

Abbildung 51 a: Anläßlich des 20. Jahrestages der Gründung der Bundesrepublik Deutschland erschien in der New York Times ein vom Bundespresseamt Bonn gestaltetes Supplement von 32 Seiten mit bemerkenswerten Cover-Seiten. Sie suggerierten ein unkonventionelles, junges Deutschland voller neuer Ideen. Man beachte den Text der Rückseite!

GERMANY
AN OLD
COUNTRY
GROWING
YOUNG

This supplement issued on the occasion of the 20th anniversary of the Federal Republic of Germany was designed by Heinz Edelmann for the Press and Information Office of the Federal Republic of Germany. Before it went to the printers Mr. Edelmann had the following conversation with State Secretary Günter Diehl, head of the Press and Information Office.

Diehl reads. Arrives at the back page. Looks up.

D.: Ahem, ahem. The title on the back page. Rather unusual, isn't it, dear Mr. Edelmann?
E.: The title?
D.: The back page.
E.: Why?
D.: A title is a title, and as such, is supposed to appear on the front page.
E.: That's very German.
D.: So what?
E.: That's just it. There is another little mistake.

D.: ?
E.: It's not a title, it's a summing up.
D.: Okay. A summing up is a summing up, and as such is supposed to appear . . . .
E.: . . . where it belongs . . . .
D.: You mean people should first read the supplement and then . . . . I think that's rather clever!
E.: Well, ...

Abbildung 51 b: Rückseite.

den USA allmählich von den europäisch orientierten Neuenglandstaaten in den Sun-Belt; die bis dahin tonangebende Bevölkerungsgruppe der White Anglo-Saxon Protestants (WASP) tritt damit in den Hintergrund. Größeres Desinteresse an den traditionellen Bindungen zu europäischen Nationen ist die Folge. Zweitens sieht Deutschland selbst seine Aufgaben und Chancen in Osteuropa wachsen und übt sich gegenüber den USA in einer eher europäischen Solidarität. Das ruft Kritik und Argwohn hervor.

Die Japaner nutzen diese Entwicklungen zu einer massiven PR-Kampagne für ihr eigenes Land. „Imagine a foreign country running an ongoing political campaign in the United States, as though it were a third major political party", rief ein Kommentator entsetzt aus (Choate 1990, 87). Nach verläßlichen Berechnungen wenden sie dafür jährlich zwischen 250 und 500 Millionen Dollar auf. Diese Aktivitäten riefen die deutsche Bundesregierung, den Bundesverband der Deutschen Industrie und die deutschen Banken auf den Plan. Sie haben 1989 gemeinsam „ein umfassendes Public Relations- und Informationskonzept" ausgearbeitet.

Die vorgeschlagenen Maßnahmen zielten konsequent auf die breite Population Amerikas ab, insbesondere auf den „Nichtküstenbürger". Entsprechend kostspielig waren die Vorschläge. Sie berücksichtigten die gängigsten PR-Instrumente: deutsche Pavillons in Disney-Zentren, Filme über Deutschland für Matineen, mobile Dokumentationszentren und so weiter.

Sehr viel gezielter gehen deutsche Stiftungen zu Werke. Sie nehmen sich der Multiplikatoren an und laden Journalisten nach Deutschland ein. Noch punktgenauer geht eine von ihnen, vermutlich die kleinste unter allen, vor. Die Herbert Quandt Stiftung kontaktiert nicht die Multiplikatoren, auch nicht die Ausbilder der Multiplikatoren an den Schools of Journalism, sondern die Lehrer der Ausbilder: die Professoren der Kommunikationswissenschaft. Die Früchte ihrer Arbeit werden daher allerdings auch nicht kurzfristig zu bemerken sein.

Was aber vermögen alle diese Emsigkeiten gegen Ereignisse und Gesten auszurichten, wenn sie den Nerv der Völker treffen? Am 9. November 1989 hatten die Bürger Ostdeutschlands die Öffnung der Berliner Mauer erzwungen. Das Ereignis bannte ganz Amerika für Stunden vor die Fernsehschirme. Peter Staisch, seinerzeit ARD-Korrespondent in Washington, beschrieb die Folge:

Am nächsten Morgen begann Amerika, seine Politiker, seine Medien und seine Bevölkerung, Deutschland neu zu entdecken (1991, 299).

Zu Kap. VI. 3:

Bergsdorf, Wolfgang: Probleme der Regierungskommunikation; in: PR Magazin 11/ 1990.

Bundesregierung: Vierteljahresberichte zur Öffentlichkeitsarbeit, veröffentlicht im Bulletin der Bundesregierung.

Bundesverfassungsgericht: Entscheidungen; in: Neue Juristische Wochenschrift 1977, Heft 17.

Carstens, Karl: Politische Führung; Stuttgart 1971.

Choate, Pat: Political Advantage: Japan's Campaign for America; in: Harvard Business Review September/October 1990.

Cohen, Raymond: Where are the aircraft carriers? Nonverbal communication in international politics; in: Review of International Studies 7/1981.

Frei, Daniel: Internationale Krisen als Wandlungsprozesse von Zeichensystemen; in: Publizistik 3/1982.

Grunig, James E./Todd Hunt: Managing Public Relations; New York 1984.

Gussone, Nikolaus: Ein Unsichtbares anwesend machen; in: FAZ Nr. 243/1994.

Henkels, Walter: Die leisen Diener ihrer Herren. Regierungssprecher von Adenauer bis Kohl; Düssseldorf und Wien 1985; vergl. auch von Eckardt, Felix: Ein unordentliches Leben. Lebenserinnerungen; Düsseldorf 1967.

Hoffmann, Johannes J.: Public Relations in internationalen Beziehungen. Zum Instrumentarium außenpolitischer Öffentlichkeitsarbeit in der frühen Adenauer-Ära; in: Publizistik 4/1991.

Keil, Hartmut/Friederike Bauer: Deutschlandberichterstattung in den Abendnachrichten der Fernsehanstalten ABC, CBS und NBC 1988 bis 1990; Amerika-Institut der Universität München o. J.

Koschwitz, Hansjürgen: Der verdeckte Kampf. Methoden und Strategien geheimer Nachrichtendienste zur Manipulation der Auslandsmedien; in: Publizistik 1/1988.

Küffner, Hanns/Hans G. Pollmann: Das Presse- und Informationsamt der Bundesregierung; Bonn 1972.

Kunczik, Michael: Public Relations für Staaten; in: PR Magazin 5/1994.

–: Die manipulierte Meinung. Nationale Imagepolitik und internationale Public Relations; Köln–Wien 1990.

–: Internationale Public Relations als Forschungsfeld; in: Avenarius, Horst/Wolfgang Armbrecht (Hrsg.): Ist Public Relations eine Wissenschaft?; Opladen 1992.

Presse- und Informationsamt der Bundesregierung/Verlag Rommerskirchen (Hrsg.): Das Bundespresseamt. Verlagsbeilage im journalist/PR-Magazin 5/1990.

Sänger, Gisela: Die Funktion amtlicher Pressestellen in der demokratischen Staatsordnung, dargestellt am Beispiel der Bundesrepublik Deutschland; Frankfurt a. M. 1966.

–: Opposition und Öffentlichkeitsarbeit der Regierung; in: Publizistik 1/1970.

Sarcinelli, Ulrich: Symbolische Politik; Opladen 1987.

–: Massenmedien und Politikvermittlung; in: Wittkämper, Gerhard W. (Hrsg.): Medien und Politik; Darmstadt 1992.

Saxer, Ulrich: Public Relations und Symbolpolitik; in: Armbrecht, Wolfgang/Horst Avenarius/Ulf Zabel (Hrsg.): Image und PR; Opladen 1993.

Schneider, Beate: Von Friedensfürsten und Brandstiftern. Massenmedien und internationale Politik; in: Publizistik 3–4/1984.

Schramm, Percy Ernst: Herrschaftszeichen und Staatssymbolik; Stuttgart 1954–56.

Schulz, Winfried: Massenkommunikation in den internationalen Beziehungen; in: Dürr, Karlheinz (Hrsg.): Problemfelder internationaler Beziehungen; Tübingen 1988.

Staisch, Peter: Mein Amerika; München 1991.

United States Advisory Commission on Public Diplomacy: 1991 Report; Washington 1991.

VII. PUBLICITY FÜR MARKEN, PRODUKTE UND PERSONEN

1. Pressearbeit

Die Publicity ist die umstrittenste Form der PR. Im wirtschaftlichen Bereich bezweckt sie häufig genug die reine Verkaufsförderung, im politischen die Popularität einzelner Personen. Ihre werbliche Komponente ist die Propaganda; von ihr unterscheidet sie sich weitgehend nur durch die Zwischenschaltung der unparteiischen Medienwelt.

Innerhalb der Organisationen bleibt es daher auch häufig eine offene Frage, wer für Publicity zuständig ist: das Marketing oder die Öffentlichkeitsarbeit. Die Intentionen sind die gleichen, das Vorgehen eng aufeinander abgestimmt, die Abgrenzungen daher fließend. Lange Zeit und für viele Organisationen war PR nur der verlängerte Arm des Marketing. Harold Burson, 1977 in den USA zum „PR professional of the year" gewählt, sagte aus diesem Anlaß rückblickend: „Thirty years ago . . . Public Relations was largely marketing oriented. Product publicity was very much the name of the game."

Die Rolle der Medien, der Journalisten wie der Verlage oder Sender, ist für das Gelingen der Publicity essentiell. Zwischen ihnen und den an Publicity interessierten Organisationen, zu denen auch Miniorganisationen wie ein Star und sein Manager zu rechnen sind, herrscht daher stets ein Spannungsverhältnis. Man gewinne den Eindruck, schreiben Grunig und Hunt (1984, 223), daß es sich hier um ein Schlachtfeld handelt. Es ist nie frei von Zumutungen, Verdächtigungen, Aufdringlichkeiten, Zurückweisungen und tatsächlichen Geschäften.

PR-Agenturen bemühen sich sehr stark gerade um dieses Geschäft. Soweit sie unter dem Zwang des kurzfristigen Erfolgs stehen, gehen sie dabei häufig aggressiver vor, als es den Medien lieb sein kann. Auch stellen sie aus Akquisitionsgründen ihre bisherigen „Erfolge" heraus und suggerieren dabei, wie vortrefflich es gerade ihnen gelingt, die Medien für sich zu gewinnen.

Redaktionen hören das – wenn sie es hören – begreiflicherweise nicht gerne. 1982 hat sich eine WASHINGTON-POST-Redakteurin, wie Grunig und Hunt berichten, darüber erbost: „Why should we be in their campaign plans as something 'deliverable' by their various agents who can 'reach' us?" Die WASHINGTON POST erklärte sich damals off limits für alle PR-Leute (Grunig und Hunt 1984, 224).

Allmählich wächst die Einsicht, daß es so auch nicht geht. Die Medien und die Organisationen suchen ihr Auskommen miteinander, nicht zuletzt im Interesse des zu informierenden Publikums. Sie geraten allerdings beide dadurch in die Visiere einer fundamentalistischen Kritik: Ist dieser publizistische Aufwand gerechtfertigt? Führt er die Menschheit nicht immer wieder auf Irrwege des Konsums?

Public Relations – selbst die primitive Produkt-Publicity – muß darauf zu antworten wissen.

Der rechtliche Rahmen

Das Feld der Publicity ist in gleicher Weise von Vorschriften eingefaßt wie das der bilanziellen Rechnungslegung. Die Praxis reibt sich in beiden Fällen an den Gesetzen und lotet Mal für Mal die Grenzen des Zulässigen aus. Zahlreiche Gerichtsurteile stecken die Rahmen der recht einfachen und vielleicht gerade deshalb wortreich interpretierbaren Gebote und Verbote ab. Redaktionelle Werbung ist verboten. Sie ist wettbewerbswidrig und gegen die guten Sitten. Die Gerichte berufen sich bei ihren Urteilen auf die Paragraphen 1 und 3 des Gesetzes gegen den unlauteren Wettbewerb (UWG). Auch die Kläger berufen sich immer wieder darauf. Es sind die Konkurrenten des begünstigten Unternehmens, sehr häufig auch sogenannte Abmahnvereine, zum Beispiel ein „Verband Sozialer Wettbewerb" in Berlin oder die „Zentrale zur Bekämpfung des unlauteren Wettbewerbs" in Frankfurt am Main. Deren Motive sind bisweilen dubios. Man warf ihnen vor, mehr abzusahnen als abzumahnen, da sie vom Aufwandersatz profitierten. Solche „Geschäfte" sind seit dem 1. 8. 1994 vorbei. Jetzt dürfen neben den Konkurrenten nur solche Vereine abmahnen, deren Mitglieder größtenteils der gleichen Branche angehören, und der Verstoß muß ihren Wettbewerb wesentlich beeinträchtigen.

Sie können durch einstweilige Verfügungen den sofortigen Stopp einer lästigen Publicity erreichen. Danach kommt es bisweilen zu gerichtlichen Auseinandersetzungen, die hin und wieder bis vor dem Bundesgerichtshof ausgetragen werden (BGH GRUR 1968). Denn redaktionelle Werbung rechtlich zu beurteilen heißt stets, den Einzelfall prüfen. Das stellte Paul Lange in einem Rechtsgutachten über Produkt-Publicity fest, das er 1991 im Auftrag der Gesellschaft der Public Relations Agenturen (GPRA) schrieb.

Zu prüfen und zu beurteilen sind viele Aspekte. PR-Leute müssen darüber Bescheid wissen. Sie müssen mit geschärftem Verstand erkennen, was die Rechtsprechung gebietet, aber auch, was Sitte und Anstand fordern. Sitte und Anstand sind zwei Begriffe, die in den richterlichen Sprüchen immer wieder angeführt werden.

Die Sachverhalte selbst lassen sich grundsätzlich nach zwei Seiten untersuchen:

1. Wurde einem Wettbewerber durch die Publizierung ein Schaden zugefügt (§ 1 UWG)?
2. Wurde das Publikum einseitig und falsch informiert (§ 3 UWG)?

Der zweite Aspekt ist für die Kommunikation der wichtigere. Dabei fällt in den Urteilen das Stichwort „getarnte Werbung", wenn es sich um eine redaktionell gestaltete bezahlte Anzeige handelt, die nicht als Anzeige zu erkennen ist. Die Leser gewinnen vielmehr den Eindruck, hier nehme eine unabhängige Redaktion eine eigene Bewertung vor. Von „Schleichwerbung" ist hingegen die Rede, wenn redaktionelle Hinweise in werblicher Absicht veröffentlicht werden.

Freilich darf differenziert werden. Da kommt es zum Beispiel auf das Erscheinungsbild der Publikation an. So erwarten nach Ansicht der Richter die Leser eine von Werbung freie Information normalerweise in Zeitungen, Zeitschriften, auch in Apotheker- oder Bäckereikundenblättern, nicht hingegen in Stadtführern. In denen kann auch schon einmal dicker aufgetragen werden. Lange:

Erwartet der Leser aufgrund des Charakters der Publikation ohnehin Werbung, kann eine getarnte Schleichwerbung nicht mehr zu beklagen sein (1991, 12).

Sodann spielt für die Richter das Erscheinungsbild des Artikels selbst eine Rolle. Vermittelt der Text schon dem flüchtigen Leser – und auf den heben sie ab – den Eindruck, daß es sich hier um objektive Informationen handle, dann retten auch keine leisen, verschämten Hinweise auf eine „PR-Mitteilung" vor der Verurteilung.

Das zentrale Kriterium der richterlichen Beurteilungen ist indessen die Frage, ob der Veröffentlichung eine Wettbewerbsabsicht zugrunde liegt. Diese Frage, so führt Lange aus, müsse stets anhand der gesamten Umstände des Einzelfalls entschieden werden (1991, 21). Richter werden hellhörig, wenn zum Beispiel ein Ereignis nur zum Vorwand für einen Artikel dient; wenn sein Inhalt das Unternehmen oder das Produkt ohne rechtfertigenden Grund größer macht, als sie sind; wenn Namen genannt werden, obwohl eine sachgerechte Unterrichtung der Leser auch ohne Namensnennung geschehen kann; wenn keine zur kritischen Urteilsbildung förderlichen Informationen über ein Produkt vermittelt werden; oder wenn, wie das OLG Düsseldorf einmal feinsinnig urteilte, „Banalitäten zu werbekräftigen Wortbildungen zusammengestellt werden" (WRP 1986, 556–559).

Auch überschwengliche Formulierungen, wie „wirklich faszinierend" oder „wirklich einmalig ausgestattet", wecken den Argwohn der Richter, wenn schon nicht den der Redakteure; wie überhaupt eine betont anpreisende, lobende Sprache …

Genug der Fallstricke! Wollte man alle unternehmensbezogenen Einzelinformationen aus den zulässigen Presseberichten fernhalten, könnte die Presse ihre Informationsaufgabe nicht mehr erfüllen. Das allgemeine Interesse an solchen Informationen sei schließlich groß, schrieb Paul Lange in seinem Gutachten.

Unzulässig ist lediglich, die Presse bei wertender Betrachtungsweise in werbender Form zu informieren, einseitig werbende Berichte zu verfassen oder daran mitzuwirken (Lange 1991, 48).

Die werbende Wirkung eines Berichts, so folgerte Lange aus der Rechtsprechung, müsse hingenommen werden, wenn sie im Verhältnis zu seinem Informationswert von untergeordneter Natur ist und lediglich eine Nebenfolge darstelle. Die Mitwirkung an einem solchen Bericht, schrieb er den Agenturen, könne niemandem verboten werden.

Solche Sätze wirkten für viele wie ein Freibrief. „Redaktionelle Berichterstattung mit werbendem Charakter ist grundsätzlich erlaubt", erklärte das PR-MAGAZIN bündig in seiner „Entwarnung" (9/1991). Andere raten weiterhin zu behutsamem Vorgehen. Werden sie aber nicht von der Entwicklung in den Rundfunk- und Fernsehmedien überrollt? Dort herrschen andere rechtliche Regelungen.

Neben dem wettbewerbsrechtlichen Rahmen, der vornehmlich gegenüber Printmedien geltend gemacht wird, gibt es einen medienrechtlichen, der sich ausschließlich mit den Sendern befaßt. Grundlage ist der „Staatsvertrag über den Rundfunk im vereinten Deutschland" vom 31.8.1991. Er gilt sowohl für den öffentlich-rechtlichen wie für den privaten „Rundfunk" (und damit zugleich für die entsprechenden Fernsehanbieter). Seine Begriffe von Werbung und Sponsoring sind größtenteils wortgleich mit denen der „Richtlinie des Rates der Europäischen Gemeinschaften zur Koordinierung bestimmter Rechts- und Verwaltungsvorschriften der Mitgliedstaaten über die Ausübung der Fernsehtätigkeit" vom 3.10.1989 (BLM 1991, 222f., 253f.). In dieser Hinsicht herrscht in Europa also die gleiche Rechtsauffassung, auch wenn offenbleibt, wieweit sie befolgt wird.

Was gilt?
– Werbung darf nicht irreführen (§ 6.1)
– Werbung oder Werbetreibende dürfen das übrige Programm inhaltlich und redaktionell nicht beeinflussen (§ 6.2)
– Werbung muß als solche klar erkennbar sein (§ 6.3)
– In der Werbung dürfen keine unterschwelligen Techniken eingesetzt werden (§ 6.3)
– Werbung politischer, weltanschaulicher oder religiöser Art ist unzulässig.

Über die Werbung selbst wird sodann bestimmt, wo und wie sie nicht eingesetzt werden kann (§§ 13 und 26) und wie lange sie dauern darf (§§ 15 und 27). Für die PR ist dies weniger wichtig als der Absatz über Schleichwerbung, der daher auch in vollem Wortlaut zur Kenntnis genommen werden sollte:

§ 6.5 Schleichwerbung ist unzulässig. Schleichwerbung ist die Erwähnung oder Darstellung von Waren, Dienstleistungen, Namen, Marken oder Tätigkeiten eines Herstellers von Waren oder eines Erbringers von Dienstleistungen in Programmen, wenn sie zu Werbezwecken vorgesehen ist und die Allgemeinheit hinsichtlich des eigentlichen Zwecks dieser Erwähnung oder Darstellung irreführen kann. Eine Erwähnung oder Darstellung gilt insbesondere dann als zu Werbezwecken vorgesehen, wenn sie gegen Entgelt oder eine sonstige Gegenleistung erfolgt.

Neben der korrekten Werbung lassen die Vorschriften für die öffentlich-rechtlichen Anstalten seit 1992 auch das Sponsoring zu. Es liegt vor, wenn eine außenstehende Person eine Sendung finanziert, „um den Namen, die Marke, das Erscheinungsbild der Person, ihre Tätigkeit oder ihre Leistungen zu fördern" (§ 7.1). Bei solchen Sendungen muß zu Beginn und am Ende in vertretbarer Kürze, aber deutlich auf den Sponsor hingewiesen werden (§ 7.2). Diese Sendungen dürfen weder ein Product Placement des Sponsors enthalten noch durch seine Werbespots unterbrochen werden (§ 7.4).

Nachrichtensendungen und Sendungen zum politischen Zeitgeschehen dürfen überhaupt nicht gesponsert werden. Auch dürfen in der Fernsehwerbung keine Personen auftreten, „die regelmäßig Nachrichtensendungen oder Sendungen zum politischen Zeitgeschehen vorstellen" (§ 6.6). Diese Art von Information genießt den besonderen Schutz der Fernsehverantwortlichen.

Die Richtlinien

Information und Werbung finden in einem Kräfteparallelogramm von Herstellern, Werbeagenturen, Medien und Öffentlichkeiten statt. Die drei letzteren haben dabei ein vitales Interesse daran, die Informationsteile von den Werbeteilen abzugrenzen. Die Agenturen und die Verlage verlieren sonst Anzeigengeschäfte, das Publikum verliert den Durchblick. Nur die Hersteller haben einen Vorteil davon, wenn es zu eher kostenloser und unauffälliger Werbung kommt.

Die Werbetreibenden, zusammengeschlossen im Zentralausschuß der Werbewirtschaft (ZAW), und die Verleger, organisiert in drei verschiedenen Verbänden, haben daher gemeinsame „Richtlinien für redaktionelle Hinweise in Zeitungen und Zeitschriften" beschlossen. Die öffentlich-rechtlichen Rundfunkanstalten versuchen sich bei diesem Problem mit den privaten Sendern zu einigen. Hier ist die Werbewirtschaft noch außen vor.

Die genannten Richtlinien regeln in 29 Artikeln so ungefähr alles, was kritisch werden kann: Autotests und Modenachrichten – „Waschzettel werden nicht abgedruckt" –; Bücher und Schallplatten – „Die Nennung von Preis und Nummer ist dabei nicht gestattet" –; Geburtstage und Jubiläen – „Es darf nicht jeder beliebige Lebensabschnitt zum Anlaß einer redaktionellen Veröffentlichung werden" –; jegliche Art von Veranstaltungen – „Einmalige Vorbesprechung ist gestattet, ausführliche Angaben über Eintrittspreise, Kartenverkaufsstellen, Vorverkauf usw. ist zu vermeiden" –; bei Firmenveranstaltungen mit Vorträgen und Vorführungen „dürfen Firmen- oder Markennamen bei der Berichterstattung nicht angegeben werden"; sogar amtliche Bekanntmachungen und Verlautbarungen von Behörden, Körperschaften, Innungen etc. „gehören in der Regel in den Anzeigenteil".

Man vergleiche diese und andere Grundsätze mit den Realitäten. Das Leben ist bunter als die Muster, in die man es einzufangen versucht. Auch die öffentlich-rechtlichen Rundfunk- und Fernsehanstalten in Deutschland tun sich schwer, für die erkennbaren Entwicklungen die richtige Sprache zu finden. Sie wurden durch den Staatsvertrag veranlaßt (§ 14), zur Werbung, zur Schleichwerbung und zum Sponsoring eigene Richtlinien zu erlassen. Schon 1986 hatten sie beschlossen:

Eine Darstellung von gewerblichen Waren oder deren Herstellern, von Dienstleistungen oder deren Anbietern in Bild und Ton mit werblicher Wirkung ist grundsätzlich ausgeschlossen. Ausnahmen sind nur zulässig, wenn und soweit sie aus überwiegend journalistischen oder künstlerischen Gründen erforderlich sind.

Aus solchen Gründen kann es zum Beispiel erforderlich sein, einen teuren Mercedes auffahren zu lassen. Was dann? Die Intendanten sagen:

Eine ausnahmsweise unentgeltliche oder verbilligte Entgegennahme von Produktionsmitteln oder sonstigen Leistungen ist nur möglich, wenn damit keine Einschränkung der journalistischen oder künstlerischen Darstellungsfreiheit verbunden ist.

Die Intendanten sind dabei sehr weitherzig, denn sie wissen genau, daß das Wörtchen „ausnahmsweise" die Regel andeutet. Das ZDF zum Beispiel rechtfertigte sich in seinen Rahmenrichtlinien für die „Zusammenarbeit mit Dritten" (wofür es eine eigene Abteilung gibt) viel gewitzter: „Werbung ist Bestandteil der realen Umwelt. Berichte aus dem Bereich dieser Umwelt können vorhandene Werbung nicht künstlich aussparen."

Die öffentlich-rechtlichen Anstalten werden lässig. Wo sie sehr strikt, zuweilen auch mit Sanktionen zur Hand sein wollen, ist eine andere Regel:

Die Entgegennahme von Entgelten oder geldwerten Vorteilen für den Einsatz oder die Nennung von Produkten ist unzulässig. Dies gilt für alle Produktionsbeteiligten.

Es ist im Rahmen der Vertragsbestimmungen sicherzustellen, daß jeder Produktionsbeteiligte, einschließlich der Auftragsproduzenten oder Coproduzenten, diese

Grundsätze einhält und im Zweifelsfall rechtzeitig Einvernehmen mit der zuständigen Redaktion herstellt.

Die Privatsender zieren sich weniger als die öffentlich-rechtlichen, bei der sogenannten „Zusammenarbeit mit Dritten" auf neuen, zum Teil abenteuerlichen Wegen das Verbot der Schleichwerbung zu umgehen. Mit Gewinnspielen, Sponsorstunden, Quizveranstaltungen, Produktvorstellungen und dazu passenden freundlichen Kommentaren der Moderatoren „bewegen sie sich nicht selten am Rande der Legalität". So beschrieb es Alexandra Heck in einer Bestandsaufnahme der PR-Beiträge, des Sponsoring und verschiedener neuer „Sonderwerbeformen" im bayerischen Privathörfunk (Heck 1991, 5). Je kleiner der Sender, desto unverfrorener die Handhabung.

Alexandra Heck bringt einige bezeichnende Äußerungen aus den Sendern:

- „Ich würde sogar eine halbe Stunde den Sinuston über den Sender schicken, wenn mir das jemand bezahlen würde."
- "Bei den Interviews wird unterschiedlich bezahlt, aber es orientiert sich regulär am Werbesekundenpreis."
- „Es gibt von Seiten der Firmen bereits Anfragen, ob die Moderatoren die Werbung nicht kommentieren können – das steigert den Erinnerungswert des Werbespots. Ich persönlich glaube, daß es in diese Richtung gehen wird."
- „Wenn man uns solche Kommentare bezahlen würde, dann würden wir solche Bemerkungen durch den Moderator machen lassen. Eine ähnliche Sache haben wir bereits: Da muß der Moderator das Geräusch einer geöffneten Bierflasche nachmachen und die Hörer können anrufen und einen Kasten Bier gewinnen."
- „Ich muß Werbung mit einem Jingle kennzeichnen ... Das will ich nicht und die Werbeindustrie natürlich auch nicht. Deswegen versuchen wir natürlich Werbeformen zu entwickeln, bei denen das nicht nötig ist ... Das ist halt eine gewaltige Grauzone, die zur Ausnutzung anregt; nicht von Seiten der Sender, sondern von Seiten der PR-Agenturen, die genau wissen, daß die kleinen lokalen Sender ganz spitz darauf sind, Sonderwerbeformen zu schalten."

Gesetze und Richtlinien werden arg zerzaust. Sie haben Mühe, mit dem Erfindungsreichtum Schritt zu halten, der in den Grau- und Dunkelzonen der Publicity-Geschäfte blüht.

Die Neuheitenberichterstattung

Die rechtzeitige Mitteilung einer Neuheit ist für ihre Durchsetzung im Markt, auch im Meinungsmarkt, häufig entscheidend. Dieser Gesichtspunkt der Organisation wird von der Presse insoweit geteilt, als auch sie in der Regel daran interessiert ist, über Neuheiten zu berichten. Erkennbar wird dies vor allem dann, wenn die Presse über Neuheiten bereits zu berichten beginnt, wo dies der Organisation noch ungelegen kommt. Schon manchmal kam es darüber zu heftigen Fehden zwischen Unternehmen und Presseorganen.

Die „Erlkönig-Fotos" von noch nicht bekanntgemachten Automobilneuheiten sind ein gutes Beispiel dafür. Sie wecken die Aufmerksamkeit des Publikums für ein Nachfolgemodell und lassen die Verkaufszahlen des laufenden sinken. „Wenn AUTOZEITUNG vorab ein Erlkönig-Foto des neuen Audi 100 zeigt, läßt sich der Schaden für uns mit 400 Millionen Mark beziffern", erklärte Ferdinand Piëch, Audi AG, im Sommer 1989 (Schmidt 1990). Redakteure halten dieser Klage den Wertverlust entgegen, der Tausenden uninformierter Kunden entsteht, wenn sie ein auslaufendes Modell erwerben.

Nicht überall ist das Interesse der Presse so groß wie bei Automobilen. Aber in vielen Branchen kommt es wegen des Wettbewerbs darauf an, das Geheimnis einer Neuentwicklung zu schützen. Wer es vorsätzlich durchbricht, hat mit empfindlichen Strafen zu rechnen. Das betrifft nicht nur den Treuebruch eines Beschäftigten, der ein Geheimnis verrät. Nach dem deutschen Gesetz gegen den unlauteren Wettbewerb (§ 17 UWG) macht sich auch strafbar, wer ein unbefugt beschafftes Geheimnis „unbefugt verwertet oder jemandem mitteilt".

Aufgrund dieses Gesetzestextes wurde der Autoredakteur einer deutschen Publikumszeitschrift rechtskräftig zu einer Geldstrafe von 18 000 DM verurteilt, weil er 1988 zwei Entwicklungsmodelle von BMW veröffentlichte, die er sich über einen BMW-Mitarbeiter gegen Bezahlung beschafft hat. BMW hatte die Klage gegen den Mitarbeiter angestrengt, nicht gegen den Redakteur. Gegen ihn ging der Staatsanwalt von sich aus vor.

Erlkönig-Fotografen bleiben in der Regel ungeschoren – und ihre Abnehmer in den Redaktionen ebenfalls – , wenn sie nicht auf Werksgelände vordringen, sondern auf freier Bahn ihre Opfer finden. Die Automobilindustrie, die ihre Prototypen zu Test- und Fotozwecken sehr frühzeitig auf die Straße bringen muß, sollte sich bei aller Abwehrhaltung der Vorteile bewußt sein, die das Vorabveröffentlichen ihrer Produkte mit sich bringt. Nur wenn sich ein Publikum auch dafür interessiert, wie es mit den Produkten einer Firma weitergeht, bleibt diese selbst aktuell. Neugierde wachzuhalten kann für manche Organisation von vitaler Bedeutung und für manche Produktneuheit erfolgsbestimmend sein. Der PR-Gesichtspunkt widerstreitet dann den kurzfristigeren Abverkaufsinteressen.

Verlassen wir damit das Gebiet der nicht von Organisationen selbst inszenierten Publicity! Wenden wir uns der beabsichtigten Lancierung von Neu-

Gesundheit

Warnung vor Gift in Tees

Hamburg (dpa). Die meist
und Heilkräutertees enth
kämpfungsmittel und Sc
nem Test von 83 gängige
der bekanntesten Lebens
drei Viertel der Probe
hoch" belastet. berichtet

Warnung vor Gift in Tees

Hamburg (dpa). Die meisten Gesund
und Heilkräutertees enthalten Schädlin
kämpfungsmittel

Experten warnen vor Gift

den meisten Gesundheitst

Hamburg (dpa). Die mei-
sten Gesundheits- und Heil
kräutertees enth
bar Sch

Untersuchung: Schwermetalle und Insektizide

dertfache über den
rten der Trinkwass
nung.
Tees enthielten d
chung zufolge d
nkiller DDT und
zenschutzmittel L.
f von acht Kamille
die Tester das
rwandte stark g
zid Malathion g
ämtliche Nieren-
ees waren mit
605 verwandte stark ift Cadmium ve
thion ge-

Krank durch
Gesundheitstees

Hamburg (AP/dpa)
Wer häufig Gesundheits- oder
Heilkräutertees trinkt, darf sich
nicht wundern, wenn er chroni-
sche Gesundheitsschäden davon-
trägt. Das ergab eine im Auftrag
des „Stern" durchgeführte Untersuchung.

Gift in den meiste
Gesundheitstees

DDT, Blei und Cadmium nachgewiese

Hamburg (AP). Wer häu-
fig

Gift in vielen Gesundheitstees

Beim Test von 83 gängigen Sorten waren drei Viertel belastet

Hamburg (dpa). Die meisten Gesundheits- und Heilkräutertees enthalten offenbar Sc
ingsbekämpfungsmittel und Schwermetalle. Bei einem Test von 83 gängigen Sorten warer

Abbildung 52: Viele Tageszeitungen meldeten die „Gift im Tee"-Story des STERN sofort nach Erhalt und wegen der vermeintlichen Aktualität ohne weitere Recherchen.
Sie erschienen daher am Erscheinungstag des STERN, einem Donnerstag.

heiten zu! Dabei ist ein Spektakel besonders beobachtenswert, weil es pi-
kanterweise die Presse selbst betrifft: Sie macht recht gekonnt auf sich und
ihre Produkte aufmerksam. STERN und SPIEGEL melden manchen Maga-
zininhalt vorab den Presseagenturen. Begründet wurde dies einmal vom
STERN-Nachrichtenchef, der dafür verantwortlich ist, dem PR-MA-
GAZIN gegenüber mit dem Hinweis, „allein wichtig ist es, anderen Journalisten durch die Vorabinformation die Gelegenheit zur weiterführenden
Recherche zu geben" (Schlautmann 1990, 16).

Dazu bedarf es aber nicht der Pressebenachrichtigung am Tage vor dem Erscheinen des STERN-Heftes. Diese führt jedenfalls in erster Linie dazu, daß just zum Erscheinungstermin des STERN die Tageszeitungen ein STERN-Thema prominent mitteilen, und zwar – wegen des aktuellen Nachrichtenwertes – auch ohne vorausgehende „weiterführende Recherche", dafür aber – zur eigenen Absicherung – mit der Quellenangabe „STERN". Die automatische Folge ist ein erhöhter Verkauf des Magazins am selbigen Tag.

Nicht jeder Absender und nicht jede Neuheit kann mit Beachtung rechnen. Die Aversion der Redaktionen gegen die tägliche Flut von Pressemitteilungen aus allen möglichen nichtjournalistischen Quellen ist groß. Manche sogenannte Presseinformation kommt dabei nicht einmal allein daher, sondern wird von Anrufen, Vorankündigungen, Testproben oder umfangreichen Dokumentationen flankiert, die allesamt eines charakterisiert: sie sind höchst unwillkommen.

Neuheiten haben dann eine Chance publiziert zu werden, wenn nicht nur die eigene Organisation, sondern auch ihr Meinungsmarkt vom Neuigkeitswert überzeugt sind; wenn zum Beispiel auch die Konkurrenz ihn nicht anzweifeln könnte. Man beachte auch die 15. Richtlinie für redaktionelle Hinweise: „Allgemeine Neuerungen, wie sie alltäglich durch wirtschaftlichen Wettbewerb und Fortschritt fortlaufend entwickelt und angeboten werden, sind keine wirklichen Neuheiten" (Lange 1991, 55).

Die Pressevorstellung

Die Veröffentlichung von Neuheiten kann mit Pressekonferenzen zum Beispiel auf Ausstellungen oder auch mit Erprobungen verbunden werden. Beides stellt erhöhte Anforderungen an das Zeitbudget der Journalisten dar und bedarf daher reiflicher Vorüberlegungen.

Die erste Vorüberlegung betrifft den Gegenstand der Vorstellung. Neues Personal – von der Führungsspitze selbst abgesehen – wird man nur anläßlich einer anderweitigen Vorstellung präsentieren. Hier ist Beiläufigkeit angebracht, weil in der Regel der Anschein vermieden werden soll, die Zukunft der Organisation hänge gerade von der jetzt vorgestellten Person ab.

Auch wird man die Presse nicht gesondert zusammenrufen, wenn ein großes Werk eine einzelne Maschine, und sei sie noch so erstmalig, installiert oder ein neues Buchungssystem eingeführt wird. Beides und vieles anderes stellt man ebenfalls besser anläßlich anderer Presseereignisse mit vor. Der Gegenstand einer Pressevorstellung muß für die Organisation spürbar von herausragender Bedeutung sein; das heißt, daß die Anwesenden bemerken müssen, einem nicht alltäglichen Ereignis beizuwohnen. Entsprechend selten findet es normalerweise statt: ein-, höchstens zweimal im Jahr.

PRÄSENTATIONSPREIS

Bewertungsbogen

Name des Jurymitgliedes: _____

Präsentation der Firma: _____

Datum/Ort d. Präsentation: _____

1. Ablauf / Zeit vor Ort
Ausnutzung der Zeit / Effektive Nutzung |_____   P

2. Pressematerial
Informationsgehalt, Fairneß, Vorabinformationen |_____   P

3. Fotomaterial
Bildauswahl, Bildqualität |_____   P

4. Pressekonferenz
Informationsdichte, Ablauf |_____   P

5. Gesprächspartner
... vorhanden? / Kompetenz |_____   P

6. Fahrmöglichkeiten
Teststrecke(n), Fahrzeuganzahl, Alleinfahrmöglichkeit |_____   P

7. Zugänglichkeit / Aufgeschlossenheit
... aller beteiligten Personen des Unternehmens |_____   P

8. Organisation
Abwicklung, Durchführung, Betreuung vor Ort |_____   P

9. Anreise / Abreise
Optimales Carrierangebot, günstige Reisedauer, Flexibilität |_____   P

10. Location
Unterkunft, örtliche Gegebenheiten, technische Möglichkeiten |_____   P

Summe: |_____   P

Abbildung 53: Die Motorjournalisten von zehn deutschen Medien haben 1988 einen „Präsentationspreis" geschaffen, um diejenige Automobilfirma auszuzeichnen, die nach ihrer Meinung die besten Arbeitsbedingungen bot. Die zehn Kriterien sind noch immer beherzigenswert, auch wenn das Projekt nur einmal verwirklicht wurde und dann an Einsprüchen kläglich scheiterte.

Der Gegenstand der Pressevorstellung muß aber auch – und dies ist die zweite Vorüberlegung – für Öffentlichkeiten von großer Wichtigkeit sein. Da gibt es die Teilöffentlichkeit, die ein bedarfsorientiertes Interesse an der Neuheit hat. Da gibt es andere Teilöffentlichkeiten, deren Interesse eher kritikorientiert ist, weil sie in Opposition zu den Aktivitäten dieser Organisation stehen. Und darüber wölbt sich in besonders herausragenden Fällen – einem bestimmten Automobilmodell, einem besonderen Film, der LP eines Stars, dem neuen Roman eines Literaturnobelpreisträgers – eine ganz allgemeine Neugierde einer ansonsten unbeteiligten Öffentlichkeit. Alles dies reflektiert die Presse und alledem ist daher Rechnung zu tragen.

Rechnung tragen heißt, eine dem Anlaß angemessene Form der Vorstellung zu finden. Da ist zunächst die Angemessenheit des Auftritts, und sie bezieht sich auf die Lokalität, den Programmablauf, die Tonalität und die gastgeberischen Funktionen.

Da ist sodann die Angemessenheit der Teilnehmer. Wird nur die spezifische Kompetenz der Fachpresse geladen und erwartet oder auch die Wirtschaftspresse und darüber hinaus das Chefpersonal der Medien, Repräsentationsfiguren und Mitläufer, um großes Interesse zu suggerieren?

Da ist schließlich die Angemessenheit der Arbeitsbedingungen. Wird nur eine Show geboten oder auch Diskussion? Steht die Presse im Zentrum des Ereignisses oder ist sie nur Staffage für einen über sie hinaus auf das Publikum abzielenden Effekt?

Es gibt Pressevorstellungen – in der Touristikbranche –, die in der Regel außerhalb der Saison stattfinden und daher einen Eindruck von dem Vorgestellten bieten, wie er später nicht mehr nachvollziehbar ist. Es gibt Pressevorstellungen – von Besteckherstellern zum Beispiel –, die gerade zwei Dutzend Hausratsredakteurinnen interessieren und darüber hinaus ohne große Beachtung bleiben. Wir greifen uns eine Art der Pressevorstellung heraus, die häufig recht spektakulär abläuft und an der viele andere Fälle exemplifiziert werden können: die Vorstellung eines neuen Fahrzeugs. Sie ist auch eine der wenigen Vorstellungsarten, über die die Presse selbst kritisch reflektiert.

Fast jede Tageszeitung leistet sich einen Motor-Journalisten. Hinzu kommen unzählige Fachzeitschriften oder allgemeine Zeitschriften mit Fachbeilagen, die sich mit dem Thema Auto ganz ausschließlich befassen. Automobilvorstellungen sind daher meist massenhafte Veranstaltungen mit rund 500 Teilnehmern allein aus Deutschland und vielleicht der gleichen Zahl aus anderen Ländern. Sie werden über einen Zeitraum von zwei bis vier Wochen durchgeführt, ausgehend von einem bestimmten Ort, von dem aus der umliegende Landstrich auf einer vorgeschlagenen Route befahren wird. Die Bevölkerung nimmt diese Veranstaltungen wahr und auch die unbeteiligte Lokalpresse nimmt von ihr Notiz (weshalb man sie vorab über das Vorhaben ausführlich informiert).

Bei ihrem Auftritt unterscheiden die Hersteller genau zwischen der Vorstellung eines grundsätzlich neuen Modells oder einer Modellvariante. Ihr Auftritt variiert noch einmal je nach der Bedeutung, die dem neuen Modell in der veröffentlichten Diskussion zugestanden wird. Handelt es sich um das für den größten Hersteller des Landes entscheidende Produkt – in Deutschland zum Beispiel der VW, in Italien der Fiat – oder handelt es sich um das ausgeprägteste Statussymbol – in Deutschland der Mercedes, in Frankreich der Citroën –, dann kann die Vorstellung zu einem Staatsakt mutieren. Feierlichkeit beherrscht die Szene. Marketing diktiert die Lokalität und bisweilen die Präsentation: Filme ersetzen Reden, Reden werden zu Elogen, Fragen werden ins Einzelinterview verwiesen. Die Pressemappen bersten vor Üppigkeit, ihr Inhalt vor Superlativen. Den Teilnehmern wird ein Programm geboten, das von der Anreise über das Hotel bis zum Nachtprogramm und dem Gastgeschenk vom Feinsten ist. Unter den geladenen Teilnehmern dominieren die, die das alles goutieren.

Obwohl es auch kritischere Teilnehmer gibt, hat ein solcher Auftritt bislang seine Wirkung nur selten verfehlt. An dem Produkt mag im einzelnen herumgemäkelt werden, und diese Kritik mag in Journalistenkreisen bis hin zu ihren Insider-Informationsdiensten (zum Beispiel der MOTORKRITIK) sogar die Runde machen: An dem weitervermittelten Gesamteindruck einer gewaltigen Neuerscheinung ändert sich dadurch nichts. Journalisten unterliegen hier offensichtlich dem großen öffentlichen Erwartungsdruck, den sie selbst durch ihre Vorabberichte geschaffen haben.

Kritische Journalisten übernehmen bisweilen die Bilder von solchen Vorstellungsabläufen und übertragen sie klischeehaft auf viel harmlosere Vorgänge. Da wird ein erst zu drei Vierteln fertiger Betonkoloß an einer eher ungastlichen Stelle des Mittelmeers, der zur Bewältigung des organisierten Massentourismus dienen soll, zu „eines der besten und teuersten Hotels der Côte d'Azur". Da werden die üblichen Aperitifs und Appetithappen zu „feinsten Drinks und Snacks", der Schaumwein des Landes zu „Champagner". Die Pressekonferenz erscheint „meisterhaft organisiert", die bereitgestellten Motorräder „neu" und die Gebirgsroute, weil durch Hinweisschilder ausgezeichnet, „eigens präpariert". Man „schenkte jedem noch ein T-Shirt" und flog nach einem „köstlichen Büfett" auf einer Motoryacht alle wieder nach Frankfurt zurück. Für die Teilnehmer kostenlos.

Ulrich Greiners Beschreibung einer „BMW K 100 Motorrad"-Vorstellung in der ZEIT vom 7. 10. 1983 wurde in Wolf Schneiders Buch über › Unsere tägliche Desinformation‹ ausführlich wiedergegeben (Schneider 1984, 76). Mit solchen Darstellungen muß jeder rechnen, der seltenere Gäste einigermaßen komfortabel beherbergt. Greiner indessen: „Wäre nicht ein billigeres Hotel mit Etagenduschen und einer Ratatouille zum Abendessen auch möglich gewesen?"

Zum Klischeehaften solcher Darstellungen gehört die Stereotype, derartige Gastfreundlichkeiten nur der Wirtschaft anzulasten. Nach politischen Reisen hat man noch keinen Journalisten über die verabreichten Speisen und gebotenen Unterkünfte lästern gehört. Dennoch sollten alle Pressechefs – von Regierungen wie von Privatorganisationen – bei Presseeinladungen die folgenden Umstände beachten:

– Journalisten haben Schwierigkeiten, sich als Gäste zu verstehen, wenn ihre Kritik gefordert ist. Ulrich Greiner nannte die Teilnahme an der Motorradvorstellung in Anlehnung an die politische Spendenproblematik der damaligen Zeit einen „Journalismus als Vorteilsannahme". Auch er hatte sie nicht verweigern können (vielleicht mit Ausnahme des T-Shirts) und schrieb sich daher davon frei.

– Journalisten, die als Außenseiter zu bestimmten Veranstaltungen stoßen – ein Feuilleton-Redakteur zu einer Motorradvorstellung, ein politischer Redakteur zur Reise eines Touristikunternehmens –, sind leicht geneigt, das eingeübte Rollenspiel der anderen sarkastisch zu glossieren. Die Motorjournalisten mit ihren Jeans und Lederjacken kamen Greiner wie Underdogs vor, denen man ein paar leckere Brocken hinwirft. Ein anderer beschrieb eine andere Vorstellung so: „Frisch gestärkt mit Häppchen aus der Feinkostküche Käfer gehen die Meinungsmacher auf Tour." Er ging mit.

– Journalisten fühlen sich von perfekten Regieleistungen der Veranstalter erdrückt. „Journalismus heißt", schrieb Greiner, „über Neuigkeiten möglichst objektiv, unbestechlich und wirklichkeitsnah zu berichten. Zur Wirklichkeit gehören auch die Widrigkeiten des Alltags. Die geniale Dramaturgie der BMW-Veranstaltung bestand in der permanenten Suggestion, es gäbe solche Widrigkeiten nicht."

Greiner hielt sich bei seiner Kritik an Äußerlichkeiten auf. Der entscheidende Regiepunkt, der die „Widrigkeiten des Alltags" vergessen machte, war nämlich die nächtliche Wartung der neuen Maschinen für den nächsten Tageseinsatz.

Das ist übrigens kein klammheimlicher Vorgang, denn Motorjournalisten kennen ihn. Daher sollte als wichtigste Regel für Pressevorstellungen gelten, die unterschiedlichen Erwartungen der Teilnehmer, die Hintergründe des Auftritts und die Kosten des Auftritts offenzulegen. So euphorisch Ulrich Greiners Besprechung des neuen Motorrads auch ausgefallen war, so mißlich war sein letztes, nur durch Unwissenheit erklärbares Wort: „Die Veranstaltung muß unglaublich teuer gewesen sein. Bezahlen müssen das die BMW-Käufer. Bei denen bedanke ich mich."

Zwei Ausgabenblöcke sind dabei besonders anstößig und müssen daher besprochen werden: die Erstattung von Reisespesen, überhaupt der kostenlose Transport oft an fernere Veranstaltungsorte, und die Wahl des Gastgeschenks. Bei der kritischen Presse fallen darüber harte Worte: Von Vorteilsannahme sprach Ulrich Greiner, von „Zuckerbrot und Peitsche" die Zeitschrift JOURNALIST 3/85, von „Bestechungen" eine Monitorsendung des WDR im Herbst 1988.

Diese Kritiker hatten noch andere Annehmlichkeiten der Wirtschaft vor Augen und sahen auch bei diesen vornehmlich auf die Automobilindustrie. Aber Premierenkarten für Feuilleton-Redakteure oder kostbare Buchbesprechungsexemplare können genauso neidisch machen wie Testfahrten mit neuen Automobilen. Jedem Journalisten das Seine.

Eine andere Sache ist es, Reisespesen zu erstatten, zu Fernreisen einzuladen und Zwischenstopps an touristischen Perlen zu bieten. Seitens der Industrie sind es häufig überseeische Firmen, die die attraktivsten Einladungen für hiesige Journalisten aussprechen, wie umgekehrt auch deutsche Firmen gegenüber überseeischen Journalisten am gastfreiesten sind. In beiden Fällen herrscht weitgehend die größte Unbefangenheit im Anbieten und Annehmen. Aber auch sonst sind die Grenzen des Schicklichen fließend.

Dabei verhalten sich Wirtschafts- oder politische Redakteure im Prinzip nicht anders als die den diversen Branchen zuzuordnenden Fachjournalisten. Man gehe einmal die Gästelisten von Lufthansa-Einführungsflügen durch! Nur der amerikanische Journalismus hält sich hierbei zurück.

Obwohl Kritik an solchen Reisen nur sporadisch, dafür um so überraschender hochkommt, sollte man stets mit guter Öffentlichkeitsarbeit vorbeugen: Der Sinn jeder Reise kann und sollte vorab offen erörtert werden. Dabei geht es nicht um eine breite Debatte in Massenmedien. Es wird ausreichen, das Reiseziel und die Kriterien, nach denen die Teilnehmer ausgewählt werden, zum Beispiel in einem Insider-Dienst darzustellen. Öffentlichkeit ist damit unter Journalisten hergestellt. Damit läßt sich auch die Frage entkrampfen, wer die Kosten zu tragen habe: das Unternehmen oder die Verlage und Sender.

Ein Elektrokonzern mag gute Gründe dafür haben, zu seiner alljährlichen Wirtschafts-Pressekonferenz immer wieder einmal in ein fernes Land einzuladen. Er will damit den seine Geschäfte ständig beobachtenden lokalen Wirtschaftsredakteuren Gelegenheit geben, einen breiteren Einblick in seine Aktivitäten und auch in die globalen Maßstäbe seines Handelns zu erhalten. Er mag es daher im Rahmen seiner Informationspflicht als erforderlich erachten, diesen Journalisten die Reise zu finanzieren. Den Verlagen und Sendern indessen kann es gelegen sein, daß ihr Personal auf diese Weise fast unentgeltlich zu neuen Informationen kommt.

In eigener Sache:

Offener Brief
an Ferdinand Simoneit

Geschätzter Herr Simoneit!

In Ihrem lesenswerten Buch »Indiskretion Ehrensache« kolportieren Sie erneut die Geschichte mit dem Blankoscheck, der Ihnen bei einer Presseveranstaltung von Chrysler überreicht worden war, und in dem Sie offenbar den infamen Versuch einer Bestechung erblickten. Wie hatten wiederholte Male - auch erheitert - darüber gesprochen, und ich war der Annahme gewesen, Sie hätten den damaligen Zahlungsmodus so, wie er gemeint war, kapiert. Umso erstaunter bin

ich, daß Sie nun noch einmal die Story in entstellter und entstellender Weise rekapitulieren.

Wie ich noch darlegen werde, scheint Ihre Erinnerung getrübt zu sein, deshalb eine Reminiszenz. Um die Erfahrung, daß bei Presseveranstaltungen der Industrie die Reisekosten zuweilen erstattet werden, sind Sie inzwischen vermutlich bereichert. Ob Sie davon Gebrauch machen, bleibt Ihnen überlassen. Es ändert nichts an der Usance. Aus wohlüberlegten, aber nicht

---

Dann passierte jene Sache, von der Reporter immer träumen, die aber nie eintritt: Ich bekam einen Blankoscheck, ausgestellt auf die Commerzbank. Ich hatte am Vorabend der Internationalen Automobil-Ausstellung (IAA) im September 1967 in Frankfurt mit Chrysler-Generaldirektor Townsend im schmalen Kaminzimmer des Schloßhotels »Kronberg« im Taunus zu Abend gegessen und über Autos, Autoindustrie und Automanager geplauscht. Sozusagen als Digestiv bekam ich von einem kleinen Chrysler-Mann einen Umschlag in die Hand, steckte ihn achtlos ein und besah ihn erst Tage später in der »Spiegel«-Redaktion in Düsseldorf: ein Scheck mit Firmenstempel und zwei Unterschriften ppa. – kein Datum, kein Betrag. Ich war ziemlich erschrocken, Augstein und Becker auch. »Der Spiegel« berichtete über die generöse Zuwendung an seinen Chefkorrespondenten – ich habe, leider, nicht versucht herauszukriegen, welchen Betrag Chrysler eingelöst hätte (Zehn Jahre später traf ich im Moskauer Flughafen Sheremetyevo den Chrysler-Mann Heinz Thomass, der damals gefeuert worden war, wieder; wir haben sehr gelacht). Ich habe mich damals bemüht zu ergründen, warum die spendablen Chryslers mich so dotieren wollten – sie erklärten: »Für Ihre Anreise«, »Für Ihre Unkosten« – ich erklärte: »Das ist alles Quatsch. Alles was ich dienstlich ausgebe, muß mir Rudolf Augstein zurückgeben.« Da kapitulierten sie: Das sei »doch so üblich«. Da nahm ich den Blankoscheck und hängte ihn in meine Bar – neben ein »Wanted«-Plakat des Räubers Jesse James.

Um diese Passage in dem Simoneit-Buch geht es im „Offenen Brief" von Heinz Thomass.

Abbildung 54: Historisch ist der Spesenfall Simoneit. Er war Anlaß zu einer ersten großen SPIEGEL-Story im Herbst 1965 über die Praktiken der Public Relations. Den Automobil-PR-Leuten wird er bis auf den heutigen Tag vorgehalten. Er sei deshalb mit Darstellung und Gegendarstellung wiedergegeben (aus: Der Motorjournalist 5/1985).

unredlichen Gründen wählte ich als der für die fragliche Veranstaltung verantwortliche Presseleiter für die Erstattung der Fahrtkosten die Form des Schecks. Da Reiseentfernungen und Verkehrsmittel unterschiedlich waren, bat ich die Teilnehmer, ihre Auslagen selber einzusetzen. Der Scheck lag in einem Umschlag; ihm war ein Kärtchen beigegeben, auf dem die Erstattungsweise begründet und ihre Handhabung erläutert waren.

Nun hätte ich dieses Verfahren sicher nicht bei jeder Veranstaltung angewendet. Hier muß der Rahmen geschildert werden. Sie sagen es zwar nicht wörtlich, aber der Leser gewinnt nach Ihrem Bericht den Eindruck, als seien Sie damals der einzige Tischgenosse des Gastgebers gewesen. Sie waren aber einer von sieben. Ich hatte zu dieser betont exklusiven Soiree sieben - ich möchte mal sagen - Top-Journalisten der deutschen Wirtschafts- und Motorpresse eingeladen. Meine Einladung an den Spiegel hatte ich an Johannes K. Engel gerichtet. Da dieser nicht kommen konnte oder wollte, wurden Sie augenscheinlich delegiert. Von mir aus wäre ich ja gar nicht auf die Idee gekommen, als Presseleiter eines im Frankfurter Raum ansässigen Automobilimporteurs einen Spiegel-Korrespondenten aus Düsseldorf einzuladen. Dann hätte ich sicher Horst Stübling aus Frankfurt vorgezogen. Sie waren unter den Gästen der einzige, den ich nicht persönlich kannte. Zu den anderen Herren hatte ich ein Verhältnis, das irgendeinen Zweifel an der Scheckprozedur gar nicht aufkommen lassen konnte. Der leiseste Versuch, die Integrität der Kollegen anzutasten, wäre vollendete Torheit gewesen. Es hat auch keiner der Beteiligten außer Ihnen an der Modalität Anstoß genommen. Im Gegenteil, die anderen fanden sie dezent und gentlemanlike. Fehlte Ihnen hierzu die Souveränität, lieber Ferdinand Simoneit?

Mir kam dann zu Ohren, daß Sie aus dem Vorgang „etwas machen'' wollten. Ich rief Sie in Düsseldorf an und erklärte Ihnen nochmals Hintergründe und Zusammenhänge. Offensichtlich haben Sie dann von einem Nachspiel abgesehen. In Ihrem Buch schreiben Sie jetzt: »Ich habe, leider, nicht versucht herauszukriegen, welchen Betrag Chrysler eingelöst hätte.« Warum haben Sie nicht? Nach Ihren sonstigen Erzählungen wäre es doch sicher Ehrensache für Sie gewesen, diese Indiskretion zu einem Sensatiönchen hochzustilisieren. Anscheinend reicht die Substanz wohl doch nicht aus. Im übrigen: Mehr als der Flugpreis Düsseldorf-Frankfurt und zurück sowie ein paar Mark Fuhrlohn für Taxen wären ohnehin nicht herausgesprungen. Denn die „Zweckbindung'' des Schecks war schriftlich fixiert. Ihr Reportertraum wäre unerfüllt geblieben.

Zu Ihrer Darstellung muß ich noch folgendes bemerken:

1.) Die in Rede stehende Presseveranstaltung war nicht 1967, sondern 1965.

2.) Der Gastgeber war nicht, wie Sie schreiben, der Chrysler-Präsident Lynn A. Townsend aus Detroit, sondern der Simca-Präsident Georges Hereil aus Paris.

3.) Ich wurde damals nicht gefeuert, sondern verbrachte bis zu meinem freiwilligen Ausscheiden noch drei gedeihliche Jahre im gleichen Unternehmen.

Zu den Punkten 1.) und 2.) kann ich nur sagen: Wie genau Sie es als der untadelige Journalist, als den Sie sich in Ihrem Buch darstellen, mit der Wiedergabe von Daten und Fakten nehmen, ist Ihre Sache. Nur sollte - und das lassen Sie sich von einem älteren Kollegen sagen - derjenige, der an Erinnerungsschwächen leidet, seine Recherchen intensivieren.

Zum Punkt 3.) erlaube ich mir festzustellen: Ich bin weder damals noch jemals gefeuert worden. Da nach allgemeinem Verständnis dem Feuern ein Fehlverhalten des Gefeuerten vorausgeht, bezichtigen Sie mich demnach wahrheitswidrig der Mißgriffe oder Pflichtverletzungen. Durch die gedruckte Verbreitung dieser Unwahrheit sind die Tatbestände der üblen Nachrede oder der Verleumdung erfüllt. Vielleicht lesen Sie mal nach, was die §§ 186 und 187 des Strafgesetzbuches darüber sagen. Ferdinand Simoneit, die blütenweiße Weste, die Sie sich in Ihrem Buch selber anziehen, hat einen schmuddeligen Fleck. Schade!
HEINZ THOMASS

Amerikanische Medien lehnen solche Einladungen sehr häufig ab. Ihre Redaktionen entsenden in der Regel auf eigene Kosten den am nächsten residierenden Korrespondenten. Sie möchten selbst den leisesten Verdacht vermeiden, vereinnahmt zu sein. Unabhängig zu urteilen geht ihnen über alle Kostenvorteile. Dadurch erkennen sie auch häufig recht scharf, worauf es dem einladenden Konzern letztendlich ankommt: auf einen Eindruck von seiner Weltgeltung, zum Ausdruck gebracht durch vor Ort besuchte Potentaten, und auf die freundschaftlichen Beziehungen zwischen den Journalisten und dem Unternehmen.

Warum sollte nicht auch dieser Aspekt eines Reisevorhabens ausgesprochen werden? Es beruhigt die Argwöhnischen, macht die Sachorientierten wacher und erfüllt die Wachen mit Respekt. Wenn es dann gelingt, den gewünschten Eindruck zu erzielen, ist der Erfolg der Reise viel nachhaltiger. Auch herrscht mehr Einverständnis dafür, daß man auf Kosten eines Dritten reist.

Man behandele dabei nur alle gleich. Ein japanischer Automobilkonzern ließ einen ihm besonders wichtigen Journalisten gesondert und in einer besseren Flugklasse nach Tokio kommen. Als die anderen Gäste dahinterkamen, schrieben sie über die Reise keine Zeile mehr.

Gerade deshalb sollte man sich beim Beschenken zurückhalten. Üppige Geschenke machen betroffen; sie vor allem haben den Charakter von Bestechung. Erinnerungsfotos lassen hingegen noch nach Jahr und Tag an ein Ereignis denken, bei dem man sich in der Regel mit guten Freunden traf.

Zu Kap. VII. 1:
Bayerische Landesanstalt für Neue Medien: Privater Rundfunk in Bayern. Rechtsgrundlagen; München 1991.
Grunig, James E./Todd Hunt: Managing Public Relations; New York 1984.
Heck, Alexandra: PR-Beiträge, Sponsoring und Sonderwerbeformen des bayerischen Privatfunks. Versuch einer Bestandsaufnahme. Diplomarbeit; Bamberg 1991.
Lange, Paul: Rechtsgutachten Product Publicity. Verbot redaktioneller Werbung, hrsg. von der Gesellschaft Public Relations Agenturen (GPRA); Bonn 1991.
Schlautmann, Christoph: Vorabgemeldet; in: PR-Magazin 9/1990.
Schmidt, Karsten: Straftat „Geheimnisverrat"; in: Motorredaktion, Heft 2, 10/1990.
Schneider, Wolfgang (Hrsg.): Unsere tägliche Desinformation; Hamburg 1984.

2. Product Placement

Unter den geheimen Verführungen der Kommunikationsbranche scheint keine so verführerisch wie der nahezu selbstverständliche Gebrauch eines Markenartikels durch einen sympathischen Filmhelden. Bisweilen kann dieser Artikel dabei sogar seine Unentbehrlichkeit unter Beweis stellen. Bisweilen wird er mit einer Musik unterlegt, die zusätzlich verführerisch wirkt. Dann werden „emotionale Erlebnisfelder" geschaffen, denen sich Zuschauer kaum entziehen können, heißt es. Die Absichten, die alledem zu Grunde liegen, kennen sie nicht.

Auch Personennamen können Markenqualität erhalten. Ihre Plazierung in den Medien kann beabsichtigt sein. Dann geht es um Popularität und Profil. Gar mancher Zeitgenosse reckt oft nur den Hals, um in einer Bildunterschrift erwähnt zu werden. Politiker nehmen manchmal nur aus diesem Grund an einer Veranstaltung teil. Ihr Ziel ist es, gesehen und notiert zu werden.

Die Mitteilungsflut, die täglich auf uns einströmt, ist voll unzähliger Bilder von Personen und Gütern, die um keiner anderen Botschaft willen uns erreichen als sich selbst mitzuteilen. Was sie bewirken, ist eine offene Frage. Aber wie sie plaziert werden, kann studiert werden.

Geschäfte in der Grauzone

Über das Product Placement haben drei deutsche Autoren ein gut geschriebenes und informatives Buch verfaßt. Manfred Auer, Udo Kalweit und Peter Nüßler ordnen dieses „neue Kommunikationsinstrument grundsätzlich der Teilpolitik Werbung zu, da Werbung laut allgemeiner wissenschaftlicher Definition als systematischer Versuch, Meinungen mittels besonderer Kommunikationsmittel zu beeinflussen, verstanden wird" (Auer u. a. 1988, 12). Und da sich die klassische Werbung in einer Sackgasse befinde – niemand sieht sie, niemand mag sie, niemand richtet sich danach –, haben wir es beim Product Placement mit der „neuen Kunst der geheimen Verführung" – so der Untertitel des Buches – zu tun:

Selbst die pfiffigste Werbesendung verliert ihre Wirkung, wenn die Zuschauer den gesamten Werbeblock zappen. Product Placement ist das Ventil, mit dessen Hilfe das Problem umgangen werden kann ...

So erfolgte in den letzten Jahren eine Umdefinierung der Werbeziele. Vordringliches Ziel der Werbung ist es heute, das umworbene Produkt in den Kreis der wahrgenommenen Handlungsalternativen des Konsumenten zu bringen (Auer u. a. 1988, 20).

Genau dies leistet das Product Placement. Wir könnten dieser Kommunikationsform daher eigentlich den Rücken kehren und sie den Werbern überlassen. Was dann geschieht, zeigt die auch von unseren Autoren angeführte Produktion des Wim-Wenders-Films „Paris, Texas". Eine Agentur kaufte für ein Honorar von 60 000,– DM folgende Leistungen ein:

Die Road-Movis-Filmproduktion garantiert der Agentur, die Marke Marlboro exklusiv als Zigarettenmarke in dem Film „Paris, Texas" zu präsentieren. Das heißt, keine andere Zigarettenmarke darf durch Werbemittel oder Produktverpackungen namentlich erkennbar werden.
 Die Präsentation der Marke erfolgt ausschließlich durch den Darsteller der Rolle Walt. Der Darsteller der Rolle Walt raucht die Marke im Film. In jedem Fall gilt es, die Marke positiv zu präsentieren. Einstellungen, in denen Produktpackungen in Verbindung mit übervollen Aschenbechern gezeigt werden, sind zu vermeiden. In jedem Fall gilt es weiter, die Zigarettenmarke im Film als selbstverständlich integriert und kreativ zu präsentieren. Dies geschieht hauptsächlich durch das Produkt, das heißt durch die Präsentation von Zigarette, Zigarettenschachtel oder Zigarettenstangen. Diese sollte hauptsächlich durch den Präsenter Walt stattfinden außer in einer Ambiente-Situation. Das heißt, Walt bietet einer anderen Person eine Zigarette an. Allgemein gilt: in mindestens drei bis vier handlungsbezogenen Einstellungen muß der Markenname voll und deutlich im endgeschnittenen Film sichtbar werden. Handlungsbezogene Einstellung heißt: jede Einstellung, die den Markennamen länger als zwei Sekunden erkennbar werden läßt, gilt als handlungsbezogene Einstellung. Insgesamt ergibt sich aber für die drei bis vier handlungsbezogenen Einstellungen mindestens eine Gesamtzeit von 45 Sekunden. Das heißt, 45 Sekunden wird der Markenname voll und deutlich erkennbar (Auer u. a. 1988, 253).

Andererseits hatte sich auch der WDR – mit 750 000,– DM – an der Produktion beteiligt, und die Filmgesellschaft hatte sich ihm gegenüber vertraglich ganz anders festgelegt:

Die Road-Movis-Filmproduktion steht insbesondere dafür ein, daß der Film keine direkte oder indirekte Werbung, keine Firmennamen, Warenzeichen oder sonstigen Kennzeichen enthält, die als positive oder negative Werbung erscheinen können (Auer u. a. 1988, 252).

„Es ist ein Sumpf", schrieben die drei Marketing-Autoren über solche „Geschäfte in der Grauzone" (127). Dabei ließen sich auch diese Geschäfte nach den Grundsätzen ehrbarer Kaufleute abwickeln und veröffentlichen. Sie würden dann nicht im nachhinein so viel Staub aufwirbeln wie der Fall „Paris, Texas".
 Eine andere dubiose Praxis in der Grauzone ist die Drohung von Anzeigenkunden, ein Medium zu boykottieren, falls es das umworbene Angebot nicht zusätzlich redaktionell erwähnt oder falls diese Erwähnung nicht ihre Zufriedenheit findet. Aber wie häufig geschieht gerade diese Pression: gegen Lokalredaktionen oder „bunte Frauenzeitschriften", wie Horst Röper berichtet:

In den Reiseteilen von Zeitungen und Zeitschriften sind die Usancen inzwischen so weit von geltendem Recht entfernt, daß einzelne Inserenten ihre „Erwartungen" an die Verlage offen zur Bedingung für Insertionen machen (Röper 1989, 182).

Auch Verlage haben die Züchtigkeit nicht gerade gepachtet, und sie können PR-Leute mit ihren Vorschlägen ihrerseits in Zugzwang bringen, etwa wenn sie seitenstarke redaktionell bearbeitete Strecken über die Produktserie einer Marke anbieten, falls der Kunde bereit ist, zigtausend Exemplare dieser Ausgabe zusätzlich zu kaufen und über seine eigenen Kanäle zu verteilen.

Der Vorteil für den Verlag: die höhere Auflage und neue Leserschaften, wenn auch meist nur für eine Ausgabe; der Vorteil für das Unternehmen: eine blütenreine redaktionelle Darstellung seines Angebots in einem gesamtredaktionellen Umfeld, das ebenfalls meist stimmig ist: „Das heißt, es dürfen keine positiven Tests der direkten Konkurrenz darin zu lesen sein" (Hahne 1987, 3).

Die Redakteure stehen in diesem Fall größtenteils loyal zu ihrem Verlag. Wenn sie sich hier der scharfen Kritik an dem zu besprechenden Angebot enthalten, so schlagen sie erfahrungsgemäß in anderen Ausgaben um so kräftiger zu. Die Schelte von medienkritischen Diensten beziehen sie trotzdem.

Dem Product Placement braucht weder ein Vertrag noch ein Geschäft mit Medien zugrunde zu liegen. Manchmal genügen pfiffige, sich selbst verkaufende Ideen und Ereignisse. Viele PR-Leute halten sich solche zugute, arbeiten angestrengt mit Gags und Pseudoevents und rühmen sich laut, wenn ihnen dadurch ein Placement gelingt. Presseleute, die dieses Treiben mitmachten und dann verdutzt zur Kenntnis nehmen müssen, daß sie Werkzeuge einer Aktion gewesen sind, fühlen sich düpiert. Ihr Bild von der PR wird gerade durch solche Impresarii geprägt.

Boris Becker stand bei Puma unter Vertrag, als er dem Papst mediengerecht einen Tennisschläger überreichte. Gleiches gilt von den Skisportlern, wenn sie bei Interviews die Unterfläche ihrer Skier mit der Markenaufschrift direkt neben ihre Köpfe halten. Sie haben es trainiert. Und Parmalat auf dem Kopf von Niki Lauda macht beide fast schon zu einem gemeinsamen Markenzeichen.

Alles dies ist Absicht. Nur bei den Ministern, die in einem Mercedes oder BMW vor dem Kanzleramt vorfahren und mit ihren Staatskarossen in der Tagesschau erscheinen, ist das „Placement" – wahrgenommen von vielen Zuschauern – eher das Ergebnis erfolgreicher Produkt- und Markenpolitik. Es stellt gewiß den Idealfall dar. Marken mit etablierten Images können es sich leisten, auf den Kauf von „Einstellungen" zu verzichten. Sie ergeben sich von selbst.

Abbildung 55: Es ist schlechter Stil, wenn populäre Autoritäten ohne ihr Wissen als Träger von Konsumbotschaften mißbraucht werden. Das Foto von Boris Becker vor Papst Johannes Paul II. wurde in der Presse stark kritisiert.

Respekt, Herr Präsident!

Im Urlaub suchte
Richard von Weizsäcker
das Abenteuer:
Er bestieg die 3772
Meter hohe
Wildspitze in Österreich
Fotos: Helmut R. Schulze

138 BUNTE

Abbildung 56: Weniger beachtet wurde die Publicityaktion, in die der Bundespräsident von Weizsäcker hineingezogen war (DIE BUNTE).

PR-Strategien

Auch für nicht etablierte Marken ist es möglich, ohne Geschäfte ein Placement zu erreichen; und darin liegt ein besonderer Reiz. Welche Strategie sollten PR-Leute dabei verfolgen? Prüfen wir zunächst die Erfahrungen der Werbung. Sie besagen:

– Die Präsentation eines Markenartikels im Spielfilm kann generell erst dann Wirkung entfalten, wenn die Marke dem Zuschauer bekannt ist (Auer). Sie muß wiedererkannt werden. Die Funktion des Product Placement kann daher in der Regel nicht die Einführung eines neuen Produkts sein, sondern nur die Bestätigung eines bekannten.
– Das Lern- und Erinnerungsvermögen des Betrachters wächst mit der

Häufigkeit des Markenauftritts über einen einzelnen Film hinaus. Filmserien sind daher für viele Werber das beliebtere Aktionsfeld, an ihrer Spitze „Dallas", „Denver", „Lindenstraße" und „Schwarzwaldklinik".

Diese Kriterien gelten auch für die PR. Aber ihre primäre Aufgabe ist es nicht, für den Verkauf eines Artikels zu sorgen, sondern für die Positionierung einer Marke. Keiner kauft einen BMW, weil „der Kommissar" ihn ständig fährt; aber würde ein Münchner Kommissar eine andere Marke fahren, zerfielen in Bayern ganze Weltbilder.

Wo Regisseure und Requisiteure auf solche Erwartungen ihres Publikums Rücksicht nehmen, hat PR gute Chancen. Ihr kann es dann gelingen, ihr eigenes Angebot für die Filmleute als allein passend, vielleicht sogar als unentbehrlich erscheinen zu lassen. Im Idealfall wird der Regisseur selbst darauf bestehen, gerade dieses Produkt zu verwenden, und man kann sicher sein, daß er es dann als eine für das Filmgeschehen relevante Aussage einsetzt. Öffentlichkeitsarbeiter müssen sich, um dies zuwege zu bringen, in der Szene auskennen und von ihr geachtet werden. „Die Leute vom Film sind eine Spezies für sich, und sie akzeptieren nicht jeden", schreibt das Auer-Team. Ähnlich äußert sich Joachim Bürger. Die Erfahrung lehre, daß Fernsehredakteure wie freie Filmemacher gern aus persönlichen Kontakten schöpfen:

Man erinnert sich bei der Produktion von Sendungen immer an diejenigen, zu denen man sich beruflich hingezogen fühlt. So entstehen die meisten Themen und die meisten Kontakte immer zu den gleichen Leuten. Bei knapp zwanzig Sendern ist die Zahl der Macher so überschaubar, daß man sich in einem kleinen elitären Kommunikationskreis befindet, in dem jeder jeden kennt. Die Folge: Wer in der Gruppierung bekannt ist, bei dem landen auch die Anfragen, wenn für irgendwelche Produktionen die Chancen von PR-Beiträgen gegeben sind (Bürger 1992, K6, 5).

Es ist wie mit der Presse. Respekt vor den Spielfilmprojekten einer Produktionsgesellschaft gleicht dem Respekt vor der Eigengesetzlichkeit eines Presseorgans. PR-Leute sind in beiden Fällen behutsamer als die Vertragsjuristen der Werber. Letztere mögen einen Bogner-Film über „Fire, Ice and Dynamite" zustande bringen, strotzend von vertraglich vereinbarten Placements, in der Summe wirkungslos und als Film ein Flop. Auch die PR-Leute sind vor Flops nicht gefeit. Aber ihr Vorgehen bewirkt in der Regel einen viel ungezwungener wirkenden Einbezug eines Produkts in einen Handlungs- oder Aussagerahmen.

Leichten Zugang gewinnt, wer sich die auch vom Auer-Team vorgetragenen Grundregeln des Product Placement zu eigen macht:

Versuchen Sie nicht, den Artikel in den Vordergrund zu stellen. Er wird, soll oder darf immer nur die zweite Geige spielen und an der Leitbildfunktion des Schauspielers partizipieren, nicht umgekehrt! Der werbliche Aspekt darf zwecks Vermeidung der Reaktanz nicht zum Vorschein kommen (Auer u. a. 1988, 74).

So hätten es auch die Filmemacher am liebsten. Die Paramount-Filmstudios sind stolz darauf, ein Markenartikler in der Filmbranche zu sein und daher nichts stärker als die Güte ihrer Filme im Auge zu haben. Jeff Coleman, so berichtet das Auer-Team, ist dort für Produkt-Plazierungen zuständig. Nach Colemans Erfahrungen weise jeder Spielfilm ungefähr 60 bis 70 Plazierungsmöglichkeiten auf. Paramount nutze nur drei bis vier Placements pro Film für Geschäfte. „Der ganze Rest läuft über Filmausstatter ab.“

Die Requisiteure erhalten meist erst wenige Tage vor den Dreharbeiten den Auftrag, die erforderlichen Ausstattungen zu besorgen und geeignete Gegenstände zu beschaffen. Um diese Wünsche erfüllen zu können, unterhält die deutsche Filmwirtschaft an ihren zentralen Standorten Markenartikeldepots. Auer: „Der Verleih der Markenprodukte aus dem Depot an die Filmemacher erfolgt unter ständiger Kontrolle des Herstellers, d. h. erst nach Rücksprache mit der Marketingleitung wird gehandelt. Die Abrechnung erfolgt am Jahresende auf Basis der tatsächlich auf dem Bildschirm zu sehenden Placements“ (Auer 1993, 7).

Also auch hier nur ein Geschäft? Nicht jede Ausstattung läuft über eine Placement-Agentur ab, wie sie Auer zum Beispiel betreibt. Auch andere Wege führen zum Erfolg. Mit etwas Phantasie, persönlichem Geschick und Einfühlungsvermögen in die aktuellen Bedürfnisse des Partners ist viel zu erreichen.

Einen starken Schub bringt das Ansehen, über das eine Marke oder eine Organisation in der wichtigen Teilöffentlichkeit der Filmemacher bereits verfügt, das heißt unter den Regisseuren, den Kameraleuten, den Drehbuchautoren. Es sind „Intellektuelle“, und wer ihnen bei seiner Kulturarbeit mit Respekt begegnet, wer sich nicht, wie wir es bei General Motors sahen, aus einem Filmprojekt ängstlich zurückzieht, kann mit offenen Türen rechnen.

Bestimmte Firmen, auch bestimmte Parteien oder Autoren genießen zudem mehr Achtung und Sympathie als andere. Dabei spielt eine Rolle, was man über sie in ganz anderen Zusammenhängen weiß: wie sie sich verhalten, wie sie handeln, was sie denken. Vielleicht muß das Product Placement daher mit einer viel weiter ausgreifenden PR-Arbeit im Umfeld der kommunikativen Branchen beginnen. Es ist wie mit der Presse ...

Reaktionen des Publikums

Der Erfolg einer solchen PR-Arbeit kann zu so verblüffenden Ergebnissen führen, daß heftigste Gegenreaktionen die Folge sind. Das ZDF hatte bei BMW die Entwicklung eines neuen Automodells verfolgt und im April

1990 unter dem Reportagetitel „Testfahrt mit Tarnkappe" gesendet. Die SZ kritisierte die Sendung am 26. 4. 1990 als „PR ohne Tarnkappe":

Die guten alten Zeiten des versteckten Product Placements scheinen nunmehr der Steinzeit zuzurechnen zu sein. Reportagen und „Dokumentarfilm" gerieren sich fortan wie langgedehnte Werbeblöcke im öffentlich-rechtlichen Programm. Erst die Seife Fa, vom Bayerischen Rundfunk Sonntag Nachmittag ins Haus geliefert, jetzt – zu wunderbarer Sendezeit (19.30 Uhr) – ein Dreiviertelstunden-Werbespot für BMW.

Zugegeben, anfänglich waren auch wir ein wenig stolz, als wir mit der Kamera durch die strenge Schleuse fahren durften, um am neuen BMW-Wunder, dem Cabrio 850i, zu schnuppern. Andere hatten schließlich draußen bleiben müssen ...

Wir sahen Autoentwickler aller Art, vom Handwerker (3000 brutto) bis zum Entwicklungsboß (2 Millionen im Jahr), die uns vormachten, wie genau, sorgfältig und ideenreich bei BMW gearbeitet wird ...

Eine kritische Reportage? Na was denn sonst.

Ist das Publikum genauso kritisch? Wie reagiert es überhaupt auf Product Placement? Trennen wir die Frage, wie lange es eine Produktbotschaft behält (den „recall"), von der für PR-Leute besonders wichtigen, ob es akzeptiert, auf diese Weise darüber informiert zu werden.

„Die Recall-Werte für Product Placement liegen bei allen bislang bekannt gewordenen Untersuchungen über denen von klassischen TV-Spots", schrieben Manfred Auer und Frank Diederichs 1993 (30). In den USA erinnern sich am Tag nach einer Sendung in der Regel über 50% der Zuschauer an bestimmte Placements, aber nur 26% an die Produkte in den begleitenden Werbespots. Auch wurden spektakuläre Fälle von Kaufimpulsen bekannt. Trotzdem gebe es immer noch keine Langzeituntersuchungen über die Werbewirkung des Product Placement, klagen Auer und Diederichs (1993, 32).

Die zweite Frage: Wird es überhaupt akzeptiert? Die Zuschauer sind sowohl in den USA wie in Deutschland toleranter als die Gesetze und die Presse. In Amerika haben 1992 zwei Professoren Jugendliche zwischen 18 und 34 Jahren – die stärkste Gruppe der Kinobesucher – befragt. Rund 80% sprachen sich dafür aus, daß Product Placement erlaubt sein soll. Sie halten es für einen Bestandteil unserer Realität und ziehen derartige Präsentationen sogar den aufdringlicheren Werbespots vor, „die die Leinwand für eine bestimmte Zeit monopolisieren" (Secunda und Nebenzahl 1993). Man wird diese Reaktionen sicher vom Kino- auf den Fernsehkonsum übertragen dürfen. Hier wird gezappt, wenn Werbung kommt.

Das Sample-Institut in Mölln hat schon 1989 eine ähnliche Haltung in Deutschland ermittelt:

– die Zuschauer achten bei TV-Spielfilmen auf die Marken der benutzten Produkte,

- der Einsatz von Markenartikeln wird generell als normal empfunden; tendenziell wird er befürwortet, weil er realitätsnäher ist;
- es ist den meisten Zuschauern „egal", ob der Filmproduzent vom Warenhersteller bezahlt wird; nur eine Minderheit finde das „falsch" (Auer und Diederichs 1993, 32).

Das sind jedoch keine Freibriefe. Wer übertreibt, verliert schnell die Gunst des Publikums. Aufdringlichkeiten verbietet es sich resolut. Die sehr deutlichen, aber eingepaßten Product Placements im ersten Bogner-Film „Fire and Ice" von 1985 wurden bei einer akribischen Untersuchung, die Auer 1988 beschrieb, noch von über 80% der Probanden akzeptiert. Aber schon diese Testpersonen erklärten in überwältigender Mehrzahl (89%), die gezeigten Produkte weder verwenden noch kaufen zu wollen.

Trotzdem legte Willi Bogner in seinem zweiten Film „Fire, Ice and Dynamite" noch eine Prise zu. Prompt fiel der ganze Film durch.

Die Offenlegung

Neben allen Vorschriften, Richtlinien und Gesetzen, neben allen guten PR-Rezepten und Marketingstrategien sollten wir auch beachten, was sich schickt und das Ansehen der PR mehrt.

In der Kommunikationswelt gilt die Regel, daß der Absender einer Botschaft dem Empfänger der Botschaft bekannt zu machen ist. Sie gilt für jeden Pressebericht, für jede Anzeige, selbst für jede Unterhaltungssendung. Sie gilt offensichtlich nicht beim Product Placement. Das klassische Absender-Empfänger-Denken wird hier durch „eine perfide Variante" ersetzt (Friese 1986). Diese Variante bezieht höhere Glaubwürdigkeit aus der Verschleierung des Absenders und damit des werbenden Charakters der Botschaft.

Offenlegungen sind daher geboten. Sie werden in vielen Fällen längst geleistet. Im Abspann von Kino- und Fernsehfilmen sieht man mehr und mehr mitwirkende Firmen aufgeführt. Aber reicht das aus? Als ein Filmproduzent BMW einmal die Idee vortrug, bei einem Wettrennen zweier Motorräder von München zum Kilimandscharo diejenige Marke siegen zu lassen, die den Film mitfinanziert, ließ sich die Firma auf eine Koproduktion ein. Sie kostete dem Unternehmen zwar nicht so viel, wie es bei Auer beschrieben wird, war aber auch nur ein recht mäßiger Erfolg. Verheimlicht wurde das Engagement nicht; die Uraufführung von „Big Mäc" fand bei BMW statt.

Die Reaktanz – also der Widerstand gegen die Botschaft – mag durch die Nennung der mitfinanzierenden Firma größer sein. Dieses Risiko geht jeder ein, der sich dekuvriert. Tut er es nicht, geht er das Risiko, dekuvriert zu werden, ein und unterliegt möglicherweise der Presseschelte.

Einen Sturm der Entrüstung rief eine halbstündige Dokumentation auf

dem Dritten Kanal des Bayerischen Rundfunks über die Vorzüge der Müll-
verbrennung hervor. Der Beitrag unterstützte trotz der eingeblendeten Ge-
genstimmen eindeutig das Müllkonzept des Landtags gegen dasjenige einer
Bürgerbewegung und wurde eine Woche vor dem Volksentscheid über beide
Konzepte ausgestrahlt. Der Zuschauer war nicht darüber informiert
worden, daß es sich bei diesem Streifen, wie der Intendant nachträglich mitteilen mußte, ursprünglich um einen „für Präsentationszwecke produzierten
Film des Verbandes des Deutschen Maschinen- und Anlagebaues (VDMA)
gehandelt hat".

Warum verdarb man sich nur ein so vortreffliches Argumentationsplace-
ment so leichtfertig? Der Protest der Gegenparteien – der SPD, des Bundes
Naturschutz, der IG Medien – war lautstark noch im nachhinein.

Offenlegungen machen dieses Spielfeld der Kommunikation nicht nur
durchsichtiger. Sie disziplinieren auch die Mitspieler. Eine wachsame Kom-
munikationskritik ist dazu erforderlich. Sie könnte die Sitten verfeinern.

Zu Kap. VII. 2:

Auer, Manfred/Frank Diederichs: Werbung below the line. Product Placement, TV-
Sponsoring, Licensing; Landshut 1993.
Auer, Manfred/Udo Kalweit/Peter Nüßler: Product Placement. Die neue Kunst der
geheimen Verführung; Düsseldorf 1988.
Bürger, Joachim: PR. Gebrauchsanleitungen für praxisorientierte Öffentlichkeits-
arbeit. Loseblattsammlung; Landsberg 1989 ff.
Friese, Ulrich: Und weiter schleicht die Werbung durch das Programm; in: Handels-
blatt 13. 11. 1986.
Hahne, Wilhelm: Motorkritik; Informationsdienst; Mai 1987.
Röper, Horst: Product Placement. Einfluß auf die Redaktionen; in: Kalt, Gero
(Hrsg.): Öffentlichkeitsarbeit und Werbung, Frankfurt a. M. 1989.
Secunda, Eugene/Israel D. Nebenzahl: Consumers Attitudes Toward Product Place-
ment in Movies; New York 1993.

3. Personal-Publicity

Die Publicity für Personen ist vermutlich der historisch älteste Teil der Publicity und vielleicht der PR überhaupt. Lange bevor es üblich wurde, den
Medien Material über Waren und Dienstleistungen anzudienen, geschah
dies mit politischem Personal, später auch mit den Stars des Showbusineß.

Zwei Voraussetzungen mußten dafür gegeben sein: das allgemeine Wahl-
recht und eine Massenpresse – vor allem die „penny press", wie sie in den
USA in den 30er Jahren des 19. Jahrhunderts entstand. Politiker und Stars

sind bis zum heutigen Tag darauf angewiesen, über die Medien bekannt und nochmals bekannt zu werden.

Um ihnen dabei zu helfen, bot sich ebenfalls seit Beginn des 19. Jahrhunderts die neue Berufsgruppe der „press secretaries" – für amtierende – und der „press agents" – für kandidierende – Politiker an. Aber diese PR-Leute machten auch aus Künstlern und Wohltätern Stars, zum Teil sogar Legenden. Man denke an den Buffalo Bill Cody. „Press agents created many popular American heroes", schrieben Grunig und Hunt (1984, 27).

Dazu mußten sie sich manche armselige Show und manche rührselige Story einfallen lassen. Es focht sie nicht an. Ihr Credo war, formuliert von Phineas T. Barnum, dem berühmtesten unter ihnen: „There is no such thing as bad publicity" (Grunig und Hunt 1984, 28).

Popularitätshilfen

Viele press agents wirken nicht im verborgenen. Schon Phineas T. Barnum legte auch auf persönliche Publicity wert. „He didn't care if the newspapers attacted him as long as they spelled his name right" (Grunig und Hunt 1984, 28).

Wer keineswegs von den Medien attackiert, sondern sehr respektierlich beschrieben wird, ist Josef von Ferenczy. Auch er spricht ohne Scheu über seine Arbeitsweise, und es geschieht im Stil des ehrbaren Kaufmanns. Erhält er den Auftrag, einen bestimmten Politiker populär zu machen – Brandt, Genscher, Strauß, Graf Lambsdorff –, geht er nach einem Schema vor, das er der Illustrierten STERN einmal verriet:

Man muß wissen: 1. Welche Person schiebt man auf die Bühne? 2. Welcher Autor schreibt es? 3. Wo soll es erscheinen? (DER STERN 1991, 84).

Was er den Medien dann anbietet, wird meist gedruckt, weil er exzellente Autoren unter Vertrag hat; 1991 waren es 133 an der Zahl.

Es hängt allerdings nicht nur von den Autoren und dem Vermittlungsgeschick des press agent ab, ob es gelingt, eine Person zu promoten. Es kommt auch sehr darauf an, über welche Qualitäten sie verfügt. Vergeblich war es zum Beispiel für das Team des amerikanischen Präsidenten George Bush, seinem Vize Dan Quaile ein staatsmännisches Image zu verpassen.

„Quaile's problem isn't about image; it's about substance", analysierte Jonathan Alter in der NEWSWEEK vom 20. 5. 1991 den Fall. „It's about weight." Sicher brauche man nicht unbedingt den höchsten IQ für das Präsidentenamt, aber in irgendeiner Hinsicht müsse man schon besonders „smart" sein. Bei Quaile fehle es jedoch daran, obwohl sein miserables Amt mit mehr Personal, wichtigeren Aufgaben und mehr Unterstützung arbeiten konnte, als es irgendein Vizepräsident vor ihm genoß.

This is one of the few refreshing truths about the media age. Images can be manipulated in disturbing ways, but the new look must be based on something real (Alter).

Selbstdarstellungen

Popularität ist ein vorrangiges Ziel von Politikern. Zu Leuten der Wirtschaft scheint, wie Sibylle Krause-Burger einmal feststellte (1989, 14), eher das Motto des römischen Kaisers Caligula zu passen: „Oderint dum metuant!" Aber auch ihnen liegt durchaus an Bekanntheit, Profil und hohem Ansehen und dies alles keineswegs nur in ganz elitären Kreisen oder – wie im Falle Caligulas – nur beim eigenen Volk.

Was unternehmen die einen, was die anderen? Politiker mischen sich unters Volk, lieben auch die Fotos, die sie bei populären Aktionen zeigen.

Sie setzen sich mit jedermann in die Gaststube, sie lassen sich nach großen Versammlungen im Bierzelt auch noch vom letzten Genossen mit dessen Problemen belästigen, sie feiern mit den Kleintierzüchtern das jährliche Sommerfest, schütteln dem Chorleiter des Liederkranzes zum Sechzigsten die Hand, opfern kostbare Wochenenden für Bürgersprechstunden. Vor jeder Blasmusik, die am Rande ihrer Feldzüge auftaucht, schwingen sie den Taktstock (Krause-Burger 1989, 13).

Man kann diese Beschreibung durchaus als Handlungsanleitung lesen. Sie würde für einen Boß ganz anders lauten. Er ist schließlich nicht zum Anfassen da. Die Fotos, die er in Umlauf bringen läßt, sehen danach aus: Mit Majestätsblicken schaut er auf die weit unterhalb seiner Kommandobrücke ausgebreiteten Reiche und Völkerschaften herab. Typisch sind die vor der Brust verschränkten Arme. Sie zeigen ihn „unangreifbar, wie er eben ist". Sibylle Krause-Burger hatte es sogar schwer, an diese Leute heranzukommen:

Journalistische Neugier, erst recht, wenn sie einer leitenden Person gilt, wird als unkeusches Ansinnen zurückgewiesen, wird wie der Blick in fremde Schlafzimmer abgewehrt (1989, 9).

Auch dies hat Methode. Die gängigen Popularitätsattribute der Politiker haben in der Wirtschaft keine Zugkraft: Wie die Bosse zu Hause eingerichtet sind, welche Vornamen und Vorlieben die Frau, die Kinder haben, wo und wie man seine Urlaube verbringt, welche Hunde man hält, kurz alles Private bleibt außen vor. Boulevardpresse und Lifestylezeitschiften kommen hier nicht zum Zuge.

Auch die Wirtschaftspresse hat keinen einfachen Zutritt. Sich rar zu machen gehört durchaus zum Spiel. Es ist ein riskantes Spiel, denn ein verweigertes Interview schützt nicht davor, des Mißmanagements angeprangert oder als „Niete im Nadelstreifen" (Ogger) apostrophiert zu werden. Also sitzt mancher deutsche Topmanager doch bisweilen handverlesenen Journalisten zum „Portrait" (Krause-Burger).

Abbildung 57: Die wegweisende Hand zeichnet einen Politiker aus. Also hebt er sie, sobald sich Fotografen nähern. Einem Gespräch sind solche Gesten aber nicht förderlich.

Was bringt's? Wer die Palme zugereicht bekommt, zum „Manager des Jahres" gekürt zu werden, macht damit für ein Jahr seine Führungsmannschaft stolz. Wer sein Ansehen in öffentlichen Kreisen mehren kann, wird auch in der politischen Lobby größeres Gehör finden. Wem international ein guter Ruf vorauseilt, kann sich im Ausland manche Türe schneller öffnen.

Neben den Gesprächen mit Journalisten dienen Grundsatzreden nicht nur der Sache, sondern vor allem der persönlichen Profilierung. Auch eigene Publikationen helfen ein Stück weit. Die Zahl der Bücher, in denen sich bekannte Persönlichkeiten selbst darstellen, ist Legion. Sie bauen dabei meist auf einen bereits vorhandenen Popularitätsbonus. Ihr Ziel ist es, diesen abzusichern oder bestimmte Urteile zurechtzurücken, sich also zu rechtfertigen oder die eigene, vielleicht umstrittene Position zu festigen.

Die einfachste Form, sich selbst darzustellen, ist die Veröffentlichung gesammelter Reden und Aufsätze. Ein Stück beschwerlicher ist die Autobiographie. Aber in beiden Fällen sind häufig „ghost writer" am Werk gewesen. Sie als Koautoren mitanzuführen, bürgert sich mehr und mehr ein.

Die berühmteste Selbstdarstellung, auch die bislang auflagenstärkste, haben der Amerikaner Lee Iacocca und sein Koautor William Novak auf den Markt gebracht. Es war eine spektakuläre Abrechnung des ehemaligen Ford-Chefs mit seinem Boß Henry Ford II, der ihn 1978 ebenso spektakulär gefeuert hatte. Das Buch machte Iacocca bis zu dem Grade populär, daß er eine Präsidentschaftskandidatur ins Auge fassen konnte. Er behielt jedoch Bodenhaftung und sanierte Chrysler (Iacocca 1991).

Ob sich für die anderen unzähligen wichtigtuenden Publizisten indessen mehr Leser einfinden als diejenigen, die sich aus professionellen Gründen damit befassen müssen, sei dahingestellt. Unter Wirtschaftlern oder auch Politikern ist es um das Bücherlesen nicht gerade gut bestellt. Vielleicht lassen sie lesen, wie sie auch schreiben ließen. Ein seltsames Schattenspiel auf einem Jahrmarkt der Eitelkeiten.

Personaldebatten

Öffentliche Personaldebatten können für eine Organisation und ihr Führungspersonal mörderisch sein. Wird dabei der oberste Amtsinhaber, weil als erfolglos gebrandmarkt, zur Disposition gestellt, kommen harte Zeiten auf den Pressesprecher zu. Niemand im Amt hört es gerne, wenn über seine Nachfolge öffentlich räsoniert wird. Auch Aufsichtsgremien, Parteipräsidien oder Personalabteilungen, die darüber zu befinden haben, fühlen sich durch solche Erörterungen in ihren Entscheidungen beeinträchtigt.

Noch gravierender sind die Auswirkungen innerhalb einer Organisation. Unsicherheiten stellen sich ein, vorzeitige Neuorientierungen auf vermeintliche künftige Bezugspersonen, deren eigene Situation dadurch recht prekär wird, der Aufschub langfristiger Entscheidungen etc.

Eine Organisation wird daher darauf bedacht sein, bei Personaldebatten Öffentlichkeit nicht herzustellen, sondern zu verhindern. Dennoch ist dies bei populären Personen oder Institutionen nicht immer möglich. Selbst in der Wirtschaft geht es nicht immer so diskret zu wie in einem Konklave. Populäre Branchen, die Automobilindustrie oder die Großverlage, werden von der Presse scharf beäugt. Berühmt wurden die leidenschaftlichen Kommentare der ZEIT für und gegen Breitschwerdt oder Reuter als Nachfolger des früh gestorbenen Prinz bei Daimler-Benz. Gert Bucerius, der Herausgeber, und Richard Gaul, der Wirtschaftsredakteur, zerbrachen sich die Köpfe der Aufsichtsräte. Auf zweierlei sollte man daher bedacht sein:
- Die Nachfolge sollte als längst verabredet gelten und
- der Kreis der möglichen Nachfolger sollte als relativ groß erscheinen. Werden zwei genannt, einen Dritten und Vierten ins Spiel bringen. An Führungsnachwuchs reich zu sein zeichnet jede Organisation aus.

Ist die Aufmerksamkeit der Presse oder des Publikums auf mehrere Personen verteilt, so sollten die Kontrahenten nicht versuchen, sich auf Kosten des Gegenkandidaten zu profilieren. Das führt selbst in der Politik nicht unbedingt zum Erfolg. Publikum reagiert sensibel, wenn jemand versucht, über die größere Publicity zu höheren Ehren zu gelangen.

Ob dieser Rat immer Gehör findet, sei dahingestellt. Mancher Kandidat müßte dazu Kreide fressen, weil gerade seine Extrovertiertheit ein Kriterium für seine Wahl ist.

Zu Kap. VII. 3:
Iacocca, Lee/William Novak: Iacocca – An autobiography; 1984.; deutsch: Iacocca – Eine amerikanische Karriere; Düsseldorf 1985.
Krause-Burger, Sibylle: Die andere Elite. Deutsche Topmanager im Portrait; Düsseldorf 1989.

4. Das Sportsponsoring und die Sportförderung

Die plakative Nutzung des Sportgeschehens durch die Werbung ist eine alltägliche Erfahrung. Wirtschaftsunternehmen wenden in erheblichem Umfang das Sportsponsoring für kommunikative Zwecke an. Sie tun es einerseits, weil die klassischen Medien mit Werbebotschaften bereits überfrachtet sind, andererseits beachten manche Zielgruppen auch keine Werbung mehr. Sie sind mit Lesestoff überfüttert.

Das Sportsponsoring kommt ihnen dabei insofern entgegen, als es außer dem Markennamen oder Firmenlogo in der Regel kaum Lesestoff bietet. „Die Vermittlung umfassenderer Informationen ist somit im Rahmen des Sportsponsoring-Kommunikationsprozesses nur in Ausnahmefällen möglich und auf sehr wenige Kommunikationsmittel beschränkt", schreiben Hermanns und Drees (1989).

Aber dieser sehr knappen Restinformation kann sich kein Zuschauer entziehen, auch wenn seine Aufmerksamkeit ihr nicht zugewandt ist. Das Sponsoring bietet daher die Möglichkeit des ungezwungenen Kontaktes und der Ansprache.

Für Marketingleute hat sich der Einsatz damit gelohnt. Sie haben ihre Kommunikationsziele vielleicht erreicht. Für PR-Leute hingegen beginnen damit erst die Probleme und Aufgaben.

Sportjugend, die „gesponsert" wird, erwartet mehr als finanzielle Unterstützung. Sie erwartet einen verläßlichen Beistand über Jahre, eine Perspektive für ihr eigenes Engagement, manchmal auch Hilfe bei der technischen Weiterentwicklung ihrer Sportart.

Sportjugend sollte in ihren Erwartungen nicht enttäuscht werden. Gesellschaftspolitische Verantwortung wird nicht mit der Zahlung von Geldbeträgen bewiesen. Sie beginnt damit erst.

Abbildung 58: Bei Opel ist das Sportsponsoring in die PR-Arbeit eingebunden, weil „Sponsoring Bestandteil einer umfassenden und langfristigen Kommunikationsstrategie ist", wie PR-Vorstand Horst Borghs dem INDUSTRIEMAGAZIN (10/87) sagte. Andere Firmen, auch die meisten Autoren, sehen es eher als Teil des Marketings. Hermanns und Drees zum Beispiel ordnen nur das Kultursponsoring „eher der Öffentlichkeitsarbeit" zu (1987, 24).

Die Ziele des Sponsorings

Die Experten, die den Kommunikationsweg des Sponsorings beschreiben, zögern, seinen Erfolg in Umsatzsteigerungen zu sehen. Das mag daran liegen, daß sie vornehmlich die nationalen und internationalen Ereignisse vor Augen haben, nicht das Sportgeschehen vor Ort und die Kasse, die ein Lokalanbieter bei einem Lokalereignis macht.

Für Klaus Heinemann geht es zum Beispiel beim Sportsponsoring nur um

„die Verwirklichung kognitiver Ziele, die sich erst auf lange Sicht umsatzstei-
gernd bzw. -stabilisierend auswirken können" (1989). Genannt werden von
ihm und anderen Autoren fünf mögliche Ziele:
Erstens die Steigerung des Bekanntheitsgrades und mithin die Erschlie-
ßung erster oder neuer Zielgruppen. Oft sei Sportsponsoring das „Ein-
gangstor" für eine neue Marke. Der amerikanische Computerhersteller
Commodore habe durch die Unterstützung des FC Bayern seinen Bekanntheitsgrad von „praktisch Null auf 70 Prozent gesteigert", zitierte das damalige INDUSTRIEMAGAZIN im Oktober 1987 den deutschen Geschäftsführer des Unternehmens.

Zweitens wird immer wieder die Imageverbesserung genannt. Die Attri-
bute des Sports – jugendlich, dynamisch, leistungsorientiert – sollen sich auf
das Produkt des Sponsors übertragen. Daß dies gelungen sei, behaupten
viele Sponsoren. Doch scheint uns Skepsis geboten. Wäre es so, gäbe es fast
nur noch jugendliche Wirtschaftsgüter.

Die Rückschlüsse des Publikums von einer Sponsorschaft, die es wahrnimmt, auf den Sponsor betreffen vermutlich nur dessen Geste und Engagement, nicht dessen Produktprofil. Man anerkennt ihn vielleicht als hoch-
herzig oder reich, als interessiert (wie ein Zuschauer) oder – wie heißt es so
schön? – gesellschaftspolitisch verantwortungsbewußt. (Mehr erwarten
schließlich auch die Kultursponsoren nicht von ihrem Engagement.)

Zwar folgern Hermanns und Drees aus den Untersuchungen von Kroeber-
Riel, daß trotz der geringen Aufmerksamkeit für eine Markenbotschaft durch
deren wiederholte Verbindung mit den emotionalen Reizen des Sports, also
durch klassische Konditionierung des Zuschauers, ein Imagetransfer statt-
finde. Dieser führe dazu, „daß der Produkt- oder Unternehmensname schließlich mit bestimmten Imagekomponenten verbunden wird, die ursprünglich nur
mit dem gesponserten Objekt verbunden waren". Aber beide Autoren weisen
auch darauf hin, daß die Voraussetzungen für einen erfolgreichen Imagetransfer über das Argument der Glaubwürdigkeit hinaus für „sportnahe" Unternehmen besser sind als für sportferne oder sportfremde. Also nur, wer bereits über
ein sportliches Image verfügt, kann es durch Sportsponsoring verstärken.

Da verzichte man lieber auf diese Argumentation. Sie könnte sowieso nur
unter den Anhängern der gewählten Sportart gelten. Für einen Nichtfußball-
freund wird Opel durch seine Verbindung mit dem FC Bayern wohl um
keinen Deut sportlicher. Daran ändert vermutlich auch die Tatsache nichts,
daß man in immer größeren Kreisen der Bevölkerung weiß, „Opel ist im
Sport engagiert". (So lautete die Fragestellung.) Es erscheint uns gewagt,
dieses Wissen ein „Imagemerkmal" zu nennen, durch das die Marke stärker
„in Richtung Sportlichkeit, Dynamik, Leistungsfähigkeit usw. akzentuiert
wird" (Bruhn 1991, 172).

Abbildung 59: Parmalat wurde durch das Formel-I-Sponsoring weltbekannt. Aber wurde dieses Milchpulver dadurch als sportlich profiliert? Imagetransfers finden nicht statt.

Drittens, so heißt es, könne eine Marke durch die gewählte Sportart höher positioniert werden. Die Sportart lasse auf die Art der Kundschaft schließen, die man im Auge hat. Solche Assoziationen stellen durchaus eine wahrnehmbare Botschaft dar. Eine Marke kann sich daher durch das Sponsoring von Reitsport oder Golf in gewissem Grade nobilitieren. Nur sind die Einflüsse der Benutzerprofile auf die Produktpositionen meistens recht schwach. Daher müssen solchen eher schwächeren Signalen die stärkeren auf der Produktseite entsprechen.

Viertes Ziel ist die Kontaktpflege zu eingeladenen Kunden, Händlern und Mitarbeitern. Es geht um Geschäftsanbahnungen – also den Umsatz – und um Motivation. Beides ist sinnfällig, und beides gelingt von allen Zielen wohl auch am ehesten.

Auch das fünfte Ziel ist leicht erreichbar, falls es hierher und nicht in den Bereich des Product Placement fällt: die „indirekte" Produktinformation über eingesetzte Sportgeräte oder Ausrüstungsgegenstände. Wenn Parmalat und Bilstein auf einem Formel-I-Wagen stehen, bietet das Trockenmilchpulver nur eine Begriffserinnerung, der Stoßdämpfer hingegen den Hinweis auf seinen vermutlich erfolgreichen Einsatz in dem Rennwagen.

Unbeachtet von der Literatur ist ein Ziel, das für PR-Leute im Grunde obenan stehen sollte, wenn sie sich nicht ausschließlich zu Ausrichtern von Marketingmaßnahmen machen wollen: der Nachweis hoher sporttechnischer Innovationskraft durch die Mithilfe bei der Entwicklung von Sportgeräten. Opel hat den Bobsportlern bei der Entwicklung neuer Schlittenkonstruktionen geholfen, BMW bei der Konstruktion ihrer Helme. Vielleicht wird es der Dasa gelingen, für den Deutschen Segler-Verband einmal eine Hochseeyacht zu konstruieren, die den Admiral's Cup gewinnt.

PR-Arbeit zum Sponsoring

Der Traum vieler Industrie-PR-Leute in Deutschland ist die Mitwirkung ihrer Firmen bei der Konstruktion einer solchen Hochseeyacht. Seine Realisierung scheiterte bislang am Kostenumfang von über 30 Mio. DM. Mehrere potente Unternehmen müßten sehr viel Arbeitskraft und Geld aufbringen und dennoch auf eine individuelle Herausstellung weitgehend verzichten. Eine solche Yacht kann schließlich nicht zur Litfaßsäule werden wie ein Formel-I-Pilot; und die Einsicht ist gering, daß es darauf auch gar nicht ankäme. Die raffinierteste PR-Strategie besteht schließlich darin, jedermann wissen zu lassen, wer hinter einer Sache steht, ohne daß dies plakatiert wird. Das Mäzenatentum weist die Wege dazu.

Wir halten noch immer nach dem Unternehmen Ausschau, das eine Mannschaft, die es sponsert, ohne Trikotwerbung antreten läßt und dem es durch PR gelingt, das Publikum trotzdem mit der Sponsorschaft vertraut zu machen. Diese PR-Arbeit baut auf die Mund-zu-Mund-Propaganda in der Zielgruppe, vor allem aber auf aktive Pressearbeit.

Sportjournalisten sind gegenüber dem Sponsoring unbefangener als Kulturredakteure. Sie nennen die Sponsoren, manchmal sogar plakativ. Aber gerade deshalb ist darauf zu achten, wer das mit welchen Empfindungen liest oder hört. Eine vierspaltige BILD-Schlagzeile „BMW steigt ein: Fünf Millionen in 3 Jahren – für das internationale Tennisturnier in Rothenbaum" läßt die Tennisspieler vor Ort jubeln. Aber schon die Spieler anderer Clubs sind eifersüchtig, und indigniert sind die Anhänger anderer Sportarten. Bei den eigenen Belegschaften stellt sich Unverständnis, vielleicht auch Unmut wegen solcher „sinnloser Ausgaben" ein.

Belegschaften sind entgegen den Ansichten der Lehrbuchautoren eher skeptisch als motivierbar, wenn sie von Sponsoring hören. Sie durchschauen die Motive ihrer Chefs wie der SPIEGEL:

Sogar in großen Firmen wird über Millionen mehr emotional als sachlich entschieden; die persönlichen Interessen eines Vorstands, der gern Golf spielt oder der Reiterei zugetan ist, schimmern bei vielen Engagements durch (SPIEGEL 26/1991, 176).

Abbildung 60: DDR-Bobhelme durften bei der Olympiade in Calgary
mit dem Markenzeichen BMW versehen sein, da der Motorradhersteller BMW
die Helme entwickelt hatte (Foto: L. Baader).

Erfolge einfach kaufen? Geht nicht.

Opel ist ein starker Partner des Sports.

Ob Steffi Graf oder Davis-Cup.

Ob Fußball-Europameisterschaft oder das deutsche Handball-Team.

Ob Reinhold Messner, ob unsere Tischtennis-Asse oder Bayern München.

Ja, Bayern München.

Wir verbünden uns mit dem Sport, weil der Sport ein menschliches und spannendes Medium ist.

Es gibt dort keine Garantie für Siege. Und keinen Schutz vor Niederlagen.

Deshalb brauchen gerade diejenigen, die im Tief stecken, Fairness und Loyalität.

Wir bemühen uns darum.

Abbildung 61: „Es gibt keine Garantie für Siege", erklärte Opel 1992 in einer klugen Anzeigenserie zum Thema Sport.

Man konzentriere seine Pressearbeit auf diejenigen Medien, die nur die beglückte Sportgemeinde liest. Das kann – bei populären Sportlern oder Teams wie Steffi Graf oder der FC Bayern – ganz Deutschland sein. Auch bei einem Veranstalter, der einem Werk durch nachbarschaftliche Nähe verbunden ist, verstehen der Laie und das Belegschaftsmitglied noch am ehesten das Engagement.

Die reifste Form des Sportsponsorings ist die Sportförderung und mithin das Mitwirken in der Sportpolitik: die Hilfe für Olympiateams, bei der Ausbildung oder Förderung des Nachwuchses, in Deutschland kulminierend in der aktiven Unterstützung der „Deutschen Sporthilfe" und beim „Ball des Sports".

Von allen Jahrmärkten der Eitelkeit ist dieser der hochkarätigste. In seinen besten Jahren vereinte er die Spitzen der westdeutschen Gesellschaft in beeindruckender Weise: Bundespräsident, Bundesregierung und Opposition, Unternehmerschaft und Gewerkschaftsbund, Spitzensportler und Topjournalisten. Die Balltombola spiegelte die Wertehierarchie der Konsumgüter wider, und wehe, ein Hersteller maßte sich an, durch ein reichhaltigeres Angebot die traditionelle Reihung verändern zu wollen. Es führte zu Demarchen und Drohungen.

Auch bei anderen Gelegenheiten drohen Hersteller mit dem Entzug ihrer Gunst: wenn eine Sportart von Dopingfällen oder Tierquälereien gebeutelt wird. Dann geschieht die Stellungnahme öffentlich und ist geeignet, den Hersteller als Wahrer hoher Sportideale auszuweisen. Er kann seine „gesellschaftspolitische Verantwortung" trefflich unter Beweis stellen.

Konsequenzen der Sportförderung

Der Umgang mit dem Sport ist für die PR-Leute der Wirtschaft ein entscheidender Prüfstein ihres Selbstverständnisses. Je mehr die Sportwelt in Abhängigkeit von Sponsorengeldern gerät und damit auch zu Parteinahmen für bestimmte Marken veranlaßt wird – was bisweilen bis zum Konsumdiktat für den einzelnen Sportler führt –, um so dringlicher ist es,
– Grenzen des Zumutbaren einzuhalten,
– die Diktion der Selbstdarstellung zu zügeln, vor allem
– auf die nicht intendierten Folgeerscheinungen des Sportsponsorings zu achten.

Gerade das Sportgeschehen ist in seiner Geilheit auf Zuschauermassen und daraus resultierende Einkünfte nicht frei von Anfechtungen, in die aus den gleichen Gründen auch ein Sponsor einbezogen sein kann. Klaus Heinemann, der sich sehr eingehend mit der Ökonomie des Sports befaßt, beschreibt die Entwicklung:

Wenn der sportliche Erfolg immer mehr mit hohen finanziellen Konsequenzen verbunden ist, muß die Neigung, diesen Erfolg mit allen Mitteln – auch mit nicht erlaubten – zu erreichen, zunehmen ... Für den Zuschauer muß zwar die Fiktion bestehen bleiben, daß der Ausgang offen ist; aber alle, die an der Vermarktung beteiligt sind, haben auch ein Interesse an bestimmten Athleten und Wettkampfbegegnungen, deren besondere Zuschauerattraktivität sie annehmen können. Die Verführung zur Manipulation ist um so größer, je höher die Summen sind, die auf dem Spiel stehen. Soll man zum Beispiel den Star ohne weiteres verlieren lassen oder des Platzes verweisen, um dessentwillen die meisten Zuschauer gekommen sind – nur weil die Regeln das erfordern? (Heinemann 1989).

Neben diesen moralischen Problemen, die sich vermutlich immer und überall stellen und auch ohne den Einfluß oder die Duldung von Sponsoren lösen lassen, wenn der Sport aus sich heraus die Kraft dazu findet, gibt es strukturelle Entwicklungen, die durch das Sponsoring mitverursacht sind. Dabei werden häufig an erster Stelle die ungleichen Popularitätschancen nichtolympischer Sportarten genannt. Aber der amerikanische Base- oder Football und der internationale Motorsport zeigen, daß es auch sehr populäre nichtolympische Sportarten gibt. Entweder sie oder die Fernsehanstalten dominieren in diesem Geschäft. Die Sponsoren sind kaum mehr als zahlende Zaungäste für etwas Product Placement.

Wichtiger ist die Veränderung in der Struktur der Sportvereine. Heinemann befürchtet, daß mit der Verlagerung ihrer Einkünfte von der Zahlungsbereitschaft ihrer Mitglieder auf die Zuschüsse eines Sponsors nicht nur eine „Oligarchisierung" des Vereins einhergeht, sondern auch eine Aufspaltung des Sports in Profi- und Breitensport mit je eigenen Sportideologien und schließlich eine Aufspaltung der Sportorganisationen:

Der Hochleistungsprofisport wird nicht mehr (ausschließlich) von Sportverbänden selbst organisiert. Wirtschaftsunternehmen, Agenturen, zum Teil auch kommerziell ausgerichtete Tochtergesellschaften von Verbänden und Vereinen übernehmen die Organisation von Sportveranstaltungen und Wettkämpfen. Solche Töchter bzw. kommerzielle Unternehmen entwickeln dabei eine Eigendynamik und entziehen sich dem gestalterischen Willen der Verbände.

Bei keinem anderen Lebensbereich, nicht einmal bei der Kultur, wird deutlicher, welche Einflüsse das Phänomen Kommerz haben kann. Die sogenannte gesellschaftspolitische Verantwortung des Sponsors endet daher nicht bei der Geldvergabe; sondern sie beginnt damit. Es ist die Mitverantwortung auch für den jeweils nicht gesponserten Teil des Sports.

Zu Kap. VII. 4:
Bruhn, Manfred: Sponsoring. Unternehmen als Mäzene und Sponsoren; Frankfurt a. M. 1987.
Heinemann, Klaus: Sportsponsoring – Ökonomische Chance oder Weg in die Sackgasse?; in: Hermanns, Arnold (Hrsg.): Sport- und Kultursponsoring, München 1989.
Hermanns, Arnold/Norbert Drees: Kultursponsoring als Instrument der Kommunikationspolitik; in: PR-Magazin 7/1987.
–: Wirkungsaspekte bei der Nutzung offizieller Prädikate im Sportsponsoring; in: Hermanns, Arnold (Hrsg.): Sport- und Kultursponsoring; München 1989.

5. Aktualisierungskampagnen

Aus heiterem Himmel kann es einer Organisation widerfahren, daß sie die Gunst der Massen verliert und unversehens mit Kritik überschüttet wird, die sogar – fast ein Mediengesetz – um so heftiger ist, je beifälliger sich die Medien zuvor geäußert haben. Die Verantwortlichen in den Organisationen begreifen solche Vorgänge meist am allerwenigsten, weil sie die Anlässe für die Kritik nur als schwache Symptome deuten.

Noch im Januar 1988 hatte das US-Magazin BUSINESS WEEK den neuen 12-Zylinder-BMW als „ultimate yuppiemobile" in höchsten Tönen gepriesen und groß in Szene gesetzt. Zwei Monate später verkündete der PLAYBOY in einer der beliebten In-out-Listen unter der bezeichnenden

Überschrift „Life after Yuppies" folgerichtig auch das Out für BMW. FOR-
TUNE folgte ein knappes Jahr später mit ähnlichen Gegenüberstellungen.
„What's hot? Minivans and Ford cars. What's not: BMWs." Als Quelle
wurden Consumer trendsights verschiedener Agenturen genannt.

Primär kommt es also nicht auf harte Tatsachen an, um Meinungen zu
kippen. Behauptungen und Vermutungen reichen. Mehren sie sich, so bildet
sich eine veröffentlichte, meist aber auch von Teilöffentlichkeiten mitgetra-
gene Meinung heraus.

– Eine Regierung versäumt es, rechtzeitig zu handeln. Man spricht ihr
  Führungskraft ab. Sie verliert die Initiative.

– Eine Partei hat sich in Personalquerelen verrannt. Man ortet ein Formtief. Sie wird unattraktiv.

– Eine Firma weist einen Verkaufseinbruch auf. Die Kritik richtet sich
  gegen ihr Produktangebot. Es erscheint inaktuell.

In keinem dieser und vieler vergleichbarer Fälle verschafft der Kommunikationsweg Werbung Abhilfe. Bei drohender Inaktualität ist mehr erforderlich als ein Bukett aufmunternder Sprüche. Herausgefordert ist die ganze
Organisation, und leisten kann die Gegenwehr nur die Öffentlichkeitsarbeit
der ganzen Organisation.

Sieben Annahmen

Wie macht man sich wieder aktuell? Wir müssen Beispiele analysieren und
sie zu verallgemeinern versuchen. Die Wissenschaft hilft kaum.

Da war Anfang 1990 der Fall Perrier. Das Mineralwasser, der „Champagner der Yuppies", stand auf der PLAYBOY-Liste der 1988 außer Mode
gekommenen Marken ganz obenan. Zwei Jahre darauf wurde in den USA
Benzolgehalt im Perrier festgestellt. Obwohl der Konsum eines solchen Fla-
scheninhalts nicht gesundheitsgefährdender oder giftiger als das Einatmen
von Zigarettenrauch aus einem Meter Entfernung war, obwohl auch die
amerikanische Gesundheitsbehörde FDA den Benzolgehalt im Perrier als
nicht gefährlich eingestuft hatte, entschloß sich das Unternehmen zu einer
spektakulären Rückrufaktion. In der ganzen Welt wurden 160 Millionen Fla-
schen aus dem Markt genommen und vernichtet.

Das geschah nicht etwa klammheimlich, wie es der bisherigen presse-
scheuen Tradition der Firma entsprochen hätte und wie auch woanders mancher Rückruf geschieht, sondern im Gegenteil mit internationaler Pressekonferenz und lauten Erläuterungen. Es geschah blitzartig – was Presse
ebenfalls beeindruckt –, und es wurde der Einnahmenverlust genannt: 200
Millionen FF, für die Presse noch beeindruckender.

„Das Fernsehen berichtet, die Zeitungen überbieten sich mit seitenlangen
Artikeln", meldete der STERN und tat ein Gleiches. „Und die amerikani-

sche Presse meldet mehrspaltig in anerkennendem Ton die drastischen Maßnahmen von Perrier zum Wohle der Wassertrinker. Dies genau bezweckte
der Perriervorstand. Die Rechnung ging auf. Perrier ist in aller Munde."
Perrier hatte ein lauteres Motiv und spielte mit hohem Einsatz. Das weckt
Sympathie. Unsere erste Annahme könnte daher lauten:

*(1) Wer mit einer Blitzaktion positiv auf sich aufmerksam machen will,
muß sich zu Opfern im Interesse der Gesellschaft bereit finden. Laut werden
sollte nur, wer auch lauter wirken kann.*

1988 raffte sich General Motors zu einer spektakulären Aktion auf. Der
stolze, als unbesiegbar geltende Automobilriese, noch Ende 1985 in der jährlichen FORTUNE-Liste die Nummer 16 unter den 300 angesehensten US-
Firmen, war Ende 1987 auf Platz 254 abgesunken. Zu diesem Sturz hatte beigetragen, daß die Verkäufe 1987 um 20 Prozent zurückgingen, der General-
Motors-Marktanteil von 48 auf 33 Prozent gefallen war und 17 von 150
Werke schließen oder kurzarbeiten mußten. Beigetragen hatte sicher auch,
daß das Unternehmen seine Projekte meist recht vollmundig ankündigte
und die dadurch erzeugten Erwartungen enttäuschte.

Groß angekündigt und viel bewundert waren der Ankauf der Firma Elec-
tronic Data Systems und die Gründung einer neuen Division für ein völlig
neues Automobilkonzept – der Saturn –, mit dem man die Japaner aus dem
Lande vertreiben wollte. Der Originalton von GM dazu: „American industry will never be the same." Beide Projekte versackten in Streit und Mittel-
mäßigkeit. Die Elektronikfirma wurde wieder ausgegliedert; der Saturn
wurde weder ein besonders interessantes noch ein besonders kostengünstig
hergestelltes Automobil. GM wurde im Gegenteil die US-Firma mit den
höchsten Kosten pro Einheit.

Roger B. Smith, damals Chairman von GM, wollte daher der Öffentlichkeit in einem gewaltigen Kraftakt zeigen, wie innovativ das Unternehmen
ist. Er ließ dazu die Prototypen und Modellentwürfe, die die Design-Studios
der verschiedenen Car-Divisions gerade zur Hand hatten, in einer großen
Show zusammenstellen. Dafür wurde das Waldorf-Astoria-Hotel in New
York im Januar 1988 für drei Tage gemietet. Die Show „GM-Teamwork &
Technology – for Today & Tomorrow" sahen 14 000 geladene Gäste: Auto-
händler, Zulieferanten, Aktionäre, Banker, Presseleute, Werbeleute, Senatoren und lokale Behördenvertreter der Städte mit GM-Fabriken, deren
Schulen, die oberen Führungskräfte des Konzerns usw. 20 Millionen Dollar
kostete die Aktion einschließlich einer achtseitigen Anzeigenstrecke in den
großen Zeitungen des Landes.

Was war das Ergebnis? Die meinungsmachende Wirtschaftspresse ließ
sich nicht beeindrucken. Sie zitierten Finanzanalysten und Unternehmens-
berater: „It was all geared to 1992, but they have trouble now" (NEWS-
WEEK 18. 1. 1988).

Man anerkannte die Innovationskraft, die im Konzern vorhanden war; man rühmte Roger B. Smiths Visionen einer durch hohe Investitionen von Grund auf erneuerten Produktlinie. Insofern trifft die zweite unserer möglichen Annahmen für die Aktualisierung einer Organisation durchaus zu:

(2) Man öffne die Schubladen! Projekte zu veröffentlichen und Visionen vorzutragen kann eine Marke aktualisieren.

Aber meist sind zusätzliche Anstrengungen erforderlich, zum Beispiel nach innen. Das WALLSTREET JOURNAL ließ kurz vor der Ausstellung einige obere Führungskräfte von GM zu Wort kommen, und sein Bericht über das „Rogerama" vom 4. 1. 1988 wurde von anderen Zeitschriften noch nach dem Ende der Aktion zitiert:

Critics within the company call the hastily arranged event – a year's worth of planning was crammed into two months – a desperate effort by a struggling corporation to advertise its way out of troubles and to prop up the reputation of its embattled chairman. Some employees have branded it „Rogerama".

„We're capital-constrained on new products and we're renting the Waldorf for three days", one staffer gripes. „It's basic insanity."

FORTUNE brachte in einer Titelstory am 15. 2. 1988 das Dilemma auf den Punkt:

It was a good show, but the sceptical reception it got from many shareholders and the press ... highlights a major problem: Who believes GM these days?

Konnte man einem Unternehmen glauben, das bislang stets mit großen Ankündigungen operierte, die sich später als übertrieben erwiesen? Und was war von einem Unternehmen zu halten, dessen eigene Führungsmannschaft voller Skepsis war? Die Erfahrungen aus dem Fall GM lassen sich in zwei weitere Annahmen fassen:

(3) Man überzeuge zuerst die eigene Mannschaft von der Notwendigkeit einer Aktion; am besten, sie kommt selbst darauf.

(4) Man stelle in Rechnung, wie die Presse die bisherige Ankündigungspolitik der Organisation beurteilt hat. Auch sie muß gegebenenfalls vorab selbst zu neuen Beurteilungen kommen können.

Die GM-Aktion war wie die von Perrier eine Blitzaktion und hätte es doch nicht sein dürfen. Dem Aha-Effekt der Publika – Belegschaft, Presse, diverse Externe – war zu wenig der Boden bereitet. Dies führt uns zum dritten Fall.

Im ersten Quartal 1985 befand sich BMW in einem Formtief. Die BMW-Zulassungszahlen in der Bundesrepublik sackten um 35 Prozent ab. Das Vorstandsmitglied für Entwicklung wurde ausgewechselt. BMW kam „ins Gerede" (FAZ vom 25. 5. 1985). Die FAZ nahm dies damals zum Anlaß eines Leitartikels unter dem Titel „Kratzer am Lack von BMW":

Die längerfristigen Aussichten sind es, die nachdenklich machen. Haben die Münchner nicht schon modellpolitisch versagt? Die Autos der weißblauen Marke, früher ein Inbegriff fortschrittlicher Technik, gelten inzwischen fast als konservativ. Besonders bitter ist dieser Imagewandel im Vergleich zum großen Wettbewerber Daimler Benz ...

Die Münchner haben sich der Öffentlichkeit stets selbstbewußt, im Umgang mit Wettbewerbern sogar herablassend präsentiert. Das mag akzeptiert werden, solange die Produkte und ihr Erfolg das elitäre Bewußtsein immer wieder rechtfertigen. Sobald hier freilich Defizite zu spüren sind, kann das allzu hoch aufgetürmte Bild rasch ins Wanken geraten. Wer über solchen Vorzeichen stürzt, hat außer Schadenfreude nicht viel zu erwarten.

Also war auch für BMW die Haltung der Presse in Rechnung zu stellen, als es darum ging, verlorenen Boden zurückzugewinnen. Nur das Problem war ein anderes: Man galt nicht als vollmundig, wohl aber als arrogant. Mit Ankündigungen konnte man daher durchaus operieren.

Um nicht mehr „alt auszusehen" (FAZ), kündigte man 1985 an, von nun an jedes Jahr eine grundsätzliche Neuerung herauszubringen, tat es auch mit der Vorstellung einzelner Modellneuheiten und verwies jedesmal auf die Ankündigung. Da andere Hersteller sich später ähnlich verhielten, kann daraus eine fünfte Annahme abgeleitet werden:

(5) Man kündige an, in periodischen Abständen grundlegende Neuheiten auf den Markt zu bringen, verweise darauf bei jeder Gelegenheit und ziehe bisweilen das Fazit, daß ein Anteil von x Prozent der eigenen Produktpalette jünger als y Jahre ist.

Genauso wichtig wie Produkte sind Personen für das PR-Gewerbe. Was wäre Daimler-Benz ohne Edzard Reuter, Chrysler ohne Lee Iacocca? „His fame has done great good for Chrysler products", sagte sein PR-Chef James Tolley über ihn. Und über Edzard Reuter erschienen Fernseh-Features von 45 Minuten.

BMW präsentierte mit seinen Neuheiten den neuen, „selbst für die Verhältnisse der Automobilindustrie blutjungen Mann Wolfgang Reitzle" (FAZ) als Garant des Aufbruchs und der Wende. Auch diese Maßnahme läßt sich zu einer Annahme verallgemeinern:

(6) Eine neue Politik sollte mit neuen Personen verbunden werden können.

Dem braucht kein Umsturz vorauszugehen. Man lasse Personen aus dem Glied hervortreten und ihre eigene Sache präsentieren. Zu einem „Rogerama" darf es nie kommen.

Die bisher angeführten BMW-Maßnahmen dienten dazu, den Boden für die alles entscheidende Produkteinführung des neuen 7er vorzubereiten. Noch im Vorfeld dieser Präsentation war die Presse skeptisch, ob dem Unternehmen etwas Neues gelingen würde. Das Magazin AUTO–MOTOR–

Das Ende des Spießertums

Unternehmer und Manager sind bekannt dafür, daß sie ständig meckern, und so könnte man – irrtümlich – annehmen, daß sie vor jedem Wechsel zurückschrecken und um jeden Preis am Status quo festhalten wollen. In Wirklichkeit jedoch sind die meisten von ihnen durchaus imstande, ihre Tätigkeit, wenn nötig, den veränderten Bedingungen anzupassen. Das haben sie nach dem Börsenkrach im Oktober 1987 auch bewiesen. Berechtigte Klagen über die mangelnde Stabilität auf dem internationalen Finanzmarkt sind überall zu hören. Doch gibt es zunehmend Anzeichen dafür, daß sich die weltweite Unruhe auf dem Geldmarkt weniger folgenschwer auswirken wird, als befürchtet wurde. Europas Industrie ist bemüht, ihre Betriebe umzustrukturieren, in Vorbereitung für einen gemeinsamen Binnenmarkt, der 1992 entstehen soll. Man hofft, daß diese Umstrukturierung eine erhebliche Wachstumsbeschleunigung in der Industrie zur Folge haben wird. Doch darf man nicht vergessen, daß industrielle Umstrukturierung allein nicht ausreicht. Auch politische Gewohnheiten müssen sich ändern. Die spießige Engstirnigkeit, mit der man in den meisten europäischen Ländern die Probleme angeht, muß ein Ende finden. Ferner machen sich zahlreiche deutsche Unternehmen die Ost-West-Entspannung zunutze und bemühen sich, ihre Handelsbeziehungen zu Osteuropa und der Sowjetunion auszuweiten. Angesichts des weiterhin niedrigen Dollar-

Jammern hilft wenig. Mehr Wachstum verspricht sich der Daimler-Benz-Chef von neuen Perspektiven

VON EDZARD REUTER

Kurses kann die europäische Industrie nur dann wettbewerbsfähig bleiben, wenn es ihr gelingt, ihre Betriebskosten zu verringern. Dieser Punkt ist in der Bundesrepublik Deutschland zu einem heißen Diskussionsthema geworden. Doch gibt es deutliche Hoffnungszeichen. Ich bin heute zuversichtlicher als früher, daß Industrie und Gewerkschaften sich auf vernünftige Kompromisse einigen können. Die deutschen Gewerkschaften haben sich im Laufe der vergangenen Jahre immer mehr den Realitäten angepaßt. Aber auch die Unternehmer waren vernünftig genug, keine übertriebenen Forderungen zu stellen. Im großen und ganzen bin ich überzeugt, daß die Lebensfähigkeit der deutschen Wirtschaft auch beim gegenwärtigen Stand des Dollar gewährleistet ist. Je näher das Jahr 1992 rückt, um so mehr Anzeichen gibt es dafür, daß die deutsche Industrie und der Handel ihre alten Standpunkte ändern. Mit neuen Perspektiven mehrt sich ihre Zuversicht, die Herausforderungen der Zukunft bewältigen zu können. Das ändert nichts an der Tatsache, daß die Unbeständigkeit der Finanzmärkte einen hohen wirtschaftlichen und sozialen Preis fordert. Unvorhergesehene und sprunghafte Währungsschwankungen beeinträchtigen das Wachstumspotential westlicher Industrieunternehmen, weil vielen Betrieben, besonders den kleinen, damit die Möglichkeit genommen ist, Chancen wahrzunehmen, die sich auch jenseits der Staatsgrenzen anbieten. Stabilität muß daher von den Weltmächten als Hauptziel ihrer Wirtschaftspolitik angestrebt werden. ☻

Abbildung 62: Edzard Reuter warf sich selbst in die Bresche, das Markenzeichen in der Hand, „das Ende des Spießertums" proklamierend und „neue Perspektiven" verkündend, als es 1988 darum ging, die Marke Mercedes zu aktualisieren. Sein Beitrag stand im ESQUIRE vom 7. Juli 1988.

SPORT schrieb im Frühjahr 1986: „Eine optische Überraschung wird der neue BMW nicht sein. Die Linienführung orientiert sich am bisherigen Modell, ist also eher als konservativ zu bezeichnen."

Der Redakteur dachte klischeehaft an die früheren, sehr konservativen Wechsel in den 3er- und 5er-Reihen. Er urteilte so, obwohl ihm recht gutes Fotomaterial vorlag und er das neue Fahrzeug einmal sogar gesehen hatte.

Auch eine sogenannte produktklinische Untersuchung, bei der die Reaktionen ausgewählter Nichtexperten auf die Fotos von einem ihnen unbekannten neuen Produkt getestet wurden, ergab als Vorabreaktion aus dem Markt eher bedenkliche Stimmen. Alte Klischees auch hier: „Mischung aus 3er- und 5er-Reihe"; „die Form wirkt eigentlich nicht neu, man denkt viel eher an Modellpflege"; „von BMW hätte ich mehr Neues erwartet ...". Das Fazit der Marktforscher für BMW: „Gegenüber dem BMW 7er (dem alten!) werden nur geringe Veränderungen wahrgenommen"(Avenarius 1989, 170).

Es war genau wegen dieser Befunde, daß die BMW-Führung entschied, wenige Wochen vor dem neuen 7er das Augenmerk der Öffentlichkeit auf ein ganz anderes Projekt zu lenken: auf den Prototyp eines neuartigen Roadsters mit der Modellbezeichnung Z 1.

Die Wirkung war verblüffend: „Frischer Schwung bei BMW" notierte nicht nur die AUTOZEITUNG. Der Z 1 wurde zu einem Signal für frische, unbekümmerte Innovationskraft, und dies wiederum ließ das Publikum auch die anderen BMW-Fahrzeuge mit neuen Augen sehen. Der neue 7er wurde von Presse und Markt als tatsächlich neu wahrgenommen.

Läßt sich auch dieses Ergebnis verallgemeinern? Vorsicht ist geboten. Selbst BMW hatte keinen Erfolg, als man das gleiche Rezept eines Traumprodukts der Motorradwelt anbot. Es wurde als Gedankenspielerei gewertet. Vielleicht ist folgende letzte Annahme vorstellbar:

(7) Unkonventionelle Produktideen zahlen sich aus, wenn der Wille zur Realisierung erkennbar wird.

Die Unkonventionalität kann, muß aber nicht zu einem Bruch mit bisherigen Traditionen führen. Im Falle der Anfang der 70er Jahre arg verkrusteten WMF war es der Bruch, der zum Aufbruch führte; im Falle des Roadsters war es im Gegenteil die von der Presse wahrgenommene Rückbesinnung auf das traditionelle Markenkonzept einer kompromißlosen, reinen Fahrfreude. Für sie stand auch der neue Entwicklungschef ein. So wurde beides aufeinander bezogen und bewirkte Glaubwürdigkeit.

Zu Kap. VII. 5:
Avenarius, Horst: Wettbewerb auf den Meinungsmärkten; in: Werbeforschung und Praxis; Bonn–Wien 5/1989.

Abbildung 63: Noch 1987 jubelte die Presse unbekümmert über „die neue Lust aufs Auto". Zwei Jahre später hatte die Kritik wieder die Oberhand (siehe Abbildung 64).

Abbildung 64: Eine SPIEGEL-Philippika gegen die Automobilbranche anläßlich der Frankfurter Internationalen Automobilausstellung 1989 war vorauszusehen. Die PR-Verantwortlichen der deutschen Firmen hatten sich darauf vorzubereiten: mit Argumenten und mit Gegenmaßnahmen.

6. Reflexionen und Rechtfertigungen

Das Unternehmen FSB – Franz Schneider Brakel – stellt Türklinken her, banale Allerweltsprodukte, wie sein Geschäftsführer Jürgen B. Braun schreibt. Er fragte sich – im 5. Buch seiner FSB-Edition –, ob man diesem Sachverhalt etwas mehr abgewinnen kann, als es die alltägliche Plackerei vermuten läßt (Aicher 1990, 2).

Dabei war ihm dies schon mit dem ersten Buch von 1986 gelungen.

Wir entdeckten, daß das Unternehmen sich seit seiner Gründung im Jahre 1881 mit Greifen und Griffen beschäftigt ... Eine Wortanalyse der Begriffe Greifen und Griffe führte zur dreifachen Wortbedeutung: Tasten, Zufassen und (geistiges) Begreifen. Eine doppelte Dimension war erschlossen: die Welt des Gegenständlichen und die Welt des Geistigen (Aicher und Kuhn 1987, 2).

Der Schritt, der hier beschrieben wird, zeigt die anspruchsvollste Form der Darstellung eines Produkts gegenüber der Öffentlichkeit auf. Es sind Reflexionen über den Sinn und den Gebrauch von Dingen und über den Umgang mit ihnen. Sie führen von der oberflächlichen, meist preisenden Erklärung ihres Aussehens und ihrer Funktionen zum letztlich entscheidenden Sachverhalt: ihrem eigentlichen Bezug zum Menschen.

Reflexionen

„Über den Umgang mit dem Auto" läßt sich im Gefolge vielfältiger und meist recht lebhafter „Kritik am Auto" (Aicher 1984) im Grunde behende reflektieren. Die Argumente sind in der öffentlichen Diskussion weidlich hin und her gewendet. Auch die Bereitschaft zum Zuhören ist groß und die Presse daher für den Abdruck neuer Aspekte leicht zu gewinnen (Avenarius 1985).

Schwieriger wird dies bei alltäglichen oder abstrakten Sachverhalten. Zum Umgang mit Seife und Waschmitteln brachte Henkel einmal eine voluminöse „Kulturgeschichte des Waschens" heraus (Bertrich 1966). Die Bayerische Rückversicherung hat anläßlich ihres 75jährigen Jubiläums – und manchmal bieten Jubiläen Gelegenheit zu solchen Reflexionen – 16 Wissenschaftler der verschiedensten Disziplinen veranlaßt, über „gesellschaftliche Verfahren zur Bewältigung von Unsicherheit" nachzudenken. Der Rückversicherer bekannte im Vorwort seines Buches, daß „die Beschäftigung mit dem Verhältnis zwischen Gesellschaft und Unsicherheit" für ihn „nicht nur intellektuell reizvoll, sondern auch professionell geboten war" (Holzheu 1987).

Wie aber macht man das bei Türklinken? „Wir haben darüber etwas nachgedacht", schrieb Jürgen B. Braun im 5. Buch. „Wir: das waren ein Photograph, ein Architekturkritiker, ein Literat, ein Philosoph und ein Gra-

Abbildung 65: Über den unscheinbaren Gegenstand Türklinke diskutierten in dem ebenso unscheinbaren Ort Brakel die bekanntesten Designer und Architekten der Welt, darunter Hans Hollein (im Bild). Journalisten lauschten den Gesprächen, die in einer „Edition" erschienen.

phiker." Es waren die Unbedarftesten nicht, die für dieses Unternehmen gewonnen wurden, als Literat z. B. Jürgen Becker, als Philosoph der große Designer und Essayist Otl Aicher.

Auch als FSB neun international bekannte Designer und Architekten zu einem Workshop über Türklinken nach Brakel einlud, kamen alle: aus Tokio und New York, Prag, Mailand, Wien und Düsseldorf. Hans Hollein mißtraute: „Ihr in der Industrie sucht doch zu allererst den PR-Effekt."

Er kam trotzdem und ließ es sogar zu, daß über 20 interessierte Journalisten teilnahmen. Die anfängliche Skepsis, so berichtete Jürgen B. Braun im 2. Buch der Edition FSB über „Türklinken. Workshop in Brakel", schlug in eine Begeisterung um, die sich schließlich auch auf die Medien übertrug (Aicher 1987, 2).

Die Bücher der Edition des Unternehmens FSB dokumentieren ein Stück vorbildlicher Öffentlichkeitsarbeit. Sie sind mehr als ein Effekt, lieber Hans Hollein, aber doch auch dies. Und sie dienen sogar der Verkaufsförderung. „Bitte vergessen Sie beim Durchblättern nicht", schrieb Jürgen B. Braun zum Versand, „daß an Zu- und Ausgänge (dem Thema des letzten Buches) in der Regel Türen gehören und daß jede Tür für uns eine Chance ist ..."

Kritik und Rechtfertigung

Sowohl das Gewerbe der Produkt-Publicity wie die dahinterstehenden Auftraggeber stoßen auf fundamentale Kritik. PR-Leute werden vordergründig nur mit dem Vorwurf konfrontiert, ihr Tun sei anfechtbar. Dahinter steht jedoch immer häufiger der entschiedene Widerspruch gegen das propagierte Produkt selbst.

Dem Auto kommt in diesen Auseinandersetzungen eine besondere Aufmerksamkeit zu. Es macht Schlagzeilen und bewegt die Gemüter und die Debatten der Politiker mehr als jedes andere Produkt. Unter seinen Herstellern sind diejenigen besonders exponiert, die die extremen Modellvarianten anbieten, auch den extremen Gebrauch – den Motorsport – favorisieren. Rechtfertigungen, die die Öffentlichkeitsarbeit solcher Unternehmen versuchten, mögen daher vielleicht noch am ehesten Gegenstand des Studiums sein ...

Gerade für solche Hersteller ist es zuförderst wichtig, auf die Produktausgestaltung zu achten und anfechtbare Auswüchse zu vermeiden. Da war einmal das Beispiel der höchstmöglichen Geschwindigkeit eines Straßenfahrzeugs, und ein Wettkampf entbrannte im Markt um die „schnellste Serienlimousine der Welt". Wer diesen Wettkampf als unsinnig erkannte, stattete seine Autos mit einer automatischen Tempobegrenzung aus. Mochte sie auch noch so hochliegen, so machte sie doch deutlich, daß man sich nicht auf öffentlichkeitsriskante Vergleiche einlassen wollte.

Wichtig ist es sodann, daß die Auslobung des Produkts durch die Werber nicht auf die primitiveren Instinkte der Benutzer abhebt, in unserem Beispiel also die Euphorie von Potenz und Vorfahrt pflegt. Anzeigen werden zwar vor allem von Kaufinteressenten gelesen. Sie werden aber auch von den fundamentalkritischen Journalisten analysiert und dem gesamten Unternehmen in den Mund gelegt.

Wichtig ist es drittens, die Fachpresse für eine dezente Berichterstattung zu gewinnen, falls es die Zeitlage erfordert: falls zum Beispiel ein lange geplantes Produktereignis mit einer eher zufälligen Phase erregter öffentlicher Diskussion zusammenfällt. Zu häufig schon wurden die Fachzeitschriften als „Jubelpresse" glossiert. So schrieb die ZEIT über einen Bericht in der ADAC-MOTORWELT:

Da wird in gewohnter kultischer Verehrung eine neue Horizontalrakete mit 12 Zylindern und 400 PS gefeiert.

Bei der Vorstellung eines besonders sportlichen Hochleistungsautomobils in Zeiten einer lebhaften öffentlichen Debatte über die Dringlichkeit von Geschwindigkeitsbegrenzungen hat es sich einmal sehr bewährt, ein akademisches Tischgespräch mit dem dezidierten Nichtautomobilisten Dr. Werner Schneyder anzubieten. Nachdenklicher gingen nie die Journalistenrunden zur Testfahrt.

Wichtig ist viertens, die allgemeinere, eher neutrale bis desinteressierte Öffentlichkeit auf alternative Aspekte des vorstellenden Unternehmens hinzuweisen. Dabei würden bemalte Rennwagen nur als Ausflüchte in die Kulturszene verstanden. Hier kommt es vielmehr auf Angebote an, die jetzt oder in Zukunft von diesem Industriezweig erwartet werden: neue, umweltfreundliche Antriebstechniken oder das Modell eines kleinen Stadtautos.

Mit Maßnahmen der geschilderten Art können sich die Unternehmen am Meinungsmarkt vorübergehend Luft verschaffen. Auf Dauer kommen sie nicht an der Antwort auf die fundamentale Frage nach dem Sinn ihrer Aktivitäten vorbei. Sind ihre Produkte nach Vernunftmaßstäben erforderlich oder zumindest gerechtfertigt? Ist zum Beispiel der Wunsch nach schnellen Automobilen ein hinreichender Grund, sie auch zu konstruieren? Ist er für die Redaktionen Grund genug, darüber zu berichten?

Diese Sinnfrage wird heute – zum ersten Mal in ihrer Geschichte – der gesamten Industrie gestellt. Diese ist angefochten durch Bürgerinitiativen, alternative Bewegungen, durch die Intellektuellen insgesamt und hier insbesondere die Frauen. Noch sind es weniger die Kunden, die darauf eine Antwort erwarten, wohl aber schon die eigene Belegschaft. Ihr Problembewußtsein wächst, angeschürt durch die Familien und das benachbarte Umfeld. Die SÜDDEUTSCHE ZEITUNG öffnete einmal der Automobilindustrie ihre Spalten und ließ sie auf solche Fragen eine Antwort geben. Daraus seien die beiden für sie entscheidenden Thesen angeführt.

These 1: Der Mensch ist ein homo instrumentalis. Er entwickelt sich eher mit seinen Geräten als mit den einfachen Dingen des Alltags, die wir in den Gräbern der Bronzezeit fast schon genauso wie heute in unseren Küchen finden. Fortschritt kam indessen mit dem Flaschenzug, mit dem Wagen, mit dem Pflug; er kommt heute mit dem Taschenrechner und dem Motor. Geräte zivilisieren den Menschen, machen ihn seßhaft. Geräte intellektualisieren ihn und machen ihn mobil, heben ihn sogar von der Erde weg.

These 2: Der Mensch sollte sich daher darum bemühen, Geräte gekonnt zu handhaben und zu meistern. Dies ist dem Menschen wesensmäßig angemessener, als sie unbeholfen und linkisch zu bedienen. Durch die Meisterschaft über eine ständig verfeinerte Gerätewelt dem Fortschritt zu dienen: Das wäre dann der Sinn industrieller Tätigkeit (Avenarius 1985).

Vom Nutzen der Konsumkritik

Mit einem solchen Denkansatz ist auch an die generellere Frage nach dem Sinn des Konsums und mithin seiner Publicity heranzugehen. Eine Konsumgesellschaft zu sein war lange Zeit die verächtlichste Form, unser Gesellschaftssystem zu charakterisieren. Philosophen und Soziologen taten es in der Attitüde von Asketen und Kostverächtern.

Erst heute, da unzählige Menschen aus anderen Gesellschaftssystemen zu uns dringen, weil sie endlich auch einmal anständig leben – sprich konsumieren – wollen, könnte eine neue Betrachtungsweise Platz greifen. Diese Leute wissen genau: Das Menschsein wird bereichert, wenn sich die Geräte verfeinern, die Wohnhaustechniken verbessern, die Bekleidungen schicker und das Essen reichhaltiger werden.

Die Übergänge von der Bronze- zur Eisenzeit oder schon vorher von der Steinzeit zu den Metallzeiten waren nicht nur von den verbesserten Waffentechniken geprägt. Damals lösten sich Konsumgesellschaften ab, und der höhere Konsum brachte den größeren Fortschritt. Heute brauchen wir nur den durch Automobile ermöglichten Mobilitätskonsum der Industrieländer mit den Immobilitäten in der Dritten Welt zu vergleichen, oder den freien mit dem beschnittenen Medienkonsum, um den Quantensprung im menschlichen Dasein zwischen den existierenden Konsumsystemen zu messen.

Hat dann aber nicht die Produkt-Publicity – trotz aller Auswüchse – ihren berechtigten Platz in diesem System? Nehmen wir noch einmal eines der herausragendsten Beispiele: Automobile! Keine Industrieprodukte sind so sehr der vergleichenden Pressekritik ausgesetzt wie sie. Keine anderen stoßen auf soviel kenntnisreiche Publikumskritik. Was ist die Folge? Die Industrie ist gezwungen, Produkte zu schaffen, die der öffentlichen Kritik standhalten.

Es kommt sicher nicht von ungefähr, daß das Land mit der größten Auflage an Motorfachzeitschriften pro Kopf der Bevölkerung und dem dichtesten Netz an Tageszeitungen mit Motorseiten auch dasjenige Land ist, das anerkanntermaßen mit die besten Automobile der Welt baut.

Produkt-Publicity dient der Information von Verbrauchern; sie dient auch der fortschreitenden Verbesserung der Produkte und damit dem Fortschritt selbst.

Zu Kap. VII. 6:
Aicher, Otl: Kritik am Auto; München 1984.
Aicher, Otl/Robert Kuhn: Greifen und Griffe; Edition FSB, Köln 1987.
Aicher, Otl, u. a.: Türklinken, Workshop in Brakel; Edition FSB, Köln 1987.
–: Zugänge – Ausgänge; Edition FSB, Köln 1990.

Avenarius, Horst: Wer beherrscht wen? Über den Umgang mit dem Auto; SZ 1985, Nr. 206.

Bertrich, Fred: Kulturgeschichte des Waschens; Düsseldorf 1966.

BMW (Hrsg.): Fahrzeuge. Katalog zur Ausstellung; München o. J.

Holzheu, Franz, u. a.: Gesellschaft und Unsicherheit, hrsg. von der Bayerischen Rückversicherung; Karlsruhe 1987.

VIII. DIE ETHIK DES KOMMUNIZIERENS

1. Organisationsmoral

Ethische Fragen haben in den letzten Jahren vermehrtes Interesse gefunden. Es hat den Anschein, als habe die Welt genug von den soziologischen Analysen und den erkenntnistheoretischen Erörterungen. Eine neue Form von Unbedingtheit durchzieht das Denken. Wir werden rigoroser, einmal gegen uns selbst, aber auch bei den Maßstäben, mit denen wir andere messen.

Mit Wirtschaftsethik sind die Moralphilosophen daher schon seit geraumer Zeit befaßt; und wo Manager gebeten werden, ihr Scherflein zu diesen neuen Überlegungen beizutragen, haben ihnen, wie Donald K. Wright in den USA berichtet, PR-Leute die Griffel gespitzt. „Throughout this country, and in most of the western world, management typically has selected Public Relations people to be the advocates for ethics and responsibility" (Wright 1989, 3).

Für ihren eigenen Tätigkeitsbereich indessen wie für das gesamte Feld des Kommunizierens gibt es noch keine wissenschaftliche Ethik. Man blättere Robert Spaemann oder Trutz Rendtorff durch: Fehlanzeige. „Die traditionelle Moraldiskussion richtet keine besondere Aufmerksamkeit auf den Kommunikationsbegriff", stellte Manfred Rühl 1988 lapidar fest (1990, 160). Man sehe sich auch bei den Kommunikationswissenschaftlern um: nur bescheidene Anfänge. Günter Bentele mußte noch Ende 1990 konstatieren:

Abgesehen von wenigen eher feuilletonistisch ausgerichteten Beiträgen im Bereich der „Praktiker-Literatur" existiert in der Bundesrepublik im Gegensatz zur praxisorientierten und wissenschaftlichen Diskussion um eine Journalistenethik kaum nennenswerte Literatur zum Thema Ethik der PR (Bentele 1992, 154).

Das gilt vornehmlich für Europa. In den USA sind die konsequentesten Vordenker der PR über diese Anfänge längst hinaus. Ihnen geht es nicht mehr nur um die Spezialfunktion Kommunikation. Sie machen die PR-Leute für alle Beziehungen („relations!") verantwortlich, die ihre Organisation mit ihrem jeweiligen Umfeld („publics") unterhält oder unterhalten sollte.

Die Rede ist von der sozialen Verantwortung. Diese bezieht sich auf die Pflicht jeder Organisation, ihre eigenen Interessen nur im Einklang mit der Wohlfahrt der Allgemeinheit zu verfolgen. Grunig und Hunt nennen diese

Managementfunktion ganz feierlich den „Amtsbezirk der Öffentlichkeitsarbeit" – „the bailiwick of public relations" (1995, Kap. 4).

Individual- und Organisationsmoral

Die Disziplin der Kommunikatoren habe es verlernt, sich den Problemen
der Moral zu stellen, sagt Manfred Rühl (1990, 131). Sie habe die Blindheit,
auch den Zynismus stillschweigend nachvollzogen, die sich in den Medien
selbst gegenüber ethischen Problemen ausgebreitet haben (1981, 472). Mit
Moraltheorien wußte man nicht umzugehen, und wo es Hermann Boventer
mit seiner „Ethik des Journalismus" tat (1984), da geschah es nach Rühl
„mit den Prämissen und Bedingungen einer Moraltheorie des Aristoteles
oder eines anderen klassischen Philosophen, deren Denken doch an ganz anderen Sozialzusammenhängen orientiert war" (1990, 154).

Rühl fordert, die tradierten Moralkonzeptionen aufzubrechen. Notwendig erscheint ihm ein erkenntnistheoretisch neuer Weg. Nicht die philosophische Anthropologie könne zum Ziel führen, sondern der Bezug zu
Sozialtheorien. Dabei heben er wie andere Autoren vermehrt auf system-
theoretische Ansätze ab. Ihnen geht es um eine Mediensystem-Ethik, die
sowohl den Verlautbarern (den PR-Leuten) wie den Medien (den Journalisten) und den Empfängern (den Medienkonsumenten) bestimmte Verant-
wortungen zuweist. Sie gelangen dadurch recht schnell zu eher organisa-
tions- als individualethischen Kriterien.

Nun ist es unbestreitbar, daß Journalismus und PR längst keine exklusiven
Angelegenheiten von Einzelmenschen mehr sind. Aber der Rückgriff auf
die Organisation führt nur zu schnell zu einer Exkulpation des einzelnen:
Nicht Reiner Pfeiffer war dann der Bösewicht in der Barschel-Affäre, sondern die Landesregierung in Kiel oder die CDU; nicht der STERN-Re-
porter Stefan Knauer hat dann den Einbruch in ein Genfer Hotelzimmer zu
verantworten, sondern die STERN-Redaktion.

Wer sich auf diesen Weg des Verweisens auf andere begibt, findet selbstverständlich immer weitere Schuldige. Heinz Werner Stuiber hat diese merkwürdige Abfolge anläßlich einer Fachkonferenz zum Thema „Journalismus
ohne Moral?" einmal eindrucksvoll dargestellt (1990, 282):

Da exkulpiert Manfred Buchwald auf einer Tagung in Tutzing über „Skandale und journalistische Ethik", wiedergegeben in der Zeitschrift MEDIUM
2/89, zunächst die Fernsehanstalten. Für ihn sind die Ursachen journalistischen Fehlverhaltens generell eine Folge der Anwendung der Marktgesetze
auf die gesellschaftliche Kommunikation. Sein Kollege Ulrich Kienzle hat
auch sogleich die wahrhaft Schuldigen ausgemacht: „Jene Politiker haben
die Verantwortung, die diese Mediensituation der verschärften Konkurrenz
herbeigeredet und installiert haben."

Bei den Politikern endet die Kette der Verweise natürlich nicht. Schuldig sind vielmehr die sensationslüsternen Zuschauer, und schuldig ist auch die Wissenschaft aufgrund ihrer „postmodernen Ethikfeindlichkeit in der konservativen Soziologie", wofür Niklas Luhmann als Beispiel angeführt wird (Pöttker 1989, 19).

Daran mag wohl etwas Wahres sein, weil der Moralbegriff in der Systemtheorie sehr viel schwerer an einzelnen Systemteilen festgemacht werden kann. Aber rechtfertigt dies wirklich auch den letzten Verweis, auf den Ruprecht Eser abhebt: „Wo aber die Wirklichkeit erschreckend ist, sind es am Ende die Medien auch"? (Eser 1989, 26).

Ruprecht Eser sagt es im Hinblick auf „Gladbeck im Fernsehen und was daraus folgt". Manfred Buchwald sprach aus, was daraus folgt: „Warum soll gerade der Journalist sich um sein Ethos kümmern? . . . Ich bin nicht bereit, ihn von jenen verurteilen zu lassen, die mit mentaler und handfester Korruption ihre eigenen Probleme haben."

Journalistenmoral und PR-Moral können sich selbstverständlich – wie Rühl sich ausdrückt – prozessual und strukturell unterscheiden. Aber essentiell gelten die gleichen Exkulpationsmechanismen; nur hat die PR-Zunft darüber noch nicht reflektiert. Auch Rühl brachte bislang mehr Fragen als Antworten.

Wir haben es daher selbst zu versuchen. Dabei leitet uns das gesunde Mißtrauen, das gegenüber jeder Organisationsmoral angebracht ist. Wir haben gesehen, daß der Moralbegriff hier sehr schnell eine recht pausbäckige Anwendung findet, primitiv als Arbeitsmoral, mit etwas mehr Motivationsschub als die altbekannte „Moral der Truppe". Beides kann eine „Truppe" veranlassen, gegenüber Öffentlichkeiten recht schlitzohrig zu argumentieren.

Dagegen hat ein Kommunikator gegebenenfalls für seine Prinzipien einzustehen. Handeln wir daher zunächst von der Ethik seines Verhaltens innerhalb seiner Organisation und erst danach gegenüber Öffentlichkeiten.

Der Kommunikator, sei er Journalist oder PR-Mann, steht in Organisationen stets allein, allenfalls – in Redaktionen wie in PR-Abteilungen – in einer Kleingruppe gegen die übrigen Teile der Organisation. Es mag durchaus sein, daß sich der Einzelmensch in Organisationen prinzipiell anders verhält als in seiner privaten Sphäre. Die Maßstäbe für das rechte Kommunizieren gewinnt er trotzdem nicht in einer Organisation – nicht einmal in einem Presseorgan –, sondern durch ethische Grundsätze, die seiner Berufsrolle entstammen (gleiches gilt für den Advokaten und für den Arzt und sogar für den Ingenieur, wenn wir an dessen Verantwortung für die Verläßlichkeit eines Produktes denken).

Es bleibt daher die ganz persönliche Aufgabe eines Kommunikators,

Abbildung 66: Donald Wright: „Public Relations never will be any more ethical than the level of basic ethical morality of the people who are in public relations" (1989, 19).

seine Organisation auf die Kommunikationsmaßstäbe einzuschwören, die er für rechtens hält. Er hat sie zu formulieren, und er bleibt auch bei ihrer Anwendung das personifizierte Gewissen der Organisation.

Das Gewissen der Organisation

Nun mag es angehen, PR-Leute für die ethischen Aspekte der Kommunikation mit Öffentlichkeiten verantwortlich zu machen. Sind sie aber auch für das Verhalten ihrer Organisation gegenüber diesen Öffentlichkeiten zuständig?

Genau dies fordern James Grunig und Todd Hunt in der Neuauflage ihres Werkes ›Managing Public Relations‹ (1995, Kap. 4). Beide Autoren haben über den normativen Aspekt der PR-Tätigkeit eingehender nachgedacht. Die meisten PR-Entscheidungen, so fanden sie zwischenzeitlich heraus, bergen ein ethisches Element. Sie berühren Fragen der sozialen Verantwortung, und dies gelte nicht nur für ihr eigenes Feld der Kommunikation, sondern für das gesamte Handeln ihrer Organisation:

Public relations is the function that introduces the values and problems of stakeholders into strategic decisions and that introduces a moral element to those decisions.

James Grunig macht daraus sogar ein Postulat: „Public relations should be the ethical conscience of an organization." Mit diesem Anspruch haben wir uns auseinanderzusetzen.

Wer das Gewissen einer Organisation maßgeblich prägen will, darf nicht die Rolle eines Propheten oder Moralapostels einnehmen. Er würde sonst sehr schnell ein kaltgestellter Rufer in der Wüste. Statt dessen muß er tatsächlich mitverantwortlich in die Entscheidungsprozesse seiner Organisation einbezogen sein. Das sagt sich leicht. Mitverantwortung heißt aber nicht, einmal beiläufig warnend den Zeigefinger zu heben. Es kommt schon darauf an, die jeweils konkreten Entscheidungsgrundlagen zu kennen und mitzuerörtern: Prämissen, Alternativen, Konsequenzen.

Dazu bedarf es des Zugangs zu den entscheidenden Überlegungen, und das setzt voraus, daß der PR-Verantwortliche zur „dominant coalition" innerhalb der Organisation gehört, also zu jenem Personenkreis, der nicht nur zu Rate gezogen wird, wenn es um seine spezifische Funktion geht, sondern darüber hinaus bei allen grundsätzlichen Fragen seiner Organisation. Weitblick, Durchsetzungskraft und eine allgemeine Befähigung zum Manager sind dafür Voraussetzung.

Daß allein die PR-Funktion schon befähige, Mitverantwortung zu übernehmen, bestreiten viele Organisationsfachleute. Weder die Unternehmer noch die Theoretiker ihrer Organisationsformen billigen der PR generell eine mitentscheidende Rolle zu. Nicht einmal die ethics officers, die es neuerdings in etlichen amerikanischen Unternehmen gebe, seien PR-Praktiker, wie James Grunig 1995 mit Bedauern festgestellt hat.

Die Organisationstheoretiker zählen die PR-Leute schon gar nicht zu jenen modernen unternehmerischen Managertypen, die Risiken auf sich nehmen und die soziale Verantwortung an sich persönlich und nicht an die Organisation gebunden sehen. Wie Wolfgang Staehle urteilen viele:

Auf Verantwortungsübernahme ist die PR-Abteilung weder vorbereitet noch ist sie hierzu berufen oder befugt. Das PR-Konzept ist für die Lösung bzw. Bewältigung unternehmungspolitischer Aufgaben ungeeignet, da es gesellschaftliche Konflikte lediglich auf Kommunikationsstörungen reduziert ... PR-Arbeit kann nur – sofern sie überhaupt als eigenständiger Funktionsbereich aufrechterhalten werden soll – auf der Basis einer vorgängig formulierten und in allen Unternehmensbereichen gelebten sozialverantwortlichen Unternehmungspolitik sinnvoll ausgeübt werden (Staehle 1992, 251).

Dieser harte Standpunkt übersieht, daß die PR-Arbeit einer Organisation sehr häufig die „vorgängige Formulierung" der Unternehmenspolitik zu leisten hat. Zur Funktion selbst der herkömmlichen PR könnte es daher durchaus gehören, auch auf der Einhaltung sozialer Grundsätze zu bestehen.

Neuere Kommunikationsformen verlangen sogar eine stärkere Einbindung der PR in die Entscheidungsprozesse selbst. Für den Kontakt mit kritischen Teilöffentlichkeiten reichen die Gebetsmühlen „vorgängiger Formulierungen" nicht aus. Der Dialog, die berühmte symmetrische Zwei-Wege-Kommunikation, erfordert, wie wir gesehen haben, ein paralleles Kommunizieren und Handeln, und das heißt: entscheiden. Hier ist der PR-Verantwortliche für ein verändertes Verhalten der eigenen Organisation mitverantwortlich, und dies durchaus in dem unternehmerischen Sinn, auch für ein Scheitern dieses Verhaltens oder für das Scheitern der Organisation aufgrund des geänderten Verhaltens mitverantwortlich zu sein.

Manche amerikanische Autoren sind geneigt, in der Anwendung dieses vierten Grunigschen PR-Modells der symmetrischen Zwei-Wege-Kommunikation den Ausweg aus allen ethischen Problemen der PR zu sehen. Die drei anderen Modelle sind nach ihrer Auffassung ethisch eher bedenklich: Sie versuchten, Öffentlichkeiten für sich einzunehmen; sie leisteten damit einem ethischen Subjektivismus Vorschub, den die amerikanische Literatur mit einem Füllhorn von Sarkasmen beschreibt. Jeder zimmere sich seine eigene Moral.

Das vierte Modell hingegen sei von grundsätzlich anderer ethischer Qualität. Es anzuwenden, sei bereits ein moralisches Handeln. Wenn es zum Beispiel zu strukturellen Konflikten zwischen den Wertsystemen einer Organisation und ihrer Öffentlichkeit kommt – und dies werde immer häufiger der Fall sein –, sei die ethische Grundfrage nicht, welche PR-Aktion gerechtfertigter ist, sondern ob ein Kommunikationssystem gewählt wird, das einen Interessenausgleich ermöglicht. „Some ways of communicating are more ethical than others", urteilte Ron Pearson von der Mount St. Vincent University in Kanada (1989, 70).

Ron Pearson wollte konsequenterweise das symmetrische, völlig ausgewogene, auf dem freien Austausch gleichberechtigter Partner beruhende Kommunikationsmodell zur alleinigen Richtschnur für eine „ethical theory for Public Relations" machen. Entscheidend sei nicht die Frage, ob es richtig oder falsch ist, die Unwahrheit zu sagen, voneinander die Kunden zu stehlen, freie Mahlzeiten oder Bestechungen zu akzeptieren oder Insider-Informationen für Börsengeschäfte auszunutzen. Ein ethisches PR-Verhalten sei viel eher die Schaffung eines interorganisatorischen Kommunikationssystems, das die ethischen Ansprüche hinterfragt und bewertet.

Ron Pearson benannte auch die Väter dieses Denkansatzes: Platon, dessen Dialoge diesen Kommunikationsstil begründet hätten – was Glaukon oder Phaidros möglicherweise nicht ganz nachvollziehen würden, waren sie doch nur Jasager („Du sagst es, Sokrates ..."). Vor allem aber nannte er Jürgen Habermas. Dessen Prinzip der herrschaftsfreien Kommunikation hat es den Amerikanern unserer Tage besonders angetan.

Das Utopische dieser Entwürfe tritt damit zutage. Wir müssen es zur Kenntnis nehmen, weil Moral auch stets ein Stück Utopie ist. Das gilt schon für Personen; wieviel mehr für Organisationen! Heiligmäßig zu sein, hat aber nicht einmal bei Kirchen funktioniert. Sie bedürfen der Katechismen; die Public Relations auch.

Zu Kap. VIII. 1:

Bentele, Günter: Ethik der Public Relations als wissenschaftliche Herausforderung; in: Avenarius, Horst/Wolfgang Armbrecht (Hrsg.): Ist PR eine Wissenschaft?; Opladen 1992.

Boventer, Hermann: Ethik des Journalismus. Zur Philosophie der Medienkultur; Konstanz 1984.

Eser, Ruprecht: Jetzt wissen wir es. Gladbeck im Fernsehen und was daraus folgt; in: medium 2/1989.

Grunig, James E./Todd Hunt: Managing Public Relations; New York 1984.

Pearson, Ron: Beyond Ethical Relativism in Public Relations: Coorientation, Rules, and the Idea of Communication Symmetry. In: Public Relations Research Annual, Vol. 1, Hillsdale, N.J. 1989.

Pöttker, Horst: Sechs Thesen zur Diskussion; in: medium 2/1989.

Rühl, Manfred: Moral in der Wissensvermittlung; Anmerkungen zur Diskussionslage in der Kommunikationswissenschaft. In: Ruß-Mohl, Stefan (Hrsg.): Wissenschaftsjournalismus und Öffentlichkeitsarbeit. Tagungsbericht zum 3. Colloquium Wissenschaftsjournalismus vom 4./5. 11. 1988; Gerlingen 1990.

Rühl, Manfred/Ulrich Saxer: 25 Jahre deutscher Presserat. Ein Anlaß für Überlegungen zu einer kommunikationswissenschaftlich fundierten Ethik des Journalismus und der Massenkommunikation; in: Publizistik 4/1981.

Staehle, Wolfgang H.: Vom Unternehmer zum Manager – Konsequenzen für PR; in: Avenarius, Horst/Wolfgang Armbrecht (Hrsg.): Ist PR eine Wissenschaft?; Opladen 1992.

Stuiber, Heinz Werner: Distanzverlust: Journalismus zwischen Information, Sensation und Ideologisierung; in: Kreile, Reinhold (Hrsg.): Medientage München; Baden-Baden 1990. Stuiber zitiert Buchwald und Kienzle aus: medium 2/89.

Wright, Donald K.: Ethic Research in Public Relations; in: PR Review, Vol. 15, Nr. 2, Sommer 1989.

2. PR-Kodizes

Ethik werde die amerikanischen PR-Praktiker in der letzten Dekade unseres Jahrhunderts mehr beschäftigen als jedes andere Thema, prophezeite Donald K. Wright im Sommer 1989 und widmete diesem Thema eine Spezialausgabe der PUBLIC RELATIONS REVIEW (Vol. 15, Nr. 2, Sommer 1989). Grunig und Hunt schrieben in der Neuauflage ihres Handbuchs über

›Managing Public Relations‹ zur Ethik und zur sozialen Verantwortung nicht nur ein eigenes Kapitel, sondern stellten dieses auch weit nach vorne:

To emphasize the crucial role of ethics and social responsibility in public relations and in its contribution to management decision making.

Wie wird man mit Ethik umgehen? Die einen werden nach ethischen Maßstäben für den Berufsstand suchen, andere nach neuen Verhaltensregeln und manche werden beides vermischen. Allen geht es dabei aber auch um eine Verbesserung des allzeit schlechten Ansehens der PR. „Many people automatically assume that unethical behaviour is part of being a Public Relations practitioner", schrieben Grunig und Hunt 1984 (72). Sie fügten flugs hinzu, die wahren PR-Praktiker würden daher keine Mühen scheuen, um zu beweisen, daß sie „ethisch" seien.

Was wäre dazu geeigneter als ein allseits anerkannter Kodex? Er änderte sicher nicht sofort die Realitäten; aber er könnte die Normen verbindlich machen, denen sich die Kommunikationsbranche unterwirft. Und ganz ohne Wirkung waren Eherne Tafeln nie.

Prämissen

Unter welchen Prämissen sollten wir ethische Standards für den Berufsstand ermitteln? Verlangen wir zweckmäßigerweise erstens keinen „Paradigmenwechsel" hin zur symmetrischen Zwei-Wege-Kommunikation! Wir brauchen eine Ethik für den heutigen Alltag und für alle PR-Modelle.

Nehmen wir uns zweitens nicht vor, die Kodifizierung eines ethischen Verhaltens über eine Höherstilisierung der PR-Funktionen anzugehen! Wer der Öffentlichkeitsarbeit Kabinetts- oder Vorstandsrang verleiht, hat sie damit noch lange nicht geadelt. Nicht jedes Vorstandsmitglied ist automatisch auch Mitglied der „dominant coalition". Die ethische Diskussion innerhalb des Berufsstandes darf sich nicht in dem Ziel erschöpfen, PR als „Führungsaufgabe" zu proklamieren. Sie würde sich sonst bald als scheinheilig entlarven.

Drittens kommt es nicht darauf an, welche Meinungen zu diesem Thema ermittelt werden können. Es ist gewiß vorteilhaft, durch Umfragen zu ermitteln, wo der Zunft der Schuh drückt. Aber die sogenannte „deskriptive Ethik" ist allzu leicht geneigt, statt der Frage: Was sollte sein? die sehr viel bequemere zu stellen: Wie hätten wir's denn gern?

Was wir viertens schließlich auf keinen Fall zulassen sollten, ist der aus den ethischen Diskussionen der Journalisten herauszuhörende Verweis auf die Schlechtigkeit der anderen und der Verhältnisse im ganzen. Das ist ein Totschlagsargument. Man kann sich immer auf andere beziehen. Der Berufsstand hat es – philosophisch genommen – sogar fast ausschließlich mit „Relationen" zu tun; hier aber geht es um seine „Substanz".

Befassen wir uns also mit der konkreten Formulierung ethischer Grundsätze, die für alle PR-Praktiker auf allen Rängen und bei der Anwendung aller denkbaren PR-Modelle gültig sein können! Dabei helfen uns die gängigen Berufskodizes der PR-Praktiker wenig. Günter Benteles kritischen Analysen der Kodizes von Athen (1965) und Lissabon (1978), den beiden für deutsche PR-Leute maßgeblichen „internationalen ethischen Richtlinien für die Öffentlichkeitsarbeit", ist zuzustimmen.

– Sie weisen einen zu hohen Abstraktheitsgrad auf, weil sie sich sehr stark auf die allgemeinsten Grundsätze menschlichen Zusammenlebens stützen.
– Sie sind selbst, wo PR-spezifische Grundsätze angesprochen werden, wenig aussagekräftig.
– Sie behandeln die Normen der wahrheitsgemäßen oder objektiven Information nicht oder nur an untergeordneten Stellen.
– Sie lassen vor allem keinerlei Systematik erkennen (Bentele 1992, 159 f.).

Lucien Matrat, den Autor des Code d'Athenes in Ehren! Aber sein Text trieft von Menschenrechten – in der Präambel, im Artikel 1 und nochmals im Artikel 5 –, salbadert von der Würde, von unveräußerlichen Rechten, von den Grundbedürfnissen und Grundbedingungen und dem Recht der eigenständigen Meinungsbildung, letzteres in drei Artikeln, und enthält zudem ein paar ganz selbstverständliche Vertragsgrundsätze für PR-Agenturen.

Die Deutsche Public Relations Gesellschaft (DPRG) hatte vor der Übernahme dieses Code d'Athenes schon 1964 eigene Grundsätze verabschiedet, die nicht ganz so wolkig formuliert sind wie die Kodizes; aber auch sie befassen sich zum Teil mit normalen Geschäftsgrundsätzen von Agenturen.

Das Verhalten der PR-Agenturen, ihre Akquisitionspraktiken und ihre „Piraterien untereinander" (Grunig) beschäftigt die Moralisten des Berufsstands mehr als die PR-Praktiken in den Organisationen. Artikel 10 des Code de Lisbonne wie Artikel 13 des amerikanischen Code of Professional Standards verbieten es ausdrücklich, einem Auftraggeber meßbare Erfolgsgarantien abzugeben.

Der Kodex der Public Relations Society of America (PRSA), 1954 abgefaßt, 1959, 1973 und 1977 überarbeitet, ist in seinen Bestimmungen präziser als die europäischen. Er enthält neben ethischen Verpflichtungen – wahrhaftig, fair und verantwortungsvoll zu sein und nicht zu korrumpieren – auch solche, die – recht banal – der Verbesserung des Ansehens dienen: akkurat zu handeln, kompetent zu sein, seinen Wissensstand ständig zu erweitern und sich gesittet zu verhalten („adhere to generally accepted standards of good taste"). Dieser Kodex nennt sich daher auch weniger ambitioniert ein Code of Professional Standards. Er zielt – übrigens wie die europäischen –

Abbildung 67: Günter Bentele: „Neben der Tendenz, das Thema PR-Ethik wichtiger zu nehmen, existiert allerdings auch eine Tendenz, das Thema PR-Ethik bewußt als Mittel zur Imageverbesserung der PR ‚vor den Kulissen' einzusetzen, wobei ‚hinter den Kulissen' eine spezielle PR-Ethik für unrealisierbar bzw. unrealistisch gehalten wird" (1992, 152).

vor allem auf das Verhalten der Agenturen ab und scheint von den vier Grunigschen PR-Modellen vornehmlich die ersten beiden, das der „press agentry" und der „public information", vor Augen zu haben.

Zu zwei Selbstverpflichtungen bekennen sich die Mitglieder der International Association of Business Communicators (IABC) mit Sitz in San Francisco und nationalen Gruppierungen in den USA, Kanada und Großbritannien, seit 1976:

– Ein Maximum an Glaubwürdigkeit zu erreichen, indem ich ehrenhaft kommuniziere und Informationen redlich vermittle;
– jedermanns Rechte auf seine Privatsphäre zu achten und vertrauliche Informationen und Quellen zu schützen.

Man erkennt leicht, daß es sich bei diesen beiden Sätzen weniger um ethische Prinzipien als um sinnvolle Verhaltensregeln handelt, auch wenn es im Abspann dieses Textes heißt, daß „ich hoffe, mit der Einhaltung dieser Grundsätze ein verbessertes ethisches Bewußtsein zu schaffen".

Glaubwürdig zu sein, ist sicher ein erstrebenswertes PR-Ziel. Ich brauche es, damit meine Auskünfte akzeptiert werden. Auch muß ich akkurat und verläßlich sein, um Vertrauen zu gewinnen; ich muß vertrauenswürdig sein, um auf Dauer als Gesprächspartner anerkannt zu werden. Man kann die

Reihe dieser zweckgerichteten Forderungen fortsetzen. Jede „Würdigkeit" hilft mir in meinem Gewerbe. Aber kommt es bei ethischen Prinzipien darauf an, wie ich auf andere wirke und was ich bei ihnen bewirke? Ethische Grundsätze sind keine Erfolgsrezepte und formulieren nur ausnahmsweise konkrete Verhaltensregeln.

Verführerisch ist auch die Zauberformel vom „Dialog". Der Kodex der International Public Relations Association (IPRA) enthält die Forderung an die PR-Leute

to establish the moral, psychological and intellectual conditions for dialogue in its true sense, and to recognize the right of these parties involved to state their case and express their views.

Das ist gut und fein, wo es auf einen Dialog ankommt. Die ganze Branche schönt sich ihr Berufsbild mit dem Hinweis auf ihre Dialogbereitschaft. Damit stellt sie die berühmte Zwei-Wege-Kommunikation in den Vordergrund, als ob es nur sie gäbe.

Natürlich gelten, wo es so ist, die strengen Regeln der Habermasschen Theorie des kommunikativen Handelns. Ron Pearson hatte dessen drei „rules" zu einer seiner beiden „basic moral imperatives for PR practitioners" gemacht:

It is a moral imperative to improve the quality of these communication relationships, that is, to make them increasingly dialogical. More precisely and more concretely this means working toward *rule identification, rule clarification* and *rule change* such that measures of organization/public understanding of and agreement on communication rules become increasingly positive (Pearson 1993, 86).

Was aber gilt für die PR-Fälle ohne Dialog? Ron Pearson nannte zumindest einen weiteren moralischen Grund-Satz. Dieser besagt, daß man mit allen Publika, die von den Aktivitäten einer Organisation betroffen sind, zu kommunizieren habe – also keine auslassen darf. Darin steckt eine andere, ebensowenig allgemeingültige Prämisse, wie es die des Dialogs ist. Es ist die fixe Idee, daß ein Nichtkommunizieren unmoralisch sei. Muß ich aber als Währungs- oder Kommunalpolitiker unbedingt mit Devisen- oder Grundstücksspekulanten kommunizieren, geschweige denn dialogisieren?

Vom Nutzen der Kodizes

Wer sich um praktikable Kodizes bemüht, muß primitiver ansetzen. Dazu sollte man sich jedoch vorab darüber klarwerden, wozu ein Kodex gut ist. Daß er einer stärkeren Professionalisierung der Tätigkeit PR Vorschub leistet, wird von vielen Autoren in Deutschland wie in Amerika unterstellt. Grunig und Hunt zum Beispiel behandelten das Thema der berufsethischen Kodizes 1984 noch im Kapitel über „Professionalism in Public Relations".

Abbildung 68: Dean Kruckeberg: „Codes in the future will have to take into delibe-rate consideration and be able to reconcile different cultural values and norms and will have to carefully consider regional issues and trends within a global community" (1990, 31).

Sie unterscheiden auch heute noch nicht zwischen einem Berufs- und einem Moralkodex, wie es zum Beispiel Lucien Matrat 1986 tat:

– Ein Berufskodex regelt das geschäftsmäßige Verhalten einer PR-Fach-kraft gegenüber ihren Kollegen, Kunden und Mitarbeitern; er muß den Gesetzen und Gebräuchen des jeweiligen Landes entsprechen und kann daher niemals international gültig sein.

– Ein Moralkodex regelt das zwischenmenschliche Verhalten. Er muß daher universal anwendbar sein, „in the light of the sacred character of Man" (Matrat 1986, 17).

Von größerem Nutzen dürfte die erste, von stärkerer Verpflichtungskraft die zweite Kodexart sein. Bleiben wir zunächst beim Nutzen! Dean Krucke-berg von der University of Iowa hat die folgenden praktischen Vorteile eines Kodex aufgeführt:

– Er kann erstens den PR-Praktikern eine Richtschnur für ihr Handeln sein.

– Er kann zweitens Agenturkunden oder Organisationen darüber infor-mieren, was sie von ihren PR-Beratern erwarten und was sie nicht ver-langen dürfen.

- Er bietet drittens einen Anhalt für die Rechtmäßigkeit von Klagen gegen PR-Leute.
- Er bietet viertens auch die Möglichkeit, sich gegen Klagen oder Vorwürfe zu verteidigen (Kruckeberg 1990, 29 f.).

Um der ersten Anforderung gerecht zu werden, müssen Kodextexte einfach und repetierbar sein. Das trifft weder auf den amerikanischen noch auf die europäischen zu. Sie sind zu wortreich und zu detailliert. Andernfalls könnten sie sehr wohl die Funktion erfüllen, die mancher Katalog von Handlungsmaximen oder Führungsleitsätzen für einzelne Unternehmen wahrnimmt: Solche Sätze fördern das Selbstbewußtsein und die Integration derjenigen, die sich dem Handlungsrahmen unterwerfen. Mit prägnanten Kodextexten erhielte auch das Berufsbild der PR schärfere Konturen und ihr Image verbesserte sich nebenbei.

Eine solche Entwicklung ließe auch die zweite Anforderung realistisch erscheinen: Ein anerkannter, vielfach vorgelebter, durch veröffentlichte Fälle erhärteter Kodex, textlich nachvollziehbar auch für Außenstehende, böte den PR-Leuten eine Absicherung bei Konflikten mit Auftrag- oder Arbeitgebern. Ob Berufsstand oder nicht, hätten sie in ihm einen Rückhalt bei Verweigerungen, wie ihn heute nur angestellte Ärzte und angestellte Rechtsanwälte haben.

Die beiden letzten Anforderungen zielen auf die Möglichkeit ab, bei Verstößen gegen einen Kodex Sanktionen zu verhängen. Es ist derjenige Teil der Debatte, der am ehesten mutlos macht. Jede Übertretung, heißt es etwa im Code d'Athenes, würde als grober Verstoß betrachtet, der eine entsprechende Ahndung nach sich zieht. Aber solche Sanktionen könnten, wenn sie denn überhaupt geschehen, nur innerhalb der PR-Gesellschaften greifen, und diese Gesellschaften rekrutieren in jeder Nation nur den kleineren Teil aller PR-Tätigen. Ein Reiner Pfeiffer war nicht unter ihnen.

Dennoch könnte es so etwas wie eine öffentliche Ächtung der Unholde geben, sobald es eine kritische PR-Publizistik gibt, die der Qualität der Medienkritik entspricht. Dazu bedürfte es freilich eines qualifizierten, kritischen PR-Journalismus. Ihn gibt es noch nicht zur Genüge. Was wir zu lesen bekommen – hüben wie drüben –, sind einerseits abstrakte wissenschaftliche Überlegungen und andererseits treuherzige Erfolgsstories egomanischer PR-Praktiker.

Die sieben Verpflichtungen

Ethische Grund-Sätze lassen sich auf verschiedene Weise formulieren: als Gebote wie im judaischen Dekalog, als Verhaltensregeln für die Zunft wie in den meisten Kodizes oder als Verpflichtung jedes einzelnen. Sich selbst zu verpflichten bedeutet, sich freiwillig und bewußt zu binden, was allerdings bei Neuaufnahmen in eine Gesellschaft zur Voraussetzung gemacht werden könnte. Der Vorteil einer Selbstverpflichtung ist der höhere Grad an persönlicher Bindung. Sie hat den Charakter eines Gelöbnisses und ist darin vergleichbar dem hippokratischen Eid der Ärzte.

Ethische Grund-Sätze lassen sich nicht ad infinitum vermehren. Wenn wir sie in der Form von Selbstverpflichtungen denken, können wir nur sieben benennen:

1. Mit meiner Arbeit diene ich der Öffentlichkeit. Ich bin mir bewußt, daß ich nichts unternehmen darf, was Öffentlichkeiten zu irrigen Schlüssen und falschem Verhalten veranlaßt. Ich habe wahrhaftig zu sein.

2. Mit meiner Arbeit stehe ich in den Diensten eines Auftrag- oder Arbeitgebers. Ich verpflichte mich, ein redlicher Anwalt seiner Interessen zu sein und ihn durch Rat und Tat vor Schaden zu bewahren.

3. Mit meiner Arbeit bin ich in das Wirken einer Organisation eingebunden. Ich stehe loyal zu ihren Zielen und ihrer Politik, solange sich beides mit der Würde des Menschen, seinen Grundrechten und mit darauf gründendem Recht und Gesetz vereinbaren läßt. Sonst habe ich Konsequenzen zu ziehen.

4. Eine Organisation, die es durch ihr Kommunikationsverhalten an Achtung für Menschen und Fairneß zu anderen Organisationen fehlen läßt, werde ich, falls ich für sie arbeite, nach Kräften zu Korrekturen anhalten. Nötigenfalls werde ich den Auftrag zurückgeben.

5. Ich informiere nach bestem Wissen und Gewissen. Gegenüber Journalisten und anderen Trägern öffentlicher Verantwortung wende ich keine unlauteren Mittel an. Ich verleite sie nicht zur Vorteilsannahme.

6. Die Unabhängigkeit und Freiheit meiner Gesprächspartner werde ich achten und daher ihnen gegenüber keine Machtmittel einsetzen. Ich enthalte mich insbesondere jeder Nötigung.

7. Öffentlichkeitsarbeit sehe ich als eine notwendige Aufgabe an, um Vertrauen zu schaffen, Öffentlichkeit herzustellen und gegebenenfalls auch das eigene Verhalten zu überprüfen. Ich werde daher dem Ansehen meines Berufsstandes absichtlich keinen Schaden zufügen.

Bei der öffentlichen Diskussion dieser Verpflichtungen hat sich gezeigt, daß sie erläutert werden müssen. Ein gleiches, vielleicht unausweichliches Schicksal widerfuhr den Zehn Geboten, auch wenn der Pentateuch und schließlich der Talmud ein Vielzuviel an Erklärungen und Ergänzungen und Auslegungen boten.

„Häufig wird es möglich sein, sich über konkrete Normen eher und besser zu einigen als über deren Begründung“, hieß es in einem VDI-Report ›Von den 10 Geboten zu Verhaltenskodizes für Manager und Ingenieure‹, einer bemerkenswerten und kenntnisreichen Studie von Kurt A. Detzer. Er fährt fort:

Dies spricht übrigens für die Annahme, daß das Gewissen trotz seiner unterschiedlichen Entfaltung im einzelnen Menschen bei allen Menschen auf einen „grundsätzlich gleichen Bestand an Fundamentalwerten" (J. Gründel) zurückgreifen kann (Detzer 1990).

Lassen wir uns trotzdem – wie er – auf Begründungen ein!

Zwischen den ersten beiden Verpflichtungen besteht ein Spannungsverhältnis. Konflikte sind häufig genug. Aber sie sind für Mittlerfunktionen typisch. Die Versuchung, den Geschäfts- oder Gesprächspartner zugunsten der eigenen Organisation zu übervorteilen, ist Kaufleuten, Politikern, Diplomaten und eben auch PR-Leuten eigen. Doppelte Loyalitäten und die daraus erwachsenden Gewissensentscheidungen kennen viele Berufsgruppen.

Für Öffentlichkeitsarbeiter muß die erste Verpflichtung auch die oberste sein. Er ist darin gleichzusetzen jedem Juristen, der dem Recht verpflichtet ist, jedem Arzt, der der Gesundheit dient, jedem Ingenieur, der die Gebrauchstüchtigkeit seines Produktes zu gewährleisten hat. Es ist die oberste Berufspflicht.

Worin besteht sie konkret? Sie besteht in einer Wahrhaftigkeit, die es nicht zuläßt, durch Tricks und Taktieren die Öffentlichkeit zu einem falschen Verhalten zu veranlassen. Öffentlichkeitsarbeit ist ein Dienst an der Öffentlichkeit. Dazu kann neben ihrer korrekten Informierung bisweilen ihre Erziehung gehören: wenn es um Impfaktionen, um Aufklärungskampagnen oder um zunächst unpopuläre Reformvorhaben geht, also um durchaus asymmetrische Kommunikationsformen.

Manipulationen hingegen sind nicht zulässig. Wir verstehen darunter konkrete Versuche, zum eigenen Vorteil Publika mit inferioren Kenntnissen leichtfertig zu beeinflussen. Es gibt Grenzfälle. Die Zahl der „Notlügen" ist Legion, und für manche kann Verständnis aufgebracht werden:

– Wenn eine Mitteilung voraussichtlich zu hysterischen statt rationalen Reaktionen führt: Vorverurteilungen eines Verdächtigen, Hamsterkäufe, Panik.

– Wenn eine Behörde den Zeitpunkt einer Maßnahme verschweigt, um Spekulationen zu vermeiden (und obwohl auch „Spekulanten" Öffentlichkeit sind).

– Wenn eine Automobilfirma den Zeitpunkt eines Modellwechsels verschleiert, um noch lange genug das alte Modell absetzen zu können – und damit Arbeitsplätze zu sichern.

Richtschnur für das eigene PR-Verhalten muß in solchen Fällen das Gemeinwohl sein. Ob es gewahrt bleibt, läßt sich für engagierte PR-Leute nicht leicht erkennen. Und doch muß gerade dies von ihnen gefordert werden. Haben schließlich nicht sie die Wertmaßstäbe der Umwelt innerhalb der eigenen Organisation zur Geltung zu bringen?

Die zweite Verpflichtung beinhaltet die jedem Auftraggeber geschuldete Loyalität. Das Stichwort „Anwalt" ist hier angebracht, auch wenn es zu mißverständlichen Schlüssen führen könnte. Gegen eine wertneutrale Anwaltsrolle werden, wir sahen es, in jüngster Zeit gerade in den USA ethische Bedenken laut. Aber wer statt dessen die Rolle der PR auf eine Ratgeberfunktion beschränkt, betreibt Mimikry. Es gibt keine Entscheidung zwischen „advocate or counselor", wie sie Grunig in seiner Neuauflage erörtert. In der Realität gilt beides.

Natürlich gebietet es die Loyalität, durch ehrlichen, aufrichtigen Rat den Auftrag- oder Arbeitgeber vor Schaden zu bewahren. Aber es ist auch geboten, akzeptierte Interessen redlich zu vertreten. Kein leichtfertiges, eitles Geschwätz über Interna sollte diese Aufgabe konterkarieren. Keine Insiderinformationen sollten mir persönliche Vorteile verschaffen.

Ab der dritten Verpflichtung werden die für den PR-Beruf wichtigsten Sachverhalte angesprochen: das Verhalten des einzelnen in einer Organisation, deren Ziele oder deren Politik möglicherweise anfechtbar sind (Verpflichtung 3); oder der es trotz hehrer Ziele an einer korrekten Kommunikation mangelt (Verpflichtung 4); schließlich die gerade dem PR-Berufsstand unterstellte Anwendung von Bestechungen (Verpflichtung 5) und Drohungen (Verpflichtung 6).

Achtung und Fairneß sind zwei zentrale Begriffe der vierten Verpflichtung. Beides kann nicht verlangt werden und ist gerichtlich nicht einzuklagen. „Weder im Journalismus noch in Public Relations ist Achtung ein rechtlich geschütztes Gut", stellt Rühl fest. Aber gerade in der wechselseitigen Achtung von Menschen könne die Moral ihren zentralen Indikator finden (1990, 157).

Zur Achtung für Menschen gesellt sich die Fairneß zu anderen Organisationen. Gegen sie wird fast noch häufiger versündigt, und dies mit einem viel unausgeprägteren schlechten Gewissen. Vielleicht darf ich wirklich durch eine geschickte Desinformationspolitik eine konkurrierende Organisation in den Ruin treiben; warum ist sie so dumm, darauf hereinzufallen!

An der Unbarmherzigkeit des Wettbewerbs zwischen Organisationen haben ihre PR-Mannschaften häufig leidenschaftlichen Anteil. Trotzdem oder gerade deshalb sollten sie es sein, die ein faires Verhalten anmahnen.

Was, wenn man es ihnen intern verübelt? Was, wenn die eigenen Kollegen oder Vorgesetzten den „Bedenkenträger" als defaitistisch diffamieren? Was, wenn sich zwischen der Organisationsmoral (die hier nur die „Moral der Truppe" wäre) und der Individualmoral der PR-Fachkraft Gegensätze auftun?

Wieviel Mut vor Königsthronen darf erwartet werden? Die in der Literatur – zum Beispiel bei Grunig und Hunt – am häufigsten erörterte Frage ist die nach der Verweigerung eines unstatthaften Auftrags. Die Amerikaner wägen ab:

Generally, then we believe ethical practitioners should stay on the job and argue for ethical organizational behaviour, even if they are not always successful ... Only when practitioners have no chance to change an organization, or when they are forced into unethical behaviour themselves, in our view, should they resign (1984, 73).

Erfahrene Moralphilosophen warnen vor übertriebenem Rigorismus. Das gilt vornehmlich für Regeln, die man anderen setzt. Aber in einer Selbst-Verpflichtung darf ausgesprochen werden, daß man vor einem letzten Schritt nicht zurückscheut. Und mancher PR-Mann hat ihn nachweislich getan. Wir greifen daher das Diktum von Grunig und Hunt in der dritten und vierten Verpflichtung auf: Äußerstenfalls sind Konsequenzen zu ziehen.

Die fünfte und sechste Verpflichtung handeln vor allem, aber nicht nur vom Umgang mit Journalisten. Gerade auf diesem Tätigkeitsfeld wird der Branche nicht nur viel Übles unterstellt; es wird ihr solches sogar sehr häufig zugemutet. Dem sind Riegel vorzuschieben, soweit es geht und so vergeblich es sein mag. Ethik ist allemal das Feld der Normen, des Sollens und nicht des Seins.

Schlitzohrig empfehlen die Haudegen unter den PR-Autoren die Lüge. „PR darf dabei ruhig auch einmal lügen, aber bitteschön so, daß es keiner merkt", verkündet zum Beispiel Joachim Bürger in seinen ›Gebrauchsanleitungen für praxisorientierte Öffentlichkeitsarbeit‹; und Michael Kunczik zitiert ihn genüßlich, weil er mit solchen Sprüchen die Zunft bestens vorführen kann (Kunczik 1994, 85).

Beide denken zu kurz. Das Lügen ist in Krisen- und Katastrophenfällen nachweislich äußerst riskant und in allen anderen eher unnötig. Aber wir erinnern uns schließlich auch der Fragen, die Walter Henkels den Bonner Pressechefs stellte und wie ausweichend sie darauf antworteten.

Schließlich die siebte Verpflichtung, die es nicht nur deshalb gibt, weil sechs eine unheilige Zahl ist. Diese Verpflichtung hebt auf die Bedeutung der Öffentlichkeitsarbeit ab, und sie stellt einen Schutzschild gegen alle Verleumdungen auf. Kritik, auch fundamentale Kritik soll damit nicht unterbunden werden. Aber wie der Berufsstand Achtung verdient, so sollte sich der Berufsausübende zur Selbstachtung bereit finden.

Zu Kap. VIII. 2:
Bentele, Günter: Ethik der Public Relations als wissenschaftliche Herausforderung; in: Avenarius, Horst/Wolfgang Armbrecht (Hrsg.): Ist Public Relations eine Wissenschaft?; Opladen 1992.

Detzer, Kurt A.: Von den Zehn Geboten zu Verhaltenskodizes für Manager und Ingenieure; VDI-Report, Augsburg 1990.

Grunig, James E./Todd Hunt: Managing Public Relations; New York 1984, 2. Auflage erscheint 1995.

Kruckeberg, Dean: Questions of Ethics in Public Relations; in: International Public Relations Review, Vol. 13, Nr. 2, 1990.

Kunczik, Michael: Public Relations. Konzepte und Theorien; 1994.

Matrat, Lucien: Ethics and Doubts; in: International Public Relations Review, November 1986.

Pearson, Ron: A Theory of Public Relations Ethics; unveröffentlichte Dissertation der Ohio University; zitiert von Grunig, James E.: World View, Ethics, and the Two-Way-Symmetrical Model of Public Relations; in: Armbrecht, Wolfgang/Ulf Zabel (Hrsg.): Normative Aspekte der Public Relations; Opladen 1993.

Rühl, Manfred: Moral in der Wissensvermittlung; Anmerkungen zur Diskussionslage in der Kommunikationswissenschaft; in: Ruß-Mohl, Stefan (Hrsg.): Wissenschaftsjournalismus und Öffentlichkeitsarbeit; Gerlingen 1990.

NAMENREGISTER

ABBILDUNGSNACHWEIS

Abb. 4: Benetton-Anzeige mit Aids-Krankem, aus: Süddeutsche Zeitung, Magazin, v. 9. 10. 1992.

Abb. 5. 8. 15. 16. 66. 67: Foto: Hans-Christian Wagner.

Abb. 40: George Grosz, Zeichnung 20er Jahre, Foto: Reinartz.

Abb. 44: Karikatur „Gesponsertes Klavierkonzert" von Karl-Heinz Brecheis.

Abb. 45: Karikatur von Thomas Plaßmann.

Abb. 46: Johannes Segieth „Autochrom", 1986, Monumentalskulptur an Fassade Haus der Kunst, München, anläßlich der Ausstellung „Das Automobil in der Kunst 1886–1986", v. 9. 8.–5. 10. 1986. Veranstalter: Ausstellungsleitung Haus der Kunst und BMW AG, München.

Abb. 55: Foto: Associated Press Photo, Frankfurt a. M.

Abb. 57: Foto Bush/Kohl in: Süddeutsche Zeitung Nr. 259 v. 9./10. 11. 1991.

Abb. 60: Foto: L. Baader.

Abb. 65: FSB-Edition „Türklinken. Workshop in Brakel", S. 49, Foto: Timm Rautert.